le Robert & Collins

Vocabulaire anglais

leRobert & Collins

Vocabulaire anglais

Nouvelle édition dirigée par

Martyn BACK

Rédaction

Peter ATKINS, Martin BYRD,

Alain DUVAL, Dominique LE FUR,

Hélène LEWIS

Informatique éditoriale

Karol GOSKRZYNSKI

Sébastien PETTOELLO

Correction

Anne-Marie LENTAIGNE

Méryem PUILL-CHÂTILLON

Maquette

Maud DUBOURG

Nouvelle édition 2007

Tous droits de reproduction, de traduction et d'adaptation réservés pour tous pays.

© 2007 Dictionnaires LE ROBERT-SEJER pour la présente édition.
© 1994 Dictionnaires LE ROBERT pour la première édition.

25, avenue Pierre-de-Coubertin, 75013 Paris.

ISBN : 978-2-84902-106-4

Cet ouvrage est une œuvre collective au sens de l'article L. 113-2 du Code de la propriété intellectuelle. Publié par la société Dictionnaires Le Robert, représentée par Marianne Durand, directrice déléguée.

PRÉFACE

LE ROBERT & COLLINS VOCABULAIRE ANGLAIS a pour objectif de vous aider à **consolider et à enrichir** votre vocabulaire.

D'une conception très simple, il présente sous forme de **listes thématiques** les mots et expressions qui permettent de s'exprimer de façon précise et idiomatique dans toutes les situations de la vie courante.

Pour faciliter la **révision et la mémorisation** du vocabulaire, chacune des 392 sections thématiques est divisée en paragraphes courts.

Les variantes américaines sont systématiquement indiquées, ainsi que la prononciation de tous les mots. De nombreuses remarques sur l'usage, les niveaux de langue et les aspects culturels permettent de mieux maîtriser l'emploi des mots, les contextes et les nuances.

Véritable **inventaire du lexique anglais d'aujourd'hui**, ce Vocabulaire anglais est le complément idéal des dictionnaires Robert & Collins. Il est tout particulièrement adapté aux besoins des lycéens, des étudiants, des élèves de BTS et des classes préparatoires.

L'éditeur

USAGE BRITANNIQUE ET USAGE AMÉRICAIN

Les unités qui ne sont courantes qu'en anglais britannique sont précédées de la mention BR, celles que l'on ne trouve que dans l'anglais parlé en Amérique du Nord sont précédées de la mention AM ; par exemple :

BR **a stone** [stəʊn]   un noyau
AM **a pit** [pɪt]

Les différences orthographiques entre anglais britannique et anglais nord-américain sont également signalées ; par exemple :

BR **a cheque** [tʃek]   un chèque
AM **a check**

Lorsqu'une unité est employée dans les deux langues, mais avec un sens différent, une note signale la différence d'emploi ; par exemple :

BR **to be ill**   être malade
AM **to be sick**
ATTENTION : BR to be sick = vomir

VERBES IRRÉGULIERS

Les verbes irréguliers qui figurent dans le texte sont suivis d'un astérisque ; par exemple :

to catch* fire   prendre feu

Une liste de tous ces verbes figure en fin d'ouvrage avec leur prétérit et leur participe passé.

NIVEAUX DE LANGUE

Afin de mettre en garde le francophone contre l'emploi abusif de mots et locutions n'appartenant pas à un registre neutre de l'anglais, trois indications de niveaux de langue peuvent figurer :

soutenu	désigne les acceptions de langue soignée ;
parlé	est utilisé pour indiquer les acceptions familières ;
péj.	indique une coloration péjorative.

Exemples :

a daydream ['deɪdriːm] a reverie ['revərɪ] (soutenu)	une rêverie
a handkerchief ['hæŋkətʃɪf] a hankie ['hæŋkɪ] (parlé)	un mouchoir
it's very touristy (péj.)	c'est trop touristique

MARQUES DÉPOSÉES ®

Les termes qui constituent à notre connaissance une marque déposée ont été désignés comme tels. La présence ou l'absence de cette désignation ne peut toutefois pas être considérée comme ayant valeur juridique.

FÉMININS

Lorsque la forme féminine est différente en anglais de la forme masculine, l'indication est donnée entre parenthèses à la suite de la forme masculine ; exemple :

a sportsman (fém. a sportswoman)   un(e) sportif(-ive)
['spɔːtsmən]

PLURIELS IRRÉGULIERS

Lorsque le pluriel d'un terme ne se forme pas par simple adjonction d'un -s, il est indiqué entre parenthèses à la suite de la forme au singulier ; par exemple :

a scarf [skɑːf]   une écharpe
(plur. scarves)

a woman (plur. women)   une femme

EMPLOIS COMPTABLES ET NON COMPTABLES

Les substantifs anglais se comportent parfois de façon différente des substantifs français en ce qui concerne le singulier et le pluriel. Dans ce recueil, cinq cas sont distingués pour aider le lecteur à former des phrases correctes.

1. n. c. (= non comptable). Le nom anglais est non comptable et ne peut pas être précédé de l'article indéfini ou d'un adjectif numéral ; par exemple :

scaffolding ['skæfəldɪŋ] l'échafaudage

Selon le cas, la traduction de l'indéfini français se rendra alors par some, a piece of, instance of, a case of… ; par exemple :

Il y avait un échafaudage/des échafaudages = there was some scaffolding

2. n. c. sing. (= non comptable singulier). Le nom anglais est non comptable et s'emploie toujours au singulier alors que le français utilise généralement un pluriel pour rendre le sens ; par exemple :

nuclear waste (n. c. sing.)   les déchets nucléaires

3. n. c. plur. (= non comptable pluriel). Le nom anglais est non comptable et s'emploie toujours au pluriel alors que le français utilise généralement le singulier pour rendre le sens ; par exemple :

poultry ['pəʊltrɪ] (n. c. plur.)   la volaille

4. sing. (= nom singulier). Le nom anglais a une apparence graphique du pluriel, mais il peut prendre l'article indéfini et s'employer avec un verbe au singulier ; par exemple :

a steelworks sing.   une aciérie

5. plur. (= nom pluriel). Le nom anglais s'emploie toujours au pluriel alors que le français utilise généralement un singulier pour rendre le sens ; par exemple :

the union dues plur.   la cotisation syndicale

ABRÉVIATIONS, SIGLES ET ACRONYMES

Lorsqu'une expression peut se présenter soit sous une forme développée soit sous sa forme abrégée, la forme la plus courante est suivie de la forme la moins usitée entre parenthèses. Si ces deux formes sont aussi fréquentes l'une que l'autre, elles font l'objet de deux entrées séparées. La prononciation des abréviations, sigles et acronymes est indiquée ; par exemple :

the CIS [ˌsiːaɪ'es]   la CEI

the Commonwealth of   la Communauté des États
Independent States   indépendants

a compact disc ®   un disque compact

a CD ['siːdiː]   un CD

FAUX AMIS

Un certain nombre de mots se présentent sous une forme identique ou très voisine en français et en anglais. Beaucoup d'entre eux n'ont cependant pas du tout le même sens. Ce sont des faux amis. Une note à la suite de ces mots attire l'attention du lecteur et l'invite à prendre conscience de la différence afin d'éviter les erreurs de traduction ; par exemple :

present [['preznt]]   présent, actuel

ATTENTION FAUX AMI **actual** = réel

REMARQUES

On trouvera, en fin de chapitre ou de section, un certain nombre de remarques qui portent un aspect de civilisation, un point de grammaire, un usage. Ces remarques visent à mettre en relief les particularités de la langue anglaise et les éléments intéressants de la culture britannique ou américaine ; par exemple :

> REMARQUES
> 1. L'anglais emploie **ever** à la place de **never** lorsqu'une négation se trouve déjà dans la phrase ; exemple : il ne se passe jamais rien = **nothing ever happens**.
> 2. Attention aux temps ! exemple : je l'ai déjà fait = BR **I've already done it**, AM **I already did it, I did it already**.

> REMARQUE En Grande-Bretagne, ce sont des lapins appelés **Easter Bunnies** qui sont censés apporter les œufs de Pâques aux enfants.

TRANSCRIPTION PHONÉTIQUE DE L'ANGLAIS

La notation adoptée est celle de l'Association phonétique internationale. La transcription correspond à la Received Pronunciation (R. P.), variété de l'anglais britannique la plus étudiée aujourd'hui.

VOYELLES, DIPHTONGUES ET TRIPHTONGUES		CONSONNES	
[i:]	cream, see	[p]	pat, pope
[ɑ:]	card, calm	[b]	bat, baby
[ɔ:]	pork, small	[t]	tag, strut
[u:]	fool, moon	[d]	dab, mended
[ɜ:]	burn, fern, work	[k]	cot, kiss, chord
[ɪ]	sit, pity	[g]	got, gag
[e]	bless, set	[f]	fine, raffle
[æ]	apple, cat	[v]	vine, river
[ʌ]	come, ugly	[s]	pots, sit, rice
[ɒ]	fond, wash, squat	[z]	pods, buzz
[ʊ]	full, soot	[θ]	thin, maths
[ə]	composer, above	[ð]	this, other
[eɪ]	bay, pale	[ʃ]	ship, sugar
[aɪ]	buy, lie	[ʒ]	leisure
[ɔɪ]	boy, voice	[tʃ]	chance
[əʊ]	no, ago	[dʒ]	just, edge
[aʊ]	now, plough	[l]	place, little
[ɪə]	tier, beer	[m]	ram, mummy
[ɛə]	fair, care	[n]	ran, nut
[ʊə]	tour, moor	[r]	ran, stirring
[aɪə]	diary, tyre	[ŋ]	rang, bank
[aʊə]	flower, tower	[h]	hat, reheat
[eɪə]	layer, player	[j]	yet, million
[ɔɪə]	employer, soya	[w]	wet, between
[əʊə]	grower, lower		

[ʳ] représente un [r] entendu s'il forme une liaison avec la voyelle du mot suivant, comme dans her hair [hɛəʳ] is dark.

['] signale un accent tonique sur la syllabe qui suit. Il est essentiel de bien placer cet accent qui peut avoir une fonction distinctive : a record ['rekɔ:d] = un disque, to record [rɪ'kɔ:d] = enregistrer.

[ˌ] signale un accent secondaire sur la syllabe qui suit. Cet accent est d'intensité plus faible que l'accent tonique : a conversation [ˌkɒnvə'seɪʃen].

Les caractères en italique représentent des phonèmes facultatifs, comme dans change [tʃeɪndʒ], unkempt ['ʌnkempt].

VOCABULARY
VOCABULAIRE

1 THE HUMAN BODY LE CORPS HUMAIN

■ 1. PARTS OF THE BODY LES PARTIES DU CORPS _____

– The body [ˈbɒdɪ]	le corps	the bloodstream [ˈblʌdstriːm]	le système sanguin
an organ [ˈɔːgən]	un organe	in the bloodstream	dans le sang
a cell [sel]	une cellule	to bleed* [bliːd]	saigner
the skeleton [ˈskelɪtn]	le squelette	an artery [ˈɑːtərɪ]	une artère
a bone [bəʊn]	un os	a vein [veɪn]	une veine
bone marrow	la moelle osseuse	a blood vessel	un vaisseau sanguin
a cartilage [kɑːtɪlɪdʒ]	un cartilage	red / white corpuscles	des globules rouges / blancs
a joint [dʒɔɪnt]	une articulation		
– A muscle [ˈmʌsl]	un muscle	– The skin [skɪn]	la peau
muscle tissue	le tissu musculaire	a nail [neɪl]	un ongle
a biceps [ˈbaɪseps]	un biceps	the pores [pɔːˈz]	les pores
flesh [fleʃ]	la chair	a hair [hɛəʳ]	un poil
a tendon [ˈtendən]	un tendon	hair (n. c. sing.)	les poils, les cheveux
a membrane [ˈmembreɪn]	une membrane	hairy [ˈhɛərɪ]	poilu
		a nerve [nɜːv]	un nerf
a mucous membrane	une muqueuse	the nervous system	le système nerveux
– The blood [blʌd]	le sang	a gland [glænd]	une glande

■ 2. THE HEAD LA TÊTE _____

– The skull [skʌl]	le crâne	the eyeball	le globe oculaire
the scalp [skælp]	le cuir chevelu	the iris [ˈaɪərɪs]	l'iris
the face [feɪs]	le visage	the eye socket	l'orbite oculaire
the profile [ˈprəʊfaɪl]	le profil	the pupil [ˈpjuːpl]	la pupille, la prunelle
the forehead [ˈfɒrɪd]	le front	the retina [ˈretɪnə]	la rétine
the brow [braʊ] (soutenu)		the cornea [ˈkɔːnɪə]	la cornée
a temple [ˈtempl]	une tempe	– The mouth [maʊθ]	la bouche
a cheek [tʃiːk]	une joue	the tongue [tʌŋ]	la langue
a cheekbone	une pommette	a lip [lɪp]	une lèvre
a jaw [dʒɔː]	une mâchoire	the upper / lower lip	la lèvre supérieure / inférieure
the upper / lower jaw	la mâchoire supérieure / inférieure	the gums [gʌmz]	les gencives
the jawbone	le maxillaire	the palate [ˈpælɪt]	le palais
the chin [tʃɪn]	le menton	a tooth [tuːθ] (plur. teeth)	une dent
the brain [breɪn]	le cerveau	a molar [ˈməʊləʳ]	une molaire
– The nose [nəʊz]	le nez	an eyetooth [ˈaɪtuːθ]	une canine
the nostrils [ˈnɒstrəlz]	les narines	an incisor [ɪnˈsaɪzəʳ]	une incisive
an ear [ɪəʳ]	une oreille	a wisdom tooth	une dent de sagesse
the earlobe [ˈɪələʊb]	le lobe de l'oreille	the milk teeth	les dents de lait
the eardrum [ˈɪədrʌm]	le tympan	– The neck [nek]	le cou
– The eye [aɪ]	l'œil	the throat [θrəʊt]	la gorge
an eyelid	une paupière	the back of the neck	la nuque
an eyelash	un cil	a shoulder [ˈʃəʊldəʳ]	une épaule
an eyebrow	un sourcil	a shoulder blade	une omoplate

the collarbone ['kɒlə,bəʊn]	la clavicule
the Adam's apple	la pomme d'Adam
the windpipe ['wɪndpaɪp]	la trachée
the larynx ['lærɪŋks] (plur. larynges, larynxes)	le larynx
the pharynx ['færɪŋks] (plur. pharynges, pharynxes)	le pharynx

BR the oesophagus [iː'sɒfəgəs] (plur. oesophagi) AM the esophagus (plur. esophagi)	l'œsophage
the vocal chords	les cordes vocales
the tonsils ['tɒnslz]	les amygdales

■ 3. THE TORSO LE TORSE

– The trunk [trʌŋk]	le tronc
the chest [tʃest]	la poitrine, la cage thoracique
the breasts ['brests]	les seins (d'une femme), la poitrine
the bust [bʌst]	le buste
the breastbone	le sternum
a rib [rɪb]	une côte
the thorax ['θɔːræks]	le thorax
the heart [hɑːt]	le cœur
to beat* [biːt]	battre (cœur)
a lung [lʌŋ]	un poumon
the bronchial tubes	les bronches
the aorta [er'ɔːtə] (plur. aortae, aortas)	l'aorte
– The digestive system	le système digestif
the stomach ['stʌmək]	l'estomac
the liver ['lɪvəʳ]	le foie
the gall bladder	la vésicule biliaire
the spleen [spliːn]	la rate
the diaphragm ['daɪəfræm]	le diaphragme
– The waist [weɪst]	la taille
the belly ['belɪ]	le ventre
the tummy ['tʌmɪ] (parlé)	

the abdomen ['æbdəmən]	l'abdomen
the bowels ['baʊəls] the intestines [ɪn'testɪnz]	les intestins
the guts ['gʌts] (parlé)	les boyaux
the appendix [ə'pendɪks]	l'appendice
the navel ['neɪvəl]	le nombril
a kidney ['kɪdnɪ]	un rein
the bladder ['blædəʳ]	la vessie
the bottom ['bɒtəm]	le derrière
the buttocks ['bʌtəks]	les fesses
the groin [grɔɪn]	l'aine
the womb [wuːm] the uterus ['juːtərəs]	l'utérus
the vagina [və'dʒaɪnə]	le vagin
an ovary ['əʊvərɪ]	un ovaire
the genitals ['dʒenɪtlz]	les organes génitaux
the penis ['piːnɪs]	le pénis, le sexe
the testicles ['testɪklz]	les testicules
– The back [bæk]	le dos
the small of the back	le creux des reins
the spine [spaɪn]	l'épine dorsale
the backbone the spinal column	la colonne vertébrale
a vertebra ['vɜːtɪbrə] (plur. vertebrae, vertebras)	une vertèbre

■ 4. THE LIMBS LES MEMBRES

– An arm [ɑːm]	un bras
the elbow ['elbəʊ]	le coude
the wrist [rɪst]	le poignet
the forearm ['fɔːrɑːm]	l'avant-bras
the armpit ['ɑːmpɪt]	l'aisselle
– A hand [hænd]	une main
the back of the hand	le dos de la main
the palm [pɑːm]	la paume
the fist [fɪst]	le poing

the knuckle ['nʌkl]	l'articulation du doigt
a finger ['fɪŋgəʳ]	un doigt
the thumb [θʌm]	le pouce
the forefinger ['fɔːˌfɪŋgəʳ]	l'index
the middle finger	le majeur
the ring finger	l'annulaire
the little finger	le petit doigt, l'auriculaire
AM the pinkie ['pɪŋkɪ] AM the pinky	

a fingernail	un ongle de la main
to be right-handed	être droitier
to be left-handed	être gaucher
– A leg [leg]	une jambe
the knee [niː]	le genou
to sit* on sb's lap	s'asseoir sur les genoux de qqn
the kneecap	la rotule
the hip [hɪp]	la hanche
the thigh [θaɪ]	la cuisse
the ankle ['æŋkl]	la cheville
the calf [kɑːf] (plur. calves)	le mollet

the shinbone ['ʃɪnˌbəʊn]	le tibia
the thighbone	le fémur
to break* one's hip	se casser le col du fémur
the pelvis ['pelvɪs]	le bassin
– A foot [fʊt] (plur. feet)	un pied
the heel [hiːl]	le talon
the sole of the foot	la plante du pied
a toe [təʊ]	un orteil
the big toe	le gros orteil
the little toe	le petit orteil
a toenail	un ongle de pied

■ 5. THE FACE LE VISAGE

– The features ['fiːtʃəʳz]	les traits
to have delicate features	avoir les traits fins
freckles ['freklz]	des taches de rousseur
a freckled face	un visage plein de taches de rousseur
a mole [məʊl] a beauty spot	un grain de beauté
a dimple ['dɪmpl]	une fossette
a wrinkle ['rɪŋkl] a line [laɪn]	une ride
wrinkled ['rɪŋkld]	ridé
– The complexion [kəm'plekʃən]	le teint
to have a fresh complexion	avoir le teint frais
greasy / dry skin	une peau grasse / sèche
to have soft / rough skin	avoir la peau douce / rêche
a pimple ['pɪmpl] a spot [spɒt]	un bouton
pimply ['pɪmplɪ] spotty ['spɒtɪ]	boutonneux

– What colour are her eyes?	De quelle couleur sont ses yeux ?
to have blue / brown / green eyes	avoir les yeux bleus / marrons / verts
deep-set / bulging eyes	des yeux caves / globuleux
to have bags under one's eyes	avoir des poches sous les yeux
a Roman / snub / flat / pointed nose	un nez aquilin / retroussé / épaté / pointu
– BR **a moustache** [məs'tɑːʃ] AM **a mustache** ['mʌstæʃ]	une moustache
a beard [bɪəd]	une barbe
to have a beard	porter la barbe
whiskers ['wɪskəʳz]	des favoris
BR sideboards ['saɪdbɔːdz] AM sideburns ['saɪdbɜːnz]	des pattes
a stubbly ['stʌblɪ] chin	un menton mal rasé
to have a five-o-clock shadow	être mal rasé

■ 6. THE HAIR LES CHEVEUX

– A hair [hɛəʳ]	un cheveu
the hair (n. c. sing.)	les cheveux, la chevelure
a fine head of hair	de beaux cheveux
a lock of hair	une mèche de cheveux
a curl [kɜːl]	une boucle
– To have short / long / shoulder-length hair	avoir les cheveux courts / longs / mi-longs

to have curly / straight hair	avoir les cheveux frisés / raides
to have wavy / frizzy hair	avoir les cheveux ondulés / crépus
– Blond(e) [blɒnd]	blond
ash blond	blond cendré
chestnut brown	châtain
his hair is dark he has dark hair he is dark-haired	il a les cheveux bruns

a brunette [bruːˈnet]	une brune	– A hairstyle [ˈhɛəˌstaɪl]	une coiffure
to have red hair	être roux	to change one's hairstyle	changer de coiffure
to have ginger hair			
to be redheaded		BR a parting [ˈpɑːtɪŋ]	une raie
a redhead	un(e) rouquin(e)	AM a part [pɑːt]	
jet black hair	des cheveux d'ébène	close-cropped	coupé ras
BR grey [ɡreɪ]	gris	to have a crew cut	avoir les cheveux en brosse
AM gray			
BR to be going grey	grisonner	BR a plait [plæt]	une tresse, une natte
AM to be going gray		AM a braid [breɪd]	
to have white hair	avoir les cheveux blancs	to wear* one's hair in plaits	porter des nattes
– Bald [bɔːld]	chauve	a pigtail [ˈpɪɡˌteɪl]	une natte
baldness [ˈbɔːldnɪs]	la calvitie	a ponytail [ˈpəʊnɪˌteɪl]	une queue de cheval
to be balding	perdre ses cheveux	a bun [bʌn]	un chignon
to be going thin on top	se dégarnir sur le dessus	BR a fringe [frɪndʒ]	une frange
		AM bangs [bæŋz]	
a wig [wɪɡ]	une perruque	dreadlocks [ˈdredlɒks]	des (dread)locks
a toupee [ˈtuːpeɪ]	un postiche	to dye one's hair black	se teindre les cheveux en noir
dandruff [ˈdændrəf] (n. c. sing.)	des pellicules		

> REMARQUE Il est possible de former des adjectifs sur le modèle suivant : **to have blond hair** = avoir les cheveux blonds, **to be blond-haired** = être blond.

■ 7. HAIR CARE LES SOINS DES CHEVEUX

– To do* one's hair	se coiffer	a hairdressing salon	un salon de coiffure
a comb [kəʊm]	un peigne	a barbershop	un salon de coiffure (à l'ancienne) pour hommes
a brush [brʌʃ]	une brosse		
to comb/brush one's hair	se peigner/se brosser les cheveux	to have one's hair done	se faire coiffer
to backcomb one's hair	se crêper les cheveux	a haircut [ˈhɛəkʌt]	une coupe de cheveux
shampoo [ʃæmˈpuː]	le shampooing	to have one's hair cut	se faire couper les cheveux
to shampoo one's hair	se faire un shampooing		
hairspray [ˈhɛəsprei] BR (hair) lacquer	la laque	to have a trim	se faire rafraîchir les cheveux
a hairslide [ˈhɛəslaid]	une barrette	a shampoo and set	une mise en plis
BR a hairgrip [ˈhɛəɡrɪp] AM a bobby pin	une pince	to have one's hair set	se faire faire une mise en plis
a hairpin [ˈhɛəpɪn]	une épingle à cheveux	to have a blow dry	se faire faire un brushing
a hairnet [ˈhɛənet]	un filet (à cheveux)		
(hair) rollers	des rouleaux	to have one's hair bleached	se faire décolorer
(hair) curlers	des bigoudis	a rinse [rɪns]	un rinçage
a hairdryer [ˈhɛədraiəʳ]	un sèche-cheveux	to have highlights put in	se faire faire des mèches
– Hairdressing [ˈhɛəˌdresɪŋ]	la coiffure (métier)	a perm [pɜːm]	une permanente
a hairdresser [ˈhɛəˌdresəʳ] a hairstylist [ˈhɛəˌstailɪst]	un(e) coiffeur (-euse)	to give* sb a perm	faire une permanente à qqn
a barber [ˈbɑːbəʳ]	un coiffeur (à l'ancienne) pour hommes	to perm sb's hair	

■ 8. BODY SIZE AND SHAPE LA TAILLE ET LA MORPHOLOGIE

– Height [haɪt] — la taille
to be six feet tall — ≈ mesurer 1,80 mètre
to be of average height — être de taille moyenne
tall [tɔːl] — grand
big [bɪg] — grand et fort
small [smɔːl] — petit
short [ʃɔːt]
a giant ['dʒaɪənt] — un géant
a dwarf [dwɔːf] — un(e) nain(e)

– Build [bɪld] — la carrure
broad-shouldered — de forte carrure
well-built — bien bâti
muscular ['mʌskjʊləʳ] — musclé (corps, membre, personne)
brawny ['brɔːnɪ] — musclé (homme)
squat [skwɒt] — courtaud
thickset ['θɪkset] — trapu
stocky ['stɒkɪ] — râblé

– My figure ['fɪgəʳ] — ma silhouette
to keep* one's figure — garder la ligne
slim [slɪm] — mince
slight [slaɪt] — menu
petite [pə'tiːt] — menue (femme)
slender ['slendəʳ] — élancé, svelte
leggy ['legɪ] — tout en jambes
thin [θɪn] — maigre
lean [liːn]
as thin as a rake — maigre comme un clou
skinny ['skɪnɪ] (parlé) — maigre
to be all skin and bone — n'avoir que la peau et les os
lanky ['læŋkɪ] — dégingandé
puny ['pjuːnɪ] — chétif, frêle
a weakling ['wiːklɪŋ] — un gringalet
gaunt [gɔːnt] — émacié
emaciated [ɪ'meɪsɪeɪtɪd]

– Fat [fæt] — gros
to put* on weight — grossir
to get fatter
to be overweight — être trop gros
stout [staut] — corpulent
obese [əʊ'biːs] — obèse
obesity [əʊ'biːsɪtɪ] — l'obésité
hefty ['heftɪ] — costaud

flabby ['flæbɪ] — flasque
plump [plʌmp] — grassouillet
chubby ['tʃʌbɪ] — potelé
chubby-faced — joufflu
chubby-cheeked
dumpy ['dʌmpɪ] — boulot
sturdy ['stɜːdɪ] — vigoureux
buxom ['bʌksəm] — bien en chair (femme)
tubby ['tʌbɪ] (parlé) — rondelet

– Beauty ['bjuːtɪ] — la beauté
beautiful ['bjuːtɪfʊl] — beau (femme)
gorgeous ['gɔːdʒəs] — superbe
handsome ['hænsəm] — beau (homme)
good-looking
attractive [ə'træktɪv] — séduisant
pretty ['prɪtɪ] — joli (femme)
charming ['tʃɑːmɪŋ] — charmant
sweet [swiːt] — mignon
cute [kjuːt] (parlé)
well-groomed — soigné
to have class — avoir de la classe
a beauty competition — un concours de beauté
a beauty contest
a beauty queen — une reine de beauté

– Ugly ['ʌglɪ] — laid
ugliness ['ʌglɪnɪs] — la laideur
unattractive [ˌʌnə'træktɪv] — peu attirant
plain [pleɪn] — quelconque, ordinaire
AM homely ['həʊmlɪ]
shabby ['ʃæbɪ] — minable
unkempt ['ʌn'kempt] — peu soigné

– Pale [peɪl] — pâle
fair [fɛəʳ] — clair (teint)
sallow ['sæləʊ] — cireux
to be dark [dɑːk] — avoir le teint mat
tanned [tænd] — bronzé
ruddy ['rʌdɪ] — rougeaud

– To look like sb — ressembler à qqn
a resemblance [rɪ'zembləns] — une ressemblance
to be the spitting image of sb (parlé) — être le portrait craché de qqn
a double ['dʌbl] — un sosie
a lookalike [lʊkə'laɪk]

■ 9. BEAUTY CARE LES SOINS DE BEAUTÉ

- Makeup ['meɪkʌp]	le maquillage
to put one's makeup on	se maquiller
heavily made-up	très maquillé
cosmetics [kɒz'metɪks]	les produits de maquillage
to remove one's makeup	se démaquiller
to cleanse one's skin	se nettoyer la peau
- A cream [kri:m]	une crème
a moisturizer ['mɔɪstʃəraɪzəʳ]	une crème hydratante
a lotion ['ləʊʃən]	une lotion
a face pack	un masque de beauté
foundation	le fond de teint
face powder	la poudre
a powder compact	un poudrier
eye shadow	le fard à paupières
an eyebrow pencil	un crayon pour les yeux
mascara [mæs'kɑːrə]	le mascara
lipstick ['lɪpstɪk]	le rouge à lèvres
to put* on lipstick	se mettre du rouge à lèvres
rouge [ru:ʒ]	le rouge à joues
tweezers ['twi:zəz]	une pince à épiler
perfume ['pɜːfjuːm]	le parfum
eau de Cologne [,əʊdəkə'ləʊn]	l'eau de Cologne

toilet water	l'eau de toilette
to put on some perfume	se parfumer
a bottle of perfume	un flacon de parfum
- To do* one's nails	se faire les ongles
a nailbrush ['neɪlbrʌʃ]	une brosse à ongles
to cut* one's nails	se couper les ongles
to file one's nails	se limer les ongles
nail-clippers	un coupe-ongles
a nail file	une lime à ongles
to manicure one's nails	se faire une manucure
to give* sb a manicure	faire une manucure à qqn
a manicurist ['mænɪˌkjʊərɪst]	une manucure (personne)
to cut one's toenails	se couper les ongles des doigts de pied
to have a pedicure	se faire soigner les pieds
nail varnish nail polish	le vernis à ongles
nail polish remover	le dissolvant
handcream ['hændkriːm]	la crème pour les mains
BR a beauty parlour AM a beauty parlor	un institut de beauté
a beautician [bjuː'tɪʃən]	une esthéticienne
to have a facelift	se faire faire un lifting

■ 10. HYGIENE L'HYGIÈNE

- Hygienic [haɪ'dʒiːnɪk]	hygiénique
BR body odour AM body odor BO (parlé)	les odeurs de transpiration
to smell* [smel]	sentir mauvais
to have fresh/bad breath	avoir bonne/mauvaise haleine
- To (have a) wash AM to wash up¹	se laver
to wash one's hands	se laver les mains
to have a bath to take* a bath AM to bathe² [beɪð]	prendre un bain
to run* a bath	faire couler un bain
a shower ['ʃaʊəʳ]	une douche
to have a shower to take* a shower	prendre une douche
to have a quick wash	se débarbouiller

to freshen up	faire un brin de toilette
to soap o.s.	se savonner
to dry o.s.	se sécher

> ATTENTION 1 : BR to wash up = faire la vaisselle
> 2 : BR to bathe = se baigner dans la mer ou dans une rivière

- Soap [səʊp]	le savon
a bar of soap	un savon
shower gel	le gel douche
a deodorant [diː'əʊdərənt]	un déodorant
a sponge [spʌndʒ]	une éponge
a massage glove	un gant de crin
a flannel ['flænl]	un gant de toilette (dans les pays anglo-saxons il s'agit d'un petit carré de tissu éponge)

bubble bath — le bain moussant
a sponge bag — une trousse de toilette

- To clean one's teeth — se laver les dents
to brush one's teeth — se brosser les dents
a toothbrush ['tu:θbrʌʃ] — une brosse à dents
dental floss — le fil dentaire
to floss (one's teeth) — utiliser du fil dentaire
toothpaste ['tu:θpeɪst] — la pâte dentifrice
a tube of toothpaste — un tube de dentifrice
mouthwash ['maʊθwɒʃ] — le bain de bouche
toilet paper — le papier hygiénique
a roll of toilet paper — un rouleau de papier hygiénique
a wipe [waip] — une lingette

BR a sanitary towel — une serviette hygiénique
AM a sanitary napkin
a tampon ['tæmpɒn] — un tampon hygiénique

- To (have a) shave [ʃeɪv] — se raser
to trim one's beard — se tailler la barbe
a razor ['reɪzə'] — un rasoir
an electric razor — un rasoir électrique
a shaver ['ʃeɪvə']
a cut-throat razor — un rasoir à main
a shaving brush — un blaireau
a razor blade — une lame de rasoir
shaving cream — la crème à raser
shaving foam — la mousse à raser
shaving gel — le gel de rasage
after-shave — la lotion après-rasage

2 CLOTHING L'HABILLEMENT

■ 1. GETTING DRESSED S'HABILLER

- An article of clothing	un vêtement
clothes [kləʊðz]	les vêtements
dress [dres]	la tenue
gear [gɪəʳ] (n. c.) (parlé)	des fringues
- To wear* [wɛəʳ]	porter
to dress (o.s.)	s'habiller
to get* dressed	
to put* sth on	mettre qqch.
to slip sth on	enfiler qqch.
dressed [drest]	habillé, vêtu
to be dressed in black	être habillé en noir
to dress in white	porter du blanc
to be casually dressed	porter des vêtements décontractés
fully clothed	tout habillé
fully dressed	
well/badly dressed	bien/mal habillé
ragged ['rægɪd]	en haillons
tattered ['tætəd]	
slovenly ['slʌvnlɪ]	débraillé
- To undress (o.s.)	se déshabiller
to get* undressed	
to take* sth off	ôter qqch.
to change [tʃeɪndʒ]	se changer
to get* changed	
to strip off	se déshabiller complètement
to have nothing on	être tout nu
naked ['neɪkɪd]	nu (personne)
nude [njuːd]	
bare [bɛəʳ]	nu (membres)
barefoot	nu-pieds
barelegged	nu-jambes
bareheaded	nu-tête
stripped to the waist	torse nu
half-naked	à moitié nu
scantily dressed	en petite tenue

- To fasten one's coat	fermer son manteau
to do* up one's coat	
to tie one's tie	nouer sa cravate
to buckle one's belt	boucler sa ceinture
to unfasten one's jacket	défaire sa veste
to undo* one's jacket	
a button ['bʌtn]	un bouton
to button (up) a coat	boutonner un manteau
to unbutton ['ʌn'bʌtn]	déboutonner
to unbuckle one's belt	défaire sa ceinture
a hook [hʊk]	une agrafe
a fastener ['fɑːsnəʳ]	
a zip	une fermeture éclair®
BR a press stud	un bouton-pression
AM a snap fastener	
- What size do you take?	Quelle taille faites-vous ?
What's your waist/hip size?	Quel est votre tour de taille/de hanches ?
to try sth on	essayer qqch.
it fits you	ça te va bien (comme taille)
it suits you	ça te va bien (comme couleur, comme style)
loose [luːs]	ample
baggy ['bægɪ]	large
close-fitting	ajusté
tight [taɪt]	étroit
skimpy ['skɪmpɪ]	étriqué
to match sth	être assorti à qqch.
a matching scarf	une écharpe assortie
- A fancy-dress costume	un déguisement
in fancy dress	déguisé
to dress up *as sth*	se déguiser *en qqch.*
a uniform ['juːnɪfɔːm]	un uniforme
to be in uniform	être en uniforme
spare clothes	des vêtements de rechange

REMARQUE Le mot **garment** signifie également vêtement mais il est très peu employé.

■ 2. CLOTHES LES VÊTEMENTS

- A collar [ˈkɒləʳ] — un col

a sleeve [sliːv] — une manche

short-sleeved — à manches courtes

long-sleeved — à manches longues

BR **cuffs** [kʌfz] — des manchettes
AM **(shirt) cuffs**

BR **turn-ups** [ˈtɜːnʌps] — des revers de pantalon
AM **(pants) cuffs**

a lapel [ləˈpel] — un revers de veste

a pocket [ˈpɒkɪt] — une poche

flies [flaɪz] (plur.) — la braguette

- Knitwear [ˈnɪtwɛəʳ] — la maille (terme
(n. c. sing.) — commercial)

a pullover [ˈpʊləʊvəʳ] — un pull

a sweater [ˈswetəʳ] — un tricot
a jersey [ˈdʒɜːzɪ]
BR **a jumper** [ˈdʒʌmpəʳ]

a cardigan [ˈkɑːdɪɡən] — un gilet de laine

a sweatshirt [ˈswetʃɜːt] — un sweat-shirt

a hoodie [ˈhʊdɪ] — un sweat à capuche

a T-shirt [ˈtiːʃɜːt] — un T-shirt

a crop top — un T-shirt (court et
ajusté)

a slipover [ˈslɪpˌəʊvəʳ] — un débardeur

a neckline [ˈnekˌlaɪn] — une encolure

BR **a polo neck** — un col roulé
AM **a turtleneck**[1]
[ˈtɜːtlˌnek]

a V-necked / round- — un pull en V / ras du cou
necked sweater

a low-necked dress — une robe décolletée
a low-cut dress

ATTENTION 1 : BR **a turtleneck** = un pull à col cheminée

- A shirt [ʃɜːt] — une chemise

a sports shirt — un polo

in (one's) shirt sleeves — en manches de chemise

BR **trousers** [ˈtraʊzəz] — un pantalon
(plur.)
AM **pants**[1] [pænts] (plur.)

cords [kɔːdz] (plur.) — un pantalon en velours
côtelé

jeans [dʒiːnz] (plur.) — un jean
denims [ˈdenɪmz] (plur.)

shorts[2] [ʃɔːts] (plur.) — un short

combat trousers — un treillis

a jacket [ˈdʒækɪt] — une veste, un veston, un
blouson

a puffa jacket — une doudoune

a blazer [ˈbleɪzəʳ] — un blazer

BR **a waistcoat** — un gilet de costume
[ˈweɪstkəʊt]
AM **a vest**[3] [vest]

a suit [suːt] — un costume

BR **a dinner jacket** — un smoking
AM **a tuxedo** [tʌkˈsiːdəʊ]

tails [teɪlz] (plur.) — une queue-de-pie

a kilt [kɪlt] — un kilt

ATTENTION 1 : BR **pants** = un slip
2 : également AM **shorts** = un caleçon d'homme
3 : BR **a vest** = un maillot de corps

- A skirt [skɜːt] — une jupe

a straight / full skirt — une jupe droite / large

a pleated / gathered — une jupe plissée /
skirt — froncée

a miniskirt [ˈmɪnɪˌskɜːt] — une mini-jupe

culottes [kju(ː)ˈlɒts] (plur.) — une jupe-culotte

a wrap-around skirt — une jupe-portefeuille

a dress [dres] — une robe
a gown [ɡaʊn] (soutenu)

an evening dress — une robe du soir

a blouse [blaʊz] — un chemisier, un
corsage

a lady's suit — un tailleur

a shawl [ʃɔːl] — un châle
a wrap [ræp]

an apron [ˈeɪprən] — un tablier

- A coat [kəʊt] — un manteau

an overcoat [ˈəʊvəkəʊt] — un pardessus

a sheepskin jacket — une canadienne

a duffel coat — un duffel-coat

a fur coat — un manteau de fourrure

a raincoat [ˈreɪnkəʊt] — un imperméable

a trenchcoat [ˈtrentʃkəʊt] — un trench

waterproof [ˈwɔːtəˌpruːf] — imperméable

BR **oilskins** [ˈɔɪlskɪnz] — un ciré
(plur.)
AM **oilers** [ˈɔɪləz] (plur.)

BR **an anorak** [ˈænəræk] — un anorak
AM **a parka** [ˈpɑːkə]

BR **a cagoule** [kəˈɡuːl] — un anorak

a jacket [ˈdʒækɪt] — un blouson

BR **a windcheater** — un coupe-vent
[ˈwɪndˌtʃiːtəʳ]
AM **a windbreaker**
[ˈwɪndˌbreɪkəʳ]

a cloak [kləʊk] — une cape

a tunic [ˈtjuːnɪk]	une tunique
– Overalls [ˈəʊvərˌɔːlz] (plur.)	un bleu de travail
BR **a boiler suit**	
dungarees [ˌdʌŋɡəˈriːz] (plur.)	une salopette

sportswear [ˈspɔːtswɛəʳ] (n. c. sing.)	les vêtements de sport (terme commercial)
a tracksuit [ˈtræksuːt]	un survêtement

> **REMARQUE** Les termes anglais désignant les vêtements dans lesquels on passe les jambes sont toujours au pluriel ; ex. : **my trousers have a hole in them** = mon pantalon est troué. Si l'on désire utiliser ces termes avec un adjectif numéral, il faut les accompagner de l'expression **pair(s) of**; ex. : **I've bought one pair of trousers/two pairs of trousers** = j'ai acheté un pantalon/deux pantalons.

■ 3. UNDERWEAR LES SOUS-VÊTEMENTS

– Lingerie [ˈlænʒəriː]	la lingerie fine
BR **a vest**[1] [vest]	un maillot de corps
BR **a singlet** [ˈsɪŋɡlɪt]	
AM **an undershirt** [ˈʌndəʃɜːt]	
briefs [briːfs] (plur.)	un slip[2]
panties[3] [ˈpæntɪz] (plur.)	un slip de femme, une culotte
BR **knickers** [ˈnɪkəz] (plur.)	
BR **underpants** [ˈʌndəpænts] (plur.)	un caleçon
AM **shorts**[4] [ʃɔːts] (plur.)	
a g-string [ˈdʒiːstrɪŋ]	un string
a bra [brɑː]	un soutien-gorge
a petticoat [ˈpetɪkəʊt]	un jupon
BR **an underskirt** [ˈʌndəskɜːt]	
a waist slip	
a body [ˈbɒdɪ]	un body
BR **a suspender** [səsˈpendəʳ]	une jarretelle
AM **a garter** [ˈɡɑːtəʳ]	
BR **a suspender belt**	un porte-jarretelles
AM **a garter belt**	
BR **braces** [ˈbreɪsɪz] (plur.)	des bretelles
AM **suspenders** [səsˈpendəʳs] (plur.)	

> **ATTENTION** 1 : AM **a vest** = un gilet de costume
> 2 : FAUX AMI **a slip** = une combinaison
> 3 : AM **pants** = un pantalon
> 4 : BR **shorts** = un short

– BR pyjamas [pɪˈdʒɑːməz] (plur.)	un pyjama
AM **pajamas** [pəˈdʒɑːməz] (plur.)	
BR **a nightdress** [ˈnaɪtdres]	une chemise de nuit
BR **a nightie** [ˈnaɪtɪ] (parlé)	
AM **a nightgown** [ˈnaɪtɡaʊn]	
a dressing-gown	une robe de chambre
a bathrobe [ˈbɑːθˌrəʊb]	un peignoir de bain
a négligé [ˈneɡlɪʒeɪ]	un déshabillé
– A sock [sɒk]	une chaussette
ankle socks	des socquettes
BR **tights** [taɪts] (plur.)	un collant
AM **panty hose** (plur.)	
AM **pantihose** (plur.)	
hose [həʊz] (n. c. sing.)	les bas et chaussettes (terme commercial)
hosiery [ˈhəʊzɪərɪ] (n. c.)	
a stocking [ˈstɒkɪŋ]	un bas
fishnet stockings	des bas résille
BR **a ladder** [ˈlædəʳ]	une maille filée, une échelle
AM **a run** [rʌn]	
– A swimsuit [ˈswɪmsuːt]	un maillot de bain (pour femme)
a one-piece/two-piece swimsuit	un maillot de bain une pièce/deux pièces
BR **swimming trunks** (plur.)	un maillot de bain (pour homme)
AM **swimming shorts** (plur.)	

■ 4. FABRICS LES TISSUS

– A fabric [ˈfæbrɪk]	un tissu, une étoffe
a material [məˈtɪərɪəl]	
cloth [klɒθ] (n. c.)	du tissu, de l'étoffe
man-made fibres	les fibres synthétiques

– Wool [wʊl]	la laine
wool	en laine
BR **woollen** [ˈwʊlən]	
AM **woolen**	

BR **woollens** ['wʊlənz] AM **woolens**	des lainages
tweed [twiːd]	le tweed
cotton ['kɒtn]	le coton
linen ['lɪnɪn]	le lin
silk [sɪlk]	la soie
satin ['sætɪn]	le satin
velvet ['velvɪt]	le velours
corduroy ['kɔːdərɔɪ]	le velours côtelé
denim ['denɪm]	la toile de jean
gingham ['gɪŋəm]	le vichy
polyester [ˌpɒlɪ'estəʳ]	le polyester
viscose ['vɪskəʊs]	la viscose
nylon ['naɪlɒn]	le nylon
acrylic [ə'krɪlɪk]	l'acrylique
terry towelling	le tissu-éponge
microfibre ['maɪkrəʊˌfaɪbəʳ]	la microfibre
lace [leɪs]	la dentelle
fur [fɜːʳ]	la fourrure
leather ['leðəʳ]	le cuir
suede [sweɪd]	le daim
– **A printed material**	un tissu imprimé
a stripe [straɪp]	une rayure
striped [straɪpt]	rayé
polka dots	des pois
a polka-dot dress	une robe à pois
checks [tʃeks] (plur.)	des carreaux
check(ed) [tʃek(t)]	à carreaux
tartan ['tɑːtən]	écossais
a herringbone pattern	un motif à chevrons
– **A tear** [tɛəʳ]	un accroc

to come* off	se découdre (bouton)
to come* unstitched	se découdre (vêtement)
to crease [kriːs]	se chiffonner
a crease [kriːs]	un faux pli
crease-resistant	infroissable
to crumple ['krʌmpl]	se froisser
hard-wearing	solide
to shrink* [ʃrɪŋk]	rétrécir
frayed [freɪd]	effiloché
shiny ['ʃaɪnɪ]	lustré
threadbare ['θredbɛəʳ]	élimé, râpé
to fade [feɪd]	passer (couleur)
moth-eaten	mité
BR **colourfast** ['kʌləʳˌfɑːst] AM **colorfast**	grand teint
the colour has run	ça a déteint
– **Silky** ['sɪlkɪ]	soyeux
velvety ['velvɪtɪ]	velouté
BR **fluff** [flʌf] (n. c.) AM **lint** [lɪnt] (n. c.)	des peluches
– **To fold one's clothes**	plier ses vêtements
to hang* up one's clothes	accrocher ses vêtements
a coat hanger	un cintre
a peg [peg]	une patère
a laundry ['lɔːndrɪ]	une blanchisserie
BR **a launderette** [ˌlɔːndə'ret] AM **a Laundromat®** ['lɔːndrəmæt]	une laverie automatique
to have sth drycleaned	donner qqch. à nettoyer
a (dry)cleaner's	une teinturerie, un pressing

> REMARQUE Tous les noms de tissus peuvent s'employer comme adjectifs ; ex. :
> a cotton/silk dress = une robe en coton/en soie.

■ 5. SEWING, KNITTING & WEAVING COUTURE, TRICOT, TISSAGE _____

– **To sew*** [səʊ]	coudre, faire de la couture
to sew* on a button	coudre un bouton
hand-sewn	cousu à la main
machine-sewn	piqué à la machine
to embroider sth *with*	broder qqch. *de*
embroidery [ɪm'brɔɪdərɪ]	la broderie
a piece of embroidery	une broderie
lace [leɪs]	la dentelle

needlework ['niːdlˌwɜːk] (n. c. sing.)	les travaux d'aiguille
a tailor ['teɪləʳ]	un tailleur
a dressmaker ['dresˌmeɪkəʳ]	une couturière
– **A needle** ['niːdl]	une aiguille
a pin [pɪn]	une épingle
a safety pin	une épingle à nourrice
a pin cushion	une pelote à épingles

to pin sth (on)	épingler qqch.
to pin up a hem	épingler un ourlet
scissors ['sɪzəʳz]	des ciseaux
a pair of scissors	une paire de ciseaux
a thimble ['θɪmbl]	un dé
a tape measure	un mètre à ruban
a sewing machine	une machine à coudre
a sewing box	une boîte à ouvrage
a workbox ['wɜːkbɒks]	
– Thread [θred]	du fil
BR cotton ['kɒtn]	
a reel of thread	une bobine de fil
a reel of cotton	
a ribbon ['rɪbən]	un ruban
– A seam [siːm]	une couture
to baste [beɪst]	bâtir
BR to tack [tæk]	
a pleat [pliːt]	un pli
to shorten sth	raccourcir qqch.
to take* sth up	
to lengthen sth	rallonger qqch.
to let* sth down	
the cut of a jacket	la coupe d'une veste
a fitted jacket	une veste cintrée
a buttonhole ['bʌtnhəʊl]	une boutonnière
to gather ['gæðəʳ]	froncer
a dart [dɑːt]	une pince
a lining ['laɪnɪŋ]	une doublure
to line a skirt with sth	doubler une jupe de qqch.
lined with fur	doublé de fourrure
fur-lined	
a shoulder pad	une épaulette
to mend [mend]	raccommoder
to darn [dɑːn]	repriser
a patch [pætʃ]	une pièce
a pattern ['pætən]	un patron, un modèle
– To knit [nɪt]	tricoter
knitting ['nɪtɪŋ]	le tricot (activité)
a ball of wool	une pelote de laine
a stitch [stɪtʃ]	une maille

purl one, knit one	une maille à l'envers, une maille à l'endroit
knitting needles	des aiguilles à tricoter
a knitting machine	une machine à tricoter
to crochet ['krəʊʃeɪ]	faire du crochet
a crochet hook	un crochet
– Fashion ['fæʃən]	la mode
a style [staɪl]	un style, une mode
classic ['klæsɪk]	classique
old-fashioned ['əʊld'fæʃnd]	démodé
to come* back into fashion	revenir à la mode
to be in fashion	être à la mode (vêtement)
to be fashionable	
a fashion show	un défilé de mode
the winter/summer collection	la collection d'hiver/ d'été
a model ['mɒdl]	un mannequin
made-to-measure	fait sur mesure
to have a dress made	se faire faire une robe
ready-to-wear clothes	des vêtements de prêt-à-porter
BR off-the-peg clothes	
AM off-the-rack clothes	
the rag trade (parlé)	la confection
a clothes shop	un magasin de vêtements
haute couture	la haute couture
a fashion designer	un(e) styliste
a top designer	un grand couturier
a designer shirt	une chemise de créateur
a fitting ['fɪtɪŋ]	un essayage
– To weave* [wiːv]	tisser
a weaver ['wiːvəʳ]	un(e) tisserand(e)
the woof [wʊf]	la trame
the weft [weft]	
the warp [wɔːp]	la chaîne
a loom [luːm]	un métier
to spin* [spɪn]	filer
a spindle ['spɪndl]	un fuseau
a tapestry ['tæpɪstrɪ]	une tapisserie

■ 6. SHOES LES CHAUSSURES

– A shoe [ʃuː]	une chaussure, un soulier
a pair of shoes	une paire de chaussures
to put* one's shoes on	se chausser
to take* one's shoes off	se déchausser

the sole [səʊl]	la semelle
the heel [hiːl]	le talon
to wear* high heels	porter des talons hauts
high-heeled shoes	des chaussures à talons hauts

stiletto heels	des talons aiguilles
flat shoes	des chaussures basses
lace-ups ['leɪsʌps]	des chaussures à lacets
slip-ons ['slɪpɔnz]	des chaussures sans lacets
patent (leather) shoes	des souliers vernis
a strap [stræp]	une bride
BR a shoelace	un lacet
AM a shoestring	
to lace up one's shoes	lacer ses souliers
to do* one's shoes up	
a shoehorn	un chausse-pied
− A (high) boot	une botte
an ankleboot ['æŋklbuːt]	un bottillon, une bottine
thigh boots	des cuissardes
wellington boots	des bottes en caout-chouc
wellies ['welɪz]	
BR moccasins ['mɒkəsɪns]	des mocassins
AM loafers ['ləʊfəz]	
pumps [pʌmps]	des escarpins
court shoes	
a sandal ['sændl]	une sandale
a clog [klɒg]	un sabot
canvas shoes	des chaussures de toile

trainers ['treɪnəz]	des baskets
tennis shoes	des tennis
gym shoes	des chaussons de gymnastique
a slipper ['slɪpəʳ]	une pantoufle, un chausson
a mule [mjuːl]	une mule
deck shoes	des chaussures bateau
− A shoeshop ['ʃuːʃɒp]	un magasin de chaussures
footwear ['fʊtwɛəʳ] (n. c.)	la chaussure (terme commercial)
the shoe repairer	le cordonnier
the shoe mender	
the cobbler ['kɒbləʳ]	
to have one's shoes mended	faire réparer ses chaus-sures
to have one's shoes repaired	
to have a pair of shoes resoled	faire ressemeler une paire de chaussures
shoe polish	le cirage
shoe cream	
to polish one's shoes	cirer ses chaussures
to pinch [pɪnʃ]	serrer, faire mal
insoles ['ɪnsəʊlz]	semelles intérieures

■ 7. ACCESSORIES AND JEWELLERY LES ACCESSOIRES ET LES BIJOUX ___

− A hat [hæt]	un chapeau
a hood [hʊd]	une capuche
a cap [kæp]	une casquette
a beret ['bereɪ]	un béret
a turban ['tɜːbən]	un turban
a felt hat	un feutre
a woolly hat	un bonnet (en laine)
a pompom hat	un bonnet à pompon
BR a trilby ['trɪlbɪ]	un chapeau mou
AM a fedora [fəˈdɔːrə]	
BR a bowler (hat)	un chapeau melon
['bəʊləʳ(hæt)]	
AM a derby ['dɜːbɪ]	
a top hat	un haut-de-forme
a boater ['bəʊtəʳ]	un canotier
a helmet ['helmɪt]	un casque
a balaclava (helmet)	un passe-montagne, une cagoule
a veil [veɪl]	un voile, une voilette
− BR a tie [taɪ]	une cravate
AM a necktie ['nektaɪ]	
a bow tie	un nœud papillon

a belt [belt]	une ceinture
a scarf [skɑːf]	une écharpe
(plur. scarves)	
a glove [glʌv]	un gant
mitts [mɪts]	des moufles
mittens ['mɪtns]	
− BR a handbag	un sac à main
['hændbæg]	
AM a purse¹ [pɜːs]	
an umbrella [ʌmˈbrelə]	un parapluie
a (walking) stick	une canne
a cane [keɪn]	
a briefcase ['briːfkeɪs]	une serviette
an attaché case	une mallette
a waist bag	un sac banane
BR a bum bag	
a parasol [ˌpærəˈsɒl]	une ombrelle
BR sunglasses	des lunettes de soleil
['sʌnglɑːsɪz]	
AM shades [ʃeɪdz]	

ATTENTION 1 : BR a purse = un porte-monnaie

- BR a wallet ['wɒlɪt] — un portefeuille
  AM a pocketbook ['pɒkɪtbʊk]
  AM a billfold ['bɪlˌfəʊld]
  BR a purse[1] [pɜːs] — un porte-monnaie
  AM a coin purse
  AM a change purse
  an address book — un carnet d'adresses
  a notebook ['nəʊtˌbʊk] — un calepin
  a diary ['daɪərɪ] — un agenda
  a visiting card — une carte de visite
  a handkerchief — un mouchoir
  ['hæŋkətʃɪf]
  a hankie ['hæŋkɪ] (parlé)
  a tissue ['tɪʃuː] — un mouchoir en papier
  a paper hankie (parlé)
  a lighter ['laɪtəʳ] — un briquet

  ATTENTION 1 : AM a purse = un sac à main

- A watch [wɒtʃ] — une montre
  a watchstrap — un bracelet de montre
  cufflinks ['kʌflɪŋks] — des boutons de manchette
  a bracelet ['breɪslɪt] — un bracelet
  a ring [rɪŋ] — une bague
  a necklace ['neklɪs] — un collier
  a pearl necklace — un collier de perles
  a brooch [brəʊtʃ] — une broche
  an earring ['ɪəˌrɪŋ] — une boucle d'oreille
  a badge [bædʒ] — un badge
  a lapel badge — une épinglette, un pin's
  to have one's ears pierced — se faire percer les oreilles
  a piercing ['pɪəsɪŋ] — un piercing
  bling [blɪŋ] (parlé) — bijoux lourds et voyants

Tableaux de comparaison des tailles en France, en Grande-Bretagne et aux États-Unis

FEMMES								
Robes, jupes, manteaux, pantalons, chemisiers, pulls								
France	34	36	38	40	42	44	46	48
GB/USA	8	10	12	14	16	18	20	22
Chaussures								
France	35	36	37	38	39	40	41	42
GB	3	4	4½	5½	6½	7½	8½	9½
USA	3½	4½	6	7	8	9	10	11

HOMMES									
Manteaux, pantalons, pulls									
France	44	46	48	49½	51	52½	54	55½	57
GB/USA	34	35	36	37	38	39	40	41	42
Chemises									
France	36	37	38	39	41	42	43	44	45
GB/USA	14	14½	15	15½	16	16½	17	17½	18
Chaussures									
France	40	41	42	43	44	45			
GB	6	7	8	9	10	11			
USA	7	8	9	10	11	11½			

3 PERCEPTION
LA PERCEPTION

■ 1. PHYSICAL FEELINGS LES SENSATIONS

– The five senses	les cinq sens	sensory ['sensərɪ]	sensoriel
to perceive [pə'siːv]	percevoir	sensuous ['sensjʊəs]	sensuel
sensitive to ['sensɪtɪv]	sensible à		
a sensation [sen'seɪʃən]	une sensation	– Distinct [dɪs'tɪŋkt]	distinct
a feeling ['fiːlɪŋ]		intense [ɪn'tens]	intense
to sense [sens]	sentir (intuitivement)	intensity [ɪn'tensɪtɪ]	l'intensité
to feel* [fiːl]	sentir	perceptible [pə'septəbl]	perceptible
to have a burning feeling	avoir une sensation de brûlure	imperceptible [ˌɪmpə'septəbl]	imperceptible
I can't feel my hands	je ne sens plus mes mains	detectable [dɪ'tektəbl]	décelable
numb [nʌm]	engourdi (membre)	to detect [dɪ'tekt]	détecter
to go* numb	s'engourdir (membre)	superficial [ˌsuːpə'fɪʃəl]	superficiel
to go* to sleep		– A reaction to sth [riː'ækʃən]	une réaction à qqch.
to go* dead		to react to sth [riː'ækt]	réagir à qqch.
– Conscious of sth	conscient de qqch.	a response to sth [rɪs'pɒns]	une réponse à qqch.
aware of sth			
unaware of sth	inconscient de qqch.	to respond to sth [rɪs'pɒnd]	répondre à qqch.
to experience sth	éprouver qqch.	to stimulate ['stɪmjʊleɪt]	stimuler
to get* the impression that	avoir l'impression que	a stimulus ['stɪmjʊləs] (plur. stimuli)	un stimulus
it felt like flying	on avait l'impression de voler		

> REMARQUE Les verbes exprimant des sensations se construisent souvent avec
> can ; ex. : I can feel it = je le sens, I can hear it = je l'entends, I can see it = je le vois.

■ 2. TOUCH LE TOUCHER

– To feel* sth	tâter qqch., palper qqch.	to tap on sth, against sth [tæp]	taper doucement sur qqch.
rough/smooth to the touch	rugueux/lisse au toucher	to pat [pæt]	tapoter (joue)
contact with ['kɒntækt]	le contact avec	to tap	tapoter (objet)
to come* into contact with	être en contact avec	to knock on/against sth [nɒk]	frapper sur/contre qqch.
tactile ['tæktaɪl]	tactile	to squeeze [skwiːz]	presser
tangible ['tændʒəbl]	tangible	to tickle ['tɪkl]	chatouiller
– To touch [tʌtʃ]	toucher	ticklish ['tɪklɪʃ]	chatouilleux
to finger sth	toucher qqch. des doigts	– Soft [sɒft]	doux
to touch sth lightly	effleurer qqch.	smooth [smuːð]	lisse
to feel* around for sth	chercher qqch. à tâtons	to smooth	lisser
to handle ['hændl]	manipuler	even ['iːvən]	uni
to rub against [rʌb]	frotter contre	downy ['daʊnɪ]	duveteux
to brush against sth	frôler qqch.	– Hard [hɑːd]	dur
to caress [kə'res]	caresser	slippery ['slɪpərɪ]	glissant
to stroke [strəʊk]		slimy ['slaɪmɪ]	visqueux
to pet [pet]		greasy ['griːsɪ]	graisseux

15

moist [mɔɪst]	humide	uneven [ʌnˈiːvən]	irrégulier
sticky [ˈstɪkɪ]	poisseux	rough [rʌf]	rugueux
clammy [ˈklæmɪ]	moite		

> REMARQUE On notera que la plupart des verbes exprimant le contact sont souvent suivis d'une postposition : **to brush** *against*, **to rub** *against*, **to tap** *on*.

■ 3. TASTE LE GOÛT

– **To taste sth**	goûter qqch.
to give* sb a taste of sth	faire goûter qqch. à qqn
to sample [ˈsɑːmpl]	déguster (fromages, coquillages)
to enjoy [ɪnˈdʒɔɪ] BR **to savour** [ˈseɪvəʳ] AM **to savor**	savourer
to have a discerning palate	avoir le palais fin
– **To taste of sth**	avoir un goût de qqch.
What does it taste like?	Quel goût ça a ?
it tastes nice / awful	ça a bon / mauvais goût
it has a sweet / sour taste	ça a un goût sucré / amer
sweet to the taste	sucré au goût
you can taste the vanilla	on sent le goût de la vanille
BR **an aftertaste** [ˈɑːftəteɪst] AM **an undertaste** [ˈʌndəteɪst]	un arrière-goût
BR **a nice / strong flavour** AM **a nice / strong flavor**	un goût agréable / prononcé

BR **to flavour sth** AM **to flavor sth**	donner du goût à qqch.
BR **a flavour** [ˈfleɪvəʳ] AM **a flavor**	un parfum (glace)
– **Delicious** [dɪˈlɪʃəs]	délicieux
tasty [ˈteɪstɪ]	savoureux
appetizing [ˈæpɪtaɪzɪŋ]	appétissant
mouth-watering	alléchant
– **Tasteless** [ˈteɪstlɪs]	sans goût
bland [blænd]	fade
insipid [ɪnˈsɪpɪd]	insipide
unpalatable [ʌnˈpælɪtəbl]	désagréable au goût
– **Salty** [ˈsɔːltɪ]	salé
hot [hɒt]	relevé
spicy [ˈspaɪsɪ]	épicé
peppery [ˈpepərɪ]	poivré
sweet [swiːt]	sucré
bitter [ˈbɪtəʳ]	amer
tart [tɑːt]	acide
sour [ˈsauəʳ]	aigre
pungent [ˈpʌndʒənt]	piquant

■ 4. SMELL L'ODORAT

– **To smell* sth**	sentir qqch. (en le respirant)
to smell* gas	sentir une odeur de gaz
to have a keen sense of smell	avoir un bon odorat
a smell [smel] BR **an odour** [ˈəʊdəʳ] (soutenu) AM **an odor** (soutenu)	une odeur
– **It smells of lavender**	ça sent la lavande
it has no smell	ça ne sent rien
BR **odourless** [ˈəʊdəlɪs] AM **odorless**	inodore (gaz)
– **Sweet-smelling**	odorant, qui sent bon

scent [sent]	le parfum (d'une fleur, d'un savon)
fragrance [ˈfreɪgrəns]	
scented [sentɪd] **fragrant** [ˈfreɪgrənt]	parfumé (fleur, savon)
sweet [swiːt]	parfumé (fruit)
heady [ˈhedɪ]	capiteux
pervasive [pɜːˈveɪsɪv]	pénétrant
a fragrance	une senteur
an aroma [əˈrəʊmə]	un arôme
aromatic [ˌærəʊˈmætɪk]	aromatique
– **To sniff at sth**	renifler qqch., flairer qqch.
to sniff the air	humer l'air

to scent [sent] — parfumer (fleurs)
to perfume ['pɜːfjuːm]
to exhale [eks'heɪl] — exhaler
to give* off

- **Nasty-smelling** — malodorant, qui sent mauvais
it's smelly — ça sent mauvais
it's stuffy in here — ça sent le renfermé ici
foul [faʊl] — nauséabond
to stink* [stɪŋk] — puer
to reek [riːk]

to stink* of sth — puer qqch., empester qqch.
to reek of sth
stinking ['stɪŋkɪŋ] — puant
it stank the room out — cela empestait la pièce
stink — la puanteur
stench [stenʃ]
a stench — une odeur nauséabonde
acrid ['ækrɪd] — âcre
pungent ['pʌndʒənt]
fetid ['fetɪd] — fétide

■ 5. SIGHT LA VUE

- **To see*** [siː] — voir
to have good/poor eyesight — avoir une bonne/mauvaise vue
visible ['vɪzəbl] — visible
invisible [ɪn'vɪzəbl] — invisible
visibility [ˌvɪzɪ'bɪlɪtɪ] — la visibilité
visual ['vɪzjʊəl] — visuel
at first sight — à première vue
to be in sight — être en vue
to come* into sight — apparaître
to appear [ə'pɪəʳ]
to be out of sight — être hors de vue
to go* out of sight — disparaître
to disappear [ˌdɪsə'pɪəʳ]
to lose* sight of sth/sb — perdre qqch./qqn de vue
to shoot* on sight — tirer à vue
to know* sb by sight — connaître qqn de vue
- **To make*** sth out — distinguer qqch.

to block sb's view — boucher la vue de qqn
a lovely view — une belle vue
the sight of [saɪt] — le spectacle de
a witness of, to ['wɪtnɪs] — un témoin de
the onlookers ['ɒnˌlʊkəz] — les badauds

- **Conspicuous** — bien en évidence
[kən'spɪkjʊəs]
to be inconspicuous — passer inaperçu
clear [klɪəʳ] — clair
clarity ['klærɪtɪ] — la clarté
opaque [əʊ'peɪk] — opaque
transparent — transparent
[træns'pɛərənt]
transparency — la transparence
[træns'pɛərənsɪ]
translucent [trænz'luːsnt] — translucide
optical ['ɒptɪkəl] — optique
an optical illusion — une illusion d'optique

■ 6. LOOKING REGARDER

- **To look** at sth/sb — regarder qqch./qqn
to have a look at sth/sb
to take* a look at sth/sb
watch him do it — regarde-le faire
look at him do it
to look down/up — baisser/lever les yeux
to look for sth/sb — chercher qqch./qqn du regard
to keep* a lookout for sth/sb — guetter qqch./qqn
to keep* one's eye on sth — surveiller qch
- **To observe** [əb'zɜːv] — observer

to watch [wɒtʃ]
to examine [ɪg'zæmɪn] — examiner
observant [əb'zɜːvənt] — observateur
observation [ˌɒbzə'veɪʃən] — l'observation
an observer [əb'zɜːvəʳ] — un(e) observateur (-trice)
to notice sth/sb — remarquer qqch./qqn
to spot sth/sb
to notice that — remarquer que
to gaze at sth — contempler qqch.
- **To glance** at sth/sb — jeter un coup d'œil à qqch./qqn
to glance up/around — regarder en l'air/autour de soi

to catch* sight of sth / sb	apercevoir qqch. / qqn (brièvement)	to peer at sb / sth	regarder qqn / qqch. d'un air interrogateur
to catch* a glimpse of sth / sb		to peer doubtfully at sb / sth	regarder qqn / qqch. d'un air dubitatif
to scan sth	parcourir qqch. du regard	to glare at sb	lancer un regard furieux à qqn
– To peep at sth	regarder qqch. furtivement	to glare at sb disapprovingly	jeter un regard désapprobateur à qqn
to squint at sth	regarder qqch. du coin de l'œil	to make* eyes at sb (parlé)	lancer des œillades à qqn
to look surreptitiously at sb / sth	regarder qqn / qqch. à la dérobée	to wink at sb	faire un clin d'œil à qqn
to ogle sb (parlé)	reluquer qqn	to gape at sth / sb	regarder qqch. / qqn bouche bée
to blink [blɪŋk]	cligner des yeux	he didn't take his eyes off her	il ne l'a pas quittée des yeux
– To gaze into space	regarder dans le vide		
to stare at sb / sth	fixer qqn / qqch. du regard		

■ 7. HEARING L'OUÏE

– To hear* [hɪə']	entendre	to listen for sth	guetter (le bruit de) qqch.
to listen to sb / sth ['lɪsən]	écouter qqn / qqch.	to listen with only one ear	n'écouter que d'une oreille
to be all ears	être tout ouïe	to only half listen	
his hearing is very acute	il a l'oreille fine	to put one's fingers in one's ears	se boucher les oreilles
to have a good ear	avoir de l'oreille	to pretend not to hear sth	faire la sourde oreille à qqch.
within / out of earshot	à portée / hors de portée de voix		
– To overhear* a conversation	surprendre une conversation	– Audible ['ɔːdɪbl]	audible
to eavesdrop on a conservation	écouter une conversation en cachette	barely audible	à peine audible
to prick up one's ears	tendre l'oreille	audibly ['ɔːdɪblɪ]	distinctement
		inaudible [ɪn'ɔːdəbl]	imperceptible

■ 8. NOISES AND SOUNDS LES BRUITS ET LES SONS

– A noise [nɔɪz]	un bruit	faint	faible (voix)
a sound [saʊnd]	un son	to muffle a sound	étouffer un bruit
noisy ['nɔɪzɪ]	bruyant	– Loud [laʊd]	fort, sonore
noisily ['nɔɪzɪlɪ]	bruyamment	deafening ['defnɪŋ]	assourdissant
to be noisy	faire du bruit	a racket ['rækɪt]	un vacarme
to make* a noise		an uproar ['ʌprɔː']	un tumulte
– Silent ['saɪlənt]	silencieux (personne, endroit)	an echo ['ekəʊ]	un écho
		to echo	se répercuter
silence ['saɪləns]	le silence	– Shrill [ʃrɪl]	aigu (voix, son)
quiet ['kwaɪət]	tranquille (lieu), silencieux (machine)	high-pitched	
to stop talking	se taire	high(-pitched)	aigu (note)
be quiet!	taisez-vous !	discordant [dɪs'kɔːdənt]	discordant
faint [feɪnt]	faible (bruit)	jarring ['dʒɑːrɪŋ]	
slight [slaɪt]		to jar [dʒɑː']	faire un bruit discordant

piercing ['pɪəsɪŋ]	perçant
low [ləʊ]	grave (note)
deep [diːp]	grave (voix, son)
low-pitched	
– To ring* [rɪŋ]	sonner (téléphone, cloche, réveil)
a ring	une sonnerie
to tinkle ['tɪŋkl]	tinter (clochette)
a tinkle	un tintement
to jingle ['dʒɪŋgl]	tinter (monnaie)
a jingle	un tintement
to chink [tʃɪŋk]	tinter (verres)
a chink	un tintement
to peal [piːl]	carillonner
to ring*	
a peal of bells	un carillon
to ring*	retentir (sonnerie)
to ring* out	retentir (cris)
to boom [buːm]	retentir (voix)
to resound with sth	retentir de qqch.
– To screech [skriːtʃ]	grincer (freins)
to grate [greɪt]	grincer (objet métallique)
a grating noise	un grincement
to grind* one's teeth	grincer des dents
to shriek [ʃriːk]	hurler (personne)
a shriek	un hurlement
to wail [weɪl]	hurler (sirène)
to blare [blɛəʳ]	hurler (radio)
to blast out	
– To clink [klɪŋk]	cliqueter (vaisselle, clés)
a clink	un cliquetis
to clank ['klæŋk]	cliqueter (chaînes)
a clank	un cliquetis
to clatter ['klætəʳ]	cliqueter (talons)
a clatter	un cliquetis
to click [klɪk]	faire clic
a click	un déclic
to crunch [krʌntʃ]	crisser (gravier)
a crunch	un crissement (gravier)
to squeal [skwiːl]	crisser (pneus)
a squeal	un crissement (pneus)
to rattle ['rætl]	faire un bruit de ferraille (véhicule)
– To crackle ['krækl]	crépiter (feu)
a crackle	un crépitement
to rattle ['rætl]	crépiter (mitrailleuse)
a rattle	un crépitement

to sizzle ['sɪzl]	grésiller (friture)
a sizzle	un grésillement (friture)
to crackle	grésiller (radio)
a crackle	un grésillement (radio)
– To crash [kræʃ]	se fracasser
a crash	un fracas
to come* crashing down	tomber avec fracas
Crash!	Patatras !
to bang	claquer (porte, volet)
a bang	un claquement
to shut* the door with a bang	claquer la porte
to slam the door shut	
to snap [snæp]	claquer (corde qui casse)
a snap	un claquement
to crack [kræk]	claquer (fouet)
a crack	un claquement
to flap [flæp]	claquer (drapeau, voile)
to click one's heels	claquer des talons
– To crackle ['krækl]	craquer (feuilles mortes)
a crackle	un craquement
to squeak [skwiːk]	craquer (chaussures)
to creak [kriːk]	craquer (bois)
a creak	un craquement
to rustle ['rʌsl]	bruire
a rustle	un bruissement
– To explode [ɪks'pləʊd]	exploser
an explosion [ɪks'pləʊʒən]	une explosion, une déflagration
a blast [blɑːst]	
a bang [bæŋ]	une détonation
a report [rɪ'pɔːt]	
to backfire ['bækˌfaɪəʳ]	pétarader
– To snore [snɔːʳ]	ronfler (personne)
a snore	un ronflement
to roar [rɔːʳ]	ronfler (feu, moteur)
a roar ['rɔːr]	un ronflement
to whirr [wɜːʳ]	vrombir
a whirr [wɜːr]	un vrombissement
to hiss [hɪs]	siffler (vapeur, serpent)
a hiss	un sifflement
to whistle ['wɪsl]	siffler (personne, vent, balle)
a whistle	un sifflement
to moan [məʊn]	gémir (vent, personne)
a moan	un gémissement
to creak [kriːk]	gémir (planche)

PERCEPTION
LA PERCEPTION

a creak	un gémissement	– To make* a splash	faire plouf
to rumble ['rʌmbl]	gronder (train, tonnerre, canon)	to lap [læp]	clapoter
a rumble	un grondement	the lapping of the waves	le clapotement des vagues
to roar [rɔːˈ]	rugir (mer, tempête)	to gurgle ['gɜːgl]	gargouiller
a roar	un rugissement	a gurgle	un gargouillis

> REMARQUE Les verbes indiquant le bruit peuvent s'employer à la forme en -ing pour indiquer le bruit lui-même ; ex. : the whistling of the wind = le sifflement du vent ; the sizzling of the butter in the pan = le grésillement du beurre dans la poêle, etc. Ces formes peuvent également s'employer comme adjectifs précédant les mots sound et noise ; ex. : I heard a whirring sound, I heard whirring sounds = j'ai entendu un vrombissement, j'ai entendu des vrombissements.

4 | BODILY ACTIVITY
L'ACTIVITÉ CORPORELLE

■ 1. MOVEMENTS AND GESTURES LES MOUVEMENTS ET LES GESTES ____

- A movement ['muːvmənt]	un mouvement
to move [muːv]	bouger, faire un mouvement
a gesture ['dʒestʃəʳ]	un geste
to gesticulate [dʒesˈtɪkjʊleɪt]	gesticuler
he gestured towards the chair	il désigna la chaise d'un geste
she gestured them to sit down	elle leur fit signe de s'asseoir
- To stand* up	se lever (quand on est assis)
to get* up	se lever (quand on est couché)
to stand* [stænd] to be standing	être debout
- To sit* down	s'asseoir (quand on est debout)
to sit* up	s'asseoir (quand on est couché)
to sit* [sɪt] to be sitting	être assis
to sit* up straight	s'asseoir bien droit
to sit* astride *sth*	s'asseoir à califourchon sur qqch.
- To stand* up straight	se tenir droit
to straighten one's back	se redresser
to have a stoop	être voûté
to have poor posture	se tenir mal
- To bend* [bend]	se pencher, se courber
to bend* down	se baisser
to bend* one's knees	plier les genoux
to bend* one's head to bow one's head	courber la tête
to kneel* down	s'agenouiller
to be kneeling to be on one's knees	être à genoux
to crouch [kraʊtʃ] to squat down	s'accroupir
on all fours	à quatre pattes
- To lie* down	se coucher, s'étendre
to lie* [laɪ] to be lying	être couché, être étendu
to sink* back into a chair	s'enfoncer dans un fauteuil
to sprawl in the grass	se vautrer dans l'herbe
to stretch [stretʃ]	s'étirer
- To turn round	se retourner

to turn towards sb	se tourner vers qqn
to spin* round to swing* round	se retourner vivement
to turn one's back on sb	tourner le dos à qqn
his back was turned towards the door	il avait le dos tourné à la porte
- To fold one's arms	croiser les bras
with one's arms folded	les bras croisés
to cross one's legs	croiser les jambes
with one's legs crossed	les jambes croisées
with arms dangling	les bras ballants
with arms akimbo	les poings sur les hanches
to sway one's hips	se déhancher en marchant
- To keep*/lose* one's balance	garder/perdre l'équilibre
to lean* against sth	s'appuyer contre qqch.
to lean* over sth	se pencher sur qqch.
to lean* forward/ back(ward)	se pencher en avant/en arrière
- To shake* one's head	secouer la tête, faire non de le tête
to nod [nɒd]	hocher la tête
to nod one's head	faire oui de la tête
to shake* one's fist at sb	menacer qqn du poing
to be restless	ne pas tenir en place
to be fidgety	être remuant
a nervous twitch a tic [tɪk]	un tic
- To raise one's hand	lever la main
to swing* one's arms	balancer les bras
to shrug one's shoulders	hausser les épaules
to wave to sb	faire signe de la main à qqn
to point at sth	montrer qqch. du doigt
to beckon to sb	faire signe à qqn de venir
to clench one's fist	serrer le poing
to click one's fingers to snap one's fingers	faire claquer ses doigts
- To shake* [ʃeɪk] to tremble ['trembl]	trembler
to shiver ['ʃɪvəʳ]	frissonner (de froid, de peur)

a shiver	un frisson	to writhe [raɪð]	se tordre
to shake* with fear to quake with fear	trembler de peur	– **G**raceful ['greɪsfʊl]	gracieux
to shudder ['ʃʌdə']	frémir (de répulsion, d'horreur)	elegant ['elɪgənt]	élégant
		clumsy ['klʌmzɪ]	maladroit
a shudder	un frisson	awkward ['ɔ:kwəd]	gauche
to quiver ['kwɪvə']	frémir (d'espoir, de colère)		

REMARQUE La plupart des verbes de mouvement décrivent la position lorsqu'ils sont employés à la forme continue : to be sitting/leaning/kneeling = être assis/appuyé/agenouillé. Il ne faut pas confondre cette construction avec l'emploi de ces verbes à la forme simple qui décrit une action : to sit down = s'asseoir, to lean against sth = s'appuyer contre qqch., to kneel down = s'agenouiller.

■ 2. FACIAL EXPRESSIONS LES EXPRESSIONS DU VISAGE

– **T**o express [ɪks'pres]	exprimer	to have a good cry (parlé)	pleurer un bon coup
expressive [ɪks'presɪv]	expressif	a tear(drop) ['tɪə(drɒp)]	une larme
an expression of dis- gust	une expression de dégoût	to burst* into tears	fondre en larmes
a smile [smaɪl]	un sourire	to be in tears	être en larmes
to smile at sb, to sb	sourire à qqn	tearful ['tɪəfʊl]	larmoyant
to be all smiles	être tout sourire	his eyes were watering	il avait les larmes aux yeux
to have a silly grin on one's face	sourire d'un air bête	onions make my eyes water	les oignons me font pleurer
– **T**o laugh [lɑ:f]	rire	to sob [sɒb]	sangloter
to laugh at sb	rire de qqn	a sob	un sanglot
a laugh	un rire	to whine [waɪn]	pleurnicher
laughter ['lɑːftə'] (n. c.)	le rire	– **T**o wink at sb	faire un clin d'œil à qqn
to roar with laughter	rire aux éclats	to screw up one's eyes	plisser les yeux
to burst* out laughing	éclater de rire	to frown [fraʊn]	froncer les sourcils
to chuckle ['tʃʌkl]	glousser	to frown at sb	regarder qqn en fronçant les sourcils
a chuckle	un gloussement		
to giggle ['gɪgl]	rire bêtement	to scowl at sb	lancer un regard mau- vais à qqn
a giggle	un petit rire bête		
to get* the giggles	avoir le fou rire	to put* out one's tongue at sb	tirer la langue à qqn
to sneer [snɪə']	ricaner	to pull a face to pout [paʊt]	faire la moue
a sneer	un ricanement	to make* faces at sb	faire des grimaces à qqn
– **T**o cry [kraɪ]	pleurer	to make* a face	faire la grimace
to weep* [wi:p] (soutenu)		to purse one's lips	pincer les lèvres

■ 3. THE VOICE LA VOIX

– **T**o shout [ʃaʊt] to yell [jel]	crier	to scream [skri:m] to howl [haʊl]	hurler
a shout a yell	un cri	a scream a howl	un hurlement

22

to shriek [ʃriːk]	pousser un cri perçant
a shriek	un cri perçant
to cry out	s'écrier
to exclaim [ɪksˈkleɪm]	
to bawl [bɔːl]	brailler
to shout for help	crier au secours
to shout at sb	crier après qqn
to shout sth (out) to sb	crier qqch. à qqn
to scream with pain	hurler de douleur
to howl with pain	
– To whisper [ˈwɪspəʳ]	murmurer
a whisper	un murmure
to mumble [ˈmʌmbl]	marmonner
a mumble	un marmonnement
to mutter [ˈmʌtəʳ]	marmotter
a mutter	un marmottement
to clear one's throat	se râcler la gorge
– To moan [məʊn]	gémir
to groan [grəʊn]	
a moan	un gémissement
a groan	
to grunt [grʌnt]	grogner
a grunt	un grognement
to snarl [snɑːl]	gronder
to growl [graʊl]	
a snarl	un grondement
a growl	
to croak [krəʊk]	parler d'une voix rauque
– To cheer [tʃɪəʳ]	pousser des hourras
cheering [ˈtʃɪərɪŋ] (n. c. sing.)	des acclamations

to stammer [ˈstæməʳ]	bégayer
to stutter [ˈstʌtəʳ]	
a stammer	un bégaiement
a stutter	
a stammerer [ˈstæmərəʳ]	un(e) bègue
a stutterer [ˈstʌtərəʳ]	
his voice is breaking	il mue
to whistle [ˈwɪsl]	siffler
a whistle	un sifflement
to sigh [saɪ]	soupirer
to give*/heave a sigh	pousser un soupir
a sigh	un soupir
– To speak* in a low/ loud voice	parler bas/fort
to have lost one's voice	avoir perdu la voix
to have a deep voice	avoir une voix grave
to have a thin voice	avoir un filet de voix
soft [sɒft]	doux
shrill [ʃrɪl]	perçant
high-pitched	aigu
piping [ˈpaɪpɪŋ]	flûté
melodious [mɪˈləʊdɪəs]	mélodieux
musical [ˈmjuːzɪkəl]	musical
rough [rʌf]	rude
harsh [hɑːʃ]	dur
gravelly [ˈgrævəlɪ]	rocailleux
rasping [ˈrɑːspɪŋ]	
hoarse [hɔːs]	enroué
husky [ˈhʌskɪ]	rauque

REMARQUES
1. to whisper sth, to say sth in a whisper = murmurer qqch., to whisper back, to answer in a whisper = murmurer une réponse, répondre en un murmure.
2. Les verbes tels que to whistle = siffler expriment l'action en général ; ex. : he was whistling = il était en train de siffler. Les constructions telles que to give a whistle = siffler expriment une action ponctuelle ; ex. : he gave a whistle when he saw the picture – il siffla à la vue du tableau.

■ 4. BODILY FUNCTIONS LES FONCTIONS CORPORELLES

– A hiccup [ˈhɪkʌp]	un hoquet
to hiccup	hoqueter
to have hiccups	avoir le hoquet
a burp [bɜːp]	un rot
to burp	roter
to burp a baby	faire faire son rot à un bébé
a belch [beltʃ]	un renvoi

to belch	avoir un renvoi
his tummy was rumbling	son estomac gargouillait
to have wind	avoir des gaz
to fart [fɑːt] (parlé)	péter
– A cough [kɒf]	une toux
to cough	tousser
a fit of coughing	une quinte de toux

a sneeze [sni:z] — un éternuement
to sneeze — éternuer
to blow* one's nose — se moucher
to sniff(le) — renifler

- **Breathing** ['bri:ðɪŋ] (n. c.) — la respiration
breath [breθ] — le souffle, l'haleine
to breathe [bri:ð] — respirer
to breathe in — inspirer
to breathe out — expirer
take a deep breath — respirez bien fort
to be out of breath — être essoufflé
to hold* one's breath — retenir son souffle
to wheeze [wi:z] — respirer bruyamment
to gasp (for breath) — avoir le souffle coupé
to pant (for breath) — haleter
to puff [pʌf]
to choke [tʃəʊk] — s'étrangler

- **To yawn** [jɔ:n] — bâiller
a yawn — un bâillement
to snore [snɔ:ʳ] — ronfler
a snore — un ronflement

- **Perspiration** [ˌpɜ:spəˈreɪʃən] — la transpiration

to perspire [pəsˈpaɪəʳ] — transpirer
sweat [swet] — la sueur
to sweat — suer
in a sweat — en sueur
beads of perspiration — des gouttes de sueur
beads of sweat
the sweat is pouring off me — je suis en nage
to have sweaty feet — transpirer des pieds

- **To spit*** [spɪt] — cracher
a gob of spit — un crachat
to dribble ['drɪbl] — baver
to salivate ['sælɪveɪt] — saliver
saliva [səˈlaɪvə] — la salive

- **To go* to the lavatory** — aller aux toilettes
to go* to the toilet
to pee [pi:] (parlé) — faire pipi
to have a pee (parlé)
to urinate ['jʊərɪneɪt] — uriner
urine ['jʊərɪn] — l'urine
stools [stu:ls] — les selles
excrement ['ekskrɪmənt] — les excréments
(n. c. sing.)
faeces ['fi:si:z]

■ 5. SEXUALITY LA SEXUALITÉ

- **Sex** [seks] — le sexe
sexual ['seksjʊəl] — sexuel
male [meɪl] — mâle, masculin
female ['fi:meɪl] — femelle, féminin
feminine ['femɪnɪn] — féminin
femininity [ˌfemɪˈnɪnɪtɪ] — la féminité
virile ['vɪraɪl] — viril
manly ['mænlɪ]
virility [vɪˈrɪlɪtɪ] — la virilité
manliness ['mænlɪnɪs]
impotent ['ɪmpətənt] — impuissant
impotence ['ɪmpətəns] — l'impuissance
frigid ['frɪdʒɪd] — frigide
frigidity [frɪˈdʒɪdɪtɪ] — la frigidité
chaste [tʃeɪst] — chaste
chastity ['tʃæstɪtɪ] — la chasteté

- **A lover** ['lʌvəʳ] — un amant
a mistress ['mɪstrɪs] — une maîtresse
a partner ['pɑ:tnəʳ] — un compagnon, une compagne
to seduce [sɪˈdju:s] — séduire

sexy ['seksɪ] (parlé) — sexy
erotic [ɪˈrɒtɪk] — érotique
to kiss [kɪs] — embrasser, s'embrasser
to embrace [ɪmˈbreɪs] — enlacer, s'enlacer
to hug [hʌg]
to caress [kəˈres] — caresser, se caresser
to fondle ['fɒndl]
to make* love to sb — faire l'amour avec qqn
to have sex with sb — avoir des rapports
to have (sexual) inter- — (sexuels) avec qqn
course with sb
safe sex — les rapports sexuels protégés
casual sex — les rapports sexuels occasionnels
to sleep* with sb — coucher avec qqn
to go* to bed with sb
an erection [ɪˈrekʃən] — une érection
to ejaculate [ɪˈdʒækjʊleɪt] — éjaculer
premature ejaculation — l'éjaculation précoce
an orgasm ['ɔ:gæzəm] — un orgasme
to come [kʌm] (parlé) — jouir

24

- **Sperm** [spɜːm] — le sperme
to have one's period — avoir ses règles
to menstruate
['menstrʊeɪt] (soutenu)
menstruation — la menstruation
[ˌmenstrʊ'eɪʃən] (soutenu)
menopause ['menəʊpɔːz] — la ménopause
male menopause — l'andropause
- **Contraception** — la contraception
[ˌkɒntrə'sepʃən]

a contraceptive — un contraceptif
[ˌkɒntrə'septɪv]
BR a condom ['kɒndəm] — un préservatif
AM a rubber¹ ['rʌbəʳ]
the pill [pɪl] — la pilule (contraceptive)
to be on the pill — prendre la pilule
a loop [luːp] — un stérilet
an intra-uterine device
(abr. IUD)

ATTENTION 1 : BR a rubber = une gomme

■ 6. WAKING UP LE RÉVEIL

- **To wake* (up)** — se réveiller
to awake* [ə'weɪk]
Wake up! — Réveille-toi !
to wake* sb up — réveiller qqn
to wake* with a start — se réveiller en sursaut
an alarm [ə'lɑːm] — un réveil
an alarm clock
a clock-radio — un radio-réveil
to set* the alarm for 5 — mettre le réveil à 5 heures
to ring* [rɪŋ] — sonner
the alarm has gone — le réveil a sonné
- **To get* up** — se lever
to rise* [raɪz]
Up you get! — Lève-toi !
Get up!
to be an early riser — être matinal
an early bird — un lève-tôt
a late sleeper — un lève-tard
to toss and turn — se tourner et se retourner dans son lit

to jump out of bed — sauter du lit
to rub one's eyes — se frotter les yeux
- **To sleep* in** — dormir tard
to have a lie-in (parlé) — faire la grasse matinée
to stay in bed — rester au lit
to have a rest — se reposer
to take* a rest
AM to rest up
- **Wide-awake** — bien réveillé
it keeps me awake — ça m'empêche de dormir
to have a sleepless night — passer une nuit blanche
he didn't sleep a wink — il n'a pas fermé l'œil de la nuit
insomnia [ɪn'sɒmnɪə] — l'insomnie
to have insomnia — avoir des insomnies
to suffer from insomnia
insomniac [ɪn'sɒmnɪæk] — insomniaque

■ 7. SLEEP LE SOMMEIL

- **Sleepy** ['sliːpɪ] — à moitié endormi
to feel* sleepy — avoir sommeil
to be sleepy
sleepily ['sliːpɪlɪ] — d'un air endormi
drowsily ['draʊzɪlɪ]
sleepiness ['sliːpɪnɪs] — la somnolence
to be asleep on one's feet — dormir debout
I can't keep my eyes open — je dors debout
to be ready to drop — tomber de sommeil
drowsy ['draʊzɪ] — somnolent

drowsiness ['draʊzɪnɪs] — la somnolence
- **It's bedtime** — c'est l'heure d'aller se coucher
at bedtime — à l'heure du coucher
to be in bed — être couché, être au lit
to go* to bed — se coucher
to put* sb to bed — coucher qqn
to tuck sb in — border qqn
- **To fall* asleep** — s'endormir
to go* to sleep
to get* to sleep — réussir à s'endormir

25

to drop off (parlé)	s'endormir (soudainement)
to put* sb to sleep	endormir qqn
to go* back to sleep	se rendormir
Sleep well!	Dors bien !
− To sleep* [sli:p]	dormir
to be asleep	
to be fast asleep	dormir à poings fermés
to be sound asleep	
half-asleep	à moitié endormi
I overslept	j'ai dormi trop longtemps
to sleep* through one's alarm	ne pas entendre son réveil
to sleep* round the clock	faire le tour du cadran
− A deep sleep	un sommeil profond
to sleep* like a log	dormir comme une souche
to be a heavy/light sleeper	avoir le sommeil lourd/léger

to sleep* heavily/lightly/soundly	dormir profondément/d'un sommeil léger/sur ses deux oreilles
− A doze [dəʊz] a (short) nap	un petit somme
to have a nap to take* a nap	faire un petit somme
to doze off	s'assoupir
to (have a) doze to snooze [snu:z]	sommeiller
a snooze	un roupillon
to have a snooze	piquer un roupillon
to have a siesta to take* a siesta	faire la sieste
− To walk in one's sleep to sleepwalk ['sli:pwɔ:k]	marcher en dormant
sleepwalking ['sli:p,wɔ:kɪŋ]	le somnambulisme
a sleepwalker ['sli:p,wɔ:kəʳ]	un(e) somnambule

■ 8. DREAMS LES RÊVES

− A dream [dri:m]	un rêve
to dream* about, of	rêver de
to see* sth in one's dreams	voir qqch. en rêve
it came to him in a dream	il l'a vu en rêve
Pleasant dreams! Sweet dreams!	Fais de beaux rêves !
to have a bad dream	faire un mauvais rêve
a nightmare ['naɪt,mɛəʳ]	un cauchemar
to have a nightmare	faire un cauchemar
nightmarish ['naɪt,mɛərɪʃ]	cauchemardesque
my dream came true	mon rêve s'est réalisé
it was the car of his dreams it was his dream car	c'était la voiture de ses rêves
− A daydream ['deɪdri:m] a reverie ['revərɪ] (soutenu)	une rêverie
to daydream	rêvasser, rêver tout éveillé

a waking dream	un rêve éveillé
a mirage ['mɪrɑ:ʒ]	un mirage
− An illusion [ɪ'lu:ʒən]	une illusion
a hallucination [hə,lu:sɪ'neɪʃən]	une hallucination
to hallucinate [hə'lu:sɪ,neɪt]	avoir des hallucinations
hallucinatory [hə'lu:sɪnətərɪ]	hallucinatoire
a vision ['vɪʒən]	une vision
to have visions to see* things	avoir des visions
to hypnotize sb	hypnotiser qqn
hypnotic [hɪp'nɒtɪk]	hypnotique
hypnotism ['hɪpnətɪzəm]	l'hypnotisme
a hypnotist ['hɪpnətɪst]	un(e) hypnotiseur(-euse)
a trance [trɑ:ns]	une transe
to go* into a trance	entrer en transe

5 | HEALTH
| LA SANTÉ

■ 1. PHYSICAL FITNESS LA CONDITION PHYSIQUE

- **Health** [helθ] — la santé
healthy ['helθɪ] — en bonne santé
to be in good/poor health — être en bonne/mauvaise santé
to be/feel* well — être/se sentir bien
to be fine (parlé) — aller bien
to be as fit as a fiddle (parlé) — se porter comme un charme
fitness ['fɪtnɪs] — la forme
fit [fɪt] — en forme
in good shape
to be blooming with health — être resplendissant de santé
sound [saʊnd] — sain (organe)
wholesome ['həʊlsəm] — sain (nourriture, mode de vie)
sound in body and mind — sain de corps et d'esprit

- **Strength** [strenθ] — la force
to be strong — être fort
robust [rəʊ'bʌst] — robuste (personne)
sound [saʊnd] — solide, robuste (cœur)
vigorous ['vɪgərəs] — vigoureux
energy ['enədʒɪ] — l'énergie
energetic [,enə'dʒetɪk] — énergique
vitality [vaɪ'tælɪtɪ] — la vitalité
lively ['laɪvlɪ] — plein de vitalité
sturdy ['stɜːdɪ] — solide
resilient [rɪ'zɪlɪənt] — endurant
active ['æktɪv] — actif
tough [tʌf] — résistant
to have a cast-iron constitution — avoir une santé de fer
endurance [ɪn'djʊərəns] — l'endurance
stamina ['stæmɪnə]

to have staying power — avoir de l'endurance
- **To tire** ['taɪəʳ] — fatiguer, se fatiguer
tiredness ['taɪədnɪs] — la fatigue
tired ['taɪəd] — fatigué
exhausted [ɪg'zɔːstɪd] — épuisé
tired out
worn out
shattered ['ʃætəd] (parlé) — claqué
exhaustion [ɪg'zɔːstʃən] — l'épuisement
weary ['wɪərɪ] — las
weariness ['wɪərɪnɪs] — la lassitude

- **Weak** [wiːk] — faible
weakness ['wiːknɪs] — la faiblesse
to have poor health — être de santé fragile
to suffer from ill health — être mal portant
sickly ['sɪklɪ] — maladif

- **To put* on weight** — grossir, prendre du poids
to put* on 5 kilos — grossir de 5 kilos
to be overweight — être trop gros
obese [əʊ'biːs] — obèse
to lose* one's figure — s'empâter
to lose* weight — maigrir, perdre du poids
to lose* 2 kilos — maigrir de 2 kilos
to be underweight — être trop maigre
BR to slim [slɪm] — mincir
AM to slenderize ['slendəraɪz]
to watch one's weight — surveiller sa ligne
a diet ['daɪət] — un régime
to be/go* on a diet — être/se mettre au régime
to diet — suivre un régime

■ 2. THE PATIENT LE MALADE

- **A patient** ['peɪʃənt] — un(e) patient(e), un(e) malade
a sick person — un(e) malade
the sick [sɪk] (plur.) — les malades
to be out of sorts — ne pas se sentir très bien
to feel below par — ne pas se sentir en forme
unwell ['ʌn'wel] — souffrant
BR **poorly** ['pʊəlɪ]

BR off colour (parlé) — mal fichu
BR under the weather (parlé)
to be in a bad way (parlé) — aller vraiment mal
to be sickening for sth — couver qqch.
prone to — sujet à
a health hazard — un risque pour la santé
a hypochondriac [,haɪpəʊ'kɒndrɪæk] — un(e) malade imaginaire

- To fall* sick	tomber malade
to fall* ill	
to be taken ill	
to go* down with sth	tomber malade de qqch.
to come* down with sth	
BR to be ill	être malade
AM to be sick[1]	
to go* sick	se faire porter malade
on sick leave	en congé de maladie
to pass an illness on to sb	passer une maladie à qqn

ATTENTION 1 : BR to be sick = vomir

- To suffer ['sʌfəʳ]	souffrir
to be in pain	
his condition is stable / critical	il est dans un état stable / critique
out of danger	hors de danger
his condition gives no cause for alarm	son état n'inspire pas d'inquiétude
he has taken a turn for the worse	son état s'est aggravé
to have a relapse	faire une rechute
seriously ill	gravement malade
terminally ill	condamné
to stay in bed	garder le lit
confined to bed	alité

bedridden ['bed,rɪdən]	grabataire
- To be better	aller mieux
to get* better	
to feel* better	se sentir mieux
to improve [ɪm'pruːv]	s'améliorer
there's a slight improvement	il y a un léger mieux
convalescence [,kɒnvə'lesəns]	la convalescence
convalescent [,kɒnvə'lesənt]	convalescent
a convalescent home	une maison de convalescence
to recuperate [rɪ'kuːpəreɪt]	récupérer
to be cured	guérir (personne)
to heal [hiːl]	guérir (blessure)
to mend [mend]	
to recover [rɪ'kʌvəʳ]	se rétablir
a recovery [rɪ'kʌvərɪ]	la guérison, le rétablissement
to get* over sth	se remettre de qqch.
to recover from sth	
to be back on one's feet again	être de nouveau sur pied
to be over the worst (parlé)	être tiré d'affaire
to pull through	s'en sortir

■ 3. INJURIES LES BLESSURES

- An injury ['ɪnʤərɪ]	une blessure
a knee injury	une blessure au genou
a wound [wuːnd]	une plaie
an open wound	une plaie ouverte
to injure ['ɪnʤəʳ]	blesser (accidentellement)
to wound [wuːnd]	blesser (intentionnellement)
to injure o.s.	se blesser
- A cut [kʌt]	une coupure
to cut* one's hand	se couper à la main
a bruise [bruːz]	un bleu, une ecchymose
a scratch [skrætʃ]	une égratignure
to scratch	égratigner
a graze [greɪz]	une éraflure
to graze one's knee	s'érafler le genou
- A sprain [spreɪn]	une entorse
to twist one's ankle	se tordre la cheville
to sprain one's ankle	se fouler la cheville
to strain a muscle	se froisser un muscle
to pull a muscle	

to tear* a ligament	se déchirer un ligament
to dislocate one's shoulder	se démettre l'épaule
to have a stiff neck	avoir le torticolis
- To break* one's arm	se casser le bras
a broken leg	une jambe cassée
a fracture ['fræktʃəʳ]	une fracture
he has a fractured skull	il a une fracture du crâne
to be / put* in plaster	être / mettre dans le plâtre
to have one's arm in a sling	avoir le bras en écharpe
stitches [stɪtʃɪz]	des points de suture
- A burn [bɜːn]	une brûlure
to get* sunstroke	attraper une insolation
a bee / wasp sting	une piqûre d'abeille / de guêpe

a bite [baɪt]	une morsure	a blister ['blɪstəʳ]	une ampoule
a boil on [bɔɪl]	un furoncle à	a corn [kɔːn]	un cor au pied
an abscess ['æbses]	un abcès	a chilblain ['tʃɪlbleɪn]	une engelure
a cyst on sth [sɪst]	un kyste à qqch.		

■ 4. SYMPTOMS LES SYMPTÔMES

– **A pain** [peɪn] — une douleur

  to have a pain in one's arm — avoir une douleur au bras

  a throbbing / an agonizing pain — une douleur lancinante / atroce

  painful ['peɪnfʊl] — douloureux

  a twinge [twɪndʒ] — un élancement

  painless ['peɪnlɪs] — indolore

– **How are you feeling?** — Comment vous sentez-vous ?

  What's the matter with you? — Qu'est-ce qui ne va pas ?

  I'm not feeling too good (parlé) — je ne me sens pas très bien

  I'm feeling terrible (parlé) — je ne me sens pas bien du tout

  to hurt* sb [hɜːt] — faire mal à qqn

  Where does it hurt? — Où avez-vous mal ?

  my arm hurts — j'ai mal au bras

  I'm aching all over — j'ai mal partout

  it's agony (parlé) — ça fait terriblement mal

– **A migraine** ['miːgreɪn] — une migraine

  to suffer from migraine — souffrir de migraines

  neuralgia [njʊ'rældʒə] (n. c.) — la névralgie

  tender ['tendəʳ] — sensible (endroit)

  to have a headache — avoir mal à la tête

  to have (a) stomach ache — avoir mal au ventre

  to have tummy ache (parlé)

  to have a weak heart / stomach — avoir le cœur / l'estomac fragile

  to suffer from backache — avoir souvent mal au dos

  to have cramp in one's leg — avoir une crampe à la jambe

  to have a sore throat / finger — avoir mal à la gorge / au doigt

– **To have a temperature** — avoir de la fièvre

  to be running a temperature

  to have a high fever — avoir beaucoup de fièvre

to have a temperature of 39 °C — avoir 39 de fièvre

feverish ['fiːvərɪʃ] — fiévreux

to shiver ['ʃɪvəʳ] — frissonner

to sneeze [sniːz] — éternuer

to cough [kɒf] — tousser

– **To faint** [feɪnt] — s'évanouir

  unconscious [ʌn'kɒnʃəs] — sans connaissance

  to lose* / recover consciousness — perdre / reprendre connaissance

  to come* round — revenir à soi

  to feel* giddy — avoir la tête qui tourne
  to feel* dizzy

  dizziness ['dɪzɪnɪs] (sing.) — les vertiges

  a bout of dizziness — un vertige
  a dizzy spell

– **To feel* sick** — avoir mal au cœur

  nausea ['nɔːsɪə] — la nausée

  to vomit ['vɒmɪt] — vomir
  BR to be sick¹
  to throw* up (parlé)

  vomiting ['vɒmɪtɪŋ] (n. c. sing.) — des vomissements

  to have a stomach upset — avoir l'estomac dérangé

  a spasm ['spæzəm] — un spasme

  it doesn't agree with me — je le digère mal

  to have diarrhea — avoir la diarrhée
  BR to have diarrhoea

  constipated ['kɒnstɪpeɪtɪd] — constipé

  constipation [,kɒnstɪ'peɪʃən] — la constipation

  > ATTENTION 1 : AM **to be sick** = être malade

– **Blood** [blʌd] — le sang

  to bleed* [bliːd] — saigner

  bleeding ['bliːdɪŋ] (n. c.) — le saignement

  BR a haemorrhage ['hemərɪdʒ]
  AM a hemorrhage — une hémorragie

  BR to haemorrhage
  AM to hemorrhage — faire une hémorragie

blood pressure	la tension artérielle
to have high blood pressure	faire de l'hypertension
to have low blood pressure	faire de l'hypotension
- A rash [ræʃ]	une éruption
to prickle ['prɪkl] to tingle ['tɪŋgl]	picoter
my face is tingling	le visage me picote
to sting* [stɪŋ]	piquer
an itch [ɪtʃ]	une démangeaison
my arm is itching my arm is itchy	le bras me démange
a pimple ['pɪmpl] a spot [spɒt]	un bouton
acne ['æknɪ]	l'acné

eczema ['eksɪmə]	l'eczéma
an irritation [ˌɪrɪ'teɪʃən]	une irritation
inflamed [ɪn'fleɪmd]	enflammé
to fester ['festəʳ]	suppurer
to swell* [swel]	enfler
a swelling ['swelɪŋ]	une enflure
to be suffering from shock	être commotionné
- Seasickness ['siːˌsɪknɪs]	le mal de mer
airsickness ['ɛəˌsɪknɪs]	le mal de l'air
to be seasick	avoir le mal de mer
to be airsick	avoir le mal de l'air
to be travel-sick to suffer from travel-sickness	être malade en voyage
to be carsick	être malade en voiture

■ 5. DISEASES LES MALADIES

- A disease [dɪ'ziːz] an illness ['ɪlnɪs]	une maladie
a lung / bone disease	une maladie pulmonaire / osseuse
during his illness while he was ill	pendant sa maladie
a minor illness	une maladie sans gravité
to catch* sth to get* sth	attraper qqch.
to have pneumonia	avoir une pneumonie
- A complaint [kəm'pleɪnt]	une affection
an infection [ɪn'fekʃən]	une infection
an infectious disease	une maladie infectieuse
an epidemic [ˌepɪ'demɪk]	une épidémie
a flu epidemic an outbreak of flu	une épidémie de grippe
a disorder [dɪs'ɔːdəʳ]	un trouble
to have an attack of sth	avoir une crise de qqch.
an allergy ['ælədʒɪ]	une allergie
allergic to sth [ə'lɜːdʒɪk]	allergique à qqch.
a fit [fɪt]	des convulsions
a germ [dʒɜːm] a bug [bʌg] (parlé)	un microbe
a virus ['vaɪərəs]	un virus
contagious [kən'teɪdʒəs] catching ['kætʃɪŋ] (parlé)	contagieux
the incubation period	la période d'incubation
- A cold [kəʊld]	un rhume
a bad / slight cold	un gros / petit rhume

to catch* a cold	s'enrhumer
to catch* a chill	prendre froid
to have a runny nose	avoir le nez qui coule
flu [fluː] influenza [ˌɪnflu'enzə] AM grippe [grɪp]	la grippe
asthmatic [æs'mætɪk]	asthmatique
asthma ['æsmə]	l'asthme
hay fever	le rhume des foins
a throat infection	une angine
sinusitis [ˌsaɪnə'saɪtɪs]	la sinusite
tonsillitis [ˌtɒnsɪ'laɪtɪs]	l'amygdalite
- Appendicitis [əˌpendɪ'saɪtɪs]	l'appendicite
food poisoning	l'intoxication alimentaire
kidney failure	l'insuffisance rénale
gallstones ['gɔːlstəʊnz]	des calculs biliaires
a hernia ['hɜːnɪə]	une hernie
a stomach ulcer	un ulcère à l'estomac
- Measles ['miːzlz]	la rougeole
German measles	la rubéole
chicken pox	la varicelle
mumps [mʌmps]	les oreillons
scarlet fever	la scarlatine
jaundice ['dʒɔːndɪs]	la jaunisse
whooping cough	la coqueluche
- Rheumatism ['ruːmətɪzəm] (n. c. sing.)	les rhumatismes
arthritis [ɑː'θraɪtɪs]	l'arthrite

lumbago [lʌmˈbeɪɡəʊ]	le lumbago	piles [paɪlz]	les hémorrhoïdes
to have varicose veins	avoir des varices	h(a)emorrhoids	
		[ˈheməroɪdz] (soutenu)	

> **REMARQUE** Les noms de maladies ne prennent pas d'article en anglais courant et ne s'utilisent pas au pluriel ; ex. : il a fait une grosse bronchite = he had bronchitis badly, he had a bad dose of bronchitis ; avoir une légère grippe = to have a touch of flu ; faire plusieurs amygdalites = to have tonsillitis several times.

■ 6. SERIOUS ILLNESSES LES MALADIES GRAVES

– Curable [ˈkjʊərəbl]	guérissable	h(a)emophilia	l'hémophilie
incurable [ɪnˈkjʊərəbl]	incurable	[ˌhiːməʊˈfɪlɪə]	
hereditary [hɪˈredɪtərɪ]	héréditaire	a h(a)emophiliac	un(e) hémophile
congenital [kənˈdʒenɪtl]	congénital	[ˌhiːməʊˈfɪlɪæk]	
chronic [ˈkrɒnɪk]	chronique	leuk(a)emia [luːˈkiːmɪə]	la leucémie
a terminal illness	une maladie mortelle	Parkinson's disease	la maladie de Parkinson
cancer [ˈkænsəʳ]	le cancer	shingles [ˈʃɪŋɡlz] (sing.)	le zona
to have cancer of the liver	avoir un cancer du foie	glandular fever mononucleosis	la mononucléose
a cancer sufferer	un(e) cancéreux (-euse)	[ˌmɒnəʊnjuːklɪˈəʊsɪs]	
		multiple sclerosis	la sclérose en plaques
carcinogenic [ˌkɑːsɪnəˈdʒenɪk]	cancérigène		
a growth on [ɡrəʊθ]	une tumeur à	– Diphtheria [dɪfˈθɪərɪə]	la diphtérie
BR a tumour on [ˈtjuːməʳ]		cholera [ˈkɒlərə]	le choléra
AM a tumor on		malaria [məˈlɛərɪə]	le paludisme
a brain tumour	une tumeur au cerveau	leprosy [ˈleprəsɪ]	la lèpre
malignant [məˈlɪɡnənt]	malin	a leper [ˈlepəʳ]	un(e) lépreux (-euse)
in a coma	dans le coma	the plague [pleɪɡ]	la peste
– To have a stroke	avoir une attaque	smallpox [ˈsmɔːlpɒks]	la variole
to have a heart attack	avoir une crise cardiaque	meningitis [ˌmenɪnˈdʒaɪtɪs]	la méningite
to have a coronary	avoir un infarctus	typhoid [ˈtaɪfɔɪd]	la typhoïde
a heart failure	un arrêt cardiaque	hepatitis [ˌhepəˈtaɪtɪs]	l'hépatite
a cardiac arrest		tetanus [ˈtetənəs]	le tétanos
angina [ænˈdʒaɪnə]	l'angine de poitrine	gangrene [ˈɡæŋɡriːn]	la gangrène
anaphylactic shock	le choc anaphylactique	rabies [ˈreɪbiːz] (sing.)	la rage
– Pneumonia	la pneumonie	bird flu	la grippe aviaire
[njuːˈməʊnɪə]		– A sexually transmitted disease	une maladie sexuellement transmissible
pleurisy [ˈplʊərɪsɪ]	la pleurésie	an STD [estiːˈdiː]	une MST
tuberculosis	la tuberculose	syphilis [ˈsɪfɪlɪs]	la syphilis
[tjʊˌbɜːkjʊˈləʊsɪs]		gonorrhoea [ˌɡɒnəˈrɪə]	la blénorragie
TB [tiːˈbiː] (parlé)		Aids [eɪdz] (sing.)	le sida
SARS [sɑːz]	le SRAS	HIV positive	séropositif
– An(a)emia [əˈniːmɪə]	l'anémie	an opportunistic infection	une infection opportuniste
an(a)emic [əˈniːmɪk]	anémique	a (healthy) carrier	un porteur (sain)
diabetes [ˌdaɪəˈbiːtiːz]	le diabète	a retrovirus	un rétrovirus
a diabetic [ˌdaɪəˈbetɪk]	un(e) diabétique	[ˈretrəʊˌvaɪrəs]	
epilepsy [ˈepɪlepsɪ]	l'épilepsie	retroviral [ˌretrəʊˈvaɪrəl]	rétroviral
an epileptic [ˌepɪˈleptɪk]	un(e) épileptique		

■ 7. PHYSICAL HANDICAPS AND MENTAL DISORDERS LES HANDICAPS PHYSIQUES ET LES TROUBLES MENTAUX _____

- Handicapped ['hændɪkæpt]	handicapé
disabled [dɪs'eɪbld]	
a disabled person	un(e) handicapé(e)
a handicapped person	
the disabled [dɪs'eɪbld] (plur.)	les handicapés
the handicapped (plur.)	
a handicap ['hændɪkæp]	un handicap
a disability [ˌdɪsə'bɪlɪtɪ]	un handicap physique
an invalid ['ɪnvəlɪd]	un(e) infirme
BR paralysed ['pærəlaɪzd] AM paralyzed	paralysé
crippled [krɪpld]	estropié
lame [leɪm]	boiteux, estropié
to limp [lɪmp]	boiter
crutches ['krʌtʃɪz]	des béquilles
a wheelchair ['wiːlˌtʃɛəʳ]	un fauteuil roulant
to be wheelchair-bound	être dans un fauteuil roulant
a person with motor disability	un handicapé moteur
paraplegic [ˌpærə'pliːdʒɪk]	paraplégique
hemiplegic [ˌhemɪ'pliːdʒɪk]	hémiplégique
disabled access	accès aux handicapés
a disabled toilet	des toilettes pour handicapés
- A mental illness	une maladie mentale
a mentally ill person	un(e) malade mental(e)
mental disorder (n. c.)	les troubles mentaux
neurotic [njʊ'rɒtɪk]	névrosé
neurosis [njʊ'rəʊsɪs] (plur. neuroses)	la névrose
psychosis [saɪ'kəʊsɪs] (plur. psychoses)	la psychose
madness ['mædnɪs] lunacy ['luːnəsɪ] insanity [ɪn'sænɪtɪ]	la folie

dementia [dɪ'menʃɪə]	la démence
mad [mæd] crazy ['kreɪzɪ] insane [ɪn'seɪn]	fou
- A mentally handicap-ped person	un handicapé mental
Down's syndrome	la trisomie 21
a Down's syndrome child	un(e) trisomique 21
brain damage (n. c.)	une lésion cérébrale
- To have a nervous breakdown	faire une dépression nerveuse
depressive [dɪ'presɪv]	dépressif
manic depressive	maniacodépressif
autism ['ɔːtɪzəm]	l'autisme
autistic [ɔː'tɪstɪk]	autistique, autiste
anorexia (nervosa)	l'anorexie (mentale)
anorexic [ænə'reksɪk]	anorexique
bulimia [bjʊ'lɪmɪə]	la boulimie
bulimic [bjʊ'lɪmɪk]	boulimique
stress [stres]	le stress
hysteria [hɪs'tɪərɪə]	l'hystérie
- A phobia ['fəʊbɪə]	une phobie
to have a phobia about sth	avoir la phobie de qqch.
claustrophobia [ˌklɔːstrə'fəʊbɪə]	la claustrophobie
claustrophobic [ˌklɔːstrə'fəʊbɪk]	claustrophobe
agoraphobia [ˌægərə'fəʊbɪə]	l'agoraphobie
a hallucination [həˌluːsɪ'neɪʃən]	une hallucination
schizophrenia [ˌskɪtsəʊ'friːnɪə]	la schizophrénie
a schizophrenic [ˌskɪtsəʊ'frenɪk]	un(e) schizophrène

■ 8. TEETH, EYES AND EARS LES DENTS, LES YEUX ET LES OREILLES _____

- A dentist ['dentɪst]	un(e) dentiste
a dental surgeon	un chirurgien dentiste
the dentist's chair	le fauteuil du dentiste
the drill [drɪl]	la roulette
to have toothache	avoir mal aux dents

raging toothache (n. c.)	une rage de dents
tooth decay (n. c.)	la carie dentaire
to have a bad tooth to have a hole in one's tooth	avoir une carie

a filling ['fɪlɪŋ]	un plombage
to have a tooth filled	se faire plomber une dent
– An extraction [ɪks'trækʃən]	une extraction
to extract [ɪks'trækt]	extraire
to have a tooth out	se faire arracher une dent
to have one's teeth scaled	se faire détartrer les dents
to have root canal work done	se faire dévitaliser une dent
dentures (plur.) ['denʧəᵊz]	un dentier
a plate [pleɪt]	un appareil dentaire (prothèse)
a brace [breɪs]	un appareil dentaire (de contention)
a bridge [brɪdʒ]	un bridge
a crown [kraʊn]	une couronne
an implant ['ɪmplɑːnt]	un implant
– An optician [ɒp'tɪʃən]	un(e) opticien(ne)
an eye specialist an ophthalmologist [ˌɒfθæl'mɒlədʒɪst] (soutenu)	un(e) ophthalmologiste
eyesight ['aɪsaɪt] vision ['vɪʒən]	la vue
to have good/poor eyesight	avoir une bonne/mauvaise vue
blind [blaɪnd]	aveugle
the blind (plur.)	les aveugles
to go* blind	devenir aveugle
to lose* one's sight	perdre la vue
blindness ['blaɪndnɪs]	la cécité
blind in one eye	borgne

BR colour-blind AM color-blind	daltonien
BR colour-blindness AM color-blindness	le daltonisme
to be partially sighted	être mal voyant
short-sighted	myope
BR long-sighted AM far-sighted	hypermétrope
a squint [skwɪnt]	un strabisme
to squint to have a squint	loucher
conjunctivitis [kənˌdʒʌŋktɪ'vaɪtɪs]	la conjonctivite
a cataract ['kætərækt]	une cataracte
to have one's eyes tested	faire contrôler sa vue
– Glasses ['glɑːsɪz]	des lunettes
to wear* glasses	porter des lunettes
the frames [freɪmz] (plur.)	la monture
a lens [lenz]	un verre (de lunettes)
contact lenses	des verres de contact
– Deaf [def]	sourd
the deaf (plur.)	les sourds
deafness ['defnɪs]	la surdité
hard of hearing	dur d'oreille
to have impaired hearing (soutenu)	être malentendant
the hearing impaired (plur.)	les malentendants
a hearing aid	un appareil acoustique
an ear infection otitis [əʊ'taɪtɪs] (soutenu)	une otite

■ 9. DRUG AND ALCOHOL ABUSE LA DROGUE ET L'ALCOOL

– An alcoholic [ˌælkə'hɒlɪk]	un(e) alcoolique
alcoholism ['ælkəhɒlɪzəm]	l'alcoolisme
a drunkard ['drʌŋkəd] a drunk [drʌŋk] (parlé)	un(e) ivrogne
drunkenness ['drʌŋkənnɪs]	l'ivrognerie
drunk inebriated [ɪˌniːbrɪ'eɪtɪd] (soutenu)	ivre
tipsy ['tɪpsɪ] (parlé)	éméché
to drink* heavily to be a heavy drinker	boire trop
binge drinking	la consommation compulsive d'alcool

under the influence of alcohol (soutenu)	en état d'ivresse
– Drugs¹ [drʌgz] (plur.)	la drogue
a drug addict	un(e) drogué(e), un(e) toxicomane
a junkie ['dʒʌŋkɪ] (parlé)	un(e) toxico
to take* drugs	se droguer
to be addicted to sth to be hooked on sth (parlé)	se droguer à qqch.
addiction to sth [ə'dɪkʃən]	l'accoutumance à qqch.
to be addictive to be habit-forming	créer une accoutumance

33

drug addiction	la toxicomanie	cocaine [kə'keɪn]	la cocaïne
REMARQUE 1 : **a drug** désigne aussi un médicament		LSD [eles'diː]	le LSD
		amphetamines	les amphétamines
– **A** hard / soft drug	une drogue dure / douce	[æm'fetəmiːnz]	
a joint [dʒɔɪnt] (parlé)	un joint	– **Tobacco** [tə'bækəʊ]	le tabac
narcotics [naː'kɒtɪks]	les stupéfiants	nicotine ['nɪkətiːn]	la nicotine
barbiturates	les barbituriques	smoking ['sməʊkɪŋ]	le tabagisme
[baː'bɪtjʊrɪts]		passive smoking	le tabagisme passif
to take* an overdose of sth	prendre une dose massive de qqch.	the dangers of smoking	les méfaits du tabac
to overdose on sth		to smoke (cigarettes / a pipe)	fumer (la cigarette / la pipe)
['əʊvədəʊs]		**a** cigarette [ˌsɪgə'ret]	une cigarette
		a cigar [sɪ'gaː']	un cigare
– **R**ecreational drugs	les euphorisants	**a** cigarette butt	un mégot
marijuana	la marijuana	**a** cigarette end	
[ˌmærɪ'hwaːnə]		an ashtray ['æʃtreɪ]	un cendrier
heroin ['herəʊɪn]	l'héroïne	to light* a cigarette	allumer une cigarette
hashish ['hæʃɪʃ]	le haschisch	to put* out a cigarette	éteindre une cigarette
hash [hæʃ] (parlé)	le hasch	**a** box of matches	une boîte d'allumettes
morphine ['mɔːfiːn]	la morphine	**a** (cigarette) lighter	un briquet
cannabis ['kænəbɪs]	le cannabis	BR **a** packet of cigarettes	un paquet de cigarettes
grass [graːs] (parlé)	l'herbe	AM **a** pack of cigarettes	
opium ['əʊpɪəm]	l'opium		

■ 10. AT THE DOCTOR'S CHEZ LE MÉDECIN _____

– **A** doctor ['dɒktə']	un médecin	to have a check-up	se faire faire un bilan de santé
the family doctor	le médecin de famille		
a general practitioner	un généraliste	medical records (plur.)	un dossier médical
a GP [dʒi:'pi:]		**a** diagnosis	un diagnostic
your usual doctor	votre médecin traitant	[ˌdaɪəg'nəʊsɪs] (plur. diagnoses)	
– BR the doctor's surgery	le cabinet médical	to diagnose sb / sth as	diagnostiquer qqn / qqch. comme étant
AM the doctor's office		['daɪəgnəʊz]	
a doctor's practice	la clientèle d'un médecin	**a** stethoscope	un stéthoscope
		['steθəskəʊp]	
BR surgery hours	les heures de consultation	**a** thermometer	un thermomètre
AM office hours		[θə'mɒmɪtə']	
a waiting room	une salle d'attente	to examine [ɪg'zæmɪn]	examiner
		to look after sb	soigner qqn
– **T**o make* an appointment to see the doctor	prendre rendez-vous chez le médecin	the prognosis	le pronostic
to go to the doctor's	aller chez le médecin	[prɒg'nəʊsɪs] (plur. prognoses)	
to call the doctor	faire venir le médecin	to feel* sb's neck	palper le cou de qqn
to send* for the doctor		to feel* sb's pulse	tâter le pouls de qqn
BR **a** home visit	une visite à domicile	to listen to sb's chest	ausculter qqn
AM **a** house call		to take* sb's blood pressure	prendre la tension de qqn
to be on call	être de garde		
to be on duty		to take* a blood sample from sb	faire une prise de sang à qqn
– **A** medical examination	un examen médical		

to get* some tests done	faire faire des analyses
a prescription	une ordonnance
[prɪsˈkrɪpʃən]	
to prescribe a drug	prescrire un médicament
to treat sb *for sth*	soigner qqn *pour qqch.*
to cure sb *of sth*	guérir qqn *de qqch.*
a remedy [ˈremədɪ]	un remède
a cure [kjʊəˈ]	
- A vaccine *against*	un vaccin *contre*
[ˈvæksiːn]	
a smallpox vaccine	un vaccin contre la variole

to vaccinate sb *against sth*	vacciner qqn *contre qqch.*
an inoculation *against*	une inoculation *contre*
[ɪˌnɒkjʊˈleɪʃən]	
to inoculate sb *against sth* [ɪˈnɒkjʊleɪt]	inoculer *qqn contre qqch.*
antibodies *against*	des anticorps *contre*
[ˈæntɪˌbɒdɪz]	
an injection [ɪnˈdʒekʃən]	une piqûre
to give* sb an injection	faire une piqûre à qqn
a syringe [sɪˈrɪndʒ]	une seringue
a needle [ˈniːdl]	une aiguille

■ 11. TREATMENTS LES TRAITEMENTS

- A medicine [ˈmedsn, ˈmedɪsn]	un médicament
a drug [drʌg]	
to take* an aspirin	prendre une aspirine
to swallow [ˈswɒləʊ]	avaler
a pill [pɪl]	une pilule
a tablet [ˈtæblɪt]	un comprimé
a lozenge [ˈlɒzɪndʒ]	une pastille
a capsule [ˈkæpsjuːl]	une gélule
a syrup [ˈsɪrəp]	un sirop
to apply [əˈplaɪ]	appliquer
to rub in an ointment	faire pénétrer une pommade
eye/nose drops	des gouttes pour les yeux/le nez
a phial [ˈfaɪəl]	une ampoule
"to be taken three times daily"	«à prendre trois fois par jour»
"not to be taken internally"	«ne pas avaler»

- Aspirin [ˈæsprɪn]	l'aspirine
paracetamol	le paracétamol
[pærəˈsiːtəmɒl]	
a cough mixture	un sirop contre la toux
a laxative [ˈlæksətɪv]	un laxatif
a suppository	un suppositoire
[səˈpɒzɪtərɪ]	
a tonic [ˈtɒnɪk]	un fortifiant
a stimulant [ˈstɪmjʊlənt]	un stimulant
(an) antibiotic	(un) antibiotique
[ˈæntɪbaɪˈɒtɪk]	
to be on antibiotics	être sous antibiotiques
penicillin [ˌpenɪˈsɪlɪn]	la pénicilline

- A painkiller [ˈpeɪnˌkɪləˈ]	un antalgique
a sedative [ˈsedətɪv]	un sédatif
to sedate sb	mettre qqn sous calmants
(an) analgesic	(un) analgésique
[ˌænælˈdʒiːsɪk]	
a sleeping pill	un somnifère
BR a tranquillizer	un tranquillisant
[ˈtræŋkwɪlaɪzəˈ]	
AM a tranquilizer	

- To disinfect [ˌdɪsɪnˈfekt]	désinfecter
a disinfectant	un désinfectant
[ˌdɪsɪnˈfektənt]	
(an) antiseptic	(un) antiseptique
[ˌæntɪˈseptɪk]	
iodine [ˈaɪədiːn]	la teinture d'iode
surgical spirit	l'alcool à 90 degrés
AM rubbing alcohol	
Mercurochrome®	le Mercurochrome
[məˈkjʊərəˌkrəʊm]	

- A dressing [ˈdresɪŋ]	un pansement
a gauze dressing	une compresse
a bandage [ˈbændɪdʒ]	un bandage
to bandage	bander
BR a plaster	un pansement adhésif
AM a Band-Aid®	
[ˈbændeɪd]	
BR cotton wool	le coton hydrophile
AM absorbent cotton	
gauze [gɔːz]	la gaze
sterile [ˈsteraɪl]	stérile
to nurse a patient	soigner un malade

35

to dress a wound	panser une plaie	BR the chemist's	la pharmacie
to change a dressing	changer un pansement	AM the drugstore ['drʌgstɔː']	
		hom(o)eopathy [ˌhəʊmɪ'ɒpəθɪ]	l'homéopathie
– **A pharmacist** ['fɑːməsɪst] BR **a chemist** ['kemɪst] AM **a druggist** ['drʌgɪst]	un(e) pharmacien(ne)	BR to make* up a prescription AM to fill a prescription	exécuter une ordonnance

■ 12. AT THE HOSPITAL À L'HÔPITAL

– **A hospital** ['hɒspɪtl]	un hôpital	an in-patient	un malade hospitalisé
a mental hospital a psychiatric hospital	un hôpital psychiatrique	BR an operating theatre AM an operating room	une salle d'opérations
a nursing home	une clinique	the casualty department	le service des urgences
a teaching hospital	un CHU, un centre hospitalier universitaire	an intensive care unit	un service de réanimation
a department [dɪ'pɑːtmənt]	un service	in intensive care	en réanimation
to send* sb to hospital to hospitalize sb (soutenu)	hospitaliser qqn	to be on a life-support machine	être sur respirateur artificiel
an ambulance ['æmbjʊləns]	une ambulance	the outpatients' clinic	le service de consultation
– **An operation** [ˌɒpə'reɪʃən]	une opération, une intervention chirurgicale	the pathology laboratory	le laboratoire d'analyses
to undergo* surgery	subir une intervention chirurgicale	– **A hospital doctor**	un médecin hospitalier
to have an operation	se faire opérer	BR **a houseman** (fém. a housewoman) ['haʊsmən] AM **an intern** [ɪn't3ːn]	≈ un(e) interne
to have one's appendix out	être opéré de l'appendicite	a specialist ['speʃəlɪst] BR a consultant [kən'sʌltənt]	un(e) spécialiste
to have a hernia operation	se faire opérer d'une hernie	a physiotherapist [ˌfɪzɪə'θerəpɪst]	un(e) kinésithérapeute
to operate on sb for sth ['ɒpəreɪt]	opérer qqn de qqch.	radiography [ˌreɪdɪ'ɒgrəfɪ]	la radiographie
a surgeon ['s3ːdʒən]	un(e) chirurgien(ne)	a radiographer [ˌreɪdɪ'ɒgrəfə']	un(e) radiologue (technicien)
surgery ['s3ːdʒərɪ]	la chirurgie	a radiologist [ˌreɪdɪ'blədʒɪst]	un(e) radiologue (médecin)
BR an anaesthesist [æ'niːsθɪtɪst] AM an anesthesist	un(e) anesthésiste	radiology [ˌreɪdɪ'blədʒɪ]	la radiologie
BR under anaesthesia BR under the anaesthetic AM under anesthesia AM under the anesthetic	sous anesthésie	oncology [ɒŋ'kɒdadʒɪ] an oncologist [ɒŋ'kɒlədʒɪst] a cancer specialist	la cancérologie un(e) cancérologue
an oxygen mask	un masque à oxygène	cardiology [ˌkɑːdɪ'blədʒɪ]	la cardiologie
– **A nurse** [n3ːs]	une infirmière	a cardiologist [ˌkɑːdɪ'blɪdʒɪst] a heart specialist	un(e) cardiologue
a (male) nurse	un infirmier		
BR a (ward) sister BR a charge nurse AM a head nurse	une infirmière chef	– **To be under observation**	être en observation
a nursing auxiliary	un(e) aide-soignant(e)	to have an X-ray	passer une radio
– **A ward** ['wɔːd]	une salle d'hôpital	to have a scan	passer un scanner
a hospital bed	un lit d'hôpital		

a blood transfusion	une transfusion sanguine	to amputate sb's leg	amputer qqn d'une jambe
to give* blood	donner du sang	an artificial limb	une prothèse
a blood / an organ donor	un(e) donneur (-euse) de sang / d'organe	cosmetic / plastic surgery	la chirurgie esthétique / plastique
a blood group	un groupe sanguin	a scar [skɑ:ʳ]	une cicatrice
to have physiotherapy	faire de la rééducation	to heal [hi:l]	se cicatriser
to set* a fracture	réduire une fracture	– A psychiatrist [saɪˈkaɪətrɪst]	un(e) psychiatre
radiotherapy [ˌreɪdɪəʊˈθerəpɪ]	la radiothérapie	psychiatry [saɪˈkaɪətrɪ]	la psychiatrie
chemotherapy [ˌkeməʊˈθerəpɪ]	la chimiothérapie	a psychotherapist [ˈsaɪkəʊˈθerəpɪst]	un(e) psychothérapeute
therapy [ˈθerəpɪ]	la thérapeutique (traitement)	a psychoanalyst [ˌsaɪkəʊˈænəlɪst]	un(e) psychanalyste
– A kidney transplant	une greffe du rein	psychoanalysis [ˌsaɪkəʊəˈnælɪsɪs]	la psychanalyse
a heart transplant	une transplantation cardiaque	occupational therapy	l'ergothérapie
a graft [grɑ:ft]	une greffe	rehabilitation [ˈri:əˌbɪlɪˈteɪʃən]	la rééducation (d'un malade)
a skin graft	une greffe de la peau	re-education [ˈri:ˌedjʊˈkeɪʃən]	la rééducation (d'un membre)
an amputation [ˌæmpjʊˈteɪʃən]	une amputation		

6 LIFE AND DEATH
LA VIE ET LA MORT

■ 1. EXISTENCE L'EXISTENCE

– Life [laɪf] — la vie
to live [lɪv] — vivre
to exist [ɪg'zɪst] — exister
to be alive — être vivant, être en vie
living things — les êtres vivants
existence [ɪg'zɪstəns] — l'existence
destiny ['destɪnɪ] — la destinée
fate [feɪt] — le sort, le destin

– A being ['bi:ɪŋ] — un être
animate ['ænɪmɪt] — animé
inanimate [ɪn'ænɪmɪt] — inanimé
a creature ['kri:tʃəʳ] — une créature
to create [kri:'eɪt] — créer
creation [kri:'eɪʃən] — la création
mortal ['mɔːtl] — mortel
immortal [ɪ'mɔːtl] — immortel
immortality [ˌɪmɔː'tælɪtɪ] — l'immortalité

nothingness ['nʌθɪŋnɪs] — le néant

– The origin ['ɒrɪdʒɪn] — l'origine
evolution [ˌiːvəˈluːʃən] — l'évolution
to survive sth [sə'vaɪ] — survivre à qqch.
survival [sə'vaɪvəl] — la survie
a survivor [sə'vaɪvəʳ] — un(e) survivant(e)
the survival of the fittest — la sélection naturelle
to subsist [səb'sɪst] — subsister
to subsist on sth — vivre de qqch.
subsistence [səb'sɪstəns] — la subsistance

– Man [mæn] — l'homme
mankind — l'humanité
humanity [hjuː'mænɪtɪ]
the human race — la race humaine
male [meɪl] — mâle
female ['fiːmeɪl] — femelle

■ 2. BIRTH LA NAISSANCE

– To conceive [kən'siːv] — concevoir
conception [kən'sepʃən] — la conception
to reproduce — se reproduire
[ˌriːprə'djuːs]
reproduction — la reproduction
[ˌriːprə'dʌkʃən]

– The mother ['mʌðəʳ] — la mère
the father ['fɑːðəʳ] — le père
the child [tʃaɪld] — l'enfant
fertile ['fɜːtaɪl] — fertile, fécond
fertility [fə'tɪlɪtɪ] — la fertilité
sterile ['steraɪl] — stérile (femme)
infertile [ɪn'fɜːtaɪl]
sterility [ste'rɪlɪtɪ] — la stérilité
infertility [ˌɪnfɜː'tɪlɪtɪ]
sterile — stérile (homme)
sterility — la stérilité

– A pregnancy — une grossesse
['pregnənsɪ]
pregnant ['pregnənt] — enceinte
an expectant mother — une femme enceinte
a mother-to-be — une future maman
to be expecting a baby — attendre un bébé
on maternity leave — en congé de maternité

– Childbirth ['tʃaɪldbɜːθ] — la naissance (à l'accouchement)

a maternity hospital — une maternité
a midwife ['mɪdwaɪf] — une sage-femme
a gynecologist — un(e) gynécologue
[ˌgaɪnɪ'kɒlədʒɪst]
BR a gynaecologist
gynecology — la gynécologie
[ˌgaɪnɪ'kɒlədʒɪ]
BR gynaecology
contractions — des contractions
[kən'trækʃənz]
BR to be in labour — être en travail
AM to be in labor
to give* birth to a girl — accoucher d'une fille
to deliver sb's baby — accoucher qqn
to deliver sb
a delivery [dɪ'lɪvərɪ] — un accouchement

– To be born — naître
I was born in Paris — je suis né à Paris
at birth — à la naissance
a newborn baby — un nouveau-né
an infant ['ɪnfənt] — un nourrisson
twins [twɪnz] — des jumeaux
twin boys
twins — des jumelles
twin girls
triplets ['trɪplɪts] — des triplés

– An abortion [ə'bɔːʃən] — un avortement

38

to have an abortion	se faire avorter	**– B**irth control	le contrôle des naissances
a miscarriage ['mɪsˈkærɪdʒ]	une fausse couche	family planning	le planning familial
to miscarry [ˌmɪsˈkærɪ]	faire une fausse couche	the birth rate	le taux de natalité
a premature baby	un(e) prématuré(e)	genetic [dʒɪˈnetɪk]	génétique
an incubator ['ɪnkjʊbeɪtəʳ]	une couveuse	genetics [dʒɪˈnetɪks] (sing.)	la génétique
a c(a)esarean birth	une césarienne	genetic engineering	la manipulation génétique
stillborn ['stɪlbɔːn]	mort-né	artificial insemination	l'insémination artificielle
a stillbirth ['stɪlbɜːθ]	un enfant mort-né	the biological mother	la mère porteuse
SIDS (abr. de Sudden Infant Death Syndrome) BR cot death AM crib death	la mort subite du nourrisson	a test-tube baby	un bébé-éprouvette

■ 3. GROWING UP LA CROISSANCE

– Childhood ['tʃaɪldhʊd]	l'enfance	a teenager ['tiːnˌeɪdʒəʳ] an adolescent	un(e) adolescent(e)
infancy ['ɪnfənsɪ]	la petite enfance	to be in one's teens	être adolescent
a child [tʃaɪld]	un(e) enfant	young people	les jeunes
a boy [bɔɪ]	un garçon	juvenile ['dʒuːvənaɪl]	juvénile
a girl [gɜːl]	une fille	a youngster ['jʌŋstəʳ]	un(e) jeune
to grow* [grəʊ]	grandir (croître)	a minor ['maɪnəʳ]	un(e) mineur(e)
to grow* up	grandir (devenir adulte)	to be under age	être mineur
he's growing fast	il est en pleine croissance	to be/to come* of age	être/devenir majeur
to develop [dɪˈveləp]	se développer	to reach puberty	atteindre la puberté
a kid [kɪd] (parlé)	un(e) gosse	when I'm grown up ...	quand je serai grand...
a toddler ['tɒdləʳ]	un bambin	**– Y**outh [juːθ]	la jeunesse
		a young man a youth	un jeune homme
– Adolescence [ˌædəʊˈlesns]	l'adolescence	a young woman	une jeune femme
teenage ['tiːneɪdʒ] adolescent [ˌædəʊˈlesnt] (soutenu)	adolescent	the younger generation	la jeune génération
		the generation gap	le conflit des générations

■ 4. MATURING LA MATURITÉ

– An adult ['ædʌlt]	un(e) adulte	maturity	la maturité
the grown-ups	les grandes personnes	to mature	mûrir
adulthood ['ædʌlthʊd]	l'âge adulte	a 40-year-old	un(e) quadragénaire
manhood ['mænhʊd]	l'âge adulte (homme)	a 40-year-old teacher	un professeur âgé de 40 ans
womanhood ['wʊmənhʊd]	l'âge adulte (femme)	a 50-year-old	un(e) quinquagénaire
– Mature [məˈtjʊəʳ]	mûr	in the prime of life in one's prime	dans la force de l'âge
middle age	l'âge mûr	to be well-preserved	être bien conservé
maturity [məˈtjʊərɪtɪ]		to look young for one's age	faire jeune pour son âge
middle-aged	d'un certain âge, d'âge mûr		

– **H**ow old are you?   Quel âge as-tu ?

What year were you
born in?   En quelle année êtes-
vous né ?

at your age, I ...   à ton âge, je...

when I was that age,
I ...   à cet âge-là, je...

he's six (years old)   il a six ans

a ten-/sixteen-year-old   un enfant de dix/seize
ans

to be as old as sb
to be the same age as
sb   avoir le même âge que
qqn

to be younger/older
than sb   être plus jeune/vieux
que qqn

to be 3 years younger/
older than sb   être plus jeune/âgé que
qqn de 3 ans

■ 5. OLD AGE   LA VIEILLESSE

– **The old** [əʊld] (plur.)
old people (plur.)   les personnes âgées

an old man   un vieil homme

an old woman   une vieille femme

an old lady   une vieille dame

to grow* old
to get* old
to age [eɪdʒ]   vieillir

(old) age   la vieillesse

ageing ['eɪdʒɪŋ]   le vieillissement

ageing   vieillissant

the elderly ['eldəlɪ] (plur.)   les personnes âgées

elderly   âgé

aged [eɪdʒd]   très âgé

– **T**o be getting on (in
years)   ne plus se faire tout
jeune

to be feeling one's age   sentir qu'on se fait vieux

to live to a ripe old age   vivre jusqu'à un âge
avancé

towards the end of his
life   sur la fin de sa vie

he's my junior/senior
(by 2 years)   il est plus jeune/plus
âgé que moi (de 2 ans)

– **A** pensioner ['penʃənəʳ]
an old-age pensioner   un(e) retraité(e)

senior citizens   les personnes du troisième âge

an old people's home
an old folks' home   une maison de retraite

a septuagenarian
[ˌseptjʊədʒɪˈnɛərɪən]   un(e) septuagénaire

an octogenarian
[ˌɒktəʊdʒɪˈnɛərɪən]   un(e) octogénaire

a centenarian
[ˌsentɪˈnɛərɪən]   un(e) centenaire

– **S**enile ['si:naɪl]   sénile

senility [sɪˈnɪlɪtɪ]   la sénilité

to be losing one's
faculties   perdre la tête

elderly and infirm   vieux et malade

to lapse into second
childhood   retomber en enfance

decrepit [dɪˈkrepɪt] (parlé)   décati

doddering ['dɒdərɪŋ]   gâteux

to be/to go* gaga
(parlé)   être/devenir gaga

to ramble on   radoter

■ 6. DEATH   LA MORT

– **D**ead [ded]   mort

the dead (plur.)   les morts

a dead man   un mort

a dead woman   une morte

deceased [dɪˈsi:st]
(soutenu)   défunt

the deceased (plur.)
(soutenu)   le (la) défunt(e)

a corpse [kɔ:ps]
AM a cadaver [kəˈdeɪvəʳ]   un cadavre

– **T**o die from sth, of sth
[daɪ]   mourir de qqch.

to die a natural death   mourir de sa belle mort

dying ['daɪɪŋ]   mourant

to be slipping away   être près de la fin

at death's door   à l'article de la mort

to be near death   être à l'agonie

to pass on
to pass away   s'éteindre

to breathe one's last
(soutenu)   rendre le dernier soupir

to expire [ɪksˈpaɪəʳ]
(soutenu)   expirer

lifeless ['laɪflɪs]   sans vie

stone-dead (parlé)	raide mort	to commit suicide	se suicider
the remains [rɪ'meɪnz] (plur.)	la dépouille mortelle	to take* one's own life	mettre fin à ses jours
– To kill [kɪl]	tuer	– To lose* sb	perdre qqn
fatal ['feɪtl]	mortel (blessure)	the departed [dɪ'pɑ:tɪd] (plur.)	les disparus
lethal ['li:θəl]		the loss of a father	la perte d'un père
fatal	mortel (chute)	the late Mr Jones	feu M. Jones
a suicide ['suɪsaɪd]	un suicide	the death rate	le taux de mortalité

■ 7. FUNERALS LES ENTERREMENTS

– A death certificate	un certificat de décès	– A grave [greɪv]	une tombe[1]
to lay* out a body	faire la toilette d'un mort	a tombstone ['tu:mstəʊn]	une pierre tombale
to lie* in state	être exposé solennellement	a gravestone	
a mortuary ['mɔ:tjʊərɪ]	une morgue (à l'hôpital)	a vault [vɔ:lt]	un caveau
a morgue [mɔ:g]	une morgue (à la police)	a cemetery ['semɪtrɪ]	un cimetière
		a graveyard	
– The funeral ['fju:nərəl]	l'enterrement (obsèques)	a churchyard ['tʃɜ:tʃjɑ:d]	un cimetière (église)
the burial ['berɪəl]	l'enterrement (mise en terre)	a memorial to sb [mɪ'mɔ:rɪəl]	un monument à la mémoire de qqn
to bury ['berɪ]	enterrer	the War Memorial	le monument aux morts
to inter [ɪn'tɜ:'] (soutenu)	inhumer	a burial place	une sépulture
a crematorium [ˌkremə'tɔ:rɪəm] AM a crematory ['kreməˌtɔ:rɪ]	un crématorium	ashes [æʃɪz]	les cendres
		an urn [ɜ:n]	une urne funéraire
to cremate [krɪ'meɪt]	incinérer	here lies Robert Adam	ci-gît Robert Adam
cremation [krɪ'meɪʃən]	l'incinération	"Rest In Peace" (abr. R.I.P.)	«Qu'il repose en paix»
a hearse [hɜ:s]	un corbillard	an obituary [ə'bɪtjʊərɪ]	une notice nécrologique
the funeral procession	le cortège funèbre	an epitaph ['epɪtɑ:f]	une épitaphe
a coffin ['kɒfɪn] AM a casket ['kɑ:skɪt]	un cercueil	to exhume [eks'hju:m]	exhumer
a wreath [ri:θ]	une couronne mortuaire	ATTENTION FAUX AMI 1 : a tomb = un tombeau	
a shroud [ʃraʊd]	un linceul	– The bereavement [bɪ'ri:vmənt]	le deuil (événement)
an undertaker ['ʌndəteɪkə'] a funeral director AM a mortician [mɔ:'tɪʃən]	un entrepreneur des pompes funèbres	the bereaved [bɪ'ri:vd] (plur.)	la famille du défunt
		to grieve for sb to mourn sb	pleurer qqn
a funeral home	un funérarium	to be in mourning for sb	porter le deuil de qqn
		the mourners ['mɔ:nəz]	les parents et amis du défunt

7 THE FAMILY
LA FAMILLE

■ 1. FAMILY RELATIONSHIPS LES LIENS DE PARENTÉ _____

- **A family** ['fæmɪlɪ] — une famille
- **family life** — la vie de famille
- **a large / nuclear family** — une famille nombreuse / nucléaire
- **a single-parent family / a one-parent family** — une famille monoparentale
- **a relative** ['relətɪv] / **a relation** [rɪ'leɪʃən] — un parent, un membre de la famille
- **a near / distant relative** — un parent proche / éloigné
- **What relation is he to you?** — Quels sont ses liens de parenté avec vous ?
- **on the father's / mother's side** — du côté du père / de la mère

- **The husband** ['hʌzbənd] — le mari
- **the wife** [waɪf] (plur. wives) — la femme
- **the parents** ['peərənts] — les parents
- **a father** ['fɑːðəʳ] — un père
- **a mother** ['mʌðəʳ] — une mère
- **motherhood** ['mʌðəhʊd] — la maternité
- **fatherhood** ['fɑːðəhʊd] — la paternité
- **paternal** [pə'tɜːnl] — paternel (autorité, descendance)
- **fatherly** ['fɑːðəlɪ] — paternel (conseil, personne)
- **maternal** [mə'tɜːnl] — maternel (autorité, descendance)
- **motherly** ['mʌðəlɪ] — maternel (conseil, personne)
- **dad(dy)** ['dæd(ɪ)] — papa
- **mum(my)** ['mʌm(ɪ)] — maman
- **a single parent** — un parent unique
- **an unmarried mother** — une mère célibataire

- **A child** [tʃaɪld] (plur. children) — un(e) enfant
- **a son** [sʌn] — un fils
- **a daughter** ['dɔːtəʳ] — une fille
- **an only son / daughter** — un fils / une fille unique
- **filial** ['fɪlɪəl] — filial
- **a brother** ['brʌðəʳ] — un frère
- **a sister** ['sɪstəʳ] — une sœur
- **a half-brother** — un demi-frère
- **a half-sister** — une demi-sœur

- **The grandparents** ['grænˌpeərənts] — les grands-parents
- **a grandfather** ['grænˌfɑːðəʳ] — un grand-père
- **a grandmother** ['grænˌmʌðəʳ] — une grand-mère

- **granny** ['grænɪ] / **grandma** ['grænmɑː] — mamie
- **grandad** ['grændæd] / **grandpa** ['grænpɑː] — papi
- **the great-grandparents** — les arrière-grands-parents

- **An uncle** ['ʌŋkl] — un oncle
- **an aunt** [ɑːnt] — une tante
- **uncle** — tonton
- **auntie** ['ɑːntɪ] — tata
- **a nephew** ['nevjuː] — un neveu
- **a niece** [niːs] — une nièce
- **a cousin** ['kʌzn] — un(e) cousin(e)
- **a first cousin** — un cousin germain
- **a distant cousin** — un cousin éloigné

- **The parents-in-law** — les beaux-parents (parents du conjoint)
- **my in-laws** (plur.) (parlé) — ma belle-famille
- **a father-in-law** (plur. fathers-in-law) — un beau-père
- **a mother-in-law** (plur. mothers-in-law) — une belle-mère
- **a son-in-law** (plur. sons-in-law) — un gendre
- **a daughter-in-law** (plur. daughters-in-law) — une belle-fille
- **a brother-in-law** (plur. brothers-in-law) — un beau-frère
- **a sister-in-law** (plur. sisters-in-law) — une belle-sœur

- **A stepfather** ['stepˌfɑːðəʳ] — un beau-père (après remariage)
- **a stepmother** ['stepˌmʌðəʳ] — une belle-mère
- **a stepson** ['stepsʌn] — un beau-fils
- **a stepdaughter** ['stepˌdɔːtəʳ] — une belle-fille
- **a stepbrother** ['stepˌbrʌðəʳ] — un demi-frère
- **a stepsister** ['stepˌsɪstəʳ] — une demi-sœur

- **The older** ['əʊldəʳ] / **the elder** ['eldəʳ] — l'aîné(e) (de deux personnes)
- **the oldest** ['əʊldɪst] / **the eldest** ['eldɪst] — l'aîné(e) (de plusieurs personnes)
- **his older brother / son** — son frère / fils aîné
- **the younger** ['jʌŋgəʳ] — le cadet, la cadette (de deux personnes)
- **his younger brother / sister** — son frère cadet / sa sœur cadette

the youngest	le plus jeune, la plus jeune (de plusieurs personnes)
my little / big sister	ma petite / grande sœur
– **A** widow [ˈwɪdəu]	une veuve
a widower [ˈwɪdəuəʳ]	un veuf
to be widowed	devenir veuf, devenir veuve
an orphan [ˈɔːfən]	un(e) orphelin(e)
to adopt [əˈdɒpt]	adopter
an adopted child	un enfant adoptif
the adoptive parents	les parents adoptifs
a guardian [ˈgɑːdɪən]	un(e) tuteur¹ (-trice)
a ward [wɔːd]	un(e) pupille
under guardianship	sous tutelle

ATTENTION FAUX AMI 1 : a tutor = un précepteur

– **A** godchild [ˈgɒdtʃaɪld]   un(e) filleul(e)

her godson [ˈgɒdsʌn]	son filleul
her goddaughter [ˈgɒdˌdɔːtəʳ]	sa filleule
a godfather [ˈgɒdˌfɑːðəʳ]	un parrain
a godmother [ˈgɒdˌmʌðəʳ]	une marraine
– **A** descendant [dɪˈsendənt]	un(e) descendant(e)
in direct line *from*	en ligne directe *de*
ancestors [ˈænsɪstəʳz] forefathers [ˈfɔːˌfɑːðəz] forebears [ˈfɔːbɛəz]	des ancêtres
genealogy [ˌdʒiːnɪˈælədʒɪ]	la généalogie
to trace sb's ancestry to trace sb's genealogy	faire la généalogie de qqn
a genealogist [ˌdʒiːnɪˈælədʒɪst]	un(e) généalogiste
a family tree	un arbre généalogique

■ 2. FAMILY CELEBRATIONS LES FÊTES DE FAMILLE

– **A** family celebration	une fête de famille
to celebrate [ˈselɪbreɪt]	fêter
a family reunion a family gathering a family get-together (parlé)	une réunion de famille
to have a party	donner une (petite) réception
– **A** christening [ˈkrɪsnɪŋ] a baptism [ˈbæptɪzəm]	un baptême
to christen [ˈkrɪsn] to baptize [bæpˈtaɪz]	baptiser
a name [neɪm]	un nom
a first name a Christian name	un prénom
a surname [ˈsɜːneɪm]	un nom de famille
a pet name	un petit nom
a nickname [ˈnɪkneɪm]	un surnom
to name a child after sb	donner à un enfant le prénom de qqn
– **Their** engagement (sing.)	leurs fiançailles
to get* engaged *to sb*	se fiancer *avec qqn*
his fiancée	sa fiancée
her fiancé	son fiancé
an engagement ring	une bague de fiançailles
– **A** proposal [prəˈpəuzl]	une demande en mariage

to propose to sb	demander qqn en mariage
to accept / refuse sb	accepter / refuser la demande en mariage de qqn
a marriage [ˈmærɪdʒ]	un mariage (acte, état)
a wedding [ˈwedɪŋ]	un mariage (cérémonie)
to get* married to sb	se marier avec qqn, épouser qqn
to marry sb	
to get* married in church / in the Registry Office	se marier à l'église / à la mairie
a church wedding	un mariage à l'église
a civil ceremony	un mariage civil
to have a white wedding	se marier en blanc
same-sex marriage	le mariage homosexuel
a civil union	une union civile
– **The** bride [braɪd]	la mariée
the (bride)groom	le marié
a (married) couple	un couple (marié)
a bridesmaid	une demoiselle d'honneur
AM a maid of honor	
the best man	le garçon d'honneur
a page boy	un page
a bridal veil / bouquet	un voile / bouquet de mariée

a wedding ring AM a wedding band	une alliance	to wish sb a happy birthday	souhaiter bon anniversaire à qqn
her maiden name	son nom de jeune fille	it's his twenty-first birthday today	il a vingt-et-un ans aujourd'hui
the newly weds	les jeunes mariés	Happy birthday!	Bon anniversaire !
a honeymoon ['hʌnɪˌmuːn]	une lune de miel	Many happy returns (of the day)!	
to be on one's honeymoon	être en voyage de noces	his nameday his saint's day	sa fête (jour du prénom de qqn)
– A birthday ['bɜːθdeɪ]	un anniversaire (naissance)	– An anniversary [ˌænɪ'vɜːsərɪ]	un anniversaire (d'un événement)
a birthday party	une fête d'anniversaire	a wedding anniversary	un anniversaire de mariage
a birthday card / present	une carte / un cadeau d'anniversaire		
my birthday is on May 16th	mon anniversaire est le 16 mai	their silver / golden wedding (anniversary)	leurs noces d'argent / d'or

■ 3. FAMILY LIFE LA VIE DE FAMILLE

– To bring* up to rear [rɪə'] AM to raise [reɪz]	élever (enfant)	a household ['haʊsˌhəʊld]	un ménage
to feed* a baby	nourrir un bébé	a housewife ['haʊswaɪf] (plur. housewives)	une ménagère, une femme au foyer
to breastfeed* ['brestfiːd]	allaiter	– Single ['sɪŋgl] unmarried ['ʌn'mærɪd]	célibataire
to bottlefeed* ['bɒtlfiːd]	nourrir au biberon	a bachelor ['bætʃələ']	un célibataire, un vieux garçon
to give* a baby his / her bottle	donner le biberon à un bébé	a single woman	une célibataire
– A lullaby ['lʌləbaɪ]	une berceuse	– To live with sb	vivre avec qqn
to rock [rɒk]	bercer	his / her partner	sa compagne / son compagnon
a cradle ['kreɪdl]	un berceau		
BR a pram [præm] AM a baby carriage a baby-buggy	un landau	to live as husband and wife	vivre maritalement
a high chair	une chaise haute	– A divorce [dɪ'vɔːs]	un divorce
BR a carrycot ['kærɪˌkɒt] AM a baby carrier		to divorce sb [dɪ'vɔːs] to get* divorced from sb	divorcer de qqn
BR a pushchair ['pʊʃˌtʃɛə'] AM a stroller ['strəʊlə']	une poussette	divorced [dɪ'vɔːst]	divorcé
a baby carrier	un porte-bébé	a broken home	un foyer désuni
BR a nappy ['næpɪ] AM a diaper ['daɪəpə']	une couche	marital problems	des problèmes conjugaux
BR a disposable nappy AM a disposable diaper	une couche-culotte	to gain custody of the children	obtenir la garde des enfants
– To spoil* [spɔɪl]	gâter	alimony ['ælɪmənɪ] (n. c.) BR maintenance ['meɪntɪnəns] (n. c.)	une pension alimentaire
to scold [skəʊld]	gronder	his / her ex (parlé)	son ex(-femme / -mari)
to punish ['pʌnɪʃ]	punir	to remarry [ˌriː'mærɪ]	se remarier
– The head of the family	le chef de famille		
to look after sb / sth	s'occuper de qqn / qqch.	– A servant ['sɜːvənt]	un(e) domestique
to attend to sth	s'occuper de qqch.	a cleaning lady BR a home help	une femme de ménage

a maid [meɪd]	une bonne	a nanny ['nænɪ]	une bonne d'enfants
a tutor ['tjuːtəʳ]	un précepteur	AM a child's nurse	
		an au pair ['əʊ'pɛə]	une jeune fille au pair

■ 4. INHERITANCE L'HÉRITAGE

- A will [wɪl]	un testament
to make* one's will	faire son testament
his last wishes	ses dernières volontés
his last will and testament	ses dernières dispositions
to put* sb into one's will	coucher qqn sur son testament
to cut* sb out of one's will	déshériter qqn
an executor [ɪg'zekjʊtəʳ]	un(e) exécuteur (-trice) (testamentaire)
the succession [sək'seʃən]	la succession
to inherit sth [ɪn'herɪt]	hériter de qqch.
to inherit sth from sb	hériter qqch. de qqn
an inheritance [ɪn'herɪtəns]	un héritage (action)
an heir [ɛəʳ]	un héritier

an heiress ['ɛəres]	une héritière
- To leave* sth to sb	laisser qqch. à qqn en héritage, léguer qqch. à qqn
to bequeath sth to sb	
to come* into an inheritance	faire un héritage
to be handed down	être transmis de génération en génération
to make* sb one's heir	instituer qqn son héritier
a bequest [bɪ'kwest]	un legs
a legacy ['legəsɪ]	
a gift [gɪft]	un don
a beneficiary [ˌbenɪ'fɪʃərɪ]	un(e) légataire
to disinherit ['dɪsɪn'herɪt]	déshériter
inheritance tax (sing.) death duties	les droits de succession

45

8 | THE HOUSE LA MAISON

■ 1. THE BUILDING LE BÂTIMENT

- To have a house built — faire construire une maison
- the foundations [faʊnˈdeɪʃəns] — les fondations
- a wall [wɔːl] — un mur
- the front (of the house) the façade [fəˈsɑːd] — la façade

- **A door** [dɔːʳ] — une porte
- the front/back door — la porte d'entrée/de derrière
- in the doorway — dans l'embrasure de la porte
- the doorstep the threshold [ˈθreʃhəʊld] — le seuil, le pas de la porte
- a porch [pɔːtʃ] — un porche

- **A window** [ˈwɪndəʊ] — une fenêtre
- a pane [peɪn] — une vitre
- a windowsill a window-ledge — un rebord de fenêtre
- a sash window — une fenêtre à guillotine
- a picture window — une grande baie
- a bow window a bay window — une fenêtre en saillie
- a skylight [ˈskaɪlaɪt] — une lucarne
- a French window — une porte-fenêtre

- **A balcony** [ˈbælkənɪ] — un balcon
- a terrace [ˈterəs] — une terrasse
- a veranda [vəˈrændə] — une véranda
- AM a stoop [stuːp] — une véranda
- a deck [dek] — une terrasse en bois

- The frame(work) [ˈfreɪm(wɜːk)] — la charpente
- a roof [ruːf] — un toit
- the ceiling [ˈsiːlɪŋ] — le plafond
- a beam [biːm] — une poutre
- a joist [dʒɔɪst] — une solive
- a rafter [ˈrɑːftəʳ] — un chevron
- a chimney [ˈtʃɪmnɪ] — une cheminée (sur le toit)
- a gable [ˈgeɪbl] — un pignon

- a gutter [ˈgʌtəʳ] — une gouttière
- The stairs [stɛəz] (plur.) the staircase — l'escalier
- the stairwell the stairway — la cage d'escalier
- a step [step] — une marche
- the landing [ˈlændɪŋ] — le palier
- BR the ground floor AM the first floor — le rez-de-chaussée
- BR the first floor AM the second floor — le premier étage
- BR the second floor AM the third floor — le deuxième étage
- a floor [flɔːʳ] BR a storey [ˈstɔːrɪ] AM a story [ˈstɔːrɪ] — un étage
- on that floor — à cet étage
- a two-storey house — une maison de deux étages
- upstairs [ˈʌpˈstɛəz] — en haut, à l'étage supérieur
- downstairs [ˈdaʊnˈstɛəz] — en bas, à l'étage inférieur
- an upstairs/downstairs room — une pièce du haut/au rez-de-chaussée

- **A brick** [brɪk] — une brique
- a tile [taɪl] — un carreau (de sol, de mur)
- a roof tile — une tuile
- a slate [sleɪt] — une ardoise
- wood [wʊd] — le bois
- wooden [ˈwʊdn] wood — en bois
- BR timber [ˈtɪmbəʳ] AM lumber [ˈlʌmbəʳ] — le bois de charpente
- a stone [stəʊn] — une pierre
- concrete [ˈkɒnkriːt] — le béton
- cement [səˈment] — le ciment
- to cement — cimenter
- mortar [ˈmɔːtəʳ] — le mortier
- a breeze-block — un parpaing
- plaster [ˈplɑːstəʳ] — le plâtre
- to plaster — plâtrer

REMARQUE Certains mots de cette section ont des usages comptable et non comptable ; ex. : une maison en brique = a brick house, a brick-built house, a house made of brick ; mais un tas de briques = a heap of bricks.

■ 2. THE ROOMS LES PIÈCES

- **A room** [rʊm]   une pièce
  the **hall**(way)['hɔ:lweɪ]   l'entrée, le vestibule
  the **lobby** ['lɒbɪ]
  What's the **way in** /   Par où entre-t-on /
  out?   sort-on ?
  a **corridor** ['kɒrɪdɔ:ʳ]   un couloir
  a **passage**(way)
  ['pæsɪdʒ(weɪ)]
  a **cellar** ['selaʳ]   une cave
  a **basement** ['beɪsmənt]   un sous-sol
  an **attic** ['ætɪk]   un grenier
  a **loft** [lɒft]

- **The sitting room**   le salon
  the **drawing room**
  the **lounge** [laʊndʒ]
  the **living room**   la salle de séjour
  the **dining room**   la salle à manger
  a **dining area**   un coin-repas
  the **study** ['stʌdɪ]   le bureau
  the **library** ['laɪbrərɪ]   la bibliothèque
  a **studio** ['stju:dɪəʊ]   un atelier (artiste)

- **A bedroom** ['bedrʊm]   une chambre à coucher
  a **nursery** ['nɜ:sərɪ]   une chambre d'enfant

the **playroom** ['pleɪrʊm]   la salle de jeux
AM the **rumpus room**
a **spare room**   une chambre d'amis
a **guest room**
a **dressing room**   un dressing, un vestiaire
an **attic room**   une chambre sous les
                                              toits

- **The kitchen** ['kɪtʃɪn]   la cuisine
  a **kitchenette** [,kɪtʃɪ'net]   une cuisinette, un
                                              coin-cuisine
  a **larder** ['lɑ:dəʳ]   un garde-manger
  a **pantry** ['pæntrɪ]
  AM a **cupboard**[1] ['kʌbəd]
  a **store**(room)   un cellier
  a **utility room**   une buanderie
  a **junk room**   un cagibi, un débarras
  BR a **boxroom** ['bɒksrʊm]
  BR a **lumber room**
  AM a **storage room**
  the **bathroom** ['bɑ:θrʊm]   la salle de bains
  the **lavatory** ['lævətrɪ]   les toilettes, les w.-c.
  the **toilet** ['tɔɪlɪt]
  BR the **loo** [lu:] (parlé)   le petit coin

  ATTENTION **1** : BR a **cupboard** = un placard

■ 3. FURNITURE L'AMEUBLEMENT

- **The furniture** ['fɜ:nɪtʃəʳ]   le mobilier
  (n. c. sing.)
  the **furnishings**
  ['fɜ:nɪʃɪŋz] (plur.)
  a **piece of furniture**   un meuble
  a **flat pack**   un meuble en kit
  to **furnish** ['fɜ:nɪʃ]   meubler

- **A seat** [si:t]   un siège
  a **chair** [tʃɛəʳ]   une chaise
  an **armchair** ['ɑ:mtʃɛəʳ]   un fauteuil
  a **chair leg**   un pied de chaise
  the **arm** / **seat of a chair**   le bras / siège d'un
                                              fauteuil
  the **back of a chair**   le dossier d'un fauteuil
  a **rocking-chair**   un fauteuil à bascule
  a **stool** [stu:l]   un tabouret
  a **footstool** ['fʊtstu:l]   un tabouret bas
  a **sofa** ['səʊfə]   un sofa
  a **couch** [kaʊtʃ]   un canapé

a **divan** [dɪ'væn]   un divan
a **sofa bed**   un canapé-lit

- **A table** ['teɪbl]   une table
  a **coffee table**   une table basse
  an **occasional table**   une petite table
  a **dining-table**   une table de salle à
                                              manger
  a **(tea) trolley**   une table roulante
  a **sideboard** ['saɪdbɔ:d]   un buffet, un bahut
  a **drawer** [drɔ:ʳ]   un tiroir
  a **display cabinet**   une vitrine (meuble)

- **A bureau** ['bjʊərəʊ]   un secrétaire
  a **desk** [desk]   un bureau
  a **writing-desk**
  a **shelf** [ʃelf] (plur. shelves)   une étagère
  a **bookcase** ['bʊkkeɪs]   une bibliothèque
  bookshelves ['bʊkʃelvz]   des étagères (à livres)
  a **storage unit**   un meuble de
                                              rangement

a TV stand	un meuble télé
– A bedroom suite	un mobilier de chambre à coucher
a bed [bed]	un lit
a single bed	un lit d'une personne
a double bed	un grand lit
a futon ['fu:tɒn]	un futon
BR a cot [kɒt] AM a crib [krɪb]	un lit d'enfant
twin beds	des lits jumeaux
bunk beds	des lits superposés
the upper/lower bunk	le lit d'en haut/d'en bas
a mattress ['mætrɪs]	un matelas
a pillow ['pɪləʊ]	un oreiller
a bolster ['bəʊlstə']	un traversin
a bedside table	une table de chevet
a dressing-table AM a dresser ['dresə']	une coiffeuse
a chest of drawers AM a bureau ['bjʊərəʊ]	une commode
a wardrobe ['wɔ:drəʊb]	une armoire
a hanging wardrobe	une penderie
BR a cupboard¹ ['kʌbəd] AM a closet ['klɒzɪt]	un placard
a mirror ['mɪrə']	un miroir, une glace

ATTENTION 1 : AM a cupboard = un garde-manger

– The (kitchen) sink	l'évier
BR a tap [tæp] AM a faucet ['fɔ:sɪt]	un robinet
to turn on	ouvrir (robinet)
to turn off	fermer (robinet)
a tiled floor/wall	un sol/mur carrelé
a worktop ['wɜ:ktɒp] a work(ing) surface	un plan de travail
built-in	encastré
a slot-in oven	un four encastrable
– A washbasin ['wɒʃ,beɪsən] AM a sink [sɪŋk]	un lavabo
a handbasin ['hænd,beɪsən]	un lave-mains

a bidet ['bi:deɪ]	un bidet
a bath(tub) ['bɑ:θ(tʌb)]	une baignoire
a bathmat ['bɑ:θmæt]	un tapis de bain
a shower ['ʃaʊə']	une douche
a shower cubicle	une cabine de douche
the toilet bowl the pan [pæn]	la cuvette des w-c
a cistern ['sɪstən]	un réservoir de chasse d'eau
to flush the toilet to pull the chain	tirer la chasse d'eau
bathroom scales (plur.)	un pèse-personne
a towel rail	un porte-serviettes
a soapdish ['səʊpdɪʃ]	un porte-savon
a medicine chest a medicine cabinet	une armoire à pharmacie
– Soft furnishings	les tissus d'ameublement
a curtain ['kɜ:tn]	un rideau
the curtains AM the drapes [dreɪps]	les rideaux
net curtains	les voilages
to pull the curtains to draw* the curtains	tirer les rideaux
a curtain rail	une tringle
hangings ['hæŋɪŋz]	les tentures
a cushion ['kʊʃən]	un coussin
a carpet ['kɑ:pɪt] a rug [rʌg]	un tapis
BR (fitted) carpet AM wall-to-wall carpeting	de la moquette
linoleum [lɪ'nəʊlɪəm]	du linoléum
lino ['laɪnəʊ]	du lino
a floor covering	un revêtement de sol
– Wallpaper ['wɔ:l,peɪpə']	du papier peint
to hang* wallpaper	poser du papier peint
to paper a room	tapisser une pièce
to redecorate a room	refaire une pièce (peinture et/ou tapisseries)
a house painter BR a decorator ['dekəreɪtə']	un peintre-décorateur

■ 4. FIXTURES AND FITTINGS LES AMÉNAGEMENTS INTÉRIEURS _____

– A floor [flɔ:']	un sol, un plancher
a floorboard	une latte de plancher
a parquet floor	un parquet

BR a skirting-board AM a baseboard ['beɪsbɔ:d]	une plinthe
a panel ['pænl]	un panneau

(wood) panelling	le lambris	to close the shutters	fermer les volets
a cupboard under the stairs	une soupente	a blind [blaɪnd]	un store
the ban(n)ister(s) ['bænɪstə(z)]	la rampe	a Venetian blind	un store vénitien
a partition [pɑː'tɪʃən]	une cloison	to lower a blind	baisser un store
a (serving) hatch	un passe-plats	ajar [ə'dʒɑːʳ]	entrouvert (porte, fenêtre)
– The plumbing ['plʌmɪŋ]	la plomberie	**– A key** [kiː]	une clé
a pipe [paɪp]	un tuyau, un conduit	a bunch of keys	un trousseau de clés
a waste pipe	un tuyau de vidange	a keyring	un porte-clés
BR a drainpipe ['dreɪnpaɪp]	un tuyau d'écoulement	a keyhole	un trou de serrure
AM a downspout ['daʊnˌspaʊt]		a lock [lɒk]	une serrure
		to lock	fermer à clé
a tank [tæŋk]	une citerne	to unlock [ʌn'lɒk]	ouvrir (qqch. de fermé à clé)
a hot-water tank	un ballon d'eau chaude	a latch [lætʃ]	un loquet
a stopcock ['stɒpkɒk]	un robinet d'arrêt	a bolt [bəʊlt]	un verrou
a water / gas main	une conduite d'eau / de gaz	to bolt	verrouiller
		to knock (at the door)	frapper (à la porte)
to be on the mains supply	être raccordé au réseau	a knocker ['nɒkəʳ]	un heurtoir
an aerial ['ɛərɪəl]	une antenne	a doorbell ['dɔːbel]	une sonnette
a satellite dish	une antenne satellite	a doorhandle ['dɔːˌhændl]	une poignée de porte
to have cable	être câblé	a doorknob ['dɔːnɒb]	un bouton de porte
		a hinge [hɪndʒ]	une charnière
– Double-glazing	le double vitrage	a safety chain	une chaîne de sûreté
double-glazed windows	des fenêtres à double vitrage	a burglar alarm	une sirène d'alarme
		a smoke alarm	un détecteur de fumée
a shutter ['ʃʌtəʳ]	un volet	a reinforced door	une porte blindée
		a letterbox	une boîte aux lettres

■ 5. LIGHTING AND ELECTRICITY L'ÉCLAIRAGE ET L'ÉLECTRICITÉ _____

– Lighting ['laɪtɪŋ]	l'éclairage	a reading lamp	une lampe de travail
an electric light bulb	une ampoule électrique	a spotlight ['spɒtlaɪt]	un spot
a socket ['sɒkɪt]	une douille	a neon light	un néon
a lampshade ['læmpʃeɪd]	un abat-jour	a flashlight ['flæʃlaɪt]	une lampe de poche
a switch [swɪtʃ]	un interrupteur	BR a torch [tɔːtʃ]	
to switch on	allumer, ouvrir	a candle ['kændl]	une bougie
to switch off	éteindre, fermer	a candlestick	un bougeoir
BR a standard lamp	un lampadaire	a tealight holder	un photophore
a floor lamp		an incense burner	un brûle-encens
a wall lamp	une applique	a chandelier [ʃændə'lɪəʳ]	un lustre
a wall light		a gas / oil lamp	une lampe à gaz / à pétrole
a ceiling light	un plafonnier		
a ceiling lamp		**– The (electric) wiring**	l'installation électrique
a bedside light	une lampe de chevet	to have mains electricity	être raccordé au réseau
a bedside lamp			
a halogen lamp	une lampe halogène	a wire ['waɪəʳ]	un fil électrique (d'une installation)
a dimmer ['dɪməʳ]	un variateur de lumière		

BR a flex [fleks]
AM a cord [kɔːd]
un fil électrique (d'appareil)

to wire sth up
to connect sth up
faire l'installation électrique de qqch.

the electricity meter
le compteur d'électricité

a plug [plʌg]
une prise (mâle)

a socket ['sɒkɪt]
a point [pɔɪnt]
une prise (femelle)

an adaptor [ə'dæptəʳ]
une prise multiple

to plug in
brancher

a fuse [fjuːz]
AM a fuze
un plomb, un fusible

BR the earth [ɜːθ]
AM the ground [graʊnd]
la terre

■ 6. HEATING AND ELECTRICAL APPLIANCES LE CHAUFFAGE ET L'ÉLECTROMÉNAGER

- Heating ['hiːtɪŋ]
le chauffage

central heating
le chauffage central

to have a well heated house
être bien chauffé

a boiler ['bɔɪləʳ]
une chaudière

fuel [fjʊəl] (n. c.)
le combustible

gas [gæs]
le gaz

mains gas
le gaz de ville

the gas meter
le compteur à gaz

fuel oil
central heating oil
le mazout, le fuel domestique

oil-fired / gas-fired central heating
le chauffage central au mazout / au gaz

solid fuel central heating
le chauffage au charbon

BR a gas / electric fire
AM a gas / electric heater
un radiateur à gaz / électrique

a radiator ['reɪdɪeɪtəʳ]
un radiateur

a (night) storage heater
un radiateur à accumulation

a stove [stəʊv]
un poêle

- A fire [faɪəʳ]
un feu

a fireplace
une cheminée

a hearth [hɑːθ]
un foyer

by the fireside
au coin du feu

to light* the fire
faire du feu

a match [mætʃ]
une allumette

to strike* a match
frotter une allumette

a firelighter ['faɪə,laɪtəʳ]
un allume-feu

a flame [fleɪm]
une flamme

a spark [spɑːk]
une étincelle

to spark
jeter des étincelles

smoke [sməʊk]
la fumée

tongs [tɒŋz]
des pincettes

bellows ['beləʊz] (plur.)
a pair of bellows
un soufflet

a poker ['pəʊkəʳ]
un tisonnier

to poke the fire
tisonner le feu

a log [lɒg]
une bûche

coal [kəʊl]
le charbon

live coals
embers ['embəz]
les braises

ashes ['æʃɪz]
les cendres

- BR a labour-saving device
AM a labor-saving device
un appareil ménager

an electrical appliance
un appareil électrique

a domestic appliance
un appareil électroménager

a gadget ['gædʒɪt]
un gadget

- BR a cooker ['kʊkəʳ]
AM a stove [stəʊv]
une cuisinière

an electric / a gas cooker
une cuisinière électrique / à gaz

a hob [hɒb]
a hotplate ['hɒtpleɪt]
une plaque chauffante

a ceramic hob
une plaque vitrocéramique

an oven ['ʌvn]
un four

a microwave (oven)
un (four à) micro-ondes

in the oven
au four

a cooker hood
une hotte (aspirante)

- A blender ['blendəʳ]
a liquidizer ['lɪkwɪdaɪzəʳ]
a mixer ['mɪksəʳ]
un mixeur

a mincer ['mɪnsəʳ]
un hachoir

a food processor
un robot ménager

a coffee grinder
a coffee mill
un moulin à café

a toaster ['təʊstəʳ]
un grille-pain

a pressure cooker
un autocuiseur

- A refrigerator [rɪ'frɪdʒəreɪtəʳ]
AM an icebox ['aɪsbɒks]
un réfrigérateur

a fridge [frɪdʒ] (parlé)	un frigo
a freezer[1] ['friːzəʳ]	un congélateur
the freezer compart-ment	le freezer
BR the icebox	
an ice cube	un glaçon
an ice tray	un bac à glaçons
to refrigerate food	réfrigérer des aliments
to defrost [diːˈfrɒst]	dégivrer

to thaw (out)	décongeler
A washing machine	un lave-linge
a spin dryer	une essoreuse
a tumble dryer	un sèche-linge
a dishwasher ['dɪʃ,wɒʃəʳ]	un lave-vaisselle
a water heater	un chauffe-eau
a vacuum cleaner	un aspirateur
a hoover® ['huːvəʳ]	

■ 7. CROCKERY   LA VAISSELLE

Crockery ['krɒkərɪ]	la vaisselle
AM flatware ['flætwɛəʳ]	
a dinner set	un service de table
a dinner service	
china ['tʃaɪnə]	la porcelaine
earthenware ['ɜːθənˌwɛəʳ]	la faïence
a china / an earthen-ware cup	une tasse en porce-laine / en faïence
a plate [pleɪt]	une assiette
a dish [dɪʃ]	un plat
a (salad) bowl	un saladier
a (soup) tureen	une soupière
a cup [kʌp]	une tasse
a teacup ['tiːkʌp]	une tasse à thé
a coffee-cup	une tasse à café
a saucer ['sɔːsəʳ]	une soucoupe
a mug [mʌg]	≈ une chope
a teapot ['tiːpɒt]	une théière
a coffee-pot	une cafetière
a sugar basin	un sucrier
a milk jug	un pot à lait
a jug [dʒʌg]	une cruche
AM a pitcher ['pɪtʃəʳ]	

A glass [glɑːs]	un verre
a wineglass ['waɪnglɑːs]	un verre à vin
a decanter [dɪˈkæntəʳ]	une carafe
a water jug	une carafe à eau

Cutlery ['kʌtlərɪ]	les couverts
(n. c. sing.)	
a canteen of cutlery	une ménagère
silverware ['sɪlvəwɛəʳ]	l'argenterie
silverplated ['sɪlvə,pleɪtɪd]	plaqué argent
goldplated ['gəʊld,pleɪtɪd]	plaqué or
a fork [fɔːk]	une fourchette
a knife [naɪf] (plur. knives)	un couteau
a spoon [spuːn]	une cuillère
a teaspoon ['tiːspuːn]	une cuillère à café
a dessertspoon [dɪˈzɜːtˌspuːn]	une cuillère à dessert
a soupspoon ['suːpspuːn]	une cuillère à soupe
a tablespoon ['teɪbl,spuːn]	une cuillère à servir
a serving spoon	
salad servers (plur.)	le couvert à salade
a ladle ['leɪdl]	une louche

A place setting	un couvert
a placemat ['pleɪsmæt]	un set de table
a (table)mat	un dessous de plat
a napkin ring	un rond de serviette
a coaster ['kəʊstəʳ]	un dessous de bouteille
a salt cellar	une salière
a pepper pot	un poivrier
a pepper grinder	un moulin à poivre

■ 8. COOKING UTENSILS   LES USTENSILES DE CUISINE

A saucepan ['sɔːspən]	une casserole
a pot [pɒt]	une marmite
a frying pan	une poêle à frire
AM a fry-pan	
a skillet ['skɪlɪt]	
a pan [pæn]	un plat à rôtir

a wok [wɒk]	un wok
a grill [grɪl]	un gril
A tray [treɪ]	un plateau
a basin ['beɪsn]	une jatte
a bowl [bəʊl]	un bol, un saladier

a jug [dʒʌg] — une cruche
a kettle ['ketl] — une bouilloire
a cake tin — un moule à gâteau
a rolling pin — un rouleau à pâtisserie
a salad spinner — une essoreuse à salade
a breadbin ['bredbɪn] — une huche à pain
kitchen scales (plur.) — une balance de ménage

- **A bread knife** (plur. knives) — un couteau à pain

a blade [bleɪd] — une lame
a spatula ['spætjʊlə] — une spatule
BR a fish slice — une pelle à poisson
AM a pancake turner
a colander ['kʌləndər] — une passoire
a sieve [sɪv] — un tamis
a grater ['greɪtər] — une râpe
a lemon squeezer — un presse-agrumes
a can-opener — un ouvre-boîte
BR a tin-opener
BR nutcrackers — un casse-noix
['nʌtkrækəz] (plur.)
AM a nutcracker

- **A lid** [lɪd] — un couvercle (qui se pose)
a screw top — un couvercle (qui se visse)
to screw sth on — visser qqch.
to screw sth down
to unscrew ['ʌn'skru:] — dévisser
to cover ['kʌvər] — couvrir
to seal [si:l] — sceller
to close [kləʊs] — fermer, reboucher
the handle ['hændl] — l'anse, la poignée

- **A bag** [bæg] — un sac
a binbag ['bɪnbæg] — un sac poubelle
a sack [sæk] — un sac de jute
a basket ['bɑ:skɪt] — un panier
a box [bɒks] — une boîte
a case [keɪs] — une caisse

a crate [kreɪt] — un cageot (de fruits, de légumes)
a packet ['pækɪt] — un paquet
a package ['pækɪdʒ]
a pot [pɒt] — un pot (de yaourt, de crème)
a tub [tʌb]
a carton of milk — un brick de lait
a carton of yoghurt — un pot de yaourt (en carton)

- **A can** [kæn] — une boîte de conserves
BR a tin [tɪn]
a jar [dʒɑ:r] — un pot, un bocal
a bottle ['bɒtl] — une bouteille
a bottle — un flacon
a flask [flɑ:sk]
to bottle — mettre en bouteilles
to stop up — boucher
to cork [kɔ:k] — boucher (avec un bouchon en liège)
a cork — un bouchon (en liège)
a stopper ['stɒpər] — un bouchon (en verre, en plastique)
a cap [kæp] — une capsule
a top [tɒp]

- BR **greaseproof paper** — le papier sulfurisé
AM wax paper
kitchen paper — l'essuie-tout
kitchen roll
kitchen foil — le papier d'aluminium
BR clingfilm® ['klɪŋfɪlm] — le sellofrais®
AM Saranwrap®
[sə'rænræp]

- **The contents** ['kɒntents] — le contenu (plur.)
to contain [kən'teɪn] — contenir
to hold* [həʊld]
full of [fʊl] — plein de
to fill sth with — remplir qqch. de
empty ['emptɪ] — vide
to empty — vider

REMARQUES
1. Avec la plupart des noms désignant un récipient, on peut former un dérivé avec le suffixe -ful ; ex. : a boxful/bagful of buttons = une pleine boîte/un plein sac de boutons.
2. Attention : a can of oil = un bidon d'huile ; an oil can = un bidon à huile ; a wine bottle = une bouteille de vin ; a bottle of wine = une bouteille de vin.

■ 9. HOUSEHOLD LINEN LE LINGE DE MAISON

- **A sheet** [ʃi:t] — un drap
a fitted sheet — un drap-housse

a blanket ['blæŋkɪt] — une couverture
an electric blanket — une couverture chauffante

the bedclothes ['bed,kləʊðz] — les draps et couvertures

a (continental) quilt — une couette
BR a duvet ['du:veɪ]

a duvet cover — une housse de couette
BR an eiderdown ['aɪdə'ˈdaʊn] — un édredon
AM a comforter ['kʌmfətə']
AM a quilt [kwɪlt]

a bedcover ['bed,kʌvə'] — un couvre-lit
a bedspread ['bedspred] — un dessus-de-lit
a pillowcase ['pɪləʊkeɪs] — une taie d'oreiller
a pillowslip ['pɪləʊslɪp]
to make* the bed — faire le lit

bedding ['bedɪŋ] — la literie
- Table linen — le linge de table
a (table)cloth — une nappe
a napkin — une serviette (de table)
a bib [bɪb] — un bavoir
a dish towel — un torchon
BR a tea towel

- Bathroom linen — le linge de toilette
a face cloth — un gant de toilette
BR a (face) flannel
AM a wash-cloth
a towel ['taʊəl] — une serviette éponge
a bathtowel ['bɑ:θ,taʊəl] — une serviette de bain, un drap de bain

■ 10. COMFORT IN THE HOME LE CONFORT

- Comfort ['kʌmfət] — le confort
comfortable ['kʌmfətəbl] — confortable
to have all mod cons — avoir tout le confort
(parlé)
to have all modern conveniences

cosy ['kəʊzɪ] — douillet
AM cozy
a nice home — un intérieur agréable
well-planned — bien conçu
functional ['fʌŋkʃnəl] — fonctionnel
convenient [kən'vi:nɪənt] — pratique
roomy ['rʊmɪ] — spacieux
spacious ['speɪʃəs]

luxurious [lʌg'zjʊərɪəs] — luxueux
luxury ['lʌkʃərɪ] — le luxe

- Uncomfortable [ʌn'kʌmfətəbl] — inconfortable
shabby ['ʃæbɪ] — miteux
in poor condition — en mauvais état
dilapidated — délabré
[dɪ'læpɪdeɪtɪd]
ramshackle ['ræm,ʃækl]
to be falling down — tomber en ruine
BR a draught [drɑːft] — un courant d'air
AM a draft [drɑːft]

■ 11. THE GARDEN LE JARDIN

- BR a garden ['gɑːdn] — un jardin
AM a yard [jɑːd]
the front / back garden — le jardin de devant / derrière
AM the front / back yard
a courtyard — une cour
the grounds [graʊndz] — le parc
(plur.)
to open on to — donner sur (fenêtre)
to look on to
to look on to — donner sur (pièce)
to give* on to

- A gate [geɪt] — un portail
the railings ['reɪlɪŋz] — la grille
(plur.)
a fence [fens] — une clôture, une barrière
to fence (off) — clôturer
a hedge [hedʒ] — une haie

- A lawn [lɔːn] — une pelouse
the grass [grɑːs] — le gazon
a border ['bɔːdə'] — une bordure
a flowerbed ['flaʊəbed] — un parterre de fleurs
a rockery ['rɒkərɪ] — une rocaille
an orchard ['ɔːtʃəd] — un verger
a kitchen garden — un potager
a vegetable garden
an allotment [ə'lɒtmənt] — un jardin ouvrier
- A plant [plɑːnt] — une plante
a flower ['flaʊə'] — une fleur
a bush [bʊʃ] — un buisson
a tree [triː] — un arbre
a shrub [ʃrʌb] — un arbuste
a flowerpot — un pot à fleurs
a pot plant — une plante en pot

a clump [klʌmp]   un massif
a patio ['pætɪəʊ]   un patio
a deck [dek]   une terrasse en bois
a (garden) path   un sentier
a gravel(led) path   une allée de gravier
a drive [draɪv]   une allée (carrossable)
a rock garden   une rocaille
an ornamental pond   un bassin
a water feature
a pergola ['pɜːgələ]   une pergola
a trellis ['trelɪs]   un treillage

- A garage ['gærɑːʒ]   un garage
a (garden) shed   une cabane (de jardin)
a toolshed   une remise à outils
a lean-to   un appentis
BR an outhouse[1]
['aʊthaʊs]

the outbuildings   les dépendances
['aʊtbɪldɪŋz]
a summerhouse   un pavillon
['sʌmə,haʊs]
a canopy ['kænəpɪ]   une marquise

ATTENTION 1 : AM an outhouse = des toilettes extérieures

- Garden furniture   un mobilier de jardin
(n. c. sing.)
a set of garden furniture   un salon de jardin
a garden chair   un fauteuil de jardin
a deckchair   une chaise longue
a hammock ['hæmək]   un hamac
a garden seat   un banc
a bench [bentʃ]
cane furniture (n. c. sing.)   des meubles de rotin
a parasol [,pærə'sɒl]   un parasol
a flagstone ['flægstəʊn]   une dalle

54

9 WORKING IN THE HOUSE
LES TRAVAUX DANS LA MAISON

■ 1. HOUSEHOLD CHORES LES TÂCHES MÉNAGÈRES

- Housework ['haʊswɜːk] — le ménage
  to do* the housework — faire le ménage
  the cleaning ['kliːnɪŋ] — le nettoyage
  to clean [kliːn] — nettoyer
  spring-cleaning — le grand nettoyage de printemps
  to clean up — ranger (pièce)
  to tidy up

- To do* the dishes — faire la vaisselle
  BR to do* the washing-up
  BR to wash up¹
  a dish rack — un égouttoir
  washing-up liquid — du produit à vaisselle
  to dry the dishes — essuyer la vaisselle
  to load/unload the dishwasher — charger/décharger le lave-vaisselle
  to wipe sth (clean) — essuyer qqch.
  to clean the windows — faire les vitres
  a window-cleaner — un laveur de vitres

ATTENTION 1 : AM to wash up = se laver

- The wash(ing) ['wɒʃ(ɪŋ)] — la lessive
  to wash sth — laver qqch.
  to do* the washing — faire la lessive
  soap powder — la lessive (en poudre)
  BR washing powder
  a stain remover — un détachant
  a fabric conditioner — un assouplissant textile

- To rinse [rɪns] — rincer
  to wring* [rɪŋ] — essorer (à la main)
  to spin* dry — essorer (en machine)
  to hang* out the washing — étendre le linge
  to dry [draɪ] — sécher
  to tumble-dry — faire sécher (dans un sèche-linge)
  a clothes line — une corde à linge
  a washing line
  BR a clothes peg — une pince à linge
  AM a clothes pin

- To starch [stɑːtʃ] — amidonner
  starch — l'amidon
  to iron ['aɪən] — repasser

the ironing ['aɪənɪŋ] — le repassage
an iron — un fer à repasser
a steam iron — un fer à vapeur
an ironing board — une planche à repasser

- A brush [brʌʃ] — une brosse
  a scrubbing brush — une brosse dure
  a clothes brush — une brosse à habits
  to scrub [skrʌb] — nettoyer à la brosse
  a broom [bruːm] — un balai
  a brush
  to sweep* [swiːp] — balayer
  a dustpan ['dʌstpæn] — une pelle à poussière
  to mop up — éponger
  a sponge mop — un balai-éponge
  a floorcloth ['flɔːklɒθ] — une serpillière
  to vacuum a room — passer l'aspirateur dans une pièce
  BR to hoover a room
  to sweep* the chimney — ramoner la cheminée
  a chimney sweep — un ramoneur
  to wipe sth — donner un coup de torchon à qqch.

- To dust [dʌst] — épousseter
  a cloth [klɒθ] — un chiffon
  BR a duster ['dʌstə'] — un chiffon (à poussière)
  AM a dust cloth
  a feather duster — un plumeau

- A cleaner ['kliːnə'] — un produit d'entretien
  a detergent [dɪ'tɜːdʒənt] — un détergent
  polish ['pɒlɪʃ] — l'encaustique
  to polish — encaustiquer
  to polish sth up — faire briller qqch.
  shoe polish — du cirage
  to polish one's shoes — cirer ses chaussures
  to polish — astiquer
  to clean the brass/the silver — faire les cuivres/l'argenterie
  to scour ['skaʊə'] — récurer
  bleach [bliːtʃ] — l'eau de javel
  to bleach — blanchir
  a spray [spreɪ] — un aérosol
  an aerosol ['ɛərəsɒl]

REMARQUE to scrub/polish sth = to give sth a scrub/a polish ; to wash/a wipe/rinse/ dry sth = to give sth a wash/wipe/a rinse/a dry.

■ 2. DIRT AND CLEANLINESS LA SALETÉ ET LA PROPRETÉ _____

- **Clean** [kli:n] — propre
  cleanliness ['klenlɪnɪs] — la propreté
  sparkling clean — étincelant de propreté
  neat [ni:t] — bien rangé
  spotless ['spɒtlɪs] — impeccable
  immaculate [ɪ'mækjʊlɪt]

- **Dirty** ['dɜ:tɪ] — sale
  dirt [dɜ:t] — la saleté
  grime [graɪm]
  to get* sth dirty — salir qch
  to get* dirty — se salir
  this material shows the dirt — ce tissu se salit facilement
  filth [fɪlθ] — la crasse
  filthy ['fɪlθɪ] — crasseux
  disgusting [dɪs'gʌstɪŋ] — dégoûtant
  foul [faʊl] — répugnant

- **Grease** [gri:s] — la graisse
  greasy ['gri:sɪ] — graisseux
  dust [dʌst] — la poussière
  dusty ['dʌstɪ] — poussiéreux
  mud [mʌd] — la boue
  muddy ['mʌdɪ] — boueux
  sticky ['stɪkɪ] — poisseux
  a smear [smɪəʳ] — une traînée, une salissure
  a mark [mɑ:k] — une salissure, une marque
  to make* a mess — faire des saletés
  fingermarks ['fɪŋgəmɑ:kz] — des traces de doigts
  soiled [sɔɪld] — souillé
  to stain [steɪn] — tacher
  a stain on sth — une tache à, sur qqch.
  a spot on sth [spɒt]

- **Tidy** ['taɪdɪ] — bien rangé
  he's very tidy — il est très ordonné
  he's obsessively tidy — il est maniaque
  everything is neat and tidy — tout est bien rangé
  to put* things away — faire du rangement
  to do* some tidying up
  untidy [ʌn'taɪdɪ] — en désordre, désordonné
  to mess up a room — mettre le désordre dans une pièce
  to be a shambles (parlé) — être en pagaille
  your room is like a pigsty! — ta chambre est une vraie porcherie !
  BR rubbish ['rʌbɪʃ] (n. c. sing.) — les ordures
  AM trash [træʃ] (n. c. sing.)
  kitchen waste (n. c. sing.) — les ordures ménagères
  household refuse (n. c. sing.)
  litter ['lɪtəʳ] (n. c. sing.) — des détritus
  BR a dustbin ['dʌstbɪn] — une poubelle
  BR a rubbish bin
  AM a trash can
  AM a garbage can
  AM an ashcan
  BR a rubbish chute — un vide-ordures
  AM a garbage chute
  a waste disposal unit — un broyeur d'ordures
  to throw* sth in the dustbin — jeter qqch. à la poubelle, jeter qqch. aux ordures
  household waste sorting — le tri sélectif
  a bottlebank ['bɒtlbæŋk] — un conteneur pour verre usagé

■ 3. TOOLS AND MAINTENANCE L'OUTILLAGE ET L'ENTRETIEN _____

- **A tool** [tu:l] — un outil
  a toolbox ['tu:lbɒks] — une boîte à outils
  a toolbag ['tu:lbæg] — une trousse à outils
  a toolkit ['tu:lkɪt]
  a nail [neɪl] — un clou
  to nail — clouer
  to drive* in a nail — enfoncer un clou
  a hammer ['hæməʳ] — un marteau
  to hammer — marteler

  to hammer sth in — enfoncer qqch. à coups de marteau
  a screw [skru:] — une vis
  to screw — visser
  a screwdriver — un tournevis

- **An electric drill** — une perceuse électrique
  to drill a hole — percer un trou
  to bore a hole
  to fill holes — boucher les trous

pincers ['pɪnsəz] (plur.)   des tenailles
a pair of pincers

pliers ['plaɪəz] (plur.)   une pince
a pair of pliers

BR an adjustable   une clef anglaise, une
spanner   clef à molette
a monkey wrench

to tighten ['taɪtn]   serrer (vis, écrou)

to loosen ['luːsn]   desserrer (vis, écrou)

a file [faɪl]   une lime

to file sth (down)   limer qqch.

a soldering iron   un fer à souder

to solder ['səʊldəʳ]   souder

– Wood [wʊd]   le bois

the woodwork (n. c. sing.)   les boiseries

plywood ['plaɪwʊd]   le contre-plaqué

BR chipboard ['tʃɪpbɔːd]   l'aggloméré
AM Masonite®
['meɪsənaɪt]

hardboard ['hɑːdbɔːd]   l'Isorel®

MDF [ˌemdiː'ef]   le médium

a plane [pleɪn]   un rabot

to plane   raboter

shavings ['ʃeɪvɪŋz]   des copeaux

sandpaper ['sænd‚peɪpəʳ]   le papier de verre

to sand   poncer

a sander ['sændəʳ]   une ponceuse

– Sharp [ʃɑːp]   tranchant, bien affilé

to sharpen ['ʃɑːpən]   affiler, aiguiser

a sharpener ['ʃɑːpnəʳ]   un affiloir

the edge [edʒ]   le tranchant

blunt [blʌnt]   émoussé

to blunt   émousser

a penknife ['pennaɪf]   un canif
(plur. penknives)

scissors ['sɪzəz] (plur.)   une paire de ciseaux
a pair of scissors

a chisel ['tʃɪzl]   un ciseau

the blade [bleɪd]   la lame

an axe [æks]   une hache
AM an ax

a hatchet ['hætʃɪt]   une hachette

a saw [sɔː]   une scie

a circular saw   une scie circulaire

a hacksaw ['hæksɔː]   une scie à métaux

a chainsaw [tʃeɪnsɔː]   une tronçonneuse

to saw*   scier

– A power drill   une perceuse électrique

a pneumatic drill   un marteau-piqueur

a bit [bɪt]   un foret, une mèche

– BR a vice [vaɪs]   un étau
AM a vise

BR a spanner ['spænəʳ]   une clé à écrous
AM a wrench [renʃ]

a nut [nʌt]   un écrou

a bolt [bəʊlt]   un boulon

– A rivet ['rɪvɪt]   un rivet

to rivet   riveter, river

a mallet ['mælɪt]   un maillet

a pickaxe ['pɪkæks]   une pioche
AM a pickax

a crowbar ['krəʊbaːʳ]   un levier

a spirit level   un niveau à bulle

a ladder ['lædəʳ]   une échelle

a stepladder ['step‚lædəʳ]   un escabeau

– Paint [peɪnt]   la peinture (produit)

matt paint   la peinture mate

gloss paint   la laque

Wet paint!   Attention, peinture fraî-
AM Fresh paint!   che !

to paint   peindre

to paint sth white / blue   peindre qqch. en blanc /
   bleu

to paint with a roller   peindre au rouleau

to spray-paint   peindre au pistolet

a paintbrush   un pinceau

to strip paint   enlever la peinture

an undercoat ['ʌndəkəʊt]   une couche de fond

a coat of primer   une couche d'apprêt

– Varnish ['vaːnɪʃ]   le vernis

to varnish   vernir

plaster ['plaːstəʳ]   le plâtre

to plaster   plâtrer

whitewashed ['waɪtwɒʃt]   blanchi à la chaux

turpentine ['tɜːpəntaɪn]   la térébenthine

BR white spirit   le white-spirit
AM mineral spirit

■ 4. REPAIRS LES RÉPARATIONS

- To break* sth — casser qqch.
  to break* [breɪk] — se casser
  to break* down — tomber en panne
  broken ['brəʊkən] — cassé
  out of order — hors service
  it doesn't work — ça ne marche pas
  wear and tear — l'usure
  to repair [rɪ'pɛəʳ] — réparer (objet)
  to mend [mend]
  to mend — réparer (fuite, déchirure)
  to fix [fɪks] — réparer, arranger (appareil)
  repairs to sth [rɪ'pɛəz] — des réparations à qqch.
  to replace [rɪ'pleɪs] — remplacer

- To send* for sb — faire venir qqn, appeler
  to call sb — qqn
  an odd-job man — un homme à tout faire
  to do* odd jobs — bricoler, faire de menus travaux
  a handyman ['hændɪmæn] (fém. handywoman) — un(e) bricoleur (-euse)
  he's very handy — il est très bricoleur
  he's good with his hands
  BR do-it-yourself (abr. DIY) — le bricolage (passe-temps)
  a DIY shop — un magasin de bricolage
  a (DIY) kit — un kit

- Renovation [,renəʊ'veɪʃən] — la rénovation, la remise à neuf
  to renovate ['renəʊveɪt] — rénover, remettre à neuf
  to modernize ['mɒdənaɪz] — moderniser
  to do* up an old house — retaper une vieille maison
  to make* alterations to a house — faire des travaux dans une maison
  to extend a house — agrandir une maison
  to restore [rɪs'tɔːʳ] — ravaler (façade)

- A plumber ['plʌməʳ] — un plombier
  plumbing ['plʌmɪŋ] — la plomberie
  a leak [liːk] — une fuite
  a leaking roof — un toit qui fuit
  BR a dripping tap — un robinet qui fuit
  AM a dripping faucet
  to overflow* ['əʊvəfləʊ] — déborder

the drains are blocked — les canalisations sont bouchées

- An electrician [ɪlek'trɪʃən] — un(e) électricien(ne)
  power ['paʊəʳ] — le courant
  a power cut — une coupure de courant
  to cut* off the power — couper le courant
  a power failure — une panne d'électricité
  a blackout ['blækaʊt]
  a short circuit — un court-circuit
  to short(-circuit) — se mettre en court-circuit
  to short(-circuit) sth — court-circuiter qqch.
  a circuit breaker — un disjoncteur
  a cutout ['kʌtaʊt]
  to blow* a fuse — faire sauter un plomb
  a fuse has blown — un plomb a sauté
  to put* the power back on — rétablir le courant
  a shock [ʃɒk] — une décharge (électrique)
  an electric shock
  to get* a shock — recevoir une décharge électrique
  to get* an electric shock
  to electrocute — électrocuter
  [ɪ'lektrəkjuːt]
  electrocution — l'électrocution
  [ɪ,lektrə'kjuːʃən]

- A joiner ['dʒɔɪnəʳ] — un(e) menuisier (-ière)
  a carpenter ['kɑːpɪntəʳ] — un(e) charpentier (-ière)
  woodworm ['wʊdwɜːm] — des vers (de bois)
  (n. c. sing.)
  worm-eaten — vermoulu
  a termite ['tɜːmaɪt] — un termite
  dry rot — la pourriture sèche (du bois)
  rising damp — l'humidité par capillarité

- A builder ['bɪldəʳ] — un maçon (en général)
  a (stone)mason — un maçon (qui travaille la pierre)
  ['(stəʊn)meɪsən]
  a bricklayer ['brɪkleɪəʳ] — un maçon (qui pose les briques)
  a crack [kræk] — une lézarde, une fissure
  a glazier ['gleɪzɪəʳ] — un vitrier
  a locksmith ['lɒksmɪθ] — un serrurier
  the repair man — le dépanneur
  under guarantee — sous garantie
  after-sales service — le service après-vente

■ 5. GARDENING LE JARDINAGE

- **A gardener** ['gɑːdnəʳ] — un(e) jardinier (-ière)
  to garden ['gɑːdn] — jardiner
  to do* some gardening
  a landscape gardener — un jardinier-paysagiste
  BR to have green fingers — avoir la main verte
  AM to have a green thumb

- **Earth** [ɜːθ] — la terre
  soil [sɔɪl]
  to grow* [grəʊ] — cultiver
  to sow* [səʊ] — semer
  a seed [siːd] — une graine
  a seedling ['siːdlɪŋ] — un semis, un plant
  a bulb [bʌlb] — un bulbe
  to thin out — éclaircir (plants)
  to plant [plɑːnt] — planter
  to transplant — transplanter
  [træns'plɑːnt]
  to plant out — repiquer
  annuals ['ænjʊəlz] — des plantes annuelles
  perennials [pə'renɪəlz] — des plantes vivaces
  a cutting ['kʌtɪŋ] — une bouture
  a stake [steɪk] — un tuteur

- **To dig*** [dɪg] — bêcher
  a spade [speɪd] — une pelle, une bêche
  a fork [fɔːk] — une fourche
  to turn over — retourner
  a hoe [həʊ] — une sarclette, une binette
  to hoe — sarcler, biner
  fertilizer ['fɜːtɪlaɪzəʳ] — l'engrais (chimique)
  manure [mə'njʊəʳ] — l'engrais (animal)
  compost ['kɒmpɒst] — le terreau, le compost

- **To mow*** the lawn — tondre la pelouse
  a (lawn)mower — une tondeuse à gazon
  to prune [pruːn] — tailler
  secateurs [ˌsekə'tɜːz] — un sécateur
  (plur.)
  pruning shears (plur.)
  to clip the hedge — tailler la haie
  to trim the hedge
  hedge clippers (plur.) — un sécateur à haies
  a pair of hedgeclippers
  shears [ʃɪəz] — des cisailles
  a scythe [saɪð] — une faux
  a sickle ['sɪkl] — une faucille

- **To water** ['wɔːtəʳ] — arroser
  a watering-can — un arrosoir
  a garden hose — un tuyau d'arrosage
  a hose pipe
  a rake [reɪk] — un râteau
  to rake — ratisser
  to rake up leaves — ratisser des feuilles mortes
  a roller ['rəʊləʳ] — un rouleau
  a weed [wiːd] — une mauvaise herbe
  to weed — désherber
  a weedkiller — un désherbant, un herbicide
  an insecticide — un insecticide
  [ɪn'sektɪsaɪd]
  a wheelbarrow — une brouette
  ['wiːlˌbærəʊ]
  a greenhouse — une serre
  ['griːnhaʊs]
  a glasshouse ['glɑːshaʊs]
  a hothouse ['hɒthaʊs] — une serre chaude
  hothouse plants — des plantes de serre
  BR a garden centre — une jardinerie
  AM a garden center

10 HOUSING AND ARCHITECTURE
LE LOGEMENT ET L'ARCHITECTURE

■ 1. TOWN PLANNING L'URBANISME

- **A** (town) planner — un(e) urbaniste
- an architect ['ɑːkɪtekt] — un(e) architecte
- architectural [ˌɑːkɪ'tektʃərəl] — architectural
- to build* [bɪld] — construire
- a plan [plæn] — un plan
- to draw* up the plans — dessiner les plans
- to design sth — concevoir qqch.
- the proportions [prə'pɔːʃənz] — les proportions
- BR a draughtsman ['drɑːftsmən] — un dessinateur industriel
- AM a draftsman
- a drawing board — une planche à dessin

- **T**own-and-country planning — l'aménagement du territoire
- civil engineering — les travaux publics
- to get planning permission — obtenir un permis de construire
- redevelopment [ˌriːdɪ'veləpmənt] — la rénovation (d'un quartier)
- renovation [ˌrenəʊ'veɪʃən]

- restoration [ˌrestə'reɪʃən] — la rénovation (d'un immeuble)
- to redevelop [ˌriːdɪ'veləp] — rénover (un quartier)
- to rehabilitate [ˌriːə'bɪlɪteɪt]
- to renovate ['renəʊveɪt]
- to restore [rɪs'tɔː'] — rénover (un immeuble)

- **a** plot of land — un terrain
- AM a lot [lɒt]
- "site for sale" — «terrain à bâtir»
- "building land for sale"
- an urban development zone — une zone d'aménagement concerté
- a piece of waste ground — un terrain vague

- **G**reen spaces — les espaces verts
- green areas
- the green belt — la ceinture verte
- a (public) park — un jardin public
- a public garden — un square
- a playground ['pleɪˌgraʊnd] — une aire de jeux

■ 2. TOWN AND VILLAGE VILLE ET VILLAGE

- **A** town [taʊn] — une ville
- a city ['sɪtɪ] — une grande ville
- a large town
- a major city — une métropole
- a capital (city) — une capitale
- a market town — un bourg, une bourgade
- BR a dormitory town — une ville-dortoir
- AM a satellite town
- a new town — une ville nouvelle
- a locality [ləʊ'kælɪtɪ] — une localité
- a built-up area — une agglomération
- an inhabitant [ɪn'hæbɪtənt] — un(e) habitant(e)
- a city-dweller — un(e) citadin(e)
- a town-dweller
- an urban community — une communauté urbaine
- the town — la municipalité
- the municipality [mjuːˌnɪsɪ'pælɪtɪ]

- **T**he town centre — le centre ville
- the centre of Boston — le centre de Boston
- BR central Boston
- AM downtown Boston

- to go* into town — aller en ville
- an area ['ɛərɪə] — un quartier, un arrondissement
- a district ['dɪstrɪkt]
- the old town — la vieille ville
- the upper/lower (part of the) town — la ville haute/basse
- a residential area — une zone d'habitation
- a middle-class district — un quartier résidentiel
- a pedestrian precinct — une zone piétonne
- the town hall — l'hôtel de ville, la mairie

- BR an estate [ɪs'teɪt] — un lotissement, une cité
- BR a housing estate
- AM a housing development
- AM a housing project
- BR an industrial estate — une zone industrielle
- AM an industrial park
- a shanty town — un bidonville
- a block [blɒk] — un pâté de maisons
- a row of houses — une rangée de maisons
- BR he lives three streets away — il habite trois rues plus loin
- AM he lives three blocks away

- The outskirts ['aʊtskɜ:ts]   les environs, la périphérie

the suburbs ['sʌbɜ:bz] (plur.)   la banlieue

the outer suburbs (plur.)   la grande banlieue

to commute [kə'mju:t]   prendre les transports en commun pour aller à son travail

a commuter [kə'mju:tə']   un(e) banlieusard(e)

- A hamlet ['hæmlɪt]   un hameau

a village ['vɪlɪdʒ]   un village

a villager ['vɪlɪdʒə']   un(e) villageois(e)

country people
country folk   les gens de la campagne

■ 3. THE STREETS LES RUES

- A street [stri:t] (abr. St)
a road [rəʊd] (abr. Rd)   une rue

a lively/busy street   une rue animée/passante

BR the high street
AM the main street   la grand-rue

a side street   une petite rue

an alley ['ælɪ]
a lane [leɪn]   une ruelle

an avenue ['ævənju:] (abr. Ave)   une avenue

a boulevard ['bu:ləvɑ:'] (abr. Bd)   un boulevard

a square [skwɛə'] (abr. Sq)   une place

the market square   la place du marché

BR a pedestrian way
a pedestrianized street
AM a walkway ['wɔ:kweɪ]   une rue piétonnière

- BR the pavement ['peɪvmənt]
AM the sidewalk ['saɪd,wɔ:k]   le trottoir

the road(way)   la chaussée

BR the kerb [kɜ:b]
AM the curb [kɜ:b]   le bord du trottoir

the gutter ['gʌtə']   le caniveau

a crossroads ['krɒs,rəʊds] (sing.)   un carrefour

a pedestrian crossing
BR a zebra crossing
AM a crosswalk ['krɒswɔ:k]   un passage clouté

a pedestrian walkway   un passage pour piétons

an underpass ['ʌndəpɑ:s]
BR a subway¹ ['sʌbweɪ]   un passage souterrain

a set of traffic lights   des feux de circulation

the lights are green/amber/red   le feu est vert/orange/rouge

> ATTENTION 1 : AM the subway = le métro

- The banks of the Thames   les berges de la Tamise

along the embankment   sur les quais

a bridge [brɪdʒ]   un pont

> REMARQUE Les abréviations données plus haut entre parenthèses pour désigner les voies de circulation sont celles régulièrement employées pour les adresses. On rencontre également les termes suivants : Place (abr. Pl), Crescent (abr. Cres), Drive (abr. Dr), Terrace (abr. Terr), Close (abr. Cl).

■ 4. BUILDINGS LES BÂTIMENTS

- A building ['bɪldɪŋ]   un bâtiment

an office block   un immeuble de bureaux

a tower (block)   une tour

a skyscraper ['skaɪ,skreɪpə']   un gratte-ciel

- A (detached) house   un pavillon, une maison individuelle

semidetached houses   des maisons jumelles

BR terraced houses
AM town houses   des maisons mitoyennes

a bungalow ['bʌngələʊ]   une maison de plain-pied

a thatched cottage   une chaumière

a villa ['vɪlə]   une villa (de style méditerranéen)

- A manor (house)   un manoir, une gentilhommière

a mansion ['mænʃən]   un hôtel particulier

a castle ['kɑːsl]	un château fort
the Loire châteaux	les châteaux de la Loire
a palace ['pælɪs]	un palais
a hovel ['hɒvəl]	une masure
a shack [ʃæk]	une cabane, une baraque
– An apartment [ə'pɑːtmənt] BR a flat [flæt]	un appartement
AM a condominium [ˌkɒndə'mɪnɪəm]	un appartement (dont on est propriétaire)
a 3-room(ed) apartment	un appartement de 3 pièces
a studio flat BR a flatlet ['flætlɪt] BR a one-room flat AM a studio apartment AM an efficiency (apartment)	un studio¹
BR a block of flats AM an apartment house	un immeuble d'habitation
BR a high-rise block BR a tower block AM a high-riser	une tour d'habitation

AM a condominium	un immeuble en copropriété
a maisonette [ˌmeɪzə'net]	un appartement en duplex
BR a council house	une maison louée à la municipalité
BR a council flat	un appartement dans un HLM
a penthouse ['penthaʊs] AM a duplex (apartment)	un duplex²
BR a bedsitting room a bedsitter ['bed,sɪtə']	≈ une chambre de bonne
a furnished apartment	un meublé

> ATTENTION FAUX AMIS 1 : AM a studio = un atelier d'artiste
> 2 : AM a duplex (house) signifie également une maison partagée en deux appartements

– A cabin ['kæbɪn]	une cabane
a hut [hʌt]	une hutte
a log cabin	une cabane de rondins
a chalet ['ʃæleɪ]	un chalet
an annexe ['æneks]	une annexe

■ 5. ARCHITECTURE L'ARCHITECTURE

– A walled city	une ville fortifiée
a rampart ['ræmpɑːt]	un rempart
the battlements ['bætlmənts]	les créneaux
a tower ['taʊə']	une tour
a turret ['tʌrɪt]	une tourelle
a keep [kiːp]	un donjon
a moat [məʊt] (sing.)	des douves
a fort [fɔːt]	un fort
a fortress ['fɔːtrɪs] a stronghold ['strɒŋˌhəʊld]	une forteresse
a citadel ['sɪtədl]	une citadelle
a dome [dəʊm]	un dôme
a vault [vɔːlt]	une voûte
a courtyard ['kɔːtjɑːd]	une cour
a gallery ['gælərɪ]	une galerie
a wing [wɪŋ]	une aile
– A column ['kɒləm]	une colonne
a colonnade [ˌkɒlə'neɪd]	une colonnade
a balustrade [ˌbæləs'treɪd]	une balustrade
a pillar ['pɪlə']	un pilier
a capital ['kæpɪtl]	un chapiteau

an arch [ɑːtʃ]	un arc, une arche
an arcade [ɑː'keɪd]	une arcade
a buttress ['bʌtrɪs]	un contrefort
a flying buttress	un arc-boutant
a gargoyle ['gɑːgɔɪl]	une gargouille
a porch [pɔːtʃ]	un porche
a portico ['pɔːtɪkəʊ] (plur. porticoes)	un portique
the pediment ['pedɪmənt]	le fronton
– Bare [bɛə']	nu
austere [ɒs'tɪə']	austère
modest ['mɒdɪst]	modeste
exuberant [ɪg'zjuːbərənt]	exubérant
a pared-down style	un style dépouillé
grandiose ['grændɪəʊz]	grandiose
ostentatious [ˌɒsten'teɪʃəs]	ostentatoire
tall [tɔːl]	élevé
low [ləʊ]	bas
imposing [ɪm'pəʊzɪŋ]	imposant
majestic [mə'dʒestɪk]	majestueux
in a good / poor state of repair	en bon / mauvais état

ruined ['ruːɪnd] in ruins	en ruine	contemporary [kən'tempərərɪ]	contemporain
tumbledown ['tʌmbl̩daʊn]	délabré	Norman ['nɔːmən]	roman
		Gothic ['gɒθɪk]	gothique
– A style [staɪl]	un style	rococo [rəʊ'kəʊkəʊ]	rococo
the style of the 50's	le style des années 50	baroque [bə'rɒk]	baroque
a Georgian / Victorian / Tudor house	une maison géorgienne / victorienne / Tudor		

■ 6. HOUSING   LE LOGEMENT

– To live in London / in a house	habiter à Londres / dans une maison	to move out of a house	déménager d'une maison
he lives at number 12	il habite au numéro 12	a removal [rɪ'muːvəl]	un déménagement
his main / second home	sa résidence principale / secondaire	a removal firm / van	une entreprise / un camion de déménagement
a resident ['rezɪdənt]	un(e) résident(e)	a removal man	un déménageur
our premises ['premɪsɪz]	nos locaux		
on the premises	sur place	– To own one's own house	être propriétaire de sa maison
– Accommodation [ə,kɒmə'deɪʃən]	l'hébergement	a house of one's own	une maison à soi
BR accommodation [ə,kɒmə'deɪʃən] (n. c.)	un logement	the owner ['əʊnəʳ]	le (la) propriétaire
AM accommodations [ə,kɒmə'deɪʃəns] (plur.)		an owner-occupier	un(e) occupant(e) propriétaire
to accommodate sb to house sb to put* sb up	loger qqn	– My landlord my landlady	mon propriétaire ma propriétaire
to occupy a building	occuper un bâtiment	to let* a house to sb	louer une maison à qqn (quand on est propriétaire)
the householder ['haʊs,həʊldəʳ]	l'occupant(e)	to rent a house from sb	louer une maison à qqn (quand on est locataire)
the occupier ['ɒkjʊpaɪəʳ]		to sublet* sth to sb ['sʌb'let]	sous-louer qqch. à qqn
a shelter ['ʃeltəʳ]	un abri	the rent [rent]	le loyer
– A house for sale	une maison à vendre	a receipt [rɪ'siːt]	une quittance
BR property ['prɒpətɪ] AM real estate	l'immobilier	the service charges	les charges
BR an estate agent AM a realtor ['rɪəltɔːʳ]	un agent immobilier	utilities [juː'tɪlɪtɪz]	l'eau, le gaz et l'électricité
a property developer	un promoteur immobilier	– A tenant ['tenənt]	un(e) locataire
the managing agent	le syndic, le gérant	BR a lodger ['lɒdʒəʳ]	un(e) locataire (d'une chambre)
– To settle in Paris / into a new house	s'installer à Paris / dans une nouvelle maison	AM a roomer ['rʊməʳ]	
to move in with sb	emménager chez qqn	BR to share a flat with sb	partager un appartement avec qqn
to move into a house	emménager dans une maison	BR my flatmate	mon/ma colocataire
a newcomer ['njuː,kʌməʳ]	un(e) nouveau (-elle) venu(e)	a lease [liːs]	un bail
to move [muːv]	déménager, changer de maison	to renew a lease	renouveler un bail
		a security deposit	une caution
		a guarantee [,gærən'tiː] a deposit [dɪ'pɒzɪt]	
		the inventory of fixtures	l'état des lieux

to draw* up the inventory	faire l'inventaire	BR a neighbour ['neɪbəʳ] AM a neighbor	un(e) voisin(e)
to give* three months' notice	donner un préavis de trois mois	the people next door	mes voisins
to give* sb notice	donner congé à qqn	BR the neighbourhood AM the neighborhood	le voisinage
- A boarder ['bɔ:dəʳ]	un(e) pensionnaire		
a paying guest	un(e) hôte payant(e)	- Housing problems	les problèmes de logement
board and lodging	chambre avec pension		
half board	demi-pension	a squatter ['skwɒtəʳ]	un squatter
full board	pension complète	to squat [skwɒt]	squatter
- Eviction [ɪ'vɪkʃən]	l'expulsion	the homeless ['həʊmlɪs] (n. c. plur.)	les sans-abri
to evict sb from	expulser qqn de	a homeless person	un sans-abri
to rehouse sb	reloger qqn	to sleep* rough	dormir sous les ponts
to expropriate [eks'prəʊprɪeɪt]	exproprier	to have no fixed abode (soutenu)	être sans domicile fixe
expropriation [eks,prəʊprɪ'eɪʃən]	l'expropriation	a hostel ['hɒstəl]	un foyer
		slums [slʌmz] (plur.)	un quartier de taudis
- BR the caretaker ['keəʳ,teɪkəʳ] BR the porter ['pɔ:təʳ] AM the janitor ['dʒænɪtəʳ] AM the super ['su:pəʳ] AM the manager ['mænɪdʒəʳ]	le (la) concierge	a shanty town	un bidonville
		unfit for human habitation	insalubre
		squalid ['skwɒlɪd]	misérable, sordide

■ 7. PUBLIC AMENITIES LES ÉQUIPEMENTS COLLECTIFS _____

- Street lighting	l'éclairage public	a roadsweeping vehicle	une balayeuse
BR a lamppost ['læmp,pəʊst]	un réverbère	to hose sth down	nettoyer qqch. au jet
a street light AM a street lamp		BR a road sweeper AM a street sweeper	un balayeur
a water tower	un château d'eau	maintenance ['meɪntɪnəns]	l'entretien
the water supply	l'approvisionnement en eau	to maintain [meɪn'teɪn]	entretenir
a sewer ['sjʊəʳ]	un égout	to clean the streets	nettoyer les rues
sewerage ['sjʊərɪdʒ] (n. c.)	les égouts	BR the dustmen ['dʌstmen] AM the garbage collectors	les éboueurs
mains drainage (n. c.)	le tout-à-l'égout		
- BR a public convenience (sing.) BR public toilets public lavatories AM a rest room AM a comfort station	des toilettes publiques	BR the dustmen have been	les éboueurs sont passés
		- A skip [skɪp]	une benne
		BR refuse collection AM garbage collection	le ramassage des ordures
- Pest control	la lutte contre la vermine	BR the tip [tɪp] BR the rubbish dump AM the garbage dump	la décharge
rat extermination	la dératisation		
- The cleansing department	le service de voirie		

11 MAN AND SOCIETY L'HOMME ET LA SOCIÉTÉ

■ 1. SOCIAL STRUCTURE LA STRUCTURE SOCIALE

- **A person** ['pɜːsn]   une personne
  people ['piːpl] (n. c. plur.)   les gens
  the population   la population
  [ˌpɒpjʊ'leɪʃən]
  populated with   peuplé de
  a people   un peuple
  indigenous [ɪn'dɪdʒɪnəs]   indigène
  native ['neɪtɪv]

- **Race** [reɪs]   la race
  racial ['reɪʃəl]   racial
  BR colour ['kʌləʳ]   la couleur
  AM color

  black [blæk]   noir
  a Black person   un(e) Noir(e)
  AM an African-American   un(e) Noir(e) américain(e)

  a Native American   un(e) Indien(ne) d'Amérique

  white [waɪt]   blanc
  a White person   un Blanc, une Blanche
  an aborigine   un(e) aborigène
  [ˌæbə'rɪdʒɪnɪ]
  an ethnic minority   une minorité ethnique

- **A tribe** [traɪb]   une tribu
  tribal ['traɪbəl]   tribal
  a clan [klæn]   un clan
  a tribesman ['traɪbzmən]   un membre de la tribu
  (fém. tribeswoman)
  a nomad ['nəʊmæd]   un(e) nomade
  nomadic [nəʊ'mædɪk]   nomade
  sedentary ['sedntrɪ]   sédentaire (population)
  settled ['setld]

- **A civilization**   une civilisation
  [ˌsɪvɪlaɪ'zeɪʃən]
  society [sə'saɪətɪ]   la société
  social ['səʊʃəl]   social
  the individual   l'individu
  [ˌɪndɪ'vɪdjʊəl]

- a private individual   un particulier
  the community   la collectivité
  [kə'mjuːnɪtɪ]
  a community   une communauté
  common ['kɒmən]   commun
  communal ['kɒmjuːnl]   communautaire
  collective [kə'lektɪv]   collectif

- **Community life**   la vie associative
  a group [gruːp]   un groupe
  an association   une association
  [əˌsəʊsɪ'eɪʃən]
  an organization   une organisation
  [ˌɔːgənaɪ'zeɪʃən]
  a circle ['sɜːkl]   un cercle
  a club [klʌb]   un club
  a body ['bɒdɪ]   un organisme
  an institution   une institution
  [ˌɪnstɪ'tjuːʃən]

- **To join** [dʒɔɪn]   adhérer à
  to belong to   appartenir à
  a member ['membəʳ]   un(e) membre
  membership   l'adhésion
  a membership card   une carte d'adhérent

- **To assemble** [ə'sembl]   s'assembler
  to gather ['gæðəʳ]
  an assembly [ə'semblɪ]   une assemblée
  a gathering ['gæðərɪŋ]
  a gang [gæŋ]   un gang
  to mix with   fréquenter
  to go* around with   sortir avec

- **A dropout** ['drɒpˌaʊt]   un(e) marginal(e)
  to drop out   se marginaliser
  unisocial ['æntɪ'səʊʃəl]   asocial (comportement)
  a social misfit   un(e) asocial(e)
  a social outcast   un paria

■ 2. THE NATION LA NATION

- **A country** ['kʌntrɪ]   un pays
  a land [lænd]   un pays (dans les contextes autres que politiques et administratifs)

  one's native land   son pays natal
  native of   originaire de

- a native of France   un Français de naissance

- **National** ['næʃənl]   national
  nationality [ˌnæʃə'nælɪtɪ]   la nationalité
  of German nationality   de nationalité allemande

a Belgian national	un(e) ressortissant(e) belge
a Spanish subject	un sujet espagnol
a compatriot [kəm'pætrɪət]	un(e) compatriote
a fellow countryman (fém. fellow countrywoman)	
– A state [steɪt]	un État
a citizen ['sɪtɪzn]	un(e) citoyen(ne)
a citizen of Italy an Italian citizen	un citoyen italien
citizenship	la citoyenneté
a resident ['rezɪdənt]	un(e) résident(e)
residence ['rezɪdəns]	la résidence
to be naturalized	se faire naturaliser
naturalization [ˌnætʃrəlaɪˈzeɪʃən]	la naturalisation
cosmopolitan [ˌkɒzməˈpɒlɪtən]	cosmopolite
– Foreign ['fɒrən]	étranger

a foreigner ['fɒrənəʳ] AM an alien ['eɪlɪən]	un(e) étranger (-gère)
immigration [ˌɪmɪˈgreɪʃən]	l'immigration
an immigrant ['ɪmɪgrənt]	un(e) immigrant(e)
an immigrant worker	un travailleur immigré
to immigrate ['ɪmɪgreɪt]	immigrer
an emigrant ['emɪgrənt]	un(e) émigrant(e)
to emigrate ['emɪgreɪt]	émigrer
expatriate [eks'pætrɪət]	expatrié
a refugee [ˌrefjʊ'dʒiː]	un réfugié
stateless ['steɪtlɪs]	apatride
– Patriotism ['pætrɪətɪzəm]	le patriotisme
patriotic [ˌpætrɪ'ɒtɪk]	patriotique
a patriot ['peɪtrɪət]	un(e) patriote
my homeland my fatherland	ma patrie
the national anthem	l'hymne national
the (national) flag	le drapeau (national)
to salute the flag	saluer le drapeau

REMARQUE Le drapeau américain s'appelle the Stars and Stripes et le drapeau britannique the Union Jack. Les Britanniques appellent le drapeau français the tricolour et les Américains the tricolor. L'hymne britannique s'appelle le God Save the Queen/King et l'hymne américain le Star-Spangled Banner.

■ 3. SOCIAL CLASSES LES CLASSES SOCIALES _____

– A class [klɑːs]	une classe
the class system	le système de classes
class-consciousness	la conscience de classe
class bias (n. c. sing.)	des préjugés de classe
a privilege ['prɪvɪlɪdʒ]	un privilège
– Social standing	la position sociale
social rank	le rang social
equality [ɪ'kwɒlɪtɪ]	l'égalité
inequality [ˌɪnɪ'kwɒlɪtɪ]	l'inégalité
egalitarian [ɪˌgælɪ'tɛərɪən]	égalitaire
to be sb's equal	être l'égal de qqn
class struggle class war(fare)	la lutte des classes
hierarchy ['haɪərɑːkɪ]	la hiérarchie
hierarchic(al) [ˌhaɪə'rɑːkɪk(əl)]	hiérarchique
elitism [ɪ'liːtɪzəm]	l'élitisme
elitist [ɪ'liːtɪst]	élitiste
the elite [ɪ'liːt]	l'élite

a caste [kɑːst]	une caste
– The aristocracy [ˌærɪs'tɒkrəsɪ]	l'aristocratie
aristocratic [ˌærɪstə'krætɪk]	aristocratique
the nobility [nəʊ'bɪlɪtɪ]	la noblesse
the gentry ['dʒentrɪ]	la petite noblesse
the landed gentry	l'aristocratie terrienne
– High society	la haute société
the upper class(es)	les classes supérieures
the ruling class	la classe dirigeante
the intelligentsia [ɪn,telɪ'dʒentsɪə]	l'intelligentsia
– The bourgeoisie [ˌbʊəʒwɑː'ziː]	la bourgeoisie
the middle class	
the middle classes	les classes moyennes
a bourgeois ['bʊəʒwɑː]	un(e) bourgeois(e)
middle-class bourgeois	bourgeois (milieu, quartier)

the upper / lower middle class	la haute / petite bourgeoisie
to belong to an old family	appartenir à une vieille famille
- The working class(es)	la classe ouvrière
working-class	ouvrier (milieu, banlieue)
the proletariat [ˌprəʊləˈtɛərɪət]	le prolétariat

a proletarian [ˌprəʊləˈtɛərɪən]	un(e) prolétaire
the (working) masses	les masses (laborieuses)
to come* from a modest background	venir d'un milieu modeste
the common man	l'homme du peuple

> REMARQUE En anglais bourgeois est souvent péjoratif ; ex. : to have bourgeois tastes = avoir des goûts de bourgeois.

■ 4. FORMS OF ADDRESS LES FORMULES DE POLITESSE

- Ladies and Gentlemen!	Mesdames, (Mesmoiselles,) Messieurs !
Dear Sir or Madam	Madame, (Mademoiselle,) Monsieur (en-tête de lettre)
Dear Sirs	Messieurs (en-tête de lettre)
Mr Jean Dupont	M. Jean Dupont
Messrs Jones and Smith	Messieurs Jones et Smith

yes, Sir (soutenu)	oui, monsieur
Mrs Marie Dupont	Mᵐᵉ Marie Dupont
yes, Madam (soutenu)	oui, madame
Miss Sarah Dupont	Mˡˡᵉ Sarah Dupont
yes, Miss (soutenu)	oui, mademoiselle
he addressed me as 'Sir'	il m'a appelé «Monsieur»

> REMARQUE Lorsqu'on écrit, seules les formes abrégées Mr = Monsieur et Mrs = Madame sont utilisées en anglais ; ex. : Mr Daniels = Monsieur Daniels, M. Daniels Mrs Ferris = Madame Ferris, Mᵐᵉ Ferris.
> Lorsqu'on écrit à une femme et qu'on ne veut pas faire la distinction entre Mrs = Madame et Miss = Mademoiselle on emploie la forme Ms. Lorsqu'on écrit à un adolescent, on peut utiliser la formule Master ...; ex. : Master Gerald Brown = Monsieur Gerald Brown. Lorsqu'on écrit à un homme, on peut utiliser la formule Esq., forme abrégée de esquire = écuyer ; ex. : Paul T. Janes Esq. = M. Paul T. Janes.

■ 5. TITLES LES TITRES

- A prince [prɪns]	un prince
a princess [prɪnˈses]	une princesse
a duke [djuːk]	un duc
a duchess [ˈdʌtʃɪs]	une duchesse
a count [kaʊnt]	un comte (en général)
an earl [ɜːl]	un comte (en GB)
a countess [ˈkaʊntɪs]	une comtesse
a viscount [ˈvaɪkaʊnt]	un vicomte
a viscountess [ˈvaɪkaʊntɪs]	une vicomtesse
a marquess [ˈmɑːkwɪs]	un marquis
a marchioness [ˈmɑːʃənɪs]	une marquise
a baron [ˈbærən]	un baron
a baroness [ˈbærənɪs]	une baronne
a baronet [ˈbærənɪt]	un baronnet

a knight [naɪt]	un chevalier
a peer [pɪəʳ]	un pair (en GB)
a peeress [ˈpɪərɪs]	une pairesse (en GB)
the peerage [ˈpɪərɪdʒ]	la pairie
to raise sb to the peerage	anoblir qqn
- The court [kɔːt]	la cour
a courtier [ˈkɔːtɪəʳ]	un courtisan
an aristocrat [ˈærɪstəkræt]	un(e) aristocrate
a noble [ˈnəʊbl] a nobleman (fém. noblewoman)	un(e) noble
the nobility [nəʊˈbɪlɪtɪ]	les nobles
a commoner [ˈkɒmənəʳ]	un(e) roturier (-ière)
to confer a title on sb	conférer un titre à qqn
to knight sb	faire qqn chevalier

- **Your** Majesty — Votre Majesté
- His / Her Majesty — Sa Majesté
- Your (Royal) Highness — Votre Altesse (royale)
- Her Royal Highness — Son Altesse royale (femme)
- a lady-in-waiting — une dame d'honneur
- a bow [baʊ] — une révérence (faite par un homme)

- a curtsey ['kɜːtsɪ] — une révérence (faite par une femme)
- to bow *to* / to curtsey *to* — faire une révérence *à*
- to bow to sb — s'incliner pour saluer qqn
- a coat of arms — un blason
- a motto ['mɒtəʊ] — une devise
- heraldry ['herəldrɪ] — l'héraldique

> REMARQUE En Angleterre, les pairs = peers ont un des cinq titres suivants : duke, marquess, earl, viscount, baron. Ils peuvent siéger à la Chambre des lords. Le titre de Sir est donné aux baronnets = baronets et aux chevaliers = knights ; ex. : Sir Michael Hordern. Le titre de Lord est donné aux marquis, comtes, vicomtes et barons ; ex. : Lord Peter Wimsey. Le titre de Lady est porté par les pairesses et les épouses des baronnets ; ex. : Lady Jane Grey. Le titre de Dame est porté par les femmes décorées d'un ordre de chevalerie ; ex. : Dame Judy Dench.

■ 6. OFFICIAL PROCEDURES LES DÉMARCHES OFFICIELLES

- **My** papers — mes papiers
- an identity card — une carte d'identité
- his official status / his official details — son état civil
- marital status — la situation de famille
- a passport ['pɑːspɔːt] — un passeport
- a passport photo — une photo d'identité
- a visa ['viːzə] — un visa
- a residence permit — un permis de séjour
- an address [ə'dres] — une adresse
- permanent address — domicile permanent
- to be domiciled in — être domicilié à
- date / place of birth — date / lieu de naissance

- **A** birth certificate — un acte de naissance
- to register a birth — déclarer une naissance
- a death certificate — un acte de décès
- a marriage certificate — un acte de mariage
- a family record book — un livret de famille

- **The** procedure [prə'siːdʒəʳ] — la procédure
- to register ['redʒɪstəʳ] — enregistrer, inscrire
- registration [ˌredʒɪs'treɪʃən] — l'enregistrement, l'inscription
- the official register — le registre d'état civil
- a registrar [ˌredʒɪs'trɑːʳ] — ≈ un officier de l'état civil
- to certify *that* ['sɜːtɪfaɪ] — certifier *que*
- in order — en règle (papiers)

- his papers aren't in order — il est en situation irrégulière
- people without residence and work permits — les sans-papiers
- valid *till, up to* ['vælɪd] — valable, valide *jusqu'à*
- out of date — périmé
- to extend a visa — proroger un visa
- to issue ['ɪʃuː] — délivrer (document)

- **A** copy ['kɒpɪ] — une copie
- a certified copy — une copie certifiée conforme
- a document ['dɒkjʊmənt] — un document
- a form [fɔːm] — un formulaire, une fiche
- BR to fill in a form / BR to fill up a form / AM to fill out a form — remplir un formulaire
- an application *for sth* [ˌæplɪ'keɪʃən] — une demande *de qqch.*
- to apply *for sth* [ə'plaɪ] — faire une demande *de qqch.*
- to approach sb — faire une démarche auprès de qqn
- to take steps to obtain sth — faire des démarches pour obtenir qqch.
- a file *on sb* [faɪl] / a dossier *on sb* ['dɒsɪeɪ] — un dossier *sur qqn*
- official [ə'fɪʃəl] — officiel
- an official — un responsable administratif

12 SOCIAL LIFE
LA VIE EN SOCIÉTÉ

■ 1. MEETING PEOPLE LES RENCONTRES

– **To meet* sb**	rencontrer qqn
to come* across sb	rencontrer qqn par
to run* into sb	hasard
after we met	après notre rencontre
to meet sb on a chat-line	rencontrer qqn sur un site de rencontres
we arranged to meet	nous nous sommes donné rendez-vous
– **To meet* sb**	accueillir qqn (à son arri-vée)
to collect sb	
to welcome sb	accueillir qqn (chez soi)
to greet sb	
to meet* up with sb	rejoindre qqn, retrouver qqn
Welcome to Paris!	Bienvenue à Paris !
to welcome sb	souhaiter la bienvenue à qqn
to be made welcome	être bien accueilli
they didn't make us feel very welcome	ils nous ont mal accueillis
– **To show* sb in**	faire entrer qqn
to show* sb out	raccompagner qqn (à la porte)
– **To greet sb**	saluer qqn
Hello! [həˈləʊ]	Bonjour ! (en général)
Good morning!	Bonjour ! (le matin)
Good afternoon!	Bonjour ! (l'après-midi)
Good evening!	Bonsoir !
Hi! [haɪ]	Salut !
Hello! [heˈləʊ]	
Hallo! [həˈləʊ]	
How are you?	Comment allez-vous ?
How's things? – fine, thank you (parlé)	Comment ça va ? – très bien, merci
it's so nice to see you again	je suis tellement content de vous revoir
– **To say* goodbye** *to sb*	dire au revoir *à qqn*
to slip away quietly	s'éclipser
Goodbye! [ˌɡʊdˈbaɪ]	Au revoir !
Bye (bye)!	Salut !
Cheerio! [ˈtʃɪərɪˈəʊ]	
Have a nice day!	Bonne journée !
Good night!	Bonne nuit !
See you later!	À tout à l'heure !
See you on Monday!	À lundi !
Talk to you on Monday!	À lundi ! (on se reparlera)

See you soon!	À bientôt !
Talk to you soon!	À bientôt ! (on se reparlera)
– **To wave to sb**	faire bonjour de la main à qqn
to wave goodbye *to sb*	faire au revoir de la main *à qqn*
to shake* hands with sb	serrer la main de qqn
a handshake [ˈhændʃeɪk]	une poignée de main
to nod to sb	saluer qqn de la tête
to kiss sb	embrasser qqn
to kiss sb goodbye	embrasser qqn en partant
to blow* sb a kiss	envoyer un baiser à qqn
– **To get* to know sb**	faire la connaissance de qqn
an introduction [ˌɪntrəˈdʌkʃən]	une présentation
to make* the introductions	faire les présentations
to introduce sb *to sb*	présenter qqn *à qqn*
May I introduce Anne Gifford?	Puis-je vous présenter Anne Gifford ?
I want you to meet Jacqueline	Je voudrais te présenter à Jacqueline
Do you know my uncle Frank?	Connaissez-vous mon oncle Frank ?
Have you met him?	L'avez-vous déjà rencontré ?
– **Pleased to meet you**	je suis très heureux de faire votre connaissance
I don't know him to speak to	je le connais de vue seulement
I only know him by sight	
give my regards to your sister	faites mes amitiés à votre sœur
give her my love	embrasse-la pour moi
Make yourself at home!	Faites comme chez vous !
Make yourself comfortable!	Mettez-vous à l'aise !
– **Here's to your success!**	À ta réussite !
Good health!	À votre santé !
Your health!	
BR **Cheers!** [tʃɪəz]	
BR **Bless you!**	À tes souhaits !
AM **Gesundheit!**	

■ 2. INVITATIONS LES INVITATIONS

– A guest [gest] — un(e) invité(e)
the guest of honour — l'invité d'honneur
an invitation [ˌɪnvɪˈteɪʃən] — une invitation
an invitation card — une carte d'invitation
to invite sb *to sth* [ɪnˈvaɪt] — inviter qqn *à qqch.*
to invite sb to dinner — inviter qqn à dîner
to ask sb to dinner
to invite sb for lunch / — inviter qqn à déjeuner /
drinks — pour l'apéritif
to invite sb in — inviter qqn à entrer
to ask sb in for a drink — inviter qqn à venir prendre un verre

– Would you like to come — Voulez-vous venir dîner
to dinner on Friday? — vendredi ?
Are you free for lunch — Êtes-vous libre à déjeuner demain ?
tomorrow?
do come and stay with — venez donc passer quelus — ques jours chez nous
do come in for a — entrez un instant
moment
How about coming for — Venez donc prendre un
a drink? (parlé) — verre
Mr & Mrs X request the — M. et Mme X vous prient
pleasure of your com- — de leur faire l'honneur
pany at (soutenu) — d'assister à
we'd be delighted if — vous nous feriez très
you could come — plaisir en venant
I hope you'll be able to — j'espère que vous pourjoin us — rez vous joindre à nous

– We accept with — nous acceptons avec
pleasure — plaisir

I'm delighted to accept — j'accepte votre invitation
your invitation — avec grand plaisir
it was so kind of you to — c'était vraiment très
invite us — aimable à vous de nous inviter

I look forward to seeing — je serai très heureux de
you again — vous revoir
I have no plans for that — je n'ai aucun projet pour
week — cette semaine-là
I wonder if I could bring — Puis-je amener James ?
James?

– I'm sorry I can't accept — je regrette de ne pouvoir
your invitation — accepter votre invitation
I'm afraid I have a pre- — je suis malheureuse-
vious engagement — ment déjà pris
Can you manage — Êtes-vous libre
Saturday? — samedi ?
I can't commit myself — je ne peux rien promet-
until I know ... (soutenu) — tre avant de savoir...
I can't get away until — je ne peux pas me libé-
early evening — rer avant le début de la soirée
I can't make it before — je ne suis pas libre
10 o'clock (parlé) — avant 10 heures
I'm tied up all day — je suis pris toute la
(parlé) — journée
Perhaps another time? — Ce sera pour une autre
AM I'll take a rain check — fois
(parlé)

■ 3. ENTERTAINING LES RÉCEPTIONS

– The host [həʊst] — l'hôte, le maître de maison
the hostess [ˈhəʊstɪs] — l'hôtesse, la maîtresse de maison

to entertain friends — recevoir des amis
to entertain a lot — recevoir beaucoup

– A visit *to sb* [ˈvɪzɪt] — une visite *à qqn*
BR to visit sb — rendre visite à qqn
AM to visit with sb
to call on sb — passer voir qqn
to pay* a call on sb
to drop in on sb — faire un saut chez qqn

– A reception [rɪˈsepʃən] — une réception
a function [ˈfʌŋkʃən] — une réception (officielle)
a bazaar [bəˈzɑːʳ] — une vente de charité

a fête [feɪt] — une kermesse (fête de charité)
a fair [fɛəʳ] — une kermesse (fête populaire)
the church / the club — la fête de la paroisse /
social — du club
a gathering [ˈgæðərɪŋ] — une réunion
a get-together (parlé)

– To go* out in the eve- — sortir le soir
ning
to dine out — dîner en ville
a party [ˈpɑːtɪ] — une soirée, une réception, une fête
to have* a party — donner une fête
to give* a party
to throw* a party

to have* a dinner party	donner un dîner	to have a good time	bien s'amuser
to celebrate a birthday	fêter un anniversaire	to have fun	
We must have a celebration!	Il faut fêter cela !	It was great fun!	On s'est bien amusé !
Let's celebrate!		to spend* a pleasant evening	passer une bonne soirée
– A dance [dɑ:ns]	une soirée dansante	dull [dʌl]	ennuyeux
to dance	danser	boring ['bɔ:rɪŋ]	
a ball [bɔ:l]	un bal	to be bored stiff	s'ennuyer ferme
a fancy-dress ball	un bal costumé		
a gala ['gɑ:lə]	un gala	– Society life	la vie mondaine
a cocktail party	un cocktail	to have a full social life	mener une vie mondaine
a banquet ['bæŋkwɪt]	un banquet	high society	la haute société
to give* a house-warming (party)	pendre la crémaillère	the jet set	la jet-set
		a socialite ['səʊʃəlaɪt]	un(e) mondain(e)
– BR a diary ['daɪərɪ]	un agenda	– To be a good mixer	être sociable
AM a datebook ['deɪt,bʊk]		to be unsociable	être peu sociable
BR an appointments diary	un carnet de rendez-vous	friendly ['frendlɪ]	amical
informal/formal dress	tenue de ville/de soirée	he's very easy to get on with	il est d'un abord facile
etiquette ['etɪket]	l'étiquette	he's the life and soul of the party	il sait mettre de l'ambiance
– To enjoy o.s.	s'amuser		

■ 4. CONVERSATION LA CONVERSATION

– To speak* to sb	adresser la parole à qqn	– A conversation [ˌkɒnvə'seɪʃən]	une conversation
to speak* to sb about sth [spi:k]	parler à qqn de qqch.	to start up a conversation with sb	engager la conversation avec qqn
to talk to sb about sth [tɔ:k]		to have a conversation with sb about sth	avoir une conversation avec qqn à propos de qqch.
to tell* sb about sth	raconter qqch. à qqn	to hold* a conversation with sb about sth	
to say* sth to sb	dire qqch. à qqn		
to listen to sb	écouter qqn	to make* conversation with sb	faire la conversation à qqn
to ask a question	poser une question	to keep* the conversation going	alimenter la conversation
to ask whether	demander si		
to enquire whether		I had to do all tho talk ing	j'ai dû parler tout le temps pour meubler
to ask after sb	demander des nouvelles de qqn	– A discussion [dɪs'kʌʃən]	une discussion
to enquire after sb		a talk [tɔ:k]	un entretien
– To answer that ['ɑ:nsəʳ]	répondre que	a chat [tʃæt]	un brin de conversation
to reply that [rɪ'plaɪ]		to have a chat with sb	bavarder avec qqn
to respond that [rɪs'pɒnd] (soutenu)		to chat with sb	
to answer a question	répondre à une question	BR a dialogue ['daɪəlɒg]	un dialogue
to reply to a question		AM a dialog	
an answer	une réponse	BR a monologue ['mɒnəlɒg]	un monologue
a reply		AM a monolog	
a response [rɪs'pɒns] (soutenu)		to chatter ['tʃætəʳ]	jacasser
to retort that [rɪ'tɔ:t]	répliquer que, rétorquer que	a chatterbox	un moulin à paroles
a retort	une réplique		

to gossip *with sb about sth* ['gɒsɪp]

papoter *avec qqn de qqch.*

gossip (n. c.)

les commérages

– To have a tête-a-tête with sb

parler à qqn en tête-à-tête

to confide in sb

se confier à qqn

to confide in sb about sth

confier qqch. à qqn

to joke *with sb about sth* [dʒəʊk]

plaisanter *avec qqn de qqch.*

a joke

une plaisanterie

to have a good sense of humour

avoir beaucoup d'humour

to be good at repartee

avoir le sens de la repartie

to buttonhole sb

accaparer qqn

– Small talk (n. c.)

les menus propos

to talk about this and that

parler de la pluie et du beau temps

to talk for the sake of it
to talk for the sake of talking

parler pour ne rien dire

to exchange pleasantries / banalities

échanger des propos aimables / des banalités

to make* remarks about sth

faire des réflexions sur qqch.

– To be articulate

s'exprimer avec aisance

to be a good conversationalist

avoir de la conversation

talkative ['tɔːkətɪv]
chatty ['tʃætɪ]

bavard

eloquent ['eləkwənt]

éloquent

eloquence ['eləkwəns]

l'éloquence

– To have nothing to say for o.s.

ne pas avoir grand-chose à dire

to be at a loss for words

ne pas savoir quoi dire

to be tongue-tied

être incapable de dire un mot

– Shy [ʃaɪ]

timide

shyness ['ʃaɪnɪs]

la timidité

to be embarrassed

être embarrassé

embarrassment [ɪm'bærəsmənt]

l'embarras

embarrassing [ɪm'bærəsɪŋ]

embarrassant

stilted ['stɪltɪd]

guindé (conversation)

formal ['fɔːməl]

formel

informal [ɪn'fɔːməl]

informel

– An insult [ɪn'sʌlt]

une insulte

abuse [ə'bjuːz] (n. c.)

des injures

to insult sb

insulter qqn

to abuse sb

injurier qqn

insulting [ɪn'sʌltɪŋ]

insultant

abusive [əb'juːsɪv]

injurieux

a snub [snʌb]

une rebuffade

to snub sb

snober qqn

– In my opinion
in my view

à mon avis

as far as I am concerned

pour ma part

I would like to point out that …

je voudrais vous faire remarquer que...

I must emphasize that …

je tiens à souligner que...

I don't see what you're driving at

je ne vois pas où vous voulez en venir

I reckon that …

j'estime que...

I get the impression that …
I feel that …

j'ai l'impression que...

if I may say so

si je puis me permettre une remarque

it depends how you look at it

tout dépend du point de vue que vous adoptez

■ 5. MANNERS LE SAVOIR-VIVRE

– To behave (o.s.) [bɪ'heɪv]

se conduire

he behaved (himself) well

il s'est bien conduit

he behaved (himself) badly

il s'est mal conduit

this is no way to behave

ce ne sont pas des façons de se conduire

BR behaviour [bɪ'heɪvjəʳ]
AM behavior

la conduite

BR misbehaviour ['mɪsbɪ'heɪvjəʳ]
AM misbehavior

la mauvaise conduite

to misbehave ['mɪsbɪ'heɪv]

faire des bêtises

– To have good / bad manners

avoir de bonnes / mauvaises manières

to be well-mannered / bad-mannered

être bien / mal élevé

to have no manners	n'avoir aucun savoir-vivre	– **Indiscreet** [ˌɪndɪs'kriːt]	indiscret
		an indiscretion [ˌɪndɪs'kreʃən]	une indiscrétion
– **Polite** [pə'laɪt]	poli	to be tactless	manquer de tact
politely [pə'laɪtlɪ]	poliment	rude *to* [ruːd]	grossier *envers, avec* (qui est impoli)
politeness [pə'laɪtnɪs]	la politesse		
refined [rɪ'faɪnd]	raffiné	coarse [kɔːs]	grossier (qui est indécent)
polished ['pɒlɪʃt]		rudeness ['ruːdnɪs]	la grossièreté
tact [tækt]	le tact	coarseness ['kɔːsnɪs]	
tactful ['tæktfʊl]	plein de tact	vulgar ['vʌlgəʳ]	vulgaire
discreet [dɪs'kriːt]	discret	vulgarity [vʌl'gærɪtɪ]	la vulgarité
discretion [dɪs'kreʃən]	la discrétion		
courteous *towards* ['kɜːtɪəs]	courtois *envers*	– **Gauche** [gəʊʃ]	gauche
		antisocial ['æntɪ'səʊʃəl]	asocial
courteously ['kɜːtɪəslɪ]	courtoisement	uncouth [ʌn'kuːθ]	fruste
courtesy ['kɜːtɪsɪ]	la courtoisie	he's always putting his foot in it	il n'arrête pas de faire des gaffes
civility [sɪ'vɪlɪtɪ]	la civilité		
		– **Respect** [rɪs'pekt]	le respect
– **Impolite** [ˌɪmpə'laɪt]	impoli	respectful *to, towards* [rɪs'pektfʊl]	respectueux *envers*
impolitely [ˌɪmpə'laɪtlɪ]	impoliment		
impoliteness [ˌɪmpə'laɪtnɪs]	l'impolitesse	respectfully [rɪs'pektfəlɪ]	respectueusement
		to show* respect towards sb	faire preuve de respect envers qqn
impertinent [ɪm'pɜːtɪnənt]	impertinent	deferential *to* [ˌdefə'renʃəl]	plein de déférence *envers*
an impertinence [ɪm'pɜːtɪnəns]	une impertinence	deference ['defərəns]	la déférence
insolent ['ɪnsələnt]	insolent	to defer to sb/to sb's opinion	s'en remettre à qqn/à l'opinion de qqn
insolence ['ɪnsələns]	l'insolence		
impudent ['ɪmpjʊdənt]	impudent	– **Disrespect** ['dɪsrɪs'pekt]	le manque de respect
impudence ['ɪmpjʊdəns]	l'impudence	to be disrespectful *to*	manquer de respect *envers*
cheeky ['tʃiːkɪ] (parlé)	culotté		
cheek [tʃiːk] (parlé)	le culot	to interrupt sb	interrompre qqn
to have the cheek to do sth	avoir le culot de faire qqch.	to break* into the conversation	interrompre la conversation
offhand [ɒf'hænd]	désinvolte	to cut* into the conversation	
casual ['kæʒʊl]		to ignore sb pointedly	faire comme si qqn n'existait pas

■ 6. HELP L'AIDE

– **To help sb** *to do sth* to assist sb *to do sth* (soutenu)	aider qqn à *faire qqch.*	AM to do* sb a favor	
		BR to ask sb a favour AM to ask sb a favor	demander un service à qqn
to help sb across the road	aider qqn à traverser la rue	– **Helpful** ['helpfʊl] obliging [ə'blaɪdʒɪŋ]	serviable
to give* sb a hand *to do sth*	donner un coup de main à qqn *pour faire qqch.*	considerate *towards* [kən'sɪdərɪt]	plein d'égards *envers*
to make* o.s. useful	se rendre utile	attentive *to* [ə'tentɪv]	prévenant *envers*
to do* sb a service to do* sb a good turn BR to do* sb a favour	rendre service à qqn	to support sb *in sth*	apporter son soutien à qqn *dans qqch.*

to be supportive of sb	être d'un grand soutien à qqn	a hindrance ['hɪndrəns]	une gêne
to offer support to sb	offrir son soutien à qqn	to hamper sb's efforts	gêner les efforts de qqn
– Volunteer [ˌvɒlən'tɪəʳ]	volontaire (personne)	you are in the way	tu gênes le passage
voluntary ['vɒləntərɪ]	volontaire (travail)	to do* sb a disservice	rendre un mauvais service à qqn
to volunteer *to do*	se porter volontaire *pour faire*		
unpaid ['ʌn'peɪd]	bénévole	– Can I be of any help?	Puis-je vous aider ?
a volunteer	un(e) bénévole, un(e) volontaire	Can I be of any assistance to you?	Puis-je vous être utile ?
a helper ['helpəʳ]	un(e) aide	Do you want a hand?	Voulez-vous un coup de main ?
an assistant [ə'sɪstənt]	un(e) assistant(e)	if it's all right with you, I'll …	si cela ne vous dérange pas, je vais...
– To be inconsiderate	manquer d'égards	Do you mind if I close the window?	Cela vous dérange si je ferme la fenêtre ?
to disturb sb	déranger qqn	it's no trouble, I assure you	ça ne me dérange pas du tout, je vous assure
to bother sb			
to be a nuisance	être agaçant		
to hinder sb's work	gêner qqn dans son travail		

■ 7. NATIONAL HOLIDAYS AND SPECIAL DAYS LES FÊTES NATIONALES —

– Bastille Day	le quatorze juillet	a commemoration [kə,memə'reɪʃən]	une commémoration
BR Labour Day	la fête du travail	to commemorate [kə'meməreɪt]	commémorer
AM Labor Day			
May Day	le premier mai	BR the centenary [sen'tiːnərɪ]	le centenaire
Armistice Day	le onze novembre	AM the centennial [sen'tenɪəl]	
BR Remembrance Sunday	≈ le jour du souvenir	BR the bicentenary [ˌbaɪsen'tiːnərɪ]	le bicentenaire
AM Veterans Day		AM the bicentennial [ˌbaɪsen'tenɪəl]	
the French/Belgian National Day	la fête nationale française/belge		
Independence Day the Fourth of July	la fête de l'Indépendance (américaine)	– Fireworks ['faɪəʳˌwɜːks]	des feux d'artifice
– Mother's Day	la fête des Mères	a fireworks display	un feu d'artifice
BR Mothering Sunday		to let* off fireworks	tirer des feux d'artifice
Father's Day	la fête des Pères	a bonfire ['bɒnfaɪəʳ]	un feu de joie
Saint Valentine's Day	la Saint-Valentin	a procession [prə'seʃən]	un défilé, un cortège
a Valentine (card)	une carte de la Saint-Valentin	the illuminations [ɪˌluːmɪ'neɪʃəns]	les illuminations
April Fool's Day	le premier avril	the band [bænd]	la fanfare
April Fool!	Poisson d'avril !	a military parade	une revue militaire
		to put* out flags	pavoiser
– A public holiday	un jour férié	a street party	un bal de rue
BR a bank holiday			

> REMARQUE La fête du travail a lieu le 1ᵉʳ mai en Grande-Bretagne et le premier lundi de septembre aux États-Unis. L'armistice du onze novembre est commémoré le second dimanche de novembre, en Grande-Bretagne «le jour du souvenir» = Remembrance Sunday.

13 EDUCATION
L'ÉDUCATION

■ 1. THE EDUCATIONAL SYSTEM LE SYSTÈME SCOLAIRE

- **Education** [ˌedjʊˈkeɪʃən] — l'éducation
  teaching [ˈtiːtʃɪŋ] — l'enseignement
  to get* a good education — recevoir une bonne éducation
  to study [ˈstʌdɪ] — faire des études
  schooling [ˈskuːlɪŋ] — la scolarité
  compulsory education — la scolarité obligatoire
  a child of school age — un enfant d'âge scolaire
  a school-age child
  the school-leaving age — l'âge de fin de scolarité

- BR **the local education authority** — ≈ l'académie
  AM **the school district**
  a school [skuːl] — une école
  a boys'/girls' school — une école de garçons/de filles
  a coeducational school — un établissement mixte
  a private school — un établissement privé
  a denominational school — une école confessionnelle
  BR **a state school** — un établissement public
  AM **a public school**[1]

ATTENTION 1 : BR a public school = un lycée privé, une «public school»

- BR **a crèche** [kreɪʃ] — une crèche
  AM **a child care center**
  a kindergarten [ˈkɪndəˌgɑːtn] — un jardin d'enfants
  a playgroup [ˈpleɪgruːp]
  a playschool [ˈpleɪskuːl]
  a nursery school — une école maternelle

- BR **a primary school** — une école primaire
  AM **an elementary school**
  AM **a grade school**
  BR **a prep(aratory) school**[1] — une école primaire privée

ATTENTION 1 : AM a prep school = un lycée privé

- BR **a secondary school** — ≈ un collège d'enseignement secondaire
  AM **a junior high school**
  BR **a secondary school** — ≈ un lycée
  AM **a high school**
  a technical school — un lycée technique
  a boarding school — un pensionnat, un internat
  school fees — les frais de scolarité
  a grant [grɑːnt] — une bourse (en fonction des revenus)

- **a scholarship** [ˈskɒləʃɪp] — une bourse (en fonction des résultats scolaires)

- **Teachers** [ˈtiːtʃəz] — les enseignants
  the teaching profession — le corps enseignant
  a teacher — un professeur, un(e) enseignant(e)
  BR **a schoolmaster** [ˈskuːlˌmɑːstəʳ] — un maître d'école
  BR **a schoolmistress** [ˈskuːlˌmɪstrɪs] — une maîtresse d'école
  Miss! [mɪs] — Maîtresse !
  BR **a primary school teacher** — un(e) instituteur (-trice)
  AM **a grade school teacher**
  BR **a supply teacher** — un(e) suppléant(e), un(e) remplaçant(e)
  AM **a substitute teacher**
  a trainee teacher — un enseignant stagiaire

- **To teach* sb sth** — enseigner qqch. à qqn
  to teach* sth to sb
  to teach* sb (how) to do sth — apprendre à qqn à faire qqch.
  to teach* sb the piano — enseigner le piano à qqn
  to train sb to do sth [treɪn] — former qqn à faire qqch.
  training [ˈtreɪnɪŋ] (n. c.) — une formation
  private tuition (n. c. sing.) — des cours particuliers
  to tutor sb in sth — donner à qqn des cours particuliers de, en qqch.
  to coach sb for an exam — préparer qqn à un examen
  postal tuition — l'enseignement par correspondance
  distance learning — l'enseignement à distance
  television teaching — le téléenseignement
  educational methods — les méthodes pédagogiques

- BR **an inspector of schools** — un inspecteur
  AM **an accreditation officer**
  BR **the director of education** — le recteur d'académie
  AM **the commissioner of education**
  BR **the headmaster** [ˈhedmɑːstəʳ] (fém. headmistress) — le proviseur, le principal
  AM **the principal** [ˈprɪnsɪpəl]

BR the deputy head-master / le censeur, le principal adjoint
AM the vice-principal

the bursar [ˈbɜːsəʳ] / l'intendant

BR the year head / le (la) conseiller (-ère) d'éducation
AM the dean [diːn]

■ BR careers guidance / l'orientation scolaire
AM counseling [ˈkaʊnsəlɪŋ]

BR a careers adviser / un(e) conseiller (-ère) d'orientation
AM a counselor [ˈkaʊnsləʳ]

> REMARQUE En Grande-Bretagne, l'école primaire est divisée en **infant school** = cours préparatoire pour les enfants de 5 à 7 ans et en **junior school** = cours élémentaire et cours moyen pour les enfants de 7 à 11 ans. Les **comprehensive schools** regroupent le collège et le lycée pour adolescents de 12 à 18 ans.

■ 2. AT SCHOOL À L'ÉCOLE

– A classroom [ˈklɑːsruːm] / une salle de classe
BR a form room / une salle de classe
AM a homeroom [ˈhəʊmruːm] / (affectée à une classe)

BR the study room / la salle d'étude, la permanence
AM the study hall

the playground [ˈpleɪgraʊnd] / la cour de récréation

a laboratory [ləˈbɒrətərɪ] / un laboratoire

a lab [læb] (parlé) / un labo

the gym [dʒɪm] / le gymnase

the sports field / le terrain de sport

the cloakroom [ˈkləʊkrʊm] / le vestiaire

the office [ˈɒfɪs] / le secrétariat

the staffroom [ˈstɑːfruːm] / la salle des professeurs

the sickroom [ˈsɪkruːm] / l'infirmerie

the refectory [rɪˈfektərɪ] / le réfectoire
the dining hall

the canteen [kænˈtiːn] / la cantine
AM the cafeteria [ˌkæfɪˈtɪərɪə]

the dormitory [ˈdɔːmɪtrɪ] / le dortoir

– A desk [desk] / une table

a whiteboard [ˈwaɪtbɔːd] / un tableau blanc

a marker [mɑːkəʳ] / un feutre

the (black)board [(ˈblæk)bɔːd] / le tableau (noir)

chalk [tʃɔːk] / la craie

a piece of chalk / une craie

BR the notice board / le tableau d'affichage
AM the bulletin board

teaching aids (plur.) / le matériel pédagogique

audio-visual aids / les supports audio-visuels

a slide projector / un projecteur de diapositives

an overhead projector / un rétroprojecteur

BR a transparency [trænsˈpeərənsɪ] / un transparent
AM a foil [fɔɪl]

■ 3. THE PUPIL L'ÉLÈVE

– A schoolboy [ˈskuːlbɔɪ] / un écolier

a schoolgirl [ˈskuːlgɜːl] / une écolière

schoolchildren [ˈskuːlˌtʃɪldrən] / les écoliers

a pupil [ˈpjuːpl] / un(e) élève
a (school) student

a classmate [ˈklɑːsmeɪt] / un(e) camarade de classe
a school friend

a class [klɑːs] / une classe (groupe d'élèves)

BR a year [yɪəʳ] / une classe (année d'étude)
AM a grade [greɪd]

BR the first/second/third/fourth year / la (classe de) sixième/

AM the sixth/seventh/eighth/ninth grade / cinquième/quatrième/troisième

BR the fifth year / la (classe de) seconde
AM the tenth grade

BR the lower sixth / la (classe de) première
AM the junior grade

BR the upper sixth / la (classe de) terminale
AM the senior grade

BR a sixth-former / un(e) élève de terminale
AM a senior student

a day boy / un externe

a day girl / une externe

a boarder [ˈbɔːdəʳ] / un(e) pensionnaire, un(e) interne

to take* school meals	être demi-pensionnaire
BR the class prefect	le chef de classe
BR the class monitor	
AM the class president	
a class representative	un(e) délégué(e) de classe
- To go* to school	aller à l'école
to be late for school	arriver en retard à l'école
the (attendance) register	le registre (d'absences)
to call the register	faire l'appel
to call the roll	
to be absent	être absent
an absentee [,æbsən'ti:]	un(e) absent(e)
attendance [ə'tendəns]	la présence, l'assiduité
the bell [bel]	la cloche
- In detention [dɪ'tenʃən]	en retenue
to be kept in	être gardé en retenue
to bully ['bʊlɪ]	brutaliser
to make an uproar	faire du chahut
to bait sb	chahuter qqn
BR to play truant	faire l'école buisson-
AM to play hooky	nière
truancy ['trʊənsɪ]	l'absentéisme scolaire
to expel [ɪks'pel]	renvoyer
expulsion [ɪks'pʌlʃən]	le renvoi
- To leave* school	quitter l'école
a school-leaver	un(e) élève en fin de scolarité

a former pupil	un(e) ancien(ne) élève
- School uniform	l'uniforme scolaire
a schoolbag ['sku:lbæg]	un cartable
a satchel ['sætʃəl]	un cartable à bretelles
a (brief)case	une serviette
a book [bʊk]	un livre
a textbook ['tekstbʊk]	un manuel
an exercise book	un cahier
a notebook ['nəʊtbʊk]	
a (fountain) pen	un stylo à plume
a ballpoint ['bɔ:lpɔɪnt]	un stylo à bille
a biro® ['baɪərəʊ]	
a felt-tip pen	un feutre
a highlighter ['haɪ,laɪtəʳ]	un surligneur
a pencil ['pensl]	un crayon
a pencil-sharpener	un taille-crayon
a pencil case	une trousse
BR a rubber ['rʌbəʳ]	une gomme
AM an eraser [ɪ'reɪzəʳ]	
a ruler ['ru:ləʳ]	une règle
a file [faɪl]	un classeur
a folder ['fəʊldəʳ]	une chemise
a calculator ['kælkjʊleɪtəʳ]	une calculatrice
a compass ['kʌmpəs]	un compas
a pair of compasses	
a set square	une équerre
a protractor [prə'træktəʳ]	un rapporteur
a pair of scissors	une paire de ciseaux

■ 4. SCHOOL WORK LE TRAVAIL SCOLAIRE

- The school year	l'année scolaire
a term [tɜ:m]	un trimestre
the autumn / spring / summer term	le premier / second / troisième trimestre
a semester [sɪ'mestəʳ]	un semestre
to have Wednesdays off	avoir congé le mercredi
a school visit	une sortie scolaire
BR a school (educational) outing	
- BR the school holidays	les vacances scolaires
AM the school vacation	
BR the summer holidays	les grandes vacances
AM the summer vacation	
the Christmas / Easter holidays	les vacances de Noël / de Pâques

half term	les vacances de milieu de trimestre
to break* up on 20th March	être en vacances à partir du 20 mars
to go* back to school	reprendre l'école
back-to-school offers	promotions «rentrée des classes»
- The timetable ['taɪm,teɪbl]	l'emploi du temps
a period ['pɪərɪəd]	≈ une heure de cours
a lesson ['lesn]	une leçon
a class [klɑ:s]	une classe
a history lesson	une leçon d'histoire
a history class	
BR a course [kɔ:s]	un cours, un stage (sur
AM a program ['prəʊgræm]	plusieurs séances)

to take* a course in sth	suivre un cours de qqch.	– BR homework ['həʊmwɜːk] (n. c. sing.)	les devoirs
the curriculum [kə'rɪkjʊləm]	le programme (pour une classe)	AM assignments [ə'saɪnmənts] (plur.)	
the syllabus ['sɪləbəs]	le programme (pour une matière)	BR a composition [ˌkɒmpə'zɪʃən]	une rédaction
the books on the syllabus	les œuvres du programme	BR an essay ['eseɪ]	une dissertation¹
the core curriculum	le tronc commun	AM a theme [θiːm]	
a free period	une heure de libre	an exercise ['eksəsaɪz]	un exercice
BR break [breɪk]	la récréation	an unseen (translation)	un thème
AM recess [rɪ'ses]		a prose [prəʊz]	une version
– To learn* [lɜːn]	apprendre	a dictation [dɪk'teɪʃən]	une dictée
to learn* sth by heart	apprendre qqch. par cœur	to dictate [dɪk'teɪt]	dicter
to study ['stʌdɪ]	étudier	to take* notes	prendre des notes
to have a good / bad memory	avoir une bonne / mauvaise mémoire	optional ['ɒpʃənl]	facultatif
to memorize ['meməraɪz]	retenir, mémoriser	practical work (n. c. sing.)	les travaux pratiques
to go* over a lesson	revoir une leçon		

ATTENTION FAUX AMI 1 : a dissertation = un mémoire, une thèse en vue de l'obtention d'un diplôme de l'enseignement supérieur

I REMARQUE En Grande-Bretagne, un cours = a period dure en général 45 minutes.

■ 5. SCHOOL SUBJECTS LES DISCIPLINES SCOLAIRES

– A subject ['sʌbdʒɪkt]	une matière, une discipline	algebra ['ældʒɪbrə]	l'algèbre
reading ['riːdɪŋ]	la lecture	geometry [dʒɪ'ɒmɪtrɪ]	la géométrie
writing ['raɪtɪŋ]	l'écriture	trigonometry [ˌtrɪgə'nɒmɪtrɪ]	la trigonométrie
arithmetic [ə'rɪθmətɪk]	le calcul, les maths	computer science	l'informatique
the three Rs (abr. de Reading, Writing and Arithmetic)	la lecture, l'écriture et le calcul	computing [kəm'pjuːtɪŋ]	
to do* history	faire de l'histoire	business studies	les études de gestion
general knowledge	la culture générale	science ['saɪəns]	les sciences
– Grammar ['græmə']	la grammaire	biology [baɪ'ɒlədʒɪ]	les sciences naturelles, la biologie
spelling ['spelɪŋ]	l'orthographe	chemistry ['kemɪstrɪ]	la chimie
literature ['lɪtərɪtʃə']	la littérature	physics ['fɪzɪks] (n. c. sing.)	la physique
philosophy [fɪ'lɒsəfɪ]	la philosophie		
Latin ['lætɪn]	le latin	– Physical education (abr. P.E.)	l'éducation physique
Greek [griːk]	le grec	physical training (abr. P.T.)	
history ['hɪstərɪ]	l'histoire	sports [spɔːts]	les sports
geography [dʒɪ'ɒgrəfɪ]	la géographie	games ['geɪmz]	les activités de plein air
religious education (abr. R.E.)	l'instruction religieuse	gymnastics [dʒɪm'næstɪks] (n. c. sing.)	la gymnastique
religious instruction		music ['mjuːzɪk]	la musique
modern languages	les langues vivantes	singing ['sɪŋɪŋ]	le chant
– Mathematics [ˌmæθə'mætɪks] (n. c. sing.)	les mathématiques	dancing ['dɑːnsɪŋ]	la danse
BR maths [mæθs] (n. c. sing.)	les maths	art and design	le dessin
AM math [mæθ] (n. c. sing.)		painting ['peɪntɪŋ]	la peinture

BR **pottery** ['pɒtərɪ]   la poterie
AM **ceramics** [sɪ'ræmɪks]
(n. c. sing.)
technical drawing   le dessin industriel
BR **ICT** (abr. de *information*   informatique
and communication techno-
logy)

BR **MFL** (abr. de *modern*   langues vivantes
foreign languages)
BR **PSHE** (abr. de *personal,*   éducation sociale et
social and health education)   sanitaire
literacy and numeracy   la lecture et le calcul

■ 6. ACADEMIC PERFORMANCE LES RÉSULTATS SCOLAIRES

- **Ability** [ə'bɪlɪtɪ]   l'aptitude
to move up a class   passer dans la classe
    supérieure
to skip a class   sauter une classe
BR **to be kept down**   redoubler
AM **to be held back**
to repeat a year   redoubler une classe
to be good at sth   être bon en qqch.
intelligent [ɪn'telɪdʒənt]   intelligent
clever ['klevə']
bright [braɪt]   éveillé
sharp [ʃɑːp]   vif
gifted ['gɪftɪd]   doué
academically able   doué pour les études
to do* very well in   faire de brillantes études
one's studies

- **Non academic**   peu doué pour les
    études
a dunce [dʌns]   un cancre
he hasn't had much   il n'a pas fait beaucoup
schooling   d'études
academic failure   l'échec scolaire
remedial teaching   le rattrapage scolaire
special education   l'éducation spécialisée

- **Tidy / untidy work**   du travail soigné / peu
    soigné
to take* care over sth   faire qqch. avec soin
to take* care with sth
to take* pains over sth   se donner du mal pour
    qqch.
conscientious   consciencieux
[ˌkɒnʃɪ'enʃəs]
hard-working   travailleur
motivation   la motivation
[ˌməʊtɪ'veɪʃən]
to be highly motivated   être très motivé
proficient *in sth*   compétent *en qqch.*
[prə'fɪʃənt]
proficiency *in sth*   la compétence *en qqch.*
[prə'fɪʃənsɪ]

- **Idle** ['aɪdl]   paresseux
lazy ['leɪzɪ]
to botch sth up   bâcler qch
to drop a subject   abandonner une matière

- **Continuous assessment**   le contrôle continu
the teacher's assess-   les appréciations du
ment   professeur
to correct [kə'rekt]   corriger
a star [stɑː']   un bon point
BR **a mark** [mɑːk]   une note
AM **a grade** [greɪd]
BR **to mark**   noter
AM **to grade**
6 out of 10   6 sur 10
BR **a mark sheet**   un relevé de notes
AM **a grade sheet**
BR **the school record**   le dossier scolaire
AM **the student file**

- **An examination**   un examen
[ɪgˌzæmɪ'neɪʃən]
an exam [ɪg'zæm] (parlé)
BR **a mock exam**   un examen blanc
AM **a practice test**
a candidate ['kændɪdeɪt]   un(e) candidat(e)
an examiner   un(e) examinateur
[ɪg'zæmɪnə']   (-trice)
an invigilator   un(e) surveillant(e)
[ɪn'vɪdʒɪleɪtə']   d'examen
BR **a written test**   une interrogation écrite,
AM **a quiz** [kwɪz]   un contrôle
an oral (exam)   un (examen) oral
a written paper   une épreuve écrite
the chemistry paper   l'épreuve de chimie
a multiple-choice ques-   une question à choix
tion   multiple
BR **to do one's GCSE's**   ≈ passer son brevet
(abr. de *General Certificate*
of Secondary Education)
BR **A levels** (plur.)   ≈ le baccalauréat
AM **the high school**
diploma
a diploma *in sth*   un diplôme *de qqch.*
[dɪ'pləʊmə]

to have qualifications	avoir des diplômes	to cheat in an exam	tricher à un examen
a competitive examination	un concours	a cheat [tʃiːt]	un(e) tricheur (-euse)
the entrance examination	le concours d'entrée	a crib [krɪb]	une anti-sèche
		to whisper the answer to sb	souffler la réponse à qqn
– To sit* an exam	passer un examen[1]	
to take* an exam		

ATTENTION FAUX AMI 1 : to pass an exam = réussir un examen

BR to resit* an exam	se représenter à un examen		
the session ['seʃən]	la session	– To study for an exam	préparer un examen
BR to get* a pass	≈ avoir la moyenne	BR to revise for an exam [rɪ'vaɪz]	réviser un examen
to fail [feɪl]	échouer, rater son examen	AM to review for an exam [rɪ'vjuː]	
AM to flunk [flʌŋk] (parlé)		revision [rɪ'vɪʒən]	la révision
to fail an exam / in chemistry	échouer à un examen / en chimie	to swot for an exam (parlé)	bachoter
to fail a candidate	recaler un candidat	to swot up a subject (parlé)	potasser un sujet
AM to flunk a candidate (parlé)			
to scrape through	réussir de justesse		

REMARQUE Jusqu'en 1988, les O levels en Grande-Bretagne ont correspondu au brevet des collèges en France. L'équivalent du baccalauréat en Grande-Bretagne est le General Certificate of Education (abr. GCE) pour lequel on se présente à plusieurs disciplines au choix appelées A levels (abr. de advanced levels) ; ex. : to have five A levels ≈ avoir le baccalauréat dans cinq matières ; to take A level French ≈ prendre le français comme matière au bac.

■ 7. HIGHER EDUCATION   L'ENSEIGNEMENT SUPÉRIEUR

– A university [ˌjuːnɪ'vɜːsɪtɪ] AM a college ['kɒlɪdʒ]	une université	adult education	l'enseignement pour adultes
the University of Oxford	l'université d'Oxford	a training scheme	un programme de formation professionnelle
Harvard University	l'université de Harvard		
to go* to university to go* to college	aller à l'université	a trainee [treɪ'niː] an apprentice [ə'prentɪs]	un(e) apprenti(e)
– A teacher training college BR a college of education	≈ un institut universitaire de formation des maîtres	a trainee hairdresser	un apprenti coiffeur
		apprenticeship [ə'prentɪsʃɪp]	l'apprentissage
an art college	une école des beaux-arts	– An academic [ˌækə'demɪk]	un(e) universitaire
a business college a business school	une école de gestion	BR a (junior) lecturer AM an instructor [ɪn'strʌktər]	≈ un(e) assistant(e)
a military academy	une école militaire	BR a (senior) lecturer AM an assistant professor	un maître de conférences
the faculty of arts / sciences	la faculté de lettres / de sciences		
to drop out of university	abandonner ses études universitaires	a chair [tʃɛər]	une chaire
		BR a professor [prə'fesər] AM a college professor	un professeur d'université
– Evening classes night school (n. c. sing.)	les cours du soir	to have tenure	être titulaire
		a tenured professor	un professeur titulaire

| BR the head of department AM the chairman of the department | le chef du département | BR the vice-chancellor AM the president ['prezɪdənt] | ≈ le président d'université |
| | | the dean of the faculty | le doyen de la faculté |

■ 8. THE STUDENT L'ÉTUDIANT

– To enrol in a university	s'inscrire dans une université	a B.A. degree a Bachelor of Arts degree an arts degree	une licence ès lettres
enrolment [ɪn'rəʊlmənt]	l'inscription		
the registrar's office	le service de la scolarité	a B.Sc. degree a Bachelor of Science degree a science degree	une licence ès sciences
BR a student card AM a student ID card	une carte d'étudiant		
an undergraduate [ˌʌndə'grædjʊɪt]	un(e) étudiant(e) de premier cycle	BR an honours degree	≈ une licence avec mention
BR a fresher ['freʃəʳ] AM a freshman ['freʃmən]	un(e) étudiant(e) de première année	to do* a degree in to graduate in history	faire une licence de obtenir sa licence d'histoire
BR a second-year undergraduate AM a sophomore ['sɒfəmɔːʳ]	un(e) étudiant de deuxième année	a graduate[1] ['grædjʊɪt] to have a master's degree in	un licencié, un diplômé avoir une maîtrise de
BR a postgraduate student AM a graduate student	un(e) étudiant(e) de troisième cycle	an M.A. degree a Master of Arts degree	une maîtrise ès lettres
BR a former student AM an alumnus [ə'lʌmnəs] (fém. alumna) (plur. alumni)	un(e) ancien(ne) étudiant(e) (d'une université)	an M.Sc. degree a Master of Science degree	une maîtrise ès sciences
– The academic year	l'année universitaire	a doctorate ['dɒktərɪt] a doctoral degree a Ph.D. ['piːˌeɪtʃ'diː]	un doctorat
a unit ['juːnɪt]	une unité d'enseignement (matière)	a thesis on sth ['θiːsɪs]	une thèse sur qqch.
a credit ['kredɪt]	une unité d'enseignement (diplôme)	BR a doctoral thesis AM a doctoral dissertation	une thèse de doctorat
a module ['mɒdjuːl]	un module	an honorary degree	un diplôme honoris causa
a lecture on ['lektʃəʳ]	une conférence sur		
a seminar ['semɪnɑːʳ]	un séminaire	graduation [ˌgrædju'eɪʃən] (n. c.) AM the commencement [kə'mensmənt]	la remise des diplômes
to give* a paper on sth to give* a talk on sth	faire un exposé sur qqch.		
the vacation [və'keɪʃən]	les vacances universitaires	ATTENTION 1 : AM a graduate aussi un bachelier	
BR a summer school AM a summer institute	une université d'été		
– BR a hall of residence AM a residence hall AM a dormitory ['dɔːmɪtrɪ]	une résidence universitaire	– Research [rɪ'sɜːtʃ] to research in / into	la recherche faire de la recherche en / sur
a lecture hall	un amphithéâtre	to do* research in	faire de la recherche en
– A university degree	une licence	a research assistant	un assistant-chercheur

14 RELIGIONS AND BELIEFS
RELIGIONS ET CROYANCES

■ 1. FAITH AND DOCTRINE LA FOI ET LES DOCTRINES

- A religion [rɪ'lɪdʒən] — une religion
  religious [rɪ'lɪdʒəs] — religieux
  a divinity [dɪ'vɪnɪtɪ] — une divinité
  divine [dɪ'vaɪn] — divin
  God [gɒd] — Dieu
  a god — un dieu
  a goddess ['gɒdɪs] — une déesse
  an idol ['aɪdl] — une idole
  the Creator [krɪ'eɪtəʳ] — le Créateur

- The spirit ['spɪrɪt] — l'esprit
  spiritual ['spɪrɪtjʊəl] — spirituel
  the soul [səʊl] — l'âme
  reincarnation ['riːɪnkɑː'neɪʃən] — la réincarnation
  eternal life — la vie éternelle
  sacred ['seɪkrɪd] — sacré
  holy ['həʊlɪ] — saint

- Theology [θɪ'ɒlədʒɪ] — la théologie
  divinity [dɪ'vɪnɪtɪ]
  theological [θɪə'lɒdʒɪkəl] — théologique
  a theologian [θɪə'ləʊdʒɪən] — un(e) théologien(ne)
  a divine [dɪ'vaɪn]

- A believer [bɪ'liːvəʳ] — un(e) croyant(e)
  to believe [bɪ'liːv] — être croyant
  to be a believer
  to believe in sth / that — croire en qqch. / que
  belief in [bɪ'liːf] — la croyance en
  faith [feɪθ] — la foi
  to have faith — avoir la foi
  to be converted to — se convertir à
  a convert ['kɒnvɜːt] — un(e) converti(e)

- A doctrine ['dɒktrɪn] — une doctrine
  a dogma ['dɒgmə] — un dogme
  orthodox ['ɔːθədɒks] — orthodoxe
  heretical [hɪ'retɪkəl] — hérétique
  a heretic ['herətɪk] — un(e) hérétique
  a pilgrim ['pɪlgrɪm] — un pèlerin
  to go* on a pilgrimage — faire un pèlerinage

- Pious ['paɪəs] — pieux
  godly ['gɒdlɪ]
  piety ['paɪətɪ] — la piété
  devout [dɪ'vaʊt] — dévot
  devoutness [dɪ'vaʊtnɪs] — la dévotion
  religious devotion

fanatical [fə'nætɪkəl] — fanatique
a fanatic [fə'nætɪk] — un(e) fanatique
fanaticism [fə'nætɪsɪzəm] — le fanatisme
fundamentalism [ˌfʌndə'mentəlɪzəm] — l'intégrisme
a fundamentalist [ˌfʌndə'mentalist] — un(e) intégriste

ATTENTION FAUX AMI 1 : a bigot = un(e) fanatique ; bigotry = le sectarisme, le fanatisme ; to be bigoted = être sectaire. On pourra traduire le français bigoterie par religious bigotry.

- Pagan ['peɪgən] — païen
  heathen ['hiːðən] (péj.)
  a pagan — un(e) païen(ne)
  a heathen (péj.)
  lay [leɪ] — laïque
  a lay person — un(e) laïque
  a layman (fém. laywoman)

- Sacrilegious [ˌsækrɪ'lɪdʒəs] — sacrilège
  a sacrilege ['sækrɪlɪdʒ] — un sacrilège
  blasphemous ['blæsfɪməs] — blasphématoire
  blasphemy ['blæsfɪmɪ] — le blasphème
  to blaspheme [blæs'fiːm] — blasphémer
  profane [prə'feɪn] — profane (auteur, œuvre)
  secular ['sekjʊləʳ]
  profanation [ˌprɒfə'neɪʃən] — la profanation
  to profane — profaner (église, tombe, nom)

- Superstitious [ˌsuːpə'stɪʃəs] — superstitieux
  a superstition [ˌsuːpə'stɪʃən] — une superstition
  an unbeliever ['ʌnbɪ'liːvəʳ] — un(e) incroyant(e)
  a non-believer
  atheistic [ˌeɪθɪ'ɪstɪk] — athée
  an atheist ['eɪθɪɪst] — un(e) athée
  atheism ['eɪθɪɪzəm] — l'athéisme
  an agnostic [æg'nɒstɪk] — un(e) agnostique
  a free thinker — un(e) libre penseur (-euse)
  a (free)mason — un franc-maçon
  freemasonry ['friːˌmeɪsənrɪ] — la franc-maçonnerie
  masonic [mə'sɒnɪk] — maçonnique

■ 2. RELIGIONS LES RELIGIONS

– A cult [kʌlt] — un culte
a denomination — une confession
[dɪ,nɒmɪ'neɪʃən]
denominational — confessionnel
[dɪ,nɒmɪ'neɪʃənl]
a sect [sekt] — une secte
– Jewish ['dʒu:ɪʃ] — juif
a Jew [dʒu:] — un juif, une juive
Judaism ['dʒu:deɪɪzəm] — le judaïsme
Jehovah [dʒɪ'həʊvə] — Jéhovah
the Talmud ['talmʊd] — le Talmud
the Torah ['tɔ:rə] — la Thora
antisemitism — l'antisémitisme
[,æntɪ'semɪtɪzm]
– A Moslem ['mɒzlem] — un(e) musulman(e)
a Muslim ['mʊslɪm]
Islam ['ɪzlɑ:m] — l'Islam
Islamic [ɪz'læmɪk] — islamique
Allah ['ælə] — Allah
Mahomet [mə'hɒmɪt] — Mahomet
the Koran, the Qur'an — le Coran
[kɒ'rɑ:n]
the five pillars of Islam — les cinq piliers de l'Islam

to observe Ramadan — faire le Ramadan
[,ræmə'dɑ:n]
to give alms [ɑ:mz] — faire l'aumône
to do one's ablutions — faire ses ablutions
[ə'blu:ʃənz]
Eid [eɪd] — Aïd
Islamophobia — l'islamophobie
[iz,lɑmə'fəʊbɪə]
– Hinduism ['hɪndu,ɪzəm] — l'hindouisme
Hindu ['hɪndu:] — hindou
a Hindu — un(e) Hindou(e)
the Vedas ['veɪdəz] — les Véda
Buddhism ['bʊdɪzəm] — le bouddhisme
a Buddhist ['bʊdɪst] — un(e) bouddhiste
Buddha ['bʊdə] — Bouddha
Confucianism — le confucianisme
[kən'fju:ʃənɪzəm]
Confucius [kən'fju:ʃəs] — Confucius
Shintoism ['ʃɪntəʊɪzəm] — le shintoïsme, le shintô
Shinto ['ʃɪntəʊ]
a Shintoist ['ʃɪntəʊɪst] — un(e) shintoïste
animism ['ænɪmɪzəm] — l'animisme
an animist ['ænɪmɪst] — un(e) animiste

I REMARQUE Dans l'usage courant le mot **cult** désigne souvent une secte.

■ 3. CHRISTIANITY LE CHRISTIANISME

– The Church [tʃɜ:tʃ] — l'Église
a Christian ['krɪstɪən] — un(e) chrétien(ne)
the Christian faith — la foi chrétienne
Jesus (Christ) — Jésus(-Christ)
the Lord [lɔ:d] — le Seigneur
the Almighty [ɔ:l'maɪtɪ] — le Tout-Puissant
BR **the Saviour** ['seɪvjə'] — le Sauveur
AM **the Savior**
the Messiah [mɪ'saɪə] — le Messie
the Virgin (Mary) — la Vierge (Marie)
the Three Kings — les Rois mages
the Three Wise Men
the Holy Spirit — le Saint-Esprit
the Holy Ghost
the (Holy) Trinity — la (Sainte) Trinité
– The nativity [nə'tɪvɪtɪ] — la nativité
the Last Supper — la Cène

the crucifixion — la crucifixion
[,kru:sɪ'fɪkʃən]
to crucify ['kru:sɪfaɪ] — crucifier
the resurrection — la résurrection
[,rezə'rekʃən]
– The Bible ['baɪbl] — la Bible
biblical ['bɪblɪkəl] — biblique
a prophet ['prɒfɪt] — un prophète
a prophecy ['prɒfɪsɪ] — une prophétie
to prophesy sth — prophétiser qqch., prédire qqch.
to prophesy that — prédire que
Moses ['məʊzɪs] — Moïse
an apostle [ə'pɒsl] — un apôtre
a disciple [dɪ'saɪpl] — un disciple
an evangelist — un évangéliste
[ɪ'vændʒəlɪst]

– The Old / New Testament	l'Ancien / le Nouveau Testament
(the Book of) Revelation	l'Apocalypse
the Apocalypse [ə'pɒkəlɪps]	
the Gospels ['gɒspəlz]	les Évangiles
the Gospel according to St John	l'Évangile selon Saint Jean
(the Book of) Genesis	(le livre de) la Genèse
the Ten Commandments	les Dix Commandements
a parable ['pærəbl]	une parabole
– The Kingdom of Heaven	le royaume des cieux
heaven ['hevn]	le paradis
the Garden of Eden	le jardin d'Éden
hell [hel]	l'enfer
Hell	
purgatory ['pɜːgətərɪ]	le purgatoire
in limbo	dans les limbes
– To be saved	être sauvé
salvation [sæl'veɪʃən]	le salut
to redeem [rɪ'diːm]	racheter
redemption [rɪ'dempʃən]	la rédemption, le rachat
grace [greɪs]	la grâce

the incarnation [ˌɪnkɑː'neɪʃən]	l'incarnation
the Last Judgement Doomsday ['duːmzdeɪ]	le Jugement dernier
– The Devil ['devl]	le diable
Satan ['seɪtn]	Satan
Adam ['ædəm]	Adam
Eve [iːv]	Ève
– To sin [sɪn]	pécher
a sin	un péché
the original sin	le péché originel
the Seven Deadly Sins	les sept péchés capitaux
a sinner ['sɪnəʳ]	un(e) pécheur (-eresse)
– A martyr ['mɑːtəʳ]	un(e) martyr(e)
martyrdom ['mɑːtədəm]	le martyre
a saint [seɪnt]	un(e) saint(e)
to be canonized	être canonisé
an angel ['eɪnʤəl]	un ange
his guardian angel	son ange gardien
an archangel ['ɑːkˌeɪnʤəl]	un archange
angelic [æn'ʤelɪk]	angélique
a cherub ['tʃerəb] (plur. cherubim)	un chérubin

■ 4. CHRISTIAN DENOMINATIONS LES CONFESSIONS CHRÉTIENNES _____

– A (Roman) Catholic	un(e) catholique
(Roman) Catholicism	le catholicisme
a Protestant ['prɒtɪstənt]	un(e) protestant(e)
Protestantism ['prɒtɪstəntɪzəm]	le protestantisme
the Church of England (abr. the C. of E.)	l'Église anglicane
an Anglican ['æŋglɪkən]	un(e) anglican(e)
Anglicanism ['æŋglɪkənɪzəm]	l'anglicanisme
a Presbyterian [ˌprezbɪ'tɪərɪən]	un(e) presbytérien(ne)
Presbyterianism [ˌprezbɪ'tɪərɪənɪzəm]	le presbytérianisme
the Orthodox Church	l'Église orthodoxe
an Orthodox ['ɔːθədɒks]	un(e) orthodoxe

– A Lutheran ['luːθərən]	un(e) luthérien(ne)
Lutheranism ['luːθərənɪzəm]	le luthéranisme
a Calvinist ['kælvɪnɪst]	un(e) calviniste
Calvinism ['kælvɪnɪzəm]	le calvinisme
a Methodist ['meθədɪst]	un(e) méthodiste
Methodism ['meθədɪzəm]	le méthodisme
a Baptist ['bæptɪst]	un(e) baptiste
a Unitarian [juːnɪ'tɛərɪən]	un(e) unitarien(ne)
Unitarianism [juːnɪ'tɛərɪənɪzəm]	l'unitarisme
the Quakers ['kweɪkəʳz]	les Quakers
the Reformed Church	l'Église réformée
a Nonconformist [ˌnɒnkən'fɔːmɪst]	un(e) non-conformiste
Jehovah's Witnesses	les Témoins de Jéhovah
a Mormon ['mɔːmən]	un(e) mormon(e)

REMARQUE Dans certains pays anglophones, l'Église anglicane s'appelle the Episcopalian Church.

■ 5. THE CLERGY AND THE CONGREGATION LE CLERGÉ ET LES FIDÈLES

- **Catechism** ['kætɪkɪzəm] le catéchisme
  to go* to Sunday school ≈ aller au catéchisme
  to go* to church aller à l'église
  the faithful ['feɪθʊl] (plur.) les fidèles, les croyants
  the congregation [ˌkɒŋgrɪ'geɪʃən] l'assemblée des fidèles
  practising ['præktɪsɪŋ] pratiquant
  a churchgoer ['tʃɜːtʃˌgəʊəʳ] un(e) pratiquant(e)
  a parish ['pærɪʃ] une paroisse
  a parishioner [pə'rɪʃənəʳ] un(e) paroissien(ne)
  the choir ['kwaɪəʳ] le chœur
  a chorister ['kɒrɪstəʳ] un(e) choriste
  an altar boy un enfant de chœur

- **A clergyman** ['klɜːdʒɪmən]
  an ecclesiastic [ɪˌkliːzɪ'æstɪk] un ecclésiastique
  a priest [priːst] un prêtre
  priesthood la prêtrise
  a (Catholic) priest un curé
  a minister ['mɪnɪstəʳ] un pasteur (en général)
  a parson ['pɑːsn]
  a vicar ['vɪkəʳ] un pasteur (de l'Église anglicane)
  a curate ['kjʊərɪt] un vicaire (de l'Église anglicane)
  a chaplain ['tʃæplɪn] un aumônier
  a missionary ['mɪʃənrɪ] un missionnaire
  a preacher ['priːtʃəʳ] un prédicateur

- **A seminary** ['semɪnərɪ] un séminaire
  BR **a theological college**
  to ordain sb priest ordonner qqn prêtre
  an ordination [ˌɔːdɪ'neɪʃən] une ordination

to enter the priesthood se faire prêtre
to be in/take* holy orders être/entrer dans les ordres
to enter the ministry se faire pasteur
a cassock ['kæsək] une soutane

- **A bishop** ['bɪʃəp] un évêque
  an archbishop ['ɑːtʃbɪʃəp] un archevêque
  episcopal [ɪ'pɪskəpəl] épiscopal
  a bishopric un évêché
  a diocese ['daɪəsɪs] un diocèse
  a cardinal ['kɑːdɪnl] un cardinal
  a mitre ['maɪtəʳ] une mitre
  the pope [pəʊp] le pape
  the Supreme Pontiff le souverain pontife
  His Holiness sa Sainteté
  the papacy ['peɪpəsɪ] la papauté
  papal ['peɪpəl] papal
  the Holy See le Saint-Siège
  a prelate ['prelɪt] un prélat

- **A monk** [mʌŋk] un moine
  a nun [nʌn] une religieuse
  a friar ['fraɪəʳ] un frère
  Brother Richard frère Richard
  Sister Josephine sœur Joséphine
  an abbot ['æbət] un abbé
  an abbess ['æbɪs] une abbesse
  a novice ['nɒvɪs] un(e) novice
  to take* a vow of chastity faire vœu de chasteté
  celibacy ['selɪbəsɪ] le célibat
  to take* the veil prendre le voile
  monastic [mə'næstɪk] monastique

■ 6. PLACES OF WORSHIP LES LIEUX DE PRIÈRE

- **A church** [tʃɜːtʃ] une église
  a temple ['templ] un temple (en général)
  a Protestant church un temple protestant
  a chapel ['tʃæpəl] une chapelle
  a cathedral [kə'θiːdrəl] une cathédrale
  an abbey ['æbɪ] une abbaye
  a monastery ['mɒnəstərɪ] un monastère
  a convent ['kɒnvənt] un couvent (de religieuses)

a basilica [bə'zɪlɪkə] une basilique
a synagogue ['sɪnəgɒg] une synagogue
a mosque [mɒsk] une mosquée
a pagoda [pə'gəʊdə] une pagode

- **The church tower** le clocher
  the steeple ['stiːpl]
  a spire ['spaɪəʳ] une flèche
  the belfry ['belfrɪ] le beffroi

the bells [bels]	les cloches		the pulpit ['pʊlpɪt]	la chaire
a cloister ['klɔɪstə']	un cloître		a minaret ['mɪnəret]	un minaret
a rose window	une rosace			
a stained-glass window	un vitrail		**– The cross** [krɒs]	la croix
a church window			a triptych ['trɪptɪk]	un triptyque
the nave [neɪv]	la nef		a pew [pju:]	un banc
an aisle [aɪl]	un bas-côté		a prie-dieu [pri:'djɜ:]	un prie-Dieu
the chancel ['tʃɑ:nsəl]	le chœur		the font [fɒnt] (sing.)	les fonts baptismaux
the choir ['kwaɪə']			the stoup [stu:p]	le bénitier
the vestry ['vestrɪ]	la sacristie		holy water	l'eau bénite
the apse [æps]	l'abside		the confessional	le confessionnal
the altar ['ɒltə']	l'autel		[kən'feʃənl]	
the high altar	le maître-autel		a shrine [ʃraɪn]	une châsse
the transept ['trænsept]	le transept		a reliquary ['relɪkwərɪ]	un reliquaire

■ 7. RITUAL LE RITUEL

– A ceremony ['serɪmənɪ]	une cérémonie		to circumcise	circoncire
a rite [raɪt]	un rite		['sɜ:kəmsaɪz]	
ritual ['rɪtjʊəl]	rituel		the confirmation	la confirmation
a sacrament	un sacrement		[ˌkɒnfə'meɪʃən]	
['sækrəmənt]			to be confirmed	faire sa confirmation
to bless [bles]	bénir		to take* communion	communier
a blessing ['blesɪŋ]	une bénédiction		to receive communion	
to say* grace	dire le bénédicité		the bar mitzvah	la bar-mitzva
to say* the blessing			[bɑ:'mɪtsvə]	
– A service ['sɜ:vɪs]	un service, un office		**– To pray** [preɪ]	prier
a mass [mæs]	une messe		to pray to God	prier Dieu
to go* to mass	aller à la messe		a prayer [prɛə']	une prière
to say* mass	dire la messe		to meditate ['medɪteɪt]	se recueillir
to celebrate mass	célébrer la messe		meditation [ˌmedɪ'teɪʃən]	le recueillement
matins ['mætɪnz]	les matines		to make* the sign of	faire le signe de croix
vespers ['vespə'z]	les vêpres		the cross	
evensong ['i:vənsɒŋ]			to cross o.s.	se signer
(n. c. sing.)			to kneel* (down)	s'agenouiller
			to genuflect ['dʒenjʊflekt]	faire une génuflexion
– To preach [pri:tʃ]	prêcher		a rosary ['rəʊzərɪ]	un chapelet
a sermon ['sɜ:mən]	un sermon		to say* the rosary	dire son chapelet
to take* the collection	faire la quête		**– Worship** ['wɜ:ʃɪp]	le culte (vénération)
(Holy) Communion	la (Sainte) Communion		to worship	adorer
the Eucharist ['ju:kərɪst]	l'Eucharistie		to adore [ə'dɔ:']	
the chalice ['tʃælɪs]	le calice		the stations of the cross	le chemin de croix
the Blessed Sacrament	le Saint-Sacrement		(plur.)	
			a procession [prə'seʃən]	une procession
– Christening ['krɪsnɪŋ]	le baptême			
baptism ['bæptɪzəm]			**– A hymn** [hɪm]	un cantique
to christen ['krɪsn]	baptiser		a psalm [sɑ:m]	un psaume
to baptize [bæp'taɪz]			the liturgy ['lɪtədʒɪ]	la liturgie
circumcision	la circoncision		liturgical [lɪ'tɜ:dʒɪkəl]	liturgique
[ˌsɜ:kəm'sɪʒən]				

the litany [ˈlɪtənɪ]	la litanie	to confess one's sins	confesser ses péchés
to chant [tʃɑːnt]	psalmodier	to repent of sth [rɪˈpent]	se repentir de qqch.
amen [ˈɑːˈmen]	amen	repentance [rɪˈpentəns]	le repentir
- To confess [kənˈfes]	se confesser	a penitent [ˈpenɪtənt]	un(e) pénitent(e)
to go* to confession		to do* penance	faire pénitence

■ 8. RELIGIOUS AND PAGAN FESTIVALS LES FÊTES RELIGIEUSES ET PAÏENNES

- **Christmas** [ˈkrɪsməs] (abr. Xmas) — Noël

Merry Christmas!	Joyeux Noël !
to wish sb a merry Christmas	souhaiter joyeux Noël à qqn
Christmas Day	le jour de Noël
Christmas Eve	la veille de Noël
BR Boxing Day	le lendemain de Noël
Season's Greetings!	Joyeuses fêtes ! (sur une carte de vœux)
the Christmas and New Year holiday(s)	les fêtes de fin d'année
the Christmas Eve dinner	le réveillon de Noël
to celebrate Christmas Eve	réveillonner (à Noël)

- **The crib** [krɪb]
  the manger [ˈmeɪndʒəʳ] — la crèche

the Christmas turkey	la dinde de Noël
the Yule log	la bûche de Noël
the Christmas tree	l'arbre de Noël
an Advent calendar	un calendrier de l'Avent
Father Christmas Santa Claus [ˌsæntəˈklɔːz]	le Père Noël
to hang* up one's stocking	≈ mettre son soulier dans la cheminée
a (Christmas) carol	un chant de Noël
to go* to midnight mass	aller à la messe de minuit

- **New Year's Day** — le jour de l'An

Happy New Year!	Bonne année !
to wish sb a happy New Year	souhaiter une bonne année à qqn

New Year's Eve	la Saint-Sylvestre (en général)
Hogmanay [ˌhɒgməˈneɪ]	la Saint-Sylvestre (en Écosse)
to celebrate New Year's Eve	réveillonner (à la Saint-Sylvestre)
Advent [ˈædvənt]	l'Avent
Epiphany [ɪˈpɪfənɪ] Twelfth Night	l'Épiphanie

- **Easter** [ˈiːstəʳ] — Pâques

Easter Sunday	le dimanche de Pâques
Happy Easter!	Joyeuses Pâques !
an Easter egg	un œuf de Pâques
Easter Monday	le lundi de Pâques
Holy Week	la Semaine Sainte
Good Friday	le Vendredi saint
Maundy Thursday	le Jeudi saint
Shrove Tuesday Pancake Tuesday	Mardi gras
Candlemas [ˈkændlmæs]	la Chandeleur
Lent [lent]	le Carême
Palm Sunday	le dimanche des Rameaux

- **Ascension Day** — l'Ascension

Whit Sunday Pentecost [ˈpentɪkɒst]	le dimanche de Pentecôte
Whit Monday	le lundi de Pentecôte
the Assumption [əˈsʌmpʃən]	l'Assomption
All Souls' Day	le jour des Morts
All Saints' Day	la Toussaint
Ramadan [ˌræməˈdɑːn]	le Ramadan
the Passover [ˈpɑːsəʊvəʳ]	la pâque (juive)

| REMARQUE En Grande-Bretagne, ce sont des lapins appelés **Easter Bunnies** qui sont censés apporter les œufs de Pâques aux enfants.

■ 9. MYTHOLOGY LA MYTHOLOGIE

- **A legend** [ˈledʒənd] — une légende
  legendary [ˈledʒəndərɪ] — légendaire
  a myth [mɪθ] — un mythe
  mythical [ˈmɪθɪkəl] — mythique
  mythological [ˌmɪθəˈlɒdʒɪkəl] — mythologique
  folklore [ˈfəʊkˌlɔː] — le folklore
  fabulous [ˈfæbjʊləs] — fabuleux
- **A nymph** [nɪmf] — une nymphe
  a dryad [ˈdraɪəd] — une dryade
  a satyr [ˈsætəʳ] — un satyre
  a centaur [ˈsentɔːʳ] — un centaure

- **Apollo** [əˈpɒləʊ] — Apollon
  Atlas [ˈætləs] — Atlas
  Cupid [ˈkjuːpɪd] — Cupidon
  Hercules [ˈhɜːkjuliːz] — Hercule
  Juno [ˈdʒuːnəʊ] — Junon
  the Muses [mjuːzɪz] — les Muses
  Oedipus [ˈiːdɪpəs] — Œdipe
  Orpheus [ˈɔːfjuːs] — Orphée
  the Sphinx [sfɪŋks] — le Sphinx
  Ulysses [juːˈlɪsiːz] — Ulysse
  Hades [ˈheɪdiːz] (sing.) — les Enfers
  the Underworld [ˈʌndəwɜːld]
  Hell [hel]

■ 10. ASTROLOGY AND THE SUPERNATURAL L'ASTROLOGIE ET LE SURNATUREL

- **Astrology** [əsˈtrɒlədʒɪ] — l'astrologie
  an astrologer [əsˈtrɒlədʒəʳ] — un(e) astrologue
  a horoscope [ˈhɒrəskəʊp] — un horoscope
  to cast* sb's horoscope — faire l'horoscope de qqn
  the signs of the zodiac — les signes du zodiaque
  Aries [ˈɛəriːz] — le Bélier
  Taurus [ˈtɔːrəs] — le Taureau
  Gemini [ˈdʒemɪnaɪ] — les Gémeaux
  Cancer [ˈkænsəʳ] — le Cancer
  Leo [ˈliːəʊ] — le Lion
  Virgo [ˈvɜːgəʊ] — la Vierge
  Libra [ˈliːbrə] — la Balance
  Scorpio [ˈskɔːpɪəʊ] — le Scorpion
  Sagittarius [ˌsædʒɪˈtɛərɪəs] — le Sagittaire
  Capricorn [ˈkæprɪkɔːn] — le Capricorne
  Aquarius [əˈkwɛərɪəs] — le Verseau
  Pisces [ˈpaɪsiːz] — les Poissons
  I'm Aquarius/Leo — je suis (du) Verseau/Lion

- **Supernatural** [ˌsuːpəˈnætʃərəl] — surnaturel
  destiny [ˈdestɪnɪ] — la destinée
  fate [feɪt] — le destin, le sort
  a prediction [prɪˈdɪkʃən] — une prédiction
  to predict that — prédire que
  to tell* the future — prédire l'avenir

- **to foresee* sth** — prévoir qqch.
  a fortune-teller [ˈfɔːtʃənˌteləʳ] — un(e) diseur (-euse) de bonne aventure
  to tell* sb's fortune — dire la bonne aventure à qqn
  to read* sb's palm — lire les lignes de la main à qqn
  palmistry [ˈpɑːmɪstrɪ] — la chiromancie
  chiromancy [ˈkaɪərəmænsɪ]
  a clairvoyant [klɛəˈvɔɪənt] — un(e) voyant(e)
  a crystal ball — une boule de cristal
  the tarot [ˈtærəʊ] — le tarot
  to read* the tea leaves — ≈ lire dans le marc de café

- **Magic** [ˈmædʒɪk] — la magie
  black magic — la magie noire
  magic — magique
  a magic wand — une baguette magique
  a magician [məˈdʒɪʃən] — un(e) magicien(ne)
  a charm [tʃɑːm] — un fétiche
  a lucky charm — un porte-bonheur
  a witch [wɪtʃ] — une sorcière
  a sorceress [ˈsɔːsərəs]
  a wizard [ˈwɪzəd] — un sorcier
  a sorcerer [ˈsɔːsərəʳ]
  a witch doctor — un sorcier (d'une tribu)
  witchcraft [ˈwɪtʃkrɑːft] — la sorcellerie
  sorcery [ˈsɔːsərɪ]

a marabout ['mærə,buː]   un marabout
voodoo ['vuːduː]   le vaudou
a magic spell   un sortilège
to put* a spell on sb   jeter un sort à qqn
to cast* a spell on sb
an alchemist ['ælkɪmɪst]   un(e) alchimiste
alchemy ['ælkɪmɪ]   l'alchimie
the philosopher's stone   la pierre philosophale

- **A** ghost [gəʊst]   un fantôme, un revenant
  BR a spectre ['spektəʳ]   un spectre
  AM a specter

an apparition [,æpə'rɪʃən]   une apparition
to appear to sb   apparaître à qqn
to haunt sb / sth [hɔːnt]   hanter qqn / qqch.
haunted ['hɔːntɪd]   hanté
a spirit ['spɪrɪt]   un esprit
a poltergeist ['pɔːltəgaɪst]   un esprit frappeur
a medium ['miːdɪəm]   un médium
(plur. mediums)
a seance ['seɪɑ̃ːns]   une séance de
    spiritisme
the occult   les sciences occultes

15 DANGER AND VIOLENCE LE DANGER ET LA VIOLENCE

■ 1. DANGER LE DANGER

- **Danger** ['deɪndʒəʳ] — le danger
  dangerous ['deɪndʒrəs] — dangereux
  dangerously — dangereusement
  ['deɪndʒrəslɪ]
  to be in danger — être en danger (personne)
  to endanger [ɪn'deɪndʒəʳ] — mettre en danger (vie)
  in mortal danger — en danger de mort
  to expose o.s. to danger — s'exposer à un danger
  a menace to the public — un danger public

- **Perilous** ['perɪləs] — périlleux
  (soutenu)
  in jeopardy — en péril
  in peril (soutenu)
  to jeopardize — mettre en péril (carrière, situation)
  ['dʒepədaɪz]
  to imperil [ɪm'perɪl]
  (soutenu)
  at the risk of his life — au péril de sa vie

- **A risk** [rɪsk] — un risque
  to take* risks — prendre des risques
  high-risk — à haut risque

- **to run* the risk of** — courir le risque de
  to risk one's life — risquer sa vie
  to risk doing sth — prendre le risque de faire qqch.
  I can't risk it — je ne peux pas prendre un tel risque
  it's at your own risk — c'est à tes risques et périls

- **A hazard**[1] ['hæzəd] — un risque, un danger
  hazardous ['hæzədəs] — risqué, dangereux
  it's an occupational hazard — ce sont les risques du métier
  natural hazards — les risques naturels
  a health hazard — un risque pour la santé
  to have a lot at stake — risquer gros

- **I'll chance it** (parlé) — je vais tenter le coup
  to chance one's luck — tenter sa chance
  risky ['rɪskɪ] — risqué, hasardeux

- **To warn sb** of sth, about sth/that — avertir qqn de qqch./que
  a warning ['wɔːnɪŋ] — un avertissement

■ 2. ACCIDENTS AND DISASTERS LES ACCIDENTS ET LES CATASTROPHES

- **An accident** ['æksɪdənt] — un accident
  to have an accident — avoir un accident
  accidental [,æksɪ'dentl] — accidentel
  accidentally — accidentellement
  [,æksɪ'dentəlɪ]
  a fatal accident — un accident mortel
  a disaster [dɪ'zɑːstəʳ] — une catastrophe
  a catastrophe
  [kə'tæstrəfɪ]
  at the scene of the disaster — sur les lieux du drame
  a disaster area — une région sinistrée
  an air/rail disaster — une catastrophe aérienne/ferroviaire

- **A fire** [faɪəʳ] — un incendie
  a blaze [bleɪz]
  to catch* fire — prendre feu
  to blaze — flamber
  to flame up
  to set* fire to sth — mettre le feu à qqch.
  to set* sth on fire
  to be on fire — être en feu, brûler
  to be burning

- **to scorch** [skɔːtʃ] — brûler, roussir (fer à repasser)
  to burn* sth down — brûler complètement qqch.
  burning ['bɜːnɪŋ] — en flammes
  blazing ['bleɪzɪŋ]

- **An explosion** — une explosion
  [ɪks'pləʊʒən]
  to explode [ɪks'pləʊd] — exploser, faire exploser
  to detonate ['detəneɪt]
  to blow* up — sauter, faire sauter
  a nuclear disaster — une catastrophe nucléaire

- **Smoke** [sməʊk] — la fumée
  to smoke — fumer
  a spark [spɑːk] — une étincelle
  to spark — jeter des étincelles
  a flame [fleɪm] — une flamme
  the embers ['embəʳz] — la braise
  (plur.)
  ash [æʃ] — la cendre
  (in)flammable — inflammable
  [(ɪn)'flæməbl]

non-(in)flammable | ininflammable
fireproof ['faɪə,pruːf] | ignifuge
to extinguish | éteindre
[ɪks'tɪŋgwɪʃ]
to put* out
a fire extinguisher | un extincteur

– To drown [draʊn] | se noyer
to fall* overboard | tomber par-dessus bord
Man overboard! | Un homme à la mer !
a shipwreck ['ʃɪprek] | un naufrage
to be shipwrecked | faire naufrage
to sink* [sɪŋk] | sombrer, couler
to run* aground | s'échouer
to capsize [kæp'saɪz] | faire chavirer, chavirer
to overturn [,əʊvə'tɜːn]
to be lost with all hands | être perdu corps et biens

– A rail accident | un accident de chemin
a rail crash | de fer
a derailment | un déraillement
[dɪ'reɪlmənt]
to be derailed | dérailler
to come* off the rails
to leave* the rails | quitter la voie
to leave* the track

– To crash | s'écraser
a plane crash | un accident d'avion
a crash-landing | un atterrissage en
['kræʃ,lændɪŋ] | catastrophe
a forced landing | un atterrissage forcé
an emergency landing
a belly landing | un atterrissage sur le
| ventre
a landing on water | un amérissage
a near miss | une quasi-collision

– A road accident | un accident de la route
a car accident | un accident de voiture
a motoring accident
a car crash
a minor accident | un accrochage
to bump into sb/sth | accrocher qqn/qqch.
a collision [kə'lɪʒən] | une collision
to collide *with sth* | entrer en collision *avec*
[kə'laɪd] | *qqch.*
to collide head-on with | heurter qqch. de plein
sth | fouet
a pile-up | un carambolage
to hit* a wall | heurter un mur
to run* into a wall

to crash into a wall | percuter un mur

– To skid [skɪd] | déraper
to swerve [swɜːv] | faire une embardée
to roll over | faire un tonneau
a reckless driver | un chauffard
an accident black spot | un point noir de la
| circulation

– To knock sb down | renverser qqn
to run* over sb/sth | écraser qqn/qqch.
to be thrown against | être projeté contre qqch.
sth
to be thrown out of the | être éjecté de la voiture
car
a wreck [rek] | une épave
to wreck | détruire
to be wrecked | être bon pour la ferraille
to be a write-off

– To be injured | être blessé
to be killed instantly | être tué sur le coup
one dead, three injured | un mort, trois blessés
there were five people | il y a eu cinq blessés
injured
two people are reported | il y aurait deux disparus
missing
seriously injured | grièvement blessé
serious injuries | des blessures graves
a casualty ['kæʒjʊltɪ] | une victime
a victim ['vɪktɪm]
to claim many lives | faire de nombreuses
| victimes
the death toll | le bilan, le nombre de
| morts
unharmed [ʌn'hɑːmd] | indemne
unhurt ['ʌn'hɜːt]
unscathed [ʌn'skeɪðd]
safe and sound | sain et sauf

– Damage ['dæmɪdʒ] | les dégâts
(n. c. sing.)
there is extensive | les dégâts sont
damage | importants
to damage | endommager, abîmer
in case of emergency | en cas d'urgence
in an emergency
to come* to sb's aid | porter secours à qqn
a rescue party | une équipe de secours

■ 3. VIOLENCE LA VIOLENCE

– A fight [faɪt] — une bagarre
to fight* *(with) sb* — se battre *avec qqn*
to hit* sb *with sth* — frapper qqn *avec qqch.*
to strike* sb *with sth*
to beat sb up — rouer qqn de coups
to molest sb — molester qqn
to hit* **back** — riposter
a stone struck him in the face — une pierre l'a atteint au visage
– A thug [θʌg] — un voyou
a hooligan ['huːlɪgən]
a football hooligan — un hooligan
a riot ['raɪət] — une émeute
a rioter ['raɪətər] — un(e) émeutier (-ière)
riot control — répression des émeutes
the riot police — les unités antiémeute
a baton ['bætən] — une matraque (de policier)
to hit sb with a baton — matraquer qqn
tear gas ['tɪəgæs] — gaz lacrymogène
to run* **amok** — se déchaîner (foule)
to run* **riot**
– To stab sb — poignarder qqn
a stab wound — un coup de couteau (blessure)
to knife sb — donner un coup de couteau à qqn
BR a flick knife — un couteau à cran d'arrêt
AM a switchblade ['swɪtʃˌbleɪd]
to knock sb out — assommer qqn
to knock sb unconscious
to strangle sb — étrangler qqn
to knock sb about — malmener qqn
to manhandle sb
to ill-treat sb — maltraiter qqn
ill-treatment [ˌɪl'triːtmənt] (n. c. sing.) — les mauvais traitements

– Violent ['vaɪələnt] — violent
violently ['vaɪələntlɪ] — violemment
savage ['sævɪdʒ] — sauvage
ferocious [fə'rəʊʃəs] — féroce

ferocity [fə'rɒsɪtɪ] — la férocité
brutal ['bruːtl] — brutal
brutality [bruː'tælɪtɪ] — la brutalité
barbaric [baː'bærɪk] — barbare
barbarous ['baːbərəs]
an atrocity [ə'trɒsɪtɪ] — une atrocité
a massacre ['mæsəkər] — un massacre
slaughter ['slɔːtər] (n. c.)
to massacre — massacrer
to slaughter
carnage ['kaːnɪdʒ] (n. c.) — un carnage
the escalation of violence — l'escalade de la violence

– To persecute sb — persécuter qqn
persecution [ˌpɜːsɪ'kjuːʃən] — la persécution
to torment sb — tourmenter qqn
torment ['tɔːment] (n. c. sing.) — les tourments
torture ['tɔːtʃər] — la torture
a form of torture — une torture, un supplice
to torture sb — torturer qqn
a torturer ['tɔːtʃərər] — un tortionnaire
to force sb to do sth — forcer qqn à faire qqch.
to oppress sb — opprimer qqn
oppression [ə'preʃən] — l'oppression
an oppressor [ə'presər] — un oppresseur

– Racism ['reɪsɪzm] — le racisme
a racist ['reɪsɪst] — un(e) raciste
race hate — la haine raciale
homophobia [ˌhəʊmə'fəʊbɪə] — l'homophobie
homophobic [ˌhəʊmə'fəʊbɪk] — homophobe
a homophobe ['həʊməfəʊb] — un(e) homophobe

– Cruel *to sb* ['krʊəl] — cruel *envers qqn*
cruelty ['krʊəltɪ] — la cruauté
bloodthirsty [blʌd'θɜːstɪ] — sanguinaire
sadism ['seɪdɪzəm] — le sadisme
sadistic [sə'dɪstɪk] — sadique
a sadist ['seɪdɪst] — un(e) sadique

■ 4. CRIME LA CRIMINALITÉ

- **A crime** [kraɪm] — un crime
  to commit a crime — commettre un crime
  criminal ['krɪmɪnl] — criminel
  a criminal — un(e) criminel(le)
  a crime wave — une vague de criminalité
  serious/petty crime — la grande/petite criminalité
  crime prevention — la lutte contre le crime

- BR **an offence** [ə'fens] — un délit
  BR a criminal offence
  AM an offense

  it's illegal — c'est illégal
  it's against the law
  to break* the law — enfreindre la loi
  to contravene the law (soutenu)
  a breach of the law (soutenu) — une infraction à la loi
  a motoring offence — une infraction au code de la route
  an offender [ə'fendəʳ] — un(e) délinquant(e)
  a delinquent [dɪ'lɪŋkwənt]

  a juvenile offender — un délinquant juvénile
  delinquency [dɪ'lɪŋkwənsɪ] — la délinquance
  a hardened criminal — un criminel endurci
  a recidivist [rɪ'sɪdɪvɪst] — un(e) récidiviste
  a habitual offender

- **A gangster** ['gæŋstəʳ] — un gangster, un bandit
  an armed robber — un bandit armé
  a gunman ['gʌnmən]
  a gang [gæŋ] — un gang
  organized crime — le grand banditisme
  the Maf(f)ia ['mæfɪə] — la Maf(f)ia
  an outlaw ['aʊtlɔː] — un hors-la-loi
  a racketeer [ˌrækɪ'tɪəʳ] — un racketteur
  a racket ['rækɪt] — un racket
  an accomplice [ə'kʌmplɪs] — un(e) complice
  the underworld ['ʌndəwɜːld] — le milieu, la pègre
  an informer [ɪn'fɔːməʳ] — un(e) indicateur (-trice)
  a grass [grɑːs] (parlé) — un mouchard

■ 5. CRIMES AGAINST THE PERSON LES CRIMES CONTRE LES PERSONNES

- **An attack** on sb [ə'tæk] — une attaque contre qqn, une agression contre qqn
  an assault [ə'sɔːlt] (soutenu)
  to attack sb — attaquer qqn, agresser qqn
  to assault sb (soutenu)
  a mugging ['mʌgɪŋ] — une agression (dans la rue)
  to mug sb — agresser qqn (dans la rue)
  an attacker [ə'tækəʳ] — un agresseur
  an aggressor [ə'gresəʳ]
  an assailant [ə'seɪlənt] (soutenu)

- **A murder** ['mɜːdəʳ] — un meurtre, un assassinat
  an assassination [əˌsæsɪ'neɪʃən] — un assassinat (politique)
  to murder — assassiner (en général)
  to assassinate [ə'sæsɪneɪt] — assassiner (homme politique)
  a murderer ['mɜːdərəʳ] — un meurtrier, un assassin
  a murderess ['mɜːdərɪs] — une meurtrière
  an assassin [ə'sæsɪn] — un assassin (d'un homme politique)

  a murder attempt — une tentative de meurtre
  a serial killer — un tueur en série

- **A homicide** ['hɒmɪsaɪd] — un homicide
  manslaughter ['mæn,slɔːtəʳ] — l'homicide involontaire
  a child murderer — un infanticide
  assault and battery (soutenu) — coups et blessures

- **To shoot*** at sb — tirer sur qqn
  to shoot* sb — abattre qqn
  to kill [kɪl] — tuer
  a shooting ['ʃuːtɪŋ] — une fusillade
  premeditated [priː'medɪteɪtɪd] — prémédité
  the scene of the crime — les lieux du crime
  the murder weapon — l'arme du crime
  to poison sb — empoisonner qqn
  poisoning ['pɔɪznɪŋ] — l'empoisonnement
  a poisoner ['pɔɪznəʳ] — un(e) empoisonneur (-euse)

- **To batter** ['bætəʳ] — martyriser (enfant)
  battered children — les enfants martyrs

child abuse	les mauvais traitements aux enfants	a suicide bomber	un tueur (une tueuse) kamikaze
to rape sb	violer qqn	**– A** pirate ['paɪərɪt]	un pirate
a rape [reɪp]	un viol	a hijacker ['haɪdʒækəʳ]	un pirate de l'air
a rapist ['reɪpɪst]	un violeur	to hijack a plane	détourner un avion
– A kidnap(ping) ['kɪdnæp(ɪŋ)]	un enlèvement, un rapt	a hijack(ing) ['haɪdʒæk(ɪŋ)]	un détournement d'avion
an abduction [æb'dʌkʃən] (soutenu)		a hostage ['hɒstɪdʒ]	un otage
to kidnap sb	enlever qqn	to take* sb hostage	prendre qqn en otage
to abduct sb (soutenu)		hostage taking (n. c.)	la prise d'otages
a kidnapper ['kɪdnæpəʳ]	un(e) ravisseur (-euse)	an ambush ['æmbʊʃ]	une embuscade, un guet-apens
an abductor [æb'dʌktəʳ] (soutenu)		to ambush sb	faire tomber qqn dans une embuscade
a ransom ['rænsəm]	une rançon		
blackmail ['blækmeɪl]	le chantage	a sabotage ['sæbətɑː3]	un sabotage
to blackmail sb	faire chanter qqn	a saboteur [ˌsæbə'tɜːʳ]	un(e) saboteur (-euse)
a blackmailer ['blækmeɪləʳ]	un maître chanteur	to sabotage sth	saboter qqch.
– Terrorism ['terərɪzəm]	le terrorisme	**– A** plot [plɒt]	un complot
an act of terrorism	un acte de terrorisme	to plot against sb/sth	comploter contre qqn/qqch.
a terrorist ['terərɪst]	un(e) terroriste	a conspiracy [kən'spɪrəsɪ]	une conspiration
a terror(ist) attack on	un attentat contre		
to claim responsibility for an attack	revendiquer un attentat	to conspire against sth/ to do sth [kən'spaɪəʳ]	conspirer contre qqch./ pour faire qqch.
in retaliation	par représailles	a (security) leak	une fuite (de documents, de renseignements)
a bomb scare	une alerte à la bombe		
a car/letter bomb	une voiture/lettre piégée	**– S**lander ['slɑːndəʳ]	la diffamation (en paroles)
		libel ['laɪbəl]	la diffamation (par écrit)
a bomb attack	un attentat à la bombe	to slander	diffamer (en paroles)
a bombing ['bɒmɪŋ]		to libel	diffamer (par écrit)
to plant a bomb	poser une bombe	slanderous ['slɑːndərəs]	diffamatoire
the war on terror	la lutte antiterroriste	BR libellous ['laɪbələs]	
the 9-11 attacks	les attentats du 11 septembre	AM libelous	
		an anonymous letter	une lettre anonyme
a suicide attack	un attentat suicide	a poison-pen letter	

■ 6. THEFT AND FRAUD   LE VOL ET LA FRAUDE

– A theft [θeft]	un vol (en général)	to rob sb/a bank	dévaliser qqn/une banque
a robbery ['rɒbərɪ]	un vol (généralement avec menaces ou violence)	there's been a bank robbery	une banque a été dévalisée
a thief [θiːf] (plur. thieves)	un(e) voleur (-euse) (en général)	a hold-up ['həʊldʌp]	un hold-up
a robber ['rɒbəʳ]	un(e) voleur (-euse) (usant de menaces ou de violence)	a raid [reɪd]	
		armed robbery	le vol à main armée
to steal* [stiːl]	voler		
to steal* sth from sb	voler qqch. à qqn	**– A** burglary ['bɜːglərɪ]	un cambriolage
to rob sb of sth		BR to burgle ['bɜːgl]	cambrioler
to have one's wallet stolen	se faire voler son portefeuille	AM to burglarize ['bɜːgləraɪz]	

an attempted burglary	une tentative de cambriolage
a burglar ['bɜːɡləʳ]	un(e) cambrioleur (-euse)
a break-in ['breɪkin]	une effraction
– To hold* sb up	braquer qqn
to aim a gun at sb	braquer une arme sur qqn
to do* sth at gunpoint	faire qqch. sous la menace d'une arme
a firearm ['faɪəʳˌɑːm]	une arme à feu
Hands up!	Haut les mains !
to blow* a safe	dynamiter un coffre-fort
– Shoplifting ['ʃɒpˌlɪftɪŋ] (n. c.)	le vol à l'étalage
a shoplifter ['ʃɒpˌlɪftəʳ]	un voleur à l'étalage
pickpocketing ['pɪkˌpɒkɪtɪŋ] (n. c.)	le vol à la tire
a pickpocket ['pɪkˌpɒkɪt]	un pickpocket
bag-snatching ['bæɡˌsnætʃɪŋ] (n. c.)	le vol à l'arraché
pilfering ['pɪlfərɪŋ] (n. c.)	le chapardage
to pilfer ['pɪlfəʳ]	chaparder
– A receiver [rɪ'siːvəʳ]	un(e) receleur (-euse)
to receive stolen goods	receler des objets volés
receiving [rɪ'siːvɪŋ]	le recel
a swindle ['swɪndl]	une escroquerie
a confidence trick	un abus de confiance
a crook [krʊk]	un escroc
a swindler ['swɪndləʳ]	
a con man (parlé)	
to swindle sb out of sth to cheat sb out of sth	escroquer qqch. à qqn
crooked ['krʊkɪd] (parlé)	malhonnête
– A fraud [frɔːd]	une fraude
fraudulent ['frɔːdjʊlənt]	frauduleux
to defraud [dɪ'frɔːd]	frauder
to embezzle [ɪm'bezl]	détourner des fonds
to embezzle 10 million	détourner 10 millions
embezzlement [ɪm'bezlmənt] (n. c.)	un détournement de fonds
to launder ['lɔːndəʳ]	blanchir (argent sale)
– Drug trafficking drug running	le trafic de drogue
to traffic in drugs	faire du trafic de drogue
a drug trafficker	un(e) trafiquant(e) de drogue
a drug runner	
a (drug) pusher	un(e) revendeur (-euse) de drogue
a (drug) dealer	un dealer
– Smuggling ['smʌɡlɪŋ]	la contrebande
to smuggle sth	faire la contrebande de qqch.
a smuggler ['smʌɡləʳ]	un(e) contrebandier (-ière)
to smuggle sth in/out	faire entrer/sortir qqch. en fraude
a forger ['fɔːdʒəʳ]	un(e) faussaire
to forge sb's signature	imiter la signature de qqn
it is forged it's a forgery	c'est un faux
forged documents	de faux papiers
to alter ['ɒltəʳ] to falsify ['fɔːlsɪfaɪ]	falsifier
– A vandal ['vændəl]	un(e) vandale
vandalism ['vændəlɪzəm]	le vandalisme
to vandalize sth	saccager qqch.
to loot [luːt] to plunder ['plʌndəʳ]	piller
a looter ['luːtəʳ]	un pillard
looting ['luːtɪŋ]	le pillage
arson ['ɑːsn]	l'incendie criminel
a case of arson	un incendie criminel
an arsonist ['ɑːsənɪst]	un(e) incendiaire, un(e) pyromane

16 LAW AND ORDER L'ORDRE PUBLIC

■ 1. PREVENTION LA PRÉVENTION

- **Safety** ['seɪftɪ] — la sécurité (contre le danger)

security [sɪ'kjʊərɪtɪ] — la sécurité (contre le crime)
to be safe — être en sécurité, être en sûreté

safety measures — les mesures de sécurité
security measures
to keep* sth in a safe place — garder qqch. en lieu sûr
it's quite secure — ça ne risque rien
it's quite safe
it's perfectly safe — cela ne présente aucun danger
the obsession with safety — la dérive sécuritaire

- **To protect sb / sth** *from sth / against sth* — protéger qqn / qqch. *de qqch. / contre qqch.*

protection [prə'tekʃən] — la protection
caution ['kɔːʃən] — la prudence
prudence ['pruːdəns]
to exercise caution — faire preuve de prudence
cautious ['kɔːʃəs] — prudent
prudent ['pruːdənt]
cautiously ['kɔːʃəslɪ] — prudemment
prudently ['pruːdəntlɪ]
vigilant ['vɪdʒɪlənt] — vigilant
vigilance ['vɪdʒɪləns] — la vigilance

- **To defend sb / sth** *against sth* — défendre qqn / qqch. *contre qqch.*

BR **defence** [dɪ'fens] — la défense
AM **defense**
BR **self-defence** — la légitime défense
AM **self-defense**
he says he did it in self-defence — il prétend l'avoir fait pour se défendre

- **To watch sb / sth** — surveiller qqn / qqch.
to be on the watch for sth — guetter qqch.
to watch out for sth
to be on the alert — être sur le qui-vive
to be on one's guard — être sur ses gardes
to guard sth — garder qqch., surveiller qqch.
under guard — sous bonne garde

- **To check (on) sth** — vérifier qqch.

to see* to it that — veiller à ce que
to make* sure that
to take* precautions *against sth* — prendre des précautions *contre qqch.*
as an extra precaution — pour plus de sûreté

- **A security guard** — un gardien, un vigile
a security guard — un convoyeur de fonds
a Securicor guard®
to call security — appeler les services de sécurité
a bodyguard ['bɒdɪˌgɑːd] — un garde du corps
a vigilante group — un groupe d'autodéfense

- **A lock** [lɒk] — une serrure
to lock sth — fermer qqch. à clé
to lock sth up — mettre qqch. sous clé
under lock and key — sous clé
a safety device — un dispositif de sécurité
a safe [seɪf] — un coffre-fort
a reinforced door — une porte blindée
an armoured truck — un camion blindé

- **The emergency exit** — la sortie de secours
the fire escape — l'escalier de secours
an escape hatch — un sas de secours
a fire door — une porte coupe-feu
a smoke detector — un détecteur de fumée
protective clothing (n. c. sing.) — des vêtements de protection
a bullet-proof vest — un gilet pare-balles
a fla(c)k jacket

- **An alarm signal** — un signal d'alarme
an alarm bell — une sonnette d'alarme
a fire alarm — une sonnerie d'alarme (en cas d'incendie)
a burglar alarm — une sonnerie d'alarme (en cas de cambriolage)
to set* off a burglar alarm — déclencher une sonnerie d'alarme
to give* the alarm — donner l'alarme
to sound the alarm
to raise the alarm
to sound the alert — donner l'alerte
a false alarm — une fausse alerte

■ 2. RESCUE SERVICES LES SERVICES DE SECOURS

– To save sb/sth *from sth*	sauver qqn/qqch. *de qqch.*
to rescue sb	sauver qqn, secourir qqn
to save sb's life	sauver la vie de qqn
a rescue ['reskju:]	un sauvetage
rescue operations	les opérations de sauvetage
a rescuer ['reskjʊə']	un sauveteur
a rescue party	une équipe de secours
to go* to sb's rescue	aller au secours de qqn
to go* to sb's aid	
to bring* aid to sb	porter secours à qqn
to go*/to send* for help	aller/envoyer chercher de l'aide
Help!	Au secours !
to call for help	appeler au secours
to shout for help	
– An emergency [ɪ'mɜːdʒənsɪ]	une urgence
to give* sb first aid	donner les premiers soins à qqn
a first-aid worker	un(e) secouriste
a first-aid kit	une trousse de secours
to dig* sb out of the wreckage	dégager qqn des débris
to carry sb on a stretcher	porter qqn sur une civière
the search for survivors	les recherches pour retrouver des survivants

– BR a fireman ['faɪə'mən]	un pompier
AM a firefighter ['faɪə'ˌfaɪtə']	
BR the fire brigade	les sapeurs-pompiers
AM the fire department	
BR the fire station	la caserne de pompiers
AM the fire house	
the fire engine	la voiture de pompiers
the fire truck	
to fight* a fire	lutter contre un incendie
to contain a fire	maîtriser un incendie
to bring* a fire under control	
to put* out a fire	éteindre un incendie
to extinguish a fire	
a ladder ['lædə']	une échelle
a fire hose	une lance d'incendie
a fire hydrant	une bouche d'incendie
AM a fireplug ['faɪə'ˌplʌg]	
– An SOS (signal)	un S.O.S.
to send* out an SOS	envoyer un S.O.S.
a flare [flɛə']	une fusée de détresse
BR a life jacket	un gilet de sauvetage
AM a life vest	
a life belt	une ceinture de sauvetage
a life buoy	une bouée de sauvetage
a life raft	un radeau de sauvetage
a lifeboat ['laɪfˌbəʊt]	un canot de sauvetage

■ 3. THE POLICE FORCE LES FORCES DE L'ORDRE

– The police [pə'liːs]	la police, la gendarmerie
the police force	les forces de l'ordre
the police were there in force	d'importantes forces de police étaient présentes
the police intervened	les forces de l'ordre sont intervenues
to call emergency services	≈ appeler police secours
BR to dial 999	
AM to call 911	
– BR a police officer	un policier, un gendarme
AM a lawman ['lɔːmən]	
BR a policeman [pə'liːsmən]	≈ un gardien de la paix, un agent de police
BR a (police) constable	

AM a patrolman [pə'trəʊlmən]	
a policewoman [pə'liːsˌwʊmən]	une femme policier
a cop [kɒp] (parlé)	un flic
a uniformed policeman	un policier en tenue
a detective [dɪ'tektɪv]	un policier en civil
a plain-clothes policeman	
a policeman in plain clothes	
a police inspector	un officier de police (en tenue)
BR a detective constable	un inspecteur de police
AM a lieutenant [luː'tenənt]	

BR a superintendent [ˌsuːpərɪnˈtendənt] AM a police captain	≈ un commissaire (de police)	a police motorcyclist	un motard
a community police-man	≈ un îlotier	a traffic warden	un(e) contractuel(le) (en général)
community policing	≈ l'îlotage	BR a lollipop man (fém. lollipop lady) (parlé)	un(e) contractuel(le) (qui fait traverser les enfants)

- **The police station** — le commissariat de police

  BR the local police station / AM the precinct station — le poste de police du quartier

  a police car / a squad car / AM a prowl car — une voiture de police

  an unmarked police car — une voiture de police banalisée

  a police patrol — une patrouille de police

- **Detective police** — la police judiciaire (en général)

  the CID [ˌsiːaɪˈdiː] (abr. de Criminal Investigation Department) — la police judiciaire (en GB)

  the FBI [ˌefbiːˈaɪ] (abr. de Federal Bureau of Investigation) — le FBI, la police fédérale (aux USA)

- **The crime squad** / the murder squad — la brigade criminelle (en général)

  the Murder Squad — la brigade criminelle (en GB)

  the Homicide Department — la brigade criminelle (aux USA)

  the Vice / Narcotics Squad — la brigade des mœurs / des stupéfiants

  Interpol [ˈɪntəˌpɒl] — Interpol

- BR the traffic police / AM the state highway patrol — la police routière

the militia [mɪˈlɪʃə] — la milice

the mounted police — la police montée (en général)

the Mounties [ˈmaʊntɪz] — la police montée (au Canada)

a private detective / a private eye (parlé) — un détective privé

the riot police — les unités antiémeute

a member of the riot police — ≈ un gendarme mobile

a member of the state security police — ≈ un CRS

- **To be on duty** — être de service

  the duty officer — l'inspecteur de service

- BR a baton [ˈbætən] / AM a night stick — une matraque

  handcuffs [ˈhændˌkʌfs] — les menottes

  to handcuff sb — passer les menottes à qqn

  a siren [ˈsaɪərən] — une sirène

  a police dog — un chien policier

  a dog handler — un maître-chien

  a riot shield — un bouclier

  a helmet [ˈhelmɪt] — un casque

  a rubber bullet — une balle en caoutchouc

  a water cannon — un canon à eau

  a tear gas canister — une bombe lacrimogène

  crowd control — la gestion de foule

> REMARQUE Dans les pays anglo-saxons, le maintien de l'ordre est assuré par les forces de police sur l'ensemble du territoire, alors qu'en France, ce rôle incombe à la police et à la gendarmerie.

■ 4. POLICE OPERATIONS LES OPÉRATIONS DE POLICE

- **A police operation** — une opération de police

  to enforce the law — faire respecter la loi

  a crackdown on sth — une campagne de répression contre qqch.

  a police enquiry / a police investigation — une enquête policière

  to conduct an enquiry into sth / to conduct an investigation into sth — mener une enquête sur qqch.

to investigate a crime — faire une enquête sur un crime

- **A suspect** [ˈsʌspekt] — un(e) suspect(e)

  to be wanted by the police — être recherché par la police

  he is wanted for questioning — la police le recherche

wanted for murder	recherché pour meurtre
to pick up a suspect	appréhender un suspect
- **A** search warrant	un mandat de perquisition
a police raid	une descente de police
a police cordon	un cordon de police
an identity check	un contrôle d'identité
to shadow sb	filer qqn
to tail sb	
to track sb down	traquer qqn
to hunt sb down	
to question sb *about sth*	interroger qqn *sur qqch.*
to interrogate sb	interroger qqn (de manière prolongée)
an interrogation [ɪn,terə'geɪʃən]	un interrogatoire
- **T**o catch* sb redhanded	prendre qqn en flagrant délit
to catch* sb in the act	
an arrest [ə'rest]	une arrestation
to arrest sb	arrêter qqn

to make* an arrest	procéder à une arrestation
under arrest	en état d'arrestation
they have a warrant for his arrest	ils ont un mandat d'arrêt contre lui
to be kept in custody	être placé en garde à vue
to spend* the night in the cells	passer la nuit au poste
to release sb	relâcher qqn
- **T**o charge sb *with sth / with having done sth*	inculper qqn *de qqch. / d'avoir fait qqch.*
on a charge of	sous l'inculpation de
a statement ['steɪtmənt]	une déposition
to caution sb	informer qqn de ses droits
a fingerprint ['fɪŋgə,prɪnt]	une empreinte digitale
to fingerprint sb	prendre les empreintes digitales de qqn
a criminal record	un casier judiciaire
he hasn't got a record	il a un casier judiciaire vierge

■ 5. THE LAW LA JUSTICE

- **A** law [lɔː]	une loi
an act [ækt]	
by law	conformément à la loi
under French law	selon le droit français
a bill [bɪl]	un projet de loi
legislation *on* [,ledʒɪs'leɪʃən]	la législation *sur*
jurisdiction [,dʒʊərɪs'dɪkʃən]	la juridiction
a regulation [,regjʊ'leɪʃən]	un règlement
a code of conduct	un code de conduite
a decree [dɪ'kriː]	un décret
jurisprudence [,dʒʊərɪs'pruːdəns]	la jurisprudence
a test case	une affaire qui fait jurisprudence
to set* a precedent	faire jurisprudence
- **L**egal ['liːgəl]	légal
lawful ['lɔːfʊl]	légal, légitime
legality [lɪ'gælɪtɪ]	la légalité
lawfulness ['lɔːfʊlnɪs]	la légalité, la légitimité
illegal [ɪ'liːgəl]	illégal
unlawful ['ʌn'lɔːfʊl]	illégitime

illegality [,ɪliː'gælɪtɪ] unlawfulness ['ʌn'lɔːfʊlnɪs]	l'illégalité
- BR a barrister ['bærɪstə'] BR a lawyer ['lɔːjə'] AM an attorney [ə'tɜːnɪ] AM a counselor ['kaʊnslə']	un(e) avocat(e)
to consult a lawyer to take* legal advice	consulter un avocat
a bailiff ['beɪlɪf]	≈ un huissier de justice
BR a solicitor[1] [sə'lɪsɪtə'] AM a lawyer ['lɔːjə']	≈ un notaire
a legal adviser	un(e) conseiller (-ière) juridique
legal aid	l'aide judiciaire

> ATTENTION 1 : AM a solicitor = un conseiller juridique employé par une municipalité

- **T**o legislate *on sth / against sth* ['ledʒɪsleɪt]	promulguer une loi *sur qqch. / contre qqch.*
to pass a law *to the effect that*	faire voter une loi *selon laquelle*
to repeal a law	abolir une loi
the civil / penal code	le code civil / pénal
to decree that	décréter que
to legalize sth	légaliser qqch.

to ban sth	interdire qqch.	the rights of the indi-vidual	les droits de l'individu
to prohibit sth			
an embargo *on* [ɪm'bɑːgəʊ]	un embargo *sur*	disorder [dɪs'ɔːdəʳ] (n. c. sing.)	les désordres
sanction *against* ['sæŋkʃənz]	des sanctions *contre*	anarchy ['ænəkɪ]	l'anarchie
to give* a ruling *on sth*	rendre un jugement *sur qqch.*	martial law	la loi martiale
the judge ruled that	le juge a ordonné que	**– To arbitrate** ['ɑːbɪtreɪt]	arbitrer
		arbitration [ˌɑːbɪ'treɪʃən]	l'arbitrage
– To maintain law and order	maintenir l'ordre	to go* to arbitration	recourir à l'arbitrage
		an arbiter ['ɑːbɪtəʳ] (soutenu)	un arbitre
to enforce the law	faire respecter la loi	a mediator ['miːdɪeɪtəʳ] (en général)	un(e) médiateur (-trice)
to keep* the law	respecter la loi		
to abide by the law		an arbitrator ['ɑːbɪtreɪtəʳ] (conflit social)	un(e) médiateur (-trice)
law-abiding [ˌlɔːə'baɪdɪŋ]	respectueux des lois		
legitimate [lɪ'dʒɪtɪmɪt]	légitime	an Ombudsman ['ɒmbʊdzmən]	un(e) médiateur (-trice) (en GB, réglant les différents entre les particuliers et l'État)
legitimacy [lɪ'dʒɪtɪməsɪ]	la légitimité		

REMARQUES
1. Pour désigner une loi particulière, on emploie de préférence le mot **act** ; ex. : la loi sur l'éducation = **the Education Act.**
2. Dans le droit anglais, les attributions du **solicitor** correspondent approximativement à celles qui sont dévolues en droit français au notaire et au conseiller juridique. Le **solicitor** ne plaide pas devant le tribunal. Il prépare le dossier de son client pour le **barrister** qui sera chargé de présenter l'affaire devant la cour.

■ 6. THE COURTS LES TRIBUNAUX

– A case [keɪs]	une affaire	BR **the defence** [dɪ'fens]	la défense
a trial ['traɪəl]	un procès (criminel)	AM **the defense**	
a lawsuit ['lɔːsuːt]	un procès (civil)	to defend sb	défendre qqn
to go* to law	recourir à la justice	BR **the counsel for the defence**	l'avocat de la défense
to take* a case to court	porter une affaire devant les tribunaux	AM **the defense counsel**	
to lodge a complaint *against sb, about sb*	porter plainte *contre qqn*	**– The plaintiff** ['pleɪntɪf]	le (la) plaignant(e)
		the prosecution [ˌprɒsɪ'kjuːʃən]	l'accusation, le minis-tère public
to take* sb to court	faire un procès à qqn	an accusation [ˌækjʊ'zeɪʃən]	une accusation
to sue sb		a charge [tʃɑːdʒ]	
to bring* an action *against sb*	intenter une action *contre qqn*	to accuse sb *of sth / of doing sth*	accuser qqn *de qqch. / de faire qqch.*
to take* proceedings *against sb*		BR **the public prosecutor**	le procureur
– To try sb	juger qqn	AM **the district attorney**	
to be tried for murder / theft	être jugé pour meurtre / vol	to prosecute sb	poursuivre qqn
a (law) court	un tribunal		
the courthouse ['kɔːtˌhaʊs]	le palais de justice	**– A magistrate** ['mædʒɪstreɪt]	un magistrat
the court room	la salle d'audience	a judge [dʒʌdʒ]	un juge
– The defendant [dɪ'fendənt]	l'accusé(e)	a Justice of the Peace (abr. J.P.)	un juge de paix
the accused [ə'kjuːzd]			

the examining magis-trate	≈ le juge d'instruction	in the dock	sur le banc des accusés
AM the committing magistrate		a cross-examination	un contre-interrogatoire
yes, your honour	oui, monsieur le juge	– **The jury** ['dʒʊərɪ]	le jury
to try a case	entendre une affaire	a juror ['dʒʊərə']	un juré
to appear before a court	comparaître devant un tribunal	the foreman of the jury	le président du jury
		to deliberate [dɪ'lɪbərɪt]	délibérer
		the verdict ['vɜːdɪkt]	le verdict
– **A** witness ['wɪtnɪs]	un témoin	to return a verdict	rendre un verdict
to hear* a witness	entendre un témoin		
to give* evidence	témoigner, déposer	– **Innocent** of sth ['ɪnəsnt]	innocent de qqch.
to take* the oath	prêter serment	innocence ['ɪnəsns]	l'innocence
to be on oath	être sous serment	guilty of sth ['gɪltɪ]	coupable de qqch.
to be under oath		guilt [gɪlt]	la culpabilité
to commit perjury	faire un faux serment	to convict sb	reconnaître qqn coupa-
BR the witness box	≈ la barre des témoins	to find* sb guilty	ble
AM the witness stand		the guilty party	le (la) coupable
– BR a clue [kluː]	un indice	– **An** acquittal [ə'kwɪtl]	un acquittement
AM a clew [kluː]		to acquit sb	acquitter qqn
proof of sth [pruːf]	la preuve de qqch.	damages ['dæmɪdʒɪz]	les dommages et intérêts
evidence of sth ['evɪdəns] (n. c.)			
an exhibit [ɪg'zɪbɪt]	une pièce à conviction	bail [beɪl] (n. c.)	une caution
an alibi ['ælɪbaɪ]	un alibi	to release sb on bail	mettre qqn en liberté sous caution
		to pardon sb	gracier qqn
– **To** plead [pliːd]	plaider	an appeal [ə'piːl]	un appel
to plead guilty / not guilty	plaider coupable / non coupable	to (lodge an) appeal	faire appel

■ 7. SENTENCES LES PEINES _____

– **A** prisoner ['prɪznə']	un(e) prisonnier (-ière), un(e) détenu(e)	BR a detention centre	≈ un centre d'éducation surveillée
BR a prison officer	un(e) gardien(ne) de prison	BR an approved school	
BR a prison warder		AM a reform school	
(fém. wardress)		AM a reformatory [rɪ'fɔːmətərɪ]	
AM a prison guard		a mutiny ['mjuːtɪnɪ]	une mutinerie
BR the governor ['gʌvənə']	le directeur de la prison	overcrowding [əʊvə'kraʊdɪŋ]	la surpopulation
AM the head warden			
the prison authorities (plur.)	l'administration pénitentiaire	– **To** go* to prison	aller en prison
		to put* in prison	mettre en prison, empri-
– **A** prison ['prɪzn]	une prison, une centrale	to imprison [ɪm'prɪzn]	sonner
a jail [dʒeɪl]		to jail [dʒeɪl]	
BR a gaol [dʒeɪl]		BR to gaol [dʒeɪl]	
AM a penitentiary [ˌpenɪ'tenʃərɪ]		imprisonment [ɪm'prɪznmənt]	l'emprisonnement
the prison regime	le régime carcéral	behind bars	derrière les barreaux, sous les verrous
a cell [sel]	une cellule		
a top-security wing	un quartier de haute surveillance	– **A** conviction [kən'vɪkʃən]	une condamnation
		a sentence ['sentəns]	une peine

a suspended sentence	une peine avec sursis
to sentence sb for murder	condamner qqn pour meurtre
to sentence sb to three years' imprisonment	condamner qqn à trois ans de prison
to pass a three-year (prison) sentence on sb	
to send* sb to prison for three years	
to sentence sb in his absence	condamner qqn par contumace
to sentence sb in absentia (soutenu)	
a fine [faɪn]	une amende
to fine sb	condamner qqn à une amende
to serve a sentence	purger une peine
– Life imprisonment imprisonment for life	la réclusion à perpétuité
to get*/give* sb a life sentence	être condamné/condamner qqn à perpétuité
solitary confinement	le régime cellulaire
on parole	en liberté conditionnelle
an alternative sentence	une peine de substitution
a suspended sentence	une condamnation avec sursis
to get* a reduction in one's sentence	obtenir une réduction de peine
to get* one's sentence cut	
– To punish sb for sth/for doing sth	punir qqn de qqch./pour avoir fait qqch.

corporal punishment (n. c.)	le châtiment corporel
to deport sb	déporter qqn
deportation [ˌdiːpɔːˈteɪʃən]	la déportation
to put* sb/be under house arrest	placer qqn/être sous résidence surveillée
– Capital punishment	la peine capitale
the death penalty	la peine de mort
to condemn sb to death	condamner qqn à mort
to sentence sb to death	
to execute sb	exécuter qqn
to put* sb to death	
an execution [ˌeksɪˈkjuːʃən]	une exécution
the executioner [ˌeksɪˈkjuːʃnəʳ]	le bourreau
to be hanged[1]	être pendu

ATTENTION **1** : Dans ce sens particulier, **to hang** a une conjugaison régulière, la forme **hanged** s'employant pour le prétérit et le participe passé

– The gallows [ˈɡæləʊz] (plur.)	la potence
the guillotine [ˌɡɪləˈtiːn]	la guillotine
to behead sb	décapiter qqn
the scaffold [ˈskæfəld]	l'échafaud
the electric chair	la chaise électrique
a firing squad	un peloton d'exécution
death by lethal injection	la mort par injection

17 POLITICS LA POLITIQUE

■ 1. POLITICAL SYSTEMS LES SYSTÈMES POLITIQUES _____

- **A** state [steɪt] — un État
  - a union ['juːnjən] — une union
  - a federation [ˌfedə'reɪʃən] — une fédération
  - to govern a country — gouverner un pays
  - to rule over a country
  - a head of state — un chef d'État
  - a head of government — un chef de gouvernement
  - a leader ['liːdə'] — un(e) dirigeant(e)
  - incumbent [ɪn'kʌmbənt] — en exercice (ministre, président)
  - a regime [reɪ'ʒiːm] — un régime
  - institutions [ˌɪnstɪ'tjuːʃənz] — les institutions

- **A** democracy [dɪ'mɒkrəsɪ] — une démocratie
  - a people's democracy / republic — une démocratie / république populaire
  - democratic [ˌdemə'krætɪk] — démocratique
  - a democrat ['deməkræt] — un(e) démocrate
  - a republic [rɪ'pʌblɪk] — une république
  - republican [rɪ'pʌblɪkən] — républicain
  - a republican — un(e) républicain(e)
  - the president ['prezɪdənt] — le président
  - the vice-president — le vice-président
  - the presidency ['prezɪdənsɪ]— la présidence
  - presidential [ˌprezɪ'denʃəl] — présidentiel

- **A** sovereign ['sɒvrɪn] — un(e) souverain(e)
  - a ruler ['ruːlə']
  - a monarch ['mɒnək] — un monarque
  - a monarchy ['mɒnəkɪ] — une monarchie
  - royalty ['rɔɪəltɪ] — la royauté
  - the Royal Family — la famille royale
  - the Crown [kraʊn] — la Couronne
  - royal ['rɔɪəl] — royal
  - to reign over [reɪn] — régner sur
  - to rule over [ruːl]
  - a reign — un règne
  - in the reign of — sous le règne de (à l'époque de)

- under the reign of — sous le règne de (sous la domination de)
  - a dynasty ['dɪnəstɪ] — une dynastie
  - a regent ['riːdʒənt] — un(e) régent(e)
  - a coronation [ˌkɒrə'neɪʃən] — un couronnement
  - a king [kɪŋ] — un roi
  - a queen [kwiːn] — une reine
  - a kingdom ['kɪŋdəm] — un royaume
  - the accession (to the throne) of Henry IV — l'avènement de Henri IV
  - to ascend the throne — monter sur le trône
  - to come* to the throne
  - to follow sb on the throne of France — succéder à qqn sur le trône de France
  - to succeed sb on the throne of France
  - to swear* allegiance to sb — faire serment d'allégeance à qqn

- **An** empire ['empaɪə'] — un empire
  - imperial [ɪm'pɪərɪəl] — impérial
  - an emperor ['empərə'] — un empereur
  - an empress ['emprɪs] — une impératrice
  - a prince [prɪns] — un prince
  - a princess [prɪn'ses] — une princesse
  - a principality [ˌprɪnsɪ'pælɪtɪ] — une principauté
  - a sultan ['sʌltən] — un sultan
  - an emir [e'mɪə'] — un émir
  - an emirate [e'mɪərɪt] — un émirat
  - a sheikh [ʃeɪk] — un cheik

- **A** dictator [dɪk'teɪtə'] — un dictateur
  - a dictatorship [dɪk'teɪtəʃɪp] — une dictature
  - totalitarian [ˌtəʊtælɪ'teərɪən] — totalitaire
  - totalitarianism [ˌtəʊtælɪ'teərɪənɪzəm] — le totalitarisme
  - a tyrant ['taɪərənt] — un tyran
  - a tyranny ['tɪrənɪ] — une tyrannie
  - a police state — un État policier
  - a life president — un président à vie

■ 2. PARLIAMENT LE PARLEMENT _____

- **A** parliament ['pɑːləmənt] — un parlement
  - parliamentary [ˌpɑːlə'mentərɪ] — parlementaire

- a legislative assembly — une assemblée législative
  - the elected representatives — les élus

BR a lawgiver ['lɔː,gɪvə'] un(e) législateur (-trice)
AM a lawmaker
['lɔː,meɪkə']
the Constitution la Constitution
[,kɒnstɪ'tjuːʃən]

– To make* a speech prononcer un discours
a parliamentary ses- une session
sion parlementaire
a parliamentary sitting une séance
parlementaire
the Opposition (les partis de)
[,ɒpə'zɪʃən] l'opposition
to filibuster ['fɪlɪbʌstə'] faire de l'obstruction
parlementaire
to back the government soutenir le
gouvernement
to preside over the présider les débats
debates
to chair the debates
parliamentary privilege l'immunité
parlementaire
a motion ['məʊʃən] une motion
an amendment un amendement
[ə'mendmənt]
to submit a motion of déposer une motion de
censure censure
BR to table a motion of
censure
to pass a vote of no voter la motion de
confidence censure

– Recess [rɪ'ses] les vacances
parlementaires
Parliament reassem- la rentrée parlementaire
bles this week aura lieu cette semaine
to dissolve Parliament dissoudre l'Assemblée

– The upper / lower la chambre haute /
chamber basse
the Chamber of depu- la Chambre des députés
ties
a deputy ['depjʊtɪ] un député
the National Assembly l'Assemblée nationale

– Parliament ['pɑːləmənt] le Parlement (en GB)
a member of Parlia- un membre du Parlement ment
an MP [em'piː]
the House of Commons la Chambre des
communes
the House of Lords la Chambre des lords

– Congress ['kɒŋgres] le Congrès (aux USA)
a Congressman un membre du Congrès
(fém. Congresswoman)
the House of la Chambre des
Representatives représentants
a Representative un représentant
[,reprɪ'zentətɪv]
the Senate ['senɪt] le Sénat (en France et aux
USA)
a senator ['senɪtə'] un sénateur
the White House la Maison-Blanche

REMARQUE Le Parlement britannique = **Parliament** est composé de deux chambres : la Chambre des communes = **the House of Commons** et la Chambre des
lords = **the House of Lords**. Il siège au Palais de Westminster = **the Houses of Parliament**. Le Congrès américain = **Congress** comprend également deux chambres : la Chambre des représentants = **the House of Representatives** et le Sénat = **the
Senate**. Il siège au Capitole = **the Capitol**. La Chambre des communes et la
Chambre des représentants sont les chambres basses et correspondent à
l'Assemblée nationale en France. La Chambre des lords et le Sénat américain
sont les chambres hautes et correspondent au Sénat en France.

■ **3. THE GOVERNMENT** LE GOUVERNEMENT _____

– BR the government le gouvernement
['gʌvənmənt]
AM the administration
[əd,mɪnɪs'treɪʃən]
to run* a country diriger un pays
a minority / coalition un gouvernement mino-
government ritaire / de coalition
to form a government former un gouvernement
legislative ['ledʒɪslətɪv] législatif
the legislature le (corps) législatif
['ledʒɪslətʃə']
the legislative body

executive [ɪg'zekjʊtɪv] exécutif
the executive l'exécutif
judiciary [dʒuː'dɪʃɪərɪ] judiciaire
the judiciary le judiciaire

– A minister ['mɪnɪstə'] un ministre
a Secretary ['sekrətrɪ] un ministre (aux USA)
the council of ministers le Conseil des ministres
the Cabinet ['kæbɪnɪt] le Cabinet (en GB)
BR a junior minister ≈ un secrétaire d'État
AM an undersecretary
[,ʌndə'sekrətrɪ]

a government reshuffle	un remaniement ministériel	official [ə'fɪʃəl]	officiel
a Cabinet reshuffle	un remaniement ministériel (en GB)	to take* office	entrer en fonction
		to hold* office	être au pouvoir
the Prime Minister the Premier ['premɪəʳ] the PM [piː'em]	le Premier ministre	to be in office	
		his counterpart his opposite number	son homologue
the Shadow Cabinet	le Cabinet fantôme (en GB)	a policy ['pɒlɪsɪ]	une politique (dans un domaine particulier)
a member of the Shadow Cabinet	un des porte-parole de l'opposition (en GB)	policies	une politique (manière de gouverner)
– To appoint sb to an office	nommer qqn à un poste	the government's foreign / economic policy	la politique étrangère / économique du gouvernement
an appointment [ə'pɔɪntmənt]	une nomination	to have right-wing / left-wing policies	avoir une politique de droite / de gauche

> REMARQUE En Grande-Bretagne, le **Cabinet** correspond au Conseil des ministres en France. Il rassemble les ministres les plus importants appelés **Cabinet ministers**. Il se réunit une à trois fois par semaine au 10 Downing Street, demeure officielle du Premier ministre.

■ 4. MAIN GOVERNMENT DEPARTMENTS LES PRINCIPAUX MINISTÈRES

– BR the civil service	la fonction publique	the Secretary of the Treasury	le secrétaire au Trésor (aux USA)
a government employee a government official BR a civil servant	un(e) fonctionnaire	– The Ministry of Foreign Affairs	le ministère des Affaires étrangères
BR a ministry ['mɪnɪstrɪ] AM a department [dɪ'pɑːtmənt]	un ministère	the Foreign Office	le ministère des Affaires étrangères (en GB)
		the State Department	le ministère des Affaires étrangères (aux USA)
BR ministerial [ˌmɪnɪs'tɪərɪəl] AM departmental [ˌdiːpɑːt'mentl]	ministériel	the Minister of Foreign Affairs	le ministre des Affaires étrangères
		the Foreign Secretary	le ministre des Affaires étrangères (en GB)
– BR the Ministry of Education AM the Education Department	le ministère de l'Éducation nationale	the Secretary of State	le ministre des Affaires étrangères (aux USA)
		the State Secretary	
BR the Minister of Education AM the Secretary for Education AM the Education Secretary	le ministre de l'Éducation nationale	– The Ministry of the Interior	le ministère de l'Intérieur
		the Home Office	le ministère de l'Intérieur (en GB)
– The Ministry of Finance	le ministère de l'Économie et des Finances	the Minister of the Interior	le ministre de l'Intérieur
the Treasury ['treʒərɪ]	le Trésor (en GB)	the Home Secretary	le ministre de l'Intérieur (en GB)
the Treasury Department	le Trésor (aux USA)	– The Ministry of Justice	le ministère de la Justice
the Finance Minister	le ministre de l'Économie et des Finances	the Lord Chancellor's Office	le ministère de la Justice (en GB)
the Chancellor of the Exchequer	le Chancelier de l'Échiquier (en GB)	the Department of Justice	le ministère de la Justice (aux USA)
		the Justice Minister	le ministre de la Justice

the Lord Chancellor	le ministre de la Justice (en GB)	– The Ministry of Health	le ministère de la Santé
the Attorney General	le ministre de la Justice (aux USA)	the Department of Health and Social Security (abr. DHSS)	le ministère de la Santé (en GB)
– The Ministry of Environment	le ministère de l'Environnement	the Department of Health and Human Services	le ministère de la Santé (aux USA)
the Department of the Environment	le ministère de l'Environnement (en GB)	– BR the Ministry of Transport AM the Department of Transportation	le ministère des Transports
the Environmental Protection Agency	le ministère de l'Environnement (aux USA)	BR the Ministry of Defence AM the Department of Defense	le ministère de la Défense
– The Ministry of Trade	le ministère du Commerce		
the Department of Trade and Industry	le ministère du Commerce (en GB)	BR the Ministry of Employment AM the Department of Labor	le ministère du Travail et de l'Emploi
the Department of Commerce	le ministère du Commerce (aux USA)		

■ 5. LOCAL GOVERNMENT L'ADMINISTRATION LOCALE

– To administer [əd'mɪnɪstə']	administrer	the county council	le conseil général
an administrator [əd'mɪnɪstreɪtə']	un(e) administrateur (-trice)	a region ['riːdʒən]	une région
administrative [əd'mɪnɪstrətɪv]	administratif	regional ['riːdʒənl]	régional
administration [əd,mɪnɪs'treɪʃən]	l'administration	a province ['prɒvɪns]	une province
		provincial [prə'vɪnʃəl]	provincial
– An assembly [ə'semblɪ]	une assemblée	the local authorities	les autorités locales
a council ['kaʊnsl]	un conseil	a local government officer	un fonctionnaire (d'une administration locale)
bureaucracy [bjʊə'rɒkrəsɪ]	la bureaucratie	a governor ['gʌvənə']	un gouverneur (aux USA)
the mayor [mɛə']	le maire	decentralization [diː,sentrəlaɪ'zeɪʃən]	la décentralisation
the deputy mayor	l'adjoint au maire	regionalization [,riːdʒənəlaɪ'zeɪʃən]	la régionalisation
BR the town hall AM the city hall	la mairie, l'hôtel de ville		
the town council	le conseil municipal	– A committee [kə'mɪtɪ]	un comité
BR a town councillor AM a city councilman (fém. councilwoman)	un(e) conseiller (-ère) municipal(e)	a commission [kə'mɪʃən]	une commission
		to sit* on a committee	être membre d'un comité
municipal [mjuː'nɪsɪpəl]	municipal	a committee meeting	une séance de comité
the district ['dɪstrɪkt]	≈ la commune (territoire)	the chairman (fém. chairwoman)	le (la) président(e) (d'un comité, d'une réunion)
BR the district council AM the community [kə'mjuːnɪtɪ]	≈ la commune (autorité locale)	the chairperson	
		the proceedings [prə'siːdɪŋs]	les délibérations
– A county ['kaʊntɪ]	un comté	BR a by(e)-law ['baɪlɔː] AM an ordinance ['ɔːdɪnəns]	un arrêté (municipal)
a department [dɪ'pɑːtmənt]	un département		

■ 6. ELECTIONS LES ÉLECTIONS

- Politics ['pɒlɪtɪks] (sing.) — la politique (activité)
political [pə'lɪtɪkəl] — politique
a politician [ˌpɒlɪ'tɪʃən] — un homme politique
the body politic — le corps politique
to be in politics — faire de la politique (professionnellement)
to be a political activist — faire de la politique (comme militant)

- A candidate ['kændɪdeɪt] — un(e) candidat(e)
BR to stand* for office — être candidat, poser sa candidature
AM to run* for office
to be nominated for presidency — être proposé comme candidat à la présidence
AM to gain the party nomination — obtenir l'investiture de son parti (aux USA)
AM on the Democratic ticket — sur la liste du parti démocrate (aux USA)
AM his running mate — son colistier
an electoral college — un collège électoral

- An election campaign — une campagne électorale
to campaign for sb [kæm'peɪn] — faire campagne pour qqn
an election tour — une tournée électorale
a platform ['plætfɔːm] — une plate-forme électorale
to support sb — apporter son soutien à qqn
to canvass for sb ['kænvəs] — solliciter des suffrages pour qqn
an opinion poll — un sondage d'opinion
BR a spokesman ['spəʊksmən] (fém. spokeswoman)
BR a spokesperson ['spəʊksˌpɜːsən]
AM a press secretary — un porte-parole
propaganda [ˌprɒpə'gændə] — la propagande

- BR a constituency [kən'stɪtjʊənsɪ]
AM a district ['dɪstrɪkt] — une circonscription électorale
his constituents — les habitants de sa circonscription
a convention [kən'venʃən] — une convention politique (aux USA)

- An election [ɪ'lekʃən] — une élection
to hold* an election — procéder à une élection
a general election (sing.) — des élections législatives

a by(e)-election — une élection partielle
a presidential election — une élection présidentielle
local elections — des élections municipales
to hold* a referendum — organiser un référendum

- To elect sb — élire qqn
the voters ['vəʊtəʳz] — les électeurs
a floating voter — ≈ un indécis
my electors [ɪ'lektəʳz] — mes électeurs
the electorate [ɪ'lektərɪt] — l'électorat
the franchise ['fræntʃaɪz] — le droit de vote
universal suffrage — le suffrage universel
the electoral roll / the electoral register — la liste électorale
to go* to the polls — aller aux urnes
election day / polling day — le jour des élections

- A vote [vəʊt] — un vote, une voix, un suffrage
to vote for sb — voter pour qqn
BR the polling station / AM the polling place — le bureau de vote
a voting booth / a polling booth — un isoloir
the ballot (paper) — le bulletin de vote
a spoilt ballot paper — un bulletin nul
a blank vote — un bulletin blanc
a secret ballot — un vote à bulletin secret
the ballot box — l'urne
BR the turnout at the polls / AM the voter turnout — le taux de participation électorale
to abstain [əb'steɪn] — s'abstenir
an abstainer [əb'steɪnəʳ] / a non-voter — un(e) abstentionniste
the ballot ['bælət] — le scrutin
in the first / second ballot — au premier / second tour de scrutin
in the first / second round
to count the votes — dépouiller le scrutin
gerrymandering ['dʒerɪmændərɪŋ] — le charcutage électoral

- To win* a seat — remporter un siège
to win* / to lose* an election — remporter / perdre une élection
to poll 1,000 votes — recueillir 1 000 voix

to gain a majority of 2,000	obtenir une majorité de 2 000 voix	outgoing ['aʊtgəʊɪŋ]	sortant (député, président)
an absolute / a relative majority	une majorité absolue / relative	the president-elect	le futur président (aux USA : avant sa prise de fonction officielle)

■ 7. POLITICAL PARTIES LES PARTIS POLITIQUES

- A party ['pɑːtɪ]	un parti	a Marxist	un(e) marxiste
a party member	un membre du parti	**Marxism** ['mɑːksɪzəm]	le marxisme
to belong to a party	être membre d'un parti		
to join a party	adhérer à un parti	**- Anarchist** ['ænəkɪst]	anarchiste
the leader ['liːdə']	le chef, le leader	an anarchist	un(e) anarchiste
a sympathiser ['sɪmpəθaɪzə']	un(e) sympathisant(e)	anarchy ['ænəkɪ]	l'anarchie
militantism ['mɪlɪtəntɪzəm]	le militantisme	capitalist ['kæpɪtəlɪst]	capitaliste
		a capitalist	un(e) capitaliste
a militant ['mɪlɪtənt]	un(e) militant(e)	capitalism ['kæpɪtəlɪzəm]	le capitalisme
party politics	la politique politicienne	nationalist ['næʃnəlɪst]	nationaliste
- A manifesto [ˌmænɪˈfestəʊ] (plur. manifestoes)	un manifeste	a nationalist	un(e) nationaliste
		nationalism ['næʃnəlɪzəm]	le nationalisme
a party conference	les assises d'un parti	monarchist ['mɒnəkɪst]	monarchiste
- The left [left]	la gauche	a monarchist	un(e) monarchiste
left-wing	de gauche	monarchism ['mɒnəkɪzəm]	le monarchisme
the right [raɪt]	la droite	royalist ['rɔɪəlɪst]	royaliste
right-wing	de droite	a royalist	un(e) royaliste
BR the centre ['sentə'] AM the center	le centre	royalism ['rɔɪəlɪzəm]	le royalisme
conservative [kən'sɜːvətɪv]	conservateur	imperialist [ɪm'pɪərɪəlɪst]	impérialiste
		an imperialist	un(e) impérialiste
a conservative	un(e) conservateur (-trice)	imperialism [ɪm'pɪərɪəlɪzəm]	l'impérialisme
conservatism [kən'sɜːvətɪzəm]	le conservatisme	**- Fascist** ['fæʃɪst]	fasciste
social democratic	social-démocrate	a fascist	un(e) fasciste
a social democrat	un(e) social-démocrate	fascism ['fæʃɪzəm]	le fascisme
social democracy	la social-démocratie	radical ['rædɪkəl]	radical
liberal ['lɪbərəl]	libéral	a radical	un(e) radical(e)
a liberal	un(e) libéral(e)	radicalism ['rædɪkəlɪzəm]	le radicalisme
liberalism ['lɪbərəlɪzəm]	le libéralisme	extremist [ɪks'triːmɪst]	extrêmiste
moderate ['mɒdərɪt]	modéré	an extremist	un(e) extrêmiste
a moderate	un(e) modéré(e)	extremism [ɪks'triːmɪzəm]	l'extrêmisme
socialist ['səʊʃəlɪst]	socialiste	a hard-liner	un(e) inconditionnel(le), un(e) pur(e) et dur(e)
a socialist	un(e) socialiste		
socialism ['səʊʃəlɪzəm]	le socialisme	reactionary [riːˈækʃənrɪ]	réactionnaire
communist ['kɒmjʊnɪst]	communiste	a reactionary	un(e) réactionnaire
a communist	un(e) communiste		
communism ['kɒmjʊnɪzəm]	le communisme	**- A Tory** ['tɔːrɪ] (plur. Tories) a Conservative [kən'sɜːvətɪv]	un(e) conservateur (-trice) (en GB)
Marxist ['mɑːksɪst]	marxiste		

the Tory party	le parti conservateur	the Republican Party	le parti républicain (aux
the Conservative Party		the GOP [,dʒiːəʊ'piː] (abr.	USA)
Labour ['leɪbəʳ]	le parti travailliste (en GB)	de the Grand Old Party)	
the Labour Party		the Green Party	le parti écologiste, les
the Liberal Democrats	le parti libéral-		Verts
	démocrate (en GB)	the National Front	le Front national
		the Popular Front	le Front populaire

REMARQUES

1. Les noms désignant les membres des partis politiques prennent une majuscule en anglais ; ex. : a democrat / a republican = un démocrate / un républicain (qui a des idées démocratiques / républicaines) ; a Democrat / a Republican = un démocrate / un républicain (membre du parti démocrate / républicain aux États-Unis).
2. Aux États-Unis, le parti républicain a pour emblème l'éléphant et le parti démocrate l'âne.

■ 8. POLITICAL PROTEST LA CONTESTATION

– To resist sth [rɪ'zɪst]	résister à qqch.	a protest movement	un mouvement de
resistance [rɪ'zɪstəns]	la résistance		protestation
to reform sth	réformer qqch.	a protester [prə'testəʳ]	un(e) contestataire,
a reform [rɪ'fɔːm]	une réforme		un(e) protestataire
a reformer [rɪ'fɔːməʳ]	un(e) réformateur	to oppose sth / sb	s'opposer à qqch. / qqn
	(-trice)	to campaign for /	faire campagne pour /
– Freedom ['friːdəm]	la liberté	against [kæm'peɪn]	contre
freedom of thought /	la liberté de pensée /	a lobby ['lɒbɪ]	un groupe de pression
speech / religion	parole / culte	(plur. lobbies)	
the rights of man	les droits de l'homme	BR a pressure group	
civil rights	les droits civiques	BR a ginger group	
a civil rights campai-	un défenseur (militant)	AM a special interest	
gner	des droits civiques	group	
inalienable [ɪn'eɪlɪənəbl]	inaliénable	to lobby for sth	faire pression pour obte-
equality [ɪ'kwɒlɪtɪ]	l'égalité		nir qqch
equal opportunity	l'égalité des chances	– Unrest [ʌn'rest]	l'agitation
sexist ['seksɪst]	sexiste	an agitator ['ædʒɪteɪtəʳ]	un(e) agitateur (-trice)
feminist ['femɪnɪst]	féministe	a ringleader ['rɪŋ,liːdəʳ]	un(e) meneur (-euse)
a feminist	un(e) féministe	civil disobedience	la résistance passive
feminism ['femɪnɪzəm]	le féminisme	a freedom fighter	un guérillero
Women's Lib(eration)	le MLF, le Mouvement	a guerrilla [gə'rɪlə]	
	de libération de la	a rebellion [rɪ'beljən]	une rébellion
	femme	a rebel ['rebl]	un(e) rebelle
– A demonstration	une manifestation	to rebel against [rɪ'bel]	se rebeller contre
[,demən'streɪʃən]		a revolution [,revə'luːʃən]	une révolution
a demo ['deməʊ] (parlé)	une manif	a revolutionary	un(e) révolutionnaire
a demonstrator	un(e) manifestant(e)	[,revə'luːʃnərɪ]	
['demənstreɪtəʳ]		to revolt against [rɪ'vəʊlt]	se révolter contre
to demonstrate for /	manifester pour / contre	a revolt	une révolte
against ['demənstreɪt]		to rise* against [raɪz]	se soulever contre
BR to protest against sth	protester contre qqch.	a rising ['raɪzɪŋ]	un soulèvement
AM to protest sth		an uprising ['ʌpraɪzɪŋ]	un soulèvement
		an insurrection	une insurrection
		[,ɪnsə'rekʃən]	

subversion [səb'vɜːʃən]   la subversion
subversive [səb'vɜːsɪv]   subversif
a coup (d'état)   un coup d'État
to overthrow*   renverser
[ˌəʊvə'θrəʊ]
a national liberation   un front national de
front   libération
the class struggle   la lutte des classes
- A colony ['kɒlənɪ]   une colonie
colonial [kə'ləʊnɪəl]   colonial
colonialism   le colonialisme
[kə'ləʊnɪəlɪzəm]
autonomous   autonome
[ɔː'tɒnəməs]
self-governing

autonomy [ɔː'tɒnəmɪ]   l'autonomie
self-government
independent   indépendant
[ˌɪndɪ'pendənt]
independence   l'indépendance
[ˌɪndɪ'pendəns]
to gain independence   obtenir son
indépendance
self-determination   l'autodétermination
[ˌselfdɪtɜːmɪ'neɪʃən]
- Oppression [ə'preʃən]   l'oppression
to oppress sb   opprimer qqn
oppressive [ə'presɪv]   oppressif
to repress sth   réprimer qqch.
to put* down sth

18 INTERNATIONAL RELATIONS
LES RELATIONS INTERNATIONALES

■ 1. DIPLOMACY LA DIPLOMATIE

- **A diplomat** ['dɪpləmæt] — un(e) diplomate
  diplomatic [,dɪplə'mætɪk] — diplomatique
  foreign ['fɒrən] — étranger
  a foreigner ['fɒrənəʳ] — un(e) étranger (-ère)
  abroad [ə'brɔːd] — à l'étranger
  international [,ɪntə'næʃnəl] — international
  overseas ['əʊvə'siːz] — outre-mer
  an overseas region — une région d'outre-mer

- **Foreign / diplomatic relations** — les relations extérieures / diplomatiques
  the West [west] — l'Occident
  the western powers — les puissances occidentales
  the former Eastern bloc — l'ex-bloc de l'Est
  non-aligned — non-aligné

- **The embassy** ['embəsɪ] — l'ambassade
  the French / British Embassy — l'ambassade de France / de Grande-Bretagne
  an ambassador [æm'bæsədəʳ] — un ambassadeur
  an attaché [ə'tæʃeɪ] — un(e) attaché(e)
  the commercial / cultural attaché — l'attaché commercial / culturel

- **A consulate** ['kɒnsjʊlɪt] — un consulat
  a consul ['kɒnsəl] — un consul
  a vice-consul — un vice-consul
  a legation [lɪ'geɪʃən] — une légation
  an emissary ['emɪsərɪ] — un émissaire
  an envoy ['envɔɪ] — un(e) envoyé(e)
  a representative [,reprɪ'zentətɪv] — un(e) représentant(e)
  to represent [,reprɪ'zent] — représenter
  BR **the diplomatic corps** — le corps diplomatique
  AM **the foreign service**
  to be accredited to — être accrédité auprès de

- **diplomatic immunity** — l'immunité diplomatique
- **A memorandum** [,memə'rændəm] (plur. memorandums, memoranda) — un mémorandum
  BR **the diplomatic bag** — la valise diplomatique
  AM **the diplomatic pouch**
  a mission ['mɪʃən] — une mission
  a trade mission — une mission commerciale

- **To seek*** (political) asylum — demander l'asile politique
  a diplomatic incident — un incident diplomatique
  to recall an ambassador — rappeler un ambassadeur
  an ultimatum [,ʌltɪ'meɪtəm] (plur. ultimatums, ultimata) — un ultimatum
  to deliver an ultimatum to — adresser un ultimatum à
  to break* off diplomatic relations — rompre les relations diplomatiques

- **Talks** [tɔːks] — les pourparlers
  a conference ['kɒnfrəns] — une conférence
  a round table conference — une table ronde
  a summit ['sʌmɪt] — un sommet
  a summit conference — une conférence au sommet
  an agreement [ə'griːmənt] — un accord
  a treaty ['triːtɪ] — un traité
  a pact [pækt] — un pacte
  to stipulate sth / that ['stɪpjʊleɪt] — stipuler qqch. / que
  to ratify ['rætɪfaɪ] — ratifier, entériner
  ratification [,rætɪfɪ'keɪʃən] — la ratification

■ 2. THE EUROPEAN COMMUNITY AND OTHER INTERNATIONAL ORGANIZATIONS LA COMMUNAUTÉ EUROPÉENNE ET LES AUTRES ORGANISATIONS INTERNATIONALES

- **The Community** [kə'mjuːnɪtɪ] — la Communauté
  the European Community — la Communauté Européenne
  the EC [,iː'siː] — la C. E.

  Community regulations EC regulations — les règlements communautaires
  member states / countries — les États / pays membres
  to join the EC — devenir membre de la C. E.

union citizenship	la citoyenneté de l'Union
subsidiarity [ˌsəbsɪˈdɪærɪtɪ]	la subsidiarité
– The European Parliament	le Parlement européen
a member of the European Parliament a Euro MP	un député européen
the Council of ministers	le Conseil des ministres
the Commission [kəˈmɪʃən]	la Commission
a commissioner [kəˈmɪʃənər]	un commissaire
a Eurocrat [ˈjʊərəʊˌkræt]	un(e) eurocrate
– The Western European Union (abr. WEU)	l'Union de l'Europe occidentale (abr. UEO)
the European Court of Justice	la Cour de justice européenne
the European Council	le Conseil européen
the Treaty of Rome / Maastricht	le Traité de Rome / Maastricht
– The single European currency	la monnaie unique européenne
the euro [ˈjʊərəʊ]	l'euro
the Economic and Monetary Union (abr. EMU)	l'union économique et monétaire (abr. UEM)
the European Exchange Rate Mechanism	le mécanisme du taux de change
the ERM [ˌiːɑːˈem]	
the monetary snake	le serpent monétaire
the European monetary system	le système monétaire européen
the EMS [ˌiːemˈɛs]	le SME
the European Central Bank (abr. ECB)	la banque centrale européenne (abr. BCE)
the Court of Audits	la Cour des comptes

– The Common Agricultural Policy	la politique agricole commune
the C.A.P. [ˌsiːeɪˈpiː]	la PAC
customs / trade barriers	les barrières douanières / commerciales
the beef / butter mountain	la montagne de bœuf / de beurre
– The United Nations	les Nations Unies
UNO [ˈjuːnəʊ] the UN [juːˈen]	l'ONU
a UN resolution	une résolution de l'ONU
the Security Council	le Conseil de sécurité
the General Assembly	l'Assemblée générale
the Secretary General	le Secrétaire général
a veto [ˈviːtəʊ]	un veto
to veto	mettre son veto à
– UNESCO [juːˈneskəʊ] (abr. de United Nations Educational, Social and Cultural Organization)	l'UNESCO
UNICEF [ˈjuːnɪsef] (abr. de United Nations Children's Fund)	l'UNICEF
NATO [ˈneɪtəʊ] (abr. de North Atlantic Treaty Organization)	l'OTAN (abr. de Organisation du traité de l'Atlantique nord)
– The World Bank	la Banque mondiale
the International Monetary Fund	le Fonds monétaire international
the IMF [ˌaɪemˈef]	le FMI
the OECD [ˈəʊˌiːsiːˈdiː] (abr. de Organization for Economic Cooperation and Development)	l'OCDE (abr. de Organisation de coopération et de développement économique)
the World Health Organization	l'Organisation mondiale de la santé
the WHO [ˌdʌbljuːeɪtʃˈəʊ]	l'OMS

■ 3. SPYING L'ESPIONNAGE

– A spy [spaɪ]	un(e) espion(ne)
to spy on sb	espionner qqn
espionage [ˌespɪəˈnɑːʒ] spying [ˈspaɪɪŋ]	l'espionnage
confidential [ˌkɒnfɪˈdenʃəl]	confidentiel
top-secret	ultra-secret
national security	la sécurité nationale
– An agent [ˈeɪdʒənt]	un agent
a secret agent	un agent secret

a mole [məʊl]	une taupe
the secret service	les services secrets
the intelligence service	les services de renseignements
counterespionage [ˌkaʊntərˈespɪəˌnɑːʒ]	le contre-espionnage
counterespionage services	les services de contre-espionnage
– A code [kəʊd]	un code
to break* a code	déchiffrer un code

to decode / encode a message	décoder / encoder un message	a leak [liːk]	une fuite
surveillance [sɜːˈveɪləns]	la surveillance	a breach of national security	une atteinte à la sécurité nationale
to plant a microphone	poser un micro	a double agent	un agent double
to bug sb's room	cacher un micro dans la chambre de qqn	to go* over to the West / the East	passer à l'Ouest / à l'Est
to bug sb's phone	mettre le téléphone de qqn sur table d'écoute	to defect to the West / the East	
phone tapping	la mise sur écoutes téléphoniques	to betray one's country	trahir son pays
		a traitor [ˈtreɪtəʳ]	un traître
- To pass secrets to	divulguer des secrets à	treachery [ˈtretʃərɪ]	la traîtrise

REMARQUE En Grande-Bretagne les services secrets s'appellent MI6 (abr. de Military Intelligence section 6) et les services de contre-espionnage s'appellent MI5 (abr. de Military Intelligence section 5) ; aux USA, la CIA (abr. de Central Intelligence Agency) regroupe ces deux types de services.

■ 4. THE THIRD WORLD   LE TIERS-MONDE

- Developing countries	les pays en voie de développement	subsistence [səbˈsɪstəns]	la subsistance
less developed countries	les pays les moins avancés	vitamin / protein deficiency	la carence en vitamines / protéines
emerging countries	les pays émergeants	rickets [ˈrɪkɪts] (n. c. sing.)	le rachitisme
underdeveloped countries	les pays sous-développés	infant mortality	la mortalité infantile
aid to the Third World	l'aide au Tiers-Monde	- A well [wel]	un puits
North-South dialogue	le dialogue Nord-Sud	to dig* a well	creuser un puits
- An international agency	une agence internationale	drinking water	l'eau potable
a charity [ˈtʃærɪtɪ]	une organisation caritative	to irrigate [ˈɪrɪgeɪt]	irriguer
a charitable organization		irrigation [ˌɪrɪˈgeɪʃən]	l'irrigation
relief [rɪˈliːf] (n. c. sing.)	les secours, l'aide	- Food / cash crops	les cultures vivrières / de rapport
to send emergency aid	envoyer une aide d'urgence	economic development	le développement économique
a relief organization	une organisation de secours	to industrialize [ɪnˈdʌstrɪəlaɪz]	industrialiser
- BR VSO [viːesˈəʊ] (abr. de Voluntary Service Overseas)	≈ la coopération	industrialization [ɪnˌdʌstrɪəlaɪˈzeɪʃən]	l'industrialisation
AM the Peace Corps		technical / economic aid	l'aide technique / économique
BR a person serving on VSO	un(e) coopérant(e)	a project [ˈprɒdʒekt] a scheme [skiːm]	un programme
AM a person serving in the Peace Corps		to supply sb with sth	fournir qqch. à qqn
- Drought [draʊt]	la sécheresse	food supplies	des vivres
famine [ˈfæmɪn]	la famine	- To counter the effects of sth	pallier les effets de qqch.
starving [ˈstɑːvɪŋ]	affamé	the debt problem	le problème de l'endettement
to die of starvation to starve to death	mourir de faim	a shanty town	un bidonville
malnutrition [ˌmælnjʊˈtrɪʃən]	la malnutrition	backward [ˈbækwəd]	arriéré
to subsist [səbˈsɪst]	subsister	endemic [enˈdemɪk]	endémique (maladie, situation)

■ 5. THE MAIN CURRENCIES LES PRINCIPALES DEVISES _____

- **A** euro ['juːrəʊ] un euro
  a dollar ['dɒləʳ] un dollar
  AM a buck [bʌk] (parlé)
  AM a greenback (parlé) un billet d'un dollar
  the Australian / Canadian dollar le dollar australien / canadien
- **The** pound sterling la livre sterling
  a pound [paʊnd] une livre
  BR a quid [kwɪd] (parlé)
  the Turkish / Syrian pound la livre turque / syrienne

- **The** Swiss franc le franc suisse
  the Danish / Swedish crown la couronne danoise / suédoise
  a rouble ['ruːbl] un rouble
  a ruble
  a yen [jen] un yen
  a rupee [ruːˈpiː] une roupie
  a rand [rænd] un rand

> REMARQUE Le dollar (symbole : $) se divise en 100 cents (abr. ct). 5 cents = a nickel, 10 cents = a dime, 25 cents = a quarter. La livre sterling (symbole : £) se divise en 100 pennies ou pence (abr. p). Jusqu'en 1970, il existait des shillings valant 1/20ᵉ de livre.

■ 6. WESTERN EUROPE L'EUROPE DE L'OUEST _____

- **France** [frɑːns] la France
  Paris ['pærɪs] Paris
  Lyon ['liːɒn] Lyon
  Marseille [mɑːˈseɪ] Marseille
  Strasbourg ['stræzbɜːg] Strasbourg
  Alsace ['ælsæs] l'Alsace
  Brittany ['brɪtənɪ] la Bretagne
  Burgundy ['bɜːgəndɪ] la Bourgogne
  Corsica ['kɔːsɪkə] la Corse
  Lorraine [lɒˈreɪn] la Lorraine
  Normandy ['nɔːməndɪ] la Normandie
  Picardy ['pɪkədɪ] la Picardie
  Provence [prɒˈvɑːns] la Provence
  Savoy [səˈvɔɪ] la Savoie
  the Basque Country le Pays basque
  the French Riviera la Côte d'Azur
- **Germany** ['dʒɜːmənɪ] l'Allemagne
  former East Germany l'ex-Allemagne de l'Est
  the Federal Republic of Germany la République fédérale d'Allemagne
  the FRG la RFA
  the German Democratic Republic la République démocratique d'Allemagne
  the GDR la RDA
  Bonn [bɒn] Bonn
  Berlin [bɜːˈlɪn] Berlin
  East / West Berlin Berlin-Est / -Ouest
  Hamburg ['hæmbɜːg] Hambourg

- Aachen ['ɑːxən] Aix-la-Chapelle
  Bavaria [bəˈvɛərɪə] la Bavière
  the Rhineland ['raɪnˌlænd] la Rhénanie
- **Austria** ['ɒstrɪə] l'Autriche
  Vienna [vɪˈenə] Vienne
  the Tyrol [tɪˈrəʊl] le Tyrol
- **Great** Britain la Grande-Bretagne
  the United Kingdom le Royaume-Uni
  the U.K. [juːˈkeɪ]
  England ['ɪŋglənd] l'Angleterre
  London ['lʌndən] Londres
  Scotland ['skɒtlənd] l'Écosse
  Edinburgh ['edɪnbərə] Édimbourg
  Wales [weɪlz] le pays de Galles
  Ireland ['aɪələnd] l'Irlande
  Northern Ireland l'Irlande du Nord
  Ulster ['ʌlstəʳ]
  Eire ['ɛərə] la République d'Irlande
  the Irish Republic
  Dublin ['dʌblɪn] Dublin
- **Holland** ['hɒlənd] la Hollande
  the Netherlands ['neðələndz] les Pays-Bas
  Amsterdam ['æmstədæm] Amsterdam
  The Hague [heɪg] la Haye
  Belgium ['beldʒəm] la Belgique
  Brussels ['brʌslz] Bruxelles

Antwerp ['æntwɜ:p]	Anvers	Sardinia [sɑ:'dɪnɪə]	la Sardaigne
Flanders ['flɑ:ndəz]	la Flandre, les Flandres	Sicily ['sɪsɪlɪ]	la Sicile
Luxembourg	le Luxembourg	the Vatican ['vætɪkən]	le Vatican
['lʌksəmbɜ:g]		– Malta ['mɔ:ltə]	Malte
– Scandinavia	la Scandinavie	Monaco ['mɒnəkəʊ]	Monaco
[ˌskændɪ'neɪvɪə]		Portugal ['pɔ:tjʊgəl]	le Portugal
Denmark ['denmɑ:k]	le Danemark	Lisbon ['lɪzbən]	Lisbonne
Copenhagen	Copenhague		
[ˌkəʊpn'heɪgən]		– Spain [speɪn]	l'Espagne
Finland ['fɪnlənd]	la Finlande	Barcelona [ˌbɑ:sɪ'ləʊnə]	Barcelone
Helsinki ['helsɪŋkɪ]	Helsinki	Madrid [mə'drɪd]	Madrid
Norway ['nɔ:weɪ]	la Norvège	Seville [sə'vɪl]	Séville
Oslo ['ɒzləʊ]	Oslo	Andalusia [ˌændəlʊ'si:ə]	l'Andalousie
Sweden ['swi:dn]	la Suède	Castile [kæ'sti:l]	la Castille
Stockholm ['stɒkhəʊm]	Stockholm	Catalonia [ˌkætə'ləʊnɪə]	la Catalogne
Greenland ['gri:nlənd]	le Groenland	the Balearic Islands	les îles Baléares
Iceland ['aɪslənd]	l'Islande	Majorca [mə'jɔ:kə]	Majorque
Lapland ['læplænd]	la Laponie	Minorca [mɪ'nɔ:kə]	Minorque
– Italy ['ɪtəlɪ]	l'Italie	– Switzerland ['swɪtsələnd]	la Suisse
Bologna [bə'ləʊnjə]	Bologne	Geneva [dʒɪ'ni:və]	Genève
Florence ['flɒrns]	Florence	Basel ['bɑ:zəl]	Bâle
Padua ['pædʒʊə]	Padoue	Basle [bɑ:l]	
Rome [rəʊm]	Rome	– Greece [gri:s]	la Grèce
Venice ['venɪs]	Venise	Athens ['æθɪnz]	Athènes
Lombardy ['lɒmbədɪ]	la Lombardie	Crete [kri:t]	la Crète
Piedmont ['pi:dmɒnt]	le Piémont	Corfu [kɔ:'fu:]	Corfou
Tuscany ['tʌskənɪ]	la Toscane	Cyprus ['saɪprəs]	Chypre

■ 7. EASTERN EUROPE L'EUROPE DE L'EST

– The former U.S.S.R.	l'ex-U. R. S. S.	the Balkans ['bɔ:lkənz]	les Balkans
the former Soviet Union	l'ex-Union soviétique	Bulgaria [bʌl'gɛərɪə]	la Bulgarie
the CIS [ˌsi:ai'es]	la CEI	Sofia ['səʊfɪə]	Sofia
the Commonwealth of	la Communauté des	Macedonia	la Macédoine
Independent States	États indépendants	[ˌmæsɪ'dəʊnɪə]	
Russia ['rʌʃə]	la Russie	– The Czech Republic	la République tchèque
Moscow ['mɒskəʊ]	Moscou	Moravia [mə'reɪvɪə]	la Moravie
the Ukraine [ju:'kreɪn]	l'Ukraine	Bohemia [bəʊ'hi:mɪə]	la Bohême
Siberia [saɪ'bɪərɪə]	la Sibérie	Prague [prɑ:g]	Prague
Belarus [ˌbelə'ru:s]	la Biélorussie	Slovakia [sləʊ'vækɪə]	la Slovaquie
Chechnya ['tʃetʃnɪə]	la Tchétchénie	Bratislava [ˌbrætɪ'slɑ:və]	Bratislava
the Baltic States	les pays baltes		
Estonia [e'stəʊnɪə]	l'Estonie	– Hungary ['hʌŋgərɪ]	la Hongrie
Latvia ['lætvɪə]	la Lettonie	Budapest [ˌbju:də'pest]	Budapest
Lithuania [ˌlɪθjʊ'eɪnɪə]	la Lituanie	Poland ['pəʊlənd]	la Pologne
– Albania [æl'beɪnɪə]	l'Albanie	Warsaw ['wɔ:sɔ:]	Varsovie
Tirana [tɪ'rɑ:nə]	Tirana	Rumania [ru:'meɪnɪə]	la Roumanie

Bucharest [ˌbuːkəˈrest]	Bucarest	Bosnia-Herzegovina	la Bosnie-Herzégovine
former Yugoslavia	l'ex-Yougoslavie	[ˈbɒsnɪəˌhɜːtsɪˈɡɒvɪnə]	
Croatia [krəʊˈeɪʃɪə]	la Croatie	Montenegro	le Monténégro
Serbia [ˈsɜːbɪə]	la Serbie	[ˌmɒntɪˈneɡrəʊ]	
		Slovenia [sləˈviːnɪə]	la Slovénie

■ 8. AMERICA L'AMÉRIQUE

- North / South America	l'Amérique du Nord / du Sud	Guatemala [ˌgwɑːtɪˈmɑːlə]	le Guatemala
- Canada [ˈkænədə]	le Canada	Honduras [hɒnˈdjʊərəs]	le Honduras
Quebec [kwɪˈbek]	le Québec	Jamaica [dʒəˈmeɪkə]	la Jamaïque
Newfoundland [ˈnjuːfəndlənd]	Terre-Neuve	Mexico [ˈmeksɪkəʊ]	le Mexique
		Mexico City	Mexico
Montreal [ˌmɒntrɪˈɔːl]	Montréal	Nicaragua [ˌnɪkəˈræɡjʊə]	le Nicaragua
		Panama [ˈpænəˌmɑː]	le Panama
- The United States (of America)	les États-Unis (d'Amérique)	the Panama Canal	le canal de Panama
the USA [juːesˈeɪ]	les USA	Trinidad [ˈtrɪnɪdæd]	l'île de la Trinité
the US [juːˈes]		the West Indies	les Antilles
New York	New York	the Antilles [ænˈtɪliːz]	
Washington [ˈwɒʃɪŋtən]	Washington	- Argentina [ˌɑːdʒənˈtiːnə]	l'Argentine
California [ˌkælɪˈfɔːnɪə]	la Californie	Bolivia [bəˈlɪvɪə]	la Bolivie
Philadelphia [ˌfɪləˈdelfɪə]	Philadelphie	Brazil [brəˈzɪl]	le Brésil
New Orleans	la Nouvelle-Orléans	Chile [ˈtʃɪlɪ]	le Chili
		Colombia [kəˈlɒmbɪə]	la Colombie
- The Bahamas [bəˈhɑːməs]	les Bahamas	Ecuador [ˈekwədɔːr]	l'Équateur
Costa Rica [ˈkɒstəˈriːkə]	le Costa Rica	the Falklands [ˈfɔːlkləndz] the Falkland Islands	les Malouines
Cuba [ˈkjuːbə]	Cuba	Paraguay [ˈpærəɡwaɪ]	le Paraguay
the Dominican Republic	la République dominicaine	Peru [pəˈruː]	le Pérou
El Salvador [elˈsælvədɔːr]	le Salvador	Uruguay [ˈjʊərəɡwaɪ]	l'Uruguay
		Venezuela [ˌveneˈzweɪlə]	le Venezuela

> REMARQUE Pour distinguer la ville de l'État de Washington, on précise **Washington DC** (abr. de *District of Columbia*) pour la ville. Pour distinguer la ville de l'État de New York, on précise **New York City** (abr. NYC) pour la ville, surnommée par ailleurs la **Big Apple**.

■ 9. AFRICA L'AFRIQUE

- The Sahara [səˈhɑːrə]	le Sahara	Cameroon [ˌkæməˈruːn]	le Cameroun
the Suez Canal	le canal de Suez	the Congo [ˈkɒŋɡəʊ]	le Congo
		the Ivory Coast [ˈaɪvərɪˌkəʊst]	la Côte d'Ivoire
- South Africa	l'Afrique du Sud		
Algeria [ælˈdʒɪərɪə]	l'Algérie	Egypt [ˈiːdʒɪpt]	l'Égypte
Algiers [ælˈdʒɪəz]	Alger	Cairo [ˈkaɪərəʊ]	le Caire
Angola [æŋˈɡəʊlə]	l'Angola	Ethiopia [ˌiːθɪˈəʊpɪə]	l'Éthiopie
Botswana [ˌbɒtˈswɑːnə]	le Botswana	Gabon [ɡəˈbɒn]	le Gabon

Ghana [ˈgɑːnə]	le Ghana
Guinea [ˈgɪnɪ]	la Guinée
Kenya [ˈkenjə]	le Kenya
Libya [ˈlɪbɪə]	la Libye
Madagascar [ˌmædəˈgæskəʳ]	Madagascar
Mali [ˈmɑːlɪ]	le Mali
Morocco [məˈrɒkəʊ]	le Maroc
Mauritania [ˌmɔːrɪˈteɪnɪə]	la Mauritanie
Mozambique [məʊzəmˈbiːk]	le Mozambique
Namibia [nɑːˈmɪbɪə]	la Namibie
Niger [ˈnaɪdʒəʳ]	le Niger
Nigeria [naɪˈdʒɪərɪə]	le Nigéria

the Central African Republic	la République centrafricaine
Senegal [ˌsenɪˈgɔːl]	le Sénégal
Sierra Leone [sɪˈɛərəlɪˈəʊnɪ]	la Sierra Leone
Somalia [səʊˈmɑːlɪə]	la Somalie
the Sudan [sʊˈdɑːn]	le Soudan
Tanzania [ˌtænzəˈnɪə]	la Tanzanie
Chad [tʃæd]	le Tchad
Tunisia [tjuːˈnɪzɪə]	la Tunisie
Zambia [ˈzæmbɪə]	la Zambie
Zaire [zɑːˈiːəʳ]	le Zaïre
Zimbabwe [zɪmˈbɑːbwɪ]	le Zimbabwe

■ 10. THE EAST L'ORIENT

– The Middle East	le Moyen-Orient
the Far East	l'Extrême-Orient
the Gulf states	les États du Golfe
Kuwait [kʊˈweɪt]	le Koweït
Saudi Arabia [ˈsɔːdɪəˈreɪbɪə]	l'Arabie Saoudite
Yemen [ˈjemən]	le Yémen
Iran [ɪˈrɑːn]	l'Iran
Persia [ˈpɜːʃə]	la Perse
Iraq [ɪˈrɑːk]	l'Irak
Israel [ˈɪzreɪl]	Israël
Jerusalem [dʒəˈruːsələm]	Jérusalem
Palestine [ˈpælɪstaɪn]	la Palestine
Jordan [ˈdʒɔːdn]	la Jordanie
the West Bank	la Cisjordanie
the Occupied Territories	les Territoires occupés
the Gaza Strip	la Bande de Gaza
Lebanon [ˈlebənən]	le Liban
Syria [ˈsɪrɪə]	la Syrie
Turkey [ˈtɜːkɪ]	la Turquie
– Afghanistan [æfˈgænɪstæn]	l'Afghanistan
Bengal [benˈgɔːl]	le Bengale
Bangladesh [ˌbæŋgləˈdeʃ]	le Bangladesh
India [ˈɪndɪə]	l'Inde
Pakistan [ˌpɑːkɪsˈtɑːn]	le Pakistan
Sri Lanka [ˌsriːˈlæŋkə]	le Sri Lanka
– Asia [ˈeɪʒə]	l'Asie

Burma [ˈbɜːmə]	la Birmanie
Myanmar [ˌmaɪænˈmɑːʳ]	le Myanmar
Cambodia [kæmˈbəʊdɪə]	le Cambodge
China [ˈtʃaɪnə]	la Chine
Hong Kong [ˈhɒŋˈkɒŋ]	Hong-Kong
Beijing [ˈbeɪˈdʒɪŋ]	Beijing
Peking [piːˈkɪŋ]	Pékin
Indonesia [ˌɪndəʊˈniːzɪə]	l'Indonésie
Japan [dʒəˈpæn]	le Japon
Tokyo [ˈtəʊkjəʊ]	Tokyo
North/South Korea	la Corée du Nord/du Sud
Laos [laʊs]	le Laos
Malaysia [məˈleɪzɪə]	la Malaisie
Mongolia [mɒŋˈgəʊlɪə]	la Mongolie
Singapore [ˌsɪŋgəˈpɔːʳ]	Singapour
Thailand [ˈtaɪlænd]	la Thaïlande
Tibet [tɪˈbet]	le Tibet
North/South Vietnam	le Viêtnam du Nord/du Sud
– Oceania [ˌəʊʃɪˈeɪnɪə]	Océanie
Australasia [ˌɔːstrəˈleɪzɪə]	l'Australasie
Australia [ɒsˈtreɪlɪə]	l'Australie
Tasmania [tæzˈmeɪnɪə]	la Tasmanie
New Zealand	la Nouvelle-Zélande
New Caledonia	la Nouvelle-Calédonie
a Pacific island	une île du Pacifique
Polynesia [ˌpɒlɪˈniːzɪə]	la Polynésie

| REMARQUE En américain **the Gulf States** désignent également les États autour du golfe du Mexique tels que le Texas ou la Louisiane.

■ 11. NATIONALITIES AND LANGUAGES LES NATIONALITÉS ET LES LANGUES

– French [frenʃ]	français
a Frenchman	un Français
a Frenchwoman	une Française
– British [ˈbrɪtɪʃ]	britannique
a Briton [ˈbrɪtən]	un(e) Britannique
AM a Britisher [ˈbrɪtɪʃəʳ]	
English [ˈɪŋglɪʃ]	anglais
an Englishman	un Anglais
an Englishwoman	une Anglaise
– Irish [ˈaɪərɪʃ]	irlandais
an Irishman	un Irlandais
an Irishwoman	une Irlandaise
Scottish [ˈskɒtɪʃ]	écossais
a Scot(sman)	un Écossais
a Scot(swoman)	une Écossaise
Gaelic [ˈgeɪlɪk]	le gaélique
Welsh [welʃ]	gallois
a Welshman	un Gallois
a Welshwoman	une Galloise
– European [ˌjʊərəˈpiːən]	européen
Austrian [ˈɒstrɪən]	autrichien
Basque [bæsk]	basque
Belgian [ˈbeldʒən]	belge
Flemish [ˈflemɪʃ]	flamand
a Fleming [ˈflemɪŋ]	un(e) Flamand(e)
Danish [ˈdeɪnɪʃ]	danois
a Dane [deɪn]	un(e) Danois(e)
– Dutch [dʌtʃ]	hollandais, néerlandais
a Dutchman	un Hollandais, un Néerlandais
a Dutchwoman	une Hollandaise, une Néerlandaise
Finnish [ˈfɪnɪʃ]	finlandais, finnois
a Finn [fɪn]	un(e) Finlandais(e)
– German [ˈdʒɜːmən]	allemand
Greek [griːk]	grec
– Icelandic [aɪsˈlændɪk]	islandais
an Icelander [ˈaɪsləndəʳ]	un(e) Islandais(e)
– Italian [ɪˈtæljən]	italien
Roman [ˈrəʊmən]	romain
Venetian [vɪˈniːʃən]	vénitien
Sardinian [sɑːˈdɪnɪən]	sarde
Sicilian [sɪˈsɪlɪən]	sicilien
– Maltese [ˌmɔːlˈtiːz]	maltais
Monacan [mɒˈnɑːkən]	monégasque
a Monacan [mɒˈnɑːkən]	un(e) Monégasque
a Monegasque [mɒnəˈgæsk]	
Norwegian [nɔːˈwiːdʒən]	norvégien
Portuguese [ˌpɔːtjʊˈgiːz]	portugais
Scandinavian [ˌskændɪˈneɪvɪən]	scandinave
– Spanish [ˈspænɪʃ]	espagnol
a Spaniard [ˈspænjəd]	un(e) Espagnol(e)
Catalan [ˈkætəlæn]	catalan
– Swedish [ˈswiːdɪʃ]	suédois
a Swede [swiːd]	un(e) Suédois(e)
Swiss [swɪs]	suisse
a Swiss	un(e) Suisse
– Russian [ˈrʌʃən]	russe
Muscovite [ˈmʌskəvaɪt]	moscovite
Ukrainian [juːˈkreɪnɪən]	ukrainien
Siberian [saɪˈbɪərɪən]	sibérien
Belarussian [ˌbelaˈrʌʃən]	biélorusse
Chechnyan [ˈtʃetʃnɪən]	tchétchène
– Estonian [eˈstəʊnɪən]	estonien
Latvian [ˈlætvɪən]	letton
Lithuanian [ˌlɪθjʊˈeɪnɪən]	lituanien
– Balkan [ˈbɔːlkən]	balkanique
Albanian [ælˈbeɪnɪən]	albanais
Bulgarian [bʌlˈgɛərɪən]	bulgare
Czech [tʃek]	tchèque
Hungarian [hʌŋˈgɛərɪən]	hongrois
Polish [ˈpəʊlɪʃ]	polonais
a Pole [pəʊl]	un(e) Polonais(e)
Rumanian [ruːˈmeɪnɪən]	roumain
Serbo-Croat [ˈsɜːbəʊˈkrəʊæt]	le serbo-croate
– North American	nord-américain
South American	sud-américain
Indian [ˈɪndɪən]	indien
a Native American	un(e) indien(ne) d'Amérique
Eskimo [ˈeskɪməʊ]	esquimau
Inuit [ˈɪnjuːɪt]	inuit
Hispanic [hɪsˈpænɪk]	latino-américain
Canadian [kəˈneɪdɪən]	canadien

Quebec [kwɪ'bek]	québécois	Sudanese [ˌsuːdə'niːz]	soudanais
a Quebecois [kebe'kwa]	un(e) Québécois(e)	Tanzanian [ˌtænzə'nɪən]	tanzanien
Californian [ˌkælɪ'fɔːnɪən]	californien	Zambian ['zæmbɪən]	zambien
- Costa Rican	costaricain	Zaïrese [zɑː'iːəriːz]	zaïrois
['kɒstə'riːkən]			
Cuban ['kjuːbən]	cubain	- Kuwaiti [kʊ'weɪtɪ]	koweïtien
Honduran [hɒn'djʊərən]	hondurien	Saudi (Arabian)	saoudien
Jamaican [dʒə'meɪkən]	jamaïcain	Iranian [ɪ'reɪnɪən]	iranien
Mexican ['meksɪkən]	mexicain	Persian ['pɜːʃən]	persan
Nicaraguan	nicaraguayen	Iraqi [ɪ'rɑːkɪ]	irakien
[ˌnɪkə'rægjʊən]		Israeli [ɪz'reɪlɪ]	israélien
Panamanian	panaméen	Jewish ['dʒuːɪʃ]	juif, israélite
[ˌpænə'meɪnɪən]		a Jew [dʒuː]	un Juif, une Juive
West Indian	antillais	Hebrew ['hiːbruː]	hébreu
- Argentinian	argentin	Palestinian [ˌpæləs'tɪnɪən]	palestinien
[ˌɑːdʒən'tɪnɪən]		Lebanese [ˌlebə'niːz]	libanais
Argentine ['ɑːdʒəntaɪn]		Syrian ['sɪrɪən]	syrien
Bolivian [bə'lɪvɪən]	bolivien	Turkish ['tɜːkɪʃ]	turc
Brazilian [brə'zɪlɪən]	brésilien	a Turk [tɜːk]	un(e) Turc(que)
Chilean ['tʃɪlɪən]	chilien	Kurdish [kɜːdɪʃ]	kurde
Colombian [kə'lɒmbɪən]	colombien	a Kurd [kɜːd]	un(e) Kurde
Ecuadorian	équatorien		
[ˌekwə'dɔːrɪən]		- Afghan ['æfgæn]	afghan
Paraguayan	paraguayen	Bengali [beŋ'gɔːlɪ]	bengali
[ˌpærə'gwaɪən]		Indian ['ɪndɪən]	indien
Peruvian [pə'ruːvɪən]	péruvien	Pakistani [ˌpɑːkɪs'tɑːnɪ]	pakistanais
Uruguayan	uruguayen	Singhalese [ˌsɪŋgə'liːz]	cingalais
[ˌjʊərə'gwaɪən]		Sri Lankan [ˌsriː'læŋkən]	sri-lankais
Venezuelan	vénézuélien		
[ˌvene'zweɪlən]		- Asian ['eɪʃn]	asiatique
- African ['æfrɪkən]	africain	Asiatic [ˌeɪsɪ'ætɪk]	
Arab ['ærəb]	arabe	an Asian	un(e) Asiatique
Arabian [ə'reɪbɪən]		Burmese [bɜː'miːz]	birman
an Arab ['ærəb]	un(e) Arabe	Cambodian	cambodgien
Arabic ['ærəbɪk]	l'arabe	[kæm'bəʊdɪən]	
Algerian [æl'dʒɪərɪən]	algérien	Chinese [tʃaɪ'niːz]	chinois
Moroccan [mə'rɒkən]	marocain	Indonesian	indonésien
Tunisian [tjuː'nɪzɪən]	tunisien	[ˌɪndəʊ'niːzɪən]	
Egyptian [i'dʒɪpʃən]	égyptien	Japanese [ˌdʒæpə'niːz]	japonais
Ethiopian [ˌiːθɪ'əʊpɪən]	éthiopien	North/South Korean	nord-/sud-coréen
Libyan ['lɪbɪən]	libyen	Laotian ['laʊʃɪən]	laotien
Somali [sə'mɑːlɪ]	somalien	Malaysian [mə'leɪzɪən]	malaisien
- Angolan [æŋ'gəʊlən]	angolais	Manchurian	mandchou
Congolese [ˌkɒŋgəʊ'liːz]	congolais	[mæn'tʃʊərɪən]	
Ghanaian [gɑː'neɪən]	ghanéen	Mongol ['mɒŋgəl]	mongol
Kenyan ['kenjən]	kényan	Thai [taɪ]	thaïlandais
Malian ['mɑːlɪən]	malien	Thai	le thaï
Nigerian [naɪ'dʒɪərɪən]	nigérien	Tibetan [tɪ'betən]	tibétain
South African	sud-africain	Vietnamese [ˌvjetnə'miːz]	vietnamien

119

- **Australian** [ɒs'treɪlɪən]   australien
  Australasian   australasien
  [ˌɔːstrəˈleɪzɪən]
  New Zealand   néo-zélandais
  a **New Zealander**   un(e) Néo-Zélandais(e)

New Caledonian   néo-calédonien
Polynesian [ˌpɒlɪˈniːzɪən]   polynésien
a **Polynesian**   un(e) Polynésien(ne)
[ˌpɒlɪˈniːzɪən]

REMARQUES

1. Les noms d'habitants prennent une majuscule en anglais comme en français. Cependant, contrairement au français, les adjectifs de nationalité et les noms de langues prennent également une majuscule en anglais ; ex. : a **Tibetan** = un(e) Tibétain(e) (habitant), **Tibetan** = tibétain (adjectif), **Tibetan** = le tibétain (langue). Lorsqu'il n'y a pas de différence orthographique entre le nom de l'habitant, le nom de langue et l'adjectif de nationalité, seul ce dernier est mentionné ici.

2. Les noms d'habitants terminés en **-ese** sont invariables en anglais ; ex. : a **Japanese** = un Japonais, two **Japanese** = deux Japonais.

3. En anglais, lorsque l'adjectif de nationalité est différent du nom d'habitant, il peut être utilisé avec l'article défini pour désigner la totalité des habitants du pays ; ex. : **the English** = les Anglais, **the Irish** = les Irlandais, **the French** = les Français, etc. Il est aussi possible de dire dans le même sens : **English people, Irish people, French people**, etc.

19 PEACE AND WAR
LA PAIX ET LA GUERRE

■ 1. PEACE LA PAIX

– To make* peace *with sb*	faire la paix *avec qqn*
peaceful ['piːsfʊl]	paisible, pacifique
peaceful coexistence	la coexistence pacifique
in peacetime	en temps de paix
to keep* the peace between	maintenir la paix *entre*
(the) détente [deɪˈtɑːnt]	la détente
peacekeeping force	les forces de maintien de la paix
the UN peacekeeping force **the Blue Helmets**	les Casques bleus
a deterrent force	une force de dissuasion
a nuclear deterrent	une force de dissuasion nucléaire
the interwar period	l'entre-deux-guerres
the postwar period	l'après-guerre
– A peace treaty	un traité de paix
to sign an armistice	signer un armistice
to declare a ceasefire	déclarer le cessez-le-feu
a truce [truːs]	une trêve
to end hostilities	mettre fin aux hostilités
a negotiator [nɪˈgəʊʃɪeɪtəʳ]	un(e) négociateur (-trice)
to negotiate an agreement	négocier un accord
negotiations [nɪˌgəʊʃɪˈeɪʃənz]	les négociations

to enter into negotiations	engager des négociations
to negotiate *sth with sb* [nɪˈgəʊʃɪeɪt]	négocier *qqch. avec qqn*
a non-agression pact	un pacte de non-agression
mediation [ˌmiːdɪˈeɪʃən]	la médiation
a mediator ['miːdɪeɪtəʳ]	un médiateur
to mediate *between* ['miːdɪeɪt]	servir d'intermédiaire *entre*
disarmament [dɪsˈɑːməmənt]	le désarmement
to disarm [dɪsˈɑːm]	désarmer
to demobilize [diːˈməʊbɪlaɪz]	démobiliser
to make* reparations *to sb*	payer des réparations *à qqn*
– The peace movement	le mouvement pour la paix
a pacifist ['pæsɪfɪst]	un(e) pacifiste
pacifism ['pæsɪfɪzəm]	le pacifisme
a conscientious objector	un objecteur de conscience
nuclear disarmament	le désarmement nucléaire
CND [siːenˈdiː]	le mouvement pour le désarmement nucléaire
the Campaign for Nuclear Disarmament	
to pacify ['pæsɪfaɪ]	pacifier

■ 2. WAR LA GUERRE

– The declaration of war	la déclaration de guerre
to declare war *on*	déclarer la guerre *à*
to go* to war	entrer en guerre
to break* out	éclater
the outbreak of hostilities	le début des hostilités
– To wage war *with sb*	faire la guerre *à qqn*
to be at war *with sb*	être en guerre *avec qqn*
to fight* (with) sb	se battre contre qqn
to struggle *against/for* ['strʌgl]	lutter *contre/pour*
the struggle *against/for*	la lutte *contre/pour*
a conflict ['kɒnflɪkt]	un conflit
in wartime	en temps de guerre
warlike ['wɔːlaɪk]	belliqueux
hostile ['hɒstaɪl, 'hɒstəl]	hostile

hostility [hɒsˈtɪlɪtɪ]	l'hostilité
to resist *sth* [rɪˈzɪst]	résister *à qqch.*
resistance *to* [rɪˈzɪstəns]	la résistance *à*
a strategy ['strætɪdʒɪ]	une stratégie
strategic [strəˈtiːdʒɪk]	stratégique
tactics[1] ['tæktɪks]	la tactique
tactical ['tæktɪkəl]	tactique
guerrilla warfare	la guérilla
a guerrilla [gəˈrɪlə]	un guérillero
to mobilize ['məʊbɪlaɪz]	mobiliser
mobilization [ˌməʊbɪlaɪˈzeɪʃən]	la mobilisation
a world war	une guerre mondiale
the First/Second World War **World War One/Two**	la Première/Deuxième Guerre mondiale

121

all-out war	la guerre à outrance, la guerre totale
a war of attrition	une guerre d'usure
nuclear war	la guerre nucléaire
civil war	la guerre civile
Star Wars	la guerre des étoiles
the Strategic Defense Initiative (abr. SDI)	l'Initiative de défense stratégique (abr. I. D. S.)
the cold war	la guerre froide
a war of nerves	une guerre des nerfs
striking force	la force de frappe
the war on terror	la lutte antiterroriste

ATTENTION 1 : tactics s'emploie au pluriel dans le contexte militaire

– Fighting men	des combattants
fighting troops	des troupes de combat
the enemy ['enəmɪ]	l'ennemi
enemy troops/lines	les troupes/lignes ennemies
to engage the enemy	engager le combat contre l'ennemi
a campaign [kæm'peɪn]	une campagne
operations [ˌɒpə'reɪʃənz]	les opérations
an offensive [ə'fensɪv]	une offensive
an expedition against [ˌekspɪ'dɪʃən]	une expédition contre
a task force	un corps expédition-
an expeditionary force	naire
to invade [ɪn'veɪd]	envahir
the invader [ɪn'veɪdəʳ]	l'envahisseur
an invasion [ɪn'veɪʒən]	une invasion
to besiege [bɪ'si:dʒ]	assiéger
a siege [si:dʒ]	un siège
to die for one's country	mourir pour la patrie

a mercenary ['mɜːsɪnərɪ]	un mercenaire
– To win*/lose* a war	gagner/perdre une guerre
a victory ['vɪktərɪ]	une victoire
victorious [vɪk'tɔːrɪəs]	victorieux
the victor ['vɪktəʳ]	le vainqueur
to conquer sth	conquérir qqch.
a conquest ['kɒŋkwest]	une conquête
a conqueror ['kɒŋkərəʳ]	un(e) conquérant(e)
to defeat sb	vaincre qqn
a defeat [dɪ'fiːt]	une défaite
– A prisoner of war a P.O.W. ['piːˌəʊ'dʌbljuː]	un prisonnier de guerre
a prison camp	un camp de prisonniers
a concentration camp	un camp de concentration
a refugee [ˌrefjʊ'dʒiː]	un(e) réfugié(e)
to desert ['dezət]	déserter
a deserter [dɪ'zɜːtəʳ]	un déserteur
desertion [dɪ'zɜːʃən]	la désertion
to occupy ['ɒkjʊpaɪ]	occuper
the occupation [ˌɒkjʊ'peɪʃən]	l'occupation
occupying forces	les forces d'occupation
a war criminal	un criminel de guerre
war crimes	des crimes de guerre
a crime against humanity	un crime contre l'humanité
a mushroom cloud	un champignon atomique
nuclear fallout ['fɔːlaʊt]	les retombées radioactives
genocide ['dʒenəʊsaɪd]	le génocide

■ 3. FIGHTING LES COMBATS

– In combat	au combat
to go* into action	engager le combat
to attack [ə'tæk]	attaquer
an attack on	une attaque contre
a counter-attack	une contre-attaque
a surprise attack	une attaque-surprise
an assault [ə'sɔːlt]	un assaut
a battle ['bætl]	une bataille
to go* into battle to fight* a battle	livrer bataille
the front (line)	le front

front-line troops	les troupes de première ligne
to kill [kɪl]	tuer
to destroy [dɪs'trɔɪ]	détruire
destruction [dɪs'trʌkʃən]	la destruction
– To charge [tʃɑːdʒ]	charger
a charge	une charge
a skirmish ['skɜːmɪʃ]	une escarmouche
to fight* hand-to-hand	se battre au corps à corps
to storm a position	prendre une position d'assaut

to come* under heavy fire	essuyer un tir nourri
a raid on [reɪd]	un raid *sur*
to put* to flight	mettre en fuite
to repel sb/sth	repousser qqn/qqch.
BR to reconnoitre [ˌrekə'nɔɪtə']	reconnaître (terrain)
AM to reconnoiter	
reconnaissance [rɪ'kɒnɪsəns]	la reconnaissance
a reconnaissance mission/patrol	une mission/une patrouille de reconnaissance
to patrol [pə'trəʊl]	patrouiller
a patrol	une patrouille
a sniper ['snaɪpə']	un tireur isolé, un sniper
− A landing ['lændɪŋ]	un débarquement
the D-day landings	le débarquement du 6 juin 1944
D-day	le jour J
to take* a town/hill	prendre une ville/une colline
to capture ['kæptʃə']	capturer
to (put* to) rout	mettre en déroute
to pursue [pə'sjuː]	poursuivre
to drive* sb back	refouler qqn, repousser qqn
to surround [sə'raʊnd]	entourer
to fall* back	reculer
to retreat [rɪ'triːt]	battre en retraite
a retreat	une retraite
to give* in	renoncer, s'avouer vaincu
to give* up	
to surrender *to* [sə'rendə']	se rendre *à*
the surrender *to*	la reddition *à*

an unconditional surrender	une reddition sans conditions
to withdraw* *from* [wɪθ'drɔː]	se retirer *de*
the vanguard ['vængɑːd]	l'avant-garde
the rearguard ['rɪəgɑːd]	l'arrière-garde
− BR defences [dɪ'fensɪz]	les moyens de défense
AM defenses	
defensive [dɪ'fensɪv]	défensif
to defend sth *against* sth	défendre qqch. *contre* qqch.
a battlefield ['bætl̩fiːld] a battleground ['bætl̩graʊnd]	un champ de bataille
the trenches ['trenʃɪz]	les tranchées
barbed wire	du fil de fer barbelé
the barbed wire entanglements	les barbelés
a sandbag ['sændbæg]	un sac de sable
a bridgehead ['brɪdʒhed]	une tête de pont
the flank [flæŋk]	le flanc
reinforcements [ˌriːɪn'fɔːsmənts]	des renforts
− To be reported missing	être porté disparu
to be taken prisoner	être fait prisonnier
to suffer heavy losses to have many casualties	essuyer de grosses pertes
the wounded ['wuːndɪd] (n. c. plur.)	les blessés
a stretcher-bearer ['stretʃə'ˌbɛərə']	un brancardier
a field hospital	un hôpital de campagne
the dead [ded] (n. c. plur.)	les morts
killed in action	tué au combat

■ 4. WEAPONS LES ARMES

− A weapon ['wepən]	une arme
conventional/nuclear weapons	les armes conventionnelles/nucléaires
armaments ['ɑːməmənts]	les armements
ammunition [ˌæmjʊ'nɪʃən] (n. c. sing.)	les munitions
munitions [mjuː'nɪʃənz] (plur.)	
an ammunition dump	un dépôt de munitions
BR armour ['ɑːmə'] (n. c. sing.)	les blindés
AM armor	

an explosive [ɪks'pləʊzɪv]	un explosif
an explosion [ɪks'pləʊʒən]	une explosion
to explode [ɪks'pləʊd]	exploser, faire exploser
gunpowder ['gʌnˌpaʊdə']	la poudre à canon
− A sword [sɔːd]	une épée
a dagger ['dægə']	un poignard
a spear [spɪə']	une lance
a shield [ʃiːld]	un bouclier
a bow [bəʊ]	un arc

an arrow ['ærəʊ]	une flèche
– A firearm ['faɪəˌɑ:m]	une arme à feu
a revolver [rɪ'vɒlvəʳ]	un revolver
a pistol ['pɪstl]	un pistolet
a gun [gʌn]	un fusil
a rifle ['raɪfl]	
a sawn-off shotgun	un fusil à canon scié
an automatic [ˌɔːtə'mætɪk]	une arme automatique
a (hand) grenade	une grenade
a shot [ʃɒt]	un coup de feu
to fire [faɪəʳ]	tirer
to shoot* at sb / sth [ʃuːt]	tirer sur qqn / qqch.
to fire a shot at sb / sth	
to shoot* sb	abattre qqn
Fire!	Feu !
a bullet ['bʊlɪt]	une balle
a stray bullet	une balle perdue
a cartridge ['kɑːtrɪdʒ]	une cartouche
a round (of ammunition)	
to fire shots in the air	tirer en l'air
to aim at sb / sth	viser qqn / qqch.
the sight [saɪt]	la mire
the target ['tɑːgɪt]	la cible, l'objectif
to hit* the target	atteindre l'objectif
– A canon ['kænən]	un canon
a gun [gʌn]	
a machine gun	une mitrailleuse
a submachine gun	une mitraillette
a tank [tæŋk]	un tank, un char
a caterpillar ['kætəpɪləʳ]	une chenille
a mortar ['mɔːtəʳ]	un mortier
machine-gun / mortar fire (n. c.)	un tir de mitrailleuse / de mortier

a bombardment [bɒm'bɑːdmənt]	un bombardement
a bomb [bɒm]	une bombe
the H-bomb	la bombe H
the atom(ic) bomb	la bombe atomique
a shell [ʃel]	un obus
to bombard sth with sth	bombarder qqch. de qqch.
to bomb	bombarder (avec des bombes)
to shell	bombarder (avec des obus)
a mine [maɪn]	une mine
a minefield	un champ de mines
a torpedo [tɔː'piːdəʊ] (plur. torpedoes)	une torpille
to launch a rocket	lancer une fusée
anti-aircraft defence	la D. C. A.
napalm ['neɪpɑːm]	le napalm
a missile ['mɪsaɪl]	un missile
a ground-to-air / air-to-air missile	un missile sol-air / air-air
an intermediate range missile	un missile de moyenne portée
a cruise missile	un missile de croisière
the nuclear warhead	l'ogive nucléaire
a missile launcher	un lance-missiles
– Poison gas	le gaz asphyxiant
to be gassed	être gazé
tear gas	le gaz lacrymogène
nerve gas	le gaz neurotoxique
germ / biological warfare	la guerre bactériologique / biologique
biological / chemical weapons	les armes biologiques / chimiques

| REMARQUE Le mot gun s'emploie pour désigner toute arme à feu : fusil, revolver, pistolet, canon.

■ 5. ENLISTMENT L'ENRÔLEMENT

– A serviceman ['sɜːvɪsˌmæn]	un militaire
the (armed) forces	les forces armées
to be in the Services	être militaire, être dans l'armée
to be in the forces	
AM to be in the military	
a regular soldier / officer	un militaire / officier de carrière
BR a private ['praɪvɪt]	un simple soldat
AM an enlisted man	

a recruit [rɪ'kruːt]	une recrue
BR a conscript [kən'skrɪpt]	un appelé, un conscrit
AM a draftee [dræf'tiː]	
– National service	le service militaire
military service	
BR to sign on	s'engager, s'enrôler
BR to join (up)	
AM to enlist [ɪn'lɪst]	
to join the army	s'engager dans l'armée
to go* into the army	

to recruit sb	recruter qqn
to be called up	être mobilisé
to be demobilized	être démobilisé
a civilian [sɪˈvɪlɪən]	un(e) civil(e)
BR conscription [kənˈskrɪpʃən] AM the draft [drɑːft]	la conscription
fit for service	bon pour le service
to be declared unfit (for military service)	être réformé
army pay	la solde
– Uniform [ˈjuːnɪfɔːm]	l'uniforme

in dress uniform	en tenue de cérémonie
in battle dress	en tenue de combat
a forage cap	un calot
a cap [kæp]	une casquette
a peaked cap	
a helmet [ˈhelmɪt]	un casque
kit [kɪt] (n. c.)	le barda
a rank [ræŋk]	un grade
a star [stɑːʳ]	une étoile
a stripe [straɪp]	un galon
a chevron [ˈʃevrən]	un chevron

■ 6. MILITARY LIFE LA VIE MILITAIRE

– To serve in a regiment [sɜːv]	servir dans un régiment
to be on duty	être de service
to be off duty	avoir quartier libre
a garrison [ˈgærɪsən]	une garnison
headquarters [ˈhedkwɔːtəz] (plur.)	le quartier général
HQ [eɪtʃˈkjuː]	le QG
the barracks [ˈbærəks] (sing.)	la caserne
the mess [mes]	la cantine, le mess
a sentry [ˈsentrɪ]	une sentinelle, un factionnaire
to be on sentry duty	être de faction
to be on fatigue (duty)	être de corvée
reveille [rɪˈvælɪ]	le réveil
BR confined to barracks BR confined to quarters AM confined to base	consigné
to go* on leave	partir en permission
– An officer [ˈɒfɪsəʳ]	un officier
a non-commissioned officer a NCO [ˌensiːˈəʊ]	un sous-officier
the commanding officer the CO [siːˈəʊ]	le commandant
to get* one's commission to be commissioned	être nommé officier
to be in command	commander
BR an ex-serviceman AM a veteran [ˈvetərən] AM a vet [vet] (parlé)	un ancien combattant
– To salute sb [səˈluːt]	saluer qqn
a salute	un salut

to present arms	présenter les armes
Present arms!	Présentez armes !
to stand*/come* to attention	être/se mettre au garde-à-vous
Attention! [əˈtenʃən]	Garde à vous !
to stand* at ease	être au repos
(Stand) at ease!	Repos !
to march [mɑːtʃ]	marcher au pas
to mark time	marquer le pas
Quick march!	En avant, marche !
About turn!	Demi-tour !
Right turn!	À droite, droite !
Left turn!	À gauche, gauche !
Halt! Who goes there?	Halte ! Qui va là ?
Lights out!	Extinction des feux !
– To train for [treɪn]	s'entraîner pour, se préparer à
to train sb	former qqn, instruire qqn
training [ˈtreɪnɪŋ]	l'instruction
to drill [drɪl]	faire l'exercice
to drill soldiers	faire faire l'exercice à des soldats
drill (n. c.)	l'exercice
BR to be on manoeuvres AM to be on maneuvers	être en manœuvres
the assault course	le parcours du combattant
– A parade [pəˈreɪd]	une parade, une revue
a review [rɪˈvjuː]	une revue
to review	passer en revue
the parade ground	le terrain de manœuvres
to parade before sb	défiler devant qqn
to march past	défiler

a march past	un défilé	an inspection	une inspection
to inspect [ɪn'spekt]	inspecter	[ɪn'spekʃən]	

■ 7. THE ARMY L'ARMÉE DE TERRE

– The British / French army	l'armée britannique / française	a major ['meɪdʒəʳ]	un commandant
the US army	l'armée américaine	a captain ['kæptɪn]	un capitaine
the infantry ['ɪnfəntrɪ]	l'infanterie	a lieutenant [lef'tenənt]	un lieutenant
the artillery [ɑː'tɪlərɪ]	l'artillerie	a warrant officer	un adjudant
the engineers [ˌendʒɪ'nɪəʳz]	le génie	a sergeant ['sɑːdʒənt]	un sergent
		a corporal ['kɔːpərəl]	un caporal
the cavalry ['kævəlrɪ]	la cavalerie	an infantryman ['ɪnfəntrɪmæn]	un fantassin
the commandos [kə'mɑːndəʊz]	les commandos	a soldier ['səʊldʒəʳ]	un soldat
the Signals (corps)	les transmissions	a gunner ['gʌnəʳ]	un artilleur
an army corps	un corps d'armée	– The troops [truːps]	les troupes
a corps [kɔːʳ]		a detachment [dɪ'tætʃmənt]	un détachement
a division [dɪ'vɪʒən]	une division		
a brigade [brɪ'geɪd]	une brigade	a column ['kɒləm]	une colonne
a regiment ['redʒɪmənt]	un régiment	the reserve [rɪ'zɜːv]	la réserve
a battalion [bə'tælɪən]	un bataillon	an orderly ['ɔːdəlɪ]	un planton
a company ['kʌmpənɪ]	une compagnie	khaki ['kɑːkɪ]	kaki
a platoon [plə'tuːn]	une section, un peloton	AM olive drab	
– BR a field marshal	un maréchal	BR airborne ['ɛəbɔːn]	aéroporté
AM a five-star general		AM airmobile ['ɛəˌməʊbaɪl]	
a general ['dʒenərəl]	un général	a paratrooper ['pærətruːpəʳ]	un parachutiste
BR a brigadier [ˌbrɪgə'dɪəʳ]	un général de brigade	paratroops ['pærətruːps]	les troupes aéroportées
AM a brigadier general		a parachute ['pærəʃuːt]	un parachute
a colonel ['kɜːnl]	un colonel	to parachute	parachuter, sauter en parachute
a lieutenant colonel	un lieutenant-colonel		

■ 8. THE NAVY LA MARINE DE GUERRE

– The French Navy	la marine française	– A warship ['wɔːˌʃɪp]	un navire de guerre
the Royal Navy (abr. RN)	la marine de guerre britannique	a battleship ['bætlˌʃɪp]	un cuirassé
the US Navy (abr. USN)	la marine de guerre américaine	an aircraft carrier	un porte-avions
		a cruiser ['kruːzəʳ]	un croiseur
naval ['neɪvəl]	naval	a destroyer [dɪs'trɔɪəʳ]	un contre-torpilleur
a naval base	une base navale	a frigate ['frɪgɪt]	une frégate
the fleet [fliːt]	la flotte	a torpedo boat	une vedette lance-torpilles
a flotilla [flə'tɪlə]	une flotille		
a convoy ['kɒnvɔɪ]	un convoi	a troop carrier	un transport de troupes (navire)
a port [pɔːt]	un port		
the home port	le port d'attache	a gunboat ['gʌnbəʊt]	une canonnière
the home base		a submarine [ˌsʌbmə'riːn]	un sous-marin
a naval dockyard	un arsenal maritime	a launch [lɔːnʃ]	une vedette
to refit a ship	réarmer un navire	a landing craft	une péniche de débarquement

- **An admiral** [ˈædmərəl]　un amiral
a commander　un capitaine de frégate
[kəˈmɑːndəʳ]
the marines [məˈriːnz]　les fusiliers marins
a lieutenant [lefˈtenənt]　un enseigne de
　　　vaisseau
a midshipman　un aspirant
[ˈmɪdʃɪpmən]
a sailor [ˈseɪləʳ]　un marin
a seaman [ˈsiːmən]
BR **a rating** [ˈreɪtɪŋ]　un matelot
AM **a recruit** [rɪˈkruːt]

- **The flagship** [ˈflægʃɪp]　le vaisseau amiral
a naval engagement　un combat naval

to escort [ˈeskɔːt]　escorter
in close formation　en ordre serré
to sink* [sɪŋk]　couler, sombrer
to go* down
to sink* a ship　couler un navire
to scuttle a ship　saborder un navire
Action stations!　À vos postes de
　　　combat !
All hands on deck!　Tous les hommes sur le
　　　pont !
a mine [maɪn]　une mine
a minesweeper　un dragueur de mines
a minelayer　un mouilleur de mines
to lay* mines　mouiller des mines

> **REMARQUE** Le nom des navires de guerre britanniques commence toujours par
> les initiales **HMS** (abr. de *His/Her Majesty's Ship*) ; **ex.** : HMS Bravado = le Bravado.
> Le nom des navires de guerre américains commence toujours par les initiales
> **USS** (abr. de *United States Ship*) ; ex. : le USS Bravado = le Bravado. Les navires
> sont en général repris par des pronoms et des adjectifs au féminin ; ex. : **she
> was a beautiful ship, you should have seen her** = c'était un beau bateau, il fallait le
> voir.

■ 9. THE AIR FORCE L'ARMÉE DE L'AIR

- **The French Air Force**　l'armée de l'air française
the Royal Air Force　l'armée de l'air
(abr. RAF)　britannique
the US Air Force　l'armée de l'air
(abr. USAF)　américaine
an aircraft [ˈɛəkrɑːft]　un avion
a plane [pleɪn]
BR **an aeroplane**
[ˈɛərəpleɪn]
AM **an airplane** [ˈɛəpleɪn]
a pilot [ˈpaɪlət]　un pilote

- **A fighter** [ˈfaɪtəʳ]　un chasseur
a bomber [ˈbɒməʳ]　un bombardier
a helicopter [ˈhelɪkɒptəʳ]　un hélicoptère
a vertical take-off plane　un avion à décollage
　　　vertical
a jet engine　un moteur à réaction
a wing [wɪŋ]　une escadre aérienne
a squadron [ˈskwɒdrən]　une escadrille
a glider [ˈglaɪdəʳ]　un planeur

- BR **an air chief marshal**　un général (d'armée
AM **a general** [ˈdʒenərəl]　aérienne)
BR **an air commodore**　un général de brigade
AM **a brigadier general**　aérienne
BR **a group captain**　un colonel (de l'armée
AM **a colonel** [ˈkɜːnl]　de l'air)
BR **a wing commander**　un lieutenant-colonel
AM **a lieutenant colonel**　(de l'armée de l'air)

BR **a squadron leader**　un commandant (de
AM **a major** [ˈmeɪdʒəʳ]　l'armée de l'air)
BR **a flight lieutenant**　un capitaine (de l'armée
AM **a captain** [ˈkæptɪn]　de l'air)
BR **a flying officer**　un lieutenant (de
AM **a first lieutenant**　l'armée de l'air)
an airman [ˈɛəmæn]　un soldat (de l'armée de
　　　l'air)
a navigator [ˈnævɪgeɪtəʳ]　un navigateur

- **A sortie** [ˈsɔːtɪ]　une sortie
an air base　une base aérienne
a landing field　un terrain d'atterrissage
a mission [ˈmɪʃən]　une mission
an air raid　un raid aérien
a bombing raid
to drop a bomb *on sth*　lâcher une bombe *sur
　　　qqch.*
to shoot* sth/sb down　abattre qqch./qqn
to bring* sth/sb down
to crash-land [ˈkræʃlænd]　atterrir en catastrophe
to bale out　sauter en catastrophe
an ejector seat　un siège éjectable
an air-raid shelter　un abri antiaérien
a fallout shelter　un abri antinucléaire
BR **a fly-past** [ˈflaɪˌpɑːst]　un défilé aérien
AM **a flyover** [ˈflaɪˌəʊvəʳ]

20 THE ECONOMY L'ÉCONOMIE

■ 1. ECONOMIC CHOICES LES CHOIX ÉCONOMIQUES _____

- Free enterprise — la libre entreprise
  liberalism ['lɪbərəlɪzəm] — le libéralisme
  a free market economy — une économie libérale, une économie de marché
  free trade — le libre-échange
  protectionism [prə'tekʃənɪzəm] — le protectionnisme
  privatization [ˌpraɪvɪˌtaɪ'zeɪʃən] — la privatisation
  to privatize ['praɪvɪˌtaɪz] — privatiser

- Planning ['plænɪŋ] — la planification
  to plan [plæn] — planifier
  a state-run economy — une économie dirigée
  a state-controlled economy
  state intervention — le dirigisme

- Nationalization [ˌnæʃnələr'zeɪʃən] — la nationalisation
  to nationalize ['næʃnəlaɪz] — nationaliser
  the nationalized industries — les industries nationalisées
  a state-owned company — une entreprise publique
  a state-controlled company
  to bring* under state control — étatiser (industrie, entreprise)
  to bring* under government control

a mixed economy — une économie mixte

- Monetarism ['mʌnɪtərɪzəm] — le monétarisme
  monetary ['mʌnɪtəri] — monétaire
  a monetarist ['mʌnɪtərɪst] — un(e) monétariste
  public spending (n. c.) — les dépenses publiques
  government spending (n. c.)
  a government loan — un emprunt d'État
  to issue a loan — lancer un emprunt
  a subsidy ['sʌbsɪdɪ] — une subvention
  to subsidize ['sʌbsɪdaɪz] — subventionner

- The balance of trade — la balance commerciale
  the balance of payments — la balance des paiements
  the gross national product — le produit national brut
  the GNP [ˌdʒi:en'pi:] — le PNB
  the gross domestic product — le produit intérieur brut
  the GDP [dʒi:di:'pi:] — le PIB
  the retail price index — l'indice des prix à la consommation

- The public/private sector — le secteur public/privé
  primary industry — le secteur primaire
  manufacturing secondary industry — le secteur secondaire
  the service industries tertiary industry — le secteur tertiaire

■ 2. THE ECONOMIC SITUATION LA CONJONCTURE ÉCONOMIQUE _____

- Economic [ˌi:kə'nɒmɪk] — économique (enjeu, problème)
  growth [grəʊθ] — la croissance
  the growth rate — le taux de croissance
  to boom [bu:m] — être en plein essor
  the economic boom — l'essor économique
  a boom in sales/production — une forte progression des ventes/de la production

- The recession [rɪ'seʃən] — la récession
  the slump [slʌmp]
  stagnation [stæg'neɪʃən] — le marasme
  the budget deficit — le déficit budgétaire
  a trade deficit — un déficit commercial
  a trade gap

a downturn in sales — une baisse des ventes
a slump in demand — une chute de la demande

- An economic package — une série de mesures économiques
  austerity measures (plur.) — une politique d'austérité
  to boost [bu:st] — relancer
  to boost the economy — relancer l'économie
  to reflate the economy
  reflation [ri:'fleɪʃən] — la relance économique
  reflationary measures — des mesures de relance
  the economic recovery — le redressement économique
  the economic revival — la reprise économique

- **Inflation** [ɪnˈfleɪʃən] — l'inflation
inflationary [ɪnˈfleɪʃnərɪ] — inflationniste
deflation [diːˈfleɪʃən] — la déflation
devaluation [ˌdɪvæljʊˈeɪʃən] — la dévaluation

to **devalue** [ˈdiːˈvæljuː] — dévaluer
revaluation [riːˌvæljʊˈeɪʃən] — la réévaluation
to **revalue** [ˈriːˈvæljuː] — réévaluer

■ 3. THE STOCK EXCHANGE LA BOURSE

- **A portfolio** [pɔːtˈfəʊlɪəʊ] — un portefeuille
a share [ʃɛəʳ] — une action
stocks and shares — des actions
securities [sɪˈkjʊərɪtɪz] — les valeurs, les titres
BR **gilt-edged securities** — des grandes valeurs de la cote
AM **blue chips**
BR **to hold* shares** in — détenir des actions de
AM **to have stock** in
BR **a shareholder** [ˈʃɛəʳˌhəʊldəʳ] — un(e) actionnaire
AM **a stockholder** [ˈstɒkˌhəʊldəʳ]
a stake [steɪk] — une participation financière
a holding [ˈhəʊldɪŋ]
an interest [ˈɪntrɪst]
to take* a majority shareholding — prendre une participation majoritaire

- **A bond** [bɒnd] — une obligation
a debenture [dɪˈbenʧəʳ]
a government bond — une obligation d'État
government securities — les fonds d'État
a dividend [ˈdɪvɪdend] — un dividende

- BR **the stock exchange** — la Bourse (des valeurs)
AM **the stock market**
the forward market — le marché à règlement mensuel
the spot market — le marché au comptant
the cash market
the share index — l'indice des valeurs boursières
the Dow-Jones average — l'indice Dow-Jones

- **A currency** [ˈkʌrənsɪ] — une monnaie
foreign currency — les devises étrangères
the rate of exchange — le taux de change
the exchange rate
the foreign exchange market — le marché des changes

a foreign exchange dealer — un(e) cambiste
a stockbroker [ˈstɒkbrəʊkəʳ] — un agent de change
a firm of stockbrokers — une société de Bourse

- **To be quoted** — être coté (en Bourse)
to be listed
a quotation [kwəʊˈteɪʃən] — une cotation
an issue [ˈɪʃuː] — une émission
a flotation [fləʊˈteɪʃən]
trading [ˈtreɪdɪŋ] (n. c.) — les échanges, les transactions

- **To appreciate** [əˈpriːʃɪeɪt] — s'apprécier, prendre de la valeur
to depreciate [dɪˈpriːʃɪeɪt] — perdre de sa valeur
the dollar has risen / fallen by 9 % — le dollar a augmenté / baissé de 9 %
the rise of the dollar against the pound — la hausse du dollar par rapport à la livre
to rally [ˈrælɪ] — se redresser
the market has rallied — les cours se sont redressés
the market is steady — le marché est stable

- **Fluctuation** [ˌflʌktjʊˈeɪʃən] — la fluctuation
to fluctuate [ˈflʌktjʊeɪt] — fluctuer
a bull / bear market — un marché haussier / baissier
the opening / closing price — le cours d'ouverture / de clôture
the collapse of the market — l'effondrement du marché
a crash [kræʃ] — un krach
to speculate in [ˈspekjʊleɪt] — spéculer sur
a speculator [ˈspekjʊleɪtəʳ] — un(e) spéculateur (-trice)

■ 4. BANKS LES BANQUES

– **Finance** [faɪˈnæns]	la finance
high finance	la haute finance
a **financier** [faɪˈnænsɪəʳ]	un financier
banking [ˈbæŋkɪŋ]	la banque
a **banker** [ˈbæŋkəʳ]	un banquier
– **Money** [ˈmʌnɪ]	l'argent
BR a **(bank)note**	un billet (de banque)
[(ˈbæŋk)nəʊt]	
AM a **(treasury) bill**	
a 100-euro note	un billet de 100 euros
a **coin** [kɔɪn]	une pièce
a 10-cent coin	une pièce de 10 centimes
– **Change** [tʃeɪndʒ]	la monnaie
to give sb change for 50 euros	faire à qqn la monnaie de 50 euros
to change a 50-euro note	changer un billet de 50 euros
to **get*** change	faire de la monnaie
small change	de la petite monnaie
small/large notes	des petites/grosses
notes of large/small denomination	coupures
– **A** bank account	un compte bancaire
BR a **current account**	un compte courant
AM a **checking account**	
a savings account	un compte sur livret
BR a **deposit account**	
to open an account *with* a bank	ouvrir un compte *dans une banque*
to close an account	fermer un compte
Where do you bank?	Quelle est votre banque ?
I bank with them	j'ai un compte chez eux
– **A** credit card	une carte de crédit
BR a **cheque** [tʃek]	un chèque
AM a **check**	
BR a **cheque for** 500 euros	un chèque de 500 euros
AM a **check in the** amount of 500 euros	
BR a **chequebook**	un chéquier
AM a **checkbook**	
to write* a cheque	faire un chèque
to write* sb a cheque for 4,000 euros	faire à qqn un chèque de 4 000 euros
to make* a cheque out to sb	libeller un chèque à l'ordre de qqn
to cross a cheque	barrer un chèque

the cheque bounced (parlé)	c'était un chèque en bois
a bad cheque	un chèque sans provision
a dud cheque (parlé)	
– **To** cash a cheque	toucher un chèque
to make* a deposit	faire un versement
to deposit 900 euros in one's account	verser 900 euros sur son compte
to credit an account with 3,000 euros	créditer un compte de 3 000 euros
to pay* a cheque into an account	verser un chèque à un compte
to withdraw* money from	retirer de l'argent *de*
to draw* money *from* one's account	tirer de l'argent *sur son compte*
a PIN number	un code confidentiel
– **A** credit/debit balance	un solde créditeur/débiteur
the account has a credit/debit of 500 euros	le compte est créditeur/débiteur de 500 euros
a **debtor** [ˈdetəʳ]	un(e) débiteur (-trice)
a **creditor** [ˈkredɪtəʳ]	un(e) créancier (-ière)
– **A** (bank) statement	un relevé bancaire
BR to have an overdraft	avoir un découvert, être à découvert
to be overdrawn	
to be in the red (parlé)	être dans le rouge
bank charges	des agios
a draft *of sth/on sth* [drɑːft]	une traite *de qqch./sur qqch.*
– **To** lend* sth *to sb*	prêter qqch. *à qqn*
a **loan** [ləʊn]	un prêt, un emprunt
a **mortgage** [ˈmɔːgɪdʒ]	un prêt immobilier
to borrow money *from*	emprunter de l'argent *à*
a credit institution	un organisme de prêt
the schedule of repayments	l'échéancier
– **A** mortgage [ˈmɔːgɪdʒ]	un crédit immobilier
to take out a mortgage	souscrire un crédit immobilier
mortgage payments	les remboursements de crédit immobilier
to mortgage sth	hypothéquer qqch.
as a security on a loan	comme caution d'un prêt
to repay* sth	rembourser qqch.

– BR a merchant bank BR a commercial bank AM an investment bank	une banque d'affaires	to yield 6 % to give* a good return	rapporter 6 % être d'un bon rapport
capital ['kæpɪtl]	le capital	– A bank manager	un directeur de banque
funds [fʌndz]	les fonds	a bank clerk	un(e) employé(e) de banque
to invest in [ɪn'vest]	investir *dans*		
an investment [ɪn'vestmənt]	un investissement	BR a cashier [kæ'ʃɪəʳ] AM a teller ['teləʳ]	un(e) caissier (-ière)
an investor [ɪn'vestəʳ]	un investisseur	BR a safe [seɪf] BR a strong box AM a safe deposit box	un coffre-fort
– Interest ['ɪntrɪst] (n. c.)	l'intérêt, les intérêts	the strongroom ['strɒŋruːm] the vault [vɔːlt]	la salle des coffres
interest on an investment	les intérêts d'un placement		
the interest rate	le taux d'intérêt	BR a cashpoint ['kæʃpɔɪnt] BR a cash dispenser AM an automatic teller	un distributeur automatique de billets
6 % interest	6 % d'intérêt		

■ 5. BUSINESS   LES AFFAIRES

– A company ['kʌmpənɪ]	une entreprise, une société	to set* up in business on one's own to set* up one's own business	s'établir à son compte
a business ['bɪznɪs]	une affaire		
a firm [fɜːm]	une firme	– A make [meɪk]	une marque (produits manufacturés)
small businesses	les PME		
a dotcom ['dɒtkɒm]	une entreprise dont les services sont uniquement accessibles via Internet	a brand [brænd]	une marque (produits alimentaires)
		a registered trademark	une marque déposée
e-commerce ['iːˌkɒmɜːs] e-business ['iːˌbɪznɪs]	le commerce électronique	the brand image	l'image de marque
		a patent ['peɪtənt]	un brevet
to be in business	être dans les affaires	– The law of supply and demand	la loi de l'offre et de la demande
to run* a business	diriger une affaire		
to deal* in to trade in	être dans le commerce de	competition [ˌkɒmpɪ'tɪʃən]	la concurrence
– Commercial [kə'mɜːʃəl]	commercial	unfair competition	la concurrence déloyale
trade [treɪd] (n. c.) trading ['treɪdɪŋ] (n. c.)	les échanges commerciaux	to compete with sb/sth	concurrencer qqn/qqch.
a trade agreement a trading agreement	un accord commercial	a competitor [kəm'petɪtəʳ]	un(e) concurrent(e)
a contract ['kɒntrækt]	un contrat	competitive [kəm'petɪtɪv]	concurrentiel, compétitif
to sign/cancel a contract	signer/résilier un contrat	rock-bottom prices	des prix défiant toute concurrence
a breach of contract	une rupture de contrat	– Marketing ['mɑːkɪtɪŋ]	le marketing
– A businessman ['bɪznɪsˌmæn]	un homme d'affaires	direct marketing	le marketing direct
a businesswoman ['bɪznɪsˌwʊmən]	une femme d'affaires	to market ['mɑːkɪt]	commercialiser
		to do* some market research	faire une étude de marché
the head of a company	un chef d'entreprise	an outlet ['aʊtlet]	un débouché
the entrepreneurial spirit	l'esprit d'entreprise	to meet* the needs of the customer	répondre aux besoins du client
to set* up a company	créer une entreprise	to see a gap in the market	repérer un créneau

131

to launch a product	lancer un produit
- The home market the domestic market	le marché intérieur
to break* into new markets	s'établir sur de nouveaux marchés
to capture a market	s'emparer d'un marché
to carve out a share of the market	se tailler une part du marché
to establish o.s. in a market	s'implanter dans un marché
to saturate the market	saturer le marché
- A sales drive	une campagne promotionnelle
a sample ['sɑːmpl]	un échantillon
a trade fair	une foire commerciale, un salon
the Book Fair	la Foire du livre
the Motor Show	le Salon de l'automobile
an exhibitor [ɪgˈzɪbɪtəʳ]	un exposant
- A profit [ˈprɒfɪt]	un bénéfice
to make* a profit	réaliser un bénéfice
the mark-up	la marge (sur un produit)
a profit margin	une marge bénéficiaire
a loss [lɒs]	une perte

gross [grəʊs]	brut
net [net]	net
the turnover [ˈtɜːnˌəʊvəʳ]	le chiffre d'affaires
business is good / bad	les affaires marchent bien / mal
- The financial year	l'exercice financier
the balance sheet	le bilan
assets [ˈæsets] (plur.)	l'actif
liabilities [ˌlaɪəˈbɪlɪtɪz] (plur.)	le passif
receipts [rɪˈsiːts]	les recettes
takings [ˈteɪkɪŋz]	les rentrées
outgoings [ˈaʊtgəʊɪŋz]	les sorties
overheads [ˌəʊvəˈhedz] BR oncosts [ˈɒnkɒsts]	les frais généraux
- A deficit [ˈdefɪsɪt]	un déficit
to be in deficit	être déficitaire
to go* into voluntary liquidation	déposer son bilan
compulsory liquidation	la liquidation judiciaire
to go* bankrupt	faire faillite
bankruptcy [ˈbæŋkrəptsɪ]	la faillite
to refloat a company	renflouer une compagnie
a rescue plan	un plan de sauvetage

■ 6. BUSINESS ORGANIZATION L'ORGANISATION DE L'ENTREPRISE _____

- A group [gruːp]	un groupe
a multinational [ˌmʌltɪˈnæʃənl]	une multinationale
a subsidiary [səbˈsɪdɪərɪ]	une filiale
a branch office	une succursale
the head office	le siège social
the parent company	la maison mère
a small business	une petite entreprise
a small-sized company	
small and medium-sized companies	≈ les PME
- A joint-stock company	une société par actions
BR a public limited company AM an incorporated company	≈ une société anonyme
BR Dupont & Co. plc AM Dupont & Co. Inc.	≈ Dupont & Cⁱᵉ S. A.
- A monopoly [məˈnɒpəlɪ]	un monopole
a cartel [kɑːˈtel]	un cartel
to go* into partnership with sb	s'associer avec qqn

a partner [ˈpɑːtnəʳ]	un(e) associé(e)
a sleeping partner	un commanditaire
- The management [ˈmænɪdʒmənt]	la direction
the board (of directors)	le conseil d'administration
a director [dɪˈrektəʳ]	un(e) administrateur (-trice)
BR the managing director AM the chief executive officer	le PDG
a manager [ˈmænɪdʒəʳ]	un(e) directeur (-trice), un(e) gérant(e)
- The staff [stɑːf]	le personnel
an executive [ɪgˈzekjʊtɪv]	un cadre
a senior executive a senior manager	un cadre supérieur
the managerial staff	les cadres
an employee [ˌɪmplɔɪˈiː]	un(e) employé(e)
- A department [dɪˈpɑːtmənt]	un service, un département

a head of department	un chef de service	management ['mænɪdʒmənt]	la gestion
the personnel director	le chef du personnel		
the personnel officer		good / poor management	une bonne / mauvaise gestion
– The sales department	le service des ventes		
the sales manager	le directeur commercial	– A meeting ['miːtɪŋ]	une réunion
the sales force (sing.)	la force de vente	to be in the chair	présider
a sales representative	un(e) représentant(e) (de commerce)	to chair a meeting	présider une réunion
a rep		on the agenda	à l'ordre du jour
– Accounting [ə'kaʊntɪŋ]	la comptabilité	to take* the minutes of a meeting	rédiger le compte rendu d'une réunion
book-keeping			
the books [bʊks]	les livres de comptes	– To plan [plæn]	prévoir
to keep* the books	tenir les comptes	to develop [dɪ'veləp]	développer
the ledger ['ledʒəʳ]	le grand livre	to diversify [daɪ'vɜːsɪfaɪ]	diversifier
an accountant [ə'kaʊntənt]	un(e) comptable	it is company policy to do this	la compagnie a pour règle d'agir ainsi
the accounts department	le service de la comptabilité		
BR a chartered accountant	un expert-comptable	– To buy* up a company	racheter une entreprise
AM a certified public accountant		to take* over a company	
AM a C.P.A. [ˌsiːpiːˈeɪ]		a takeover ['teɪkˌəʊvəʳ]	un rachat
		a takeover bid	une OPA
– To manage ['mænɪdʒ]	gérer	a (company) merger	une fusion d'entreprises
to run* [rʌn]		to merge [mɜːdʒ]	fusionner

■ 7. COMMERCE LE COMMERCE

– An item ['aɪtəm]	un article	– A seller ['seləʳ]	un vendeur
an article ['ɑːtɪkl]		to sell* [sel]	vendre
a commodity [kə'mɒdɪtɪ]	une denrée, une marchandise	to sell* wholesale	vendre en gros
		a wholesaler ['həʊlseɪləʳ]	un grossiste
a product ['prɒdʌkt]	un produit	to retail ['riːteɪl]	vendre au détail
goods [gʊdz] (plur.)	la marchandise	a retailer ['riːteɪləʳ]	un détaillant
merchandise ['mɜːtʃəndaɪz] (n. c.)		a dealer ['diːləʳ]	un concessionnaire
poor / high quality goods	des produits de mauvaise / très bonne qualité	a sales outlet	un point de vente
		– The wholesale / retail price	le prix de gros / de détail
it's junk (parlé)	c'est de la camelote	the cost / selling price	le prix de revient / de vente
a range [reɪndʒ]	une gamme		
a model ['mɒdl]	un modèle	the factory-gate price	le prix sortie d'usine
a design [dɪ'zaɪn]		the launch price	le prix de lancement
a top-of-the-range model	un modèle haut de gamme	– An order ['ɔːdəʳ]	une commande
a high-end model		to order sth from sb	commander qqch. à qqn
a product line	une ligne de produits	to place an order for sth / with sb	passer une commande de qqch. / à qqn
– A buyer ['baɪəʳ]	un(e) acheteur (-euse)	to cancel an order	annuler une commande
to buy* sth from sb [baɪ]	acheter qqch. à qqn	an order form	un bon de commande
to purchase sth from sb ['pɜːtʃɪs]		an order book	un carnet de commandes
a purchase	un achat	in stock	en stock
to buy* sth wholesale / retail	acheter qqch. en gros / au détail		

out of stock	en rupture de stock
to have sth in stock	avoir qqch. en magasin
we do not stock this item anymore	nous ne faisons plus cet article
BR a catalogue ['kætəlɒg] AM a catalog	un catalogue
mail-order selling	la vente par correspondance
telephone selling telesales	la vente par téléphone
e-commerce ['i:kɒmɜːs]	le commerce électronique
web sales	ventes par internet
– On approval	à l'essai
second-hand	d'occasion
an exchange [ɪks'tʃeɪndʒ]	un échange
to exchange sth for sth	échanger qqch. contre qqch.
barter ['bɑːtəʳ]	le troc
– A label ['leɪbl]	une étiquette (marque)
a price tag	une étiquette (prix)
– A transaction [træn'zækʃən]	une transaction
to make* a deal with sb	conclure une affaire avec qqn
a quotation [kwəʊ'teɪʃən] a quote [kwəʊt] an estimate ['estɪmɪt]	un devis
an invoice ['ɪnvɔɪs]	une facture
to invoice	facturer
a receipt [rɪ'siːt]	un reçu
to supply sb with sth	fournir qqch. à qqn
the supplier [sə'plaɪəʳ]	le fournisseur
– To pay* [peɪ]	payer
to pay* cash (down)	payer comptant
credit ['kredɪt]	le crédit
BR an instalment [ɪn'stɔːlmənt] AM an installment	un versement, une mensualité
free credit	le crédit gratuit
to give* sb credit	faire crédit à qqn
credit facilities	des facilités de paiement
to buy* sth on credit to buy* sth on easy terms BR to buy* sth on hire-purchase AM to buy* sth on the installment plan	acheter qqch. à crédit

BR to pay* by monthly instalments AM to pay* by monthly installments	payer par mensualités
to pay* a deposit on sth	verser des arrhes sur qqch.
– A complaint [kəm'pleɪnt]	une réclamation
to make* a complaint to complain [kəm'pleɪn]	faire une réclamation
a guarantee [ˌgærən'tiː]	une garantie
a guarantee slip	un bon de garantie
it is under guarantee	c'est sous garantie
to guarantee sth against sth	garantir qqch. contre qqch.
the after-sales service	le service après-vente
to repair sth	réparer qqch.
– To distribute [dɪs'trɪbjuːt]	distribuer
the distribution network	le réseau de distribution
to dispatch [dɪs'pætʃ] to despatch [dɪs'pætʃ] to consign [kən'saɪn] to ship [ʃɪp]	expédier
dispatch despatch shipping ['ʃɪpɪŋ]	l'expédition (transport)
a consignment [kən'saɪnmənt] a shipment ['ʃɪpmənt]	une expédition, un envoi (marchandises)
– A delivery [dɪ'lɪvərɪ]	une livraison
to deliver sth to sb [dɪ'lɪvəʳ]	livrer qqch. à qqn
cash on delivery	paiement à la livraison
cash with order	payable à la commande
carriage forward / paid	port dû / payé
– The packaging ['pækɪdʒɪŋ]	l'emballage, le conditionnement
to package ['pækɪdʒ]	emballer, conditionner
a cardboard box	un carton
a crate [kreɪt]	une caisse
a goods depot	un dépôt de marchandises
a warehouse ['wɛəhaʊs]	un entrepôt
handling ['hændlɪŋ]	la manutention
a warehouseman (fém. warehousewoman)	un(e) manutentionnaire
– To import sth from	importer qqch. de
imports ['ɪmpɔːts]	les importations
an importer [ɪm'pɔːtəʳ]	un importateur
a cotton importer	un importateur de coton

to export sth to	exporter qqch. *vers*
exports [ɪks'pɔːts]	les exportations
an exporter [ɪks'pɔːtəʳ]	un exportateur
a coffee exporter	un exportateur de café
BR an export licence	une licence d'exporta-
AM an export license	tion
a forwarding agent	un transitaire

customs ['kʌstəmz] (plur.)	la douane
a customs officer	un douanier
customs duty (n. c. sing.)	les droits de douane
to clear sth through customs	dédouaner qqch.
nothing/goods to declare	rien/marchandises à déclarer

■ 8. CONSUMPTION LA CONSOMMATION

– To consume [kən'sjuːm]	consommer
a consumer [kən'sjuːməʳ]	un(e) consommateur (-trice)
the consumer society	la société de consommation
consumer goods	des biens de consommation
living standards	le niveau de vie
the standard of living	
purchasing power	le pouvoir d'achat
– The cost [kɒst]	le coût
the cost of living	le coût de la vie
What does it cost?	Cela coûte combien ?
How much is this?	C'est combien ?
– Expensive [ɪks'pensɪv]	cher
costly ['kɒstlɪ]	coûteux
dear [dɪəʳ]	
to be expensive	coûter cher
to cost* a lot of money	
to cost* a fortune	coûter une fortune
to cost* the earth (parlé)	coûter les yeux de la tête
exorbitant [ɪg'zɔːbɪtənt]	exorbitant
extravagant [ɪks'trævəgənt]	
outrageous [aʊt'reɪdʒəs]	
prohibitive [prə'hɪbɪtɪv]	prohibitif
to be valuable	avoir de la valeur
priceless ['praɪslɪs]	sans prix, inestimable
to pay* the earth for sth	acheter qqch. à prix d'or
– Cheap [tʃiːp]	bon marché
inexpensive [ˌɪnɪks'pensɪv]	peu cher
at little cost	à peu de frais
free [friː]	gratuit
reasonable ['riːznəbl]	raisonnable
valueless ['væljʊlɪs]	sans valeur
worthless ['wɜːθlɪs]	
– To go* up	augmenter (prix)
to rise* [raɪz]	
to increase [ɪn'kriːs]	

to go* up in price	augmenter (article)
to go* down	baisser (prix)
to fall* [fɔːl]	
to drop [drɒp]	
to go* down in price	baisser (article)
an increase/a drop in prices	une hausse/baisse des prix
prices are soaring	les prix montent en flè-
prices are rocketing	che
prices are spiralling	
the explosion of prices	la flambée des prix
– To economize *on sth* [ɪ'kɒnəmaɪz]	économiser *sur qqch.*
to save up	économiser (argent)
to put* aside	
to save up for sth	faire des économies pour qqch.
to be economical with sth	économiser qqch.
an economy *in sth* [ɪ'kɒnəmɪ]	une économie *de qqch.*
economical [ˌiːkə'nɒmɪkəl]	économique
to cut* back on food	réduire ses dépenses de nourriture
to cut* down on food	
to tighten one's belt	se serrer la ceinture
– To spend* [spend]	dépenser
to spend* a lot on one's car	dépenser beaucoup pour sa voiture
an expense [ɪks'pens]	une dépense
expenses [ɪks'pensɪz]	les dépenses
outgoings ['aʊtgəʊɪŋz]	
– The housekeeping money	l'argent du ménage
a budget ['bʌdʒɪt]	un budget
to work out one's budget	faire ses comptes
to keep* the household accounts	tenir les comptes du ménage
– Payment ['peɪmənt]	le paiement

135

to pay* for the goods	payer les marchandises	– To owe money to sb	devoir de l'argent à qqn
to pay* 8 euros for a book	payer un livre 8 euros	a debt [det]	une dette
a bill [bɪl]	une facture	to get* into debt	s'endetter
to pay* a bill	régler une facture	in debt	endetté
to settle an account		to be in arrears with one's rent	devoir un arriéré de loyer
to pay* the bill	régler la note	it is due by the end of the month	l'échéance est à la fin du mois
unpaid bills	des factures impayées		
outstanding [aʊt'stændɪŋ]	impayé		
overdue [ˌəʊvə'djuː]			

■ 9. SHOPPING LES COURSES

– The shopping ['ʃɒpɪŋ] (n. c.)	les achats, les commissions	– To display sth	exposer qqch.
to do* the shopping	faire les courses	a display [dɪs'pleɪ]	un étalage
AM to market ['maːkɪt]		to be on display	être exposé
to go* shopping	aller faire les courses	BR the (shop) window	la vitrine
to shop at Hudson's	faire ses courses chez Hudson	AM the (store) window	
		to be in the window	être en vitrine
to make* a shopping list	faire une liste des commissions	a stall [stɔːl]	un éventaire, un étal
		a shelf [ʃelf] (plur. shelves)	une étagère, un rayon
– To look for sth	chercher qqch.	– The checkout ['tʃekaʊt]	la caisse (supermarché)
to shop for sth		the cashdesk ['kæʃdesk]	la caisse (magasin)
to shop around for sth	comparer les prix de qqch.	the cash register	la caisse (enregis-
		the till [tɪl]	treuse)
to go* window-shopping	faire du lèche-vitrines	– To haggle ['hægl]	marchander
		to bargain ['baːgɪn]	
– A bargain ['baːgɪn]	une affaire	to haggle over the price	débattre le prix
to get* a (good) bar-gain	faire une affaire	to bargain with sb	marchander avec qqn
it's good value for money	le rapport qualité-prix est excellent	to bargain over sth	marchander qqch.
to buy* sth for next to nothing	acheter qqch. pour une bouchée de pain	– A shopkeeper ['ʃɒpkiːpəʳ]	un(e) commerçant(e)
		a dealer ['diːləʳ]	un(e) négociant(e), un(e) marchand(e)
– The sales [seɪlz]	les soldes	BR a shop walker	un chef de rayon
to sell* sth off (at a sale price)	solder qqch.	AM a floor walker	
BR to be reduced	être soldé	BR a shop assistant	un commis de magasin
AM to be on sale[1]		AM a (sales) clerk	
a discount on ['dɪskaʊnt]	une remise sur	a salesman ['seɪlzmən]	un vendeur
to give* a 20 % dis-count on sth	faire un rabais de 20 % sur qqch.	a saleswoman ['seɪlzˌwʊmən]	une vendeuse
to knock 100 euros off the price (parlé)	baisser le prix de 100 euros	a customer ['kʌstəməʳ]	un(e) client(e)
a reduction [rɪ'dʌkʃən]	une réduction	the clientele [ˌkliːaːn'tel]	la clientèle
a discount		the customers ['kʌstəməʳz]	
at a reduced price	au rabais	– A shopping basket	un panier
		a shopping bag	un cabas
		a carrier (bag)	un sac (en plastique)
		a plastic bag	

ATTENTION 1 : BR to be on sale = être en vente

BR a (shopping) trolley AM a cart [ka:t] AM a caddy ['kædɪ]	un chariot, un caddie	a bow [bəʊ] to wrap sth (up) Is it a present?	un nœud (pour décorer) emballer qqch. C'est pour offrir ?
- A parcel ['pa:sl] wrapping paper string [strɪŋ] a knot [nɒt]	un paquet du papier d'emballage de la ficelle un nœud (pour attacher qqch.)	giftwrap ['gɪftræp] I had it giftwrapped to unwrap a present	du papier cadeau j'ai fait faire un paquet-cadeau ouvrir un cadeau

■ 10. SHOPS AND STORES LES MAGASINS _____

- BR a shop [ʃɒp] AM a store [stɔ:ʳ]	un magasin	a grocer ['grəʊsəʳ]	un(e) épicier (-ière)
a general store	un bazar	BR a greengrocer ['gri:n,grəʊsəʳ]	un marchand de fruits et légumes
a boutique [bu:'ti:k]	une boutique de mode	BR a fishmonger ['fɪʃ,mʌŋəʳ]	un(e) poissonnier (-ière)
BR a corner shop AM a mom-and-pop store (parlé)	un commerce de proximité	BR a fishmonger's (shop) AM a fish store	une poissonnerie
- A department store	un grand magasin	a sandwich bar	une sandwicherie
a department [dɪ'pa:tmənt]	un rayon (de grand magasin)	a wine merchant	un marchand de vins
a chain store a multiple store a multiple ['mʌltɪpl]	un magasin à succursales multiples	a florist ['flɒrɪst] - A newsagent ['nju:z,eɪdʒənt]	un(e) fleuriste un(e) marchand(e) de journaux
a chain of shops	une chaîne de magasins	BR a bookstall ['bʊkstɔ:l] AM a news stand	un kiosque à journaux
a branch [bra:nʃ]	une succursale	a stationer ['steɪʃənəʳ]	un(e) papetier(-ière)
a supermarket ['su:pə,ma:kɪt]	un supermarché, une grande surface	a bookseller ['bʊk,seləʳ]	un(e) libraire
a hypermarket ['haɪpəma:kɪt]	un hypermarché	a bookshop ['bʊkʃɒp] a bookseller's (shop)	une librairie
AM a shopping centre AM a shopping mall	un centre commercial	a second-hand bookseller	un(e) bouquiniste
an arcade [a:'keɪd] a shopping arcade	une galerie marchande	- BR a chemist ['kemɪst] AM a druggist ['drʌgɪst]	un(e) pharmacien(ne)
a market ['ma:kɪt]	un marché	a pharmacy ['fa:məsɪ] BR a chemist's (shop) AM a drugstore ['drʌgstɔ:ʳ]	une pharmacie
a covered / an open-air market	un marché couvert / en plein air		
a flea market	un marché aux puces	- A jeweller ['dʒu:ələʳ]	un(e) bijoutier (-ière)
- A baker ['beɪkəʳ]	un(e) boulanger (-ère)	a gift shop	un magasin de cadeaux
a confectioner [kən'fekʃənəʳ]	un(e) pâtissier (-ière), un(e) confiseur (-euse)	a second-hand shop	un magasin d'articles d'occasion
a confectioner's (shop) BR a sweet shop AM a candy store	une confiserie	a hardware dealer BR an ironmonger ['aɪən,mʌŋgəʳ]	un(e) quincailler (-ère)
- A butcher ['bʊtʃəʳ]	un(e) boucher (-ère)	a shoeshop ['ʃu:ʃɒp]	un magasin de chaussures
a pork butcher	un(e) charcutier (-ière)	the tobacconist's [tə'bækənɪst]	le bureau de tabac
a delicatessen [,delɪkə'tesn]	≈ une épicerie fine	a computer store	un magasin d'informatique

REMARQUE À partir du nom du commerçant, il est possible de dériver le nom du magasin sur le modèle suivant : **a butcher** = un boucher → **a butcher's shop, a butcher's** = une boucherie ; **a grocer** = un épicier → **a grocer's shop, a grocer's** = une épicerie. On dit ainsi : **to go to the butcher's/to the grocer's** = aller chez le boucher/chez l'épicier. **to be at the butcher's/at the grocer's** = être chez le boucher/chez l'épicier.
Il est également possible de dériver le nom du magasin à partir du type de produit vendu, sur le modèle suivant : **music** = la musique → BR **a music shop,** AM **a music store** = un magasin d'instruments de musique ; **wool** = la laine → BR **a wool shop,** AM **a wool store** = un magasin de laine. Les deux types de construction sont bien sûr conjointement possibles : **a florist's (shop), a flower shop** = une boutique de fleuriste, un magasin de fleurs.

■ 11. WEALTH AND POVERTY   LA RICHESSE ET LA PAUVRETÉ _____

- **The rich** [rɪtʃ] (n. c. plur.)   les riches
  rich   riche, fortuné
  wealthy ['welθɪ]
  well-to-do   aisé, nanti
  well-off
  well-heeled (parlé)
  to become* rich   s'enrichir
  to get* rich
  prosperous ['prɒspərəs]   prospère
  prosperity [prɒs'perɪtɪ]   la prospérité
  to lead* a life of luxury   vivre dans le luxe
  to be affluent   vivre dans l'aisance
  the affluent society   la société d'abondance

- **Wealth** [welθ]   la richesse
  riches [rɪtʃɪz] (plur.)   la richesse, les richesses
  a fortune ['fɔːtʃən]   une fortune
  a millionaire [ˌmɪljə'nɛəʳ]   un millionnaire
  BR **a multimillionaire**   un milliardaire
  [ˌmʌltɪˌmɪljə'nɛəʳ]
  AM **a billionaire**
  [ˌbɪljə'nɛəʳ]
  an income ['ɪnkʌm]   un revenu
  to have a large income   avoir de gros revenus
  solvent ['sɒlvənt]   solvable
  solvency ['sɒlvənsɪ]   la solvabilité

- **Poor** [pʊəʳ]   pauvre
  the poor (n. c. plur.)   les pauvres
  a poor man   un pauvre, un miséreux
  a poor woman   une pauvre, une miséreuse
  poverty ['pɒvətɪ]   la pauvreté, la misère[1]

  the poverty line   le seuil de pauvreté
  to be short of money   être à court d'argent
  to live from hand-to-mouth   vivre au jour le jour
  destitute ['destɪtjuːt]   indigent
  needy ['niːdɪ]   nécessiteux
  in need   dans le besoin
  to be broke (parlé)   être fauché
  penniless ['penɪlɪs]   sans le sou
  to have difficulty in making ends meet   avoir du mal à joindre les deux bouts
  to have a small income   avoir un petit revenu
  to have a low income
  poverty-stricken   misérable
  to live in poverty   vivre dans la misère
  abject poverty   la misère noire
  in debt   endetté
  to run* up enormous debts   accumuler d'énormes dettes

  ATTENTION FAUX AMI 1 : **misery** = la tristesse, la détresse

- **A beggar** ['begəʳ]   un(e) mendiant(e)
  to beg *for sth* [beg]   mendier *qqch.*
  to go* bankrupt   faire faillite
  bankruptcy ['bæŋkrəptsɪ]   la faillite
  insolvent [ɪn'sɒlvənt]   insolvable
  insolvency [ɪn'sɒlvənsɪ]   l'insolvabilité
  a moneylender   un prêteur sur gages
  ['mʌnɪˌlendəʳ]
  a pawnbroker
  ['pɔːnˌbrəʊkəʳ]
  to pawn sth   mettre qqch. en gage

■ 12. SOCIAL SECURITY BENEFITS, INSURANCE AND TAX LES PRESTATIONS SOCIALES, LES ASSURANCES ET LES IMPÔTS

- The Welfare State — l'État providence
- the social services — les services sociaux
- social work — l'assistance sociale
- a social worker — un(e) assistant social(e)
- social administration — l'administration sociale
- BR social security[1] / AM state aid — ≈ l'aide sociale
- to be on social security — ≈ recevoir l'aide sociale
- to refund [rɪ'fʌnd] — rembourser
- an allowance for sth [ə'lauəns] — une allocation pour qqch.

ATTENTION 1 : AM social security = pension de vieillesse

- To be entitled to sth — avoir droit à qqch.
- BR you can get it on the NHS — c'est remboursé par la Sécurité sociale
- to pay* contributions to — verser des cotisations à
- benefit(s) ['benɪfɪt(s)] — les prestations
- BR unemployment benefit / AM unemployment compensation — l'allocation de chômage
- to be on the dole (parlé) — toucher l'allocations de chômage
- income support — le revenu minimum d'insertion
- to get sickness benefit — toucher l'assurance-maladie
- an industrial injury — un accident du travail
- a disablement pension — une pension d'invalidité
- compensation for sth [ˌkɒmpən'seɪʃən] — des indemnités pour qqch.
- a maternity allowance — une allocation de maternité
- maternity leave (n. c.) — le congé de maternité
- family allowances — les allocations familiales
- housing benefit — l'allocation de logement
- the old age pension — la pension de vieillesse
- a retirement pension — une pension de retraite
- a superannuation [ˌsuːpəˌrænjʊ'eɪʃən]
- index-linked — indexé
- to be retired — être à la retraite
- retirement [rɪ'taɪəmənt] — la retraite
- a pensioner ['penʃənəʳ] / an old age pensioner / an OAP [ˌəʊeɪ'piː] — un retraité

- senior citizens — les personnes du troisième âge
- a retirement home / an old people's home — une maison de retraite
- Car / fire / life insurance — l'assurance automobile / incendie / vie
- to insure sth against theft — assurer qqch. contre le vol
- to take* out insurance against sth — prendre une assurance contre qqch.
- civil liability — la responsabilité civile
- an insurance policy — une police d'assurance
- a premium ['priːmɪəm] — une prime
- a policy holder — un(e) assuré(e)
- an all-risks policy — une police multirisque
- comprehensive insurance — une assurance tous risques
- an insurance agent — un agent d'assurances
- an insurance broker — un courtier d'assurances

- Tax [tæks] — l'impôt
- a taxpayer — un(e) contribuable
- income tax — l'impôt sur le revenu
- land tax — l'impôt foncier
- wealth tax — l'impôt sur la fortune
- BR pay-as-you-earn / AM pay-as-you-go — système de retenue à la source de l'impôt sur le revenu
- to pay* tax on sth — payer des impôts sur qqch.
- to be liable for tax — être imposable
- tax evasion — la fraude fiscale
- to evade taxation — frauder le fisc
- a tax form — une feuille d'impôts
- to do* one's tax return — remplir sa déclaration d'impôts
- a tax allowance / rebate — un abattement / dégrèvement fiscal
- tax exemption — l'exonération fiscale
- a tax haven — un paradis fiscal
- the tax collector / the taxman (parlé) — le percepteur
- the tax authorities / BR the Inland Revenue / AM the Internal Revenue — le fisc
- a tax on sth — une taxe sur qqch.
- BR value added tax / AM sales tax — la taxe sur la valeur ajoutée

BR **VAT** [viːerˈtiː, væt] la TVA

inclusive / exclusive of tax taxes comprises / non comprises

duty-free détaxé, hors-taxe

the discount rate le taux d'escompte

local taxes les impôts locaux

an eco-tax [ˈiːkəʊˌtæks] une écotaxe

21 | ECONOMIC SECTORS
LES SECTEURS ÉCONOMIQUES

■ 1. INDUSTRY L'INDUSTRIE _____

- **A factory** ['fæktərɪ] — une usine, une fabrique
  a plant [plɑːnt]
  an industrial / a mining complex — un complexe industriel / minier
  a warehouse ['wɛəhaʊs] — un entrepôt
  a workshop ['wɜːkˌʃɒp] — un atelier

- **Heavy / light industry** — l'industrie lourde / légère
  a processing industry — une industrie de transformation
  a precision-tool industry — une industrie de précision
  industrial [ɪn'dʌstrɪəl] — industriel (équipement, recherche)
  to industrialize [ɪn'dʌstrɪəlaɪz] — industrialiser
  industrialization [ɪnˌdʌstrɪəlaɪ'zeɪʃən] — l'industrialisation
  an industrialist [ɪn'dʌstrɪəlɪst] — un industriel

- **The food (processing) industry** — l'industrie alimentaire
  the car industry — l'industrie automobile
  AM **the automobile industry**
  the mechanical engineering industry — l'industrie mécanique
  the chemical industry — l'industrie chimique
  the construction industry — le bâtiment
  the building industry
  shipbuilding ['ʃɪpˌbɪldɪŋ] — la construction navale
  a shipbuilder ['ʃɪpˌbɪldəʳ] — un constructeur de navires
  a shipyard ['ʃɪpˌjɑːd] — un chantier naval

- **The textile industry** — l'industrie textile
  the clothing industry — la confection
  a cotton mill — une filature de coton
  a flour mill — une minoterie
  a distillery [dɪs'tɪlərɪ] — une distillerie
  a brewery ['bruːərɪ] — une brasserie

- **Raw materials** — les matières premières
  the production / assembly line — la chaîne de fabrication / de montage
  to assemble [ə'sembl] — monter, assembler
  to process ['prəʊses] — traiter

a process — un procédé, un processus
processing ['prəʊsesɪŋ] (n. c.) — le traitement

- **Equipment** [ɪ'kwɪpmənt] — l'outillage, l'équipement
  heavy-duty equipment — l'équipement à usage industriel
  plant [plɑːnt] (n. c.) — le matériel
  a machine [mə'ʃiːn] — une machine
  a machine tool — une machine-outil
  a part [pɑːt] — une pièce
  a component [kəm'pəʊnənt]

- **A robot** ['rəʊbɒt] — un robot
  automated ['ɔːtəmeɪtɪd] — robotisé
  automation [ˌɔːtə'meɪʃən] — l'automation, la robotisation
  automatic [ˌɔːtə'mætɪk] — automatique
  a press [pres] — une presse
  BR **a mould** [məʊld] — un moule
  AM **a mold**
  a vat [væt] — une cuve

- **To manufacture** [ˌmænjʊ'fæktʃəʳ] — fabriquer, manufacturer
  manufacture — la fabrication, la manufacture
  a manufacturer [ˌmænjʊ'fæktʃərəʳ] — un(e) fabricant(e)
  a product ['prɒdʌkt] — un produit
  finished / semi-finished goods — les produits finis / semi-finis
  manufactured goods — les produits manufacturés
  goods made in France — des marchandises de fabrication française
  a licensed product — un produit sous licence
  to produce [prə'djuːs] — produire
  production [prə'dʌkʃən] — la production
  to mass-produce sth — produire qqch. en série
  mass production — la production en série
  productivity [ˌprɒdʌk'tɪvɪtɪ] — la productivité
  output ['aʊtpʊt] — le rendement
  full production — le plein rendement

141

■ 2. HEAVY INDUSTRY L'INDUSTRIE LOURDE

- **Coal** [kəʊl] — le charbon, la houille
  a coalfield — un gisement de charbon
  a coalmine — une mine de charbon (site)
  a pit [pɪt] — une mine de charbon (puits)
  a colliery ['kɒlɪərɪ] — une houillère (entreprise)
  the coal (mining) industry — l'industrie houillère, les charbonnages
  the mining industry — l'industrie minière

- **To work a mine** — exploiter une mine
  to extract sth from sth — extraire qqch. de qqch.
  to dig* sth out of sth
  the pithead ['pɪt,hed] — le carreau de la mine
  a coal face — un front de taille
  a tunnel ['tʌnl] — une taille
  a gallery ['gælərɪ] — une galerie
  a shaft [ʃɑːft] — un puits
  a slag heap — un terril, un crassier

- **To go* down the mines** — travailler à la mine
  a miner ['maɪnəʳ] — un mineur
  a coalminer — un mineur (de houillière)
  a mining engineer — un ingénieur des mines
  a safety lamp — une lampe de mineur
  BR **a pickaxe** ['pɪk,æks] — une pioche
  AM **a pickax**
  a skip [skɪp] — une benne

- **A quarry** ['kwɒrɪ] — une carrière
  BR **open-cast mining** — l'exploitation à ciel ouvert
  AM **strip mining**

- **a rock fall** — un éboulement
  a cave-in ['keɪvɪn]
  to cave in — s'effondrer
  firedamp ['faɪə,dæmp] — le grisou
  a firedamp explosion — un coup de grisou

- **The iron and steel industry** — la sidérurgie
  BR **an ironworks** ['aɪən,wɜːks] (sing.) — une usine sidérurgique
  AM **an iron plant**
  a steelworker ['stiːl,wɜːkəʳ] — un sidérurgiste
  BR **a steelworks** (sing.) — une aciérie
  AM **a steel plant**
  a rolling mill — un laminoir
  a blast furnace — un haut-fourneau
  a foundry ['faʊndrɪ] — une fonderie

- **Metallurgy** [me'tælədʒɪ] — la métallurgie
  metal ['metl] — le métal
  a metalworker ['metl,wɜːkəʳ] — un métallurgiste
  to melt metal (down) — fondre du métal
  sheet metal — la tôle
  iron ['aɪən] — le fer
  a bar of iron — une barre de fer
  cast iron — la fonte (matériau)
  iron ore — le minerai de fer
  to smelt ore — fondre du minerai
  to forge [fɔːdʒ] — forger

■ 3. THE BUILDING INDUSTRY LE BÂTIMENT

- **To construct** [kən'strʌkt] — construire, bâtir
  to build* [bɪld]
  building ['bɪldɪŋ] — la construction, le bâtiment (activité)
  masonry ['meɪsnrɪ] — la maçonnerie (résultat)
  a building site — un chantier de construction
  a survey ['sɜːveɪ] — un levé
  to survey a site — faire un levé de terrain
  a (land) surveyor — un arpenteur
  a quantity surveyor — un métreur

- **A building contractor** — un entrepreneur en bâtiment
  building workers — les ouvriers du bâtiment

- **a builder** ['bɪldəʳ] — un constructeur
  a constructor [kən'strʌktəʳ]
  the foreman ['fɔːmən] — le chef de chantier
  a builder ['bɪldəʳ] — un maçon (en général)
  a stonemason ['stəʊn,meɪsn] — un maçon (qui travaille la pierre)
  a bricklayer ['brɪk,leɪəʳ] — un maçon (qui pose les briques)
  a plasterer ['plɑː,stərəʳ] — un plâtrier

- **To excavate** ['ekskəveɪt] — creuser, excaver
  excavation [,ekskə'veɪʃən] — le terrassement
  to lay* the foundations — poser les fondations
  to lay* a pipe — poser un conduit

to dig* [dɪg]	creuser
a trench [trenʃ]	une tranchée
– Scaffolding ['skæfəldɪŋ] (n. c.)	l'échafaudage
a crane [kreɪn]	une grue
a bulldozer ['bʊldəʊzəʳ]	un bulldozer
an excavator ['ekskəveɪtəʳ]	une pelleteuse
a mechanical shover	
a (pneumatic) drill	un marteau-piqueur
– Building materials	les matériaux de construction
reinforced concrete	le béton armé
cement [sə'ment]	le ciment
roughcast ['rʌfkɑːst]	le crépi

freestone ['friːstəʊn]	la pierre de taille
the shell [ʃel]	la carcasse, le gros œuvre
prefabricated [ˌpriː'fæbrɪkeɪtɪd]	préfabriqué
a cement works (sing.)	une cimenterie
a cement factory	
a brickyard [brɪkjɑːd]	une briqueterie
– To pull down a building	démolir un bâtiment
to demolish a building	
to bulldoze ['bʊldəʊz]	démolir au bulldozer
demolition [ˌdemə'lɪʃən]	la démolition
a demolition squad	une équipe de démolition
to knock down	abattre

■ 4. ENERGY L'ÉNERGIE

– Energy ['enədʒɪ]	l'énergie
power ['paʊəʳ]	
a source of energy	une source d'énergie
a source of power	
energy resources	les ressources énergétiques
renewable energy sources	les énergies renouvelables
fuels [fjʊəlz]	les combustibles, les carburants
fossil fuel	le combustible fossile
– The energy bill	la facture énergétique
energy conservation (n. c. sing.)	les économies d'énergie
energy saving (n. c. sing.)	
to save energy	faire des économies d'énergie
power consumption	la consommation d'énergie
– Oil [ɔɪl]	le pétrole[1]
crude oil	le pétrole brut
oil reserves	les réserves de pétrole
an oilfield	un gisement de pétrole
to strike* oil	trouver du pétrole
to drill for oil	forer pour trouver du pétrole
offshore drilling	le forage en mer
a layer of oil	une nappe de pétrole (gisement)
to gush [gʌʃ]	jaillir (pétrole)

ATTENTION FAUX AMI 1 : BR petrol = essence

– An oil rig	une plate-forme pétrolière
an oil well	un puits de pétrole
a derrick ['derɪk]	un derrick
an oil terminal	un terminal pétrolier
a pipeline ['paɪpˌlaɪn]	un oléoduc
a refinery [rɪ'faɪnərɪ]	une raffinerie
– An oil company	une compagnie pétrolière
an oil-producing country	un pays producteur de pétrole
the OPEC countries	les pays de l'OPEP
a barrel ['bærəl]	un baril
a drum [drʌm]	un fût
a can [kæn]	un bidon
a tank [tæŋk]	une citerne
a tanker ['tæŋkəʳ]	un pétrolier
an oil tanker	
a superlunker ['suːpəˌtæŋkəʳ]	un superpétrolier
BR a tanker (lorry)	un camion-citerne
AM a tanker truck	
– Domestic oil	le fuel domestique, le mazout
heating oil	
BR petrol	l'essence
AM gas(oline)	
jet fuel	le kérosène
diesel oil	le diesel
BR paraffin ['pærəfɪn]	le pétrole lampant
AM kerosene ['kerəsiːn]	
– Nuclear energy	l'énergie nucléaire
nuclear power	

a nuclear plant	une centrale nucléaire
a reactor [riːˈæktəʳ]	un réacteur
a breeder reactor	un surgénérateur
nuclear fission/fusion	la fission/fusion nucléaire
a chain reaction	une réaction en chaîne
the core [kɔːʳ]	le cœur (d'un réacteur nucléaire)
the fuel rods	les crayons combustibles
radioactive [ˌreɪdɪəʊˈæktɪv]	radioactif
radioactivity [ˌreɪdɪəʊˈæktɪvɪtɪ]	la radioactivité
– A leak(age) [ˈliːk(ɪdʒ)]	une fuite
nuclear waste (n. c. sing.)	les déchets nucléaires
the storage of nuclear waste	le stockage des déchets nucléaires
nuclear waste disposal	le traitement des déchets nucléaires
radiation [ˌreɪdɪˈeɪʃən]	la radiation
to irradiate [ɪˈreɪdɪeɪt]	irradier
a Geiger counter	un compteur Geiger
to contaminate [kənˈtæmɪneɪt]	contaminer
contamination [kənˌtæmɪˈneɪʃən]	la contamination
to decontaminate [ˌdiːkənˈtæmɪneɪt]	décontaminer

decontamination [ˈdiːkənˌtæmɪˈneɪʃən]	la décontamination
– A generator [ˈdʒenəreɪtəʳ]	un groupe électrogène
a power station	une centrale électrique
hydroelectric power	l'énergie hydroélectrique
a dam [dæm]	un barrage, un réservoir
at peak hours	aux heures de pointe
off-peak rates	le tarif réduit (heures creuses)
– Gas [gæs]	le gaz
a cylinder of gas	une bouteille de gaz
propane [ˈprəʊpeɪn]	le propane
butane [ˈbjuːteɪn]	le butane
natural/town gas	le gaz naturel/de ville
a gasometer [gæˈsɒmɪtəʳ] a gasholder [ˈgæsˌhəʊldəʳ]	un gazomètre
– Solar energy	l'énergie solaire
solar heating	le chauffage (à l'énergie) solaire
a solar collector/panel	un capteur/panneau solaire
wind power	l'énergie éolienne
a windmill [ˈwɪndmɪl] a wind pump	une éolienne
a wind farm	un parc d'éoliennes
tidal power wave power	l'énergie marémotrice
a tidal power station	une usine marémotrice

■ 5. AGRICULTURE L'AGRICULTURE

– Agriculture [ˈægrɪkʌltʃəʳ] farming [ˈfaːmɪŋ]	l'agriculture
agricultural [ˌægrɪˈkʌltʃərəl]	agricole (population, travaux)
agricultural produce (n. c.) farm produce (n. c.)	les produits agricoles
– The land [lænd]	la terre (terrain, surface)
earth [ɜːθ]	la terre (sol, matière)
the ground [graʊnd] the soil [sɔɪl]	le sol
a rich/poor soil	un sol riche/pauvre
fertile [ˈfɜːtaɪl]	fertile
barren [ˈbærən] arid [ˈærɪd]	aride
arable [ˈærəbl]	arable
– Cereals [ˈsɪərɪəlz]	les céréales

wheat [wiːt] BR corn [kɔːn]	le blé
BR maize [meɪz] AM corn	le maïs
oats [əʊts] (plur.)	l'avoine
barley [ˈbaːlɪ]	l'orge
rye [raɪ]	le seigle
sunflowers [ˈsʌnˌflaʊəz] (plur.)	le tournesol
hops [hɒps] (plur.)	le houblon
a hopfield	une houblonnière
– To cultivate [ˈkʌltɪˌveɪt]	cultiver (champ, terre)
to grow* [grəʊ]	cultiver (céréales, légumes)
farmland [ˈfaːmˌlænd]	des terres cultivées
cultivation [ˌkʌltɪˈveɪʃən]	la culture
to grow*	pousser

to plant [plɑːnt]	planter
to plant a field with wheat / barley	planter un champ en blé / avoine
– To sow* [səʊ]	semer
sowing ['səʊɪŋ] (n. c. sing.)	les semailles
seed(s) [siːd(z)]	les graines
BR to plough [plaʊ] AM to plow [plaʊ]	labourer
BR a plough AM a plow	une charrue
a furrow ['fʌrəʊ]	un sillon
a harrow ['hærəʊ]	une herse
a tractor ['træktəʳ]	un tracteur
a (motorized) cultivator	un motoculteur
– To mow* grass	faucher de l'herbe (mécaniquement)
to scythe grass	faucher de l'herbe (avec une faux)
a scythe [saɪð]	une faux
– The harvest ['hɑːvɪst]	la moisson
to harvest	moissonner, récolter (céréales)
a crop [krɒp] a harvest	une récolte
to bring in	rentrer (moisson)
a combine harvester	une moissonneuse-batteuse
a sheaf of corn (plur. sheaves)	une gerbe de blé
an ear [ɪəʳ]	un épi (de blé, de maïs)
hay [heɪ]	le foin
silage ['saɪlɪdʒ]	l'ensilage
a haystack a hayrick	une meule de foin
haymaking	la fenaison
stubble ['stʌbl]	le chaume
straw [strɔː]	la paille
fodder ['fɒdəʳ]	le fourrage (pour animaux)
BR a silo ['saɪləʊ] AM an elevator ['elɪveɪtəʳ]	un silo
a barn [bɑːn]	une grange
– A field [fiːld]	un champ
a meadow ['medəʊ]	une prairie, un pré
grassland (n. c.)	la prairie
the prairie(s) ['prɛərɪ]	la Grande Prairie (aux USA)
pasture (land) (n. c. sing.)	les pâturages, les herbages

– A farmer ['fɑːməʳ]	un(e) agriculteur (-trice), un(e) cultivateur (-trice), un(e) fermier (-ière)
to work on a farm	travailler dans une ferme
a farm worker a farmhand BR a farm labourer AM a farm laborer	un ouvrier agricole
BR a tenant farmer AM a sharecropper ['ʃɛəʳˌkrɒpəʳ]	un métayer
a peasant[1] ['pezənt]	un(e) paysan(ne)
a day labourer	un journalier
a seasonal worker	un saisonnier
a cowboy ['kaʊˌbɔɪ]	un cowboy
a shepherd ['ʃepəd]	un berger
a shepherdess ['ʃepədɪs]	une bergère

> ATTENTION 1 : a peasant a une valeur péjorative en dehors du contexte historique. Pour parler des paysans actuels, employez le mot farmers

– A farm [fɑːm]	une exploitation agricole, une ferme
a farmhouse	une ferme (maison)
a ranch [rɑːnʃ]	un ranch
– To breed* [briːd] to rear [rɪəʳ]	élever (bétail)
to breed*	élever (porcs, chevaux)
a herd [hɜːd]	un troupeau (de bovins)
cattle ['kætl] (n. c. plur.)	le bétail
100 head of cattle	100 têtes de bétail
livestock [ˌlaɪvstɒk] (n. c.)	le cheptel
– A sheep / pig farm	une ferme d'élevage de moutons / de porcs
a stable ['steɪbl]	une écurie
BR a (pig)sty [('pɪg)staɪ] AM a pigpen ['pɪgpen]	une porcherie
a sheepfold ['ʃiːpfəʊld]	une bergerie
a cowshed ['kaʊʃed]	une étable
to milk the cows	traire les vaches
a milking machine	une trayeuse
a drinking trough	un abreuvoir
a feeding trough	une auge
– Battery farming	l'élevage intensif, l'élevage en batterie
the farmyard ['fɑːmˌjɑːd]	la basse-cour
a henhouse ['henhaʊs]	un poulailler

145

free-range chickens / eggs	les poulets / les œufs de ferme	the (grape) harvest (n. c. sing.)	les vendanges
a rabbit hutch	un clapier	to harvest the grapes	faire les vendanges
– **B**eekeeping ['biːˌkiːpiŋ] apiculture ['eɪpɪˌkʌltʃə] (soutenu)	l'apiculture	an estate [ɪsˈteɪt]	un domaine, une propriété
a beekeeper ['biːˌkiːpə] an apiarist ['eɪpɪərɪst] (soutenu)	un(e) apiculteur (-trice)	a tea / coffee plantation	une plantation de thé / de café
to keep* bees	élever des abeilles	a planter ['plɑːntər]	un planteur
a hive [haɪv]	une ruche	– **F**orestry ['fɒrɪstrɪ]	la sylviculture
a swarm of bees	un essaim d'abeilles	to fell a tree	abattre un arbre
to swarm [swɔːm]	essaimer	reforestation [ˌriːfɒrɪsˈteɪʃən]	le reboisement
honey ['hʌnɪ]	le miel	a lumberjack ['lʌmbəʳˌdʒak]	un bûcheron
a honeycomb ['hʌnɪkəʊm]	un rayon de miel	a sawmill ['sɔːmɪl]	une scierie
beeswax	la cire d'abeille	to saw* [sɔː]	scier
royal jelly	la gelée royale	a chain saw	une tronçonneuse
– **H**orticulture ['hɔːtɪkʌltʃəʳ]	l'horticulture	– **A**gronomy [əˈgrɒnəmɪ]	l'agronomie
a horticulturist [ˌhɔːtɪˈkʌltʃərɪst]	un(e) horticulteur (-trice)	an agricultural engineer	un ingénieur agronome
BR market gardening AM truck farming	la culture maraîchère	to drain land	assécher le sol, drainer le sol
BR a market gardener AM a truck farmer	un(e) maraîcher (-ère)	to lie* fallow	rester en friche
an orchard ['ɔːtʃəd]	un verger	to irrigate ['ɪrɪgeɪt]	irriguer
an apple orchard	une pommeraie	irrigation [ˌɪrɪˈgeɪʃən]	l'irrigation
a cherry orchard	une cerisaie	to fertilize ['fɜːtɪlaɪz]	fertiliser, amender
an orange grove	une orangeraie	a fertilizer ['fɜːtɪlaɪzəʳ]	un engrais (chimique)
– **R**ipe [raɪp]	mûr	to manure [məˈnjʊəʳ]	fumer
unripe ['ʌnˈraɪp] green [griːn]	vert	manure	le fumier
to ripen ['raɪpən]	mûrir	organic [ɔːˈgænɪk]	biologique (produits, agriculture)
to yield [jiːld]	produire (champ, arbre)		
a good / bad yield	un bon / mauvais rendement	– **A** pest [pest]	un insecte nuisible
		a pesticide ['pestɪsaɪd]	un pesticide
– **W**ine growing	la viticulture	a weed [wiːd]	une mauvaise herbe
a wine grower	un(e) viticulteur (-trice), un(e) vigneron(ne)	a weed-killer	un désherbant, un herbicide
a vineyard ['vɪnjəd]	un vignoble, une vigne	a spray [spreɪ]	un pulvérisateur
		to spray sth on	pulvériser qqch. sur

22 WORK
LE TRAVAIL

■ 1. EMPLOYMENT L'EMPLOI

– **The working population** la population active
a job [dʒɒb] un emploi, un poste, un travail

an occupation [ˌɒkjʊ'peɪʃən] un métier, une profession
a trade [treɪd] un métier (artisanal, manuel)
professional [prə'feʃənl] professionnel (non amateur)

– **To be in work** avoir du travail, avoir un emploi
to have a job
to work [wɜːk] travailler
to work in an office / as a teacher travailler dans un bureau / comme professeur
to work for a publisher travailler chez un éditeur
to work from home travailler à domicile
to work at home
to work in a factory travailler en usine
to work on a production line travailler à la chaîne

– **Job security** la sécurité de l'emploi
full employment le plein-emploi
a career [kə'rɪə'] une carrière
to make* a career in faire carrière dans
a vocation [vəʊ'keɪʃən] une vocation
a calling ['kɔːlɪŋ]
to be a plumber / baker by trade être plombier / boulanger de son métier
What does he do for a living? Que fait-il dans la vie ?

– **To look for work** chercher du travail, chercher un emploi
to look for a job
to be job-hunting (parlé)
a job application une demande d'emploi, une candidature
to apply for a job to sb faire une demande d'emploi auprès de qqn
to apply for a post poser sa candidature à un poste

– **A vacancy** ['veɪkənsɪ] un poste vacant, un poste à pourvoir
a vacant position
this post is vacant ce poste est à pourvoir
a job offer une offre d'emploi (en général)
a job advertisement une offre d'emploi
a job ad (parlé) (annonce dans un journal)
to answer an advertisement répondre à une petite annonce

"situations vacant" «offres d'emploi» (dans un journal)
"situations wanted" «demandes d'emploi» (dans un journal)

– BR **a curriculum vitae** un curriculum vitae
BR **a CV** [siː'viː] un CV
AM **a résumé** ['reɪzjuːmeɪ]
skills [skɪlz] les compétences
training ['treɪnɪŋ] la formation
qualifications [ˌkwɒlɪfɪ'keɪʃəns] les diplômes
work experience l'expérience professionnelle

– **An employment agency** une agence de placement
a headhunter ['hedˌhʌntə'] un chasseur de têtes
a recruitment agency une agence de recrutement
to recruit sb recruter qqn
to employ sb as employer qqn comme
to take* sb on engager qqn, embaucher qqn
to hire sb as embaucher qqn comme
to appoint sb (to a post) nommer qqn à un poste
to appoint sb manager nommer qqn directeur
to fill a post pourvoir un poste
an appointment [ə'pɔɪntmənt] un poste (important)

– **A work contract** un contrat de travail
AM **a service contract**
a term contract un contrat à durée déterminée
to sign a contract with sb / to do sth signer un contrat avec qqn / pour faire qqch.
a probationary period une période d'essai
a trial period
to take* sb on probation prendre qqn à l'essai
to take* sb on for a trial period
to take* sb on a trial basis

– **A task** [tɑːsk] une tâche
to be responsible for sth être responsable de qqch.
to be in charge of sth avoir la responsabilité de qqch.

147

to be directly responsible to sb	relever directement de qqn	to be snowed under with work	être débordé de travail
to delegate sth/sb to	déléguer qqch./qqn à	a workaholic [ˌwɜːkəˈhɒlɪk] (parlé)	un bourreau de travail
– To promote sb to to upgrade sb to	promouvoir qqn à	to work hard	travailler dur
to be promoted to (the rank of) director to be upgraded to (the rank of) director	être promu directeur	to be hard-working to work o.s. to death to be at work on sth to be working on sth	être travailleur se tuer au travail travailler à qqch.
promotion [prəˈməʊʃən]	la promotion, l'avancement	to get* down to work job satisfaction	se mettre au travail la satisfaction professionnelle
to demote sb to downgrade sb	rétrograder qqn	rewarding [rɪˈwɔːdɪŋ]	gratifiant
to transfer sb to	transférer qqn à, muter qqn à	– Careful [ˈkɛəfʊl]	soigneux
a transfer [trænsˈfɜːʳ]	un transfert, une mutation	conscientious [ˌkɒnʃɪˈenʃəs]	consciencieux
– Vocational training	la formation professionnelle	hard-working to be trustworthy	sérieux être digne de confiance
in-service training in-house training	la formation continue (en entreprise)	he's very reliable	on peut vraiment compter sur lui
a training course	un stage		
to go* on a training course	faire un stage	– Lazy [ˈleɪzɪ] idle [ˈaɪdl]	paresseux
to retrain [ˌriːˈtreɪn]	se recycler (pour un nouveau métier)	laziness [ˈleɪzɪnɪs] idleness [ˈaɪdlnɪs]	la paresse
to go* on a refresher course	se recycler (pour se perfectionner)	careless [ˈkɛəlɪs] carelessness [ˈkɛəlɪsnɪs]	négligent la négligence
a retraining course	un stage de recyclage (pour un nouveau métier)	to be untrustworthy	ne pas être digne de confiance
a refresher course	un stage de recyclage (pour se perfectionner)	he is unreliable	on ne peut pas compter sur lui
– Busy [ˈbɪzɪ]	occupé	professional misconduct (n. c.)	une faute professionnelle
overworked [ˌəʊvəˈwɜːkd]	surmené		

■ 2. WORKERS AND WORKING CONDITIONS LES TRAVAILLEURS ET LES CONDITIONS DE TRAVAIL

– A worker [ˈwɜːkəʳ]	un(e) travailleur (-euse)	a work permit	un permis de travail
a manual worker	un travailleur manuel	a moonlighter [ˈmuːnlaɪtəʳ]	un travailleur au noir
an employee [ˌɪmplɔɪˈiː]	un(e) employé(e)	to moonlight [ˈmuːnlaɪt] to do* moonlighting (parlé)	travailler au noir
a salaried employee a wage earner	un(e) salarié(e)	the black economy the underground economy	l'économie parallèle
a self-employed person a freelance worker	un travailleur indépendant		
a temporary worker BR a temp [temp] (parlé)	un(e) intérimaire	– A worker [ˈwɜːkəʳ]	un(e) ouvrier (-ière)
to work as a temporary worker to temp (parlé)	travailler comme intérimaire	a factory worker	un(e) ouvrier (-ière) (d'usine)
an immigrant worker	un travailleur immigré		

BR labour ['leɪbə'] — la main-d'œuvre
AM labor
the workforce ['wɜːkfɔːs]
manpower ['mæn,paʊə']
casual labour — la main-d'œuvre occasionnelle
seasonal work — le travail saisonnier
labour surplus/ — le surplus/le manque
shortage — de main-d'œuvre

– BR a labourer ['leɪbərə'] — un manœuvre
AM a laborer ['leɪbərə']
an unskilled worker — un ouvrier non qualifié
a semi-skilled worker — un ouvrier spécialisé
a skilled worker — un ouvrier qualifié
a blue-/white-collar — un col bleu/blanc
worker
an apprentice [ə'prentɪs] — un(e) apprenti(e)
apprenticeship — l'apprentissage
[ə'prentɪsʃɪp]
BR a work placement — un stage (en entreprise)
AM an internship
['ɪntɜː'nʃɪp]
BR a trainee [treɪ'niː] — un(e) stagiaire
AM an intern ['ɪntɜː'n]

– The workforce ['wɜːk,fɔːs] — l'effectif (d'une entreprise)
to keep* up manning — maintenir le niveau des
levels — effectifs
the staff [stɑːf] — le personnel
the personnel [,pɜːsə'nel]
a staff member — un membre du personnel
to be on the staff — faire partie du personnel
to be employed by a — être employé par une
company — entreprise
to be on a company's
payroll
an executive [ɪg'zekjʊtɪv] — un cadre
a senior/middle — un cadre supérieur/
manager — moyen
a top/middle executive
an employer [ɪm'plɔɪə'] — un(e) employeur
(-euse)
the boss [bɒs] — le (la) patron(ne)
a team [tiːm] — une équipe
teamwork — le travail en équipe

– BR a working day — une journée de travail
AM a workday ['wɜːk,deɪ]
BR a working week — une semaine de travail
AM a workweek
['wɜːk,wiːk]
in working time — pendant les heures de travail
to clock in — pointer (en arrivant)

to clock off — pointer (en partant)
to clock out

– Part-time ['pɑːt,taɪm] — à temps partiel
half-time ['hɑːf,taɪm] — à mi-temps
full-time ['fʊl,taɪm] — à temps plein
to work flexitime — avoir un travail à horaire flexible
to work overtime — faire des heures supplémentaires
he did 15 hours' over- — il a fait 15 heures
time — supplémentaires
to be paid on an over- — être payé en heures
time basis — supplémentaires
work sharing — le partage du travail

– Shiftwork ['ʃɪft,wɜːk] — le travail par roulement, le travail posté
to work shifts — travailler par roulement
to work on shifts (parlé)
to work three eight- — faire les trois-huit
hour shifts
the day/night shift — l'équipe de jour/de nuit
to be on day/night — être de jour/de nuit
shift
a shiftworker — un ouvrier posté
a work station — un poste de travail

– Pay [peɪ] — la paie
wages ['weɪdʒɪz] (plur.) — un salaire (hebdomadaire)
a salary ['sælərɪ] — un salaire (mensuel, annuel)
to get* paid 50,000 — gagner 50 000 euros
euros a year — par an
to earn 2,000 euros a — toucher 2 000 euros par
month — mois
to earn one's living as — gagner sa vie comme
sth — qqch.
a fee [fiː] (sing.) — des honoraires
fees
BR a rise [raɪz] — une augmentation (de
AM a raise [reɪz] — salaire)
a payslip ['peɪslɪp] — un bulletin de paie, une feuille de paie
payday ['peɪ,deɪ] — le jour de paie
a bonus ['bəʊnəs] — une prime
a company car — une voiture de fonction
an expense account — une note de frais
a luncheon voucher — un ticket-repas, un chèque-restaurant

– A break [breɪk] — une pause
the lunch hour — l'heure du déjeuner
lunchtime ['lʌntʃ,taɪm]
(n. c.)

paid leave	les congés payés
to take* a day off	prendre un jour de congé
on leave	en congé
– Health and safety regulations	les règles d'hygiène et de sécurité

a labour inspector BR a factory inspector	un inspecteur du travail
occupational hazards	les risques du métier
an occupational disease	une maladie professionnelle

■ 3. UNEMPLOYMENT LE CHÔMAGE

– Overmanning (n. c. sing.)	les sureffectifs
they are overmanned in this department	ils sont en sureffectifs dans ce département
staff reductions	les compressions de personnel
a cutback in the workforce a cut in manpower	un dégraissage des effectifs
– To make* sb redundant	licencier qqn (débaucher)
redundancy [rɪ'dʌndənsɪ]	le licenciement
to give* sb notice	donner à qqn un préavis de licenciement
a redundancy payment	une prime de licenciement
to lay* off workers	mettre des employés en chômage technique
there have been 300 layoffs	300 travailleurs ont été mis en chômage technique
the company had to shed 100 workers	l'entreprise a dû se séparer de 100 employés
– To dismiss sb to sack sb BR to fire sb	renvoyer qqn, congédier qqn
to be dismissed to get* the sack (parlé) to be sacked (parlé) BR to be fired	être renvoyé, être congédié
a dismissal [dɪs'mɪsəl]	un renvoi
– To leave* one's job	quitter son emploi

to resign [rɪ'zaɪn]	démissionner
to hand in one's resignation	donner sa démission
to retire [rɪ'taɪəʳ]	prendre sa retraite
early retirement	la préretraite
to take* early retirement	partir en préretraite
to pension sb off	mettre qqn à la retraite
– To lose* one's job	perdre son emploi
jobless ['dʒɒblɪs]	sans emploi
the jobless	les sans-emploi
to be unemployed to be out of work	être au chômage
the unemployment figures	les chiffres du chômage
the unemployment figures have fallen	le nombre des demandeurs d'emploi a diminué
youth unemployment	le chômage des jeunes
to be on short-time	être en chômage partiel
an unemployed person	un(e) chômeur (-euse)
the long-term unemployed (plur.)	les chômeurs de longue durée
BR a job centre BR an employment office AM an Employment Service	≈ une Agence Nationale pour l'Emploi, une ANPE
a job creation scheme	un plan de création d'emplois
odd jobs	les petits boulots

■ 4. INDUSTRIAL RELATIONS LES RELATIONS SOCIALES

– Management and labour management and unions	les partenaires sociaux
employers [ɪm'plɔɪəʳs] (plur.)	le patronat
trade(s) unionism	le syndicalisme

BR a trade(s) union BR a union ['juːnjən] AM a labor union	un syndicat (d'ouvriers)
a union branch AM a union lodge AM a union local	une section syndicale
a union member	un(e) syndiqué(e)

a union official	un(e) syndicaliste
BR a trade(s) unionist	
BR a shop steward	un(e) délégué(e) syndical(e)
BR unionized labour	la main-d'œuvre syndi-
AM unionized labor	quée
the union dues (plur.)	la cotisation syndicale
the union subscription	
the works council	le comité d'entreprise
the works committee	
a joint committee	une commission paritaire
− BR labour unrest	l'agitation sociale
AM labor unrest	
BR an industrial dispute	un conflit social
AM a labor dispute	
to be in dispute with sb	être en conflit avec qqn
a grievance ['griːvəns]	un grief
to be understaffed	manquer de personnel
a breach of contract	une rupture de contrat
a wage demand	une revendication sala-
BR a wage claim	riale
to demand sth	exiger qqch.
to claim sth	revendiquer qqch.
to go* to arbitration	recourir à l'arbitrage
to arbitrate ['ɑːbɪtreɪt]	arbitrer
to reach (a) deadlock	aboutir à une impasse
to break* off negotia-tions	rompre les négociations
an industrial tribunal	≈ un Conseil de prud'hommes
− A strike [straɪk]	une grève
the right to strike	le droit de grève
a strike call	un ordre de grève
the strike committee	le comité de grève
to give* notice of strike action	déposer un préavis de grève
to go* on strike	se mettre en grève
to take* industrial action	
BR to come* out on strike	

to be on strike	être en grève, faire grève
to be striking	
a striker ['straɪkəʳ]	un(e) gréviste
the striking workers	les ouvriers en grève
− A general strike	une grève générale
an all-out strike	
an unofficial strike	une grève sauvage
a wildcat strike	
BR a go-slow [gəʊ'sləʊ]	une grève perlée
AM a slowdown ['sləʊˌdaʊn]	
BR to go* slow	faire une grève perlée
AM to slow down	
a sit-down strike	une grève sur le tas
BR a strike by rota	une grève tournante
AM a staggered strike	
a work-to-rule	une grève du zèle
to work to rule	faire la grève du zèle
a sympathy strike	une grève de solidarité
a lightning strike	une grève surprise
a lockout ['lɒkaʊt]	un lock-out, une grève patronale
a stoppage ['stɒpɪdʒ]	un débrayage, un arrêt de travail
− To black a ship / a consignment	boycotter un cargo / un chargement
a picket ['pɪkɪt]	un piquet de grève
to picket a factory	mettre un piquet de grève devant une usine
to cross the picket line	traverser un piquet de grève
a strikebreaker	un briseur de grève
a blackleg ['blækleg] (parlé)	un jaune
a scab [skæb] (parlé)	
− A settlement ['setlmənt]	un accord
a pay settlement	un accord salarial
an incentive bonus	une prime d'encourage-
an incentive payment	ment
a productivity bonus	une prime de rendement
to resume work	reprendre le travail

REMARQUE En Grande-Bretagne, the Trades Union Congress (abr. TUC) est une importante confédération de syndicats.

■ 5. AT THE OFFICE AU BUREAU

− To be at work	être à son travail
an office worker	un employé de bureau
clerical staff	les employés de bureau
a secretary ['sekrətrɪ]	un(e) secrétaire
a personal assistant (abr. PA)	une assistante

an executive secretary	une secrétaire de direction
the reception desk	la réception
a receptionist [rɪ'sepʃənɪst]	un(e) réceptionniste
– **O**ffice equipment	l'équipement de bureau
office automation	la bureautique
word processing	le traitement de texte
a word-processing package	un traitement de texte (logiciel)
a computer [kəm'pju:təʳ]	un ordinateur
a calculator ['kælkjʊleɪtəʳ]	une calculatrice
a photocopier ['fəʊtəʊˌkɒpɪəʳ]	une photocopieuse
to photocopy sth	photocopier qqch.
a photocopy ['fəʊtəʊˌkɒpɪ]	une photocopie
the fax machine	le télécopieur
a fax [fæks]	une télécopie
to fax a message *to sb*	faxer un message *à qqn*
a dictaphone® ['dɪktəfəʊn]	un dictaphone®
a dictating machine	

to dictate sth *to sb*	dicter qqch. *à qqn*
an e-mail ['iːmeɪl]	un courriel, un e-mail
– **A** desk [desk]	un bureau (meuble)
a filing cabinet	un classeur (meuble)
a folder ['fəʊldəʳ]	une chemise
a file [faɪl]	un dossier
to file sth	classer qqch.
a memo ['meməʊ]	une note de service
headed paper	le papier à en-tête
to sign one's mail	signer le courrier
a telephone message	un message téléphonique
a pigeonhole ['pɪdʒɪnˌhəʊl]	un casier (pour courrier)
– **O**ffice hours	les heures de bureau
to make* an appointment *with sb / for sb*	prendre un rendez-vous *avec qqn / pour qqn*
to put* sth in one's diary	noter qqch. dans son agenda
a business lunch	un déjeuner d'affaires
a business contact	une relation d'affaires

23 LEISURE AND SPORTS LES LOISIRS ET LES SPORTS

■ 1. LEISURE AND HOBBIES LES LOISIRS ET LES PASSE-TEMPS _____

- **Leisure** ['leʒə'] le temps libre
  spare time
  in my leisure time pendant mes heures de
  in my free time loisir
  in my spare time
  leisure activities les loisirs (activités)
  spare-time activities
  to devote one's leisure consacrer ses loisirs à
  time to sth qqch.
  a pastime ['pɑːstaɪm] un passe-temps
  a hobby ['hɒbɪ] un violon d'Ingres

- **To enjoy o.s.** s'amuser
  to have a good time bien s'amuser
  to amuse o.s. doing sth s'amuser à faire qqch.
  entertainment les distractions
  [,entə'teɪnmənt] (n. c. sing.)
  distractions [dɪs'trækʃənz]
  entertaining [,entə'teɪnɪŋ] distrayant
  to relax [rɪ'læks] se détendre
  relaxing [rɪ'læksɪŋ] délassant
  relaxation [,riːlæk'seɪʃən] la détente

- **To collect stamps /** collectionner les tim-
  coins bres / des pièces
  a stamp / butterfly col- une collection de tim-
  lection bres / de papillons

- **a collector** [kə'lektə'] un(e) collectionneur
  (-euse)
  numismatics la numismatique
  [,njuːmɪz'mætɪks] (sing.)
  coin collecting
  philately [fɪ'lætəlɪ] la philatélie
  stamp collecting
  BR **to swop sth** for sth échanger qqch. contre
  BR **to swap sth** for sth qqch.
  AM **to trade sth** for sth

- **Outdoor games** les jeux de plein air
  a fair [fɛə'] une foire
  the fairground le champ de foire
  a funfair [fʌnfɛə'] une fête foraine
  BR **a merry-go-round** un manège, un carrou-
  BR **roundabout** sel
  ['raʊndəbaʊt]
  AM **carousel** [,kæru:'sel]
  BR **the dodgems** les autotamponneuses
  ['dɒdʒəmz]
  BR **the dodgem cars**
  AM **the bumper cars**
  BR **the big wheel** la grande roue
  AM **the Ferris wheel**
  ['ferɪswiːl]
  the roller coaster (sing.) les montagnes russes
  a shooting range un stand de tir

■ 2. CHILDREN'S GAMES LES JEUX POUR ENFANTS _____

- **A game** [geɪm] un jeu
  the rules of the game les règles du jeu
  That's not fair! Ce n'est pas de jeu !
  That's against the rules!
  to play with sth / sb [pleɪ] jouer avec qqch. / qqn
  It's you to go C'est à toi, c'est ton tour
  It's your go
  Well played! Bien joué !
  Dare you! Chiche !

- **To play hide-and-seek** jouer à cache-cache
  to play blind man's buff jouer à colin-maillard
  to play hopscotch jouer à la marelle
  to play at leapfrog jouer à saute-mouton
  to skip [skɪp] sauter à la corde

- BR **a skipping rope** une corde à sauter
  AM **a jumping rope**

- **A kite** [kaɪt] un cerf-volant
  BR **a catapult** ['kætəpʌlt] un lance-pierre(s)
  AM **a clingshot**
  a ball [bɔːl] un ballon, une balle
  a balloon [bə'luːn] un ballon de baudruche
  to blow* up a balloon gonfler un ballon
  a scooter ['skuːtə'] une trottinette
  a seesaw ['siːsɔː] une bascule
  a climbing frame une cage à poules
  a swing [swɪŋ] une balançoire
  a slide [slaɪd] un toboggan
  a rocking horse un cheval à bascule

- **A toy** [tɔɪ] — un jouet
  a soft toy — une peluche
  BR **a fluffy toy**
  a teddy (bear) — un ours en peluche
  a doll [dɒl] — une poupée
  a box of bricks — un jeu de cubes
  a (spinning) top — une toupie
  a building set — un jeu de construction
  BR **a Meccano® set** — un meccano
  AM **an erector set**

- **A small scale model** — un modèle réduit, une maquette
  the scale model of an aeroplane — un avion modèle réduit
  a toy train — un petit train, un train électrique
  a toy house — une maison miniature

  toy soldiers — les soldats de plomb
  tin soldiers

- **To play at make-believe** — jouer à faire semblant
  to dress up *as* — se déguiser *en*
  a mask [mɑːsk] — un masque
  a nurse's/a Red Indian outfit — une panoplie d'infirmière/d'Indien
  a puppet ['pʌpɪt] — une marionnette
  a puppet show — un spectacle de marionnettes
  a Punch and Judy show — ≈ un spectacle de Guignol
  BR **a colouring book** — un album à colorier
  AM **a coloring book**
  marbles ['mɑːblz] — les billes
  modelling clay — la pâte à modeler
  plasticine® ['plæstɪsiːn]

■ 3. INDOOR GAMES LES JEUX D'INTÉRIEUR

- **Parlour games** — les jeux de société (qui se jouent sans plateau)
  board games — les jeux de société (qui se jouent avec un plateau)
  a quiz game — un jeu-concours
  a competition [ˌkɒmpɪ'tɪʃən]
  a video game — un jeu vidéo
  an electronic game — un jeu électronique
  a console game — un jeu de console

- **Chess** [tʃes] (sing.) — les échecs
  a chessboard ['tʃes,bɔːd] — un échiquier
  a piece [piːs] — une pièce
  the chessmen — les pièces
  the queen [kwiːn] — la reine
  the king [kɪŋ] — le roi
  a bishop ['bɪʃəp] — un fou
  a castle ['kɑːsl] — une tour
  a rook [rʊk]
  a knight [naɪt] — un cavalier
  a pawn [pɔːn] — un pion

- **A move** [muːv] — un coup
  to move — bouger, déplacer
  to take* a piece — prendre une pièce
  a gambit ['gæmbɪt] — un gambit
  stalemate ['steɪlmeɪt] — le pat
  checkmate [tʃekmeɪt] — échec et mat

- BR **draughts** ['drɑːfts] (sing.) — le jeu de dames
  AM **checkers** ['tʃekəz] (sing.)
  BR **a draughtboard** ['drɑːft,bɔːd] — un damier
  AM **a checkerboard** ['tʃekə,bɔːd]

- **A die** [daɪ] (plur. dice) — un dé
  to throw* the dice — jeter les dés
  to roll the dice
  a dice cup — un gobelet à dés
  dominoes ['dɒmɪnəʊz] (sing.) — le jeu de dominos (activité)
  a domino set — un jeu de dominos (matériel)
  backgammon ['bæk,gæmən] — le trictrac, le jacquet
  ludo ['luːdəʊ] — le jeu des petits chevaux
  Monopoly® [mə'nɒpəlɪ] — le Monopoly®
  Scrabble® ['skræbl] — le Scrabble®
  a forfeit ['fɔːfɪt] — un gage

- BR **noughts and crosses** — ≈ le morpion
  AM **tick-tack-toe** [ˌtɪktæk'təʊ]
  a rebus ['riːbəs] — un rébus
  a crossword puzzle — une grille de mots croisés
  to do* crosswords — faire des mots croisés
  a crossword puzzle enthusiast — un(e) cruciverbiste

a puzzle ['pʌzl]	un puzzle	to guess [ges]	deviner
a jigsaw (puzzle)		to guess right	deviner juste
to solve a puzzle/a crossword (puzzle)	finir un puzzle/des mots croisés	to guess correctly	
– Charades [ʃəˈrɑːdz]	les charades	to guess wrong	donner une fausse réponse
a riddle ['rɪdl]	une énigme, une devinette	to give* in	donner sa langue au chat
		to give* up	

■ 4. GAMES OF CHANCE AND GAMES OF SKILL LES JEUX DE HASARD ET LES JEUX D'ADRESSE

– A playing card	une carte à jouer	– Gambling ['gæmblɪŋ]	les jeux d'argent
BR a pack of cards	un jeu de cartes (paquet)	to gamble ['gæmbl]	jouer (de l'argent)
AM a deck of cards		a gambler ['gæmblə']	un(e) joueur (-euse)
a card game	un jeu de cartes (activité)	a big-time gambler	un flambeur
a suit [suːt]	une couleur	a casino [kəˈsiːnəʊ]	un casino
spades [speɪdz]	pique	a gambling club	une maison de jeu
hearts [hɑːts]	cœur	a croupier ['kruːpɪeɪ]	un croupier
diamonds ['daɪəməndz]	carreau		
clubs [klʌbz]	trèfle	– Roulette [ruːˈlet]	la roulette
the ace [eɪs]	l'as	to play (at) boule	jouer à la boule
the king [kɪŋ]	le roi	a chip [tʃɪp]	un jeton, une plaque
the queen [kwiːn]	la dame, la reine	a stake [steɪk]	une mise
the jack [dʒæk]	le valet	a bet [bet]	
the knave [neɪv]		to stake 100 euros on	miser 100 euros sur
a joker ['dʒəʊkə']	un joker	to bet* 100 euros on	
		to play for high stakes	jouer gros jeu
– To play cards	jouer aux cartes	to break* the bank	faire sauter la banque
to play bridge/whist	jouer au bridge/au whist		
		– Lotto ['lɒtəʊ]	le loto (joué avec des pions)
to have a game of	faire une partie de	to toss a coin	jouer à pile ou face
rummy ['rʌmɪ]	le rami	Heads or tails?	Pile ou face ?
poker ['pəʊkə']	le poker	let's toss for it	on le joue à pile ou face
		a one-arm(ed) bandit	une machine à sous
– To shuffle the cards	battre les cartes	BR a fruit machine	
to cut* the cards	couper le jeu	to win* the jackpot	gagner le gros lot
to deal* the cards	donner les cartes	to hit* the jackpot	
the dealer ['diːlə']	le donneur		
to have a good hand	avoir du jeu	– BR billiards ['bɪljədz] (sing.)	le billard
to take* a trick	faire une levée	AM pool [puːl]	
a trump [trʌmp]	un atout	BR to play a game of billiards	faire une partie de billard
to play a trump	jouer atout	AM to play a game of pool	
hearts are trumps	c'est atout cœur	BR a billiard table	un billard
		AM a pool table	
– BR to play patience	faire une réussite	bowls [bəʊlz]	le jeu de boules, les boules
AM to play solitaire			
blackjack ['blækdʒæk]	le black-jack	the jack [dʒæk]	le cochonnet
BR pontoon [pɒnˈtuːn]	le vingt-et-un	(tenpin) bowling	le bowling
AM twenty-one ['twentɪwʌn]		croquet ['krəʊkeɪ]	le croquet

knucklebones ['nʌklbəʊnz]	les osselets	darts [dɑːts]	les fléchettes
skittles ['skɪtlz]	le jeu de quilles, les quilles	to hit* the bull's eye	mettre dans le mille

■ **5. SPORTS** LE SPORT

– **A sportsman** (fém. a sportswoman) ['spɔːtsmən]	un(e) sportif (-ive)	**the championship** ['tʃæmpjənʃɪp]	le championnat
an athlete ['æθliːt]	un(e) athlète	**the champion** ['tʃæmpjən]	le (la) champion(ne)
amateur ['æmətəʳ]	amateur (équipe, sport)	**the final** ['faɪnl]	la finale
professional [prə'feʃənl]	professionnel (équipe, sport)	**the semi-final**	la demi-finale
– **To practice a sport**	pratiquer un sport	**a quarter final**	un quart de finale
to do* a sport	faire un sport	**the cup** [kʌp]	la coupe
training ['treɪnɪŋ]	l'entraînement	BR **the cup final**	la finale de la coupe
a practice ['præktɪs] **a training session**	une séance d'entraîne-ment		
to train sb **to coach sb**	entraîner qqn	– **A sports event** **a sporting event**	une épreuve sportive, une compétition sportive
to get* in training for sth **to train** for sth	s'entraîner pour qqch.	**a match** [mætʃ]	un match
		BR **a test match**	≈ un match internatio-nal (au cricket, au rugby)
a coach [kəʊtʃ] **a trainer** ['treɪnəʳ]	un entraîneur	**a return match**	un match retour, une revanche
– **To be fit** **to be on form**	être en forme	**an away match / a home match**	un match à l'extérieur / à domicile
on top form	en grande forme	**a friendly match**	un match amical
to be out of form **to be off form**	ne pas être en forme	– **The referee** [ˌrefə'riː]	l'arbitre (au football, au rugby, en boxe)
to be fond of sports **to be sporty** (parlé)	être sportif (aimer le sport)	**to referee** [ˌrefə'riː]	arbitrer
to be athletic	être sportif (être doué pour le sport)	**the umpire** ['ʌmpaɪəʳ]	l'arbitre (au tennis, en hoc-key, au cricket)
		to umpire	arbitrer
– **A competitive sport**	un sport de compétition	– **A club** [klʌb]	un club
to go* in for competitive sport	faire de la compétition	**a tracksuit** ['træksuːt]	un survêtement
a competitor [kəm'petɪtəʳ]	un(e) concurrent(e)	**a sports field** **a sports ground**	un terrain de sports
to compete for sth / against sb [kəm'piːt]	concourir pour qqch. / contre qqn	**a gym(nasium)** [dʒɪm('neɪzɪəm)]	un gymnase
to qualify for ['kwɒlɪfaɪ]	se qualifier pour	**the changing rooms**	les vestiaires
the heats [hiːts]	les éliminatoires	**the stadium** ['steɪdɪəm]	le stade
– **The Olympic Games** **the Olympics** [əʊ'lɪmpɪks]	les Jeux olympiques	BR **the terraces** ['terəsɪz] AM **the bleachers** ['bliːtʃəz]	les gradins
a tournament ['tʊənəmənt]	un tournoi	**the grandstand** ['grænˌstænd]	la tribune d'honneur
a meeting ['miːtɪŋ]	une rencontre	**the track** [træk]	la piste

■ **6.** INDIVIDUAL SPORTS LES SPORTS INDIVIDUELS _____

– **Athletics** [æθ'letɪks] (sing.) l'athlétisme
  BR an **athletics meeting** une rencontre d'athlé-
  AM a **track meet** tisme
  running ['rʌnɪŋ] la course à pied (sport)
  a **race** [reɪs] une course
  to **run*** [rʌn] courir
  to **go*** running
  to **run*** a race participer à une course

– **Long-/middle-distance** la course de fond/de
  running demi-fond
  cross-country (run- le cross
  ning)
  the **100-metre hurdles** le 100 mètres haies
  a **relay race** une course de relais
  a **marathon** ['mærəθən] un marathon
  to **jog** [dʒɒg] faire du jogging
  to **go*** jogging
  a **runner** ['rʌnər] un(e) coureur (-euse)
  a **stopwatch** un chronomètre

– **Shot putting** le lancer du poids
  to **throw*** the discus/ lancer le disque/le
  the **javelin** javelot
  BR the **long jump** le saut en longueur
  AM the **broad jump**
  the **high jump** le saut en hauteur
  pole vaulting le saut à la perche

– **A gymnast** ['dʒɪmnæst] un(e) gymnaste
  gymnastics la gymnastique
  [dʒɪm'næstɪks] (sing.)
  body building le culturisme
  a **body builder** un(e) culturiste
  weightlifting ['weit,lɪftɪŋ] l'haltérophilie
  a **weightlifter** ['weit,lɪftə] un(e) haltérophile

– **Walking** ['wɔːkɪŋ] la marche
  rambling ['ræmblɪŋ] la randonnée (en général)
  to **go*** rambling faire de la randonnée
  hiking ['haɪkɪŋ] la randonnée (sur parcours
   difficiles)
  to **go*** hiking faire de la randonnée
  a **rucksack** ['rʌksæk] un sac à dos
  a **haversack** ['hævəsæk]

– **Mountaineering** l'alpinisme
  [,maʊntɪ'nɪərɪŋ]
  a **mountaineer** un(e) alpiniste
  [,maʊntɪ'nɪər]
  rock-climbing l'escalade, la varappe
  an **ascent** [ə'sent] une ascension

  to **climb** [klaɪm] grimper, escalader
  a **climber** ['klaɪmər] un(e) grimpeur (-euse),
   un(e) varappeur
   (-euse)
  a **guide** [gaɪd] un guide
  a **rope** [rəʊp] une cordée
  a **roped party**

– **Hang-gliding** le deltaplane, le vol libre
  ['hæŋ,glaɪdɪŋ]
  a **hang-glider** un deltaplane (appareil)
  ['hæŋ,glaɪdə]
  a **hang-glider** un(e) libériste
  paragliding le parapente
  ['pærə,glaɪdɪŋ]
  parascending le parachutisme
  ['pærə,sendɪŋ] ascensionnel
  bungee jumping le saut à l'élastique

– **Tennis** ['tenɪs] le tennis
  a **tennis player** un(e) joueur (-euse) de
   tennis
  a **racket** ['rækɪt] une raquette
  the **net** [net] le filet
  the **court** [kɔːt] le court
  to **bounce** [baʊns] rebondir

– **A backhand (shot)** un revers
  a **forehand (shot)** un coup droit
  a **serve** [sɜːv] un service
  a **service** ['sɜːvɪs]
  to **serve** servir
  a **rally** ['rælɪ] un échange
  set/match point balle de set/match
  a **ladies' singles/dou-** un simple/double
  bles (plur.) dames
  on grass/clay sur herbe/terre battue

– **Badminton** ['bædmɪntən] le badminton
  squash [skwɒʃ] le squash
  table tennis le tennis de table
  ping pong le ping-pong
  golf [gɒlf] le golf
  a **golf course** un (terrain de) golf
  a **golf ball/club** une balle/un club de
   golf
  the **tee** [tiː] le tee
  a **hole** [həʊl] un trou

– **Cycling** ['saɪklɪŋ] le cyclisme
  a **cycle race** une course cycliste

a racing cyclist	un(e) coureur (-euse) cycliste
a bicycle ['baɪsɪkl]	une bicyclette
a bike [baɪk]	un vélo
a mountain bike	un vélo tout terrain, un VTT

– Motor racing

– Motor racing	la course automobile
a racing driver	un pilote de course
Formula One	la formule 1
motor cycle racing	les courses de moto
a motorbike ['məʊtəˌbaɪk]	une moto
karting ['kɑːtɪŋ]	le karting
a go-kart ['gəʊkɑːt]	un kart
roller skates	les patins à roulettes
to roller-skate ['rəʊləskeɪt]	faire du patin à roulettes
to go* roller-skating	

– Horse-riding [hɔːsraɪdɪŋ]

– Horse-riding [hɔːsraɪdɪŋ]	l'équitation
to go* horse-riding	monter à cheval, faire de l'équitation
to ride* a horse	monter un cheval
to mount a horse	monter sur un cheval
to dismount [dɪs'maʊnt]	descendre de cheval
on horseback	à cheval
a rider ['raɪdə']	un(e) cavalier (-ière)
to gallop ['gæləp]	galoper
to trot [trɒt]	trotter
at a gallop/a trot	au galop/trot
to canter ['kæntə']	aller au petit galop
to walk one's horse	mettre son cheval au pas

– A riding hat

– A riding hat	une bombe
the (riding) crop	la cravache
the saddle ['sædl]	la selle
the spurs [spɜː'z]	les éperons
the bit [bɪt]	le mors
the reins [reɪnz]	les rênes
the bridle ['braɪdl]	la bride
a stirrup ['stɪrəp]	un étrier

– Show jumping (n. c.) le concours hippique (activité)

a horse show	un concours hippique (épreuve)
a horse race	une course de chevaux
a racehorse ['reɪsˌhɔːs]	un cheval de course
a stable ['steɪbl]	une écurie
a jockey ['dʒɒkɪ]	un jockey

– BR the racecourse

– BR the racecourse ['reɪskɔːs] **AM** the racetrack ['reɪstræk]	l'hippodrome, le champ de courses
to go* to the races	aller aux courses
a racegoer	un(e) turfiste
to bet* on the horses	jouer aux courses
the odds [ɒdz] (plur.)	la cote
the odds on Omar are 5 to 1	Omar est à 5 contre 1
the start [stɑːt]	le départ
the finish ['fɪnɪʃ]	l'arrivée

– Fencing ['fensɪŋ]

– Fencing ['fensɪŋ]	l'escrime
to fence [fens]	faire de l'escrime
a sword [sɔːd]	une épée
a foil [fɔɪl]	un fleuret
archery ['ɑːtʃərɪ]	le tir à l'arc
an archer ['ɑːtʃə'] a bowman	un archer
a bow [bəʊ]	un arc
an arrow ['ærəʊ]	une flèche
to hit the target	atteindre la cible

– Combat sports

– Combat sports	les sports de combat
martial arts	les arts martiaux
wrestling ['reslɪŋ]	la lutte
judo ['dʒuːdəʊ]	le judo
karate [kə'rɑːtɪ]	le karaté
boxing ['bɒksɪŋ]	la boxe
a boxer ['bɒksə']	un boxeur
to throw* in the towel	jeter l'éponge
a knock out	un knock-out, un k.-o.
to knock sb out	mettre qqn k.-o.
to be knocked down to go* down for the count	aller au tapis
the (boxing) ring	le ring
boxing gloves	les gants de boxe

■ **7. TEAM SPORTS** LES SPORTS D'ÉQUIPE _____

– A team [tiːm]	une équipe
a team-mate	un(e) coéquipier (-ière)
an opponent [ə'pəʊnənt]	un(e) adversaire
a partner ['pɑːtnə']	un(e) partenaire

the players ['pleɪəz]	les joueurs (-euses)
– A ball [bɔːl]	une balle, un ballon
the pitch [pɪtʃ]	le terrain (de football, de rugby)
the field [fiːld]	
a tennis/hockey match	un match de tennis/de hockey
volleyball ['vɒlɪbɔːl]	le volley-ball
basketball ['baːskɪtbɔːl]	le basket-ball
handball ['hændbɔːl]	le handball
– Football ['fʊtbɔːl] soccer ['sɒkəʳ]	le football
BR American football AM football ['fʊtbɔːl]	le football américain
a football ['fʊtbɔːl]	un ballon de football
a soccer player a football player	un(e) footballeur (-euse)
a goal [gəʊl]	un but
the goalkeeper	le gardien de but, le goal
to score a goal	marquer un but
a goal post	un poteau de but
a striker ['straɪkəʳ]	un buteur
offside [ɒfˈsaɪd]	hors jeu
– Rugby (football) rugger ['rʌgəʳ] (parlé)	le rugby
rugby union/league	le rugby à quinze/à treize
a rugby ball	un ballon de rugby

a rugby player	un(e) joueur (-euse) de rugby
to score a try	marquer un essai
to convert a try	transformer un essai
the scrum [skrʌm]	la mêlée
the backs ['bæks]	les arrières
the forwards ['fɔːwədz]	les avants
– To kick (the ball) to strike* the ball	frapper le ballon
a kick [kɪk]	un coup de pied
a penalty (kick)	un coup de pied de pénalité
a free kick	un coup franc
to blow* the whistle	siffler (arbitre)
a half [haːf]	une mi-temps (période de jeu)
half-time	la mi-temps (repos)
– BR hockey ['hɒkɪ] AM field hockey	le hockey
BR ice hockey AM hockey	le hockey sur glace
a hockey stick	une crosse de hockey
baseball ['beɪsbɔːl]	le base-ball
a baseball game AM a ball game	un match de base-ball
cricket ['krɪkɪt]	le cricket
the bowler ['bəʊləʳ]	le lanceur
a bat [bæt]	une batte
the batsman	le batteur
the wicket ['wɪkɪt]	le guichet

■ 8. WINTER AND WATER SPORTS LES SPORTS D'HIVER ET LES SPORTS NAUTIQUES

– Skiing ['skiːɪŋ]	le ski (activité)
to ski [skiː] to go* skiing	faire du ski
alpine/downhill skiing	le ski alpin/de descente
a downhill race	une (épreuve de) descente
the slalom ['slaːləm]	le slalom
cross-country skiing AM ski-touring	le ski de fond
snowboarding ['snəʊˌbɔːdɪŋ]	le surf des neiges
monoski ['mɒnəʊˌskiː]	le monoski
ski jumping	le saut en skis
a skier ['skiːəʳ]	un(e) skieur (-euse)

– A ski [skiː]	un ski
sticks [stɪks]	les bâtons
(safety) bindings	les fixations (de sécurité)
a ski run	une piste de ski
the nursery slopes	les pistes pour débutants
a skilift	un remonte-pente
a cablecar	un téléphérique
a ski tow	un téléski
– BR a sledge [sledʒ] AM a sled [sled]	une luge
BR to sledge AM to sled	faire de la luge

(ice-)skating	le patinage (sur glace)
to ice-skate	patiner
to go* ice-skating	
skates [skeɪts]	les patins
an ice rink	une patinoire
– **To swim*** [swɪm]	nager
to go* for a swim	aller se baigner
the (swimming) pool	la piscine
breaststroke	la brasse
['brest,strəʊk]	
crawl [krɔ:l]	le crawl
butterfly stroke	la brasse papillon
backstroke [bæk,strəʊk]	le dos crawlé
the diving board	le plongeoir
to dive[1] [daɪv]	plonger

ATTENTION 1 : prétérit BR **dived** ; AM **dove**

– **Windsurfing** ['wɪndsɜ:fɪŋ]	la planche à voile
sailboarding ['seɪl,bɔ:dɪŋ]	(activité)
a windsurfer ['wɪndsɜ:fəʳ]	un(e) véliplanchiste
a sailboarder	
['seɪl,bɔ:dəʳ]	
to windsurf ['wɪndsɜ:f]	faire de la planche à
to go* windsurfing	voile
to sailboard ['seɪl,bɔ:d]	
to go* sailboarding	
a windsurfer	une planche à voile
a sailboard	

– **Water-skiing**	le ski nautique
['wɔ:təʳ,ski:ɪŋ]	
to water-ski ['wɔ:təʳ,ski:]	faire du ski nautique
to go* water-skiing	
surfing ['sɜ:fɪŋ]	le surf (activité)
to surf [sɜ:f]	faire du surf
to go* surfing	
a surfer	un(e) surfeur (-euse)
a surfboard	une planche de surf
scuba diving	la plongée sous marine
to go* scuba diving	faire de la plongée sous-marine
– **Canoeing** [kə'nu:ɪŋ]	le canoë-kayak (activité)
a canoe [kə'nu:]	un canoë, un kayak
to canoe	faire du canoë, faire du kayak
to go* canoeing	
to row [rəʊ]	ramer
to scull [skʌl]	
rowing ['rəʊɪŋ]	l'aviron (activité)
an oar [ɔ:ʳ]	une rame, un aviron
a scull	
sailing ['seɪlɪŋ]	la voile (activité)
to sail [seɪl]	faire de la voile
to go* sailing	
a yacht [jɒt]	un yacht
yachting ['jɒtɪŋ]	la navigation de plaisance
a regatta [rɪ'gætə]	une régate

■ **9. HUNTING AND FISHING** LA CHASSE ET LA PÊCHE

– **Fishing** ['fɪʃɪŋ]	la pêche
to fish [fɪʃ]	pêcher
to go* fishing	
a fisherman ['fɪʃəmən]	un pêcheur
angling ['æŋglɪŋ]	la pêche à la ligne
to go* angling	pêcher à la ligne
an angler ['æŋgləʳ]	un pêcheur à la ligne
a target ['tɑ:gɪt]	une cible
– **Fishing tackle**	l'attirail de pêche
a (fishing) rod	une canne à pêche
a float [fləʊt]	un bouchon
the line [laɪn]	la ligne
a hook [hʊk]	un hameçon
the bait [beɪt]	l'appât
fly/spoon(bait) fishing	la pêche à la mouche/ à la cuiller

– **To cast*** [kɑ:st]	lancer
to bite* [baɪt]	mordre
to rise* (to bait)	
to strike* [straɪk]	ferrer
to catch* [kætʃ]	prendre, attraper
the catch	la prise
to land a catch	ramener une prise
a fishing net	un filet, une épuisette
– BR **shooting** ['ʃu:tɪŋ]	la chasse
AM **hunting** ['hʌntɪŋ]	
BR **to go* shooting**	chasser, aller à la chasse
AM **to go* hunting**	
BR **hunting** ['hʌntɪŋ]	la chasse à courre
a hunter ['hʌntəʳ]	un chasseur (en général)
a hunter	un chasseur (de chasse à courre)
a huntsman ['hʌntsmən]	
a gamekeeper	un garde-chasse
['geɪm,ki:pəʳ]	

to poach [pəʊtʃ]	braconner	– The pack (of hounds)	la meute
a poacher ['pəʊtʃəʳ]	un braconnier	game [geɪm]	le gibier
a trap [træp]	un piège	to sound the horn	sonner du cor
		to lose* the scent	perdre la piste
– A beat [biːt]	une battue	to throw* dogs off the scent	dépister les chiens
to load [ləʊd]	charger		
to raise one's rifle	épauler		
to aim at sth	viser qqch.	– A gamebag	une gibecière
to take* aim at sth		to come* home with an empty bag	rentrer bredouille
to pull the trigger	appuyer sur la gâchette	to come* home empty-handed	
to fire [faɪəʳ]	faire feu		
to shoot* at sth [ʃuːt]	tirer *sur qqch.*	a cartridge belt	une cartouchière
to shoot* sth	tirer qqch., tuer qqch.	clay-pigeon shooting skeet shooting trapshooting ['træpʃuːtɪŋ]	le ball-trap
to be a good/bad shot	être bon/mauvais tireur, être un bon/ mauvais fusil		

■ 10. WINNING AND LOSING LA VICTOIRE ET LA DÉFAITE _____

– To win* [wɪn]	gagner	to come* in first/ second	se classer premier/ second
the winner ['wɪnəʳ]	le (la) gagnant(e)	the runner-up	le (la) second(e)
to win* hands down to win* in an armchair	gagner haut la main	to tie with sb for first place	être premier ex æquo avec qqn
to beat* sb to defeat sb	battre qqn	there is a tie for second place	il y a deux ex æquo en seconde position
to beat* sb 5-3	battre qqn 5 à 3	"deuce" [djuːs]	« égalité » (au tennis)
to beat* the pants off sb (parlé)	battre qqn à plates coutures	a draw [drɔː] a tie [taɪ]	un match nul
to thrash sb (parlé) BR to beat* sb hollow		to draw* to tie	faire match nul
to lose* [luːz]	perdre		
the loser ['luːzəʳ]	le (la) perdant(e)	– A record for [rɪ'kɔːd]	un record *de*
to be a good/bad loser	être bon/mauvais perdant	the world record	le record mondial
		to break*/hold* the record	battre/détenir le record
– A point [pɔɪnt]	un point	to mount the podium	monter sur le podium
the score [skɔːʳ]	le score	a gold/silver/bronze medal	une médaille d'or/ d'argent/de bronze
the score was 3 to 2	le score était de 3 à 2	to be disqualified	être disqualifié
the score was 4 all	le score était de 4 partout	to withdraw* [wɪθ'drɔː]	déclarer forfait
– To be in the lead	mener, être en tête		
to have a lead over sb	avoir une avance sur qqn		

REMARQUES
1. Contrairement au verbe jouer, **to play** est généralement transitif ; ex. : jouer au volley-ball/rugby = **to play volleyball/rugby** ; jouer aux échecs = **to play chess**.
2. Les verbes décrivant une activité sportive peuvent se traduire de plusieurs façons selon les contextes ; ex. : il court vite = **he is a fast runner, he runs fast** ; il court tous les samedis = **he runs every Saturday, he goes running every Saturday** ; il est allé courir = **he has gone for a run, he has gone running**.

24 FOOD
L'ALIMENTATION

■ 1. NUTRITION LA NUTRITION

- The food business
  the food trade — l'alimentation (secteur commercial)
  foodstuffs ['fuːdˌstʌfs] — les denrées alimentaires
  perishable foods — les denrées périssables
  a food [fuːd] — un aliment
- To feed* sb — nourrir qqn, donner à manger à qqn
  well-nourished — bien nourri
  nourishing ['nʌrɪʃɪŋ] — nourrissant
- Dietetics [ˌdaɪə'tetɪks] (sing.) — la diététique
  dietary ['daɪətərɪ] — diététique, de régime
  a vegetarian [ˌvedʒɪ'tɛərɪən] — un(e) végétarien(ne)
  a vegan ['viːgən] — un(e) végétalien(ne)
  nutritious [njuː'trɪʃəs] — nutritif
  the nutritional value of sth — la valeur nutritive de qqch.
  the major food groups — les principaux groupes alimentaires
  organic [ɔː'gænɪk] — bio
  to eat* sensibly — avoir une alimentation équilibrée
  proteins ['prəʊtiːnz] — les protéines
  vitamins ['vɪtəmɪnz] — les vitamines
  carbohydrates [ˌkɑːbəʊ'haɪdreɪts] — les glucides
  high-protein — riche en protéines
  calories ['kælərɪz] — des calories
  a low-/high-calorie diet — un régime hypocalorique/hypercalorique

- Wholesome ['həʊlsəm] food — des aliments sains
  light [laɪt] — léger
  heavy ['hevɪ] — lourd
  it's gone off — ça s'est gâté
  mouldy ['məʊldɪ] — moisi
  low-fat ['ləʊfæt] — allégé (beurre, fromage)

- Digestion [dɪ'dʒestʃən] — la digestion
  indigestion [ˌɪndɪ'dʒestʃən] (n. c.) — l'indigestion
  to have an attack of indigestion — avoir une indigestion
  to digest [daɪ'dʒest] — digérer
  edible ['edɪbl] — comestible
  inedible [ɪn'edɪbl] — non comestible

- To feed* (o.s.) on sth — se nourrir de qqch.
  to subsist [səb'sɪst] — subsister
  a ration ['ræʃən] — une ration
  undernourishment [ˌʌndə'nʌrɪʃmənt] — la sous-alimentation
  malnutrition [ˌmælnjʊ'trɪʃən] — la malnutrition
  a vitamin deficiency — une carence en vitamines
  hunger ['hʌŋgəʳ] — la faim
  to starve to death
  to be starving — mourir de faim
  to die of starvation — mourir d'inanition

■ 2. APPETITE L'APPÉTIT

- To eat* [iːt] — manger
  to eat*/drink* in moderation — manger/boire avec modération
  to have an appetite — avoir de l'appétit
  to have a healthy appetite — avoir un solide appétit
  to have a hearty appetite — avoir bon appétit
  to eat* heartily — manger à belles dents
  to eat* like a horse — manger comme quatre
  to be a big eater — être gros mangeur
- To have a very small appetite
  to eat* like a bird — avoir un appétit d'oiseau
  to be off one's food — manquer d'appétit

  to lose* one's appetite — perdre l'appétit
  to fast [fɑːst] — jeûner
  frugal ['fruːgəl] — frugal
- To be hungry — avoir faim
  to be famished — être affamé
  to be ravenous — avoir une faim de loup
  to eat* one's fill — manger à sa faim
- Greedy ['griːdɪ] — gourmand
  greed [griːd] — la gourmandise
  gluttonous ['glʌtənəs] — glouton
  gluttony ['glʌtənɪ] — la gloutonnerie
  fastidious [fæs'tɪdɪəs] — difficile (pour la nourriture)
  BR choosy ['tʃuːzɪ]
  AM picky ['pɪkɪ]

– To bite* (into) sth	mordre (dans) qqch.
to chew [tʃuː]	mastiquer, mâcher
to nibble ['nɪbl]	grignoter
to lick [lɪk]	lécher
to swallow ['swɒləʊ]	avaler
it went down the wrong way	j'ai avalé de travers
– To tuck into a meal	attaquer un repas
to eat* sth up	finir (de manger) qqch.
to polish sth off	
to finish sth off	
a substantial meal	un repas copieux
filling ['fɪlɪŋ]	bourratif
it made my mouth water	ça m'a mis l'eau à la bouche
to gobble up	engloutir
to gulp down	
to wolf down	
to gorge o.s. on sth	se bourrer de qqch.
to stuff o.s. with sth (parlé)	se goinfrer de qqch.
I'm full!	J'ai trop mangé !
BR to savour sth	savourer qqch.
AM to savor sth	

to pick at one's food	manger du bout des dents, chipoter
– It's nice / awful	c'est bon / mauvais
it tastes nice / awful	
appetizing ['æpɪtaɪzɪŋ]	appétissant
delicious [dɪ'lɪʃəs]	délicieux
a delicacy ['delɪkəsɪ]	un mets délicat
a gourmet ['gʊəmeɪ]	un gourmet
to treat o.s. to sth	s'offrir qqch., se payer qqch.
This is my treat!	C'est moi qui régale !
– To drink* [drɪŋk]	boire
a drink	une boisson
thirst [θɜːst]	la soif
to be thirsty	avoir soif
to make* sb thirsty	donner soif à qqn
to sip sth	boire qqch. à petits coups, siroter qqch.
to drink* sth up	finir (de boire) qqch.
to quench one's thirst	se désaltérer
to drain one's glass	vider son verre
he's a heavy drinker	il boit beaucoup, il boit trop

■ 3. MEALS LES REPAS

– Breakfast ['brekfəst]	le petit déjeuner
to have breakfast	prendre le petit déjeuner
lunch [lʌnʃ]	le déjeuner
to have lunch	déjeuner
an afternoon snack	≈ un goûter
dinner ['dɪnəʳ]	le dîner
to have dinner	dîner
supper ['sʌpəʳ]	le souper
– To be eating	être à table
to be having a meal	
to sit* down to a meal	se mettre à table
a snack [snæk]	un casse-croûte
a barbecue ['bɑːbɪkjuː]	un barbecue
a picnic ['pɪknɪk]	un pique-nique
a banquet ['bæŋkwɪt]	un banquet
a feast [fiːst]	un festin
a buffet lunch	un buffet
a buffet supper	
refreshments [rɪ'freʃmənts]	les rafraîchissements
– A course [kɔːs]	un plat¹
a dish [dɪʃ]	

appetizers ['æpɪtaɪzəz]	les amuse-gueule
a cracker ['krækəʳ]	un cracker, un biscuit salé
an hors d'oeuvre	un hors-d'œuvre
BR a starter ['stɑːtəʳ]	
an entrée ['ɒntreɪ]	une entrée
the main course	le plat de résistance
the fish / meat course	le plat de viande / de poisson
a dessert [dɪ'zɜːt]	un dessert
a pudding ['pʊdɪŋ]	
BR a sweet [swiːt]	
a three-course meal	≈ un repas avec une entrée, un plat et un dessert

ATTENTION FAUX AMI : 1 : a plate = une assiette

– What's for pudding?	Qu'y a-t-il comme dessert ?
Dinner's ready!	À table !
Lunch is ready!	
Let's eat!	Passons à table !
Enjoy your meal!	Bon appétit !

What's for supper?	Que mange-t-on ce soir ?	a chef [ʃef]	un chef
What will you have?	Que prends-tu ?	BR the head waiter	le maître d'hôtel
to start with, I'll have …	comme entrée, je prendrai…	AM the maître d'hôtel	
— BR to lay* the table	mettre le couvert	a waiter ['weɪtəʳ]	un garçon
AM to set* the table		a waitress ['weɪtrɪs]	une serveuse
to clear away	débarrasser (la table)	the wine waiter	le sommelier
to clear the table		BR to wait at table	servir à table
to serve sb	servir qqn	AM to wait table	
to help o.s. *to sth*	se servir *de qqch.*	the first / second sitting	le premier / second service
to dish sth out	servir qqch.	the menu ['menjuː]	le menu, la carte
to dish sth up		"today's special"	« plat du jour »
a helping ['helpɪŋ]	une portion (en général)	— **A** canteen [kænˈtiːn]	une cantine
a portion ['pɔːʃən]		a refectory [rɪˈfektərɪ]	un réfectoire
a serving ['sɜːvɪŋ]	une portion (en restauration)	a cafeteria [ˌkæfɪˈtɪərɪə]	une cafétéria
to have a second helping of sth	reprendre de qqch.	a snack bar	un snack-bar
to hand round a plate of sth	faire passer un plat de qqch.	fast food	la restauration rapide
to carve the meat	découper la viande	a fast-food restaurant	un restaurant rapide, un fast-food
to open a bottle	déboucher une bouteille	a burger place (parlé)	
to uncork a bottle		a café ['kæfeɪ]	un café
to seat the guests	placer les invités	AM a diner ['daɪnəʳ]	
— **A** restaurant ['restərɔːŋ]	un restaurant	BR a takeaway ['teɪkəweɪ]	un plat à emporter
to eat* out	aller au restaurant	AM a takeout ['teɪkaʊt]	
		BR a hamburger to take out	un hamburger à emporter
		AM a hamburger to go	

■ 4. MEAT AND POULTRY LA VIANDE ET LA VOLAILLE

— **B**eef [biːf]	le bœuf	an escalope ['eskəˌlɒp]	une escalope
veal [viːl]	le veau	BR fillet steak	le filet de bœuf
mutton ['mʌtn]	le mouton	AM tenderloin	
lamb [læm]	l'agneau	a steak [steɪk]	un bifteck, un steak
pork [pɔːk]	le porc	a grill [grɪl]	une grillade
venison ['venɪsən]	le chevreuil	loin of pork	l'échine de porc
— **A** cut of meat	un morceau de viande	brisket ['brɪskɪt]	la poitrine de bœuf
BR a joint [dʒɔɪnt]	un rôti	sirloin ['sɜːlɔɪn]	l'aloyau
BR a roast [rəʊst]		saddle of lamb	la selle d'agneau
roast beef / pork / veal (n. c.)	le rôti de bœuf / de porc / de veau	a marrowbone ['mærəbəʊn]	un os à moelle
a slice off the joint	une tranche de rôti	— **O**ffal ['ɒfəl] (n. c. sing.)	les abats
a leg of lamb	un gigot	liver ['lɪvəʳ]	le foie
a chop [tʃɒp]	une côtelette (de porc, d'agneau)	kidneys ['kɪdnɪz]	les rognons
a cutlet ['kʌtlɪt]	une côtelette (de veau, d'agneau)	ox tongue	la langue de bœuf
a mutton chop	une côte de mouton	oxtail ['ɒksˌteɪl]	la queue de bœuf
a rib of beef	une côte de bœuf	pig's trotters ['trɒtəʳz]	les pieds de porc
a loin chop	une côte première	tripe [traɪp] (n. c. sing.)	les tripes
		the rind [raɪnd]	la couenne

calf's sweetbreads	les ris de veau	– **A** fowl [faʊl]	une volaille
– BR **corned beef**	le corned-beef[1]	**poultry** ['pəʊltrɪ] (n. c. plur.)	la volaille
a **sausage** ['sɒsɪdʒ]	une saucisse	a **chicken** ['tʃɪkɪn]	un poulet
a **frankfurter** ['fræŋkˌfɜːtəʳ]	une saucisse de Francfort	a **roast chicken**	un poulet rôti
sausage meat	la chair à saucisse	**chicken breast**	le blanc de poulet
a **sausage roll**	≈ un friand à la viande	a **wing** [wɪŋ]	une aile
salami [səˈlaːmɪ]	le salami	a **drumstick**	un pilon
ham [hæm]	le jambon	a **leg** [leg]	une cuisse
cooked ham **boiled ham**	le jambon blanc	**stuffing** ['stʌfɪŋ]	la farce
a **hock** [hɒk]	un jambonneau	**stuffed** [stʌfd]	farci
Parma ham	le jambon de Parme	**giblets** ['dʒɪblɪts]	les abattis
bacon ['beɪkən]	≈ le lard (fumé)	– **A duck** [dʌk]	un canard
BR a **rasher of bacon** AM a **slice of bacon**	≈ une tranche de lard fumé	a **goose** [guːs] (plur. geese)	une oie

ATTENTION 1 : AM **corned beef** = le bœuf salé

		a **guinea fowl**	une pintade
– BR **minced meat** BR **mince** [mɪns] AM **ground beef** AM **hamburger meat**	la viande hâchée (de bœuf)	a **turkey** ['tɜːkɪ]	une dinde
		a **boiled chicken**	une poule au pot
		– **An egg** [eg]	un œuf
a **beefburger** ['biːfˌbɜːgəʳ] a **hamburger** ['hæmˌbɜːgəʳ]	un hamburger	a **(soft-)boiled egg**	un œuf à la coque
		a **hard-boiled egg**	un œuf dur
– **Fat** [fæt]	le gras	a **fried egg**	un œuf sur le plat
fatty ['fætɪ]	gras	a **poached egg**	un œuf poché
lean [liːn]	maigre	**scrambled eggs**	des œufs brouillés
dripping ['drɪpɪŋ]	la graisse de rôti	a **ham / cheese omelette**	une omelette au jambon / au fromage
juice(s) from the meat	le jus de viande (de cuisson)	– **Game** [geɪm]	le gibier
gravy ['greɪvɪ]	la sauce (faite avec du jus de viande)	a **pigeon** ['pɪdʒən]	un pigeon
		a **quail** [kweɪl]	une caille
		a **rabbit** ['ræbɪt]	un lapin
		jugged hare	le civet de lièvre
		snails [sneɪlz]	les escargots

■ **5. FISH AND SHELLFISH** LE POISSON ET LES CRUSTACÉS _____

– **A fish** [fɪʃ]	un poisson	**tuna** ['tjuːnə]	du thon
freshwater / saltwater fish	le poisson de mer / d'eau douce	a **salmon** ['sæmən]	un saumon
a **fishbone**	une arête	**smoked salmon** AM **lox** [lɒks]	du saumon fumé
a **trout** [traʊt]	une truite	BR a **skate** [skeɪt] AM a **ray** [reɪ]	une raie
a **(Dover) sole**	une sole	a **squid** [skwɪd]	un calmar
a **plaice** [pleɪs]	un carrelet	– **A carp** [kɑːp]	une carpe
a **mackerel** ['mækrəl]	un maquereau	an **eel** [iːl]	une anguille
a **haddock** ['hædək]	un aiglefin	a **mullet** ['mʌlɪt]	un mulet
a **herring** ['herɪŋ]	un hareng	a **pike** [paɪk]	un brochet
a **kipper** ['kɪpəʳ]	un hareng fumé	a **sturgeon** ['stɜːdʒən]	un esturgeon
a **sardine** [saːˈdiːn]	une sardine		

a **halibut** ['hælɪbət]	un flétan
an **anchovy** ['æntʃəvɪ]	un anchois
soft **roe**	la laitance
caviar ['kævɪɑːʳ]	le caviar
– **Seafood** ['siːfʊd] (n. c. sing.)	les fruits de mer
a **shrimp** [ʃrɪmp]	une crevette grise
a **prawn** [prɔːn]	une crevette rose, un bouquet

a **lobster** ['lɒbstəʳ]	un homard, une langouste
a **langoustine**	une langoustine
a **crab** [kræb]	un crabe
oysters ['ɔɪstəʳz]	les huîtres
mussels ['mʌslz]	les moules
a **scallop** ['skɒləp]	une coquille Saint-Jacques
cockles ['kɒklz]	les coques
clams [klæms]	les palourdes, les praires, les clams

REMARQUE Certains noms de poisson peuvent, au singulier, exprimer un pluriel. Le verbe est alors soit au pluriel, soit au singulier ; ex. : **all the carp have died** = toutes les carpes sont mortes ; **there's a lot of trout around here** = il y a beaucoup de truites par ici. L'anglais courant emploie cependant de plus en plus souvent le substantif au pluriel lorsqu'il s'agit de dénombrer les poissons. Ainsi on dira plus volontiers **I caught three fishes** que **I caught three fish** = j'ai attrapé trois poissons.

■ 6. FRUIT LES FRUITS

– **Fruit** [fruːt] (n. c. sing.)	les fruits
a **piece of fruit**	un fruit
ripe [raɪp]	mûr
unripe ['ʌn'raɪp]	vert, pas mûr
overripe [əʊvə'raɪp]	trop mûr, blet
hard [hɑːd]	dur
juicy ['dʒuːsɪ]	juteux
– **The peel** [piːl]	l'écorce
the **skin** [skɪn]	la pelure, la peau
a **stone** [stəʊn]	un noyau
to **stone** to **pit** [pɪt]	dénoyauter
a **pip** [pɪp]	un pépin
– **An apple** ['æpl]	une pomme
an **eating apple**	une pomme à couteau
a **cooking apple**	une pomme à cuire
an **apple core**	un trognon de pomme
a **pear** [pɛəʳ]	une poire
a **plum** [plʌm]	une prune[1]
a **greengage** ['griːn,geɪdʒ]	une reine-claude
a **peach** [piːtʃ]	une pêche
a **nectarine** ['nektərɪn]	une nectarine, un brugnon
an **apricot** ['eɪprɪkɒt]	un abricot
rhubarb ['ruːbɑːb]	la rhubarbe
a **cherry** ['tʃerɪ]	une cerise

a **quince** [kwɪns]	un coing
ATTENTION FAUX AMI 1 : a **prune** = un pruneau	
– **A berry** ['berɪ]	une baie
strawberries ['strɔːbərɪz]	les fraises
raspberries ['rɑːzbərɪz]	les framboises
blackberries ['blækbərɪz]	les mûres
blackcurrants [,blæk'kʌrəntz]	les cassis
blueberries ['bluːbərɪz] **bilberries** ['bɪlbərɪz]	les myrtilles
redcurrants [,red'kʌrəntz]	les groseilles rouges
gooseberries ['gʊzbərɪz]	les groseilles à maquereau
cranberries ['krænbərɪz]	les airelles
grapes [greɪps] (plur.)	le raisin
a **grape** [greɪp]	un grain de raisin
a **bunch of grapes**	une grappe de raisin
a **melon** ['melən]	un melon
a **watermelon**	une pastèque
– **An orange** ['ɒrɪndʒ]	une orange
a **mandarin (orange)**	une mandarine
a **tangerine** [,tændʒə'riːn]	une clémentine
a **clementine** ['kleməntaɪn]	une clémentine
a **lemon** ['lemən]	un citron
a **lime** [laɪm]	un citron vert
a **grapefruit** ['greɪpfruːt]	un pamplemousse
a **pineapple** ['paɪn,æpl]	un ananas

a banana [bəˈnɑːnə]	une banane
a date [deɪt]	une datte
a fig [fɪg]	une figue
a black/green olive	une olive noire/verte
a pomegranate ['pɒməˌɡrænɪt]	une grenade
a kiwi (fruit)	un kiwi
a litchi [ˌlaɪˈtʃiː] a lichee	un litchi
a mango ['mæŋɡəʊ] (plur. mangoes)	une mangue
- A walnut ['wɔːlnʌt]	une noix
a hazelnut ['heɪzəlnʌt]	une noisette
an almond ['ɑːmənd]	une amande
a peanut ['piːnʌt]	une cacahuète

a groundnut ['ɡraʊndnʌt]	une arachide
a cashew (nut)	une noix de cajou
a Brazil (nut)	une noix du Brésil
a pistachio (nut)	une pistache
a pecan (nut)	une noix de pacane
a chestnut ['tʃesnʌt]	une châtaigne, un marron
a coconut ['kəʊkənʌt]	une noix de coco
a (nut)shell	une coquille
a raisin ['reɪzən]	un raisin sec
a sultana [sʌlˈtɑːnə]	un raisin de Smyrne
a currant ['kʌrənt]	un raisin de Corinthe
a prune [pruːn]	un pruneau

REMARQUES
1. Fruit s'emploie le plus souvent au singulier pour exprimer le pluriel ; ex. : fruit is good for you = les fruits sont bons pour la santé ; I bought some fruit = j'ai acheté des fruits. Le pluriel est plus rarement employé : I ate all the fruits = j'ai mangé tous les fruits.
2. Pour désigner les fruits à écale en général, on emploie le mot nuts ; ex. : mixed nuts = un assortiment d'amandes, de noisettes, de noix, etc.

■ 7. VEGETABLES LES LÉGUMES

- Vegetables ['vedʒtəblz] **veg** [vedʒ] (plur.) (parlé)	les légumes
green vegetables greens (parlé)	les légumes verts
a potato [pəˈteɪtəʊ] (plur. potatoes)	une pomme de terre
boiled potatoes	les pommes vapeur
mashed potatoes (plur.)	la purée de pommes de terre
jacket potatoes baked potatoes	les pommes de terre en robe des champs
BR chips [tʃɪps] AM French fries	les frites
BR crisps AM chips	les chips
potato peelings	les épluchures de pommes de terre
- A tomato [təˈmɑːtəʊ] (plur. tomatoes)	une tomate
a cucumber ['kjuːkʌmbəʳ]	un concombre
BR a courgette [kʊəˈʒet] AM a zucchini [zuːˈkiːnɪ]	une courgette
BR a (vegetable) marrow AM a squash [skwɒʃ]	une courge
an artichoke ['ɑːtɪtʃəʊk] a globe artichoke	un artichaut

a turnip ['tɜːnɪp]	un navet
a carrot ['kærət]	une carotte
a mixed salad	une salade composée
a tomato/cucumber salad	une salade de tomates/ de concombre
- A salad vegetable	une salade (légume)
a (green) salad	une salade (verte) (plat)
a lettuce ['letɪs]	une laitue
BR a cos lettuce AM a romaine lettuce	une romaine
watercress	le cresson
BR endive ['endaɪv]	la chicorée
BR a head of chicory AM an endive	une endive
- A radish ['rædɪʃ]	un radis
BR a beetroot ['biːtruːt] AM a beet [biːt]	une betterave
a mushroom ['mʌʃrʊm]	un champignon (comestible)
a truffle ['trʌfl]	une truffe
a porcini [pɔːˈtʃiːnɪ] mushroom	un cèpe
a chanterelle [ˌtʃæntəˈrɛl]	une girolle, une chanterelle
crisp [krɪsp]	croquant

limp [lɪmp]	fané	a bean [biːn]	un haricot
– A cabbage ['kæbɪdʒ]	un chou	runner beans	les haricots à rame
a cauliflower ['kɒlɪflaʊəʳ]	un chou-fleur	French beans	les haricots verts
(Brussels) sprouts	les choux de Bruxelles	haricot beans	les haricots blancs
an onion [ˈʌnjən]	un oignon	kidney beans	les haricots rouges
a leek [liːk]	un poireau	dried beans	les haricots secs
celery ['selərɪ]	le céleri en branches	broad beans	les fèves
a head of celery	un pied de céleri	bean sprouts	les germes de soja
celeriac [səˈlerɪæk]	le céleri-rave	bean shoots	
asparagus [əˈspærəgəs] (n. c. sing.)	les asperges	– Pulses ['pʌlsɪz]	les légumes secs
asparagus tips	les pointes d'asperges	lentils ['lentlz]	les lentilles
fennel ['fenl]	le fenouil	rice [raɪs]	le riz
spinach ['spɪnɪdʒ] (n. c. sing.)	les épinards	long-grained rice	le riz à grains longs
BR an aubergine ['əʊbəʒiːn]	une aubergine	short-grained rice round-grained rice	le riz à grains ronds
AM an eggplant ['eg,plɑːnt]		brown rice	le riz complet
an avocado (pear)	un avocat	(breakfast) cereals	les céréales
a green / red pepper	un poivron vert / rouge	cornflakes ['kɔːn,fleɪks]	les cornflakes
		bran [bræn]	le son
– Peas [piːz]	les pois	oatmeal ['əʊt,miːl] (n. c. sing.)	les flocons d'avoine
green peas	les petits pois	sweet corn	le maïs doux
garden peas		corn on the cob	les épis de maïs
chickpeas	les pois chiches	flour ['flaʊəʳ]	la farine

■ 8. DAIRY PRODUCE LES LAITAGES

– Milk [mɪlk]	le lait	– Cheese [tʃiːz]	du fromage
skimmed / unskimmed milk	le lait écrémé / entier	a ripe cheese	un fromage fait
		a blue cheese	un fromage bleu
homogenized / pasteurized milk	le lait homogénéisé / pasteurisé	a soft / hard cheese	un fromage à pâte molle / dure
condensed milk	le lait concentré	a full-fat / low-fat cheese	un fromage gras / maigre
powdered milk	le lait en poudre	goat's cheese	le fromage de chèvre
milk straight from the cow	le lait cru	ewe's milk cheese	le fromage de brebis
– Butter ['bʌtəʳ]	le beurre	cottage cheese	≈ le fromage blanc (égoutté)
salted / unsalted butter	le beurre salé / doux	cream cheese	la crème de fromage
to butter	beurrer	a cheese spread	un fromage à tartiner
margarine [,mɑːdʒəˈriːn] AM oleomargarine	la margarine	the cheese board	le plateau de fromages
rancid ['rænsɪd]	rance	a fruit / strawberry yog(h)urt	un yaourt aux fruits / à la fraise

■ 9. CONDIMENTS AND SPICES   LES CONDIMENTS ET LES ÉPICES _____

– Oil [ɔɪl]	l'huile
sunflower / groundnut / olive oil	l'huile de tournesol / d'arachide / d'olive
salad / cooking oil	l'huile de table / à friture
vinegar ['vɪnɪgəʳ]	le vinaigre
wine / tarragon vinegar	le vinaigre de vin / à l'estragon
French dressing salad dressing vinaigrette sauce	la vinaigrette
mayonnaise [ˌmeɪəˈneɪz]	la mayonnaise

– A sauce [sɔ:s]	une sauce
a stock cube	un bouillon-cube
meat / vegetable stock	le bouillon de viande / de légumes
tomato / white sauce	la sauce tomate / blanche
tomato purée	le concentré de tomates
(tomato) ketchup AM catsup ['kætsəp]	le ketchup
pickled onions	des oignons au vinaigre
gherkins ['gɜ:kɪnz]	les cornichons

– Garlic ['gɑ:lɪk]	l'ail
a clove of garlic	une gousse d'ail
herbs [hɜ:bz]	les fines herbes
a bouquet garni	un bouquet garni
dill [dɪl]	l'aneth
basil ['bæzl]	le basilic
chives [tʃaɪvz] (plur.)	la ciboulette
shallot [ʃəˈlɒt] scallion ['skælɪən]	l'échalote
bay leaves (plur.)	le laurier
tarragon ['tærəgən]	l'estragon
parsley ['pɑ:slɪ]	le persil
marjoram ['mɑ:dʒərəm]	la marjolaine
thyme [taɪm]	le thym
sorrel ['sɒrəl]	l'oseille
rosemary ['rəʊzmərɪ]	le romarin
oregano [ˌɒrɪˈgɑ:nəʊ]	l'origan
curry ['kʌrɪ]	le curry, le cari, le carry

– Condiments ['kɒndɪmənts]	les condiments

salt [sɔ:lt]	le sel
coarse salt	le gros sel
to salt	saler
salted	salé
pepper ['pepəʳ]	le poivre
white / black / green pepper	le poivre blanc / noir / vert
whole / ground pepper	le poivre en grain / moulu
Cayenne pepper	le poivre de Cayenne
peppery ['pepərɪ]	poivré

– A chilli ['tʃɪlɪ]	un piment rouge
horseradish ['hɔ:sˌrædɪʃ]	le raifort
mustard ['mʌstəd]	la moutarde

– Seasoning ['si:znɪŋ]	l'assaisonnement
a spice [spaɪs]	une épice
spicy ['spaɪsɪ]	épicé
to spice sth with sth	épicer, relever qqch. de qqch.
hot [hɒt]	relevé

– Cinnamon ['sɪnəmən]	la cannelle
cloves [kləʊvz]	les clous de girofle
coriander [ˌkɒrɪˈændəʳ]	la coriandre
cumin ['kʌmɪn]	le cumin
ginger ['dʒɪndʒəʳ]	le gingembre
nutmeg ['nʌtmeg]	la noix de muscade
paprika ['pæprɪkə]	le paprika
mixed spice (n. c. sing.)	les quatre épices
saffron ['sæfrən]	le safran
vanilla [vəˈnɪlə]	la vanille

– Sugar ['ʃʊgəʳ]	le sucre
granulated sugar	le sucre cristallisé
caster sugar	le sucre semoule, le sucre en poudre
cane sugar	le sucre de canne
brown sugar	le sucre brun, le sucre roux, la cassonnade
BR icing sugar AM confectionery sugar AM powdered sugar	le sucre glace
a lump of sugar	un morceau de sucre
sweet [swi:t]	sucré

■ 10. BREAD, PASTA AND PASTRIES LE PAIN, LES PÂTES ET LES PÂTISSERIES

- Bread [bred] (n. c.) — le pain
a **loaf** (of bread) — un pain
(plur. loaves)
a **slice** [slaɪs] — une tranche
a **piece of bread and butter** — une tartine
a **slice of bread and butter**
the **crust** [krʌst] — la croûte
a **crumb** [krʌm] — une miette

- Dough [dəʊ] — la pâte à pain
to **knead dough** — pétrir la pâte
new / **stale bread** — le pain frais / rassis
brown bread — le pain bis
granary bread — le pain complet
wholemeal bread
rye bread — le pain de seigle
farmhouse bread — le pain de campagne
sandwich bread — le pain de mie

- A cottage loaf — une miche
a **stick of French bread** — une baguette
toast [təʊst] (n. c.) — le pain grillé
a **slice of toast** — une tranche de pain grillé
a **piece of toast**
a **roll** [rəʊl] — un petit pain
a **bun** [bʌn] — un petit pain rond
a **croissant** ['krwʌsɒŋ] — un croissant
a **ham** / **cheese sandwich** — un sandwich au jambon / au fromage

- BR a biscuit ['bɪskɪt] — un biscuit
AM **a cookie**
rusks [rʌsks] — les biscottes
a **wafer** ['weɪfə'] — une gaufrette
a **waffle** ['wɒfl] — une gauffre
a **cake** [keɪk] — un gâteau[1]
a **fruit cake** — un cake
a **sponge cake** — un pain de Gênes
gingerbread — le pain d'épices
a **macaroon** [,mækə'ruːn] — un macaron

ATTENTION FAUX AMI **1** : a **gâteau** = un gros gâteau à la crème

(pancake) batter — la pâte à crêpes
BR **a pancake** ['pænkeɪk] — une crêpe
AM **a crepe** [kreɪp]
apple / **banana fritters** — des beignets aux pommes / à la banane

- Pastry ['peɪstrɪ] — la pâte à tarte
BR **shortcrust pastry** — la pâte brisée
AM **pie crust pastry**
puff pastry — la pâte feuilletée
BR **flaky pastry**
BR **sablé pastry** — la pâte sablée
AM **sugar crust pastry**
choux pastry — la pâte à choux
to **roll out pastry** — abaisser la pâte (au rouleau)

- A pastry ['peɪstrɪ] — une pâtisserie
a **cake** [keɪk]
a **tart** [tɑːt] — une tarte
a **strawberry** / **plum tart** — une tarte aux fraises / aux prunes
BR **a tartlet** ['tɑːtlɪt] — une tartelette
an **apple pie** — une tourte aux pommes
Christmas pudding — le pudding de Noël
a **Christmas log** — une bûche de Noël

- Flour ['flaʊə'] — la farine
self-raising flour — la farine avec levure incorporée
BR **cornflour** ['kɔːnˌflaʊə'] — la farine de maïs, la maïzena®
AM **cornstarch** ['kɔːnˌstɑːtʃ]
yeast [jiːst] — la levure
to **rise*** [raɪz] — monter (pâte)
stodgy ['stɒdʒɪ] — bourratif, lourd

- Pasta ['pæstə] — les pâtes (alimentaires)
noodles ['nuːdls] — les nouilles
spaghetti [spə'getɪ] — les spaghettis
(n. c. sing.)
lasagna [lə'zænjə] — les lasagnes
(n. c. sing.)
ravioli [,rævɪ'əʊlɪ] — les raviolis
(n. c. sing.)
semolina [,semə'liːnə] — la semoule
(n. c. sing.)

■ 11. DESSERTS LES DESSERTS

– Jam [dʒæm]	la confiture
strawberry / raspberry jam	la confiture de fraises / de framboises
redcurrant / blackcurrant jelly	la gelée de groseilles / de cassis
marmalade ['mɑ:məleɪd]	la marmelade
honey ['hʌnɪ]	le miel
preserved fruit (n. c. sing.)	les fruits en conserve, les fruits au sirop
candied fruit (n. c. sing.) **glacé fruit** (n. c. sing.)	les fruits confits
crystallized fruit (n. c. sing.)	les pâtes de fruits
a piece of crystallized fruit	une pâte de fruits
BR **(black) treacle** AM **molasses** [məʊ'læsɪz] (sing.)	la mélasse
maple syrup	le sirop d'érable
caramel ['kærəməl]	le caramel (sucre roussi)
peanut butter	le beurre de cacahuète(s)
whipped cream	la crème fouettée, la crème Chantilly
– Chocolate mousse	la mousse au chocolat
custard ['kʌstəd]	la crème anglaise
fruit salad	la salade de fruits

strawberries / raspberries and cream	les fraises / les framboises à la crème
stewed fruit (n. c. sing.)	une compote de fruits
stewed apples	une compote de pommes
– An ice cream	une glace
BR **sorbet** ['sɔ:beɪ] AM **sherbet** ['ʃɜ:bət]	le sorbet
a cone [kəʊn]	un cornet de glace
a choc-ice AM **an icecream bar**	un esquimau
– Sweet things	les sucreries
BR **a sweet** [swi:t] AM **a candy** ['kændɪ]	un bonbon
a mint [mɪnt]	un bonbon à la menthe
chocolate ['tʃɒklɪt]	le chocolat
plain / milk chocolate	le chocolat à croquer / au lait
a chocolate	un chocolat, une crotte au chocolat
an Easter egg	un œuf de Pâques
a toffee ['tɒfɪ] AM **a taffy** ['tæfɪ]	un caramel
a lollipop ['lɒlɪpɒp]	une sucette
popcorn	le pop-corn
chewing gum	le chewing-gum

■ 12. COOKING LA CUISINE

– Cooking ['kʊkɪŋ]	la cuisine (activité)
a cook [kʊk]	un(e) cuisinier (-ière)
to cook **to do* the cooking**	faire la cuisine
to be a good cook	bien faire la cuisine
to cook	cuire, faire cuire
a cookbook **a cookery book**	un livre de cuisine
a recipe ['resɪpɪ]	une recette
– To chop sth (up)	hâcher qqch. (avec un couteau)
to mince sth	hâcher qqch. (dans un appareil)
to dice sth	découper qqch. en dés
to slice sth	découper qqch. en tranches
to cut* sth into thin strips	découper qqch. en lamelles
to bone sth	désosser qqch.

to pluck a chicken	plumer un poulet
to skin a rabbit	dépouiller un lapin
to grate cheese / carrots	râper du fromage / des carottes
to peel sth	éplucher qqch.
to shell sth	décortiquer qqch.
to shell peas	écosser des petits pois
– An ingredient [ɪn'gri:dɪənt]	un ingrédient
BR **to flavour sth** *with sth* AM **to flavor sth** *with sth*	parfumer qqch. *à qqch.*
to season ['si:zn]	assaisonner
a dash of	une pointe de
a squeeze of lemon	un filet de citron
to curdle ['kɜ:dl]	ne pas prendre, tomber (mayonnaise)
to beat* eggs	battre des œufs
to whisk the whites	battre les blancs en neige

to cream the butter and the sugar	travailler le beurre et le sucre	to braise sth	braiser qqch.
to stir sth	remuer qqch.	BR to grill [grɪl]	griller, faire griller
to marinate ['mærɪneɪt]	mariner, faire mariner	AM to broil [brɔɪl]	
to spread* butter on sth	étaler du beurre sur	to barbecue ['bɑːbɪkjuː]	faire griller au barbecue
to spread* sth with butter	qqch.	− To drain sth	égoutter qqch.
to cook on a low heat / high heat	faire cuire à petit feu / à feu vif	to toss the salad	tourner la salade
		to garnish sth with cress / lettuce	garnir qqch. de cresson / de laitue
− To boil [bɔɪl]	bouillir, faire bouillir	to dress a salad	assaisonner une salade
to steam [stiːm]	cuire à la vapeur, faire cuire à la vapeur	to ice [aɪs]	glacer (gâteau)
to poach [pəʊtʃ]	faire pocher	to glaze [gleɪz]	glacer (viande)
to simmer ['sɪmər]	mijoter, faire mijoter	− A can [kæn]	une boîte de conserve
to stew [stjuː]	cuire à l'étouffée, faire cuire à l'étouffée	BR a tin [tɪn]	
to fry [fraɪ]	frire, faire frire	canned food (n. c. sing.)	les conserves
to brown onions	faire revenir des oignons	BR tinned food (n. c. sing.)	
to bake [beɪk]	cuire au four, faire cuire au four	a can of pineapple / peaches	une boîte d'ananas / de pêches
to roast [rəʊst]	rôtir, faire rôtir	BR a tin of pineapple / of peaches	
to baste meat	arroser la viande	canned pineapple / peaches	l'ananas / les pêches en boîte
		BR tinned pineapple / peaches	

■ 13. COOKED DISHES LES PLATS CUISINÉS _____

− A dish [dɪʃ]	un plat	beef / vegetable stock	le bouillon de bœuf / de légumes
ready meals	les plats préparés	cream of chicken / tomato	la crème de poulet / de tomates
frozen food (n. c. sing.)	les surgelés		
leftovers ['leftˌəʊvəz]	les restes	− A pie [paɪ]	une tourte
− Cooked [kʊkt]	cuit	a chicken / beef pie	une tourte au poulet / au bœuf
undercooked [ˌʌndə'kʊkt]	pas assez cuit	a stew [stjuː]	un ragoût
overcooked [ˌəʊvə'kʊkt]	trop cuit	potatoes au gratin	un gratin de pommes de terre
raw [rɔː]	cru		
tender ['tendər]	tendre	cauliflower cheese	le chou-fleur en gratin
tough [tʌf]	dur (viande)	pâté	le pâté
rare [rɛər]	saignant	liver pâté	le pâté de foie
underdone [ˌʌndə'dʌn]		foie gras	le foie gras
medium (rare)	à point	a soufflé ['suːfleɪ]	un soufflé
very rare	bleu	kebabs [kə'bæbz]	les brochettes
− A soup [suːp]	une soupe, un potage	frogs' legs	les cuisses de grenouille
onion / tomato soup	la soupe à l'oignon / à la tomate	a chicken / lamb curry	un curry de poulet / d'agneau
a consommé [kən'sɔmeɪ]	un consommé		

■ 14. NON-ALCOHOLIC DRINKS   LES BOISSONS SANS ALCOOL _____

- A drink [drɪŋk] · une boisson
a **beverage** ['bevərɪdʒ]
(soutenu)
a hot/cold drink · une boisson chaude/
froide
soft drinks · les boissons
non-alcoolisées
I'd like something to · je voudrais quelque
drink · chose à boire
drinkable ['drɪŋkəbl] · buvable
undrinkable · imbuvable
['ʌn'drɪŋkəbl]
strong [strɒŋ] · fort
to pour [pɔː'] · verser
a straw [strɔː] · une paille
BR a Thermos® (flask) · une bouteille thermos
BR a vacuum flask
AM a vacuum bottle

- Coffee ['kɒfɪ] · le café
coffee beans (plur.) · le café en grains
ground coffee · le café moulu
filter coffee · le café filtre
an espresso [es'presəʊ] · un expresso
a cappuccino · un cappuccino
[ˌkæpʊ'tʃiːnəʊ]
decaffeinated · décaféiné
[ˌdiː'kæfɪneɪtɪd]
black coffee · le café noir
BR white coffee · le café crème
AM coffee with cream

instant coffee · le café instantané

- Tea [tiː] · le thé
to make* (a pot of) tea · faire du thé
to infuse [ɪn'fjuːz] · infuser, faire infuser
to take* sugar/milk · prendre du sucre/du
lait
herb(al) tea · la tisane
a cup of cocoa ['kəʊkəʊ] · un chocolat chaud
a cup of hot chocolate

- Water ['wɔːtə'] · l'eau
drinking/non-drinking · eau potable/
water · non-potable
still [stɪl] · plat, non gazeux
mineral/plain water · l'eau minérale/plate
fizzy ['fɪzɪ] · pétillant, gazeux
soda water · l'eau gazeuse
BR a fizzy drink · un soda
AM pop [pɒp] (n. c.)
a Coke® [kəʊk] (parlé) · un coca
orangeade ['ɒrɪndʒ'eɪd] · l'orangeade
tonic (water) · ≈ le Schweppes®
(Indian) tonic
fruit juice · le jus de fruit
orange juice · le jus d'orange
cranberry juice · le jus d'airelles
BR he's a teetotaller · il ne boit jamais
AM he's a teetotaler · d'alcool

■ 15. ALCOHOLIC DRINKS   LES BOISSONS ALCOOLISÉES _____

- Alcohol ['ælkəhɒl] · l'alcool
spirits ['spɪrɪts] · les spiritueux
a cocktail ['kɒkteɪl] · un cocktail
an aperitif [əˌperɪ'tiːf] · un apéritif
a liqueur [lɪ'kjʊə'] · un digestif¹ , une liqueur

ATTENTION FAUX AMI 1 : a digestive = une sorte de gâteau sec

- Wine [waɪn] · le vin
red/white/rosé wine · le vin rouge/blanc/
rosé
a dry/sweet wine · un vin sec/doux
sparkling wine · le vin mousseux
a vintage wine · un vin millésimé
claret ['klærət] · le bordeaux rouge
burgundy ['bɜːɡəndɪ] · le bourgogne

champagne [ʃæm'peɪn] · le champagne
sherry ['ʃerɪ] · le xérès, le sherry
port (wine) · le porto
vermouth ['vɜːməθ] · le vermouth
mulled wine · le vin chaud (épicé)

- Whisky ['wɪskɪ] · le whisky
scotch (whisky) · le scotch
bourbon (whisky) · le bourbon
a whisky and soda · un whisky-soda
BR he drinks his whisky · il boit son whisky sec
neat
AM he drinks his whisky
straight
gin and tonic · le gin tonic

brandy ['brændɪ] — le cognac
rum [rʌm] — le rhum
vodka ['vɒdkə] — la vodka

- **B**eer [bɪəʳ] — la bière
a pint (of beer) — ≈ un demi
draught beer — ≈ la bière (à la) pression
lager ['lɑːgəʳ] — la bière blonde
BR light ale
brown ale — la bière brune
BR stout [staʊt]
a shandy ['ʃændɪ] — un panaché
alcohol-free beer — la bière sans alcool
cider ['saɪdəʳ] — le cidre

- **A** bottle ['bɒtl] — une bouteille
a cork [kɔːk] — un bouchon
a corkscrew — un tire-bouchon
a bottle opener — un décapsuleur
to open a bottle — déboucher une bouteille

"serve chilled / at room temperature" — « servir frais / chambré »
an ice cube — un glaçon
to drink* a toast to sb — porter un toast à qqn
to drink* to sb's health — boire à la santé de qqn
Your health! — À votre santé !
Good health!
Cheers! (parlé) — À la bonne vôtre !
a round (of drinks) — une tournée
the drinks are on the house — c'est la tournée du patron

- **A** bar [bɑːʳ] — un bar
a pub [pʌb] — un pub
a wine bar — un bar à vin
a tavern ['tævən] — une taverne
an inn [ɪn] — une auberge
BR a barman — un barman
AM a bartender
a barmaid — une serveuse

174

25 TRANSPORT AND TRAVELLING
LES TRANSPORTS ET LES VOYAGES

■ 1. ROAD VEHICLES LES VÉHICULES AUTOMOBILES

- **A car** [kɑ:ʳ] — une voiture
  AM **an auto(mobile)** ['ɔ:tə(məbi:l)]

a two-door / four-door car — une (voiture) deux / quatre portes

a front-wheel / rear-wheel drive — une traction avant / arrière

a four-wheel drive vehicle — un véhicule à quatre roues motrices

an automatic (car) — une voiture à boîte automatique

a diesel ['di:zəl] — un diesel

a cross-country vehicle — un véhicule tout-terrain

BR **a second-hand car** — une voiture d'occasion
AM **a used car**

- BR **a saloon** [sə'lu:n] — une berline, une conduite intérieure
  AM **a sedan** [sɪ'dæn]

a tourer ['tʊərəʳ] — une voiture de tourisme
a touring car

a hatchback ['hætʃbæk] — une voiture à hayon

BR **an estate (car)** — un break, une voiture commerciale
AM **a station wagon**

a minivan ['mɪnɪvæn] — un monospace
a people carrier

a convertible [kən'vɜ:təbl] — une décapotable, un cabriolet

a coupé ['ku:peɪ] — un coupé

a sports car — une voiture de sport

a 4 × 4 [fɔ:baɪ'fɔ:] — un 4 × 4

an off-road vehicle — un véhicule tout-terrain

a company car — une voiture de fonction

a limousine ['lɪməzi:n] — une limousine
AM **a limo** ['lɪməʊ] (parlé)

an old banger ['bæŋəʳ] (parlé) — un clou, un tacot

- **A taxi** ['tæksɪ] — un taxi
  a cab [kæb]

a taxi driver — un chauffeur de taxi
a cab driver

to call a taxi — appeler un taxi

- **A heavy goods vehicle** — un poids lourd
  an HGV [,eɪtʃdʒi:'vi:]

BR **a lorry** ['lɒrɪ] — un camion
AM **a truck** [trʌk]

BR **an articulated lorry** — un semi-remorque
AM **a trailer truck**
AM **a rig** [rɪg]

a trailer ['treɪləʳ] — une remorque

a van [væn] — une camionnette, une fourgonnette

a pick-up truck — une camionnette ouverte

a bus [bʌs] — un autobus, un bus

a double-decker — un autobus à impériale

a bus — un car
BR **a coach** [kəʊtʃ]

- **A bicycle** ['baɪsɪkl] — une bicyclette

a bike [baɪk] (parlé) — un vélo
BR **a push-bike** (parlé)

BR **a moped** ['məʊped] — une mobylette, un vélomoteur
BR **a motorbike** ['məʊtəbaɪk]

a motorcycle ['məʊtə,saɪkəl] — une motocyclette

a (motor)bike (parlé) — une moto

a quad bike — une moto à quatre roues motrices

a sidecar ['saɪdkɑ:] — un side-car

a scooter ['sku:təʳ] — un scooter

- **A coach** [kəʊtʃ] — un carrosse

a stagecoach ['steɪdʒ,kəʊtʃ] — une diligence

a (pony) trap — un cabriolet

a carriage and pair / and four — un équipage à deux chevaux / à quatre chevaux

a hackney cab — un fiacre

a wag(g)on ['wægən] — un chariot

a chariot ['tʃærɪət] — un char (romain)

to go for a ride in a horse and carriage — faire une promenade en calèche

■ 2. PARTS AND ACCESSORIES LES PIÈCES ET LES ACCESSOIRES

- **The chassis** ['ʃæsɪ] — le châssis

the coachwork ['kəʊtʃ,wɜ:k] — la carrosserie

the bodywork ['bɒdɪ,wɜ:k] — la caisse

the roof [ru:f] — le toit

a sunroof ['sʌnru:f] — un toit ouvrant

BR **the hood** [hʊd] — la capote
AM **the (soft) top**

a roof rack — une galerie

175

- BR the bonnet ['bɒnɪt]   le capot
  AM the hood [hʊd]

  BR the wing [wɪŋ]   l'aile
  AM the fender ['fendəʳ]

  BR the bumper ['bʌmpəʳ]   le pare-chocs
  AM the fender

  BR the boot [buːt]   le coffre
  AM the trunk [trʌŋk]

  the tailboard ['teɪlbɔːd]   le hayon
  the tailgate ['teɪlgeɪt]

  BR a number plate   une plaque d'immatri-
  AM a license plate   culation

- BR the windscreen   le pare-brise
  ['wɪndˌskriːn]
  AM the windshield
  ['wɪndʃiːld]

  the rear window   la lunette arrière

  a front/back window   une glace avant/
  arrière, une vitre avant/
  arrière

  BR the winder ['waɪndəʳ]   le lève-glace, le lève-
  AM the crank [kræŋk]   vitre

  BR to wind* the window   remonter/baisser la
  up/down   glace
  AM to crank the window
  up/down

  BR windscreen wipers   les essuie-glaces
  AM windshield wipers

  BR the windscreen   le lave-glace
  washer
  AM the windshield
  washer

  the rear-view mirror   le rétroviseur (central)

  BR a wing mirror   un rétroviseur latéral
  AM a side-view mirror

  the quarterlight   le déflecteur
  ['kwɔːtəˌlaɪt]

- A door [dɔːʳ]   une portière

  a seat [siːt]   un siège

  the front seat   le siège avant

  the back seat   le siège arrière, la ban-
  quette arrière

  a baby seat   un siège pour bébé

  a seat belt   une ceinture de sécurité

  to fasten/unfasten   attacher/détacher sa
  one's seat belt   ceinture

- The glove compartment   la boîte à gants
  the parcel shelf   la plage arrière
  a roof light   un plafonnier
  a vanity mirror   un miroir de courtoisie

- The dashboard   le tableau de bord
  ['dæʃbɔːd]
  the instrument panel

the horn [hɔːn]   l'avertisseur, le klaxon

to sound one's horn   klaxonner
to hoot [huːt]

an indicator ['ɪndɪkeɪtəʳ]   un clignotant
a flasher ['flæʃəʳ]

to indicate left/right   mettre son clignotant
gauche/droit

the speedometer   le compteur (de vitesse)
[spɪ'dɒmɪtəʳ]

BR the mileometer   le compteur kilométri-
[maɪ'lɒmɪtəʳ]   que
AM the odometer
[ɒ'dɒmɪtəʳ]

- The headlights   les phares
  ['hedlaɪts]

  to turn on one's head-   allumer les phares
  lights
  to switch on one's
  headlights

  to have one's head-   être en pleins phares
  lights full on

  BR to dip one's head-   se mettre en code
  lights
  AM to dim one's
  headlights

  the rear lights   les feux arrière
  the tail lights

  the sidelights ['saɪdlaɪts]   les feux de position, les
  veilleuses

  BR reversing lights   les feux de recul
  AM back-up lights

  the brake lights   les feux stop, les stops

  a fog lamp   un phare antibrouillard

- The controls [kən'trəʊlz]   les commandes
  the gears [gɪəʳz]   les vitesses

  BR the gearbox   la boîte de vitesses
  AM the transmission
  [trænz'mɪʃən]

  BR the gear lever   le levier de vitesse
  AM the gearshift

  the brakes [breɪks]   les freins

  disc/drum brakes   des freins à disque/à
  tambour

  the brake pedal   la pédale de frein

  the handbrake   le frein à main
  ['hændbreɪk]

  the engine breaking   le frein moteur

  the brake fluid   le liquide de frein

  the brake pads   les plaquettes de frein

  the clutch [klʌtʃ]   l'embrayage

  the clutch pedal   la pédale d'embrayage

the accelerator [æk'seləreɪtəʳ] AM the gas pedal	l'accélérateur
– The engine ['endʒɪn]	le moteur
the camshaft ['kæmʃæft]	l'arbre à cames
the propeller shaft	l'arbre de transmission
a cylinder ['sɪlɪndəʳ]	un cylindre
a piston ['pɪstən]	un piston
a valve [vælv]	une soupape
BR the carburettor [ˌkɑːbjʊ'retəʳ] AM the carburetor	le carburateur
the coil [kɔɪl]	la bobine
the alternator ['ɒltɜːˌneɪtəʳ]	l'alternateur
the ignition [ɪg'nɪʃən]	le contact, l'allumage
the ignition key	la clé de contact
to switch on/off the engine	mettre/couper le contact
BR the dynamo ['daɪnəməʊ] AM the generator ['dʒenəreɪtəʳ]	la dynamo
the battery ['bætərɪ]	la batterie
– BR a spark plug AM a sparking plug	une bougie
the choke [tʃəʊk]	le starter[1]
to pull the choke out	mettre le starter

ATTENTION FAUX AMI : the starter = le démarreur

– The radiator ['reɪdɪeɪtəʳ]	le radiateur
the cooling system	le circuit de refroidissement
the fan [fæn]	le ventilateur
the fan belt	la courroie de ventilateur
antifreeze ['æntɪ'friːz]	l'antigel
de-icing ['diːˈaɪsɪŋ]	le dégivrage
the air/oil filter	le filtre à air/huile
– BR the petrol tank AM the gas tank	le réservoir
a petrol cap	un bouchon de réservoir
the exhaust (pipe)	le tuyau d'échappement, le pot d'échappement

BR a silencer ['saɪlənsəʳ] AM a muffler ['mʌfləʳ]	un silencieux
BR a catalyser [ˌkætə'laɪzəʳ] AM a catalyzer	un pot catalytique
– The steering ['stɪərɪŋ]	la direction
power-assisted steering	la direction assistée
the (steering) wheel	le volant
to be at the wheel	être au volant
to take* the wheel	prendre le volant
– A wheel [wiːl]	une roue
the spare wheel	la roue de secours
a hub cap	un enjoliveur
BR a tyre ['taɪəʳ] AM a tire	un pneu
tubeless ['tjuːblɪs]	sans chambre à air
the axle ['æksl]	l'essieu
the suspension [səs'penʃən]	la suspension
the shock absorbers	les amortisseurs
– The saddle ['sædl]	la selle
the handlebars ['hændlˌbɑːz] (plur.)	le guidon
the frame [freɪm]	le cadre (bicyclette)
the pedals ['pedlz]	les pédales
to pedal	pédaler
to pedal up/down the street	descendre/remonter la rue à bicyclette
a crash helmet	un casque
BR a mudguard ['mʌdgɑːd] AM a fender ['fendəʳ]	un garde-boue
the spokes ['spəʊks]	les rayons
a bicycle chain	une chaîne de vélo
a bicycle pump	une pompe à vélo
a gearwheel ['gɪəʳˌwiːl]	un pignon
a chain wheel	un plateau
a derailleur [də'reɪljəʳ]	un dérailleur
the inner tube	la chambre à air
the pillion ['pɪljən]	le siège arrière

■ **3.** DRIVING AND TRAFFIC LA CONDUITE ET LA CIRCULATION _____

– Motoring ['məʊtərɪŋ]	la conduite automobile
to drive* [draɪv]	conduire
to drive* a car/a lorry	conduire une voiture/un camion
the driver ['draɪvəʳ]	le (la) conducteur (-trice)
BR a motorist ['məʊtərɪst] a (car) driver	un(e) automobiliste

a driver	un chauffeur (conducteur)
a chauffeur [ˈʃəʊfəʳ]	un chauffeur (privé)
BR a lorry driver	un camionneur, un routier
AM a trucker [ˈtrʌkəʳ]	
a reckless driver	un chauffard
a roadhog [ˈrəʊdhɒg]	
a pedestrian [pɪˈdestrɪən]	un piéton
– To drive* off	démarrer
to move off	
to start up a car	mettre une voiture en marche
to turn the wheel	braquer
to pull out	déboîter
to reverse (the car)	faire marche arrière
BR to back (the car)	
AM to back up	
to do* a U-turn	faire demi-tour
to make* an about-turn	
to keep* to the left / right	tenir sa gauche / droite
to go* at 50 mph (abr. de *miles per hour*)	≈ rouler à 80 km/h
– BR to give* way *to*	céder le passage *à*
AM to yield *to* [jiːld]	
to make* a left / right turn	tourner à gauche / à droite
to turn left / right	
to engage gear	mettre en prise
to put in gear	
BR to change gear	changer de vitesse
AM to shift gear	
to engage first gear	passer la première
to put* the car into first gear	
to let* in the clutch	embrayer
to let* out the clutch	débrayer
to release the clutch	
to accelerate [ækˈseləreɪt]	accélérer
BR to put* one's foot down (parlé)	appuyer sur le champignon
AM to step on the gas (parlé)	
– To slow down	ralentir
to brake [breɪk]	freiner
to put* the brakes on	
to come* to a halt	s'immobiliser
to come* to a stop	
to stop [stɒp]	s'arrêter
to pull up	
to pull in	
to draw* up	
to stop short	s'arrêter pile, s'arrêter net
to stop suddenly	

– To pass sb	doubler qqn, dépasser qqn
BR to overtake* sb	
dangerous overtaking (n. c.)	un dépassement dangereux
to cut* in *on sb*	faire une queue de poisson *à qqn*
to flash one's headlights *at sb*	faire un appel de phares *à qqn*
to freewheel [ˈfriːˌwiːl]	rouler en roue libre
AM to coast [kəʊst]	
BR to run* in (a car)	roder (une voiture)
AM to break* in (a car)	
– To set* off	prendre la route
it will be a long journey	la route sera longue
it will be a long drive	
it will be a long ride	
to go* for a drive	faire un tour en voiture
to drive* into town	aller en ville en voiture
to drive* sb somewhere	conduire qqn quelque part
to take* a short cut	prendre un raccourci
at the roadside	sur le bord de la route
at the side of the road	
the road to La Rochelle	la route de La Rochelle
– The car holds the road well	la voiture tient bien la route
to be / remain in control of one's car	être / rester maître de son véhicule
to lose* control of one's car	perdre le contrôle de son véhicule
to go* into a skid	déraper
to skid [skɪd]	
a skid	un dérapage
visibility is bad	la visibilité est mauvaise
– The speed limit is 50 mph (abr. de *miles per hour*)	≈ la vitesse est limitée à 80 km/h
to be speeding	dépasser la limitation de vitesse
to exceed the speed limit	
a radar trap	un radar
a speed trap	
– Traffic out of / into Paris	la circulation dans le sens Paris-province / province-Paris
traffic is heavy / moving	la circulation est dense / fluide
the rush hour (sing.)	les heures d'affluence, les heures de pointe
a bottleneck [ˈbɒtlnek]	un bouchon, une retenue
BR a tailback [ˈteɪlbæk]	

a traffic jam	un embouteillage	blow into the bag please	soufflez dans le ballon, s'il vous plaît
a (traffic) holdup			
congested [kən'dʒestɪd]	encombré	– To break* down	tomber en panne
busy ['bɪzɪ]	fréquenté (route)	a breakdown	une panne
– A road sign	un panneau indicateur	['breɪkdaʊn]	
a signpost ['saɪnpəʊst]		BR a breakdown van	une dépanneuse
traffic lights	les feux (de circulation)	AM a tow truck	
the traffic lights were at red / amber / green	le feu était au rouge / à l'orange / au vert	AM a wrecker ['rekər]	
		to run* out of petrol	tomber en panne d'essence
to jump the lights	passer au feu rouge		
to go* through the traffic lights	brûler un feu rouge	– BR a driving licence	un permis de conduire
AM to run* a red light		AM a driver's license	
		to take* one's driving test	passer son permis de conduire
– A traffic policeman	un agent de la circulation	a driving school	une auto-école
to be stopped by the police	se faire arrêter par la police	a driving instructor	un(e) moniteur (-trice) d'auto-école
to be fined	recevoir une amende, recevoir une contravention	to take* driving lessons	prendre des leçons de conduite
to be fined for speeding	recevoir une contravention pour excès de vitesse	the highway code	le code de la route
		BR the log book	la carte grise
		AM the registration papers	
drunk driving	la conduite en état d'ivresse	– To ride* a cycle / motorcycle	rouler à bicyclette / en moto
drinking and driving	l'alcool au volant	a cyclist ['saɪklɪst]	un(e) cycliste
a Breathalyzer®	un alcootest	a motorcyclist	un(e) motocycliste
['breθəlaɪzər]		['məʊtəˌsaɪklɪst]	
they breathalyzed him	ils l'ont fait souffler dans le ballon	a rider ['raɪdər]	

■ 4. ROADS LES ROUTES

– The road network	le réseau routier	BR a toll motorway	une autoroute à péage
a main road	une grande route, un grand axe	AM a turnpike ['tɜːnpaɪk]	
		a rest area	une aire de repos
BR a trunk road	une route nationale	BR a speed camera	un radar
BR an A-road		a throughway ['θruːweɪ]	une voie express (en agglomération)
AM a highway ['haɪweɪ]			
a secondary road	une route départementale	BR a ring road	un périphérique
BR a B-road		AM a beltway ['beltweɪ]	
an arterial road	une artère	a section ['sekʃən]	un tronçon
a thoroughfare		a country road	une route de campagne
['θʌrəˌfɛər] (soutenu)		a dirt road	un chemin de terre
BR a motorway	une autoroute	– An access road	une bretelle
['məʊtəweɪ]		a side road / street	une rue / route latérale
AM an expressway		a one-way street	une rue à sens unique
[ɪks'presweɪ]		a cul-de-sac ['kʌldəˌsæk]	une impasse
a freeway ['friːweɪ]		a dead end	
a speedway ['spiːdweɪ]			

- To branch off | bifurquer (route)
to fork off
a fork (in the road) | une bifurcation
a bend (in the road) | un virage
a hairpin bend | un virage en épingle à cheveux

- A junction ['dʒʌŋkʃən] | un échangeur
an interchange ['ɪntə,tʃeɪndʒ]
BR a (road) junction | un croisement
AM an intersection [,ɪntə'sekʃən]
BR a roundabout ['raʊndəbaʊt] | un rond-point
AM a traffic circle
AM a rotary ['rəʊtərɪ]
a crossroads ['krɒsrəʊdz] (sing.) | un carrefour

- A bridge [brɪdʒ] | un pont
a viaduct ['vaɪədʌkt] | un viaduc
BR a flyover ['flaɪ,əʊvə] | un autopont
AM an overpass ['əʊvəpɑːs]
an underpass ['ʌndəpɑːs] | un passage souterrain
BR a subway ['sʌbweɪ]
a bypass ['baɪpɑːs] | une rocade
a diversion [daɪ'vɜːʃən] | une déviation
traffic has been diverted | la circulation a été déviée

- BR the roadway ['rəʊdweɪ] | la chaussée
AM the pavement ['peɪvmənt]
a lane [leɪn] | une voie, une file
a single-lane / a three-lane road | une route à voie unique / à trois voies
BR a dual carriageway | une route à quatre voies
AM a divided highway
the left- / right-hand lane | la file de gauche / de droite
a bike lane | une piste cyclable

to change lanes | changer de file
a contraflow system | une voie à contresens
- A crash barrier | une glissière de sécurité
BR the central reservation | le terre-plein central
AM the median strip
cat's eyes | les catadioptres, les cataphotes
the verge [vɜːdʒ] | le bas-côté
"soft verge" | « accotement non stabilisé »
the hard shoulder | la bande d'arrêt d'urgence
a speed zone | une zone à vitesse limitée
BR a 30-mile-an-hour area | ≈ une zone à vitesse limitée à 50 km/h
BR the pavement ['peɪvmənt] | le trottoir
AM the sidewalk ['saɪdwɔːk]
BR the kerb [kɜːb] | le bord du trottoir
AM the curb [kɜːb]
the gutter ['gʌtəʳ] | le caniveau

- Roadworks ['rəʊdwɜːks] | les travaux de réfection des voies
a bump [bʌmp] | une bosse
bumpy ['bʌmpɪ] | cahoteux, bosselé
a pothole ['pɒthəʊl] | un nid de poule
a rut [rʌt] | une ornière
BR a sleeping policeman | un ralentisseur, un casse-vitesse
AM a speed bump
- The road surface | le revêtement de la chaussée
loose chippings | les gravillons
tarmac ['tɑːmæk] | le macadam
tar [tɑːʳ] | le goudron
asphalt ['æsfælt] | l'asphalte

■ 5. GARAGES AND PARKING LES GARAGES ET LE STATIONNEMENT ____

- BR a car park | un parking, un parc de stationnement
AM a parking lot
parking ['pɑːkɪŋ] | le stationnement
"no parking" | « défense de stationner »
BR "no waiting" | « arrêt interdit »
AM "no standing"
to park ['pɑːk] | se garer

to be parked | stationner, être garé
to double-park | se garer en double file
to reverse into a parking space | faire un créneau

- A parking meter | un parcmètre
BR a traffic warden | une contractuelle
AM a meter maid

to get* a parking ticket	avoir un P.-V., avoir une contravention
a wheel clamp AM a Denver boot	un sabot (de Denver)
– BR petrol ['petrəl] AM gas(oline) ['gæs(əoliːn)]	l'essence
BR four-star petrol AM super (gas) AM premium (gas)	le super
BR two-star petrol AM regular (gas)	l'ordinaire
BR lead-free petrol unleaded gas	l'essence sans plomb
diesel ['diːzl]	le gasoil
– BR petrol consumption AM gas mileage	la consommation (d'essence)
to do* 50 to the gallon to do* 50 mpg (abr. de miles per gallon)	≈ consommer 6 litres aux 100
a petrol pump	une pompe à essence
a (pump) attendant	un(e) pompiste
BR a petrol station AM a filling station	une station-service, un poste d'essence
the petrol gauge	la jauge d'essence
to fill up (with petrol)	faire le plein

fill it up please	le plein s'il vous plaît
– A garage ['gæraːʒ]	un garage
a garage owner	un garagiste (propriétaire)
a mechanic [mɪˈkænɪk]	un mécanicien
to have one's car serviced	faire réviser sa voiture
an oil change	une vidange
to check the oil/water (level)	vérifier le niveau d'huile/d'eau
BR tyre pressure AM tire pressure	la pression (des pneus)
to inflate [ɪnˈfleɪt] to pump up	gonfler
a dealer ['diːləʳ]	un concessionnaire
– Spare parts	les pièces de rechange
to repair [rɪˈpɛəʳ]	réparer
a repair shop	un atelier de réparations
a puncture ['pʌŋktʃəʳ] AM a flat (tire)	une crevaison
to change a wheel	changer une roue
a jack [dʒæk]	un cric
jump leads	les câbles de démarrage (pour batterie)
to give* sb a tow to tow sb	remorquer qqn

■ 6. PUBLIC TRANSPORT LES TRANSPORTS EN COMMUN

– A passenger ['pæsndʒəʳ]	un(e) passager (-ère)
to go* somewhere by bus/train	aller quelque part en bus/train
the bus/coach driver	le conducteur de l'autobus/du car
the (bus) conductor	le receveur (en GB)
BR a tram ['træm] AM a streetcar ['striːtkaːʳ]	un tramway
a coach station a bus station	une gare routière
a bus shelter	un abribus
the waiting room	la salle d'attente
the refreshment room	le buffet (dans une gare)
– A seat [siːt]	une place
Is this seat taken?	Cette place est-elle libre ?
a reservation [ˌrezəˈveɪʃən]	une réservation
to reserve a seat to book a seat	réserver (une place), faire une réservation

the fare [fɛəʳ]	le prix du billet
– A ticket ['tɪkɪt]	un billet, un ticket
BR a single (ticket) to AM a one-way ticket to	un aller pour
BR a return (ticket) to AM a round-trip ticket to	un aller (et) retour pour
a half-fare ticket	un billet demi-tarif
a group ticket	un billet de groupe
BR a travelcard ['trævlkaːd] BR a season ticket AM a commutation ticket	une carte d'abonnement
BR valid ['vælɪd] AM available [əˈveɪləbl]	valide, valable
the ticket office	le guichet
to punch [pʌnʃ]	poinçonner
to punch	composter (avec un poinçon)
to (date) stamp	composter (avec un tampon)

– BR **the timetable** ['taɪmteɪbl]	l'horaire
AM **the schedule** ['skedjuːl]	
the arrival(s)/departure(s) indicator board	le tableau des arrivées/des départs
"Arrivals" [ə'raɪvəlz]	« Arrivées »
"Departures" [dɪ'pɑːtʃə'z]	« Départs »
to leave* at 9 am	partir à 9 h
the train is due at 9 am	le train arrive à 9 h
on time	à l'heure
late [leɪt]	en retard
early ['ɜːlɪ]	en avance
– **To get* into the bus/train**	monter dans l'autobus/le train
to get* off the bus/train	descendre de l'autobus/du train
to catch* the bus/the train	attraper l'autobus/le train
to miss one's bus/train	manquer son autobus/son train
to see* sb off at the station	accompagner qqn à la gare
to meet* sb **to go* and fetch sb**	aller chercher qqn
– BR **the left-luggage (office)**	la consigne
AM **the checkroom** ['tʃekrʊm]	
a left-luggage locker	une consigne automatique
the luggage rack **the baggage rack**	le porte-bagages, le filet
the lost property office	le bureau des objets trouvés
BR **a (luggage) trolley** AM **a cart** [kɑːt]	un chariot

■ 7. RAIL TRANSPORT LES TRANSPORTS FERROVIAIRES _____

– BR **the railway** ['reɪlweɪ] AM **the railroad** ['reɪlrəʊd]	le chemin de fer
by rail	par chemin de fer
a train [treɪn]	un train
a passenger train	un train de voyageurs
BR **a goods train** AM **a freight train**	un train de marchandises
– **A high-speed train**	≈ un TGV, un train à grande vitesse
an express train	un rapide
a fast train	un train express
a main-line train	un train de grande ligne
a commuter train	un train de banlieue
a non-stop train BR **a through train**	un train direct
a stopping train **a slow train**	un omnibus
an extra train	un train supplémentaire
the engine ['endʒɪn] **the locomotive** [ˌləʊkə'məʊtɪv]	la locomotive
– **To take* the train**	prendre le train
the Poitiers train	le train de Poitiers
the next train to	le prochain train à destination de
to travel first/second class	voyager en première/en seconde
to face the engine	être assis dans le sens de la marche
to have one's back to the engine	être assis dans le sens contraire (à celui) de la marche
– **To stop at** [stɒp]	s'arrêter à
a stop	un arrêt
the train will be calling at Dijon, Lyon …	le train s'arrêtera à Dijon, Lyon…
the train stops at every station before Paris	le train est omnibus jusqu'à Paris
to change at [tʃeɪndʒ]	changer à
to change trains	changer de train
to miss one's connection	manquer sa correspondance
– BR **a (railway) station** AM **a train station** **a railroad station**	une gare
the concourse ['kɒŋkɔːs]	le hall
the platform ['plætfɔːm]	le quai
BR **on platform one** AM **on track one**	sur la voie numéro un
– BR **a carriage** ['kærɪdʒ] AM **a car** [kɑːʳ]	une voiture
BR **a front/rear carriage** AM **a front/rear car**	une voiture de tête/de queue
the corridor ['kɒrɪdɔːʳ]	le couloir
a sleeping car	une voiture-lit

a berth [bɜ:θ]	une couchette	the embankment [ɪm'bæŋkmənt]	le remblai
a couchette [ku:'ʃet]		the rails [reɪls]	les rails
the dining car	la voiture-restaurant	the track [træk]	la voie ferrée
the buffet car	la voiture-bar	the line [laɪn]	
BR the luggage van	le fourgon (à bagages)	a railway line	une ligne de chemin de fer
AM the baggage car		a siding ['saɪdɪŋ]	une voie de garage
– BR an engine driver	un mécanicien	a junction ['dʒʌŋkʃən]	un embranchement
AM an engineer [,endʒɪ'nɪəʳ]		BR a level crossing	un passage à niveau
BR the guard [gɑ:d]	le chef de train	AM a grade crossing	
AM the conductor [kən'dʌktəʳ]		a tunnel ['tʌnl]	un tunnel
the station master	le chef de gare	the Channel Tunnel	le tunnel sous la Manche
a ticket inspector	un contrôleur (dans le train)		
a ticket collector	un contrôleur (dans la gare)	– BR the underground ['ʌndəgraʊnd]	le métro
a porter ['pɔ:təʳ]	un porteur	BR the tube [tju:b] (parlé)	
AM a redcap ['redkæp]		AM the subway ['sʌbweɪ]	
– BR a sleeper ['sli:pəʳ]	une traverse	BR an underground station	une station de métro
AM a tie [taɪ]		BR a tube station (parlé)	
BR the points [pɔɪnts]	les aiguilles	AM a subway station	
AM the switches ['swɪtʃɪz]		BR an underground train	une rame de métro
a signal box	un poste d'aiguillage	AM a subway train	

■ 8. AIR TRANSPORT LES TRANSPORTS AÉRIENS

– Aviation [,eɪvɪ'eɪʃən]	l'aviation	a jumbo jet	un gros porteur
air space	l'espace aérien	an airliner ['ɛə,laɪnəʳ]	un avion de ligne
an airport ['ɛəʳpɔ:t]	un aéroport	– A seaplane ['sɪː,pleɪn]	un hydravion
an airfield ['ɛə,fɪːld]	un terrain d'aviation (général)	BR a hovercraft ['hɒvə,krɑːft]	un aéroglisseur
an airstrip ['ɛə,strɪp]	un terrain d'aviation (petit aéroport)	AM an air cushion vehicle (abr. ACV)	
a heliport ['helɪpɔ:t]	un héliport, une héligare	an airship ['ɛəʃɪp]	un dirigeable
an airline ['ɛə,laɪn]	une compagnie aérienne	AM a dirigible ['dɪrɪdʒəbl]	
a low-cost airline	une compagnie à bas prix	a glider ['glaɪdəʳ]	un planeur
a terminal ['tɜ:mɪnl]	une aérogare	a cargo plane	un avion-cargo
a runway ['rʌnweɪ]	une piste	a helicopter ['helɪkɒptəʳ]	un hélicoptère
– A plane [pleɪn]	un avion	– A flight [flaɪt]	un vol
BR an aeroplane ['ɛərəpleɪn]		a scheduled / charter flight	un vol régulier / charter
AM an airplane ['ɛəpleɪn]		a domestic / international flight	un vol intérieur / international
an aircraft ['ɛəkrɑ:ft]	un appareil	to fly* to London	aller à Londres en avion
a long- / medium-haul aircraft	un long- / moyen-courrier	a refuelling stop	une escale technique
supersonic [,su:pə'sɒnɪk]	supersonique	to stop over at	faire escale à
a jet	un avion à réaction, un jet	a non-stop flight	un vol sans escale
		to be grounded	être retenu au sol

183

- To check in — se présenter à l'enregistrement
- an e-ticket ['iː;tɪkɪt] — un billet électronique
- the check-in desk — le guichet d'enregistrement
- passport control — le contrôle des passeports
- Gate 5 — Porte 5
- a shuttle ['ʃʌtl] — une navette
- a boarding pass — une carte d'embarquement
- a boarding card
- the departure lounge — la salle d'embarquement
- to board the plane — monter à bord, embarquer
- BR hand luggage — les bagages à main
- AM hand baggage
- BR to disembark — descendre d'avion
- [ˌdɪsɪmˈbɑːk]
- AM to deplane [ˌdiːˈpleɪn]
- the baggage reclaim area — la zone de livraison des bagages
- to clear customs — passer la douane
- to have jet lag — souffrir du décalage horaire
- to be jet-lagged

- The cabin ['kæbɪn] — la cabine
- in the front / rear of the plane — à l'avant / à l'arrière de l'avion
- the fuselage ['fjuːzəlɑːʒ] — le fuselage
- the cockpit ['kɒkpɪt] — le poste de pilotage
- the flight deck
- the instrument panel — le tableau de bord
- the hold [həʊld] — la soute
- a window ['wɪndəʊ] — un hublot
- an aisle [aɪl] — une allée
- an aisle seat — un siège côté couloir
- a window seat — un siège côté hublot
- the emergency exit — la sortie de secours

- The control tower — la tour de contrôle
- an air traffic controller — un aiguilleur du ciel, un contrôleur aérien
- the ground staff — le personnel à terre
- the ground crew
- the flight staff — le personnel navigant

- The captain ['kæptɪn] — le capitaine
- the pilot ['paɪlət] — le pilote
- the automatic pilot — le pilote automatique
- the navigator ['nævɪgeɪtəʳ] — le navigateur
- the (air)crew — l'équipage
- the flying personnel — le personnel navigant
- an air hostess — une hôtesse de l'air
- the stewardess ['stjʊədes] — l'hôtesse
- AM the flight attendant
- the steward ['stjuːəd] — le steward
- AM the flight attendant

- To taxi ['tæksɪ] — rouler au sol
- to take* off — décoller
- takeoff ['teɪkɔf] — le décollage
- to cruise at 30,000 feet — ≈ voler à 10 000 mètres
- the cruising speed — la vitesse de croisière

- To land [lænd] — atterrir
- landing ['lændɪŋ] — l'atterrissage
- a smooth landing — un atterrissage en douceur
- an emergency / a blind landing — un atterrissage forcé / sans visibilité
- blind flying — le pilotage sans visibilité
- a near miss — une quasi-collision
- turbulence ['tɜːbjʊləns] — les turbulences
- (n. c. sing.)
- to dive[1] [daɪv] — plonger, descendre en piqué
- the black box — la boîte noire
- a parachute — un parachute

ATTENTION 1 : prétérit BR dived, AM dove

- Aviation fuel — le kérosène (général)
- AM kerosene ['kerəsiːn]
- jet fuel — le kérosène (de jet)
- the wing [wɪŋ] — l'aile
- the propeller [prəˈpeləʳ] — l'hélice
- BR the undercarriage — le train d'atterrissage
- ['ʌndəkærɪdʒ]
- AM the landing gear
- a hangar ['hæŋəʳ] — un hangar

■ 9. SHIPS AND BOATS LES BATEAUX

- A ship [ʃɪp] — un navire
- shipping ['ʃɪpɪŋ] — les navires (collectivement)
- (n. c. sing.)
- a merchant ship — un navire marchand, un navire de commerce
- a merchantman ['mɜːtʃəntmən]

the mercantile marine	la marine marchande
BR the merchant navy	
AM the merchant marine	
a boat [bəʊt]	un bateau
a vessel ['vesl] (soutenu)	un vaisseau
ocean-going ['əʊʃən,gəʊɪŋ]	de haute mer
– A liner ['laɪnəʳ]	un paquebot
a passenger ship	
a ferry ['ferɪ]	un ferry, un bac
a steamer ['stiːməʳ]	un bateau à vapeur
BR a paddle steamer	un bateau à roue, un
AM a sidewheeler	bateau à aubes
a hydroplane ['haɪdrəʊ,pleɪn]	un hydroglisseur
– A tanker ['tæŋkəʳ]	un pétrolier
an oil tanker	
a freighter ['freɪtəʳ]	un cargo
a cargo boat	
– A coaster ['kəʊstəʳ]	un caboteur
a speedboat ['spiːdbəʊt]	un hors-bord
an outboard ['aʊtbɔːd]	
a dinghy ['dɪŋgɪ]	un youyou, un (petit) canot
a sailing boat	un voilier
a sailing dinghy	un dériveur
a multihull ['mʌltɪhʌl]	un multicoque
a catamaran [,kætəmə'ræn]	un catamaran
– To paddle ['pædl]	pagayer
a paddle	une pagaie
to row [rəʊ]	ramer
a rowboat	un bateau à rames
a rowing boat	
an oar [ɔːʳ]	une rame

– A fishing boat	un bateau de pêche
a trawler ['trɔːləʳ]	un chalutier
fishing nets	les filets de pêche
a barge [baːdʒ]	une péniche
a tug [tʌg]	un remorqueur
to tug	remorquer
to tow [təʊ]	
a motorboat ['məʊtəbəʊt]	un bateau à moteur
– Sails [seɪlz]	les voiles
the rigging ['rɪgɪŋ]	le gréement
a mast [maːst]	un mât
the helm [helm]	la barre
the tiller ['tɪləʳ]	
the rudder ['rʌdəʳ]	le gouvernail
the hull [hʌl]	la coque
the keel [kiːl]	la quille
the propeller [prə'peləʳ]	l'hélice
the gangway ['gæŋweɪ]	la passerelle d'embarquement
the deck [dek]	le pont
the hold [həʊld]	la cale
– The bow(s) [baʊ(z)]	l'avant, la proue
the stern [stɜːn]	l'arrière, la poupe
the engine room	la salle des machines
the bridge [brɪdʒ]	la passerelle de commandement
port [pɔːt]	bâbord
starboard ['staːbəd]	tribord
– The compass ['kʌmpəs]	le compas
a seachart ['siːʃaːt]	une carte marine
the logbook ['lɒgbʊk]	le livre de bord, le journal de bord

■ 10. SEA TRANSPORT LES TRANSPORTS MARITIMES

– Navigation [,nævɪ'geɪʃən]	la navigation
shipping ['ʃɪpɪŋ]	
closed to shipping	interdit à la navigation
a shipping line	une compagnie de navigation
a shipping lane	une voie de navigation
sea traffic	le trafic maritime
the flag [flæg]	le pavillon
to fly* the French flag	battre pavillon français
to hoist [hɔɪst]	hisser
– The captain ['kæptɪn]	le capitaine (grand bateau)

the skipper	le capitaine (bateau de pêche, de plaisance)
the crew [kruː]	l'équipage
a member of the crew	un homme d'équipage
a sailor ['seɪləʳ]	un marin
the first mate	le second
BR a docker ['dɒkəʳ]	un docker
AM a longshoreman ['lɒŋ,ʃɔːmən]	
– A port [pɔːt]	un port (ville portuaire)
a harbour ['haːbəʳ]	un port (enceinte)

to enter/leave harbour	entrer dans/quitter le port	the ship from Dover	le bateau en provenance de Douvres
a buoy [bɔɪ]	une bouée	the ship out of Dover	
the quay [kiː]	le quai (en général)	the wake [weɪk]	le sillage
at the quayside	à quai	to drift [drɪft]	dériver
the wharf [wɔːf]	le quai (pour marchandises)	– On board	à bord
a landing stage	un appontement	a cabin ['kæbɪn]	une cabine
the pier [pɪəʳ]	l'embarcadère	a berth [bɜːθ]	une couchette
the jetty ['dʒetɪ]	la jetée	a cruise [kruːz]	une croisière
a lighthouse ['laɪthaʊs]	un phare	to go* on a cruise	faire une croisière
		to cruise	être en croisière
– The gangway ['gæŋweɪ]	la passerelle d'embarquement	a crossing ['krɒsɪŋ]	une traversée
the gangplank ['gæŋplæŋk]		to cross from England to France	faire la traversée d'Angleterre en France
to go* on board	monter à bord, (s')embarquer	a rough/smooth crossing	une mauvaise/bonne traversée
to embark on [ɪm'bɑːk]	(s')embarquer à bord de	to be a good/poor sailor	avoir/ne pas avoir le pied marin
the anchor ['æŋkəʳ]	l'ancre		
to weigh anchor	lever l'ancre	– To call at	faire escale à
to put* out to sea	prendre la mer (en général)	to put* in at	
		the dock [dɒk]	le bassin, le dock
to (set*) sail	prendre la mer (voilier)	to dock	arriver à quai
to cast* off	appareiller, larguer les amarres	to moor [mʊəʳ]	amarrer
to get* underway		moorings ['mʊərɪŋz]	les amarres
– To head for the open sea	gagner le large	to disembark [ˌdɪsɪm'bɑːk]	débarquer
to head for	faire route vers	to come* alongside	venir à quai, accoster
to sail towards	faire voile vers	to go* ashore	débarquer, descendre à terre
the ship to Marseille	le bateau à destination de Marseille	to drop anchor	jeter l'ancre
the ship bound for Marseille		to lie* at anchor	mouiller

■ 11. TOURISM AND HOLIDAYS LE TOURISME ET LES VACANCES _____

– Tourism ['tʊərɪzəm]	l'industrie du tourisme, le tourisme	on (one's) holiday(s)	en vacances
the tourist industry		the school holidays	les vacances scolaires
the tourist trade		the Easter/Christmas holiday(s)	les vacances de Pâques/de Noël
a travel agent	un agent de voyages	Have a good holiday!	Bonnes vacances !
a travel agency	une agence de voyages	to take* a holiday	prendre des vacances
a tour operator	un tour-opérateur, un voyagiste	to take* one's holidays in June	prendre ses vacances en juin
a holiday brochure	une brochure touristique	to go* on holiday	partir en vacances
a leaflet ['liːflɪt]	un dépliant	Are you going away for Easter/Christmas?	Vous partez en vacances à Pâques/à Noël ?
the tourist information office	l'office du tourisme, le syndicat d'initiative	to spend* one's holidays in	passer ses vacances à
the tourist information centre		to spend* one's vacations in	
the tourist bureau			
– BR a holiday ['hɒlɪdeɪ]	des vacances	to go* on a skiing holiday	partir aux sports d'hiver
AM a vacation [və'keɪʃən]			
the summer holiday(s)	les vacances d'été		

- BR holiday-makers — les vacanciers
AM vacationers [vəˈkeɪʃənəˑz]
AM vacationists [vəˈkeɪʃənɪsts]
annual leave — le congé annuel
holidays with pay — les congés payés
a package holiday — des vacances organi-
an all-in holiday — sées

- To book [bʊk] — réserver
to make* a booking — faire une réservation
to cancel [ˈkænsəl] — annuler, résilier
a cancellation — une annulation, une
[ˌkænsəˈleɪʃən] — résiliation
to rent a house — louer une maison
to pay* a deposit on — verser des arrhes sur
BR to hire a car — louer une voiture
to rent a car
BR a hire car — une voiture de location
a rented car

- To pack (one's lug- — faire ses bagages, faire
gage) — ses valises
a (suit)case — une valise
a bag [bæg]
a (cabin) trunk — une malle
a holdall [ˈhəʊldɔːl] — un sac de voyage, un
a grip [grɪp] — fourre-tout

- A holiday villa — une villa de vacances
a holiday village — un village de vacances
BR a holiday camp — une colonie de vacan-
AM a summer camp — ces
a seaside resort — une station balnéaire
a ski resort — une station de sports
d'hiver
a spa [spɑː] — une ville d'eau, une
station thermale
a health farm — un établissement de
cure, un centre de
remise en forme

- To travel [ˈtrævl] — voyager
BR a traveller [ˈtrævləˑ] — un(e) voyageur (-euse)
AM a traveler
travel (n. c. sing.) — le(s) voyage(s)
travelling [ˈtrævlɪŋ]
(n. c. sing.)
a trip [trɪp] — un voyage
a trip to Greece / — un voyage en Grèce / à
London — Londres
to go* on a trip — partir en voyage
to take* a trip

the journey — le voyage, le trajet
Have a good journey! — Bon voyage !
to go* on a world tour — faire le tour du monde
to go* round the world
to stop over in Rome — faire une halte à Rome
to break* one's journey — faire étape à Rome
in Rome

- An excursion [ɪksˈkɜːʃən] — une excursion
to go* on an excursion — faire une excursion
trippers [ˈtrɪpəˑz] — les excursionnistes
to explore a country / — explorer un pays / une
district — région
an itinerary [aɪˈtɪnərərɪ] — un itinéraire
a route [ruːt]
to spend* a day at the — passer une journée au
seaside / in the country — bord de la mer / à la
campagne
to go* away for the — partir en weekend
weekend
to get* a change of air — changer d'air

- To go* sightseeing — faire du tourisme
to go* touring
to tour [tʊəˑ]
to visit [ˈvɪzɪt] — visiter (monument, musée)
to see* the sights of — visiter (les monuments
Paris — de) Paris
to go* on a guided tour — faire une visite guidée
a visitor [ˈvɪzɪtəˑ] — un(e) visiteur (-euse)
summer visitors — les estivants
a tourist [ˈtʊərɪst] — un(e) touriste
it's very popular with — c'est très touristique
tourists
it has great tourist
attraction
it's very touristy (péj.) — c'est trop touristique

- A map [mæp] — une carte
a street plan — un plan (des rues)
a street map
a guide(book) — un guide touristique
(livre)
a guide [gaɪd] — un guide (personne)
a courier [ˈkʊrɪəˑ] — un(e) accompagnateur
(-trice)

- To hitchhike [ˈhɪtʃhaɪk] — faire de l'auto-stop
to hitch [hɪtʃ] (parlé) — faire du stop
a hitch-hiker — un(e) auto-stoppeur
(-euse)
to hitch a lift to Paris — aller à Paris en stop
to get* a lift — être pris en stop

■ 12. HOTELS LES HÔTELS

- **The hotel industry** — l'hôtellerie, l'industrie hôtelière
  - **a hotel chain** — une chaîne hôtelière
  - **a luxury hotel** — un palace
  - **a three-/four-star hotel** — un hôtel trois/quatre étoiles
  - **a hotel-keeper** [həʊˈtelkɪːpə] **a hotelier** [həʊˈteliəʳ] — un(e) hôtelier (-ière)

- **A motel** [məʊˈtel] — un motel
  - **an inn** [ɪn] — une auberge
  - **a youth hostel** — une auberge de jeunesse
  - **a boarding house** **a guest house** — une pension de famille
  - **a self-catering holiday cottage** — un gîte (en général)
  - **a gite** — un gîte (en France)
  - **a bed-and-breakfast place** (abr. B & B) — ≈ une chambre d'hôte

- **To stay in a hotel** **to put* up at a hotel** — descendre à l'hôtel
  - **to check in** **to register** [ˈredʒɪstəʳ] — signer le registre, remplir la fiche d'accueil
  - **to book a room** — réserver une chambre
  - **to confirm one's reservation** — confirmer sa réservation
  - **the bill** [bɪl] **AM the check** [tʃek] — la note
  - **to check out** **to pay* one's bill** — régler sa note
  - **a guest** [gest] **a patron** [ˈpeɪtrən] — un client
  - "**no vacancies**" — « complet »
  - **the hotel is full** — l'hôtel est plein
  - "**vacancies**" [ˈveɪkənsɪz] — « chambres libres »
  - **Have you got any vacancies for July?** — Avez-vous des chambres (libres) pour juillet ?

- **Full board** — chambre avec pension complète
  - **half board** — chambre avec demi-pension

- **a double bed** — un grand lit
- **a single bed** — un lit simple, un lit d'une personne
- **a single/double room** — une chambre pour une personne/pour deux personnes
- **a room with twin beds** — une chambre à lits jumeaux
- **a room with a bath/a shower** — une chambre avec salle de bain/douche
- **room number 15** — la chambre numéro 15
- **a room with a sea view** — une chambre avec vue sur la mer
- **room service** — le service à l'étage

- **The lounge** [laʊndʒ] — le salon
  - **the dining-room** [ˈdaɪnɪŋˌrʊm] — la salle à manger
  - **the bar** [bɑːʳ] **the cocktail lounge** — le bar
  - **air-conditioned** [ˈɛəˌkənˈdɪʃənd] — climatisé
  - **the air conditioning** — la climatisation

- **The reception (desk)** — la réception
  - **BR the receptionist** [rɪˈsepʃənɪst] — le réceptionniste
  - **AM the room clerk** **AM the desk clerk** —
  - **the manager** [ˈmænɪdʒəʳ] — le gérant
  - **the manageress** [ˌmænɪdʒəˈres] — la gérante
  - **the hotel staff** — le personnel de l'hôtel
  - **the doorman** [ˈdɔːmən] **the commissionaire** [kəˌmɪʃəˈnɛəʳ] — le portier
  - **BR the pageboy** [ˈpeɪdʒbɔɪ] **AM the bellboy** [ˈbelbɔɪ] **AM the bellhop** [ˈbelhɒp] — le groom, le chasseur
  - **BR a lift** [lɪft] **AM an elevator** [ˈelɪveɪtəʳ] — un ascenseur
  - **BR a lift boy** **BR a lift man** **AM an elevator boy** — un liftier
  - **the chambermaid** [ˈtʃeɪmbəˌmeɪd] — la femme de chambre

■ 13. CAMPING AND CARAVANNING LE CAMPING ET LE CARAVANING __

- **A** camp(ing) ground	un (terrain de) camping
a camp(ing) site	
to camp [kæmp]	faire du camping
to go* camping	
a camper ['kæmpə']	un(e) campeur (-euse)
a site [saɪt]	un emplacement
a shady site	un emplacement
a site with shade	ombragé
- **A** tent [tent]	une tente
to put* up a tent	monter une tente
to erect a tent	
a tent pole	un montant de tente
a mallet ['mælɪt]	un maillet
a peg [peg]	un piquet
a guy rope	une corde
the awning ['ɔːnɪŋ]	l'auvent
to take* down a tent	démonter une tente
to sleep* under canvas	coucher sous la tente
waterproof ['wɔːtəprʊf]	imperméable
to waterproof sth	imperméabiliser qqch.

- **A** gas cylinder	une bouteille de gaz
a camp bed	un lit de camp
a folding chair/table	une chaise/une table pliante
a camping stove	un réchaud de camping
a groundsheet ['graʊnd,ʃiːt]	un tapis de sol
a sleeping bag	un sac de couchage
a backpack ['bækpæk]	un sac à dos
a rucksack ['rʌksæk]	
- BR a camper ['kæmpə']	un camping-car
AM a motorhome ['məʊtəhəʊm]	
AM an RV [ɑːˈviː] (abr. de recreational vehicle)	
a mobile home	une autocaravane
BR a caravan ['kærəvæn]	une caravane
AM a trailer ['treɪlə']	
a tent trailer	une caravane pliante
a trailer	une remorque

26 COMMUNICATIONS AND THE MEDIA
LES MOYENS DE COMMUNICATION ET LES MÉDIAS

■ 1. TELECOMMUNICATIONS LES TÉLÉCOMMUNICATIONS _____

- **A phone** [fəʊn]   un téléphone
  BR **a mobile** ['məʊbaɪl]   un téléphone mobile
  (phone)
  AM **a cellphone** ['selfəʊn]
  a cameraphone   un téléphone avec
  ['kæmrəfəʊn]   appareil photo
  a SIM card   une carte SIM
  a hands-free kit   un kit mains libres, un
                                         kit piéton
  an earpiece ['ɪəpiːs]   une oreillette
  a ringtone ['rɪŋtəʊn]   une sonnerie
  to answer the phone   répondre au téléphone
  to hang* up   raccrocher

- **A public phone**   un téléphone public
  a payphone ['peɪfəʊn]
  BR **a callbox** ['kɔːlbɒks]   une cabine (téléphoni-
  BR **a phone box**   que)
  AM **a phone booth**
  a card phone   un téléphone à carte
  a phonecard ['fəʊnˌkɑːd]   une carte téléphonique

- **A landline phone**   un téléphone fixe
  a touch-tone phone   un téléphone à touches
  the receiver [rɪ'siːvə']   le combiné
  to lift the receiver   décrocher (le téléphone)
  to pick up the receiver
  to leave* the phone off   laisser le téléphone
  the hook   décroché
  an intercom ['ɪntəkɒm]   un interphone
  a buzzer ['bʌzə']
  a walkie-talkie   un talkie-walkie
  ['wɔːkɪ'tɔːkɪ]

- **A phone number**   un numéro de téléphone
  the keys [kiːz]   les touches
  the buttons ['bʌtnʒ]
  the hash key   la touche dièse
  to dial a number   composer un numéro
  BR **the dialling tone**   la tonalité
  AM **the dial tone**
  BR **the dialling code**   l'indicatif
  AM **the area code**
  call waiting   le signal d'appel
  call diversion   le transert d'appel
  talk time   le temps de
                                         communication

- **A phone call**   un appel téléphonique,
                                         un coup de téléphone,
                                         une communication
                                         téléphonique

a local call   un appel local
BR **to reverse the**   téléphoner en PCV
charges
BR **to transfer the**
charges
AM **to call collect**

- **To phone** [fəʊn]   téléphoner
  to make* a (phone)
  call
  to phone sb   téléphoner à qqn
  to get* through   obtenir la
                                         communication
  to put* sb through to sb   mettre qqn en commu-
                                         nication avec qqn, pas-
                                         ser qqn à qqn
  to be on the phone to   être au téléphone avec
  sb   qqn
  to call back   rappeler
  to phone back
  voice mail   la messagerie vocale
  to leave* a message for   laisser un message pour
  sb   qqn
  instant messaging   la messagerie
                                         instantanée
  a text message   un texto
  to text sb   envoyer un texto à qqn

- **To ring*** [rɪŋ]   sonner
  There's no reply   Ça ne répond pas
  to be cut off   être coupé
  BR **It's engaged**   C'est occupé
  AM **It's busy**
  to get* a wrong num-   faire un faux numéro
  ber
  You're breaking up!   Je ne te capte plus !

- **Hello!** [hə'ləʊ]   Allô !
  Hallo! [hə'ləʊ]
  Hello, Wallisdown   Allô, Wallisdown et Cie,
  & Co, can I help you?   j'écoute
  Could I speak to   Pourrais-je parler à
  Robert, please?   Robert ?
  Who's speaking?   Qui est à l'appareil ?
  This is Marie speaking   C'est Marie à l'appareil
  Is that Marie?   C'est Marie (à l'appa-
  – Speaking   reil) ? – Elle-même
  Hold the line, please!   Ne quittez pas !
  We're trying to connect   Nous recherchons votre
  you   correspondant
  He hung up on me   Il m'a raccroché au nez

- **The phone book**   l'annuaire

190

to look up sb's number in the phone book	chercher le numéro de qqn dans l'annuaire	extension 516 AM station 516	poste 516
the yellow pages	les pages jaunes (de l'annuaire)	– A fax [fæks]	une télécopie, un fax
BR to be ex-directory AM to be unlisted	être sur liste rouge	a fax machine to fax sth to sb	un télécopieur, un fax transmettre qqch. par télécopie à qqn
BR directory enquiries AM information [ˌɪnfəˈmeɪʃən] (sing.)	les renseignements	– An e-mail [ˈiːmeɪl] to e-mail sb	un courriel, un mail envoyer un mail à qqn
– BR a telephonist [tɪˈlefənɪst] AM a telephone operator	un(e) téléphoniste	an attachment [əˈtætʃmənt] to forward an e-mail	une pièce jointe, un fichier attaché transférer un mail
a switchboard operator	un(e) standardiste	the outbox [ˈaʊtbɒks]	la boîte d'envoi
the (telephone) switch-board	le standard	the inbox [ˈɪnbɒks] spam [spæm]	la boîte de réception le spam

■ 2. POSTAL SERVICES LES SERVICES POSTAUX _____

– A post office	un bureau de poste, une poste	– An address [əˈdres] to address sth to sb	une adresse adresser qqch. à qqn
the mail service BR the post [pəʊst] BR the postal service	la poste (service)	a postcode [ˈpəʊstkəʊd] AM a zip code	un code postal
a mailman (fém. mailwoman)	un(e) facteur (-trice), un(e) préposé(e)	the addressee [ˌædreˈsiː] the sender [ˈsendəʳ]	le (la) destinataire l'expéditeur (-trice)
a post office worker BR a postman (fém. postwoman)	un(e) postier (-ière), un(e) employé(e) des postes	to seal an envelope – To mail sth to sb BR to post sth to sb	fermer une enveloppe poster qqch. à qqn
the mailman has been a mail strike a postal strike	le facteur est passé une grève des postes	to send* sth by mail BR to send* sth by post	envoyer qqch. par la poste
– Mail [meɪl] BR post [pəʊst]	le courrier	to send* sth by airmail an airmail letter to express sth	envoyer qqch. par avion un aérogramme envoyer qqch. en exprès
to have one's mail forwarded	faire suivre son courrier	BR to send* sth by express post	
a letter [ˈletəʳ]	une lettre	BR to send* sth express AM to send* sth by spe-cial delivery	
a postcard	une carte postale		
a packet [ˈpækɪt]	un paquet	BR express letter/parcel AM special delivery let-ter/parcel	lettre/colis exprès
a parcel [ˈpɑːsl]	un colis		
a customs form	une fiche de déclaration de douane	by return of post	par retour de courrier
– A (postage) stamp	un timbre(-poste)	– To send* sth recorded delivery	envoyer qqch. en recommandé (en général)
to stick on a stamp	coller un timbre	to register sth to send* sth by regis-tered mail	envoyer qqch. en recommandé (avec valeur assurée)
to stamp [stæmp]	affranchir (avec un timbre)		
postage [ˈpəʊstɪdʒ]	l'affranchissement (prix payé)	BR to send* sth by regis-tered post	
"postage paid"	« ne pas affranchir »	a recorded delivery letter	une lettre recommandée (en général)
postage rates	les tarifs postaux	a registered letter	un lettre recommandée (avec valeur assurée)
a surcharge [ˈsɜːtʃɑːdʒ]	une surtaxe		

- **A** letterbox — une boîte aux lettres (privée)
- BR **a** postbox — une boîte aux lettres
- AM **a** mailbox
- the postmark — le cachet de la poste
- the sorting office — le centre de tri
- to sort mail — trier le courrier
- to deliver mail — distribuer le courrier
- collection [kəˈlekʃən] — une levée
- a P.O. box — une boîte postale
- poste restante — poste restante

- **A** mailbag [ˈmeɪlbæg] — un sac postal
- a postbag [ˈpəʊstbæg]
- a mailvan [ˈmeɪlvæn] — un fourgon postal

- **A** telegram [ˈtelɪgræm] — un télégramme
- AM **a** wire [ˈwaɪəʳ]
- to send* a telegram to sb — envoyer un télégramme à qqn
- AM to send* a wire to sb
- AM to wire sb
- a money order — un mandat
- a postal order

■ 3. INFORMATION L'INFORMATION

- **Information** about / on [ˌɪnfəˈmeɪʃən] (n. c. sing.) — l'information concernant / sur, des renseignements concernant / sur
- a piece of information — une information, un renseignement
- to brief sb on sth, about sth — mettre qqn au courant de qqch. (de faits nouveaux)
- to fill sb in on sth
- to bring* / keep* sb up to date on sth — mettre / tenir qqn au courant de qqch. (de changements)
- a briefing [ˈbriːfɪŋ] — un briefing

- **An enquiry** [ɪnˈkwaɪərɪ] — une demande de renseignements
- an inquiry [ɪnˈkwaɪərɪ]
- to inform sb of / about sth — informer qqn de / sur qqch.
- to give* sb some information — renseigner qqn
- to enquire about sth — s'informer, se renseigner sur qqch.
- to inquire about sth
- to make* enquiries about sth
- to make* inquiries about sth
- to find* out about sth
- to inform o.s. — s'informer (dans un domaine)
- well-informed — bien informé
- for your information — à titre d'information, pour votre information
- to gather information about sth / sb — se documenter sur qqch. / qqn

- **To study sth** — étudier qqch.
- to make* a study of sth — faire une étude de qqch.
- to survey sth

- an enquiry into sth, about sth [ɪnˈkwaɪərɪ] — une enquête sur qqch.
- an inquiry into sth, about sth [ɪnˈkwaɪərɪ]
- a survey on [ˈsɜːveɪ] — une enquête (approfondie) sur

- **To discover that** — découvrir que
- to find* out that
- a discovery [dɪsˈkʌvərɪ] — une découverte
- to uncover sth — dévoiler qqch.
- to check sth — vérifier qqch.
- to verify sth
- a check [tʃek] — une vérification
- to ascertain sth — s'assurer de qqch.
- a fact [fækt] — un fait
- to get* the facts clear — établir les faits
- to get* the facts straight
- to confirm sth — confirmer qqch.
- confirmation [ˌkɒnfəˈmeɪʃən] — la confirmation

- **To contact sb** about sth — contacter qqn à propos de qqch.
- to be in contact with sb — être en contact avec qqn
- to be in touch with sb
- to get* in touch with sb — se mettre en contact avec qqn
- to get* into contact with sb
- to communicate [kəˈmjuːnɪkeɪt] — communiquer
- a communication [kəˌmjuːnɪˈkeɪʃən] — une communication
- to notify sb of sth, about sth — aviser qqn de qqch.
- a notice [ˈnəʊtɪs] — un avis
- to issue a bulletin / statement about sth — publier un bulletin / un communiqué sur qqch.

a spokesperson *for* ['spəʊks,pɜ:sən]
a spokesman *for* ['spəʊksmən] (fém. spokeswoman)

un porte-parole *de*

- **A hint** [hɪnt] — une allusion
to drop a hint *about* — faire une allusion *à*
to hint that — laisser entendre que
a leak [li:k] — une fuite
to leak sth — divulguer qqch.

BR **a rumour** ['ru:mə'] — une rumeur, un bruit
AM **a rumor**
BR **it's rumoured that** — la rumeur veut que
AM **it's rumored that**
– **To refute** [rɪ'fju:t] — démentir
to deny [dɪ'naɪ]
to keep* quiet about — passer qqch. sous silence, taire qqch.
sth
to hush sth up — étouffer qqch.
censorship ['sensəʃɪp] — la censure
to censor ['sensə'] — censurer

■ 4. THE PRESS LA PRESSE

– **The press** [pres] — la presse (institution, journaux)
the newspapers ['nju:s,peɪpəz] — la presse (journaux)
the papers ['peɪpəz] (parlé)
a newspaper — un journal
a paper (parlé)
to read* sth in the paper — lire qqch. dans le journal
it's in all the papers — c'est dans toute la presse
to hold* a press conference — tenir une conférence de presse
to issue a press statement — publier un communiqué de presse
the freedom of the press — la liberté de la presse

– **A daily (paper)** — un quotidien
a weekly (magazine) — un hebdomadaire
a monthly (magazine) — un mensuel
a periodical [,pɪərɪ'ɒdɪkəl] — un périodique
a journal ['dʒɜ:nl] — une revue
a quality paper — un journal sérieux
a tabloid ['tæblɔɪd] — un tabloïde, un quotidien populaire
the popular press — la presse à grand tirage
women's magazines (plur.) — la presse féminine

– **An edition** [ɪ'dɪʃən] — une édition
to come* out — paraître
to appear [ə'pɪə']
an issue ['ɪʃu:] — un numéro
the circulation [,sɜ:kjʊ'leɪʃən] — le tirage

it has a circulation of 100,000 — il tire à 100 000 exemplaires
a reader ['ri:də'] — un(e) lecteur (-trice)
newsprint ['nju:s,prɪnt] — le papier journal
newspaper ['nju:s,peɪpə']

– **The news** [nju:z] (n. c. sing.) — les nouvelles
the news is good — les nouvelles sont bonnes
a piece of news — une nouvelle, une information (en général)
a news item — une nouvelle, une information (diffusée)
Have you heard the news? — Tu as entendu la nouvelle ?
a dispatch [dɪs'pætʃ] — une dépêche (en général)
a despatch [dɪs'pætʃ]
a telegram ['telɪgræm] — une dépêche (télégraphique)

– **A headline** ['hedlaɪn] — un gros titre
the front page — la une
in banner headlines on the front page — sur cinq colonnes à la une
to hit* the headlines — faire la une des journaux
an article ['ɑ:tɪkl] — un article
a feature article — un article de fond
an editorial [,edɪ'tɔ:rɪəl] — un éditorial
a leading article
a leader ['li:də']
the sports/finance news (n. c. sing.) — la chronique sportive/financière
a review [rɪ'vju:] — une critique
a film/book review — une critique de film/de livre
to review sth — faire la critique de qqch.

- **An** open letter *to* — une lettre ouverte à
  letters to the editor (plur.) — le courrier des lecteurs
  the gossip column — la rubrique des échos
  the agony column — le courrier du cœur
  (parlé)
  a cartoon [kɑːˈtuːn] — une caricature
  a caption [ˈkæpʃən] — une légende (de dessin)
  an advertorial — un publireportage
  [ˌædvəˈtɔːrjəl]
  a press cutting — une coupure de presse
  AM a press clipping

- **To** report [rɪˈpɔːt] — rapporter
  to announce [əˈnaʊns] — annoncer
  a report — une annonce
  an announcement
  [əˈnaʊnsmənt]
  ten people are reported — dix personnes seraient
  to be dead — mortes, on annonce la mort de dix personnes
  to cover an event — couvrir un événement
  a scoop [skuːp] — un scoop
  a correction [kəˈrekʃən] — un rectificatif

- **Journalism** — le journalisme
  [ˈdʒɜːnəlɪzəm]
  investigative journalism — le journalisme d'investigation
  a journalist [ˈdʒɜːnəlɪst] — un(e) journaliste

- a newspaperman — un(e) journaliste
  [ˈnjuːsˌpeɪpəˌmæn]
  (fém. newspaperwoman)
  a press photographer — un(e) photographe de presse
  the chief editor — le (la) rédacteur (-trice) en chef
  BR a subeditor — un(e) rédacteur (-trice)
  [ˈsʌbˈedɪtəʳ] — (en général)
  AM a copyreader
  [ˈkɒpɪˌriːdə]
  an editor [ˈedɪtəʳ] — un(e) rédacteur (-trice) (responsable de section)
  the political / eco- — le rédacteur politique / économique
  nomics editor
  a leader writer — un(e) éditorialiste
  an editorial writer
  a columnist [ˈkɒləmnɪst] — un(e) chroniqueur (-euse)

- **A** reporter [rɪˈpɔːtəʳ] — un reporter
  an international — un grand reporter
  reporter
  a correspondent — un(e) correspondant(e)
  [ˌkɒrɪsˈpɒndənt]
  a special correspond- — un(e) envoyé(e)
  ent — spécial(e)
  a foreign corre- — un correspondant à
  spondent — l'étranger
  a news agency — une agence de presse
  a press agency
  a press card — une carte de presse
  a press baron — un magnat de la presse

■ 5. RADIO AND TELEVISION LA RADIO ET LA TÉLÉVISION _____

- **A** radio — un poste de radio
  on the radio — à la radio
  a radio station — une station de radio
  to transmit [trænzˈmɪt] — émettre
  a transmitter — un émetteur
  [trænzˈmɪtəʳ]
  a frequency [ˈfriːkwənsɪ] — une fréquence
  a waveband — une bande de
  [ˈweɪvˌbænd] — fréquences
  a wavelength — une longueur d'onde
  [ˈweɪvˌleŋθ]
  on the air — sur les ondes
  on short / medium / — sur ondes courtes / petites ondes / grandes ondes
  long wave

  on FM — sur FM

- a pirate station — une station pirate
- **To** pick up — capter
  to tune in *to* — se mettre à l'écoute de
  to be tuned in *to* — être à l'écoute de
  to be listening *to*
  static [ˈstætɪk] (n. c. sing.) — les parasites
  interference [ˌɪntəˈfɪərəns] (n. c. sing.)

- **A** television — un poste de télévision,
  a TV — un téléviseur
  on television — à la télévision
  to be on the air — être à l'antenne
  to watch television — regarder la télévision
  the screen [skriːn] — l'écran
  a flat-screen TV — un téléviseur à écran plat

a plasma TV/ an LCD TV	un téléviseur plasma/ LCD
a portable television	une télévision portative
a remote control unit a remote	une télécommande
a SCART socket	une prise Péritel
BR an aerial ['ɛərɪəl]	une antenne
AM an antenna [æn'tenə]	
a (satellite) dish aerial AM a (satellite) dish antenna	une antenne parabolique
high definition	la haute définition
– A channel ['tʃænl]	une chaîne
a TV network	un réseau de télévision, une chaîne de télévision
a pay channel	une chaîne à péage, une chaîne cryptée
cable television	la télévision par câble
satellite television	la télévision par satellite
digital television	la télévision numérique
– To broadcast* ['brɔːdkɑːst]	diffuser
to repeat [rɪ'piːt] to rerun* ['riːrʌn]	rediffuser
a rerun a repeat	une rediffusion
a broadcast BR a programme ['prəʊgræm] AM a program	une émission, un programme
a recorded/live broadcast	une émission en différé/ en direct
to record [rɪ'kɔːd]	enregistrer
a recording [rɪ'kɔːdɪŋ]	un enregistrement
to bill a programme	programmer une émission
a time slot	un créneau horaire
– The news [njuːz] (n. c. sing.)	les informations
a news bulletin a newscast	un bulletin d'informations
a news flash	un flash d'informations
the latest news	une information de dernière minute
the main headlines	les principaux titres (de l'actualité)
the weather forecast	le bulletin météorologique
– An interview ['ɪntəvjuː]	une interview
to interview	interviewer
a documentary [ˌdɒkjʊ'mentərɪ]	un documentaire

a report [rɪ'pɔːt]	un reportage
to report on sth	faire un reportage sur qqch.
a commentary ['kɒməntərɪ]	un commentaire
a running commentary on sth	un commentaire suivi sur qqch.
to comment ['kɒment]	commenter
– A TV play	une dramatique (télévisée)
a radio play a play for radio	une dramatique (radiodiffusée)
a serial ['sɪərɪəl]	un feuilleton
a soap opera	un feuilleton mélodramatique
a variety show a variety programme	un spectacle de variétés
a quiz (show)	un jeu-concours
a reality show	un reality-show
a phone-in (programme) AM a call-in (program)	une émission à ligne ouverte
– A newscaster ['njuːˌkɑːstə] BR a newsreader ['njuːzˌriːdə] AM a news announcer	un(e) présentateur (-trice) (d'informations)
a sports commentator	un commentateur sportif
the host [həʊst]	l'animateur (-trice)
to host a show to compere a show	animer une émission
an announcer [ə'naʊnsəʳ]	un(e) speaker(ine)
a producer [prə'djuːsəʳ]	un(e) réalisateur (-trice)
an anchorman ['æŋkəmæn]	un présentateur
an anchorwoman ['æŋkəwʊmən]	une présentatrice
– The listeners ['lɪsnəʳz]	les auditeurs
the viewers ['vjuːəʳz]	les téléspectateurs
the licence fee	la redevance
the audience ratings (plur.)	l'indice d'écoute (en général)
the viewing figures (plur.) AM viewership	l'indice d'écoute (à la télévision)
to have good/poor ratings	avoir un bon/mauvais indice d'écoute, avoir un bon/mauvais audimat
prime (viewing) time (sing.) peak viewing time (sing.)	les heures de grande écoute

- The studio ['stju:dɪəʊ]	le studio	a DVD [,di:vi:'di:]	un DVD
a mobile studio	une voiture de reportage	a DVD player	un lecteur de DVD
	(de radio, de TV)	a video cassette	une cassette vidéo
a radio car	un car de reportage (de	a video tape	
	radio)	a video (recorder)	un magnétoscope
a microphone	un micro(phone)	a video cassette	
['maɪkrəʊ,fəʊn]		recorder (abr. VCR)	
a mike [maɪk] (parlé)		to record sth	enregistrer qch

■ 6. ADVERTISING LA PUBLICITÉ

- An advertising agency	une agence de publicité	an illuminated sign	une enseigne lumineuse
a publicity agency		a neon sign	une enseigne au néon
an advertising agent	un(e) publicitaire	a blurb [blɜ:b]	un texte publicitaire
a publicity agent		the classified ads	les petites annonces
a press agent	un agent de publicité	the small ads	
a copywriter	un(e) rédacteur (-trice)	misleading advertising	la publicité mensongère
	publicitaire	a (trade) fair	une foire, un salon
an advertiser	un annonceur		
['ædvətaɪzəʳ]	(publicitaire)		
a designer [dɪ'zaɪnəʳ]	un(e) dessinateur	- An advertising cam-	une campagne
	(-trice), un(e) graphiste	paign	publicitaire
an illustrator ['ɪləstreɪtəʳ]	un(e) illustrateur (-trice)	a target ['tɑ:gɪt]	une cible
- To advertise sth	faire de la publicité pour	to target a campaign at	cibler une campagne
['ædvətaɪz]	qqch.	a group	sur un groupe
an advertisement	une publicité, une	to sell* [sel]	faire vendre
[əd'vɜ:tɪsmənt]	annonce publicitaire	to push sth (parlé)	pousser la vente de
an ad [æd] (parlé)			qqch., faire la promo-
BR an advert [əd'vɜ:t]			tion de qqch.
(parlé)		hype [haɪp] (parlé)	le battage publicitaire
a promotional film	un film publicitaire	to hype sth (parlé)	faire du battage autour
a commercial [kə'mɜ:ʃəl]	un spot publicitaire		de qqch.
a slogan ['sləʊgən]	un slogan	- Public relations	les relations publiques,
a poster ['pəʊstəʳ]	une affiche	PR [pi:'ɑ:ʳ]	la communication
BR a hoarding ['hɔ:dɪŋ]	un panneau publicitaire	a public relations	un(e) responsable des
AM a billboard ['bɪlbɔ:d]		man / woman	relations publiques
a brochure ['brəʊʃʊəʳ]	un prospectus	a press attaché	un(e) attaché(e) de
a leaflet ['li:flɪt]			presse
a sign(board)	une enseigne	a sponsor ['spɒnsəʳ]	un sponsor
[,saɪn(bɔ:d)]		to sponsor	sponsoriser

27 FLORA AND FAUNA
LA FAUNE ET LA FLORE

■ 1. THE ANIMAL WORLD LE MONDE ANIMAL

- **An animal** ['ænɪməl] — un animal, une bête
- the animal kingdom — le règne animal
- **a species** ['spi:ʃi:z] — une espèce
- **a breed** [bri:d] — une race
- **a genus** ['dʒenəs] (plur. genera) — un genre
- wildlife ['waɪldlaɪf] — la faune
- **a strange / fascinating creature** — une bête étrange / fascinante
- a wildlife programme — une émission animalière

- **A mammal** ['mæməl] — un mammifère
- **a bird** [bɜ:d] — un oiseau
- **a fish** [fɪʃ] — un poisson
- **a reptile** ['reptaɪl] — un reptile
- **an insect** ['ɪnsekt] — un insecte

- **A vertebrate** ['vɜ:tɪbrət] — un vertébré
- **an invertebrate** [ɪn'vɜ:tɪbrɪt] — un invertébré
- **an amphibian** [æm'fɪbɪən] — un amphibie
- **amphibious** [æm'fɪbɪəs] — amphibie
- **a parasite** ['pærəsaɪt] — un parasite

- **Carnivorous** [kɑ:'nɪvərəs] — carnassier, carnivore
- **a carnivore** ['kɑ:nɪvɔ:'] — un carnassier, un carnivore
- **herbivorous** [hɜ:'bɪvərəs] — herbivore
- **a herbivore** ['hɜ:bɪvɔ:'] — un herbivore
- **omnivorous** [ɒm'nɪvərəs] — omnivore
- **an omnivore** ['ɒmnɪvɔ:'] — un omnivore
- **a ruminant** ['ru:mɪnənt] — un ruminant
- **a rodent** ['rəʊdənt] — un rongeur

- **a predator** ['predətə'] — un prédateur
- its prey [preɪ] — sa proie
- **Habitat** ['hæbɪtæt] — l'habitat
- **a territory** ['terɪtərɪ] — un territoire
- the breeding ground — le lieu de reproduction
- **migratory** [maɪ'greɪtərɪ] — migrateur

- **Oviparous** [əʊ'vɪpərəs] — ovipare
- **viviparous** [vɪ'vɪpərəs] — vivipare
- **a male** [meɪl] — un mâle
- **a female** ['fi:meɪl] — une femelle
- **to breed*** [bri:d] — se reproduire
- **to give* birth** — mettre bas

- **A herd** [hɜ:d] — un troupeau (de vaches, de chevaux, d'éléphants)
- **a flock** [flɒk] — un troupeau (de moutons, de chèvres)
- **a gaggle** ['gægl] — un troupeau (d'oies)
- **a pack** [pæk] — une meute, une bande (de loups, de chiens)
- **a flock** [flɒk] — une volée (d'oiseaux)
- **a colony** ['kɒlənɪ] — une colonie (de pingouins, de termites, de phoques)
- **a shoal** [ʃəʊl] / **a school** [sku:l] — un banc (de poissons)

- **An endangered species** — une espèce en voie de disparition
- **extinct** [ɪks'tɪŋkt] — disparu
- **a zoo** [zu:] — un zoo
- a wildlife park / a nature reserve — une réserve naturelle
- a wildlife sanctuary

■ 2. PETS LES ANIMAUX DE COMPAGNIE

- **A pet** [pet] — un animal de compagnie, un animal familier
- to keep* pets — avoir des animaux de compagnie

- **A cat** [kæt] — un(e) chat(te)
- **a kitten** ['kɪtn] — un chaton
- **a tabby (cat)** — un chat tigré
- an alley cat — un chat de gouttière
- Puss! Puss! [pʊs] — Minet, minet !

- **A dog** [dɒg] — un chien
- **a bitch** [bɪtʃ] — une chienne

- **a puppy** ['pʌpɪ] — un chiot
- "Beware of the dog!" — « Attention, chien méchant ! »
- a guard / guide dog — un chien de garde / d'aveugle
- **a retriever** [rɪ'tri:və'] — un chien de chasse
- **a hound** [haʊnd] — un chien courant
- **a sheepdog** ['ʃi:pdɒg] — un chien de berger
- **a lapdog** ['læpdɒg] — un chien de manchon
- **a husky** ['hʌskɪ] — un chien de traîneau
- **a bulldog** ['bʊldɒg] — un bouledogue
- **a collie** ['kɒlɪ] — un colley

197

BR **an alsatian** [æl'seɪʃən] AM **a German shepherd**	un berger allemand
a greyhound ['greɪhaʊnd]	un lévrier
a poodle ['puːdl]	un caniche
a spaniel ['spænjəl]	un épagneul
a mongrel ['mʌŋgrəl]	un bâtard
– A budgerigar ['bʌdʒərɪgɑːʳ] **a budgie** ['bʌdʒɪ] (parlé)	une perruche
a canary [kə'nɛərɪ]	un canari
a parrot ['pærət]	un perroquet
Pretty Polly!	Bonjour Jacquot !
a hamster ['hæmstəʳ]	un hamster
a guineapig ['gɪnɪ,pɪg]	un cochon d'Inde, un cobaye

a goldfish ['gəʊldfɪʃ]	un poisson rouge
– A collar ['kɒləʳ]	un collier
a lead [liːd] **a leash** [liːʃ]	une laisse
to keep* a dog on a lead to keep* a dog on a leash	tenir un chien en laisse
a kennel ['kenl]	un chenil
the dog's / cat's basket	le panier du chien / du chat
a (bird)cage [('bɜːd)keɪdʒ]	une cage (à oiseaux)
an aviary ['eɪvɪərɪ]	une volière
an aquarium [ə'kwɛərɪəm]	un aquarium

I **REMARQUE** Pour signaler qu'un animal est de compagnie, on fait précéder son nom du terme **pet** ; ex. : **a pet pig, a pet lamb**.

■ 3. FARM ANIMALS LES ANIMAUX DE LA FERME

– A cow [kaʊ]	une vache
an ox [ɒks] (plur. oxen)	un bœuf
a calf [kɑːf] (plur. calves)	un veau
a heifer ['hefəʳ]	une génisse
a bull [bʊl]	un taureau
– A sheep [ʃiːp]	un mouton
a ewe [juː]	une brebis
a ram [ræm]	un bélier
a lamb [læm]	un agneau
a (nanny-)goat [('nænɪ)gəʊt]	une chèvre
a billy goat	un bouc
a kid [kɪd]	un chevreau
a pig [pɪg]	un cochon, un porc
a sow [saʊ]	une truie
a piglet ['pɪglɪt]	un cochonnet, un porcelet
– A horse [hɔːs]	un cheval
a mare [mɛəʳ]	une jument
a foal [fəʊl]	un poulain
a colt [kəʊlt]	un jeune cheval
a filly ['fɪlɪ]	une pouliche
a pony ['pəʊnɪ]	un poney

a carthorse ['kɑːthɔːs]	un cheval de trait
a stallion ['stæljən]	un étalon
a mule [mjuːl]	une mule
a donkey ['dɒŋkɪ]	un âne
– A cockerel ['kɒkrəl] **a rooster** ['ruːstəʳ]	un coq
a hen [hen]	une poule
a chicken ['tʃɪkɪn]	un poulet
a chick [tʃɪk]	un poussin
a fowl [faʊl]	une volaille
poultry ['pəʊltrɪ] (n. c. plur.)	la volaille
– A duck [dʌk]	un canard
a duckling	un caneton
a goose [guːs] (plur. geese)	une oie
a turkey cock	un dindon
a turkey ['tɜːkɪ]	une dinde
a guinea fowl	une pintade
a rabbit ['ræbɪt]	un lapin
– A litter ['lɪtəʳ]	une portée
the young [jʌŋ] (plur.)	les petits

■ **4.** WILD ANIMALS LES ANIMAUX SAUVAGES _____

– **A** bear [bɛəʳ] — un ours
a polar/brown bear — un ours polaire/brun
a grizzly (bear) — un grizzly
a wolf [wʊlf] (plur. wolves) — un loup
a wolf cub — un louveteau
a wildcat ['waɪld,kæt] — un chat sauvage
a coyote [kɔɪˈəʊtɪ] — un coyote
BR a mountain cat — un couguar, un puma
AM a mountain lion
a puma ['pjuːmə]
a cougar ['kuːgəʳ]

– **A** bison ['baɪsn] — un bison
AM a buffalo ['bʌfələʊ]
(plur. buffaloes)
a caribou ['kærɪbuː] — un caribou
a deer [dɪəʳ] — un daim
a roe deer — un chevreuil
a stag [stæg] — un cerf
a doe [dəʊ] — une biche
an elk [elk] — un élan (en Europe)
a moose [muːs] — un élan, un orignal (au Canada)
a reindeer ['reɪndɪəʳ] — un renne
a mountain goat — un chamois
a marmot ['mɑːmət] — une marmotte
a rac(c)oon [rəˈkuːn] — un raton laveur

– **A** whale [weɪl] — une baleine
a walrus ['wɔːlrəs] — un morse
a dolphin ['dɒlfɪn] — un dauphin
a seal [siːl] — un phoque
a sea lion — une otarie
an otter ['ɒtəʳ] — une loutre

– **A** (big) cat — un félin
a lion ['laɪən] — un lion
a lioness ['laɪənɪs] — une lionne
a lion cub — un lionceau
a tiger ['taɪgəʳ] — un tigre
a panther ['pænθəʳ] — une panthère
a leopard ['lepəd] — un léopard
a jaguar ['dʒægjʊəʳ] — un jaguar
a jackal ['dʒækɔːl] — un chacal
a cheetah ['tʃiːtə] — un guépard
a hyena [haɪˈiːnə] — une hyène
a lynx [lɪŋks] — un lynx
a mongoose ['mɒŋguːs] — une mangouste

a man-eating animal — un animal mangeur d'hommes

– **An** elephant ['elɪfənt] — un éléphant
a bull elephant — un éléphant mâle
a cow elephant — un éléphant femelle
an elephant calf — un éléphanteau
a giraffe [dʒɪˈrɑːf] — une girafe
a baby giraffe — un girafeau
a hippopotamus — un hippopotame
[,hɪpəˈpɒtəməs]
(plur. hippopotamuses,
hippopotami)
a hippo ['hɪpəʊ] (parlé)
a rhinoceros [raɪˈnɒsərəs] — un rhinocéros
a rhino ['raɪnəʊ] (parlé)

– **A** buffalo ['bʌfələʊ] — un buffle
(plur. buffaloes)
a kangaroo [,kæŋgəˈruː] — un kangourou
an antelope ['æntɪləʊp] — une antilope
a gnu [nuː] — un gnou
a gazelle [gəˈzel] — une gazelle
a zebra ['ziːbrə] — un zèbre
a camel ['kæməl] — un chameau
a dromedary — un dromadaire
['drɒmɪdərɪ]

– **Apes** [eɪps] — les grands singes
a monkey ['mʌŋkɪ] — un singe
a chimpanzee — un chimpanzé
[,tʃɪmpænˈziː]
a chimp [tʃɪmp] (parlé)
an orang-utan — un orang-outan
[ɔːˌræŋuːˈtæn]
a baboon [bəˈbuːn] — un babouin
a gorilla [gəˈrɪlə] — un gorille

– **A** fox [fɒks] — un renard
a vixen ['vɪksn] — une renarde
a (fox) cub — un renardeau
a badger ['bædʒəʳ] — un blaireau
a beaver ['biːvəʳ] — un castor
a porcupine ['pɔːkjʊpaɪn] — un porc-épic
a wild boar — un sanglier

– **A** rat [ræt] — un rat
a mouse [maʊs] — une souris
(plur. mice)
a fieldmouse ['fiːldmaʊs] — un mulot
(plur. fieldmice)
a ferret ['ferɪt] — un furet

a vole [vəʊl]	un campagnol	a mink [mɪŋk]	un vison
a weasel ['wi:zl]	une belette	– A frog [frɒg]	une grenouille
a shrew [ʃru:]	une musaraigne	a toad [təʊd]	un crapaud
a hedgehog ['hedʒ,hɒg]	un hérisson	a tadpole ['tædpəʊl]	un têtard
a mole [məʊl]	une taupe	a newt [nju:t]	un triton
– A hare [hɛəʳ]	un lièvre	– A den [den]	une tanière
a squirrel ['skwɪrəl]	un écureuil	a lair [lɛəʳ]	un repaire
a stoat [stəʊt]	une hermine	a burrow ['bʌrəʊ]	un terrier
a bat [bæt]	une chauve-souris	a warren ['wɒrən]	une garenne
a chinchilla [tʃɪn'tʃɪlə]	un chinchilla	a molehill ['məʊlhɪl]	une taupinière

■ 5. BIRDS LES OISEAUX

– A blackbird ['blækbɜ:d]	un merle	an eagle ['i:gl]	un aigle
a bluetit ['blu:tɪt]	une mésange bleue	a vulture ['vʌltʃəʳ]	un vautour
a chaffinch ['tʃæfɪnʃ]	un pinson	a buzzard ['bʌzəd]	une buse
a cuckoo ['kʊku:]	un coucou	an owl [aʊl]	un hibou, une chouette
a dove [dʌv]	une colombe	– A wader ['weɪdəʳ]	un échassier
a (sky)lark [('skaɪ)lɑ:k]	une alouette	a heron ['herən]	un héron
a robin ['rɒbɪn]	un rouge-gorge	a snipe [snaɪp]	une bécassine
a sparrow ['spærəʊ]	un moineau	a swan [swɒn]	un cygne
a starling ['stɑ:lɪŋ]	un étourneau	a kingfisher ['kɪŋ,fɪʃə]	un martin-pêcheur
a stork [stɔ:k]	une cigogne	a pelican ['pelɪkən]	un pélican
a swallow ['swɒləʊ]	une hirondelle	a (sea)gull [('si:,)gʌl]	une mouette, un goéland
a swift [swɪft]	un martinet	a penguin ['peŋgwɪn]	un manchot, un pingouin
a thrush [θrʌʃ]	une grive	a puffin ['pʌfɪn]	un macareux
a wren [ren]	un roitelet		
– A raven ['reɪvn]	un corbeau	– A pigeon ['pɪdʒən]	un pigeon
a crow [krəʊ]		a pheasant ['feznt]	un faisan
a crow	une corneille	a partridge ['pɑ:trɪdʒ]	une perdrix
a rook [rʊk]	un freux	a quail [kweɪl]	une caille
a magpie ['mægpaɪ]	une pie	a grouse [graʊs]	une grouse
a rookery ['rʊkərɪ]	une colonie de freux		
a peacock ['pi:kɒk]	un paon	– A nest [nest]	un nid
an ostrich ['ɒstrɪtʃ]	une autruche	an egg [eg]	un œuf
a cockatoo [,kɒkə'tu:]	un cacatoès	to lay* an egg	pondre un œuf
a toucan ['tu:kən]	un toucan	to sit* on eggs	couver des œufs
		to hatch out	éclore
– A bird of prey	un oiseau de proie	a brood [bru:d]	une couvée, une nichée
a falcon ['fɔ:lkən]	un faucon	a nestling ['nesŧlɪŋ]	un oisillon
a hawk [hɔ:k]			

■ 6. FISH AND REPTILES LES POISSONS ET LES REPTILES

– A fish [fɪʃ]	un poisson	a swordfish ['sɔ:dfɪʃ]	un espadon
a shark [ʃɑ:k]	un requin	a ray [reɪ]	une raie

- A shell [ʃel]	un coquillage, une coquille
shellfish (n. c. sing.)	les coquillages
BR **a** mollusc ['mɒləsk] AM **a** mollusk	un mollusque
a clam [klæm]	une palourde, une praire
a sea urchin	un oursin
an octopus ['ɒktəpəs]	une pieuvre
a squid [skwɪd]	un calmar
a jellyfish ['dʒelɪfɪʃ]	une méduse
a starfish ['stɑːfɪʃ]	une étoile de mer
coral ['kɒrəl]	le corail
a sponge [spʌndʒ]	une éponge
- A snake [sneɪk]	un serpent
a grass snake	une couleuvre
an adder ['ædəʳ]	une vipère
a viper ['vaɪpəʳ]	

a python ['paɪθən]	un python
a rattlesnake ['rætl̩ˌsneɪk] AM **a** rattler ['rætləʳ]	un serpent à sonnettes
a cobra ['kəʊbrə]	un cobra
a boa constrictor	un boa constrictor
harmless ['hɑːmlɪs]	inoffensif
poisonous ['pɔɪznəs]	venimeux
venom ['venəm]	le venin
- A crocodile ['krɒkədaɪl]	un crocodile
an alligator ['ælɪgeɪtəʳ]	un alligator
a lizard ['lɪzəd]	un lézard
a chameleon [kə'miːlɪən]	un caméléon
a tortoise ['tɔːtəs]	une tortue
a turtle ['tɜːtl]	une tortue de mer
a terrapin ['terəpɪn]	une tortue d'eau douce

■ 7. INSECTS AND OTHER ANIMALS LES INSECTES ET AUTRES ANIMAUX __

- A butterfly ['bʌtəflaɪ]	un papillon
a moth [mɒθ]	un papillon de nuit
BR **a** ladybird ['leɪdɪˌbɜːd] AM **a** ladybug ['leɪdɪˌbʌg]	une coccinelle
a spider ['spaɪdəʳ]	une araignée
a cobweb ['kɒbweb] BR **a** spider's web AM **a** spiderweb	une toile d'araignée
to spin* **a** web	tisser sa toile
- A flea [fliː]	une puce
a bedbug ['bedˌbʌg]	une punaise
a cockroach ['kɒkˌrəʊtʃ]	une blatte, un cafard
an ant [ænt]	une fourmi
an ant hill	une fourmilière
a termite ['tɜːmaɪt]	un termite
a beetle ['biːtl]	un scarabée
a scorpion ['skɔːpɪən]	un scorpion
an earwig ['ɪəˈwɪg]	un perce-oreille
a louse [laʊs] (plur. lice)	un pou
a bug [bʌg]	une bestiole
- A snail [sneɪl]	un escargot
a slug [slʌg]	une limace
a grub [grʌb]	un asticot
a worm [wɜːm] **an** earthworm ['ɜːθˌwɜːm]	un ver de terre
a caterpillar ['kætəpɪləʳ]	une chenille

a chrysalis ['krɪsəlɪs]	une chrysalide
a larva ['lɑːvə] (plur. larvae)	une larve
- A bee [biː]	une abeille
the queen bee	la reine des abeilles
a bumblebee ['bʌmblbiː]	un bourdon
a wasp [wɒsp]	une guêpe
a horsefly ['hɔːsˌflaɪ]	un taon
a hornet ['hɔːnɪt]	un frelon
a nest [nest]	un nid
a hive [haɪv]	une ruche
a swarm [swɔːm]	un essaim
to swarm	essaimer
- A (house)fly [('haʊs)flaɪ]	une mouche
a bluebottle ['bluːˌbɒtəl]	une mouche bleue
a midge [mɪdʒ]	un moucheron
a gnat [næt]	
a mosquito [mɒs'kiːtəʊ] (plur. mosquitoes)	un moustique
a grasshopper ['grɑːsˌhɒpəʳ]	une sauterelle
a cricket ['krɪkɪt]	un grillon
a locust ['ləʊkəst]	une locuste
a cicada [sɪ'kɑːdə]	une cigale
a dragonfly ['drægənˌflaɪ]	une libellule
a greenfly ['griːnˌflaɪ]	un puceron
a clothes moth	une mite

■ 8. ANIMAL BODIES LE CORPS DES ANIMAUX _____

- The mouth [maʊθ]	la gueule
the nose [nəʊz]	le museau, la truffe
the muzzle ['mʌzl]	le mufle
the snout [snaʊt]	le groin
the trunk [trʌŋk]	la trompe
- A leg [leg]	une patte (membre)
a paw [pɔː]	une patte (extrémité du membre d'un chien, d'un félin)
a foot [fʊt] (plur. feet)	une patte (extrémité du membre d'un oiseau)
hind/fore legs	les pattes de derrière/de devant
a hoof [huːf] (plur. hooves)	un sabot
- An udder ['ʌdəʳ]	un pis
a teat [tiːt]	une tétine
a tail [teɪl]	une queue
the pouch [paʊtʃ]	la poche ventrale
- The hide [haɪd]	la peau
a pelt [pelt]	une peau (cuir, fourrure)
hair [hɛəʳ]	le poil
bristles ['brɪslz]	les poils durs
the fur [fɜːʳ]	la fourrure
the coat [kəʊt]	le pelage, la robe (d'un cheval)
wool [wʊl]	la laine
the fleece [fliːs]	la toison
furry ['fɜːrɪ]	à poil
hairy ['hɛərɪ]	velu
spots [spɒts]	les taches
spotted ['spɒtɪd]	tacheté

stripes [straɪps]	les rayures
striped [straɪpt]	rayé, tigré
- Whiskers ['wɪskəz]	les moustaches
the mane [meɪn]	la crinière
antennae [æn'teniː] feelers ['fiːləz]	les antennes
- A horn [hɔːn]	une corne
a tusk [tʌsk]	une défense
the antlers ['æntləʳz]	les bois, la ramure
fangs [fæŋz]	les crocs
a claw [klɔː]	une griffe
a spine [spaɪn]	un piquant (de hérisson)
a quill [kwɪl]	un piquant (de porc-épic)
- A feather ['feðəʳ]	une plume
plumage ['pluːmɪdʒ]	le plumage
feathered ['feðəd]	à plumes
down [daʊn]	le duvet
a wing [wɪŋ]	une aile
the crest [krest]	la crête (en général)
the comb [kəʊm]	la crête (de coq)
the beak [biːk] the bill [bɪl]	le bec
a talon ['tælən]	une serre
web-footed	palmipède
- Scales [skeɪlz]	les écailles
the gills [gɪlz]	les ouïes, les branchies
a fin [fɪn]	une nageoire, un aileron
a flipper ['flɪpəʳ]	une nageoire (de dauphin, de phoque)
a tentacle ['tentəkl]	un tentacule

■ 9. ANIMAL MOVEMENTS LES MOUVEMENTS DES ANIMAUX _____

- To leap* [liːp] to jump [dʒʌmp]	sauter
a leap a jump	un saut
to bound [baʊnd]	bondir
a bound	un bond
to hop [hɒp]	sautiller
- To trot [trɒt]	trotter
to canter ['kæntəʳ]	aller au petit galop
to gallop ['gæləp]	galoper
at a trot/canter/gallop	au trot/au petit galop/au galop

to bolt [bəʊlt]	s'emballer
- To scratch [skrætʃ]	gratter, se gratter
to stretch (itself)	s'étirer
to wag its tail	agiter la queue
to prick up its ears	dresser les oreilles
to wriggle ['rɪgl]	frétiller
to crawl [krɔːl]	ramper
to slither ['slɪðəʳ]	onduler
to prowl [praʊl]	rôder
to curl up	se rouler en boule
to coil itself round sth	s'enrouler autour de qqch.

to crouch [kraʊtʃ]	se ramasser
- To attack [ə'tæk]	attaquer
to charge [tʃɑːdʒ]	charger
a charge	la charge
to spring* at sb/sth [sprɪŋ]	sauter sur qqn/qqch., bondir sur qqn/qqch.
to pounce on sth [paʊns]	
to claw [klɔː]	griffer
to draw* in its claws	rentrer ses griffes
to sheathe its claws	
to bite* [baɪt]	mordre
to kick [kɪk]	ruer
a kick	une ruade
to rear (up)	se cabrer
to sting* [stɪŋ]	piquer
- To feed* [fiːd]	nourrir, se nourrir
to gnaw [nɔː]	ronger
to nibble ['nɪbl]	grignoter
to lick [lɪk]	lécher

to lap (up)	laper
- To fly* [flaɪ]	voler
flight [flaɪt]	le vol
to flap its wings	battre des ailes
to flutter ['flʌtə']	voltiger
to swoop down on	fondre sur
to flit [flɪt]	voleter
to glide [glaɪd]	planer
to hover ['hɒvə']	planer (oiseau de proie)
to alight on a branch	se poser sur une branche
to roost [ruːst]	jucher
to peck at sth [pek]	picorer qqch.
- To shed hair	muer (animal à poil)
BR to moult [məʊlt]	
AM to molt	
BR to moult	muer (oiseau)
AM to molt	
to slough [slʌf] its skin	muer (serpent)

■ 10. ANIMAL NOISES LES CRIS DES ANIMAUX

- To roar [rɔː']	rugir
to grunt [grʌnt]	grogner
to growl [graʊl]	gronder
to trumpet ['trʌmpɪt]	barrir
to squeal [skwiːl]	pousser des cris aigus
to hiss [hɪs]	siffler
to buzz [bʌz]	bourdonner
to hum [hʌm]	
to drone [drəʊn]	
- To bellow ['beləʊ]	mugir, beugler (bœuf, taureau)
to low [ləʊ]	mugir, meugler (vache)
to moo [muː]	
to bleat [bliːt]	bêler
to neigh [neɪ]	hennir
to whinny ['wɪnɪ]	
to bray [breɪ]	braire
to snort [snɔːt]	s'ébrouer
- To mew [mjuː]	miauler
to miaow [miː'aʊ]	
to purr [pɜː']	ronronner
to bark [bɑːk]	aboyer

to yelp [jelp]	japper
to howl [haʊl]	hurler
to whine [waɪn]	gémir
- Birdsong ['bɜːd,sɒŋ]	le chant des oiseaux
to sing* [sɪŋ]	chanter (en général)
to crow* [krəʊ]	chanter (coq)
at cockcrow	au premier chant du coq
to warble ['wɔːbl]	gazouiller
to chirp [tʃɜːp]	
to chirrup ['tʃɪrəp]	
to tweet [twiːt]	pépier
to twitter ['twɪtə']	
to cackle ['kækl]	caqueter
to cluck [klʌk]	glousser
to quack [kwæk]	cancaner
to croak [krəʊk]	coasser, croasser
to hoot [huːt]	hululer
to screech [skriːtʃ]	crier (chouette)
to cheep [tʃiːp]	piauler
to squeal [skwiːl]	couiner
to coo [kuː]	roucouler

REMARQUE La plupart des cris d'animaux ont une forme et un usage comptables et non-comptables dérivés du verbe ; ex. : to yelp = japper, a yelp = un jappement, I heard a yelp, I heard yelping = j'ai entendu un jappement, awaken by his dog's yelps, awaken by his dog's yelping = réveillé par les jappements de son chien. De to bray on dérive donc a bray et braying, de to hum, a hum et humming, etc.

FLORA AND FAUNA
LA FAUNE ET LA FLORE

■ 11. PLANTS LES PLANTES

- **Vegetation** [ˌvedʒɪ'teɪʃən] la végétation
  the plant kingdom le règne végétal
  a climbing plant une plante grimpante
  a climber ['klaɪməʳ]
  a creeping plant une plante rampante
  a creeper ['kri:pəʳ]
  a houseplant une plante d'apparte-
  ['haʊs,plɑːnt] ment
  a pot plant
  a houseplant une plante verte
  a green (foliage) plant
  a succulent une plante grasse
  a (hardy) perennial une plante vivace
  grass [grɑːs] l'herbe
  a blade of grass un brin d'herbe

- **Moss** [mɒs] la mousse
  lichen ['laɪkən] le lichen
  seaweed ['siː,wiːd] une algue, des algues
  a fungus ['fʌŋgəs] un champignon (terme
  (plur. fungi) générique)
  a mushroom ['mʌʃrʊm] un champignon
  (comestible)
  cultivated mushrooms les champignons de
  Paris
  a toadstool ['təʊd,stuːl] un champignon
  vénéneux

- **A leaf** [liːf] (plur. leaves) une feuille
  a stalk [stɔːk] une tige
  a stem [stem]
  a thorn [θɔːn] une épine
  a root [ruːt] une racine
  a tuber ['tjuːbəʳ] un tubercule
  a bulb [bʌlb] un oignon

- **Ivy** ['aɪvɪ] le lierre
  a vine [vaɪn] une vigne
  heather ['heðəʳ] la bruyère
  a thistle ['θɪsl] un chardon
  a nettle ['netl] une ortie
  a reed [riːd] un roseau
  a fern [fɜːn] une fougère

- **bracken** ['brækən] la fougère, les fougères
  (n. c. sing.)
  mistletoe ['mɪsltəʊ] le gui
  bamboo [bæm'buː] le bambou
  a cactus ['kæktəs] un cactus
  (plur. cactus(es), cacti)

- **A flower** ['flaʊəʳ] une fleur (en général)
  a bloom [bluːm] (soutenu)
  a blossom ['blɒsəm] une fleur (d'arbre fruitier)
  blossom (n. c. sing.) la floraison, les fleurs
  in flower en fleurs (arbuste, plante)
  in bloom
  in blossom en fleurs (arbre fruitier)
  to flower fleurir (arbuste, plante)
  to bloom (soutenu)
  to blossom fleurir (arbre fruitier)

- **To open out** s'ouvrir
  to bloom [bluːm] éclore, s'épanouir
  a bud [bʌd] un bouton
  a petal ['petl] un pétale
  a stamen ['steɪmen] une étamine
  pollen ['pɒlən] le pollen

- **A seed** [siːd] une graine
  to sprout [spraʊt] germer
  to shoot* [ʃuːt] bourgeonner
  a shoot une pousse

- **The husk** [hʌsk] la bogue, l'enveloppe
  a (nut)shell [('nʌt)ʃel] une coquille
  a pod [pɒd] une cosse
  the kernel ['kɜːnl] l'amande (noyau)
  a cherry / peach stone un noyau de cerise /
  pêche
  pips [pɪps] les pépins

- **Ripe** [raɪp] mûr
  overripe [əʊvə'raɪp] blet
  to ripen ['raɪpən] mûrir
  unripe ['ʌn'raɪp] vert, qui n'est pas mûr

■ 12. FLOWERS LES FLEURS

– A bunch of flowers	un bouquet de fleurs, une botte de fleurs
a bouquet ['buːkeɪ]	un bouquet de fleurs (soigneusement présenté)
to pick [pɪk]	cueillir
to gather ['gæðəʳ]	ramasser
to wilt [wɪlt]	se faner
to fade [feɪd]	commencer à se faner
to wither ['wɪðəʳ]	se flétrir
– A snowdrop ['snəʊ,drɒp]	un perce-neige
a hyacinth ['haɪəsɪnθ]	une jacinthe
an anemone [ə'ne/mənɪ]	une anémone
a pansy ['pænzɪ]	une pensée
a marigold ['mærɪgəʊld]	un souci
a carnation [kɑː'neɪʃən]	un œillet
a lily ['lɪlɪ]	un lis
forget-me-nots [fə'getmiː,nɒts]	le myosotis
lily of the valley	le muguet
a crocus ['krəʊkəs]	un crocus
– A rose [rəʊz]	une rose
a rosebud	un bouton de rose
a rosebush	un rosier
a hollyhock ['hɒlɪ,hɒk]	une rose trémière, une passerose
a tulip ['tjuːlɪp]	une tulipe
a geranium [dʒɪ'reɪnɪəm]	un géranium
a dahlia ['deɪlɪə]	un dahlia
a peony ['pɪənɪ]	une pivoine
a gladiolus [ˌglædɪ'əʊləs] (plur. gladioli)	un glaïeul
sweet peas	les pois de senteur

– A narcissus [nɑː'sɪsəs] (plur. narcissi)	un narcisse
a daffodil ['dæfədɪl]	une jonquille
a wallflower ['wɔːl,flaʊəʳ]	une giroflée
a chrysanthemum [krɪ'sænθəməm]	un chrysanthème
a lupin ['luːpɪn]	un lupin
a sunflower ['sʌn,flaʊəʳ]	un soleil, un tournesol
an orchid ['ɔːkɪd]	une orchidée
a waterlily ['wɔː:təʳ,lɪlɪ]	un nénuphar
a camellia [kə'miːlɪə]	un camélia
– A hydrangea [haɪ'dreɪndʒə]	un hortensia
a clematis ['klemətɪs]	une clématite
lilac ['laɪlək]	le lilas
honeysuckle ['hʌnɪ,sʌkl]	le chèvrefeuille
jasmine ['dʒæzmɪn]	le jasmin, un jasmin
wisteria [wɪs'tɪərɪə]	la glycine
– A wild flower	une fleur sauvage
a poppy ['pɒpɪ]	un coquelicot
a cornflower ['kɔːn,flaʊəʳ]	un bleuet
a daisy ['deɪzɪ]	une pâquerette, une marguerite
a dandelion ['dændɪ,laɪən]	un pissenlit
a buttercup ['bʌtəkʌp]	un bouton-d'or
a primrose ['prɪmrəʊz]	une primevère
– A bluebell ['bluːbel]	une jacinthe des bois
a periwinkle ['perɪ,wɪŋkl]	une pervenche
a violet ['vaɪəlɪt]	une violette
clover ['kləʊvəʳ]	le trèfle
a four-leaf clover	un trèfle à quatre feuilles

■ 13. TREES LES ARBRES

– A tree [triː]	un arbre
foliage ['fəʊlɪɪdʒ]	le feuillage
wood [wʊd]	le bois (substance)
the trunk [trʌŋk]	le tronc
a branch [brɑːnʃ]	une branche
a limb [lɪm] (soutenu)	
a bough [baʊ] (soutenu)	
a twig [twɪg]	une brindille
bark [bɑːk]	l'écorce
sap [sæp]	la sève

resin ['rezɪn]	la résine
a tree stump	une souche
– Deciduous [dɪ'sɪdjʊəs]	à feuilles caduques
evergreen ['evəgriːn]	à feuilles persistantes
an evergreen	un arbre à feuilles persistantes
a conifer ['kɒnɪfəʳ]	un conifère
– An oak [əʊk] (tree)	un chêne
a plane [pleɪn] (tree)	un platane

a poplar ['pɒplə']	un peuplier
a (silver) birch [bɜ:tʃ]	un bouleau
a beech [bi:tʃ]	un hêtre
a chestnut ['tʃestnʌt] (tree)	un châtaigner
a lime [laɪm] (tree)	un tilleul
an elm [elm]	un orme
a willow ['wɪləʊ]	un saule
a weeping willow	un saule pleureur
an ash [æʃ]	un frêne
a yew (tree)	un if

− A sycamore ['sɪkəmɔ:']	un sycomore
a maple ['meɪpl]	un érable
mahogany [mə'hɒgənɪ]	l'acajou
a palm tree	un palmier
a rubber tree	un hévéa
a bay tree	un laurier-sauce
a laurel ['lɒrəl]	
an oleander [,əʊlɪ'ændə']	un laurier-rose
a magnolia [mæg'nəʊlɪə]	un magnolia
a hawthorn ['hɔ:θɔ:n]	une aubépine
a rhododendron [,rəʊdə'dendrən]	un rhododendron

− An apple tree	un pommier
a plum tree	un prunier
a cherry tree	un cerisier
a pear tree	un poirier
a peach tree	un pêcher
an apricot tree	un abricotier
an almond tree	un amandier
a lemon tree	un citronnier
an orange tree	un oranger

− A fir (tree)	un sapin
a pine (tree)	un pin
a cypress ['saɪprɪs]	un cyprès
a spruce [spru:s]	un épicéa

a larch [la:tʃ]	un mélèze
a redwood ['redwʊd]	un séquoia
a cedar ['si:də']	un cèdre
a monkey-puzzle ['mʌŋkɪ,pʌzl]	un araucaria

− A pine cone a fir cone	une pomme de pin
(pine) needles	les aiguilles (de pin)
an acorn ['eɪkɔ:n]	un gland

− A forest ['fɒrɪst]	une forêt
a wood [wʊd]	un bois
wooded ['wʊdɪd]	boisé
a grove [grəʊv]	un bocage, un bosquet
a copse [kɒps] a coppice ['kɒpɪs]	un taillis
a clump of trees	un bouquet d'arbres
a thicket ['θɪkɪt]	un fourré, un hallier
the undergrowth ['ʌndəgrəʊθ]	le sous-bois
brushwood ['brʌʃ,wʊd] (n. c. sing.)	les broussailles
a clearing ['klɪərɪŋ] a glade [gleɪd] (soutenu)	une clairière
to fell a tree to chop a tree down	abattre un arbre

− A shrub [ʃrʌb]	un arbrisseau, un arbuste
a bush [bʊʃ]	un buisson
holly ['hɒlɪ]	le houx
a holly bush a holly tree	un houx
gorse [gɔ:s] (n. c. sing.)	les ajoncs
a gorse bush	un ajonc
a broom [brʊm]	un genêt
box [bɒks]	le buis
privet ['prɪvɪt]	le troène

206

28 MATTER AND THE UNIVERSE
LA MATIÈRE ET L'UNIVERS

■ 1. BODIES LES CORPS

− **A substance** [ˈsʌbstəns]	une substance		**atomic** [əˈtɒmɪk]	atomique
matter [ˈmætəʳ]	la matière		**the nucleus** [ˈnjuːklɪəs] (plur. nuclei)	le nucléus, le noyau
living / inanimate matter	la matière vivante / inanimée		**nuclear** [ˈnjuːklɪəʳ]	nucléaire
a material [məˈtɪərɪəl]	une matière		**a neutron** [ˈnjuːtrɒn]	un neutron
an element [ˈelɪmənt]	un élément		**a proton** [ˈprəʊtɒn]	un proton
simple / compound bodies	les corps simples / composés		**an electron** [ɪˈlektrɒn]	un électron
− **A cell** [sel]	une cellule		**an ion** [ˈaɪən]	un ion
cellular [ˈseljʊləʳ]	cellulaire		**an isotope** [ˈaɪsəʊtəʊp]	un isotope
a particle [ˈpɑːtɪkl]	une particule		− **Mass** [mæs]	la masse
a molecule [ˈmɒlɪkjuːl]	une molécule		**volume** [ˈvɒljuːm]	le volume
molecular [məʊˈlekjʊləʳ]	moléculaire		**weight** [weɪt]	le poids
an atom [ˈætəm]	un atome		**density** [ˈdensɪtɪ]	la densité
			inertia [ɪˈnɜːʃə]	l'inertie

■ 2. METALS LES MÉTAUX

− **Metal** [ˈmetl]	le métal		**tin** [tɪn]	l'étain (minerai)
ore [ɔːʳ]	le minerai		**pewter** [ˈpjuːtəʳ]	l'étain (utilisé en artisanat)
metallic [mɪˈtælɪk]	métallique		**gold** [gəʊld]	l'or
an alloy [ˈælɔɪ]	un alliage		**silver** [ˈsɪlvəʳ]	l'argent
rust [rʌst]	la rouille		**platinum** [ˈplætɪnəm]	le platine
rusty [ˈrʌstɪ]	rouillé		**lead** [led]	le plomb
− BR **aluminium** [ˌæljʊˈmɪnɪəm] AM **aluminum** [əˈluːmɪnəm]	l'aluminium		− **Magnesium** [mægˈniːzɪəm]	le magnésium
bronze [brɒnz]	le bronze		**calcium** [ˈkælsɪəm]	le calcium
copper [ˈkɒpəʳ]	le cuivre (rouge)		**sodium** [ˈsəʊdɪəm]	le sodium
brass [brɑːs]	le laiton, le cuivre (jaune)		**mercury** [ˈmɜːkjʊrɪ]	le mercure
iron [ˈaɪən]	le fer		**nickel** [ˈnɪkl]	le nickel
zinc [zɪŋk]	le zinc		**radium** [ˈreɪdɪəm]	le radium
			plutonium [pluːˈtəʊnɪəm]	le plutonium
			uranium [jʊəˈreɪnɪəm]	l'uranium

> REMARQUE Les noms de métaux peuvent s'employer comme adjectifs ; ex. : a brass handle / statue = une poignée / une statue en cuivre.

■ 3. ROCKS LES ROCHES

− **A stone** [stəʊn]	une pierre		− **Geology** [dʒɪˈɒlədʒɪ]	la géologie
a rock [rɒk]	une roche		**a geologist** [dʒɪˈɒlədʒɪst]	un(e) géologue
a layer [ˈleɪəʳ]	une couche		**geological** [ˌdʒɪəʊˈlɒdʒɪkəl]	géologique
a stratum [ˈstrɑːtəm] (plur. strata)	une strate		**mineralogy** [ˌmɪnəˈrælədʒɪ]	la minéralogie
dust [dʌst]	la poussière		**a mineralogist** [ˌmɪnəˈrælədʒɪst]	un(e) minéralogiste

- Alabaster [ˈæləbɑːstəʳ]	l'albâtre		**chalk** [tʃɔːk]	la craie
basalt [ˈbæsɔːlt]	le basalte		**chalky** [ˈtʃɔːkɪ]	crayeux
bauxite [ˈbɔːksaɪt]	la bauxite		**a stalagmite**	une stalagmite
crystal [ˈkrɪstl]	le cristal		[ˈstæləgmaɪt]	
flint [flɪnt]	le silex		**a stalactite** [ˈstæləktaɪt]	une stalactite
granite [ˈgrænɪt]	le granit		**- A deposit** [dɪˈpɒzɪt]	un dépôt
graphite [ˈgræfaɪt]	le graphite		**a fossil** [ˈfɒsl]	un fossile
			sediment [ˈsedɪmənt]	les sédiments
- Marble [ˈmɑːbl]	le marbre		(n. c. sing.)	
quartz [ˈkwɔːts]	le quartz		**alluvium** [əˈluːvɪəm]	les alluvions
sand [sænd]	le sable		(n. c. sing.)	
sandstone	le grès		**peat** [piːt]	la tourbe
silica [ˈsɪlɪkə]	la silice		**- Bitumen** [ˈbɪtjʊmɪn]	le bitume
slate [sleɪt]	l'ardoise		**asphalt** [ˈæsfælt]	l'asphalte
			carbon [ˈkɑːbən]	le carbone
- Arsenic [ˈɑːsnɪk]	l'arsenic		**carbon-dating**	la datation au
asbestos [æzˈbestəs]	l'amiante			carbone 14
lime [laɪm]	la chaux		**pumice (stone)**	la pierre ponce
limestone	le calcaire		**clay** [kleɪ]	l'argile

> REMARQUE Les noms de roches peuvent s'employer comme adjectifs ; ex. : a
> crystal ball = une boule de cristal ; a silver ring = une bague en argent.

■ 4. GASES LES GAZ

- A gas [gæs]	un gaz		**butane** [ˈbjuːteɪn]	le butane
gaseous [ˈgæsɪəs]	gazeux		**propane** [ˈprəʊpeɪn]	le propane
gassy [ˈgæsɪ]			**chlorine** [ˈklɔːriːn]	le chlore
natural gas	le gaz naturel		**helium** [ˈhiːlɪəm]	l'hélium
carbon dioxide	le gaz carbonique		**methane** [ˈmiːθeɪn]	le méthane
carbon monoxide	l'oxyde de carbone			
air [ɛəʳ]	l'air		**- Steam** [stiːm]	la vapeur (d'eau)
nitrogen [ˈnaɪtrədʒən]	l'azote		BR **a vapour** [ˈveɪpəʳ]	une vapeur
hydrogen [ˈhaɪdrɪdʒən]	l'hydrogène		AM **a vapor**	
oxygen [ˈɒksɪdʒən]	l'oxygène		**to emit** [ɪˈmɪt]	dégager, émettre
- Acetylene [əˈsetɪliːn]	l'acétylène		**an emission** [ɪˈmɪʃən]	un dégagement,
ammonia [əˈməʊnɪə]	l'ammoniac			une émission
			volatile [ˈvɒlətaɪl]	volatil

■ 5. LIQUIDS LES LIQUIDES

- A liquid [ˈlɪkwɪd]	un liquide		**a trickle** [ˈtrɪkl]	un filet
liquid	liquide		**to trickle**	couler en un filet
a fluid [ˈfluːɪd]	un fluide		**to dribble** [ˈdrɪbl]	dégouliner
fluid	fluide		**to stream** [striːm]	ruisseler
water [ˈwɔːtəʳ]	l'eau		**to ooze** [uːz]	suinter
aqueous [ˈeɪkwɪəs]	aqueux		**to flow** [fləʊ]	couler
			to run* [rʌn]	
- A drop [drɒp]	une goutte		**to pour** [pɔːʳ]	couler à flots
to drip [drɪp]	tomber goutte à goutte			

- To spill* [spɪl] — renverser, se renverser
to overflow ['əʊvəfləʊ] — déborder
the overflow — le trop-plein
to splash [splæʃ] — éclabousser
a splash — un éclaboussement
to gush (out) — jaillir
to squirt (out) — gicler
- A solution [sə'lu:ʃən] — une solution
to dissolve [dɪ'zɒlv] — dissoudre, se dissoudre
soluble ['sɒljʊbl] — soluble
distillation [ˌdɪstɪ'leɪʃən] — la distillation
BR to distil [dɪs'tɪl] — distiller
AM to distill
a bubble ['bʌbl] — une bulle, un bouillon
to bubble — bouillonner
fermentation [ˌfɜ:men'teɪʃən] — la fermentation

to ferment [fə'ment] — fermenter
evaporation [ɪˌvæpə'reɪʃən] — l'évaporation
to evaporate [ɪ'væpəreɪt] — s'évaporer
- Oil [ɔɪl] — l'huile
oily ['ɔɪlɪ] — huileux
to oil — huiler
grease [gri:s] — la graisse
greasy ['gri:sɪ] — graisseux
to grease — graisser
a lubricant ['lu:brɪkənt] — un lubrifiant
to lubricate ['lu:brɪkeɪt] — lubrifier
viscous ['vɪskəs] — visqueux
viscosity [vɪs'kɒsɪtɪ] — la viscosité
emulsion [ɪ'mʌlʃən] — l'émulsion
milky ['mɪlkɪ] — laiteux

■ 6. SPACE L'ESPACE

- The universe ['ju:nɪvɜ:s] — l'univers
the cosmos ['kɒzmɒs] — le cosmos
cosmic ['kɒzmɪk] — cosmique
a world [wɜ:ld] — un monde
(outer) space — l'espace (intersidéral)
space travel — les voyages dans l'espace
interplanetary [ˌɪntə'plænɪtərɪ] — interplanétaire
extraterrestrial [ˌekstrətɪ'restrɪəl] — extraterrestre
infinity [ɪn'fɪnɪtɪ] — l'infini
infinite ['ɪnfɪnɪt] — infini

- The theory of relativity — la théorie de la relativité
the big bang — le big bang
gravity ['grævɪtɪ] — la pesanteur
gravitation [ˌgrævɪ'teɪʃən] — la gravitation
the void [vɔɪd] — le vide
weightlessness ['weɪtlɪsnɪs] — l'apesanteur

- The solar system — le système solaire
the sun [sʌn] — le soleil
solar ['səʊlə'] — solaire
sunrays — les rayons du soleil
a sunspot — une tache solaire
to rise* [raɪz] — se lever (soleil)
to set* [set] — se coucher (soleil)

- The moon [mu:n] — la lune
the full moon — la pleine lune
the new moon — la nouvelle lune
a crescent / quarter moon — un croissant / quartier de lune
lunar ['lu:nə'] — lunaire
to wax [wæks] — croître (lune)
to wane [weɪn] — décroître (lune)
- The zenith ['zenɪθ] — le zénith
a partial / total eclipse — une éclipse partielle / totale
the equinox ['i:kwɪnɒks] — l'équinoxe
a solstice ['sɒlstɪs] — un solstice
the northern lights the aurora borealis — l'aurore boréale
the aurora australis — l'aurore australe
- The sky [skaɪ] the heavens ['hevnz] (plur.) (soutenu) — le ciel
a star [stɑ:'] — une étoile
a shooting star — une étoile filante
a starry sky — un ciel étoilé
stellar ['stelə'] — stellaire
a constellation [ˌkɒnstə'leɪʃən] — une constellation
a galaxy ['gæləksɪ] — une galaxie
galactic [gə'læktɪk] — galactique
a satellite ['sætəlaɪt] — un satellite

a nebula ['nebjʊlə] (plur. nebulas, nebulae)	une nébuleuse	Pluto ['pluːtəʊ]	Pluton
a nova ['nəʊvə] (plur. novas, novae)	une nova	Saturn ['sætən]	Saturne
		Uranus [jʊə'reɪnəs]	Uranus
a quasar ['kweɪzɑːʳ]	un quasar	Venus ['viːnəs]	Vénus
a black hole	un trou noir	– The Milky Way	la Voie lactée
a light-year	une année-lumière	the Great Bear	la Grande Ourse
it is 30 light-years away	c'est à 30 années-lumière	BR the Plough [plaʊ] AM the Big Dipper	
– A planet ['plænɪt]	une planète	the Pleiades ['plaɪədiːz]	les Pléiades
planetary ['plænɪtəri]	planétaire	the Southern Cross	la Croix du Sud
a comet ['kɒmɪt]	une comète	the Pole Star	l'Étoile polaire
the tail of a comet	la queue d'une comète	the Dog Star	Sirius
an asteroid ['æstərɔɪd]	un astéroïde	Orion [ə'raɪən]	Orion
a meteor ['miːtɪəʳ]	un météore	the Zodiac ['zəʊdɪæk]	le zodiaque
a meteorite ['miːtɪəraɪt]	un météorite	a star chart	une carte du ciel
an orbit ['ɔːbɪt]	une orbite	– An astronomer [əs'trɒnəməʳ]	un(e) astronome
in orbit round sth	en orbite autour de qqch.		
(the) Earth [ɜːθ]	la Terre	astronomical [ˌæstrə'nɒmɪkəl]	astronomique
Jupiter ['dʒuːpɪtəʳ]	Jupiter	an observatory [əb'zɜːvətri]	un observatoire
Mars [mɑːz]	Mars	a telescope ['telɪskəʊp]	un télescope
Mercury ['mɜːkjʊri]	Mercure	a planetarium [ˌplænɪ'teərɪəm]	un planétarium
Neptune ['neptjuːn]	Neptune		

■ 7. PHYSICAL PROPERTIES LES PROPRIÉTÉS PHYSIQUES

– Hard [hɑːd]	dur	flexible ['fleksəbl] pliable ['plaɪəbl]	flexible
hardness ['hɑːdnɪs]	la dureté	flexibility [ˌfleksɪ'bɪlɪti]	la flexibilité
to harden ['hɑːdn]	durcir, se durcir	elastic [ɪ'læstɪk]	élastique
tough [tʌf]	dur, résistant	elasticity [ˌiːlæs'tɪsɪti]	l'élasticité
toughness ['tʌfnɪs]	la dureté, la résistance	plastic ['plæstɪk]	plastique
to toughen ['tʌfn]	rendre résistant, devenir résistant	plasticity [plæs'tɪsɪti]	la plasticité
firm [fɜːm]	ferme	– Thin [θɪn]	mince
firmness ['fɜːmnɪs]	la fermeté	thinness ['θɪnnɪs]	la minceur
stiff [stɪf]	raide	thick [θɪk]	épais
stiffness ['stɪfnɪs]	la raideur	thickness ['θɪknɪs]	l'épaisseur
to stiffen ['stɪfn]	raidir, se raidir	delicate ['delɪkɪt]	délicat
rigid ['rɪdʒɪd]	rigide	fragile ['frædʒaɪl]	fragile
rigidity [rɪ'dʒɪdɪti]	la rigidité	fragility [frə'dʒɪlɪti]	la fragilité
– Limp [lɪmp]	mou, flasque	crumbly ['krʌmblɪ] flaky ['fleɪkɪ]	friable
limpness ['lɪmpnɪs]	la mollesse	flakiness ['fleɪkɪnɪs]	la friabilité
malleable ['mælɪəbl]	malléable		
malleability [ˌmælɪə'bɪlɪti]	la malléabilité	– To bend* [bend]	plier, faire plier
supple ['sʌpl]	souple	to stretch [stretʃ]	étirer, s'étirer
suppleness ['sʌplnɪs]	la souplesse	to give* [gɪv] to yield [jiːld]	céder

29 | THE EARTH LA TERRE

■ 1. GEOGRAPHY LA GÉOGRAPHIE

- **The globe** [gləʊb] — le globe
  the **Earth's surface** — la surface terrestre
  a **land mass** — une masse terrestre
  the **atmosphere** ['ætməsfɪə'] — l'atmosphère
  the **stratosphere** ['strætəʊsfɪə'] — la stratosphère
  the **ionosphere** [aɪ'ɒnəsfɪə'] — l'ionosphère
  the **biosphere** ['baɪəsfɪə'] — la biosphère
  geographical [dʒɪə'ɡræfɪkəl] — géographique
  a **geographer** [dʒɪ'ɒɡrəfə'] — un(e) géographe
  the **ozone layer** — la couche d'ozone

- **The North/South Pole** — le pôle Nord/Sud
  polar ['pəʊlə'] — polaire
  Arctic ['ɑːktɪk] — arctique
  the **Arctic (Region)** — l'Arctique
  the **Arctic Circle** — le cercle polaire arctique
  the **Arctic Ocean** — l'océan Arctique
  Antarctica [ænt'ɑːktɪkə] — l'Antarctique
  the **Antarctic Circle** — le cercle polaire austral
  the **Antarctic Ocean** — l'océan Antarctique

- **The northern/southern hemisphere** — l'hémisphère nord/sud
  the **Equator** [ɪ'kweɪtə'] — l'équateur
  on the Equator — à l'équateur
  equatorial [,ekwə'tɔːrɪəl] — équatorial
  the **Tropic of Cancer/Capricorn** — le tropique du Cancer/du Capricorne
  tropical ['trɒpɪkəl] — tropical
  in the tropics — sous les tropiques

- **Latitude** ['lætɪtjuːd] — la latitude
  longitude ['lɒŋɡɪtjuːd] — la longitude
  a **meridian** [mə'rɪdɪən] — un méridien
  the **Greenwich meridian** — le méridien de Greenwich
  a **time zone** — un fuseau horaire
  the **46th parallel** — le 46ᵉ parallèle

- **A continent** ['kɒntɪnənt] — un continent (en général)
  the **mainland** — le continent (par rapport à une île)
  the **continental drift** — la dérive des continents
  the **continental shelf** — le plateau continental
  a **tropical/temperate zone** — une zone tropicale/tempérée

a **region** ['riːdʒən] — une région
a **territory** ['terɪtərɪ] — un territoire
territorial [,terɪ'tɔːrɪəl] — territorial

- **A map** [mæp] — une carte (en général)
  a **chart** [tʃɑːt] — une carte (marine, du ciel)
  an **Ordnance Survey map** — ≈ une carte d'état-major
  to map a region — dresser la carte d'une région
  a **map** — un plan
  a **plan** [plæn] — un plan
  the **scale of a map** — l'échelle d'une carte
  cartography [kɑː'tɒɡrəfɪ] — la cartographie
  a **cartographer** [kɑː'tɒɡrəfə'] — un(e) cartographe
  an **atlas** ['ætləs] — un atlas
  topography [tə'pɒɡrəfɪ] — la topographie
  topographical [,tɒpə'ɡræfɪkl] — topographique

- **The land** [lænd] — la terre
  on dry land — sur la terre ferme
  the **countryside** ['kʌntrɪsaɪd] — la campagne
  the **landscape** ['lænd,skeɪp] — le paysage
  the **scenery**[1] ['siːnərɪ] — le paysage
  a **landmark** ['lændmɑːk] — un point de repère

  ATTENTION 1 : scenery ne s'emploie jamais dans un contexte péjoratif

- **Flat** [flæt] — plat (étendue, région)
  on level ground — sur terrain plat
  undulating ['ʌndjʊleɪtɪŋ] — accidenté (région)
  hilly ['hɪlɪ]
  uneven ['ʌn'iːvən] — accidenté (terrain)
  bumpy ['bʌmpɪ]

- **A marsh** [mɑːʃ] — un marais, un marécage
  a **bog** [bɒɡ]
  a **swamp** [swɒmp]
  marshland (n. c. sing.) — les marécages
  wetlands ['wetləndz]
  marshy ['mɑːʃɪ] — marécageux
  boggy ['bɒɡɪ]
  waterlogged ['wɔːtəlɒɡd] — détrempé

- **A cave** [keɪv] — une caverne, une grotte
  a **cavern** ['kævən] (soutenu)

a speleologist | un(e) spéléologue
[ˌspiːlɪˈɒlədʒɪst]
a caver [keɪvəʳ] (parlé)
BR a potholer [ˈpɒθəʊləʳ]
AM a spelunker
[spɪˈlʌŋkəʳ] (parlé)

speleology [ˌspiːlɪˈɒlədʒɪ] | la spéléologie (étude)
caving [ˈkeɪvɪŋ] (parlé) | la spéléologie (explora-
BR potholing [ˈpɒθəʊlɪŋ] | tion)
AM spelunking [spɪˈlʌŋkɪŋ]
(parlé)

– An island [ˈaɪlənd] | une île
an isle [aɪl] (soutenu)
a peninsula [pɪˈnɪnsjʊlə] | une péninsule, une
| presqu'île
an isthmus [ˈɪsməs] | un isthme
a promontory | un promontoire
[ˈprɒməntrɪ]
a cape [keɪp] | un cap
a headland [ˈhedlənd]
an atoll [ˈætɒl] | un atoll
an archipelago | un archipel
[ˌɑːkɪˈpelɪgəʊ]
(plur. archipelagoes)

– A desert [ˈdezət] | un désert
(sand) dunes | les dunes (de sable)
an oasis [əʊˈeɪsɪs] | une oasis
(plur. oases)
savanna(h) [səˈvænə] | la savane
the bush [bʊʃ] | la brousse
the jungle [ˈdʒʌŋgl] | la jungle
– A moor [mʊəʳ] | une lande
moorland (n. c.) | la lande
scrub(land) | les broussailles
[ˈskrʌb(lənd)] (n. c. sing.)
brushwood [ˈbrʌʃwʊd]
(n. c. sing.)
woodland [ˈwʊdlənd] | la forêt, les bois
(n. c. sing.)
– A view [vjuː] | une vue
a vista [ˈvɪstə] | une vue, une
| perspective
as far as the eye can | à perte de vue
see
a panorama | un panorama
[ˌpænəˈrɑːmə]
panoramic [ˌpænəˈræmɪk] | panoramique

■ 2. THE POINTS OF THE COMPASS LES POINTS CARDINAUX

– The compass [ˈkʌmpəs] | la boussole
a degree [dɪˈgriː] | un degré
to find* one's bearings | s'orienter

– The north [nɔːθ] | le nord
north | du nord, septentrional
| (côte, pays)
northern [ˈnɔːðən]
northerly [ˈnɔːðəlɪ] | au nord (région, point)
a northerly wind | un vent du nord
the north wind | le vent du nord
north(wards) | au nord, vers le nord
[ˈnɔːθ(wədz)] | (aller, se trouver)
towards the north
northernmost | le plus au nord
| (ville, point)

– The south [saʊθ] | le sud
south | du sud, méridional
southern [ˈsʌðən] | (côte, pays)
southerly [ˈsʌðəlɪ] | au sud (région, point)
a southerly wind | un vent du sud
south(wards) | au sud, vers le sud (aller,
[ˈsaʊθ(wədz)] | se trouver)
towards the south

southernmost | le plus au sud (ville, point)

– The east [iːst] | l'est
the Orient [ˈɔːrɪənt] | l'Orient
east | de l'est, oriental (côte,
eastern [ˈiːstən] | pays)
easterly [ˈiːstəlɪ] | à l'est (région, point)
an easterly wind | un vent d'est
east(wards) [ˈiːst(wədz)] | à l'est, vers l'est
towards the east | (aller, se trouver)
easternmost | le plus à l'est (ville, point)

– The west [west] | l'ouest, l'Occident
west | de l'ouest, occidental
western [ˈwestən] | (côte, pays)
westerly [ˈwestəlɪ] | de l'ouest, vers l'ouest
| (vent)
west(wards) | à l'ouest, vers l'ouest
[ˈwest(wədz)] | (aller, se trouver)
towards the west
westernmost | le plus à l'ouest (ville,
| point)

– The north of France | le nord de la France
northern France

in the north of France	dans le nord de la	to live in the north	vivre dans le nord
in northern France	France	further north	plus au nord
north of France	au nord de la France	the north-east	le nord-est
	(hors de France)	north-by-north-east	nord-nord-est

■ 3. MOUNTAINS AND VALLEYS LES MONTAGNES ET LES VALLÉES _____

– High [haɪ]	haut	**a gorge** [gɔːdʒ]	une gorge
height [haɪt]	la hauteur	AM **a canyon** ['kænjən]	
elevation [ˌelɪ'veɪʃən]	l'élévation		
altitude ['æltɪtjuːd]	l'altitude	**– A cliff** [klɪf]	une falaise
at high altitude	en altitude (se trouver,	**a slope** [sləʊp]	une pente
	voler)	**a gentle slope**	une pente douce
low [ləʊ]	bas	**to slope down**	descendre en pente
at low altitude	à basse altitude	**a ledge** [ledʒ]	une corniche, une saillie
	(en général)	**a pass** [pɑːs]	un col
low(-lying)	à basse altitude (nuages)	**a sheer drop**	un à-pic
a contour (line)	une courbe de niveau	**a ravine** [rə'viːn]	un ravin
the contours ['kɒntʊəz]	les contours	**a precipice** ['presɪpɪs]	un précipice
		a chasm ['kæzəm]	un gouffre
– A mountain ['maʊntɪn]	une montagne	**a crevasse** [krɪ'væs]	une crevasse
mountainous	montagneux		
['maʊntɪnəs]		**– A plain** [pleɪn]	une plaine
a hill [hɪl]	une colline	**a plateau** ['plætəʊ]	un plateau
a range of hills	une chaîne de collines	**a hollow** ['hɒləʊ]	un creux
a range of mountains	une chaîne de monta-	**a depression** [dɪ'preʃən]	une dépression
	gnes	**a basin** ['beɪsn]	un bassin
a mountain chain			
the foothills ['fʊthɪlz]	les contreforts	**– To rise*** up	s'élever (montagne)
a massif [mæ'siːf]	un massif	**to rise* steeply**	se dresser abruptement
a ridge [rɪdʒ]	une arête	**to tower over sth**	dominer qqch.
the eternal snows	les neiges éternelles		(montagne)
snow-capped	couronné de neige	**steep** [stiːp]	raide, escarpé
		precipitous [prɪ'sɪpɪtəs]	à pic, très escarpé
– The summit ['sʌmɪt]	le sommet	**impassable** [ɪm'pɑːsəbl]	infranchissable
the top of the moun-	le sommet de la monta-		
tain / of the hill	gne / de la colline	**– A volcano** [vɒl'keɪnəʊ]	un volcan
a mountain top	un sommet de	(plur. volcanoes)	
	montagne	**volcanic** [vɒl'kænɪk]	volcanique
a hilltop ['hɪltɒp]	le sommet d'une colline	**a volcanic eruption**	une éruption volcanique
a pinnacle ['pɪnəkl]	un pinacle	**to erupt** [ɪ'rʌpt]	entrer en éruption
the crest [krest]	la crête	**to smoke** [sməʊk]	fumer
a point [pɔɪnt]	une pointe	**a crater** ['kreɪtəʳ]	un cratère
a peak [piːk]	un pic	**lava** ['lɑːvə]	la lave
a glacier ['glæsɪəʳ]	un glacier	**a fault** [fɔːlt]	une faille
		an earthquake	un tremblement de terre
– A valley ['vælɪ]	une vallée	['ɜːθkweɪk]	
a vale [veɪl] (soutenu)		**an earth tremor**	une secousse tellurique
the Loire valley	la vallée de la Loire	**7 on the Richter scale**	7 sur l'échelle de Richter
hilly ['hɪlɪ]	vallonné		
rolling countryside	un paysage onduleux		

- The Alps [ælps]   les Alpes
  the Pyrenees [pɪrə'niːz]   les Pyrénées
  the Apennines   l'Apennin
  ['æpənaɪnz] (plur.)
  the Rocky Mountains   les Montagnes Rocheu-
  the Rockies ['rɒkɪz]   ses

  the Appalachian Moun-   les Appalaches
  tains
  the Appalachians
  [,æpə'leɪʃənz]
  the Andes ['ændiːz]   les Andes
  the Himalayas   l'Himalaya
  [,hɪmə'leɪəz] (plur.)

■ 4. THE SEA   LA MER

- Sea level   le niveau de la mer
  above/below sea level   au-dessus/en dessous
      du niveau de la mer
  at sea   en mer
  the open sea   la pleine mer
  a landlocked sea   une mer fermée
  on the high seas   en haute mer

- Sea water   l'eau de mer
  an ocean ['əʊʃən]   un océan
  a current ['kʌrənt]   un courant
  maritime ['mærɪtaɪm]   maritime
  the sea bed (sing.)   les fonds marins
  marine animals/plants   la faune/la flore marine

- The tide [taɪd]   la marée
  at high/low tide   à marée haute/basse
  the tide is in/out   la mer est haute/basse
  the rising/falling tide   la marée montante/
      descendante
  the tide is coming in/is   la marée monte/
  going out   descend
  to turn [tɜːn]   changer (marée)
  the flood tide   le flux
  the ebb tide   le reflux

- A wave [weɪv]   une vague
  a ground swell   une lame de fond
  surf [sɜːf] (n. c. sing.)   les vagues déferlantes
  to break* [breɪk]   déferler
  a breaker ['breɪkə']   un brisant
  the swell   la houle
  the undertow ['ʌndətəʊ]   le ressac
  the backwash ['bækwɒʃ]
  a rough/choppy/calm   une mer houleuse/agi-
  sea   tée/calme
  the crest of a wave   la crête d'une vague
  white horses   les moutons
  spray [spreɪ] (n. c. sing.)   les embruns
  foam [fəʊm]   l'écume
  a tidal wave   un raz-de-marée

- A bay [beɪ]   une baie

a gulf [gʌlf]   un golfe
a cove [kəʊv]   une anse
an inlet ['ɪnlet]   une crique
BR a creek¹ [kriːk]
a strait [streɪt]   un détroit
straits (plur.)
a channel ['tʃænl]   un chenal

> ATTENTION 1 : AM a creek = un ruisseau

- The coast [kəʊst]   la côte
  coastal ['kəʊstəl]   côtier
  the (sea)shore [('siː)ʃɔː']   le rivage
  by the seashore   sur le rivage
  the seaside ['siːsaɪd]   le bord de la mer
  at the seaside   au bord de la mer
  by the seaside

- The beach [biːtʃ]   la plage
  sand [sænd]   le sable
  a sandbank   un banc de sable
  a sandy beach   une plage de sable
  a pebble ['pebl]   un galet
  shingle ['ʃɪŋgl] (n. c. sing.)   les galets
  pebbles
  a shingle beach   une plage de galets
  a pebbly beach
  a rock [rɒk]   une roche, un rocher
  rocky ['rɒkɪ]   rocailleux
  a reef [riːf]   un récif

- The mouth of a river   l'embouchure d'un
      fleuve
  an estuary ['estjʊərɪ]   un estuaire
  a delta ['deltə]   un delta
  a lagoon [lə'guːn]   un lagon, une lagune
  a fjord [fjɔːd]   un fjord
  landlocked ['lændlɒkt]   sans accès à la mer,
      sans littoral

- The Adriatic (Sea)   l'Adriatique, la mer
      Adriatique
  the Aegean [iː'dʒiːən]   la mer Égée

the Atlantic (Ocean)	l'(océan) Atlantique
the Baltic (Sea)	la (mer) Baltique
the Black Sea	la mer Noire
the Caribbean [ˌkærɪˈbiːən]	la mer des Caraïbes, la mer des Antilles
the Caspian Sea	la mer Caspienne
the (English) Channel	la Manche
the Dead Sea	la mer Morte
the Indian Ocean	l'océan Indien
the Irish Sea	la mer d'Irlande
the Mediterranean (Sea)	la (mer) Méditerranée

the North Sea	la mer du Nord
the Pacific (Ocean)	l'océan Pacifique
the Red Sea	la mer Rouge
the South Seas	les mers du Sud
– The Bay of Biscay	le golfe de Gascogne
the Gulf of Lions	le golfe du Lion
the Gulf of Mexico	le golfe du Mexique
the (Persian) Gulf	le golfe Persique
the Hudson Bay	la baie de Hudson
the roaring forties	les quarantièmes rugissants
the Strait of Gibraltar	le détroit de Gibraltar

■ 5. RIVERS AND LAKES LES COURS D'EAU ET LES LACS _____

– A river [ˈrɪvəʳ]	un fleuve, une rivière, un cours d'eau
by the riverside	au bord de la rivière
the (river)bank	la rive
the bed of a river a riverbed	le lit d'un fleuve
the course of a river	le cours d'un fleuve
the (rate of) flow	le débit
the stream [striːm] the current [ˈkʌrənt]	le courant
against the stream	à contre-courant
upstream [ˈʌpˈstriːm]	en amont
downstream [ˈdaʊnˌstriːm]	en aval
– A spring [sprɪŋ]	une source (en général)
a source [sɔːs]	une source (de cours d'eau)
this river has its source in the Alps this river springs up in the Alps	cette rivière prend sa source dans les Alpes
a brook [brʊk]	un ruisseau
a stream [striːm] AM a creek[1] [kriːk]	
a tributary [ˈtrɪbjʊtərɪ]	un affluent
a torrent [ˈtɒrənt]	un torrent
BR the watershed [ˈwɔːtəʃed] AM the divide [dɪˈvaɪd]	la ligne de partage des eaux

ATTENTION 1 : BR a creek = une crique

– Mud [mʌd]	la boue
muddy [ˈmʌdɪ]	boueux
silt [sɪlt]	le limon

slime [slaɪm]	la vase
to silt up	s'envaser, s'ensabler
– A lake [leɪk]	un lac
the lakeside	le bord du lac
a pool [puːl]	un étang
a pond [pɒnd]	une mare
a waterfall [ˈwɔːtəfɔːl]	une chute d'eau
a cascade [kæsˈkeɪd]	une cascade
a whirlpool [ˈwɜːlpuːl]	un tourbillon
rapids [ˈræpɪdz]	les rapides
a ford [fɔːd]	un gué
to ford	passer à gué
a dyke [daɪk]	une digue
a ditch [dɪtʃ]	un fossé
– Fresh water	l'eau douce
clear [klɪəʳ]	limpide
fast-flowing [ˌfɑːstˈfləʊɪŋ] swift-flowing [ˌswɪftˈfləʊɪŋ]	rapide
slow [sləʊ]	lent
winding [ˈwaɪndɪŋ]	sinueux
narrow [ˈnærəʊ]	étroit
broad [brɔːd]	large
deep [diːp]	profond
shallow [ˈʃæləʊ]	peu profond
to wind* [waɪnd]	serpenter
meanders [mɪˈændəz]	les méandres
to meander	faire des méandres
to ripple [ˈrɪpl]	se rider
a ripple	une ride, une ondulation

– To flow [fləʊ]	couler
to flow into	se jeter dans
to run* into	
to gush [gʌʃ]	jaillir
to overflow its banks	déborder, sortir de son
to burst* its banks	lit
a rise in the water level	une crue (montée des eaux)
in spate	en crue
a flood [flʌd]	une inondation, une crue
to flood	inonder
flooding ['flʌdɪŋ]	l'inondation
– Navigable ['nævɪgəbl]	navigable
a waterway ['wɔːtəweɪ]	une voie navigable
a canal [kə'næl]	un canal
a lock [lɒk]	une écluse
the lock gates	les portes d'une écluse
the towpath ['təʊpɑːθ]	le chemin de halage
a dam [dæm]	un barrage

a reservoir ['rezəvwɑːʳ]	un réservoir
a dam	
– The Great Lakes	les Grands Lacs
Lake Geneva	le lac Léman, le lac de Genève
Niagara Falls	les chutes du Niagara
Victoria Falls	les chutes de Victoria
the (River) Thames	la Tamise
the Seine [seɪn]	la Seine
the Rhine [raɪn]	le Rhin
the Danube ['dænjuːb]	le Danube
the Tiber ['taɪbəʳ]	le Tibre
the Mississippi (River)	le Mississippi
the Amazon ['æməzən]	l'Amazone
the Nile [naɪl]	le Nil
the Jordan ['dʒɔːdn]	le Jourdain
the Congo River	le Congo
the Ganges ['gændʒiːz]	le Gange

■ 6. THE WEATHER LE TEMPS

– Weather conditions	les conditions météorologiques
meteorology [ˌmiːtɪə'rɒlədʒɪ]	la météorologie
meteorological [ˌmiːtɪərə'lɒdʒɪkəl]	météorologique
the weather forecast	la météo, les prévisions météorologiques
a meteorologist [ˌmiːtɪə'rɒlədʒɪst]	un(e) météorologue
– The barometer [bə'rɒmɪtəʳ]	le baromètre
the barometer is set at fair / is pointing to rain	le baromètre est au beau / à la pluie
atmospheric / barometric pressure	la pression atmosphérique / barométrique
a weathercock ['weðəkɒk]	une girouette
a weathervane ['weðəveɪn]	
the climate ['klaɪmɪt]	le climat
a cold / hot climate	un climat froid / chaud
– Good weather	le beau temps
the weather's fine	il fait beau
it's a nice day	il fait beau aujourd'hui
glorious weather	du très beau temps
sunny ['sʌnɪ]	ensoleillé
bright intervals	des éclaircies

the weather is clearing (up)	le temps se lève
the weather is brightening (up)	le temps s'éclaircit, le temps se dégage
to get* better	s'améliorer
dry [draɪ]	sec
a drought [draʊt]	une sécheresse
– A cloud [klaʊd]	un nuage
a cloud bank	un banc de nuages
cloudy ['klaʊdɪ]	nuageux
to cloud over	se couvrir (ciel)
overcast ['əʊvəkɑːst]	couvert (ciel)
dull [dʌl]	maussade
a grey sky	un ciel gris
grey skies (plur.)	
changeable ['tʃeɪndʒəbl]	variable
unsettled ['ʌn'setld]	instable
it looks like rain / snow	le temps est à la pluie / la neige
to get* worse	empirer
– Rain [reɪn]	la pluie
rainfall (n. c. sing.)	les précipitations
a raindrop	une goutte de pluie
rainwater	l'eau de pluie
a deluge ['deljuːdʒ]	une pluie diluvienne, un déluge

rainy ['reɪnɪ]	pluvieux (temps, journée, région)
wet [wet]	
to rain	pleuvoir
– To drizzle ['drɪzl]	bruiner
drizzle	la bruine
a steady drizzle	une petite pluie fine
a shower ['ʃaʊəʳ]	une averse
scattered showers	des averses intermittentes
a cloudburst ['klaʊdbɜːst]	une grosse averse
a downpour ['daʊnpɔːʳ]	
it's pouring (with rain)	il pleut à torrents
a monsoon [mɒn'suːn]	une mousson
– Sleet [sliːt]	la neige fondue
hail [heɪl]	la grêle
a hailstone	un grêlon
to hail	grêler
fog [fɒg]	le brouillard
foggy ['fɒgɪ]	brumeux
mist [mɪst]	la brume
misty ['mɪstɪ]	brumeux
a haze [heɪz]	une brume
hazy ['heɪzɪ]	brumeux
to lift [lɪft]	se lever (brouillard, brume)
to disperse [dɪs'pɜːs]	se disperser
– Wet [wet]	mouillé
to get* wet	se (faire) mouiller
to get* soaked	se faire tremper
to get* drenched	
to be soaked through	être trempé jusqu'aux os
to dry* [draɪ]	sécher
a rainbow ['reɪnbəʊ]	un arc-en-ciel
– Humid ['hjuːmɪd]	humide (air, climat, chaleur)
humidity [hjuː'mɪdɪtɪ]	l'humidité (de l'air, du climat)
damp [dæmp]	humide (et froid) (cave)
dampness ['dæmpnɪs]	l'humidité (froide)
dew [djuː]	la rosée
– The wind [wɪnd]	le vent
there's a wind blowing	il y a du vent
it's windy	
a high wind	un vent fort
a strong wind	
the prevailing wind	le vent dominant
a gust of wind	un coup de vent
to blow* [bləʊ]	souffler
to gust [gʌst]	souffler en bourrasques

windy ['wɪndɪ]	venteux
windswept	balayé par les vents
a breeze [briːz]	une brise
there was hardly a breath of wind	il n'y avait pas un souffle d'air
to abate [ə'beɪt]	se calmer, tomber
– A storm [stɔːm]	une tempête
a gale [geɪl]	
a tempest ['tempɪst] (soutenu)	
a howling gale	une violente tempête
it's blowing a gale	le vent souffle en tempête
a squall [skwɔːl]	une rafale de vent
a strong gust of wind	
a tornado [tɔː'neɪdəʊ] (plur. tornadoes)	une tornade
a whirlwind ['wɜːlwɪnd]	un tourbillon de vent
a typhoon [taɪ'fuːn]	un typhon
a hurricane ['hʌrɪkən]	un ouragan
to rage [reɪdʒ]	se déchaîner
a landslide ['lænd‚slaɪd]	un glissement de terrain
– A thunderstorm ['θʌndəʳ‚stɔːm]	un orage
thundery ['θʌndərɪ]	orageux
stormy ['stɔːmɪ]	
thunder ['θʌndəʳ]	le tonnerre
a clap of thunder	un coup de tonnerre
to thunder	tonner
lightning ['laɪtnɪŋ]	les éclairs, la foudre
there were flashes of lightning	il y avait des éclairs
the lightning flashed	
lightning has struck	la foudre est tombée
a lightning conductor	un paratonnerre
– Frost [frɒst]	le gel, la gelée
ground frost	la gelée blanche
to freeze* [friːz]	geler
there will be a hard frost	il gèlera dur
it will be a frosty morning	il gèlera le matin
hoarfrost ['hɔː‚frɒst]	le givre
to ice up	(se) givrer
to frost over	
ice [aɪs]	la glace
icy ['aɪsɪ]	glacé, glacial (vent)
black ice	le verglas
a sheet of black ice	une plaque de verglas
icy	verglacé (route)

- **Snow** [snəʊ] — la neige
to snow — neiger
a snowflake — un flocon de neige
a snowfall — une chute de neige
a blanket of snow — une couche de neige
a snowdrift — une congère
an avalanche ['ævəlɑ:nʃ] — une avalanche

snowy ['snəʊɪ] — neigeux (temps)
snow-covered — enneigé, couvert de neige
snowbound — enneigé, bloqué par la neige (route, région)
to melt [melt] — fondre

■ 7. HEAT AND COLD LA CHALEUR ET LE FROID

- **Heat** [hi:t] — la chaleur
to be bothered by the heat — être incommodé par la chaleur
sweltering heat — une chaleur caniculaire
hot [hɒt] — chaud, très chaud
to be hot — avoir très chaud
it's hot — il fait chaud
a blazing hot day — une journée de grand beau temps
a heatwave — une vague de chaleur
it's scorching hot — il fait une chaleur étouffante
I'm boiling hot — j'étouffe
sultry ['sʌltrɪ] — suffocant (chaleur)
close [kləʊs] — lourd (temps)
- **To heat (up)** — faire chauffer, chauffer
it's burning hot — c'est brûlant (objet)
it's boiling hot — c'est brûlant, c'est bouillant (boisson)
it's piping hot — c'est brûlant (nourriture)
- **Warmth** [wɔ:mθ] — la chaleur (douce, agréable)
in the warm — au chaud
warm [wɔ:m] — chaud, assez chaud
to be warm — avoir chaud
to be nice and warm — avoir bien chaud, être bien au chaud
Are you warm enough? — As-tu assez chaud ?
it's warm today — il fait assez chaud aujourd'hui
it's nice and warm today — il fait bon aujourd'hui
- **To warm (up)** — faire chauffer, chauffer
to reheat [,ri:'hi:t] — réchauffer (nourriture)
to heat up again
to warm up again
to warm up — réchauffer (personne)
to get* warmer — se réchauffer (temps, température)
to warm o.s. (up) — se réchauffer (personne)

tepid ['tepɪd] — tiède, pas assez chaud
lukewarm ['lu:kwɔ:m]
- **The temperature** ['temprɪtʃəʳ] — la température
to take* the temperature of sth — prendre la température de qqch.
a thermometer [θə'mɒmɪtəʳ] — un thermomètre
in temperatures of over 30° — par des températures de plus de 30°
below-freezing temperatures — des températures en dessous de zéro
30° centigrade — 30° centigrades
30 °Celsius (abr. C) — 30 °Celsius
90 degrees Fahrenheit (abr. F) — 90 degrés Fahrenheit
it was 30° in the shade — il faisait 30 degrés à l'ombre
to fall* [fɔ:l] — baisser (température)
to rise* [raɪz] — monter (température)
- **Cold** [kəʊld] — froid
it's cold — il fait froid
cool [ku:l] — frais
it's cool — il fait frais
it's nice and cool — c'est bien frais
in the cool of the night — dans la fraîcheur de la nuit
- **To be cold** — avoir froid
to feel* the cold — être frileux
it's icy cold in here — c'est glacial ici
it's freezing cold in here
I'm freezing — je gèle
I'm perished (parlé) — je meurs de froid
it's chilly — il fait très frais
it's nippy (parlé) — il fait frisquet
- **To chill** [tʃɪl] — rafraîchir (vin)
to cool [ku:l] — rafraîchir (boisson)
it's getting cooler — le temps se rafraîchit
it's getting colder
to get* cold — refroidir (nourriture)

REMARQUE En Grande-Bretagne les températures sont encore parfois exprimées en degrés Fahrenheit. Le point de congélation est à 32 °F (0 °C) et le point d'ébullition à 212 °F (100 °C). Pour convertir des degrés Fahrenheit en degrés Celsius, on retranche 32 puis on multiplie le reste par 5 et on divise le tout par 9. Pour convertir des degrés Celsius en degrés Fahrenheit, on multiplie par 9 puis on divise par 5 et on ajoute 32.

■ 8. LIGHT AND DARKNESS LA LUMIÈRE ET L'OBSCURITÉ ───────

– Light [laɪt]	la lumière
a light	une lumière
a light source	une source de lumière
a ray of light	un rayon de lumière
a beam (of light)	
– Daylight ['deɪlaɪt]	le jour, la lumière du jour
in (the) daylight	à la lumière du jour, au grand jour
in broad daylight	en plein jour
sunlight ['sʌnlaɪt]	le soleil, la lumière du soleil
sunlit ['sʌnlɪt]	éclairé par le soleil, ensoleillé
moonlight ['muːnlaɪt]	le clair de lune
moonlit ['muːnlɪt]	éclairé par la lune
– To light* (up)	éclairer (lampe)
there was a light in the window	la fenêtre était éclairée
the window was lit up	
to light* a candle/a lamp	allumer une bougie/une lampe
to illuminate [ɪ'luːmɪneɪt]	illuminer
illumination [ɪˌluːmɪ'neɪʃən]	l'illumination
to lighten ['laɪtn]	éclaircir (teinte)
– Clear [klɪə']	clair (ciel, eau)
bright [braɪt]	clair, lumineux (pièce)
light [laɪt]	
bright	vif (flamme, lumière)
brightness ['braɪtnɪs]	la clarté (d'une pièce, d'une flamme)
– To shine* [ʃaɪn]	briller
shining ['ʃaɪnɪŋ]	brillant
brilliance ['brɪljəns]	l'éclat
brilliant ['brɪljənt]	éclatant
to dazzle ['dæzl]	éblouir
dazzling ['dæzlɪŋ]	éblouissant

– A glow [gləʊ]	une lueur
a gleam [gliːm]	
to glow	luire
to gleam	
glowing ['gləʊɪŋ]	luisant
gleaming ['gliːmɪŋ]	
a glimmer ['glɪmə']	une faible lueur
to glimmer	luire faiblement
– To twinkle ['twɪŋkl]	scintiller
a twinkle	un scintillement
to shimmer ['ʃɪmə']	miroiter
a shimmer (of light)	un miroitement
to sparkle ['spɑːkl]	étinceler
a sparkle	une étincelle
fluorescent [fluə'resnt]	fluorescent
fluorescence [fluə'resns]	fluorescence
to flash [flæʃ]	clignoter
– Faint [feɪnt]	faible, pâle (lumière)
dim [dɪm]	
dull [dʌl]	sans éclat (lumière)
shadow ['ʃædəʊ]	l'ombre (d'une personne, d'un objet)
shade [ʃeɪd]	l'ombre, l'ombrage
in the shade	à l'ombre
shady ['ʃeɪdɪ]	ombragé
– Dark [dɑːk]	sombre
in the dark	dans le noir
before/after dark	avant/après la tombée de la nuit
it's pitch-dark	il fait nuit noire
dark	obscur
darkness ['dɑːknɪs]	l'obscurité
obscurity [əb'skjʊərɪtɪ]	
to darken ['dɑːkən]	assombrir, s'assombrir
dark	ténébreux
gloomy ['gluːmɪ]	
darkness (n. c. sing.)	les ténèbres
gloom [gluːm] (n. c. sing.)	

■ 9. COLOURS LES COULEURS

BR a colour [ˈkʌləʳ] AM a color	une couleur
the primary colours	les couleurs fondamentales
the spectrum [ˈspektrəm] (plur. spectra)	le spectre
What colour is it?	De quelle couleur est-ce ?
coloured [ˈkʌləd]	coloré (en général)
colourful [ˈkʌləfʊl]	coloré (joliment, vivement)
multicoloured [ˈmʌltɪˌkʌləd]	multicolore
a splash of colour	une tache de couleur

– White [waɪt]	blanc
to whiten [ˈwaɪtn]	blanchir (tissu)
to turn white	blanchir (cheveux)
BR to go* grey AM to go* gray	
BR grey [greɪ] AM gray	gris
black [blæk]	noir
to blacken [ˈblækən]	noircir (fumée, couleur)
to darken [ˈdɑːkən]	noircir (peinture, cire)

– Blue [bluː]	bleu
to turn blue	bleuir
green [griːn]	vert
to turn green	verdir
yellow [ˈjeləʊ]	jaune
to turn yellow	jaunir
brown [braʊn]	marron
dark brown	brun
to go* darker	brunir (cheveux)
to get* a tan	brunir (peau, personne)

– Red [red]	rouge
to redden [ˈredn] to turn red	rougir (fruit, légume)
to blush [blʌʃ] to go* red	rougir (de honte, par gêne)
pink [pɪŋk]	rose
to go* pink	rosir (visage)
to grow* pink to turn pink	rosir (ciel)

– Snow-white	blanc comme neige
crimson [ˈkrɪmzn]	cramoisi
scarlet [ˈskɑːlɪt]	écarlate
purple [ˈpɜːpl]	violet, pourpre
violet [ˈvaɪəlɪt]	

mauve [məʊv]	mauve
jet/inky black black as jet/ink	noir comme du jais/de l'encre
indigo [ˈɪndɪgəʊ]	indigo
orange [ˈɒrɪndʒ]	orange
maroon [məˈruːn]	bordeaux
ochre [ˈəʊkəʳ]	ocre

– Olive(-green)	vert olive
russet [ˈrʌsɪt] reddish-brown	roux (feuilles, pelage)
ginger [ˈdʒɪndʒəʳ]	roux (orangé) (cheveux)
red [red] auburn [ˈɔːbən]	roux (foncé) (cheveux)
turquoise [ˈtɜːkwɔɪz]	turquoise
silver(y) [ˈsɪlvər(ɪ)]	argenté
gold(en) [ˈgəʊld(ən)]	doré
copper(y) [ˈkɒpər(ɪ)]	cuivré
bronze [brɒnz]	bronze

– Light yellow/grey	jaune/gris clair
pale yellow/grey	jaune/gris pâle
dark green/red	vert/rouge foncé
deep [diːp]	intense
bright [braɪt] vivid [ˈvɪvɪd]	vif
strong [strɒŋ]	soutenu
dull [dʌl]	terne
plain [pleɪn]	uni
colourless [ˈkʌləlɪs]	incolore

– Gaudy [ˈgɔːdɪ] garish [ˈgɛərɪʃ] loud [laʊd]	voyant, criard
drab [dræb]	fade
speckled [ˈspekld]	tacheté
to match sth	être assorti à qqch.
to go* with	s'assortir avec
to clash with [klæʃ]	jurer avec

– To colour [ˈkʌləʳ]	colorer
colouring [ˈkʌlərɪŋ] (n. c.)	le coloris, la coloration
a shade [ʃeɪd]	un ton
a tint [tɪnt]	une teinte
a hue [hjuː] (soutenu)	
to tint	teinter
pigment [ˈpɪgmənt]	le pigment
to dye [daɪ]	teindre
a dye	une teinture, un colorant

– To run* [rʌn]	déteindre	bleach [bliːtʃ]	l'eau de Javel
to fade [feɪd]	passer	to bleach	décolorer
faded ['feɪdɪd]	passé, délavé		

REMARQUES
1. L'orthographe américaine color s'applique à tous les emplois de colour et de ses dérivés dans cette section.
2. Le suffixe -âtre français a comme équivalent -ish en anglais ; ex. : verdâtre = greenish ; jaunâtre = yellowish.

■ 10. ECOLOGY AND POLLUTION L'ÉCOLOGIE ET LA POLLUTION _____

– The environment [ɪn'vaɪərənmənt]	l'environnement
environmental [ɪnˌvaɪərən'mentl]	lié à l'environnement, environnemental
the ecosystem ['iːkəʊˌsɪstəm]	l'écosystème
an ecologist [ɪ'kɒlədʒɪst]	un(e) écologiste
ecological [ˌiːkə'lɒdʒɪkəl]	écologique
an environmentalist [ɪnˌvaɪərən'mentəlɪst]	un(e) environnementaliste
conservation [ˌkɒnsə'veɪʃən]	la défense de l'environnement
a conservationist [ˌkɒnsə'veɪʃənɪst]	un(e) défenseur (-euse) de l'environnement
to conserve sth to preserve sth	préserver qqch.
to protect against [prə'tekt]	protéger contre
a clean-up campaign	une campagne de propreté
– To survive [sə'vaɪv]	survivre
survival [sə'vaɪvəl]	la survie
to be threatened with	être menacé de
extinction [ɪks'tɪŋkʃən]	la disparition (d'une espèce)
extinct [ɪks'tɪŋkt]	disparu
an endangered species	une espèce en voie de disparition
– To pollute [pə'luːt]	polluer
air / water pollution	la pollution de l'air / de l'eau
marine pollution	la pollution de la mer
polluting [pə'luːtɪŋ]	polluant
a pollutant [pə'luːtənt]	un(e) pollueur (-euse)
to contaminate [kən'tæmɪneɪt]	contaminer
contamination [kənˌtæmɪ'neɪʃən]	la contamination
to poison ['pɔɪzn]	empoisonner
to leak [liːk]	fuir

a leak	une fuite
toxic ['tɒksɪk]	toxique
a poison cloud	un nuage toxique
– A sewer ['sjʊə']	un égout
sewerage ['sjʊərɪdʒ]	le système d'égouts
sewage ['sjuːɪdʒ] (n. c. sing.)	les eaux d'égout
a sewage outfall	un déversoir d'égout
noise pollution	les nuisances sonores
decibels ['desɪbelz]	les décibels
the threshold of tolerance	le seuil de tolérance
– Climate change	le changement climatique
global warming	le réchauffement de la planète
the greenhouse effect	l'effet de serre
the ozone layer	la couche d'ozone
"ozone friendly"	« préserve la couche d'ozone »
factory smoke (n. c. sing.)	les fumées industrielles
an insecticide [ɪn'sektɪsaɪd]	un insecticide
a pesticide ['pestɪsaɪd]	un pesticide
genetically modified (GM) crops	les cultures génétiquement modifiées
genetically modified organisms (GMOs)	les organismes génétiquement modifiés, les OGM
GM-free	sans OGM
an aerosol ['ɛərəsɒl]	un aérosol
CFCs [siː'ef'siːz] (abr. de chloroflurocarbons)	les CFCs
crop-spraying	la pulvérisation des cultures
acid rain (n. c. sing.)	les pluies acides
an oil slick	une nappe de pétrole,
an oil spill	une marée noire
radioactivity [ˌreɪdɪəʊæk'tɪvɪtɪ]	la radioactivité

radioactive fallout (sing.) | les retombées radioactives

the Kyoto protocol | le protocole de Kyoto

Earth Day | la Journée de la Terre

sustainable development | le développement durable

- To waste [weɪst] | gaspiller

wastage ['weɪstɪdʒ] | le gaspillage

litter ['lɪtə] (n. c. sing.) | les détritus

refuse [rɪ'fjuːz] (n. c. sing.) BR rubbish ['rʌbɪʃ] (n. c. sing.) | les ordures

household refuse (n. c. sing.) | les ordures ménagères

BR a rubbish tip BR a rubbish dump AM a garbage dump | une décharge

waste (n. c. sing.) | les déchets

to dump waste / rubbish | déposer des déchets / des ordures

toxic / industrial / radioactive waste | les déchets toxiques / industriels / radioactifs

waste disposal | le traitement des déchets

a waste collection centre a waste collection site | une déchetterie, un centre de traitement des déchets

a bottle bank | un container pour verre usagé

to recycle [ˌriː'saɪkl] | recycler

sorting household waste | le tri sélectif

glass / paper / waste recycling | le recyclage du verre / des vieux papiers / des déchets

biodegradable ['baɪəʊdɪ'greɪdəbl] | biodégradable

biofuel ['baɪəʊfjʊəl] | le combustible organique

30 SCIENCE AND TECHNOLOGY
LA SCIENCE ET LA TECHNOLOGIE

■ 1. THE SCIENCES LES SCIENCES

- **A science** ['saɪəns] — une science
the experimental sciences — les sciences expérimentales
natural sciences — les sciences naturelles
the physical sciences — les sciences physiques
applied sciences — les sciences appliquées
the social sciences — les sciences humaines
scientific [ˌsaɪən'tɪfɪk] — scientifique
a scientist ['saɪəntɪst] — un(e) scientifique, un savant

- **Research** [rɪ'sɜːtʃ] — la recherche
basic research — la recherche fondamentale
a researcher [rɪ'sɜːtʃəʳ] — un(e) chercheur (-euse)
theory ['θɪərɪ] — la théorie
theoretical [θɪə'retɪkəl] — théorique
practice ['præktɪs] — la pratique
practical ['præktɪkəl] — pratique
an invention [ɪn'venʃən] — une invention
a discovery [dɪs'kʌvərɪ] — une découverte
a technician [tek'nɪʃən] — un(e) technicien(ne)

- **Physics** (sing.) — la physique
nuclear physics (sing.) — la physique nucléaire
a physicist ['fɪzɪsɪst] — un(e) physicien(ne)
astronomy [əs'trɒnəmɪ] — l'astronomie
astrophysics ['æstrəʊ'fɪzɪks] (sing.) — l'astrophysique
an astrophysicist [ˌæstrəʊ'fɪzɪsɪst] — un(e) astrophysicien(ne)
mathematics [ˌmæθə'mætɪks] (sing.) — les mathématiques
a mathematician [ˌmæθəmə'tɪʃən] — un(e) mathématicien(ne)

- **Medicine** ['medsn] — la médecine
medical ['medɪkəl] — médical
biology [baɪ'ɒlədʒɪ] — la biologie
microbiology [ˌmaɪkrəʊbaɪ'ɒlədʒɪ] — la microbiologie
biological [ˌbaɪə'lɒdʒɪkəl] — biologique
a biologist [baɪ'ɒlədʒɪst] — un(e) biologiste
physiology [ˌfɪzɪ'ɒlədʒɪ] — la physiologie

physiological ['fɪzɪə'lɒdʒɪkəl] — physiologique
a physiologist [ˌfɪzɪ'ɒlədʒɪst] — un(e) physiologiste
anatomy [ə'nætəmɪ] — l'anatomie
anatomical [ˌænə'tɒmɪkəl] — anatomique
an anatomist [ə'nætəmɪst] — un(e) anatomiste

- **Anthropology** [ˌænθrə'pɒlədʒɪ] — l'anthropologie
anthropological [ˌænθrəpə'lɒdʒɪkəl] — anthropologique
an anthropologist [ˌænθrə'pɒlədʒɪst] — un(e) anthropologue
botany ['bɒtənɪ] — la botanique
botanical [bə'tænɪkəl] — botanique
a botanist ['bɒtənɪst] — un(e) botaniste
zoology [zəʊ'ɒlədʒɪ] — la zoologie
zoological [ˌzəʊə'lɒdʒɪkəl] — zoologique
a zoologist [zəʊ'ɒlədʒɪst] — un(e) zoologue

- **Psychology** [saɪ'kɒlədʒɪ] — la psychologie
psychological [ˌsaɪkə'lɒdʒɪkəl] — psychologique
a psychologist [saɪ'kɒlədʒɪst] — un(e) psychologue
psychiatry [saɪ'kaɪətrɪ] — la psychiatrie
psychiatric [ˌsaɪkɪ'ætrɪk] — psychiatrique
a psychiatrist [saɪ'kaɪətrɪst] — un(e) psychiatre

- **Sociology** [ˌsəʊsɪ'ɒlədʒɪ] — la sociologie
sociological [ˌsəʊsɪə'lɒdʒɪkəl] — sociologique
a sociologist [ˌsəʊsɪ'ɒlədʒɪst] — un(e) sociologue
economics [ˌiːkə'nɒmɪks] (sing.) — les sciences économiques, l'économie
an economist [ɪ'kɒnəmɪst] — un(e) économiste
statistics [stə'tɪstɪks] (sing.) — la statistique
statistical [stə'tɪstɪkəl] — statistique
a statistician [ˌstætɪs'tɪʃən] — un(e) statisticien(ne)

■ 2. ELECTRICITY L'ÉLECTRICITÉ

- **Electric** [ɪ'lektrɪk] — électrique (fonctionnant à l'électricité)

  electrical [ɪ'lektrɪkəl] — électrique (propre à l'électricité)

  to conduct electricity — être conducteur d'électricité

  a good/bad conductor — un bon/mauvais conducteur

  conductivity [ˌkɒndʌk'tɪvɪtɪ] — la conductivité

- **The voltage** ['vəʊltɪdʒ] — le voltage, la tension

  live [lɪv] — sous-tension

  a volt [vəʊlt] — un volt

  polarity [pəʊ'lærɪtɪ] — la polarité

  positive ['pɒzɪtɪv] — positif

  negative ['negətɪv] — négatif

  the load [ləʊd] — la charge

  the charge [tʃɑ:dʒ]

- **A watt** [wɒt] — un watt

  a 550-watt motor — un moteur de 550 watts

  an amp(ere) ['æmp(εəʳ)] — un ampère

  a 5-amp fuse — un fusible de 5 ampères

  resistance [rɪ'zɪstəns] — la résistance

  an ohm [əʊm] — un ohm

- **A power station** — une centrale (électrique)

  to generate ['dʒenəreɪt] — produire

- **a generator** ['dʒenəreɪtəʳ] — un groupe électrogène

  a dynamo ['daɪnəməʊ] — une dynamo

  a transformer [træns'fɔ:məʳ] — un transformateur

  a pylon ['paɪlən] — un pylône

  a power line — une ligne à haute tension

  a high-tension line

  the current ['kʌrənt] — le courant

  direct current — le courant continu

  alternating current — le courant alternatif

  the (power) grid — le réseau électrique

- **A battery** ['bætərɪ] — une pile, une batterie

  to charge [tʃɑ:dʒ] — se (re)charger (batterie)

  to put* a battery on charge — charger une batterie

  to charge a battery

  to discharge [dɪs'tʃɑ:dʒ] — se décharger

  the battery is flat — la batterie est à plat

- **A coil** [kɔɪl] — une bobine

  a cell [sel] — une cellule

  an anode ['ænəʊd] — une anode

  a cathode ['kæθəʊd] — une cathode

  an electrode [ɪ'lektrəʊd] — une électrode

  a circuit ['sɜ:kɪt] — un circuit

  a cable ['keɪbl] — un câble

■ 3. COMPUTERS AND ELECTRONICS L'INFORMATIQUE ET L'ÉLECTRONIQUE

- **A computer** [kəm'pju:təʳ] — un ordinateur

  computing [kəm'pju:tɪŋ] — l'informatique

  computer science

  IT [aɪ'ti:]

  a computer scientist — un(e) informaticien(ne) (dans un laboratoire)

  an IT person — un(e) informaticien(ne) (dans une entreprise)

  I work in computers — je suis informaticien(ne)

  to computerize [kəm'pju:təraɪz] — informatiser

  computerization [kəmˌpju:təraɪ'zeɪʃən] — l'informatisation

- **Hardware** ['hɑ:dwεəʳ] — le matériel, le hardware

  a multi-user system — une configuration multi-poste

  an interface ['ɪntəfeɪs] — une interface

  a peripheral [pə'rɪfərəl] — un périphérique

  a terminal ['tɜ:mɪnl] — un terminal

- **the mainframe** ['meɪnfreɪm] — l'unité centrale

  a server ['sɜ:vəʳ] — un serveur

- **The memory** ['memərɪ] — la mémoire

  random access memory (abr. RAM) — la mémoire vive

  a bit [bɪt] — un bit

  a byte [baɪt] — un octet

  a megabyte ['megəˌbaɪt] — un mégaoctet

  a gigabyte ['dʒɪgəbaɪt] — un gigaoctet

- **A chip** [tʃɪp] — une puce

  a memory chip — une puce à mémoire

  a microchip ['maɪkrəʊˌtʃɪp] — une puce électronique

  a microprocessor [ˌmaɪkrəʊ'prəʊsesəʳ] — un microprocesseur

  compatible [kəm'pætɪbl] — compatible

  compatibility [kəmˌpætə'bɪlɪtɪ] — la compatibilité

− A desk-top computer — un ordinateur de bureau
a laptop computer — un ordinateur portable
a micro(computer) — un micro-ordinateur
['maɪkrəʊ(kəm'pjuːtə')]
a home computer — un ordinateur personnel,
a personal computer — un PC
a PC [piː'siː]
a disk [dɪsk] — un disque
a hard disk — un disque dur
a memory card — une carte mémoire
a memory stick — une clé USB
a disk drive — un lecteur de disquettes
to format ['fɔːmæt] — formater

− The screen [skriːn] — l'écran
a touch screen — un écran tactile
the cursor ['kɜːsə'] — le curseur
the keyboard ['kiːbɔːd] — le clavier
a key [kiː] — une touche
a function key — une touche de fonction
a mouse [maʊs] — une souris
(plur. mice)
a wheel mouse — une souris à roulette
to click on sth — cliquer sur qqch
to left/right-click — cliquer avec le bouton gauche/droite
the printer ['prɪntə'] — l'imprimante
a laser/inkjet printer — une imprimante (à) laser/à jet d'encre
a CD burner — un graveur de CD
to burn a CD — graver un CD
a screensaver — un économiseur d'écran
['skriːnseɪvə']

− Data[1] ['deɪtə] — les données
data-processing — le traitement de données
a database ['deɪtəbeɪs] — une base de données
an expert system — un système expert
binary ['baɪnərɪ] — binaire
an algorithm — un algorithme
['ælgə,rɪðəm]
a computer language — un langage de program-
a programming — mation
language
a machine language — le langage machine

> REMARQUE **1** : **data** est généralement suivi d'un verbe au singulier

− Software ['sɒftwɛə'] (n. c.) — les logiciels
a piece of software — un logiciel
a (software) package — une suite de logiciels

a spreadsheet — un tableur
(program)
a plug-in ['plʌgɪn] — un plug-in, un greffon
a systems analyst — un analyste-programmeur
freeware ['friːweə'] — les logiciels libres
shareware ['ʃeəweə'] — les logiciels contributifs

− A program ['prəʊgræm] — un programme
to write* a program — écrire un programme
to program — programmer
a programmer — un(e) programmeur
['prəʊgræmə'] — (-euse)
a keyboarder ['kiːbɔːdə'] — un(e) claviste
a keyboard operator
a password ['paːswɜːd] — un mot de passe

− A file [faɪl] — un fichier
a directory [də'rektərɪ] — un répertoire
to open/close/move/ — ouvrir/fermer/
rename a file — déplacer/renommer un fichier
a file extension — une extension de fichier
to sort [sɔːt] — trier
to delete [dɪ'liːt] — effacer
to erase [ɪ'reɪz]
to copy and paste — faire du copier-coller
an error message — un message d'erreur

− A menu ['menjʊː] — un menu
a menu bar — une barre de menus
the toolbar ['tʊːlbaː'] — la barre des outils
a scrollbar ['skrəʊlbaː'] — une barre de défilement
a virus ['vaɪərəs] — un virus
a bug [bʌg] — un bogue
to debug [diː'bʌg] — déboguer
a hacker ['hækə'] — un pirate informatique
a geek [giːk] (parlé) — un mordu d'informatique
to hack into a system — pirater un système
the system is down — il y a une panne de système

− Electronics [ɪlek'trɒnɪks] — l'électronique
(sing.)
electronic [ɪlek'trɒnɪk] — électronique
magnetic [mæg'netɪk] — magnétique
a magnet ['mægnɪt] — un aimant
radar ['reɪdaː'] — le radar
a laser ['leɪzə'] — un laser
a laser beam — un rayon laser

225

■ 4. THE INTERNET L'INTERNET

- **The (World Wide) Web** — la Toile
  - a website ['websaɪt] — un site web
  - "lerobert dot com" — " lerobert point com "
  - a mirror site — un site miroir
  - a network ['netwɜ:k] — un réseau
  - a portal ['pɔ:təl] — un portail
  - a webcam ['webkæm] — une webcam
  - a service provider — un fournisseur d'accès
  - a URL [ˌjuːɑ:'rel] — un URL
  - to have broadband — avoir une connexion à haut débit

- **A search engine** — un moteur de recherche
  - a browser ['braʊzə'] — un navigateur
  - a homepage ['həʊmpeɪdʒ] — une page d'accueil
  - a link [lɪŋk] — un lien
  - a bookmark ['bʊkmɑ:k] — un signet
  - to bookmark a page — ajouter une page aux signets

- a blog [blɒg] — un blog
- to publish a blog — publier un blog
- a firewall ['faɪəwɑ:l] — un pare-feu

- **A Web user** — un(e) internaute
  - to log on — se connecter
  - to log off — se déconnecter
  - to be on line — être en ligne
  - to start a search — lancer une recherche
  - a keyword ['kiːwɜ:d] — un mot-clé
  - to surf the Net — surfer sur le Net
  - a domain name — un nom de domaine
  - a forward slash — une barre oblique
  - to download ['daʊnləʊd] — télécharger
  - to upload ['ʌpləʊd] — télécharger (vers un serveur)
  - downloadable [daʊn'ləʊdəbl] — téléchargeable

■ 5. ASTRONAUTICS L'ASTRONAUTIQUE

- **Space travel** — les voyages dans l'espace
  - the aerospace industry — l'industrie aérospatiale
  - an astronaut ['æstrənɔ:t] — un(e) astronaute
  - a cosmonaut ['kɒzmənɔ:t] — un(e) cosmonaute
  - a space suit — une combinaison spatiale

- **A spaceship** ['speɪsʃɪp] — un vaisseau spatial
  - a spacecraft ['speɪskrɑ:ft]
  - a manned / an un-manned spacecraft — un engin habité / inhabité
  - a rocket ['rɒkɪt] — une fusée
  - the first / second stage of the rocket — le premier / deuxième étage de la fusée
  - retrorockets ['retrəʊˌrɒkɪts] — les rétrofusées
  - a space station — une station spatiale
  - a space platform
  - a skylab ['skaɪlæb] — un laboratoire spatial
  - a space laboratory
  - a space probe — une sonde spatiale
  - a space shuttle — une navette spatiale
  - a capsule ['kæpsjuːl] — une capsule
  - a lunar vehicle — un véhicule lunaire
  - weightlessness ['weɪtlɪsnɪs] — l'apesanteur

- weightless ['weɪtlɪs] — en état d'apesanteur (personne, objet)
- space sickness — le mal de l'espace

- **To launch** [lɔ:nʃ] — lancer
  - a launch — un lancement
  - a launch(ing) pad — une rampe de lancement
  - a countdown ['kaʊntˌdaʊn] — un compte à rebours
  - to lift off — décoller (fusée)
  - lift-off — le décollage
  - an orbit ['ɔ:bɪt] — une orbite
  - in orbit round — en orbite autour de
  - a space flight — un vol spatial

- **Re-entry** [ˌri:'entrɪ] — la rentrée dans l'atmosphère (d'un vaisseau spatial)
  - a touchdown ['tʌtʃˌdaʊn] — un atterrissage
  - to touch down — atterrir, toucher le sol
  - a splashdown ['splæʃˌdaʊn] — un amerrissage
  - to splash down — amerrir
  - a moon landing — un alunissage
  - to land on the moon — alunir
  - to dock [dɒk] — s'arrimer

to spacewalk ['speɪswɔːk]	marcher dans l'espace	a communications satellite	un satellite de télécommunications
– **A** satellite ['sætəlaɪt]	un satellite	satellite transmission	la transmission par satellite
a weather satellite	un satellite météorologique	remote-controlled	télécommandé

■ 6. MECHANICS LA MÉCANIQUE

– **Mechanical** [mɪˈkænɪkəl]	mécanique		a hoist [hɔɪst]	un palan
to mechanize ['mekənaɪz]	mécaniser		to hoist sth (up)	hisser qqch.
mechanized ['mekənaɪzd]	mécanisé		a pump [pʌmp]	une pompe
a mechanism ['mekənɪzəm]	un mécanisme		to pump	pomper
a mechanic [mɪˈkænɪk]	un(e) mécanicien(ne)		– **A** dial ['daɪəl]	un cadran
an engineer [ˌendʒɪˈnɪəʳ]	un ingénieur		an indicator ['ɪndɪkeɪtəʳ]	un indicateur
engineering [ˌendʒɪˈnɪərɪŋ]	l'ingénierie		to indicate ['ɪndɪkeɪt] to show* [ʃəʊ] to read* [riːd]	indiquer (instrument)
– **Automatic** [ˌɔːtəˈmætɪk]	automatique		a gauge [geɪdʒ]	une jauge
automatically [ˌɔːtəˈmætɪkəlɪ]	automatiquement		a turbine ['tɜːbaɪn]	une turbine
automation [ˌɔːtəˈmeɪʃən]	l'automatisation, la robotisation		a piston ['pɪstən]	un piston
a robot ['rəʊbɒt]	un robot		a knob [nɒb]	un bouton
fully automated	complètement robotisé		a cog (wheel)	une roue dentée
robotics [rəʊˈbɒtɪks] (sing.)	la robotique		a ball bearing	un roulement à billes
– **Equipment** [ɪˈkwɪpmənt] (n. c.)	le matériel		a lever ['liːvəʳ]	un levier
gear [gɪəʳ] (n. c.)			to lever sth up	faire levier sur qqch.
an instrument ['ɪnstrumənt]	un instrument		a pulley ['pʊlɪ]	une poulie
an appliance [əˈplaɪəns]	un appareil		– **To function** ['fʌŋkʃən] to work [wɜːk] to go* [gəʊ]	fonctionner, marcher
an apparatus [ˌæpəˈreɪtəs] (plur. apparatus, apparatuses)			to run* smoothly	bien marcher
a machine [məˈʃiːn]	une machine		in working order	en état de marche
a machine tool	une machine-outil		operational [ˌɒpəˈreɪʃənl]	opérationnel
the machinery [məˈʃiːnərɪ]	la machinerie		in operation	en service
the plant [plɑːnt]			– **To start up a machine**	faire démarrer une machine
a device [dɪˈvaɪs]	un dispositif		to work a machine	faire marcher une machine
an engine ['endʒɪn]	un moteur (en général)		to run* an engine	faire tourner un moteur
a motor ['məʊtəʳ]	un moteur (de petits appareils)		to operate sth	faire fonctionner qqch.
			the controls [kənˈtrəʊlz]	les commandes
			the control panel	le pupitre de commandes
– **To machine** [məˈʃiːn]	usiner		to adjust [əˈdʒʌst]	régler
a lathe [leɪð]	un tour		– **Out of order**	en panne
a milling machine	une fraiseuse		to break* down	tomber en panne
			spare parts	les pièces de rechange
			spares [spɛəz]	

| a repair [rɪ'pɛəʳ] | une réparation | an oilcan ['ɔɪlkæn] | une burette de graissage |
| to repair [rɪ'pɛəʳ] | réparer | to oil a machine | graisser une machine, lubrifier une machine |

■ 7. CHEMISTRY   LA CHIMIE

– Chemical ['kemɪkəl]	chimique
a chemical	un produit chimique
a chemist ['kemɪst]	un(e) chimiste
a lab assistant	un(e) laborantin(e)
biochemistry ['baɪəʊ'kemɪstrɪ]	la biochimie
biochemical ['baɪəʊ'kemɪkəl]	biochimique
a biochemist ['baɪəʊ'kemɪst]	un(e) biochimiste
pharmacology [,fɑːmə'kɒlədʒɪ]	la pharmacologie
pharmacy ['fɑːməsɪ]	la pharmacie
pharmaceutical [,fɑːmə'sjuːtɪkəl]	pharmaceutique
a pharmaceutical assistant	un(e) préparateur (-trice) (de laboratoire)

– An element ['elɪmənt]	un élément
mass [mæs]	la masse
the atomic weight	le poids atomique
volume ['vɒljuːm]	le volume
a concentrate ['kɒnsəntreɪt]	un concentré
an acid ['æsɪd]	un acide
acid	acide
a base [beɪs]	une base
basic ['beɪsɪk]	basique
an alkali ['ælkəlaɪ]	un alcali
alkaline ['ælkəlaɪn]	alcalin
a crystal ['krɪstl]	un cristal
crystalline ['krɪstəlaɪn]	cristallin

– Oxide ['ɒksaɪd]	l'oxyde
chlorine ['klɔːriːn]	le chlore
hydrochloric acid	l'acide chlorhydrique
carbon ['kɑːbən]	le carbone
nitrate ['naɪtreɪt]	le nitrate
nitric ['naɪtrɪk]	nitrique
phosphorus ['fɒsfərəs]	le phosphore
BR sulphur ['sʌlfəʳ] AM sulfur	le soufre
BR sulphuric acid AM sulfuric acid	l'acide sulfurique
ammonia [ə'məʊnɪə]	l'ammoniaque

– A laboratory [lə'bɒrətərɪ]	un laboratoire
a lab [læb] (parlé)	un labo
a test tube	une éprouvette, un tube à essai
a burette [bjʊə'ret]	une éprouvette graduée
a beaker ['biːkəʳ]	un vase à bec
a retort [rɪ'tɔːt]	une cornue
a flask [flɑːsk]	un ballon
a tripod ['traɪpɒd]	un trépied
a pipette [pɪ'pet]	une pipette
a funnel ['fʌnl]	un entonnoir
a crucible ['kruːsɪbl]	un creuset
a mortar ['mɔːtəʳ]	un mortier
a pestle ['pesl]	un pilon
a Bunsen burner	un bec Bunsen
a centrifuge ['sentrɪfjuːʒ]	une centrifugeuse
a still [stɪl]	un alambic

– An experiment [ɪks'perɪmənt]	une expérience[1]
to (carry out an) experiment on	faire une expérience sur
experimental [ɪks,perɪ'mentl]	expérimental
experimentation [ɪks,perɪmen'teɪʃən]	l'expérimentation
an analysis [ə'næləsɪs] (plur. analyses)	une analyse
to analyze ['ænəlaɪz]	analyser
a test [test]	une analyse, un test

ATTENTION FAUX AMI 1 : an experience = une expérience professionnelle ou humaine

– A formula ['fɔːmjʊlə] (plur. formulae, formulas)	une formule
a catalyst ['kætəlɪst]	un catalyseur
a solution [sə'luːʃən]	une solution
a precipitate [prɪ'sɪpɪteɪt]	un précipité
litmus paper	le papier de tournesol
a reaction [riː'ækʃən]	une réaction
to react with sth	réagir à qqch.
– A synthesis ['sɪnθəsɪs] (plur. syntheses)	une synthèse
to synthesize sth	synthétiser qqch.
to purify ['pjʊərɪfaɪ]	purifier
to oxidize ['ɒksɪdaɪz]	s'oxyder

■ 8. SYNTHETIC SUBSTANCES LES SUBSTANCES SYNTHÉTIQUES _____

- **Synthetic** [sɪn'θetɪk]   synthétique
  man-made fibres   les fibres synthétiques
  artificial [ˌɑːtɪ'fɪʃəl]   artificiel
  plastic ['plæstɪk]   le plastique
  nylon ['naɪlɒn]   le nylon
  acrylic [ə'krɪlɪk]   l'acrylique
  resin ['rezɪn]   la résine

- **Polyester** [ˌpɒlɪ'estəʳ]   le polyester
  PVC [ˌpiːviː'siː]   le PVC
  melamine ['meləmiːn]   la mélamine
  polystyrene [ˌpɒlɪ'staɪriːn]   le polystyrène
  expanded polystyrene   le polystyrène expansé

  polyurethane   le polyuréthane
  [ˌpɒlɪ'jʊərɪθeɪn]
  vinyl ['vaɪnɪl]   le vinyle
  Teflon® ['teflɒn]   le téflon®
  Formica® [fɔː'maɪkə]   le formica®

- **Cellophane®** ['seləfeɪn]   la cellophane®
  rayon ['reɪɒn]   la rayonne
  artificial silk   la soie artificielle
  imitation leather   le similicuir
  BR **perspex®** ['pɜːspeks]   le plexiglas®
  AM **Plexiglass®**
  ['pleksɪglɑːs]

> REMARQUE Tous les noms de substances ci-dessus peuvent s'employer comme
> adjectifs ; ex. : un sac en plastique = a plastic bag, un plan de travail en formica =
> a Formica worktop.

31 PROCESSES
LES PROCESSUS

■ 1. DOING THINGS AGIR

To do* sth	faire qqch
the act of doing sth	l'acte de faire qqch
to be caught in the act	être pris en flagrant délit
an act of cruelty	un acte de cruauté
to act on sb's behalf	agir au nom de qqn
action	l'action
We must act now	Il faut agir sans attendre
We must take action now	
Active ['æktɪv]	actif
to be active in a movement / an association	prendre une part active dans un mouvement / une association
an activity [æk'tɪvɪtɪ]	une activité
a task [tɑːsk]	une tâche
to set* sb a task	confier une tâche à qqn
to give* sb a task	
To try sth / to do sth [traɪ]	essayer qqch. / de faire qqch.
to make* an effort to do sth	faire un effort pour faire qqch.
to attempt sth / to do sth	tenter qqch. / de faire qqch.
an attempt	une tentative
at the first attempt	du premier coup, à la première tentative
BR to endeavour to do sth	s'efforcer de faire qqch.
AM to endeavor to do sth	
to strive* to do sth	s'évertuer à faire qqch.
to do* one's utmost to do sth	
to do* one's best to do sth	faire tout son possible pour faire qqch.
To take* steps to do sth	prendre des mesures pour faire qqch.
to get* things moving (parlé)	faire avancer les choses
an initiative [ɪ'nɪʃətɪv]	une initiative
to take* the initiative of doing sth	prendre l'initiative de faire qqch.

to undertake* to do sth [ˌʌndə'teɪk]	entreprendre de faire qqch.
an undertaking [ˌʌndə'teɪkɪn]	une entreprise
to tackle sth	s'attaquer à qqch.
an objective [əb'dʒektɪv]	un objectif
an aim [eɪm]	
to set* out to do sth	se donner pour objectif de faire qqch.
to carry out a plan	mettre un projet en oeuvre
BR to practise sth	pratiquer qqch.
AM to practice sth	
a practice ['præktɪs]	une pratique
to put* sth into practice	mettre qqch. en pratique
a method ['meθəd]	un procédé, une méthode
potential [pə'tenʃəl]	potentiel
to have a lot of potential	avoir un grand potentiel
To cooperate with sb on sth [kəʊ'ɒpəreɪt]	coopérer avec qqn à qqch.
cooperation [kəʊˌɒpə'reɪʃən]	la coopération
to collaborate with sb on sth [kə'læbəreɪt]	collaborer avec qqn à qqch.
to cope with [kəʊp]	se débrouiller avec (situation, problème)
to cope by o.s.	se débrouiller tout seul
to accomplish sth	accomplir qqch., réaliser qqch.
to achieve sth	
an accomplishment [ə'kʌmplɪʃmənt]	un accomplissement, une réalisation
an achievement [ə'tʃiːvmənt]	
Inactive [ɪn'æktɪv]	inactif
inactivity [ˌɪnæk'tɪvɪtɪ]	l'inactivité
passive ['pæsɪv]	passif
passivity [pæ'sɪvɪtɪ]	la passivité
inertia [ɪ'nɜːʃə]	l'inertie

■ 2. CREATING THINGS CRÉER

A work [wɜːk]	une œuvre, un ouvrage
it's a good piece of work	c'est du bon travail
the basis of sth, for sth ['beɪsɪs] (plur. bases)	la base de qqch.
the origin ['ɒrɪdʒɪn]	l'origine
originally [ə'rɪdʒənəlɪ]	à l'origine
a source of inspiration	une source d'inspiration
To invent [ɪn'vent]	inventer

an invention [ɪnˈvenʃən] — une invention
inventive [ɪnˈventɪv] — inventif
inventiveness [ɪnˈventɪvnɪs] — l'esprit d'invention
an inventor [ɪnˈventəʳ] — un(e) inventeur (-trice)
to discover sth — découvrir qqch.
a breakthrough [ˈbreɪkθruː] — une découverte capitale
a groundbreaking discovery
a pioneer in [ˌpaɪəˈnɪəʳ] — un(e) pionnier (-ière) de
pioneering work — un travail novateur
He pioneered the use of... — C'était le premier à utiliser...
to think* up — imaginer (système, instrument)
to dream up¹

ATTENTION 1 : to dream sth up peut être péjoratif

– Original [əˈrɪdʒɪnl] — original
novel [ˈnɒvəl]
originality [əˌrɪdʒɪˈnælɪtɪ] — l'originalité
novelty [ˈnɒvəltɪ]
new [njuː] — nouveau
fresh [freʃ] — nouveau, neuf (différent)
a novelty — une nouveauté

– To innovate [ˈɪnəʊveɪt] — innover
an innovation [ˌɪnəʊˈveɪʃən] — une innovation
innovative [ˈɪnəʊˌveɪtɪv] — innovateur
to initiate [ɪˈnɪʃɪeɪt] — lancer (mode, projet)
to launch [lɔːnʃ] — lancer (produit nouveau)

– To improvise [ˈɪmprəvaɪz] — improviser
improvisation [ˌɪmprəvaɪˈzeɪʃən] — l'improvisation
to prepare sth for — préparer qqch. pour
preparation [ˌprepəˈreɪʃən] — la préparation
to plan sth — élaborer qqch., planifier qqch.
planning [ˈplænɪŋ] — l'élaboration, la planification

a plan [plæn] — un plan
a project [ˈprɒdʒekt] — un projet
a plan
– To conceive [kənˈsiːv] — concevoir (projet, solution)
to devise [dɪˈvaɪz]
conception [kənˈsepʃən] — la conception (d'un projet, d'une solution)
to design [dɪˈzaɪn] — concevoir, dessiner (objet)
the design of, for — la conception de
a designer [dɪˈzaɪnəʳ] — un(e) concepteur (-trice)
a prototype [ˈprəʊtəʊtaɪp] — un prototype
– To create [kriːˈeɪt] — créer
creative [kriːˈeɪtɪv] — créatif
creativity [ˌkriːeɪˈtɪvɪtɪ] — la créativité
a creator [kriːˈeɪtəʳ] — un(e) créateur (-trice)
a creation [kriːˈeɪʃən] — une création
– To make* sth — faire qqch. (façonner, fabriquer)
to produce sth — produire qqch.
a product [ˈprɒdʌkt] — un produit
a production [prəˈdʌkʃən] — une production
a producer [prəˈdjuːsəʳ] — un(e) producteur (-trice)
to construct sth out of sth, from sth — construire qqch. à partir de qqch.
construction [kənˈstrʌkʃən] — la construction
to structure sth — structurer qqch.
a structure [ˈstrʌktʃəʳ] — une structure
– To fashion sth — façonner qqch., modeler qqch.
to shape sth
form [fɔːm] — la forme (en général)
the shape [ʃeɪp] — la forme (contour, apparence)
in the shape of — sous la forme de, en forme de
shapeless [ˈʃeɪplɪs] — informe
formless [ˈfɔːmlɪs]

■ 3. TRANSFORMING THINGS TRANSFORMER

– To change sth from ... into [tʃeɪndʒ] — changer qqch. de... en
a change in sth — un changement de qqch.
to transform sth into sth — transformer qqch. en qqch.

a transformation [ˌtrænsfəˈmeɪʃən] — une transformation
to mutate [mjuːˈteɪt] — subir une mutation, muter
a mutation [mjuːˈteɪʃən] — une mutation

a metamorphosis [ˌmetəˈmɔːfəsɪs] (plur. metamorphoses)	une métamorphose
to transform sth into to metamorphose sth into	métamorphoser qqch. en
transition from ... to [trænˈzɪʃən]	la transition de... à
to switch from sth to	passer de qqch. à
– To modify [ˈmɒdɪfaɪ] to alter [ˈɒltəʳ]	modifier, se modifier
a modification [ˌmɒdɪfɪˈkeɪʃən] an alteration [ˌɒltəˈreɪʃən]	une modification
to make* alterations to	apporter des modifications à
– To fluctuate [ˈflʌktjʊeɪt]	fluctuer
fluctuation [ˌflʌktjʊˈeɪʃən]	la fluctuation
to vary [ˈvɛərɪ]	varier
variable [ˈvɛərɪəbl] changeable [ˈtʃeɪndʒəbl]	variable
a variation [ˌvɛərɪˈeɪʃən]	une variation
unchanging [ʌnˈtʃeɪndʒɪŋ]	immuable
– To substitute sth for sth	substituer qqch. à qqch.
a substitution [ˌsʌbstɪˈtjuːʃən]	une substitution
to replace sth with sth	remplacer qqch. par qqch.
a replacement [rɪˈpleɪsmənt]	un remplacement
to reform [rɪˈfɔːm]	réformer
a reform in, of	une réforme de
a reformer [rɪˈfɔːməʳ]	un(e) réformateur (-trice)
to disrupt [dɪsˈrʌpt]	bouleverser
an upheaval [ʌpˈhiːvəl] a disruption [dɪsˈrʌpʃən]	un bouleversement
to revolutionize [ˌrevəˈluːʃənaɪz]	révolutionner
a revolution in sth [ˌrevəˈluːʃən]	une révolution dans qqch.
revolutionary [ˌrevəˈluːʃnərɪ]	révolutionnaire

to renew [rɪˈnjuː]	renouveler
renewal [rɪˈnjuːəl]	le renouvellement
to revive [rɪˈvaɪv]	faire renaître (style, mouvement)
revival [rɪˈvaɪvəl]	le renouveau
– To adapt sth to sth	adapter qqch. à qqch.
to adapt to sth [əˈdæpt]	s'adapter à qqch.
adaptable [əˈdæptəbl]	adaptable
an adaptation [ˌædæpˈteɪʃən]	une adaptation
to convert sth into	convertir qqch. en
convertible [kənˈvɜːtəbl]	convertible
a conversion [kənˈvɜːʃən]	une conversion
– To adjust sth	régler qqch., ajuster qqch.
an adjustment [əˈdʒʌstmənt]	un réglage, un ajustement
adjustable [əˈdʒʌstəbl]	réglable, ajustable
to correct [kəˈrekt]	corriger
a correction [kəˈrekʃən]	une correction
to improve [ɪmˈpruːv]	améliorer, s'améliorer
an improvement in [ɪmˈpruːvmənt]	une amélioration de
– A copy [ˈkɒpɪ]	une copie
to copy sth from	copier qqch. de
to imitate [ˈɪmɪteɪt]	imiter
an imitation [ˌɪmɪˈteɪʃən]	une imitation
a facsimile [fækˈsɪmɪlɪ]	un fac-similé
a replica [ˈreplɪkə]	une réplique
– To degenerate into [dɪˈdʒenəreɪt]	dégénérer en
degeneration [dɪˌdʒenəˈreɪʃən]	la dégénérescence
to deteriorate [dɪˈtɪərɪəreɪt]	se dégrader, se détériorer
a deterioration in sth [dɪˌtɪərɪəˈreɪʃən]	une dégradation de qqch., une détérioration de qqch.
to worsen [ˈwɜːsn] to get* worse	empirer

■ 4. MIXING AND BLENDING THINGS MÉLANGER

– A mixture [ˈmɪkstʃəʳ]	un mélange (en général)
a blend [blend]	un mélange (de vins, de tabacs, de couleurs)
to mix [mɪks] to blend	mélanger
to mingle with [ˈmɪŋgl]	mêler à, se mêler à

to combine [kəmˈbaɪn]	combiner, se combiner
a combination [ˌkɒmbɪˈneɪʃən]	une combinaison
to incorporate sth into sth	incorporer qqch. à qqch.

– **To fuse** [fjuːz] — fusionner (idées, tendances)

to merge [mɜːdʒ] — fusionner (partis, systèmes)
to combine [kəm'baɪn]

to unite [juː'naɪt] — unir, s'unir

a union ['juːnjən] — une union

to join [dʒɔɪn] — joindre (efforts, forces)

to link up — relier (faits, idées, mots)
to link together

a link *between* [lɪŋk] — un lien *entre*

to match [mætʃ] — assortir (couleurs, motifs)

matching ['mætʃɪŋ] — assorti

– **A compound** — un composé

composite ['kɒmpəzɪt] — composite

complex ['kɒmpleks] — complexe

hybrid ['haɪbrɪd] — hybride

a hybrid — un hybride

diverse [daɪ'vɜːs] — divers

diversity [daɪ'vɜːsɪtɪ] — la diversité

varied ['vɛərɪd] — varié

variety [və'raɪətɪ] — la variété

sundry objects — des objets hétéroclites

disparate ['dɪspərɪt] — disparate (éléments, mobilier)

ill-assorted — disparate (couleurs)
badly-matched

– **Odds and ends** (plur.) — le bric-à-brac
bric-à-brac ['brɪkəbræk]

chaos ['keɪɒs] — le chaos

chaotic [keɪ'ɒtɪk] — chaotique

a hotchpotch ['hɒtʃpɒtʃ] — un fatras

a jumble ['dʒʌmbl] — un fouillis

■ **5. DEVELOPING AND USING THINGS** DÉVELOPPER ET UTILISER _____

– **To develop sth** *from* — développer qqch. *à partir de*

development [dɪ'veləpmənt] — le développement

to diversify [daɪ'vɜːsɪfaɪ] — diversifier

diversification [daɪˌvɜːsɪfɪ'keɪʃən] — la diversification

– **To extend** [ɪks'tend] — étendre (activités, pouvoirs, connaissances)
to expand [ɪks'pænd]

an extension [ɪks'tenʃən] — une extension
an expansion [ɪks'pænʃən]

to develop [dɪ'veləp] — amplifier, accentuer
to accentuate [æk'sentjʊeɪt] — (tendance)

to expand [ɪks'pænd] — amplifier (mouvement, échanges)
to increase [ɪn'kriːs]

– **To use** [juːz] — utiliser (en général)

to utilize ['juːtɪlaɪz] — utiliser (langue technique)

use [juːs] — l'emploi, l'utilisation, l'usage

to make* use of sth — se servir de qqch.

a user ['juːzə'] — un(e) utilisateur (-trice)

to resort to sth — avoir recours à qqch.

as a last resort — en dernier recours

a resource [rɪ'sɔːs] — une ressource

to take* advantage of sth *to do sth* — profiter de qqch. *pour faire qqch.*

to make* the most of — bien profiter de (jeunesse)

to profit from sth — tirer profit de qqch., tirer
to profit by sth — avantage de qqch.

– **To waste** [weɪst] — gaspiller

waste — le gaspillage, le gâchis
wastage ['weɪstɪdʒ]

to misuse ['mɪs'juːz] — mal employer (ressources, temps)

misuse [mɪs'juːs] — le mauvais emploi, le mauvais usage

to abuse [ə'bjuːz] — abuser de (pouvoir, autorité)
to misuse

to abuse — abuser de (confiance, hospitalité)

■ **6. DESTROYING THINGS** DÉTRUIRE _____

– **To destroy** [dɪs'trɔɪ] — détruire

destruction [dɪs'trʌkʃən] — la destruction

destructive [dɪs'trʌktɪv] — destructeur

a destroyer [dɪs'trɔɪə'] — un(e) destructeur (-trice)

– **To demolish** [dɪ'mɒlɪʃ] — démolir (bâtiment)
to pull down
to knock down
to tear* down

demolition [ˌdemə'lɪʃən] — la démolition

to raze a building to the ground — raser un bâtiment

– To wipe out	anéantir (ville, armée)	**to take* sth apart**	démonter qqch.
to annihilate [əˈnaɪəleɪt]		**to take* sth to pieces**	
to dash [dæʃ]	anéantir (espoirs)	**to tear* sth up**	déchirer qqch.
to ruin [ˈruːɪn]		**to tear* sth to pieces**	
to wreck [rek]	anéantir (efforts)	**to rip sth up**	
to ruin		**to pull sth apart**	mettre qqch. en pièces
to exterminate	exterminer	**to pull sth to pieces**	
[ɪksˈtɜːmɪneɪt]		**to disintegrate**	désintégrer, se
extermination	l'extermination	[dɪsˈɪntɪɡreɪt]	désintégrer
[ɪks,tɜːmɪˈneɪʃən]		**disintegration**	la désintégration
to eliminate [ɪˈlɪmɪneɪt]	éliminer	[dɪs,ɪntɪˈɡreɪʃən]	
elimination [ɪ,lɪmɪˈneɪʃən]	l'élimination	**– To damage** [ˈdæmɪdʒ]	endommager
a ruin	une ruine	**damage** (n. c. sing.)	les dégâts
		extensive damage	des dégâts
– To break* [breɪk]	casser, se casser		considérables
to smash sth (up)	briser qqch.	**rubble** [ˈrʌbl] (n. c. sing.)	les décombres
to smash sth to smither-	briser qqch. en mille	**a wreck** [rek]	une épave
eens	morceaux	**wreckage** [ˈrekɪdʒ]	les débris
to shatter [ˈʃætəʳ]	fracasser, se fracasser	(n. c. sing.)	
a fragment [ˈfræɡmənt]	un fragment	**to devastate sth**	dévaster qqch., ravager
to fragment [fræɡˈment]	fragmenter, se	**to lay* waste to sth**	qqch.
	fragmenter	**devastation**	la dévastation, les rava-
		[,devəˈsteɪʃən]	ges
– To dissolve [dɪˈzɒlv]	dissoudre	**havoc** [ˈhævək] (n. c. sing.)	
dissolution [,dɪsəˈluːʃən]	la dissolution	**to sack** [sæk]	mettre à sac (ville)
to dismantle [dɪsˈmæntl]	démanteler	**to ransack** [ˈrænsæk]	mettre à sac (pièce,
to break* up			maison)
dismantling	le démantèlement	**a cataclysm**	un cataclysme
[dɪsˈmæntəlɪŋ]		[ˈkætəklɪzəm]	
break-up [ˈbrekʌp]			

■ 7. BEGINNING AND ENDING COMMENCER ET FINIR _____

– To begin* [bɪˈɡɪn]	commencer	**– To finalize sth**	mettre au point, finaliser
to start [stɑːt]			qqch.
to commence [kəˈmens]		**to finish** [ˈfɪnɪʃ]	achever[1] , finir (discours,
(soutenu)		**to end** [end]	repas)
to start doing sth	commencer à faire	**to finish**	achever, finir (études,
to begin* doing sth	qqch., se mettre à faire	**to complete** [kəmˈpliːt]	tâche, œuvre)
the beginning [bɪˈɡɪnɪŋ]	qqch.	**completion** [kəmˈpliːʃən]	l'achèvement
the start [stɑːt]	le commencement, le	**to put* an end to sth**	mettre fin à qqch.
	début	**to bring* sth to an end**	
– First [fɜːst]	premier	**to terminate sth** (soutenu)	
first	premièrement	**to end up (by) doing**	finir par faire qqch.
firstly [ˈfɜːstlɪ]		**sth**	
initial [ɪˈnɪʃəl]	initial	ATTENTION FAUX AMI 1 : to achieve = accomplir, réussir
to inaugurate	inaugurer		
[ɪˈnɔːɡjʊreɪt]		**– To end** [end]	finir, se terminer (cours)
inauguration	l'inauguration	**to finish** [ˈfɪnɪʃ]	
[ɪ,nɔːɡjʊˈreɪʃən]		**to end**	finir, se terminer (collabo-
inaugural [ɪˈnɔːɡjʊrəl]	inaugural	**to come* to an end**	ration)
incipient [ɪnˈsɪpɪənt]	naissant (révolte, maladie)	**to draw* to a close**	s'achever (journée, réu-
(soutenu)			nion, vie)

the close [kləʊs]	la fin, la conclusion	to start up again	reprendre (pluie, bruit)
the end	la fin	to start again	reprendre (cours)
the finish		– **A** stop [stɒp]	un arrêt
– **Last** [lɑːst]	dernier	to stop (doing) sth	arrêter (de faire) qqch.
last	en dernier	to stop	s'arrêter (personne, appareil)
final ['faɪnl]	final		
eventually [ɪ'ventʃʊəlɪ]	finalement (après tout)	to stop	s'arrêter (train, voiture)
finally ['faɪnəlɪ]		to come* to a stop	
in the end		to stop	s'arrêter (développement, croissance)
finally	finalement (dans une énumération)	to come* to a halt	
		to come* to a standstill	
conclusion [kən'kluːʒən]	la conclusion	– **A** delay [dɪ'leɪ]	un retard (dans un projet)
to conclude [kən'kluːd]	conclure	a holdup ['həʊldʌp]	
to expire [ɪks'paɪəʳ]	venir à expiration, arriver à terme	to delay sth	retarder qqch.
		to hold* sth up	
to come* to a sudden end	tourner court (discussion, projet)	to suspend [səs'pend]	suspendre
		the suspension [səs'penʃən]	la suspension
to peter out	tourner court (intrigue, histoire)	to defer [dɪ'fɜːʳ]	différer
		to put* off	
– **A** pause [pɔːz]	une pause	to postpone sth	remettre qqch. à plus tard, différer qqch., ajourner qqch.
a break [breɪk]			
to pause	faire une pause		
to take* a break		postponement [pəʊst'pəʊnmənt]	l'ajournement
an interval ['ɪntəvəl]	un intervalle		
to resume [rɪ'zjuːm]	reprendre (travaux, relations, négociations)	to put* sth on the back burner	mettre qqch. en veilleuse
to take* up again	reprendre (ses études)		

I REMARQUE L'usage est d'associer the beginning and the end, the start and the finish.

■ 8. SUCCEEDING AND FAILING RÉUSSIR ET ÉCHOUER _____

– **An** achievement [ə'tʃiːvmənt]	une réussite, un succès	to be a hit (parlé)	faire un malheur (chanson, film)
a success [sək'ses]		to be a bestseller	faire un malheur (livre)
to achieve sth	réussir qqch.	to go* right	bien marcher (projet)
to succeed in sth / in doing sth [sək'siːd]	réussir dans qqch./à faire qqch.	everything went right (for him)	tout a bien marché (pour lui)
to be successful in sth / in doing sth		– **An** achiever [ə'tʃiːvəʳ]	un(e) fonceur (-euse)
to manage to do sth	parvenir à faire qqch., arriver à faire qqch.	a go-getter ['gəʊ,getəʳ] (parlé)	un(e) battant(e)
he couldn't manage it	il n'y est pas arrivé	prosperous ['prɒspərəs]	prospère (commerce, pays)
a feat [fiːt]	un exploit	thriving ['θraɪvɪŋ]	
an exploit ['eksplɔɪt]		flourishing ['flʌrɪʃɪŋ]	
		prosperous	prospère (période)
– **To** have success in sth	avoir du succès dans qqch.	to prosper ['prɒspəʳ]	prospérer (commerce, pays)
		to thrive [θraɪv]	
to meet* with success	remporter un succès	to flourish ['flʌrɪʃ]	
crowned with success	couronné de succès	to prosper	prospérer (personne)
to be a success	être un succès	prosperity [prɒs'perɪtɪ]	la prospérité

235

a triumph ['traɪʌmf]	un triomphe
to triumph *over sb / sth*	triompher *de qqn / qqch.*
triumphant [traɪ'ʌmfənt]	triomphant
triumphal [traɪ'ʌmfəl]	triomphal

– A failure ['feɪljəʳ]	un échec
to fail *in sth* [feɪl]	échouer *à qqch., dans*
to be unsuccessful *in sth*	*qqch.*
to fail *to do sth*	ne pas réussir *à faire*
	qqch.
to be a failure	être un raté

unsuccessful	infructueux, sans
['ʌnsək'sesfʊl]	succès
to be a flop	faire un four
a fiasco [fɪ'æskəʊ]	un fiasco
a washout ['wɒʃaʊt]	
(parlé)	
in vain	en vain
to no avail	
there's something	il y a quelque chose qui
wrong	ne va pas
there's something	
amiss	
to go* wrong	mal tourner, ne pas aller

32 MOVEMENT
LE MOUVEMENT

■ 1. MOBILITY AND IMMOBILITY LA MOBILITÉ ET L'IMMOBILITÉ _____

- **Movement** ['muːvmənt] le mouvement
  motion ['məʊʃən]
  a movement un mouvement
  moving ['muːvɪŋ] en mouvement
  mobile ['məʊbaɪl] mobile (qui bouge)
  moving
  mobile mobile (capable de bouger)
  mobility [məʊ'bɪlɪtɪ] la mobilité
  to move [muːv] se déplacer, bouger
  to go* [gəʊ] aller
  to come* [kʌm] venir
  to pass [paːs] passer
  to go* past

- **Immobile** [ɪ'məʊbaɪl] immobile
  still [stɪl]
  motionless ['məʊʃənlɪs]
  to stand* still rester immobile
  to stay still
  immobility [ˌɪməʊ'bɪlɪtɪ] l'immobilité
  inert [ɪ'nɜːt] inerte
  inertia [ɪ'nɜːʃə] l'inertie

- **To stop** [stɒp] faire halte, s'arrêter
  to halt [hɔːlt]
  to come* to a standstill s'immobiliser (machine,
  to come* to a halt véhicule)
  to stop s'immobiliser (personne)
  to stand* still
  stationary ['steɪʃənərɪ] stationnaire
  static ['stætɪk] statique
  to stay [steɪ] rester
  to remain [rɪ'meɪn]
  to stay put rester sur place

- **To hang* about** traîner, flâner
  to loiter ['lɔɪtə']
  to hang* around
  to linger ['lɪŋɡə'] s'attarder
  to lounge about paresser
  to lounge around
  BR **a queue** [kjuː] une file d'attente, une
  AM **a line** [laɪn] queue
  BR **to queue (up)** faire la queue
  BR **to stand* in a queue**
  BR **to form a queue**
  AM **to stand* in line**

■ 2. TO GO ALLER _____

- **To go* along** avancer
  to go* along the road avancer sur la route
  to go* out sortir
  to go* in entrer
  to go* into a room entrer dans une pièce
  to go* out of the house sortir de la maison
  to go* up monter
  to go* up the stairs monter l'escalier
  to go* up to the first monter au premier
  floor/to one's room étage/dans sa
  chambre
  to go* down descendre
  to go* down the stairs descendre l'escalier

- **To go* away** s'en aller, partir
  to go* off
  to go* away from a partir d'un endroit,
  place s'éloigner d'un endroit
  to go* off the road quitter la route
  to go* on continuer (d'avancer)
  to go* ahead

- to go* back retourner
  to go* back to the retourner à la maison
  house
  to go* back reculer
  to go* backwards aller à reculons

- **To go* past** passer
  to go* by
  to go* past the school passer devant l'école
  to go* across traverser
  to go* across a road traverser une rue
  to go* over a road
  to go* through a tunnel traverser un tunnel
  to go* through passer à travers
  to go* over the wall passer par-dessus le
  mur
  to go* over to sb's aller chez qqn
  house
  to go* round to sb's
  house
  to go* round faire le tour
  to go* round a pillar contourner un pilier

REMARQUE Cette section illustre l'usage des particules de mouvement avec le verbe **to go**. La plupart des verbes de la section suivante peuvent être employés avec ces particules ; ils forment alors des expressions plus idiomatiques que des verbes simples de même sens ; ex. : **to go along, to come in** sont d'un emploi plus idiomatique que **to advance, to enter**.

■ 3. MOVING AROUND SE DÉPLACER

– To walk [wɔːk]	marcher
to walk back	rentrer (à pied)
a walk	une promenade
to go* for a walk	aller se promener
to walk lightly/heavily	avoir une démarche légère/pesante
to walk on tiptoe	marcher sur la pointe des pieds
– To stride* [straɪd]	marcher à grands pas
to stride* in	entrer à grands pas
a stride	une enjambée
to trudge [trʌdʒ]	marcher péniblement
to tramp [træmp]	marcher d'un pas lourd
to stalk out	sortir avec raideur
– To wade [weɪd]	patauger
to waddle ['wɒdl]	se dandiner
to strut about	se pavaner
to strut around	
to sidle along	avancer de biais
to hobble ['hɒbl]	clopiner
to hobble in	entrer en clopinant
to limp [lɪmp]	boiter
to have a limp	
– To fall* [fɔːl]	tomber
to fall* down	
to fall* over	
to knock sb down	faire tomber qqn, renverser qqn
to drop sth	laisser tomber qqch., lâcher qqch.
to stagger ['stægə']	chanceler
to stagger away	s'éloigner en chancelant
to sway (backwards and forwards)	osciller (d'arrière en avant)
to reel [riːl]	vaciller

to stumble over sth ['stʌmbl]	trébucher sur qqch., contre qqch.
to trip [trɪp]	faire un faux pas
to slip [slɪp]	glisser (accidentellement)
to slump (down)	s'affaisser
to collapse [kə'læps]	s'effondrer
– A jump [dʒʌmp] a leap [liːp]	un saut, un bond
to jump to leap	sauter, bondir
to jump across to leap across	traverser d'un bond
to jump up	sauter sur ses pieds, se relever d'un bond
to bounce [baʊns]	rebondir
to bounce out	sortir d'un bond
to skip [skɪp]	sautiller, gambader
to hop [hɒp]	sauter à cloche-pied
– To climb (up)	grimper, monter
to climb up a staircase/ a ladder	grimper un escalier/sur une échelle
to climb down a tree	descendre d'un arbre
a climb [klaɪm]	une montée, une ascension
to creep* [kriːp]	ramper
to wriggle ['rɪgl]	se tortiller
to slide* [slaɪd]	glisser
to glide [glaɪd]	glisser (élégamment)
to swim* [swɪm]	nager
to swim* back	revenir à la nage
to fly* [flaɪ]	voler
to fly* away	s'envoler
to rumble past	passer avec fracas
to rattle past	passer dans un bruit de ferraille

■ 4. SPEED AND SLOWNESS LA RAPIDITÉ ET LA LENTEUR

– Quick [kwɪk] fast [fɑːst] rapid ['ræpɪd] speedy ['spiːdɪ]	rapide
quickly ['kwɪklɪ] fast rapidly ['ræpɪdlɪ] speedily ['spiːdɪlɪ]	vite, rapidement

rapidity [rə'pɪdɪtɪ]	la rapidité, la vitesse	
quickness ['kwɪknɪs]		
speed [spiːd]		
swift [swɪft]	prompt	
the impetus ['ɪmpɪtəs]	l'impulsion, l'élan	

– Speed [spiːd] — la vitesse
at full speed — à toute vitesse (aller, courir)
at full tilt
to speed* along — aller à toute vitesse, aller à toute allure
to tear* along — passer à toute allure
to race along
pace [peɪs] — l'allure
in a flash — en un éclair
like a flash — comme un éclair
quick as a flash
like lightning
to flash past — passer comme un éclair
to hurtle past — passer en trombe

– To run* [rʌn] — courir
to tear* along — foncer (coureur)
to spurt [spɜːt]
a burst of speed — une brusque accéléra-
a spurt — tion
to accelerate [æk'seləreɪt] — accélérer
to speed up

– To be in a hurry — être pressé
to be in a rush
to hurry (up) — se dépêcher, se presser
Hurry up! — Dépêche-toi !
Be quick!
There's no hurry! — Inutile de se dépêcher !
haste [heɪst] — la hâte
hasty ['heɪstɪ] — hâtif
hastily ['heɪstɪlɪ] — hâtivement
to hurry down — descendre à la hâte
to hurry on — continuer d'un pas pressé

– A rush [rʌʃ] — une ruée
a stampede [stæm'piːd]
there was a rush for the door — il y a eu une ruée vers la porte
to rush — se précipiter
to rush into a shop — se précipiter dans un magasin
to scramble out of the train — descendre avec précipi-tation du train
to dash in — entrer précipitamment

– Slow [sləʊ] — lent
slowly but surely — lentement mais sûrement
to slow down — ralentir
to slow sth (down) — ralentir qqch.
to stroll [strəʊl] — flâner
to saunter ['sɔːntəʳ]
to wander in — entrer sans se presser
to amble ['æmbl] — marcher sans se presser
to plod [plɒd] — avancer d'un pas lourd
at a gentle / steady pace — à une allure modérée / régulière
gently ['dʒentlɪ] — doucement
unhurriedly [ʌn'hʌrɪdlɪ] — sans se presser
Take your time! — Prenez votre temps !

– To crawl along — avancer au pas
to go* at a crawl
at a snail's pace — à une allure d'escargot
to dawdle ['dɔːdl] — traîner
to dawdle about
to dawdle around
a dawdler ['dɔːdləʳ] — un(e) traînard(e)
BR a slowcoach ['sləʊkəʊtʃ] (parlé)
AM a slowpoke ['sləʊpəʊk] (parlé)
weary ['wɪərɪ] — las
wearily ['wɪərɪlɪ] — avec lassitude

■ 5. DIRECTION LA DIRECTION

– A direction [dɪ'rekʃən] — une direction, un sens
in the direction of — dans la direction de, en direction de
lengthwise ['leŋ(k)θwaɪz] — dans le sens de la longueur
widthwise ['wɪdθwaɪz] — dans le sens de la largeur
sideways ['saɪdweɪz] — de côté

diagonally [daɪ'ægənəlɪ] — en diagonale, diagona-lement
crosswise ['krɒswaɪz]
clockwise ['klɒkwaɪz] — dans le sens des aiguilles d'une montre
anticlockwise ['æntɪ'klɒkwaɪz] — dans le sens contraire à celui des aiguilles d'une montre
AM counter clockwise
– Forward(s) ['fɔːwəd(z)] — en avant

to advance [əd'vɑ:ns] to move forward	avancer
to head for	se diriger vers
toward(s) [tə'wɔ:d(z)]	vers, du côté de
the other way in the other direction in the opposite direction	de l'autre côté, en sens inverse
– Backward(s) ['bækwəd(z)]	en arrière, vers l'arrière
to take* a step back to step back(wards)	faire un pas en arrière
behind [bɪ'haɪnd]	en arrière, derrière
to look behind to look back	regarder en arrière
to return [rɪ't3:n] to come* back to get* back	revenir, retourner, rentrer
when he gets back	à son retour (futur)
when he got back	à son retour (passé)
to go* home	rentrer chez soi, retourner chez soi
to come* home	rentrer chez soi, revenir chez soi
– A departure [dɪ'pɑ:tʃəʳ]	un départ
to leave* from / for [li:v] to depart from / for [dɪ'pɑ:t] (soutenu)	partir de / pour
to leave* a place	quitter un endroit
since he left	depuis son départ
to start out to set* off to set* out to get* under way	se mettre en route
Let's go! Let's be off! Off we go!	En route !
– Flight [flaɪt]	la fuite

to flee* from sb / sth [fli:]	fuir qqn / qqch.
an escape [ɪs'keɪp]	une fuite, une évasion
to run* away from to escape from	s'enfuir de
to break* out of to escape from	s'échapper de
to follow ['fɒləʊ]	suivre
in pursuit of sb / sth	à la poursuite de qqn / qqch.
in chase of sb / sth	
to pursue sb / sth to chase (after) sb / sth	poursuivre qqn / qqch.
– To go* near to come* near to approach [ə'prəʊtʃ]	s'approcher
to draw* near to a place (soutenu)	se rapprocher d'un endroit
to approach a place	approcher d'un endroit
at his approach	à son approche
to reach a place	atteindre un endroit, arriver dans un endroit
to arrive [ə'raɪv]	arriver
an arrival [ə'raɪvəl]	une arrivée
when he arrives	dès son arrivée (futur)
when he arrived	dès son arrivée (passé)
to converge on [kən'v3:dʒ]	converger sur
– Through [θru:] AM thru [θru:]	à travers (la foule, un trou)
across [ə'krɒs] through AM thru	à travers (un champ, une forêt)
to cross [krɒs]	traverser (pont, rue)
to go* through	traverser (ville, tunnel, forêt)
to turn round	faire demi-tour

■ 6. SITUATION LA SITUATION

– Here [hɪəʳ]	ici
from here	d'ici
I can hear him from here	je l'entends d'ici
there [ðεəʳ]	là
over there	là-bas
from there	de là
from there you'll see the church	de là vous verrez l'église
2 kilometres away 2 kilometres off	à 2 kilomètres (d'ici)

– In [ɪn]	dans
it's in this road / my bag	c'est dans cette rue / mon sac
in(side) [ɪn('saɪd)]	dedans, à l'intérieur
I've left my keys inside	j'ai laissé mes clés à l'intérieur
in(side)	à l'intérieur de
within [wɪð'ɪn]	dans les limites de, dans
within this perimeter	dans ce périmètre
out of	hors de

outside (of)	à l'extérieur de
it's outside the town	c'est à l'extérieur de la ville
outside ['aʊt'saɪd] out [aʊt]	à l'extérieur, dehors
leave your boots outside	laisse tes bottes dehors
– On [ɒn] upon [ə'pɒn]	sur (en général)
on the table / the wall	sur la table / le mur
on top of	sur (en haut de)
on top of the wardrobe	sur l'armoire
over (it)	par-dessus, dessus (passer, lancer)
on (it)	dessus (fixer, écrire)
on top (of it)	dessus (placer, poser)
– Below [bɪ'ləʊ] beneath [bɪ'niːθ] under(neath) ['ʌndə('niːθ)]	sous, en dessous (de)
below the horizon	sous l'horizon
he's hidden under the bed	il est caché sous le lit
the flat below	l'appartement en dessous
– In front of before [bɪ'fɔːʳ]	devant
he was standing in front of me he was standing before me	il était devant moi
I'll go ahead	j'irai devant
ahead of [ə'hed] in front of	en avant de
she has gone on ahead she has gone on in front	elle est partie en avant
at the head of	en tête de, à la tête de
– In the front of at the front of	à l'avant de
at the back of in the back of AM (in) back of	à l'arrière de
seated at the front / back of the car seated in the front / back of the car	assis à l'avant / l'arrière de la voiture
at the rear of in the rear of	à l'arrière de
at the rear of the train / the procession	à l'arrière du train / de la procession
behind [bɪ'haɪnd]	derrière
they were walking one behind the other	ils marchaient l'un derrière l'autre
the others are a long way behind (us)	les autres sont loin derrière (nous)
– After ['ɑːftəʳ] past [pɑːst]	après (plus loin que)
his house is after the church his house is past the church	sa maison est après l'église
behind [bɪ'haɪnd] after	après (derrière)
I was just behind him in the queue I was just after him in the queue	j'étais juste derrière lui dans la file
– On the left / right of to the left / right of	à gauche / à droite de
opposite ['ɒpəzɪt]	en face (de)
it's the house just opposite (ours)	c'est la maison juste en face (de la nôtre)
beyond [bɪ'jɒnd]	au-delà, au-delà de
beyond (that) is Spain	au-delà il y a l'Espagne
between [bɪ'twiːn]	entre
– On the surface of	sur la surface de
at the end of	au bout de
at one end of	à l'extrémité de
at the tip of on the tip of	à la pointe de
in the middle of	au milieu de
at the heart of	au cœur de
at the centre of AM at the center of	au centre de
in the centre of AM in the center of	dans le centre de
– Next door	à côté (pièce ou maison adjacente)
the garden next door	le jardin d'à côté
next to beside [bɪ'saɪd] at the side of by the side of	à côté de (adjacent à)
he was at my side	il était à côté de moi, il était à mes côtés
he was by my side	
on the other side of across [ə'krɒs]	de l'autre côté de
it's on the other side of the forest	c'est de l'autre côté de la forêt
the shop across the road the shop on the other side of the road	le magasin de l'autre côté de la rue
on the side	sur le côté (en général)

on one's side	sur le côté (dormir, être allongé)	– Close to	à proximité de
side by side	côte à côte, l'un à côté de l'autre	close by	tout près, à proximité, proche
		nearby ['nɪəbaɪ]	
on all sides	de tous côtés	near [nɪəʳ]	près de
on every side		by [baɪ]	
		adjacent to [ə'dʒeɪsənt]	adjacent à, contigu à
– At the bottom of	au fond de	he's somewhere about	il est (quelque part) dans les parages
at the bottom of the glass / the lake	au fond du verre / du lac	– Where [wɛəʳ]	où
at the foot of	au pied de	somewhere ['sʌmwɛəʳ]	quelque part
at the foot of the tower	au pied de la tour	AM some place	
at the base of	à la base de	somewhere else	ailleurs
on (top of)	en haut de	elsewhere ['elswɛəʳ]	
at the top of	en haut de	AM some place else	
on the top of		everywhere ['evrɪwɛəʳ]	partout
there's a restaurant at the top (of the building)	il y a un restaurant en haut (du bâtiment)	AM everyplace ['evrɪpleɪs]	
		everywhere else	partout ailleurs
at the edge of	au bord de (cratère, table, forêt)	anywhere else	
on the edge of		AM any place else	
		anywhere ['enɪwɛəʳ]	n'importe où
– Across [ə'krɒs]	en travers	AM any place	
crosswise ['krɒswaɪz]		nowhere ['nəʊwɛəʳ]	nulle part
across	en travers de	AM no place	
lying across the road	étendu en travers de la route	nowhere else	nulle part ailleurs
		AM no place else	
round [raʊnd]	autour de	here, there and everywhere	un peu partout
around [ə'raʊnd]	(tout) autour		
among [ə'mʌŋ]	parmi	– A place [pleɪs]	un endroit
halfway between	à mi-chemin entre	in places	par endroits
		here and there	
– Distance ['dɪstəns]	la distance	a site [saɪt]	un site, un emplacement (d'une entreprise)
remote [rɪ'məʊt]	lointain, éloigné		
distant ['dɪstənt]		to locate [ləʊ'keɪt]	placer, situer (bâtiment)
far-off		to situate ['sɪtjʊeɪt]	
faraway ['fɑːrəˌweɪ]		to site [saɪt]	
not (very) far	pas loin	situation [ˌsɪtjʊ'eɪʃən]	la situation, l'emplacement
is it far?	c'est loin ?	location [ləʊ'keɪʃən]	
how far is it?	c'est à quelle distance ?	to be well / badly situated	être bien / mal situé
it's a long way (away)	c'est loin		
		to be located at / in	se trouver à / dans, se situer à / dans

■ 7. PUTTING THINGS SOMEWHERE PLACER _____

– To put* sth in / on sth	mettre qqch. dans / sur qqch.	to lay* sth (down) on sth	déposer qqch. sur qqch.
to place sth in / on sth	placer qqch. dans / sur qqch.	to perch sth on sth	jucher qqch. sur qqch.
to put* sth (down)	poser qqch.	to lean* sth against sth	appuyer qqch. contre qqch., adosser qqch. contre qqch.
to lay* sth (down)			
to set* sth down			
to lean* a ladder against a wall	poser une échelle contre un mur	– A pile [paɪl]	une pile
to put* up a ladder against a wall		to pile (up)	empiler
		a heap [hiːp]	un tas

to heap (up)	entasser
– To arrange [ə'reɪndʒ]	disposer (fleurs, personnes, meubles)
to place things in a row/in a circle	disposer des choses en ligne/en cercle
to align [ə'laɪn] to line up	aligner (objets)
to put* together	agencer (éléments)
to organize ['ɔ:gənaɪz] to order ['ɔ:də']	
to arrange to organize	ordonner (éléments)
– To join two things (together)	joindre deux choses
to link sth with	relier qqch. à

to attach sth to	joindre qqch. à
to fix sth onto/in	fixer qqch. sur/à
to instal(l) [ɪn'stɔ:l] to put* in	installer (meuble)
to put* up	installer (étagère, rideau)
– To press sth (down)	appuyer sur qqch.
to pack sth down into sth	tasser qqch. dans qqch.
to insert sth into sth	insérer qqch. dans qqch.
to stuff sth into sth to ram sth into sth to jam sth into sth	fourrer qqch. dans qqch.
to squeeze sth into sth	faire entrer qqch. dans qqch. (en le pressant)
to wedge sth in/between	coincer qqch. dans/entre

■ 8. MOVING THINGS AND PEOPLE DÉPLACER

– To carry ['kærɪ] to bear* [bɛə'] (soutenu)	porter (objets, enfant)
to bring* [brɪŋ]	apporter
to move [mu:v] to shift [ʃɪft]	déplacer, bouger
to transport ['trænspɔ:t]	transporter
– To bring* sth closer to to bring* sth nearer to	rapprocher qqch. de
to bring* things/people together	rassembler des choses/des gens
to move sb/sth away from to take* sb/sth away from	éloigner qqn/qqch. de
– To take* [teɪk]	prendre
to take* sth off from to take* sth away from to remove sth from	enlever qqch. de, ôter qqch. de
to withdraw* sth from	retirer qqch. de
to extract sth from	extraire qqch. de
– To lift sth to raise sth	lever qqch.
to lift sb/sth (up)	soulever qqn/qqch.
to heave sth up/along	soulever/traîner qqch. péniblement
to lower sth	baisser qqch., abaisser qqch.
to lift sth down from a shelf to take* sth down from a shelf	descendre qqch. d'une étagère

– To push sb/sth to give* sb/sth a push (parlé)	pousser qqn/qqch.
to push sth in/out	faire entrer/sortir qqch. en le poussant
to pull [pʊl]	tirer
to pull sth out	enlever qqch., arracher qqch.
to drag [dræg] to pull	traîner (sac, personne)
– To throw* sth to sb	jeter qqch. à qqn, lancer qqch. à qqn (pour qu'il l'attrape)
to throw sth at sb	jeter qqch. à qqn, lancer qqch. à qqn (pour l'atteindre)
to hurl sth across a room	lancer qqch. à travers une pièce (avec agressivité)
to throw* sth out to fling* sth out (parlé) to chuck sth out (parlé)	jeter qqch., se débarrasser de qqch.
to scatter ['skætə']	éparpiller
to pick sth up	ramasser qqch.
– To (go* and) fetch sb/sth	aller chercher qqn/qqch.
to transfer sb/sth from/to	transférer qqn/qqch. de/à
to change places with sb	changer de place avec qqn
to let* sb in/out	laisser entrer/sortir qqn
to usher sb in/out	faire entrer/sortir qqn
to escort ['eskɔ:t]	escorter
an escort	une escorte

33 TIME LE TEMPS

■ 1. TELLING THE TIME L'HEURE

- **An hour** [ˈaʊəʳ] une heure
  a minute [ˈmɪnɪt] une minute
  a second [ˈsekənd] une seconde
  half an hour une demi-heure
  a half-hour
  a quarter of an hour un quart d'heure
  three quarters of an hour trois quarts d'heure
  an hour and a half une heure et demie

- **Summer time** l'heure d'été (en général)
  British Summer Time l'heure d'été (en GB)
  (abr. BST)
  to put* the clocks forward/back one hour avancer/retarder les pendules d'une heure
  the time difference the time lag le décalage horaire
  to have jetlag souffrir du décalage horaire
  a meridian [məˈrɪdɪən] un méridien
  a time zone un fuseau horaire
  at 8 p.m. local time à 20 heures, heure locale
  at 10 hours GMT (abr. de *Greenwich Mean Time*) à 10 heures GMT

- **Have you got the time?** Avez-vous l'heure ?
  What time is it (by your watch)? Quelle heure est-il (à votre montre) ?
  What time do you make it? Vous avez quelle heure ?
  I make it five to six j'ai six heures moins cinq
  my watch says 4.25 à ma montre il est 4 h 25
  What time did you arrive? À quelle heure êtes-vous arrivé ?

- **It's one/two o'clock** il est une heure/deux heures
  at six o'clock à six heures
  at twenty past three à trois heures vingt
  at twenty to three à trois heures moins vingt
  it's five past six il est six heures cinq
  ᴀᴍ **it's five after six**
  it's half past six il est six heures et demie

  it's a quarter to nine il est neuf heures moins le quart
  ᴀᴍ **it's a quarter of nine**
  it's five/ten to three il est trois heures moins cinq/dix
  ᴀᴍ **it's five/ten before three**

- **At 3.20 a.m.** (abr. de *ante meridiem*) à 3 h 20 (du matin)
  at 6 (o'clock) in the morning à six heures du matin
  at 5.30 p.m. (abr. de *post meridiem*) à 17h 30
  at 6 (o'clock) in the evening à 18 h
  at 11.30 p.m. à 23 h 30
  at 11 (o'clock) at night à 23h

- **About** [əˈbaʊt] à peu près, environ
  roughly [ˈrʌflɪ]
  it's about five o'clock il est environ cinq heures
  almost [ˈɔːlməʊst] presque
  nearly [ˈnɪəlɪ]
  approximately [əˈprɒksɪmətlɪ] approximativement
  it's almost midnight il est presque minuit
  it's nearly midnight
  towards six o'clock vers six heures, aux environs de six heures
  it's just after three il est un peu plus de trois heures
  it's gone three il est trois heures passées

- **To strike* ten** sonner dix heures
  at the stroke of midnight sur le coup de minuit
  at the third stroke it will be ... au troisième top il sera...
  on the stroke of six à six heures juste(s)
  it was just on ten o'clock il était tout juste dix heures
  it's exactly half past four il est exactement quatre heures et demie
  at four precisely à quatre heures précises
  at seven o'clock sharp à sept heures pile, à sept heures tapantes
  at seven o'clock on the dot (parlé)
  ʙʀ **at dead on seven o'clock** (parlé)

ɪ REMARQUE **a.m.** se prononce [eɪˈem] et **p.m.** [ˈpiːˈem].

244

■ 2. MEASURING TIME MESURER LE TEMPS

- A clock [klɒk]	une horloge, une pendule
by the clock	à l'horloge, à la pendule
a grandfather clock	une horloge de parquet
a pendulum ['pendjʊləm]	un balancier
the chime [tʃaɪm]	le carillon
an alarm clock	un réveille-matin, un réveil
a clock-radio	un radio-réveil
an hourglass ['aʊəglɑs]	un sablier
a sundial ['sʌn,daɪəl]	un cadran solaire
- A watch [wɒtʃ]	une montre
a digital / quartz watch	une montre digitale / à quartz
a diver's watch	une montre de plongée
a fob watch	une montre de gousset
a stopwatch ['stɒpwɒtʃ]	un chronomètre
to time sth with a stopwatch	chronométrer qqch.
- The dial ['daɪəl] the face [feɪs]	le cadran
the hand [hænd]	l'aiguille
the hour hand	la petite aiguille

the minute hand	la grande aiguille
the second hand the sweep hand	la trotteuse
a liquid crystal display (abr. LCD)	un affichage à cristaux liquides
the winder ['waɪndəʳ]	le remontoir
the spring [sprɪŋ]	le ressort
a cog (wheel)	un rouage
a watch battery	une pile de montre
a (watch) strap	un bracelet
- To put* the clock / one's watch right	mettre la pendule / sa montre à l'heure
the clock is slow / fast	la pendule retarde / avance
it's 5 minutes slow / fast	elle retarde / avance de 5 minutes
to wind* up a watch	remonter une montre
to tick [tɪk]	faire tic-tac
the tick(ing) of a clock	le tic-tac d'une pendule
to ring* [rɪŋ]	sonner (réveil)
to chime [tʃaɪm]	sonner (pendule)
a clockmaker ['klɒk,meɪkəʳ] a watchmaker ['wɒtʃ,meɪkəʳ]	un(e) horloger (-ère)

■ 3. NIGHT AND DAY LE JOUR ET LA NUIT

- A day [deɪ]	un jour, une journée
during the day	pendant la journée
in the daytime	pendant la journée, le jour
- The morning ['mɔːnɪŋ]	le matin, la matinée
this morning	ce matin
in the morning, we ...	le matin, nous...
early In the morning	tôt le matin
late in the morning	en fin de matinée
in the small hours in the wee hours	au petit matin
on a fine spring morning one fine spring morning	par une belle matinée de printemps
from morning till night	du matin au soir
- At noon at midday at 12 (o'clock)	à midi (à 12 heures)
at lunchtime at the lunch hour	à midi (à l'heure du déjeuner)

- The afternoon ['ɑːftə'nuːn]	l'après-midi
this afternoon	cet après-midi
in the afternoon, we ...	l'après-midi, nous...
the evening ['iːvnɪŋ]	le soir, la soirée
this evening tonight [tə'naɪt]	ce soir
in the evening, we ...	le soir, nous... dans la soirée, nous...
early / late in the evening	en début / en fin de soirée
late at night	tard le soir
- A night [naɪt]	une nuit
last night	cette nuit, la nuit dernière
at night, we ...	la nuit, nous...
during the night	pendant la nuit
in the middle of the night	au milieu de la nuit
midnight ['mɪdnaɪt]	minuit

at midnight	à minuit	sunrise ['sʌnraɪz]	le lever du soleil
it's getting dark	la nuit tombe	at sunrise	au lever du soleil
it's pitch dark	il fait nuit noire		
after dark	après la tombée de la nuit	– Dusk [dʌsk] twilight ['twaɪlaɪt]	le crépuscule
nocturnal [nɒk'tɜːnl]	nocturne	at dusk at twilight	au crépuscule
– Dawn [dɔːn]	l'aube	sunset ['sʌnset]	le coucher du soleil
at dawn at first light	à l'aube	at sunset	au coucher du soleil
dawn is breaking	le jour se lève	the sun is setting	le soleil se couche

REMARQUE Soir se traduit souvent par **night** lorsque l'on se réfère à la partie de la journée consacrée aux sorties ; ex. : il sort presque tous les soirs = **he goes out almost every night.**

■ 4. THE SEASONS LES SAISONS

– Seasonal ['siːzənl]	saisonnier	summer	estival (d'été)
the dry season	la saison sèche	summery ['sʌmərɪ]	estival (chaud, qui rappelle l'été)
the wet season the rainy season	la saison des pluies	Indian summer	l'été indien, l'été de la Saint-Martin
at this time of year	en cette époque de l'année	– Autumn ['ɔːtəm] AM fall [fɔːl]	l'automne
the days are shortening / lengthening	les jours raccourcissent / rallongent	late autumn	l'arrière-saison
		autumnal [ɔː'tʌmnəl]	automnal, d'automne
– Spring [sprɪŋ]	le printemps	winter ['wɪntəʳ]	l'hiver
in spring(time)	au printemps	in winter(time)	en hiver
spring	printanier (de printemps)	in midwinter	en plein hiver
springlike	printanier (doux, qui rappelle le printemps)	winter	hivernal (d'hiver)
		wintry ['wɪntrɪ]	hivernal (très froid)
summer ['sʌməʳ]	l'été	to hibernate ['haɪbəneɪt]	hiberner
in summer(time)	en été	hibernation	l'hibernation
in the height of summer	en plein été	[ˌhaɪbə'neɪʃən]	

■ 5. DATES AND DAYS LES DATES ET LES JOURS DE LA SEMAINE

– The calendar ['kæləndəʳ]	le calendrier	Tuesday ['tjuːzdɪ]	mardi
a date [deɪt]	une date	Wednesday ['wenzdɪ]	mercredi
What is today's date?	Le combien sommes-nous aujourd'hui ?, quelle est la date d'aujourd'hui ?	Thursday ['θɜːzdɪ]	jeudi
		Friday ['fraɪdɪ]	vendredi
		Saturday ['sætədɪ]	samedi
to date sth	dater qqch.	Sunday ['sʌndɪ]	dimanche
Friday April 5th Friday 5th April	le vendredi 5 avril	– On Saturday, we went ...	samedi, nous sommes allés...
on 5th April, we ...	le 5 avril, nous...	on Saturdays, we go ...	le samedi nous allons..., tous les samedis nous allons...
in the year 2000	en l'an 2000		
– Monday ['mʌndɪ]	lundi	last Saturday	samedi dernier

next Sunday	dimanche prochain	– Today [təˈdeɪ]	aujourd'hui
it's Monday today	nous sommes lundi	yesterday [ˈjestədeɪ]	hier
today is Monday		yesterday evening	hier soir
– A week [wiːk]	une semaine	last night	
a weekday	un jour de semaine	the day before yester-	avant-hier
a working day	un jour ouvrable, ouvré	day	
BR a week on Saturday	samedi en huit	the night before last	avant-hier soir
BR Saturday week		the day before	la veille
AM a week from Saturday		two days before	l'avant-veille
the weekend	le week-end	the previous day	le jour précédent
at the weekend, we went ...	le week-end, nous sommes allés...		
BR at weekends, we ...	le week-end, nous	– Tomorrow [təˈmɒrəʊ]	demain
AM on weekends, we ...	allons..., tous les week-ends, nous allons...	tomorrow morning	demain matin
		the day after tomorrow	après-demain
two weeks	quinze jours, une quin-	tomorrow evening	demain soir
BR a fortnight [ˈfɔːtnaɪt]	zaine	the following day	le lendemain
two weeks on Friday	vendredi en quinze	the next day	
BR a fortnight on Friday		two days later	le surlendemain

REMARQUES
1. April 5th 2007 et 5th April, 2007 se disent :
en anglais britannique April the fifth, two thousand and seven ou the fifth of April, two thousand and seven,
en américain April fifth, two thousand and seven
2. on 5th April se dit on the fifth of April.

■ 6. MONTHS AND YEARS LES MOIS ET LES ANNÉES

– January [ˈdʒænjʊərɪ]	janvier	early in June	au début de juin
February [ˈfebrʊərɪ]	février	in early June	
March [mɑːtʃ]	mars	at the beginning of June	
April [ˈeɪprəl]	avril	late in June	vers la fin (du mois de)
May [meɪ]	mai	in late June	juin
June [dʒuːn]	juin		
July [dʒuːˈlaɪ]	juillet	– A month [mʌnθ]	un mois
August [ˈɔːgəst]	août	a quarter [ˈkwɔːtəʳ]	un trimestre (en général)
September [sepˈtembəʳ]	septembre	a term [tɜːm]	un trimestre (d'année scolaire)
October [ɒkˈtəʊbəʳ]	octobre		
November [nəʊˈvembəʳ]	novembre	a year [jɪəʳ]	une année
December [dɪˈsembəʳ]	décembre	a calendar year	une année civile
		a leap year	une année bissextile
– In April	en avril	a decade [ˈdekeɪd]	une décennie
during May	au (cours du) mois de mai	a century [ˈsentjʊrɪ]	un siècle
		the millennium [mɪˈlenɪəm]	le millénaire
in mid-March	à la mi-mars		
at the end of March	à la fin de mars	347 BC (abr. de Before Christ)	347 av. J.-C.
next February	en février prochain	1489 AD (abr. de Anno Domini)	1489 apr. J.-C.
last February	en février dernier		

■ 7. DURATION LA DURÉE

- **To go** * on for an hour / a week — durer une heure / une semaine (en général)

  to last an hour / a week — durer une heure / une semaine (comme prévu)

  How long does it last? — Combien de temps cela dure-t-il ?

  it went on for hours and hours — ça a duré des heures et des heures

- **Duration** [djʊˈreɪʃən] **length** [leŋθ] — la durée (d'un examen, d'un spectacle, d'un voyage)

  the term [tɜːm] duration — la durée (d'un contrat)

  life [laɪf] — la durée (de vie) (d'une ampoule, d'une pile)

  for a limited / an unlimited length of time
  for a limited / an unlimited period — pour une durée limitée / illimitée

  for (the period of) two months — pour une durée de deux mois

  a lapse of time — un laps de temps

- **While** [waɪl] — pendant que

  meanwhile [ˈmiːnwaɪl] — en attendant, pendant ce temps

  in the meantime — entre-temps, pendant ce temps

  for a while — pendant quelque temps

  over a period of — pendant une période de

  for two days / months — pendant deux jours / mois

  he didn't eat anything for two days — il n'a rien mangé pendant deux jours

  for three weeks / years — pour trois semaines / mois

  I'm here for two days — je suis ici pour deux jours

- **All day (long)** the whole day for the whole day — pendant toute la journée

  throughout the week / the year all through the week / the year — pendant toute la semaine / l'année

- **During** [ˈdjʊərɪŋ] — durant, pendant

  during my studies — durant mes études

  for months on end — des mois durant, pendant des mois et des mois

  for a full three hours for a whole three hours — trois heures durant

- **During** [ˈdjʊərɪŋ] in the course of — au cours de, durant

  it snowed during the night — il a neigé durant la nuit
  it snowed in (the course of) the night

  in (all of) ten years, I've seen him three times — en dix ans, je l'ai vu trois fois

  in no time — en un rien de temps

- **All the time** — tout le temps, à longueur de temps

  the whole time

  he does that all the time
  he does that the whole time — il fait tout le temps cela

  the all time I was there
  the whole time I was there — tout le temps que j'étais là

  all day
  the whole day

  round the clock — 24 heures sur 24

- **Since** the beginning from the beginning all along — depuis le début

  for some time — depuis quelque temps

  since January — depuis janvier

  for two days / three months — depuis deux jours / trois mois

  I have been here for two days — je suis ici depuis deux jours

  he has been working here for five years — il travaille ici depuis cinq ans, cela fait cinq ans qu'il travaille ici

  he has been working here since May — il travaille ici depuis mai

  Since when have you been living here? — Depuis quand habitez-vous ici ?

  How long have you been living here? — Depuis combien de temps habitez-vous ici ?, cela fait combien de temps que vous habitez ici ?

- **Till** [tɪl] until [ənˈtɪl] up to — jusqu'à (ce que), jusqu'en

  until May — jusqu'en mai

  he worked until the age of 80
  he worked up to the age of 80 — il a travaillé jusqu'à 80 ans

she stayed till the end	elle est restée jusqu'à la	temporary ['tempərərɪ]	temporaire
she stayed to the end	fin	temporarily ['tempərərɪlɪ]	temporairement
up to now	jusqu'à présent	provisional [prə'vɪʒənl]	provisoire
until then	jusqu'alors	provisionally	provisoirement
up till then		[prə'vɪʒnəlɪ]	
till he arrives	jusqu'à ce qu'il arrive	the transition *from … to*	la transition *de… à*
until he arrives		[træn'zɪʃən]	
up to and including	jusqu'au 3 mars inclus	transitional [træn'zɪʃənəl]	transitoire, de transition
March 3rd			(mesures, régime)

– From now on — désormais, à partir de

henceforth ['hensfɔ:θ] — maintenant

(soutenu)

in future

from then on	à partir de ce moment-là (dans le passé)
from 1988 (onwards)	dès 1988, à partir de 1988
BR from Monday to Thursday	de lundi jusqu'à jeudi
AM Monday thru Thursday	
BR from 1959 till 1985	de 1959 à 1985
BR from 1959 to 1985	
AM from 1959 thru 1985	

– Short [ʃɔ:t] — court, de courte durée

(stage, séjour)

a short spell	une courte période
short-lived	de courte durée (bonheur, répit)
short-term	à court terme (projet, vue)
brief [bri:f]	bref
briefly ['bri:flɪ]	brièvement
passing ['pɑ:sɪŋ]	passager (malaise)
brief	
transient ['trænzɪənt]	passager, éphémère,
ephemeral [ɪ'femərəl]	fugitif (bonheur, beauté)
fleeting ['fli:tɪŋ]	
to shorten ['ʃɔ:tn]	écourter (discussion, séjour)
to curtail [kɜ:'teɪl]	

– Momentary — momentané

['məʊməntərɪ]

for a short while	momentanément
BR momentarily[1]	
['məʊməntərɪlɪ]	

> ATTENTION 1 : AM **momentarily** = tout de suite

– Long [lɒŋ] — long

lengthy ['leŋθɪ]	très long, trop long
a long time	longtemps
quite some time	
lengthily ['leŋθɪlɪ]	longuement
at length	
long-term	à long terme (projet, vue)
to prolong [prə'lɒŋ]	prolonger

– Continuous [kən'tɪnjʊəs] — continu

continual [kən'tinjʊəl]	continuel
constant ['kɒnstənt]	constant
ceaseless ['si:slɪs]	incessant
persistent [pə'sɪstənt]	persistant
to persist [pə'sɪst]	persister
perpetual [pə'petjʊəl]	perpétuel
permanent ['pɜ:mənənt]	permanent
to go* on	continuer
lasting ['lɑ:stɪŋ]	durable
enduring [ɪn'djʊərɪŋ]	

(soutenu)

– Eternal [ɪ't3:nl] — éternel

everlasting [ˌevə'lɑ:stɪŋ]

eternally [ɪ'tɜ:nəlɪ]	éternellement
everlastingly	
[ˌevə'lɑ:stɪŋlɪ]	
eternity [ɪ'tɜ:nɪtɪ]	l'éternité
endless ['endlɪs]	sans fin
unending [ʌn'endɪŋ]	
forever [fər'evə']	pour toujours
for good	
for ever (and ever)	à jamais

> REMARQUE Attention aux temps ! L'anglais emploie le present perfect simple ou progressif pour exprimer qu'une action a commencé dans le passé mais se poursuit dans le présent ; ex. : il habite Paris depuis deux ans/depuis 1986 = he has lived in Paris for two years/since 1986 ou he has been living in Paris for two years/since 1986.

■ 8. FREQUENCY LA FRÉQUENCE

– **Frequent** ['fri:kwənt]   fréquent
frequently ['fri:kwəntlɪ]   fréquemment
frequency ['fri:kwənsɪ]   la fréquence
regular ['regjʊlə']   régulier
regularly ['regjʊləlɪ]   régulièrement
regularity [ˌregjʊ'lærɪtɪ]   la régularité

– **Rare** [rɛə']   rare
rarely ['rɛəlɪ]   rarement
seldom ['seldəm]
rarity ['rɛərɪtɪ]   la rareté
irregular [ɪ'regjʊlə']   irrégulier
irregularly [ɪ'regjʊləlɪ]   irrégulièrement
irregularity [ɪˌregjʊ'lærɪtɪ]   l'irrégularité
intermittent [ˌɪntə'mɪtənt]   intermittent
periodical [ˌpɪərɪ'ɒdɪkəl]   périodique
unique [ju:'ni:k]   unique

– **A cycle** ['saɪkl]   un cycle
cyclical ['saiklikəl]   cyclique
every four days   tous les quatre jours
on the 23rd of each month   tous les 23 du mois
every second Sunday / week   un dimanche / une semaine sur deux
every other Sunday / week
every third day / month   un jour / mois sur trois
daily ['deɪlɪ]   quotidien
weekly ['wi:klɪ]   hebdomadaire
monthly ['mʌnθlɪ]   mensuel
annual ['ænjʊəl]   annuel
biennial [baɪ'enɪəl]   biennal, bisannuel
at intervals of   à intervalles de

– **Always** ['ɔ:lweɪz]   toujours
often ['ɒfən]   souvent
more often than not   le plus souvent,
as often as not   la plupart du temps
once [wʌns]   une fois
AM **one time**

twice [twaɪs]   deux fois
AM **two times**
How many times did it happen?   Combien de fois est-ce arrivé ?
it happened four times   ça s'est produit quatre fois

– **Once too often**   une fois de trop
sometimes ['sʌmtaɪmz]   quelquefois, parfois
several times   plusieurs fois
many times   bien des fois
many a time

– **From time to time**   de temps en temps, de
every now and again   temps à autre
once in a while
occasionally [ə'keɪʒnəlɪ]   à l'occasion
on occasion
occasional [ə'keɪʒənl]   occasionnel
very occasionally   de loin en loin
sporadic [spə'rædɪk]   sporadique
once in a blue moon   tous les trente-six du
(parlé)   mois
practically never   pour ainsi dire jamais
that's unheard of   cela ne s'est jamais vu

– **Every time**   chaque fois
each time
every time (that)   chaque fois que
whenever [wen'evə']
every time he says it   chaque fois qu'il le dit
it's the first time (that)...   c'est la première fois que...

– **To repeat** [rɪ'pi:t]   répéter
repetition [ˌrepɪ'tɪʃən]   la répétition
repeated [rɪ'pi:tɪd]   répété
repetitive [rɪ'petɪtɪv]   répétitif
to reiterate [ri:'ɪtəreɪt]   réitérer
recurring [rɪ'kɜ:rɪŋ]   récurrent
to recur [rɪ'kɜ:']   se reproduire

■ 9. EXPRESSIONS OF TIME LES EXPRESSIONS TEMPORELLES

– **To have (got) time *to do sth***   avoir le temps *de faire qqch.*
to have plenty of time *to do sth*   avoir largement le temps *de faire qqch.*
I haven't got time to do it   je n'ai pas le temps de le faire

to save time   gagner du temps (pour l'économiser)
to play for time   gagner du temps (temporiser)
to lose* time   perdre du temps
to waste time

to make* up for lost time	rattraper le temps perdu	– **On** time	à l'heure
to pass the time	faire passer le temps	in time *for*	à temps *pour*
to while away the time		timely ['taɪmlɪ]	à propos, opportun
– **T**o spend* one's time doing sth	passer son temps à faire qqch.	punctual ['pʌŋktjʊəl]	ponctuel, à l'heure
to take* a long time to do sth	mettre longtemps à faire qqch.	punctually ['pʌŋktjʊəlɪ]	ponctuellement, à l'heure
it takes ages (parlé)	cela prend une éternité	punctuality [ˌpʌŋktjʊˈælɪtɪ]	la ponctualité, l'exactitude
It's about time!	Il est bien temps !, Ce n'est pas trop tôt !		
it's high time he left	il est grand temps qu'il parte	– **Early** ['ɜːlɪ]	tôt, de bonne heure
		earlier	plus tôt
time flies	le temps passe vite	earlier than	plus tôt que
there isn't much time left	il ne reste pas beaucoup de temps	premature ['premətʃʊə']	prématuré
		prematurely ['premətʃʊəlɪ]	prématurément
as time goes by	avec le temps (dans le futur)	late [leɪt]	en retard
as time went by	avec le temps (dans le passé)	to be / to arrive early *for sth*	être / arriver en avance *pour qqch.*
– **A**t the same time	en même temps	to be / to arrive late *for sth*	être / arriver en retard *pour qqch.*
at the same moment	au même moment		
at that moment	à ce moment-là	– **Later** (on)	plus tard
just as	au moment où	later than	plus tard que
as soon as	dès que, aussitôt que	not later than	pas plus tard que
as soon as I saw him the moment I saw him	dès que je l'ai vu	sooner or later	tôt ou tard
		for the time being	pour le moment
simultaneous [ˌsɪməlˈteɪnɪəs]	simultané		
simultaneously [ˌsɪməlˈteɪnɪəslɪ]	simultanément	– **Already** [ɔːlˈredɪ]	déjà
		BR I've already told you	je te l'ai déjà dit
simultaneousness [ˌsɪməlˈteɪnɪəsnɪs]	la simultanéité	AM I already told you	
simultaneity [ˌsɪməltəˈniːɪtɪ]		AM I told you already	
		at last	enfin
– **Just a minute!**	Une minute !	Here you are at last!	Vous voici enfin !
Just a second!	Une seconde !	still [stɪl]	encore, toujours (jusqu'à maintenant)
a moment ['məʊmənt]	un moment		
an instant ['ɪnstənt]	un instant	Is he still here?	Est-il encore ici ?, est-il toujours ici ?
immediate [ɪˈmiːdɪət]	immédiat		
immediately [ɪˈmiːdɪətlɪ]	immédiatement	yet [jet]	encore, déjà
instant	instantané	not [...] (as) yet	ne [...] pas encore
instantly ['ɪnstəntlɪ]	instantanément	Has he arrived yet?	Est-il déjà arrivé ?
at once	tout de suite, sur-le-champ	I haven't seen him yet	je ne l'ai pas encore vu
right away			
straight away		– **When** [wen]	quand, lorsque
forthwith ['fɔːθˈwɪθ] (soutenu)		as [æz]	comme
AM momentarily [1] ['məʊməntərɪlɪ]		the day / the week (when) …	le jour / la semaine où…
		the year he died	l'année où il est mort
		– **Never** ['nevə']	ne… jamais
		not ever	

ATTENTION **1** : BR momentarily = momentanément

251

I have never seen her I haven't ever seen her	je ne l'ai jamais vue	**Didn't he ever unders- tand?**	N'a-t-il jamais compris ?
		at no time	à aucun moment

> REMARQUES
> **1.** L'anglais emploie **ever** à la place de **never** lorsqu'une négation se trouve déjà dans la phrase ; ex. : il ne se passe jamais rien = **nothing ever happens.**
> **2.** Attention aux temps ! Ex. : je l'ai déjà fait = BR **I've already done it,** AM **I already did it, I did it already.**

34 | PAST, PRESENT AND FUTURE
LE PASSÉ, LE PRÉSENT ET LE FUTUR

■ 1. PAST AND PRESENT LE PASSÉ ET LE PRÉSENT

- **Now** [naʊ]   maintenant
  at present   à présent
  just now
  at the moment   en ce moment

- **Then** [ðen]   alors
  at that time   à cette époque
  at one time   à un moment donné
  at one point   (dans le passé)
  at some point
  at some point   à un moment donné
                                     (dans le futur)
  on that occasion   à cette occasion

- **Two days ago**   il y a deux jours
  a long time ago   il y a longtemps
  long ago
  he left two days ago / a   il est parti il y a deux
  long time ago   jours / il y a longtemps
  it has been a long time   cela fait longtemps
  since ...   que...
  it dates from ...   cela date de...
  it goes back to ...   cela remonte à...

- **Old** [əʊld]   vieux, ancien
  ancient ['eɪnʃənt]   très ancien, antique
  ancient remains   des vestiges de
                                     l'Antiquité
  antique [ˌænˈtiːk]   ancien
  antique furniture   du mobilier ancien
  an antique   une antiquité
  the plinth is original   le socle est d'origine

- **Before** [bɪˈfɔːˈ]   avant
  he arrived before me   il est arrivé avant moi
  before   avant que
  he left before I could tell   il est parti avant que
  him   j'aie pu lui dire
  before doing sth   avant de faire qqch.
  do it before going to   fais-le avant d'aller te
  bed   coucher
  before(hand)   auparavant (d'abord)

- **Three days later**   trois jours plus tard
  three days afterwards
  within three days of his   moins de trois jours
  arrival   après son arrivée

- **Former** [ˈfɔːməˈ]   ancien, précédent (qui
                                     n'est plus)
  the former mayor   l'ancien maire, le maire
                                     précédent
  the former world cham-   l'ancien champion du
  pion   monde

my former husband   mon mari précédent
my ex-husband   mon ex-mari
it has lost its former   cela a perdu son
charm   charme d'autrefois
formerly [ˈfɔːməlɪ]   anciennement, autrefois
in former days

- **Prior** [ˈpraɪəˈ]   préalable (accord, avis)
  previous [ˈpriːvɪəs]
  first [fɜːst]   préalablement
  beforehand [bɪˈfɔːhænd]
  prior to   préalablement à, avant

- **Previous** [ˈpriːvɪəs]   antérieur, précédent
  earlier [ˈɜːlɪəˈ]   (occasion, situation,
                                     rencontre)
  in a former life   dans une vie antérieure
  prior to   antérieur à
  that was prior to his   c'était antérieur à sa
  resignation   démission, c'était avant
                                     qu'il ne démissionne

  previously [ˈpriːvɪəslɪ]   antérieurement,
                                     précédemment,
  earlier   auparavant
  three years previously   trois ans auparavant
  three years earlier

- **Past** [pɑːst]   passé
  the past   le passé
  in the distant past   dans un passé lointain
  before [bɪˈfɔː]   auparavant
  in the olden days   au temps jadis, autre-
  in olden times   fois
  in the past   dans le passé, par le
                                     passé

- **Present** [ˈpreznt]   présent, actuel[1]
  in present-day circum-   dans les circonstances /
  stances / China   la Chine d'aujourd'hui
  the present   le présent
  at present   à présent
  AM presently[2] [ˈprezntlɪ]
  recent [ˈriːsnt]   récent
  recently [ˈriːsntlɪ]   récemment
  not long ago   il y a peu de temps

ATTENTION FAUX AMIS 1 : actual = réel
                   2 : BR presently = tout à l'heure

- **Old-fashioned**   démodé
  [ˈəʊldˈfæʃnd]
  antiquated [ˈæntɪkweɪtɪd]   vieillot
  outdated [aʊtˈdeɪtɪd]   suranné, désuet

out-of-date | périmé (billet, bon)
expired [ɪksˈpaɪəˈd]
outdated | périmé (idée)
obsolete [ˈɒbsəliːt] | obsolète
anachronistic | anachronique
[əˌnækrəˈnɪstɪk]
an anachronism | un anachronisme
[əˈnækrənɪzəm]
archaic [ɑːˈkeɪɪk] | archaïque
an archaism [ˈɑːkeɪɪzəm] | un archaïsme

- Modern [ˈmɒdən] | moderne

current [ˈkʌrənt] | courant (année, semaine)
present [ˈpreznt]
contemporary | contemporain
[kənˈtempərərɪ]
up-to-date [ˌʌptəˈdeɪt] | actualisé, à jour
(données, rapport)
it's the very latest thing | c'est le dernier cri
a state-of-the-art com- | un ordinateur / une voi-
puter / car | ture dernier cri
up-to-date | dans le vent (attitude,
personne)

| REMARQUE Attention aux temps ! **ago** se construit toujours avec le prétérit, **since** avec le passé composé (present perfect) ou le plus-que-parfait (pluperfect).

■ 2. FUTURE LE FUTUR

- Future [ˈfjuːtʃəˈ] | futur
my husband-to-be | mon futur mari
subsequent [ˈsʌbsɪkwənt] | postérieur, ultérieur
subsequently | ultérieurement, par la
[ˈsʌbsɪkwəntlɪ] | suite
at some future date | à une date ultérieure
the future | l'avenir
in the near future | dans un proche avenir
in the distant future | dans un avenir lointain
in weeks / years to | dans les semaines /
come | années à venir

- Soon [suːn] | bientôt
in a while | tout à l'heure
shortly [ˈʃɔːtlɪ]
BR presently [ˈprezntlɪ]
in a minute | dans une minute
before long | sous peu
after a while | au bout de quelque
temps
imminent [ˈɪmɪnənt] | imminent
impending [ɪmˈpendɪŋ]

ATTENTION 1 : AM **presently** = à présent

- After(wards) | après
[ˈɑːftə(wədz)]
he arrived after me | il est arrivé après moi
I'll do it afterwards | je le ferai après
after some time | après quelque temps
after [ˈɑːftə] | après que
I arrived after he left | je suis arrivé après qu'il
fut parti
after doing sth | après avoir fait qqch.

- The following day / | le jour / mois suivant
month
when the time comes | le moment venu
(dans le futur)
when the time came | le moment venu
(dans le passé)
in the long run | à la longue
ultimate [ˈʌltɪmɪt] | final, ultime

■ 3. HISTORY L'HISTOIRE

- The history of France | l'histoire de France
French history
historical [hɪsˈtɒrɪkəl] | historique (étude, vérité,
roman)
historic [hɪsˈtɒrɪk] | historique, qui fait date
(événement, monument)
a historian [hɪsˈtɔːrɪən] | un(e) historien(ne)

- A history book | un livre d'histoire
a source [sɔːs] | une source

a document | un document
[ˈdɒkjʊmənt]
a record [ˈrekɔːd]
the archives [ˈɑːkaɪvz] | les archives
an archivist [ˈɑːkɪvɪst] | un(e) archiviste

- An account [əˈkaʊnt] | un récit
to give* an account of | faire le récit de
to recount [rɪˈkaʊnt] | raconter

to narrate [nəˈreɪt] (soutenu)	narrer	– Chronology [krəˈnɒlədʒɪ]	la chronologie
to relate [rɪˈleɪt]		chronological [ˌkrɒnəˈlɒdʒɪkəl]	chronologique
a chronicle [ˈkrɒnɪkl]	une chronique	a period [ˈpɪərɪəd]	une période, une époque
a chronicler [ˈkrɒnɪkləʳ]	un chroniqueur		
to chronicle sth	faire la chronique de qqch.	periodic [ˌpɪərɪˈɒdɪk]	périodique
		an era [ˌɪərə]	une ère, une époque
to distort the facts	déformer les faits	modern [ˈmɒdən]	moderne
to misrepresent the facts		contemporary [kənˈtempərərɪ]	contemporain
an event [ɪˈvent]	un événement	in the time of	à l'époque de
that'll make history	cela fera date	in prehistoric/ancient times	à l'époque préhistorique/antique
to go* down in history	entrer dans l'histoire		

■ 4. ARCHAEOLOGY AND PREHISTORY L'ARCHÉOLOGIE ET LA PRÉHISTOIRE

– Prehistory [priːˈhɪstərɪ]	la préhistoire	a monolith [ˈmɒnəʊlɪθ]	un monolithe
prehistoric [ˌpriːhɪsˈtɒrɪk]	préhistorique	monolithic [ˌmɒnəˈlɪθɪk]	monolithe, monolithique
BR archaeology [ˌɑːkɪˈɒlədʒɪ] AM archeology	l'archéologie	a megalith [ˈmegəlɪθ]	un mégalithe
		megalithic [ˌmegəˈlɪθɪk]	mégalithique
BR archaeological [ˌɑːkɪəˈlɒdʒɪkəl] AM archeological	archéologique	– The Ice Age the glacial period	la période glaciaire
BR an archaeologist [ˌɑːkɪˈɒlədʒɪst] AM an archeologist	un(e) archéologue	the Stone Age	l'âge de pierre
		paleolithic [ˌpælɪəʊˈlɪθɪk]	paléolithique
paleontology [ˌpælɪɒnˈtɒlədʒɪ]	la paléontologie	mesolithic [ˌmesəʊˈlɪθɪk]	mésolithique
		neolithic [ˌniːəʊˈlɪθɪk]	néolithique
a paleontologist [ˌpælɪɒnˈtɒlədʒɪst]	un(e) paléontologue	the Bronze Age	l'âge du bronze
		the Iron Age	l'âge du fer
– A dig [dɪg] (sing.)	des fouilles	– A dinosaur [ˈdaɪnəsɔːʳ]	un dinosaure
a find [faɪnd]	une découverte	a pterodactyl [ˌterəʊˈdæktɪl]	un ptérodactyle
remains [rɪˈmeɪnz]	les restes, les vestiges		
traces of	des traces de	a brontosaurus [ˌbrɒntəˈsɔːrəs]	un brontosaure
a treasure [ˈtreʒəʳ]	un trésor		
a fossil [ˈfɒsl]	un fossile	a diplodocus [dɪˈplɒdəkəs]	un diplodocus
a mummy [ˈmʌmɪ]	une momie	to die out	disparaître, s'éteindre
a cave painting	une peinture rupestre	a hominid [ˈhɒmɪnɪd]	un hominidé
to date sth	dater qqch.	primitive/prehistoric man	l'homme primitif/préhistorique
– A site [saɪt]	un site		
a burial mound	un tumulus	Neanderthal man	l'homme de Neandertal
a dolmen [ˈdɒlmen]	un dolmen	a cave dweller	un homme des cavernes
a menhir [ˈmenhɪəʳ]	un menhir	a caveman [ˈkeɪvmæn]	

■ 5. A FEW HISTORICAL LANDMARKS QUELQUES REPÈRES HISTORIQUES _

- **Antiquity** [æn'tɪkwɪtɪ] — l'antiquité
the **ancient world** — le monde antique
ancient Rome/Greece — la Rome/la Grèce antique
Gaul [gɔːl] — la Gaule
the **Gauls** [gɔːlz] — les Gaulois
the **Celts** [kelts] — les Celtes
Celtic ['keltɪk] — celte, celtique
the **Vikings** ['vaɪkɪŋz] — les Vikings
the **Normans** ['nɔːmənz] — les Normands
Norman — normand

- **The Saxons** ['sæksnz] — les Saxons
Saxon — saxon
the **Anglo-Saxons** ['æŋgləʊ'sæksənz] — les Anglo-Saxons
Anglo-Saxon — anglo-saxon
the **Roman Empire** — l'Empire romain
the **rise and fall of the Roman Empire** — la grandeur et la décadence de l'Empire romain

- **The Christian era** — l'ère chrétienne
the **Middle Ages** — le Moyen-Âge
the **Dark Ages** — le haut Moyen-Âge
feudal ['fjuːdl] — féodal
feudalism ['fjuːdəlɪzəm] — la féodalité
BR **mediaeval** [ˌmedɪ'iːvəl] — médiéval
AM **medieval**

- **The Crusades** [kruːˈseɪdz] — les Croisades
to go* on a **crusade** — partir en croisade
a **crusader** [kruːˈseɪdəʳ] — un croisé
the **Hundred Years' War** — la guerre de Cent Ans
the **Wars of the Roses** — la guerre des Deux Roses

the **Wars of Religion** — les guerres de Religion

- **A dynasty** ['dɪnəstɪ] — une dynastie
dynastic [daɪ'næstɪk] — dynastique
the **House of Bourbon/Valois** — la maison des Bourbon/des Valois
the **Regency** ['riːdʒənsɪ] — la Régence
the **Renaissance** [rɪ'neɪsãːns] — la Renaissance
the **Reformation** [ˌrefə'meɪʃən] — la Réforme
the **Restoration** [ˌrestə'reɪʃən] — la Restauration
the **Industrial Revolution** — la révolution industrielle
the **(Age of) Enlightenment** — le Siècle des lumières

- **The Belle Epoque** — la Belle Époque
the **Victorian era** — l'ère victorienne
the **Roaring Twenties** — les Années folles
the **First/Second World War** — la Première/Deuxième Guerre mondiale
World War I/II
the **pre-war/post-war period** — l'avant-/l'après-guerre
the **inter-war period** — l'entre-deux-guerres

- **The Declaration of Independence** — la Déclaration d'indépendance
the **(American) Civil War** — la guerre de Sécession américaine
the **Prohibition** [ˌprəʊɪ'bɪʃən] — la Prohibition
the **Depression** [dɪ'preʃən] — la crise de 1929
the **Space Age** — l'ère spatiale
the **Atomic/Electronic Age** — l'ère nucléaire/de l'électronique

35 COUNTING AND QUANTITY
LA QUANTIFICATION

■ 1. CARDINAL NUMBERS LES NOMBRES CARDINAUX _____

– Zero ['zɪərəʊ]	zéro
nought [nɔːt]	
one [wʌn]	un
two [tuː]	deux
three [θriː]	trois
four [fɔːʳ]	quatre
five [faɪv]	cinq
six [sɪks]	six
seven ['sevn]	sept
eight [eɪt]	huit
nine [naɪn]	neuf
– Ten [ten]	dix
eleven [ɪ'levn]	onze
twelve [twelv]	douze
thirteen [θɜː'tiːn]	treize
fourteen ['fɔː'tiːn]	quatorze
fifteen [fɪf'tiːn]	quinze
sixteen ['sɪks'tiːn]	seize
seventeen ['sevn'tiːn]	dix-sept
eighteen ['eɪ'tiːn]	dix-huit
nineteen ['naɪn'tiːn]	dix-neuf
– Twenty ['twentɪ]	vingt
twenty-one	vingt et un
twenty-two	vingt-deux
twenty-three	vingt-trois
twenty-four	vingt-quatre
twenty-five	vingt-cinq
twenty-six	vingt-six
twenty-seven	vingt-sept
twenty-eight	vingt-huit
twenty-nine	vingt-neuf
– Thirty ['θɜːtɪ]	trente
forty ['fɔːtɪ]	quarante
fifty ['fɪftɪ]	cinquante
sixty ['sɪkstɪ]	soixante
seventy ['sevntɪ]	soixante-dix
eighty ['eɪtɪ]	quatre-vingt

ninety ['naɪntɪ]	quatre-vingt-dix
– A hundred ['hʌndrəd]	cent
one hundred	
two/three hundred	deux/trois cents
BR **a hundred and one/two**	cent un/deux
AM **a hundred one/two**	
a thousand ['θaʊzənd]	mille
one thousand	
two/three thousand	deux/trois mille
BR **a thousand and one/two**	mille un/deux
AM **a thousand one/two**	
a hundred thousand	cent mille
– A million ['mɪljən]	un million
two/three million	deux/trois millions
a million records	un million de disques
a billion ['bɪljən]	un milliard
BR **a thousand million**	
– Ten [ten]	une dizaine (dix)
ten or so	une dizaine (environ dix)
about ten	
dozens of letters	des dizaines (ou des douzaines) de lettres
a dozen ['dʌzn]	une douzaine
a dozen books/people	une douzaine de livres/de gens
a half-dozen	une demi-douzaine
half-a-dozen	
twenty ['twentɪ]	une vingtaine (vingt)
about twenty	une vingtaine (environ vingt)
a hundred ['hʌndrəd]	une centaine (cent)
one hundred	
a hundred or so	une centaine (environ cent)
hundreds of	des centaines de
a thousand ['θaʊzənd]	un millier (mille)
one thousand	
a thousand or so	un millier (environ mille)
thousands of	des milliers de
tens of thousands of	des dizaines de milliers de

<u>REMARQUES</u>
1. À l'intérieur d'un numéro, zéro se prononce [əʊ] en anglais britannique et ['zɪərəʊ] en américain ; ex. : **104** se prononce [wʌnəʊ'fɔː'] en anglais britannique et [wʌn'zɪərəʊfɔː'] en américain. Dans le vocabulaire des sports, zéro se dit **nil** ; ex. : battu 5-0 = **beaten 5-nil**. Toutefois, au tennis, on emploie **love** ; ex. : quinze-zéro **fifteen-love**. Quand il s'agit d'une note, zéro se dit **nought**.

2. a hundred = one hundred. On peut employer l'une ou l'autre de ces formes entre les nombres 101 et 199.

3. a thousand = one thousand. On peut employer l'un ou l'autre dans les nombres composés jusqu'à 1099 ; au-delà, one thousand est préférable.

4. Attention : en anglais, la virgule s'emploie pour séparer les milliers ; ex. : deux mille s'écrit en chiffres 2,000 ; un million quatre cent mille trois cent vingt-six (1 400 326) = one million, four hundred thousand, three hundred and twenty-six (1,400,326).

■ 2. ORDINAL NUMBERS LES NOMBRES ORDINAUX _____

– **First** [fɜːst] (abr. 1st) — premier (1ᵉʳ)
second ['sekənd] (abr. 2nd) — deuxième (2ᵉ)
third [θɜːd] (abr. 3rd) — troisième (3ᵉ)
fourth [fɔːθ] (abr. 4th) — quatrième (4ᵉ)
fifth [fɪfθ] (abr. 5th) — cinquième (5ᵉ)
sixth [sɪksθ] (abr. 6th) — sixième (6ᵉ)
seventh ['sevnθ] (abr. 7th) — septième (7ᵉ)
eighth [eɪtθ] (abr. 8th) — huitième (8ᵉ)
ninth [naɪnθ] (abr. 9th) — neuvième (9ᵉ)
tenth [tenθ] (abr. 10th) — dixième (10ᵉ)

– **Eleventh** [ɪ'levnθ] — onzième
twelfth [twelfθ] — douzième
thirteenth ['θɜː'tiːnθ] — treizième
fourteenth ['fɔː'tiːnθ] — quatorzième
fifteenth ['fɪf'tiːnθ] — quinzième
sixteenth ['sɪks'tiːnθ] — seizième
seventeenth ['sevn'tiːnθ] — dix-septième
eighteenth ['eɪ'tiːnθ] — dix-huitième
nineteenth ['naɪn'tiːnθ] — dix-neuvième

– **Twentieth** ['twentɪɪθ] — vingtième
twenty-first — vingt et unième
twenty-second — vingt-deuxième

twenty-third — vingt-troisième
twenty-fourth — vingt-quatrième
twenty-fifth — vingt-cinquième
twenty-sixth — vingt-sixième
twenty-seventh — vingt-septième
twenty-eighth — vingt-huitième
twenty-ninth — vingt-neuvième

– **Thirtieth** ['θɜːtɪɪθ] — trentième
fortieth ['fɔːtɪɪθ] — quarantième
fiftieth ['fɪftɪɪθ] — cinquantième
sixtieth ['sɪkstɪɪθ] — soixantième
seventieth ['sevntɪɪθ] — soixante-dixième
eightieth ['eɪtɪəθ] — quatre-vingtième
ninetieth ['naɪntɪɪθ] — quatre-vingt-dixième
hundredth ['hʌndrɪdθ] — centième
BR **hundred and first** / AM **hundred first** — cent unième
thousandth ['θaʊzənθ] — millième
millionth ['mɪljənθ] — millionième
one million four hundred thousand three hundred and twenty-sixth — un million quatre cent mille trois cent vingt-sixième

■ 3. ARITHMETIC AND ALGEBRA L'ARITHMÉTIQUE ET L'ALGÈBRE _____

– **Mathematics** [ˌmæθə'mætɪks] (sing.) — les mathématiques
BR **maths** [mæθs] (sing.) / AM **math** [mæθ] (sing.) — les maths
mathematical [ˌmæθə'mætɪkəl] — mathématique
a mathematician [ˌmæθəmə'tɪʃən] — un(e) mathématicien(ne)
statistics [stə'tɪstɪks] (sing.) — la statistique (science)

statistics (plur.) — les statistiques (données)
statistical [stə'tɪstɪkəl] — statistique
a statistician [ˌstætɪs'tɪʃən] — un(e) statisticien(ne)

– **Arithmetic(al)** [ˌærɪθ'metɪk(əl)] — arithmétique
algebraic [ˌældʒɪ'breɪɪk] — algébrique
arithmetic [ə'rɪθmətɪk] — le calcul
counting ['kaʊntɪŋ]

a sign [saɪn]	un signe	**– By** my reckoning according to my calculations	d'après mes calculs
a symbol ['sɪmbəl]	un symbole	I get 406	j'obtiens 406
– A number ['nʌmbəʳ]	un nombre	I make it 406	
an even / odd number	un nombre pair / impair	it comes to ...	cela fait...
a whole number	un nombre entier	your calculations are out	ton calcul est faux
an integer ['ɪntɪdʒəʳ]		your calculations are wrong	
a prime number	un nombre premier		
a number	un numéro	**– Addition** [ə'dɪʃən]	l'addition
a figure ['fɪgəʳ]	un chiffre	an addition	une addition
a numeral ['njuːmərəl]		a sum [sʌm]	
a digit ['dɪdʒɪt]	un chiffre (dans un nombre)	to add (up)	additionner
a figure		to reckon up	
a four-figure number	un nombre à quatre chiffres	plus [plʌs]	plus
a four-digit number		a plus (sign)	un (signe) plus
to write* out a number in figures	écrire un nombre en chiffres	12 plus 8 is 20	12 plus 8 font 20
a decimal ['desɪməl]	une décimale	12 and 8 make 20	
the decimal point	la virgule décimale		
		– A subtraction [səb'trækʃən]	une soustraction
– A factor ['fæktəʳ]	un facteur		
a formula ['fɔːmjʊlə]	une formule	to take* (away) from	soustraire de
an equation [ɪ'kweɪʒən]	une équation	to subtract from [səb'trækt]	
a variable ['vɛərɪəbl]	une variable	minus ['maɪnəs]	moins
a constant ['kɒnstənt]	une constante	a minus (sign)	un (signe) moins
a function ['fʌŋkʃən]	une fonction	20 minus 12 is 8	20 moins 12 font 8
a unit ['juːnɪt]	une unité		
a log(arithm) ['lɒg(ərɪθəm)]	un log(arithme)	**– To equal** ['iːkwəl]	égaler
		equal to	égal à
– A calculation [ˌkælkjʊ'leɪʃən]	un calcul (en général)	an equal(s) sign	un (signe) égal
		to amount to	s'élever à
a sum [sʌm]	un calcul (exercice scolaire)	to total ['təʊtl]	
mental arithmetic	le calcul mental	to carry ['kærɪ]	retenir
to calculate ['kælkjʊleɪt]	calculer (prix, quantité)		
to reckon ['rekən]		**– Multiplication** [ˌmʌltɪplɪ'keɪʃən]	la multiplication
to compute [kəm'pjuːt]			
to work out		to multiply by ['mʌltɪplaɪ]	multiplier par
to calculate	calculer (surface)	multiplication tables	les tables de multiplication
to work out			
a problem ['prɒbləm]	un problème	the three / four times table	la table de trois / quatre
to solve [sɒlv]	résoudre		
the answer ['ɑːnsəʳ]	la solution	**– Division** [dɪ'vɪʒən]	la division
the solution [sə'luːʃən]		to divide 12 by 6	diviser 12 par 6
		to divide 6 into 12	
– To count [kaʊnt]	compter	it won't divide by 5	ce n'est pas divisible par 5
to count up to ten	compter jusqu'à dix	it is not divisible by 5	
to count sth up	faire le total de qqch.	to halve [hɑːv]	diviser en deux
the total ['təʊtl]	le total, la somme		
the sum [sʌm]			
the whole [həʊl]	le tout		

to quarter ['kwɔ:tə']	diviser en quatre	the square root	la racine carrée
indivisible [ˌɪndɪ'vɪzəbl]	indivisible, insécable	to square	élever au carré
– **D**ouble ['dʌbl]	double	cubic ['kju:bɪk]	cube
to double	doubler	a cube [kju:b]	un cube
treble ['trebl]	triple	to cube	cuber, élever au cube
to treble	tripler	the cube root	la racine cubique
multiple ['mʌltɪpl]	multiple	an exponent	un exposant
a multiple *of*	un multiple *de*	[ɪks'pəʊnənt]	
– **A** percentage	un pourcentage	2 to the power of 10	2 puissance 10
[pə'sentɪdʒ]		to number ['nʌmbə']	numéroter
per cent	pour cent		
the ratio ['reɪʃɪəʊ]	la proportion, le rapport	– **A** fraction ['frækʃən]	une fraction
proportion [prə'pɔ:ʃən]	la proportion	a vulgar fraction	une fraction simple
proportional *to*	proportionnel *à*	a simple fraction	
[prə'pɔ:ʃənl]		a common fraction	
the average ['ævərɪdʒ]	la moyenne	a half [hɑ:f]	un demi
on average	en moyenne	one half	
to work out the average	faire la moyenne de	a third [θɜ:d]	un tiers
of sth	qqch.	one third	
the arithmetic / geomet-	la moyenne arithméti-	two thirds	deux tiers
ric mean	que / géométrique	a quarter ['kwɔ:tə']	un quart
a set [set]	un ensemble	one quarter	
a subset ['sʌbˌset]	un sous-ensemble	three-quarters	trois quarts
		four and a half	quatre et demi
– **The** root [ru:t]	la racine	four and a half kilo-	quatre kilomètres et
square [skwɛə']	carré	metres	demi
		one and a quarter kilos	un kilo et quart

| REMARQUE Les fractions se forment avec les adjectifs ordinaux ; ex. : trois diziè-
mes = three tenths, sept centièmes = seven hundredths.

■ 4. GEOMETRY LA GÉOMÉTRIE

– **G**eometrical	géométrique	diagonal [daɪ'ægənl]	diagonal
[ˌdʒɪəʊ'metrɪkəl]		the diagonal	la diagonale
a geometrician	un(e) géomètre	– **H**orizontal [ˌhɒrɪ'zɒntl]	horizontal
[ˌdʒɪˌɒmɪ'trɪʃən]		horizontally	horizontalement
trigonometry	la trigonométrie	[ˌhɒrɪ'zɒntəlɪ]	
[ˌtrɪgə'nɒmɪtrɪ]		the horizontal	l'horizontale
a theorem ['θɪərəm]	un théorème	vertical ['vɜ:tɪkəl]	vertical
		vertically ['vɜ:tɪkəlɪ]	verticalement
– **A** line [laɪn]	une ligne	the vertical	la verticale
linear ['lɪnɪə']	linéaire	– **A** quadrilateral	un quadrilatère
a straight line	une ligne droite	[ˌkwɒdrɪ'lætərəl]	
a curve [kɜ:v]	une courbe	quadrilateral	quadrilatéral
curved [kɜ:vd]	courbe	a square [skwɛə']	un carré
perpendicular *to*	perpendiculaire *à*	square	carré
[ˌpɜ:pən'dɪkjʊlə']		a rectangle ['rekˌtæŋgl]	un rectangle
parallel *to* ['pærəlel]	parallèle *à*, parallèle- ment *à*	an oblong ['ɒblɒŋ]	

rectangular [rek'tæŋgjʊlə']	rectangulaire	the radius ['reɪdɪəs] (plur. radii)	le rayon
oblong		BR the centre ['sentə']	le centre
a parallelogram [,pærə'leləʊgræm]	un parallélogramme	AM the center	
a trapezium [trə'piːzɪəm]	un trapèze	the circumference [sə'kʌmfərəns]	la circonférence
a triangle ['traɪæŋgl]	un triangle	pi [paɪ]	pi
triangular [traɪ'æŋgjʊlə']	triangulaire	an arc [ɑːk]	un arc
		a tangent ['tænʤənt]	une tangente
– An angle ['æŋgl]	un angle	a segment ['segmənt]	un segment
an acute / obtuse angle	un angle aigu / obtus		
a right angle	un angle droit	– A sphere [sfɪə']	une sphère
right-angled	à angle droit	a cone [kəʊn]	un cône
a degree [dɪ'griː]	un degré	conical ['kɒnɪkəl]	conique
		convex ['kɒn'veks]	convexe
– A circle ['sɜːkl]	un cercle	concave ['kɒn'keɪv]	concave
a semicircle ['semɪ,sɜːkl]	un demi-cercle	a plane [pleɪn]	un plan
circular ['sɜːkjʊlə']	circulaire	a cube [kjuːb]	un cube
the diameter [daɪ'æmɪtə']	le diamètre	a pyramid ['pɪrəmɪd]	une pyramide

■ 5. WEIGHTS AND MEASURES LES POIDS ET MESURES _____

– To measure ['meʒə']	mesurer	a kilo(gram) ['kɪləʊ(græm)]	un kilo(gramme)
a measure	une mesure (quantité)	BR a kilo(gramme)	
two measures of flour	deux mesures de farine	a ton [tʌn]	une tonne
a measurement ['meʒəmənt]	une mesure (évaluation, dimension)	BR a litre ['liːtə']	un litre
to take* the measurements of sth	prendre les mesures de qqch.	AM a liter	
the dimensions [daɪ'menʃənz]	les dimensions	– The imperial system	le système impérial (britannique)
the measurements ['meʒəmənts]		an inch [ɪntʃ] (abr. in)	un pouce (= 2,54 cm)
to quantify sth	quantifier qqch.	a foot [fʊt] (abr. ft)	un pied (= 30,48 cm)
		a yard [jɑːd] (abr. yd)	un yard (= 91,44 cm)
– The metric system	le système métrique	a pint [paɪnt] (abr. pt)	une pinte (en GB = 0,57 l ; aux USA = 0,47 l ; ≈ un demi-litre)
metric ['metrɪk]	métrique		
DR a metre ['miːltə']	un metre	a mile [maɪl]	un mile (= 1,609 km)
AM a meter		a knot [nɒt]	un nœud, un mille nautique ((= 1,85 km))
BR a centimetre ['sentɪ,miːtə']	un centimètre	a gallon ['gælən] (abr. gal)	un gallon (en GB = 4,546 l ; aux USA = 3,78 l)
AM a centimeter			
BR a kilometre [kɪ'lɒmətə']	un kilomètre	an ounce [aʊns] (abr. oz)	une once (= 28,35 g)
AM a kilometer		a pound [paʊnd] (abr. lb)	une livre (= 453,6 g)
a square metre (abr. sqm)	un mètre carré (abr. m²)	an acre ['eɪkə']	un arpent, un acre (= 4046,86 m²)
a hectare ['hektɑː']	un hectare		
a cubic metre	un mètre cube	– Long [lɒŋ]	long
		4 metres long	long de 4 mètres
– A gram [græm]	un gramme	to be 3 metres in length	faire 3 mètres de long
BR a gramme		length [leŋ(k)θ]	la longueur

261

lengthways	dans le sens de la lon-	depth [depθ]	la profondeur
lengthwise	gueur	thick [θɪk]	épais
broad [brɔːd]	large	to be 2 centimetres	être épais de 2 centimè-
wide [waɪd]		thick	tres, avoir une épaisseur
4 metres across	large de 4 mètres		de 2 centimètres
4 metres wide		thickness ['θɪknɪs]	l'épaisseur
to be 3 metres in	faire 3 mètres de large	– To weigh [weɪ]	peser
breadth		to weigh 6 kilos	peser 6 kilos
to be 3 metres in width		to be 6 kilos in weight	
breadth [bretθ]	la largeur	weight [weɪt]	le poids
width [wɪdθ]		a pair of scales	une balance
breadthways	dans le sens de la	scales [skeɪlz] (plur.)	
breadthwise	largeur	volume ['vɒljuːm]	le volume
– High [haɪ]	haut	to be 6 cubic metres in	faire 6 mètres cubes de
height [haɪt]	la hauteur	volume	volume
tall [tɔːl]	grand	mass [mæs]	la masse
tallness ['tɔːlnɪs]	la grandeur	capacity [kə'pæsɪtɪ]	la capacité
5 metres high	haut de 5 mètres	– Surface ['sɜːfɪs]	la surface
to be 5 metres in height	faire 5 mètres de haut	area ['ɛərɪə]	la superficie
he is 1 m 92 (tall)	il mesure 1 m 92	to be 5 square metres	avoir une superficie de
– Deep [diːp]	profond	in area	5 mètres carrés
4 metres deep	profond de 4 mètres	to have an area of 5	
to be 5 metres in depth	faire 5 mètres de	square metres	
	profondeur	to measure 5 metres	mesurer 5 mètres sur 2
		by 2 (metres)	

REMARQUE L'anglais utilise souvent une unité de mesure appelée stone pour le poids des personnes. Elle est équivalente à 14 livres, soit 6,35 kg ; ex. : he weighs 10 stones = il pèse 63 kilos et demi.

■ 6. SIZE LA TAILLE

– Tall [tɔːl]	grand	– Long [lɒŋ]	long
big [bɪg]		to lengthen ['leŋ(k)θən]	rallonger
to get* taller	grandir (enfant)	vast [vɑːst]	immense, énorme,
to get* bigger			vaste
to grow* [grəʊ]	grandir (plante, enfant)	immense [ɪ'mens]	immense
growth [grəʊθ]	la croissance	vastness ['vɑːstnɪs]	l'immensité
to enlarge [ɪn'lɑːdʒ]	agrandir, s'agrandir	immensity [ɪ'mensɪtɪ]	
		giant ['dʒaɪənt]	géant
– Big [bɪg]	gros	gigantic [dʒaɪ'gæntɪk]	gigantesque
large [lɑːdʒ]		gigantism	le gigantisme
to get* bigger	grossir	[dʒaɪ'gæntɪzəm]	
to become* larger		colossal [kə'lɒsl]	colossal
enormous [ɪ'nɔːməs]	énorme	gargantuan	gargantuesque
huge [hjuːdʒ]		[gɑː'gæntjʊən]	
bulky ['bʌlkɪ]	volumineux		
voluminous [və'luːmɪnəs]		– Small [smɔːl]	petit
heavy ['hevɪ]	lourd	little ['lɪtl]	
to make* heavy	alourdir	tiny ['taɪnɪ]	tout petit
to become* heavy	s'alourdir		

minute ['mɪnɪt]	minuscule	– **Wide** [waɪd]	large
minuscule ['mɪnəˌskjuːl]		broad [brɔːd]	
miniature ['mɪnɪtʃəʳ]	miniature	to widen ['waɪdn]	élargir
microscopic	microscopique	to widen	s'élargir (rue)
[ˌmaɪkrə'skɒpɪk]		to get* wider	s'élargir (vêtement)
infinitesimal	infime	to stretch [stretʃ]	
[ˌɪnfɪnɪ'tesɪməl]		to stretch (out)	s'étendre (forêt, plaine)
		area ['ɛərɪə]	l'étendue (d'une forêt,
– **Short** [ʃɔːt]	court	expanse [ɪks'pæns]	d'une plaine)
to shorten ['ʃɔːtn]	raccourcir	to deepen ['diːpən]	approfondir,
low [ləʊ]	bas		s'approfondir
to lower ['ləʊəʳ]	baisser	to thicken ['θɪkən]	épaissir, s'épaissir
narrow ['nærəʊ]	étroit	– **To shrink*** [ʃrɪŋk]	rétrécir, se rétrécir
narrowness ['nærəʊnɪs]	l'étroitesse	shrinkage ['ʃrɪŋkɪdʒ]	le rétrécissement
to narrow	rétrécir, se rétrécir	to contract ['kɒntrækt]	contracter, se contracter
thin [θɪn]	mince	contraction [kən'trækʃən]	la contraction
thinness ['θɪnnɪs]	la minceur	to condense into	condenser en, se
		[kən'dens]	condenser en
– **Light** [laɪt]	léger	to telescope ['telɪskəʊp]	se télescoper
lightness ['laɪtnɪs]	la légèreté		
to lighten ['laɪtn]	alléger	– **Of** average height /	de taille moyenne, de
shallow ['ʃæləʊ]	peu profond	weight	poids moyen
flat [flæt]	plat	of medium height /	
to flatten (down)	aplatir, s'aplatir	weight	
to flatten out		it's a fair size	c'est assez grand
		it's the size of …	c'est de la taille de…

■ 7. QUANTITY LA QUANTITÉ

– **A** quantity ['kwɒntɪtɪ]	une quantité	– **Many** ['menɪ]	beaucoup de (suivi d'un
an amount [ə'maʊnt]		a lot of	nom comptable)
a reasonable / moder-	une quantité raisonna-	a lot of them believed it	beaucoup d'entre eux
ate / modest quantity of	ble / modérée / modeste	many of them believed	l'ont cru
a reasonable / moder-	de	it	
ate / modest amount of		there were lots of peo-	il y avait beaucoup de
		ple	gens
– **A** lot [lɒt]	beaucoup	I know a great many	j'en connais beaucoup
a great deal		people who …	qui…
very much		I know a lot of people	
he eats a lot	il mange beaucoup	who …	
he reads a lot	il lit beaucoup		
he reads a great deal		– **Quite** a lot of	pas mal de (suivi d'un nom
he doesn't read (very)	il ne lit pas beaucoup	a fair amount of	non comptable)
much		he has quite a lot of	il a pas mal d'argent
he doesn't read a lot		money	
he doesn't read a great		he has a fair amount of	
deal		money	
– **A** lot of	beaucoup de (suivi d'un		
much [mʌtʃ]	nom non comptable)	– **A** good many	pas mal de (suivi d'un nom
there's a lot of milk left	il reste beaucoup de lait	a good few	comptable)
there isn't much milk	il ne reste pas beaucoup	quite a lot of	
left	de lait		

263

she bought a good many books	elle a acheté pas mal de livres
she bought a good few books	
she bought quite a lot of books	
– **The** majority of **most** [məʊst]	la plupart de, la majorité de
the majority of candidates	la plupart des candidats, la majorité des candidats
most candidates	
most people	la plupart des gens, la majorité (des gens)
to be the majority	être majoritaire
much of	une grande partie de, la plupart de (suivi d'un nom singulier)
much of the book	une grande partie du livre
much of the time	la plupart du temps
– **N**ot much little ['lɪtl]	peu (modifiant un verbe)
I don't go out much	je sors peu
he drank very little	il a très peu bu
not very	peu (modifiant un adjectif, un adverbe)
he's not very sociable	il est peu sociable
– **Little** ['lɪtl] not much	peu de (suivi d'un nom non comptable)
I do not want much	j'en veux peu
few [fjuː] not (very) many	peu de (suivi d'un nom comptable)
he has got few friends	il a peu d'amis
he hasn't got many friends	
a minority [maɪˈnɒrɪtɪ]	une minorité
in a minority in the minority	en minorité, minoritaire
– **A** little ['lɪtl] a bit [bɪt]	un peu
a little bit	un tout petit peu
I'm a little (bit) tired I'm a bit tired	je suis un peu fatigué
you're driving a little fast	tu conduis un peu vite
you're driving a bit fast	
– **A** little ['lɪtl] a bit of	un peu de
a little money/sugar	un peu d'argent/de sucre
a little patience a bit of patience	un peu de patience

– **S**ome [sʌm]	quelques, certains
some books	quelques livres, certains livres
some of the books	quelques-uns des livres, certains des livres
several ['sevrəl]	plusieurs
several books	plusieurs livres
several of the books	plusieurs des livres
a few [fjuː]	quelques-uns
a few friends	quelques amis
a few of them	quelques-uns d'entre eux
quite a few	un certain nombre
– **E**nough [ɪˈnʌf]	assez
enough sugar	assez de sucre
big/small enough	assez grand/petit
more than enough	plus qu'assez
plenty of	bien assez de
I've got plenty of time/ of apples	j'ai bien assez de temps/de pommes
she's got plenty	elle en a bien assez
she's got quite enough	
– **T**oo much	trop (avec un verbe)
you sleep/work too much	tu dors/travailles trop
too [tuː]	trop (devant un adjectif ou un adverbe)
too old/quickly	trop vieux/rapidement
too much	trop de (devant un nom non comptable)
you've put too much salt	tu as mis trop de sel
too many	trop de (devant un nom comptable)
he made too many mistakes	il a fait trop d'erreurs
four/five too many	quatre/cinq de trop
very ['verɪ]	très
very good/quickly indeed	vraiment très bon/vite
– **M**ore [mɔːʳ]	plus
I want more	j'en veux plus
three/four times as much	trois/quatre fois plus
(the) most [məʊst]	le plus
the one who earns (the) most	celui qui gagne le plus
no more than	pas plus de
it took no more than an hour	ça n'a pas pris plus d'une heure

at (the) most	au plus, au maximum
he's at most 70	il a au plus 70 ans
he's 70 at the most	
at the very most	tout au plus
there are two more chairs	il y a deux chaises en plus
there are two extra chairs	
we need another two chairs	il nous faut deux chaises en plus
we need two more chairs	
an extra plate	une assiette supplémentaire
an additional plate	

- More and more	de plus en plus
it's getting more and more difficult	cela devient de plus en plus difficile
it was getting bigger and bigger	cela devenait de plus en plus gros
the more ... the more	plus... plus
the more he has the more he wants	plus il en a plus il en veut
the smaller it is the dearer it is	plus c'est petit plus c'est cher
the more ... the less	plus... moins
the more he works the less successful he is	plus il travaille moins il réussit

- Less [les]	moins
(the) least [li:st]	le moins
the one who works (the) least	celui qui travaille le moins
no less than	pas moins de
it weighs no less than 50 kilos	cela ne pèse pas moins de 50 kilos
at (the) least	au moins, au minimum
she's got at least ten cats	elle a au moins dix chats
there are two chairs missing	il y a deux chaises en moins
we are two chairs short	

- Less and less	de moins en moins
it's less and less efficient	c'est de moins en moins efficace
the less ... the less	moins... moins
the less I eat the less hungry I am	moins je mange moins j'ai faim
the more ... the less	moins... plus
the less I smoke the more I eat	moins je fume plus j'ai faim
there are two chairs missing	il y a deux chaises en moins (elles manquent)

- As much ... as	autant de... que (avec un nom non comptable)
there's as much snow here	il y a autant de neige ici
as many ... as	autant de... que (avec un nom comptable)
I have as many pupils as last year	j'ai autant d'élèves que l'année dernière
not as ... as all that	pas si... que ça
it's not as easy as all that	ce n'est pas si facile que ça

- All [ɔːl]	tout
in all	en tout
all told	
6 in all	6 en tout
the whole book	le livre entier
the entire book	
wholly ['həʊlɪ]	entièrement, complètement
total ['təʊtl]	total
complete [kəm'pliːt]	complet
all in all	tout compte fait
partial ['paːʃəl]	partiel

- Every ['evrɪ]	chaque
each [iːtʃ]	
every time/book	chaque fois/livre
each time/book	
each (one)	chacun
every one	
every one of the boys	chacun des garçons
each of the boys	
one out of three/ten	un sur trois/dix
one in three/ten	
the only reason/person	la seule raison/personne
only ['əʊnlɪ]	seulement

- Any book	n'importe quel livre
both ... and	et... et
both [bəʊθ]	ensemble
both of them	tous les deux, ensemble
the two of them	
all three of them	tous les trois
the three of them	
both	à la fois, tout ensemble
both stupid and ugly	à la fois bête et laid
either ... or	ou... ou, soit... soit
either in Paris or in London	soit à Paris soit à Londres

- None	aucun, pas un
none of the guests knew that	aucun invité ne le savait

there are none at all there is not a single one	il n'y en a pas un seul	neither ... nor neither he nor I neither (of them)	ni... ni ni lui ni moi ni l'un ni l'autre
not one person was lost	pas une seule personne ne s'est perdue	– Have you any books? I haven't any books	Avez-vous des livres ? Je n'ai pas de livres
no one nobody	personne	How much does it cost?	Combien cela coûte-t-il ?
nobody, not even Joe	personne, pas même Joe	How many people were there?	Combien de gens y avait-il ?
nothing I have no sisters/no family	rien je n'ai pas de sœur/de famille	I want this much It's this big	J'en veux comme ça C'est grand comme ça
there is no room there is not any room	il n'y a pas de place		

■ 8. INCREASING AND DECREASING AUGMENTER ET DIMINUER _____

– To increase by [ɪn'kriːs] to raise by [reɪz]	augmenter de, accroître de (prix, nombre, produc- tion)	rare [rɛəʳ] scarce [skɛəs]	rare (objet, mot, cas) rare, peu abondant (nourriture, main-d'œuvre)
to increase by to rise* by [raɪz] to go* up by	augmenter de (prix, nombre, production)	sparse [spɑːs]	rare, peu abondant (végétation)
to increase sth by a 5 % increase in capi- tal/price	augmenter qqch. de une augmentation de 5 % du capital/du prix	rarely ['rɛəlɪ] seldom ['seldəm] scarcely ['skɛəslɪ] barely ['bɛəlɪ]	rarement à peine
– To reduce sth by to bring* sth down by to cut* sth by	diminuer qqch. de, réduire qqch. de (prix, dépenses, production)	– A surplus of ['sɜːpləs] surplus	un surplus de, un excé- dent de en surplus, excédentaire
to reduce by to decrease by [diː'kriːs] to diminish by [dɪ'mɪnɪʃ] to decrease by to fall* by [fɔːl] to drop by [drɒp]	diminuer de, réduire de (nombre, longueur) diminuer de (nombre, production)	an excess [ɪk'ses] an abundance of plentiful ['plentɪfʊl] abundant [ə'bʌndənt] abundant food food in plenty	un excès une abondance de abondant de la nourriture en abondance
a reduction in expenses a cut in expenses	une réduction des dépenses	– Numerous ['njuːmərəs] a profusion of a multitude of	nombreux une profusion de une multitude de
a decrease in supplies a diminution in supplies	une diminution des réserves	sufficient [sə'fɪʃənt] superfluous [suˈpɜːfluəs] excessive [ɪk'sesɪv]	suffisant superflu excessif
a fall in demand a drop in demand	une diminution de la demande		
– A lack of a scarcity of	un manque de	– Empty ['emptɪ] to empty	vide vider
a shortage of a dearth of	une pénurie de	full [fʊl] to fill [fɪl]	plein remplir
to lack sth I am 5 points short insufficient [ˌɪnsə'fɪʃənt]	manquer de qqch. il me manque 5 points insuffisant	half-full/-eaten	à moitié plein/mangé

36 CHARACTER AND BEHAVIOUR
LE CARACTÈRE ET LE COMPORTEMENT

■ 1. TEMPERAMENT LE TEMPÉRAMENT

- **Character** ['kærɪktəʳ] — le caractère
  - BR **to mould sb's character** — former le caractère de qqn
  - AM **to mold sb's character**
- **to be good-/ill-natured** — avoir bon/mauvais caractère
- **to be good-/bad-tempered**
- **to be of a cheerful disposition** — être d'un tempérament enjoué
- **Personality** [,pɜːsəˈnælɪtɪ] — la personnalité
- **to have a strong personality** — avoir une forte personnalité
- **to be cold/passionate by nature** — avoir une nature froide/passionnée
- **natural** ['nætʃrəl] — naturel
- **a characteristic** [,kærɪktəˈrɪstɪk] — une caractéristique
- **that's in character for him** — cela lui ressemble bien
- **that's just like him**
- **a trait** [treɪt] — un trait de caractère

- **A good quality** — une qualité
- **a bad quality** — un défaut
- **a fault** [fɔːlt]
- **a failing** ['feɪlɪŋ] — un travers
- **a shortcoming** ['ʃɔːtkʌmɪŋ]

- **Innate** [ɪˈneɪt] — inné
- **individual** [,ɪndɪˈvɪdjʊəl] — individuel
- **individuality** [,ɪndɪˌvɪdjʊˈælɪtɪ] — l'individualité
- **individualistic** [,ɪndɪˌvɪdjʊəˈlɪstɪk] — individualiste
- **idiosyncratic** [,ɪdɪəsɪŋˈkrætɪk] — particulier, idiosyncrasique
- **an idiosyncrasy** [,ɪdɪəˈsɪŋkrəsɪ] — une particularité, une idiosyncrasie

- **Balance** ['bæləns] — l'équilibre
- **balanced** ['bælənst] — équilibré
- **unbalanced** [ʌnˈbælənst] — déséquilibré
- **unhinged** [ʌnˈhɪndʒd]
- **changeable** ['tʃeɪndʒəbl] — changeant

- **unstable** [ʌnˈsteɪbl] — instable
- **Optimistic** [,ɒptɪˈmɪstɪk] — optimiste
- **an optimist** ['ɒptɪmɪst] — un(e) optimiste
- **optimistically** [,ɒptɪˈmɪstɪklɪ] — avec optimisme
- **optimism** ['ɒptɪmɪzəm] — l'optimisme
- **pessimistic** ['pesɪmɪstɪk] — pessimiste
- **a pessimist** ['pesɪmɪst] — un(e) pessimiste
- **pessimistically** [,pesɪˈmɪstɪklɪ] — avec pessimisme
- **pessimism** ['pesɪmɪzəm] — le pessimisme

- **Shy** [ʃaɪ] — timide
- **timid** ['tɪmɪd]
- **bashful** ['bæʃfʊl]
- **shyness** ['ʃaɪnɪs] — la timidité
- **timidity** [tɪˈmɪdɪtɪ]
- **bashfulness** ['bæʃfʊlnɪs]
- **distant** ['dɪstənt] — distant

- **Tough** [tʌf] — dur
- **strong** [strɒŋ] — fort
- **strength** [streŋθ] — la force
- **weak** [wiːk] — faible
- **weakness** ['wiːknɪs] — la faiblesse
- **to have a weakness for sth** — avoir un faible pour qqch.
- **spineless** ['spaɪnlɪs] — mou, veule
- **spinelessness** ['spaɪnlɪsnɪs] — la mollesse, la veulerie

- **To be liable to do sth** — être susceptible de faire qqch.
- **a propensity for (doing) sth** — une propension à (faire) qqch.
- **a propensity to (do) sth**
- **to be inclined to (do) sth** — être enclin à (faire) qqch.
- **to tend to do sth** — tendre à faire qqch.
- **to have a tendency to (do) sth** — avoir tendance à (faire) qqch.
- **to have leanings towards sth** — avoir un penchant pour qqch.
- **to be liable to (do) sth** — être sujet à (faire) qqch.
- **to be prone to (do) sth**

■ 2. BEHAVIOUR LE COMPORTEMENT

- **Conduct** ['kɒndʌkt] — la conduite, le comportement
  - BR **behaviour** [bɪˈheɪvjəʳ]
  - AM **behavior**

- **to behave** [bɪˈheɪv] — se conduire, se comporter
- **to conduct o.s.** (soutenu)
- **to behave (well)** — bien se conduire
- **to behave o.s.**

to misbehave ['mɪsbɪ'heɪv]	mal se conduire
BR misdemeanour [ˌmɪsdɪ'miːnəˈ] (n. c.) AM misdemeanor	un écart de conduite, une incartade
BR misbehaviour ['mɪsbɪ'heɪvjəˈ] (n. c.) AM misbehavior	
– Decent ['diːsənt]	décent
proper ['prɒpəˈ]	convenable, bienséant
moral ['mɒrəl]	moral
morality [mə'rælɪtɪ]	la moralité
morals ['mɒrəlz] standards of behaviour moral standards	les mœurs
virtuous ['vɜːtjʊəs]	vertueux
a virtue ['vɜːtjuː]	une vertu
– Reputation [ˌrepjʊ'teɪʃən]	la réputation
to have a good / bad reputation	avoir bonne / mauvaise réputation
to have a reputation for generosity to have a reputation for being generous	avoir la réputation d'être généreux
– Immoral [ɪ'mɒrəl]	immoral
immorality [ˌɪmə'rælɪtɪ]	l'immoralité
indecent [ɪn'diːsnt]	indécent
obscene [əb'siːn]	obscène
obscenity [əb'senɪtɪ]	l'obscénité
an obscenity	une obscénité
depraved [dɪ'preɪvd]	dépravé
depravity [dɪ'prævɪtɪ]	la dépravation
a vice [vaɪs]	un vice
a pervert [pə'vɜːt]	un(e) vicieux (-euse)
perverted [pə'vɜːtɪd]	vicieux[1]

ATTENTION FAUX AMI **1** : vicious = méchant, haineux en parlant d'une personne

– An impulse ['ɪmpʌls]	une impulsion
to act on impulse	céder à une impulsion
impulsive [ɪm'pʌlsɪv]	impulsif
stimulating ['stɪmjʊleɪtɪŋ]	stimulant
stimulation [ˌstɪmjʊ'leɪʃən]	la stimulation
apathetic [ˌæpə'θetɪk]	apathique
apathy ['æpəθɪ]	l'apathie
– Eccentric [ik'sentrik]	excentrique
an eccentric	un(e) excentrique
eccentrically [ɪk'sentrɪkəlɪ]	avec excentricité
eccentricity [ˌeksən'trɪsɪtɪ]	l'excentricité
an eccentricity	une excentricité
a quirk (of character)	
a whim [wɪm]	un caprice, une lubie
whimsical ['wɪmzɪkəl]	fantasque
capricious [kə'prɪʃəs] temperamental [ˌtempərə'mentl]	capricieux
– Mood [muːd]	l'humeur
BR humour ['hjuːməˈ] AM humor	
to be in a good mood to be in a good humour	être de bonne humeur
to be in a bad mood to be out of humour	être de mauvaise humeur
to feel* in the mood for doing sth	se sentir d'humeur à faire qqch.
to be in the right (kind of) mood for doing sth	être d'humeur à faire qqch.
his moodiness (n. c.)	ses sautes d'humeur
moody ['muːdɪ]	d'humeur changeante, lunatique[1]

ATTENTION FAUX AMI **1** : lunatic = fou

■ 3. KINDNESS LA GENTILLESSE

– Sympathetic[1] [ˌsɪmpə'θetɪk] compassionate [kəm'pæʃənət]	compatissant
sympathy[2] ['sɪmpəθɪ] compassion [kəm'pæʃən]	la compassion
sympathetically [ˌsɪmpə'θetɪkəlɪ] compassionately [kəm'pæʃənətlɪ]	avec compassion

to feel* sorry for sb	avoir de la peine pour qqn
to sympathize with sb[3]	comprendre qqn, compatir avec qqn

ATTENTION FAUX AMIS **1** : sympathique = nice, friendly, likeable trouver qqn sympathique = to like sb
2 : la sympathie = friendliness
3 : sympathiser avec qqn = to make friends with sb

– Good [gʊd]	bon

goodness ['gʊdnɪs]	la bonté
kind [kaɪnd]	gentil, aimable
nice [naɪs]	
a kindness ['kaɪndnɪs]	une gentillesse, une bonté
amiable ['eɪmɪəbl] (soutenu)	aimable
kindly ['kaɪndlɪ]	bienveillant
benevolent [bɪ'nevələnt]	
kindliness ['kaɪndlɪnɪs] benevolence [bɪ'nevələns]	la bienveillance
gentle ['dʒentl]	doux
gentleness ['dʒentlnɪs]	la douceur
gently ['dʒentlɪ]	doucement
considerate [kən'sɪdərɪt] thoughtful ['θɔːtfʊl]	prévenant
considerateness [kən'sɪdərɪtnɪs] thoughtfulness ['θɔːtfʊlnɪs]	la prévenance
humane [hjuː'meɪn]	humain
a nice guy (parlé)	un brave t᠎ un type sympa
a decent person	quelqu'u᠎ ᠎ bien

– Pleasant ['pleznt] congenial [kən'dʒiːnɪəl]	agréat᠎
charming ['tʃɑːmɪŋ]	charr᠎᠎t
charm [tʃɑːm]	le c᠎᠎ne
delightful [dɪ'laɪtfʊl]	dé᠎᠎ux
sociable ['səʊʃəbl]	s᠎᠎ble

to like sb	bien aimer qqn
to be fond of sb	
friendly ['frendlɪ]	amical
genial ['dʒiːnɪəl]	affable
– Good-natured	accommodant
good-hearted	qui a bon cœur
to be kind-hearted	avoir bon cœur
to have a heart of gold	avoir un cœur d'or
warm-hearted	chaleureux
tender-hearted	sensible, compatissant
charitable ['tʃærɪtəbl]	charitable
understanding [ˌʌndə'stændɪŋ]	la compréhension
understanding	compréhensif
well-intentioned	bien intentionné
encouraging [ɪn'kʌrɪdʒɪŋ]	encourageant
to encourage [ɪn'kʌrɪdʒ]	encourager
– Tolerant ['tɒlərənt]	tolérant
tolerance ['tɒlərəns]	la tolérance
to tolerate sth/sb to put* up with sth/sb	tolérer qqch./qqn
indulgent [ɪn'dʌldʒənt] lenient ['liːnɪənt]	indulgent
indulgence [ɪn'dʌldʒəns] leniency ['liːnɪənsɪ]	l'indulgence
pity ['pɪtɪ]	la pitié
to have pity on sb	avoir pitié de qqn
merciful ['mɜːsɪfʊl]	clément
clemency ['klemənsɪ]	la clémence

■ 4. BEING NASTY ᠎A MÉCHANCETÉ

– Bad [bæd]	᠎auvais, méchant
wicked ['wɪkɪd]	méchant, malfaisant
nasty ['nɑːstɪ]	très méchant, très mauvais
ᴀᴍ mean [miːn]	
nastily ['nɑːstɪlɪ]	méchamment
wickedness ['wɪkɪd᠎ nastiness ['nɑːstɪn᠎	la méchanceté
ᴀᴍ meanness [mi᠎᠎]	
out of spite	par méchanceté
cruel [krʊəl]	cruel
cruelty ['krʊəlt᠎	la cruauté

– Unpleasant [ʌn'pleznt] disagreeable [ˌdɪsə'griːəbl]	désagréable
unpleasantly [ʌn'plezntlɪ] disagreeably [ˌdɪsə'griːəblɪ]	désagréablement

unkind to sb [ʌn'kaɪnd]	peu gentil envers qqn, peu aimable envers qqn
cold [kəʊld]	froid
coldness ['kəʊldnɪs]	la froideur
sour-tempered surly ['sɜːlɪ]	revêche
sour ['saʊə᠎]	acerbe
unsociable [ʌn'səʊʃəbl]	insociable
– Harsh [hɑːʃ] stern [stɜːn] hard [hɑːd]	dur, sévère
to be harsh with sb to be hard on sb	être sévère avec qqn
uncharitable [ʌn'tʃærɪtəbl]	peu charitable

ruthless ['ruːθlɪs]	impitoyable, sans pitié	to be heartless	être sans cœur
merciless ['mɜːsɪlɪs]		to have a heart of stone	avoir un cœur de pierre
pitiless ['pɪtɪlɪs]		intolerant [ɪn'tɒlərənt]	intolérant
relentless [rɪ'lentlɪs]	implacable	intolerance [ɪn'tɒlərəns]	l'intolérance
remorseless [rɪ'mɔːslɪs]			

■ 5. SINCERITY AND HONESTY LA SINCÉRITÉ ET L'HONNÊTETÉ ⎯⎯⎯⎯

– **Sincere** [sɪn'sɪəʳ] — sincère

genuine ['dʒenjʊɪn]

sincerity [sɪn'serɪtɪ] — la sincérité

frank [fræŋk] — franc

candid ['kændɪd]

to be frank *with sb about sth* — parler franchement *de qqch. avec qqn*

frankness ['fræŋknɪs] — la franchise

BR **candour**[1] ['kændəʳ]

AM **candor**

ATTENTION FAUX AMI 1 : Le français candide peut se rendre par l'anglais innocent, naive, guileless, artless. Le français candeur se rendra par l'anglais innocence, naivety, guilelessness, artlessness. L'anglais ingenuous / ingenuousness signifie à la fois sincère / sincérité et ingénu / ingénuité

– **Trust** *in sb / sth* [trʌst] — la confiance *en qqn / qqch.*

trusting ['trʌstɪŋ] — confiant

trustful ['trʌstfʊl]

to trust sb — faire confiance à qqn

to take* sth on trust — accepter qqch. en toute confiance

trustworthy ['trʌstˌwɜːðɪ] — digne de confiance

straightforward ['streɪt'fɔːwəd] — direct

– **Innocent** ['ɪnəsnt] — innocent

innocence ['ɪnəsns] — l'innocence

naive [naɪ'iːv] — naïf

naivety [naɪ'iːvtɪ] — la naïveté

– **Respectable** [rɪs'pektəbl] — respectable

respectability [rɪsˌpektə'bɪlɪtɪ] — la respectabilité

honest ['ɒnɪst] — honnête

honesty ['ɒnɪstɪ] — l'honnêteté

upright ['ʌpraɪt] — intègre, droit

integrity [ɪn'tegrɪtɪ] — l'intégrité, la droiture

uprightness ['ʌpˌraɪtnɪs]

BR **honour** ['ɒnəʳ] — l'honneur

AM **honor**

BR **honourable** ['ɒnərəbl] — honorable

AM **honorable**

to be above board — être très correct

scruples ['skruːplz] — les scrupules

– **Conscientious** [ˌkɒnʃɪ'enʃəs] — consciencieux

serious ['sɪərɪəs] — sérieux

earnest ['ɜːnɪst]

seriousness ['sɪərɪəsnɪs] — le sérieux

earnestness ['ɜːnɪstnɪs]

I'm in earnest — je ne plaisante pas, je suis sérieux

loyal *to sb* ['lɔɪəl] — loyal *envers qqn*

loyalty ['lɔɪəltɪ] — la loyauté

faithful *to sb* ['feɪθfʊl] — fidèle *à qqn*

faithfulness ['feɪθfʊlnɪs] — la fidélité

to have faith in sb — croire en qqn, avoir foi en qqn

in good / bad faith — de bonne / mauvaise foi

■ 6. HYPOCRISY AND DISHONESTY L'HYPOCRISIE ET LA MALHONNÊTETÉ ⎯

– **Dishonest** [dɪs'ɒnɪst] — malhonnête

dishonesty [dɪs'ɒnɪstɪ] — la malhonnêteté

unfaithful *to sb* ['ʌn'feɪθfʊl] — déloyal *envers qqn*

disloyal *to sb* ['dɪs'lɔɪəl]

disloyalty ['dɪs'lɔɪəltɪ] — la déloyauté

untrustworthy ['ʌn'trʌstˌwɜːðɪ] — indigne de confiance

distrustful [dɪs'trʌstfʊl] — méfiant

mistrustful [mɪs'trʌstfʊl]

distrust [dɪs'trʌst] — la méfiance

mistrust [mɪs'trʌst]

to distrust — se méfier de

to mistrust

– **To lie** [laɪ] — mentir

to tell* lies

a lie — un mensonge

a falsehood ['fɔːlshʊd] — (soutenu)

an untruth ['ʌn'truːθ] — une contre-vérité

a fib [fɪb] (parlé)	un bobard
a white lie	un pieux mensonge
a liar ['laɪəʳ]	un(e) menteur (-euse)
– To deceive sb	tromper qqn
deceitful [dɪ'siːtfʊl]	trompeur (personne)
deceiving [dɪ'siːvɪŋ]	trompeur (attitude, appa-
misleading [ˌmɪs'liːdɪŋ]	rences)
deceit [dɪ'siːt]	la tromperie
deception [dɪ'sepʃən]	
to fool sb	duper qqn, berner qqn
to take* sb in	
to trick sb	rouler qqn
to con sb (parlé)	
to mislead* sb	induire qqn en erreur
– To conceal sth *from sb*	cacher qqch. *à qqn*
to hide* sth *from sb*	
to pretend¹ *to do*	faire semblant *de faire*
[prɪ'tend]	
BR a pretence [prɪ'tens]	un prétexte
AM a pretense	
a pretext ['priːtekst]	
to do* sth under the	faire qqch. sous couvert
pretence of	de
insincere [ˌɪnsɪn'sɪəʳ]	hypocrite
hypocritical	
[ˌhɪpə'krɪtɪkəl]	
a hypocrite ['hɪpəkrɪt]	un(e) hypocrite
insincerity [ˌɪnsɪn'serɪtɪ]	l'hypocrisie
hypocrisy [hɪ'pɒkrɪsɪ]	
affectation [ˌæfek'teɪʃən]	l'affectation
affected [ə'fektɪd]	affecté

to put* on an act	jouer la comédie

ATTENTION FAUX AMI 1 : prétendre = to claim
il prétend connaître le directeur = he claims he knows
the manager

– To cheat [tʃiːt]	tricher
to cheat sb	escroquer qqn
to betray [bɪ'treɪ]	trahir
betrayal [bɪ'treɪəl]	la trahison
treason ['triːzn]	la trahison (politique)
a traitor ['treɪtəʳ]	un traître
treacherous ['tretʃərəs]	traître
treachery ['tretʃərɪ]	la traîtrise
to conspire *with sb to do*	conspirer *avec qqn pour*
sth [kən'spaɪəʳ]	*faire qqch.*
a conspiracy	une conspiration
[kən'spɪrəsɪ]	
a plot [plɒt]	un complot
to plot *against sb / to do*	comploter *contre qqn / de*
sth	*faire qqch.*
an impostor [ɪm'pɒstəʳ]	un imposteur
to pose as	se faire passer pour
double-dealing	la duplicité, le double
	jeu
to play a double game	jouer double jeu
– Crafty ['krɑːftɪ]	rusé
cunning ['kʌnɪŋ]	
cunning	la ruse
sly [slaɪ]	sournois

■ 7. COURAGE AND COWARDICE LE COURAGE ET LA LÂCHETÉ _____

– Courageous [kə'reɪdʒəs]	courageux
courageously	courageusement
[kə'reɪdʒəslɪ]	
courage ['kʌrɪdʒ]	le courage
bold [bəʊld]	hardi
boldly ['bəʊldlɪ]	hardiment
boldness ['bəʊldnɪs]	la hardiesse
brave [breɪv]	courageux
bravely ['breɪvlɪ]	courageusement
bravery ['breɪvərɪ]	le courage
– Heroic [hɪ'rəʊɪk]	héroïque
heroically [hɪ'rəʊɪkəlɪ]	héroïquement
heroism ['herəʊɪzəm]	l'héroïsme
a hero ['hɪərəʊ]	un héros
a heroine ['herəʊɪn]	une héroïne

spirited ['spɪrɪtɪd]	fougueux
with spirit	avec fougue
spiritedly ['spɪrɪtɪdlɪ]	
to have plenty of spirit	être plein de fougue
– To keep* one's head	garder son sang-froid
to dare *(to) do sth* [dɛəʳ]	oser *faire qqch.*
daring ['dɛərɪŋ]	audacieux
audacious [ɔː'deɪʃəs]	
daring	l'audace
audacity [ɔː'dæsɪtɪ]	
– Fearless ['fɪəlɪs]	intrépide
intrepid [ɪn'trepɪd]	
fearlessness ['fɪəlɪsnɪs]	l'intrépidité
bravado [brə'vɑːdəʊ]	la bravade
to have pluck (parlé)	avoir du cran

271

to have a nerve (parlé)	avoir du culot		**– Cowardly** [ˈkaʊədlɪ]	lâche
to have the nerve to do sth	avoir l'audace de faire qqch.		**cowardice** [ˈkaʊədɪs]	la lâcheté
			cowardliness [ˈkaʊədlɪnɪs]	
– A daredevil [ˈdɛəˌdevl]	un casse-cou		**a coward** [ˈkaʊəd]	un(e) lâche
a challenge [ˈtʃælɪndʒ]	un défi		**He's chicken!** (parlé)	Quel trouillard !
to dare sb to do sth	mettre qqn au défi de faire qqch.		**to chicken out** (parlé)	se dégonfler
to take* up a challenge	relever un défi			

■ 8. PRIDE AND HUMILITY LA FIERTÉ ET L'HUMILITÉ _____

– Proud of [praʊd]	fier de		**modesty** [ˈmɒdɪstɪ]	la modestie, la pudeur
proudly [ˈpraʊdlɪ]	fièrement		**simple** [ˈsɪmpl]	simple
pride [praɪd]	la fierté		**simply** [ˈsɪmplɪ]	simplement
to take* (a) pride in sth	tirer fierté de qqch.		**simplicity** [sɪmˈplɪsɪtɪ]	la simplicité
to pride o.s. on doing sth	se targuer de faire qqch.		**self-denial**	l'abnégation
self-confidence	la confiance en soi		**abnegation** [ˌæbnɪˈgeɪʃən]	
to be self-confident	avoir confiance en soi			
ambitious [æmˈbɪʃəs]	ambitieux		**– Reserved** [rɪˈzɜːvd]	réservé
ambition [æmˈbɪʃən]	l'ambition		**discreet** [dɪsˈkriːt]	discret
			unobtrusive [ˈʌnəbˈtruːsɪv]	
– Vain [veɪn]	vaniteux, narcissique		**discreetly** [dɪsˈkriːtlɪ]	discrètement
vanity [ˈvænɪtɪ]	la vanité, le narcissisme		**unobtrusively** [ˈʌnəbˈtruːsɪvlɪ]	
boastful [ˈbəʊstfʊl]	vantard		**discretion** [dɪsˈkreʃən]	la discrétion
boastfulness [ˈbəʊstfʊlnɪs]	la vantardise		**unobtrusiveness** [ˈʌnəbˈtruːsɪvnɪs]	
to boast of sth, about sth / that [bəʊst]	se vanter de qqch. / que		**indiscreet** [ˌɪndɪsˈkriːt]	indiscret
to brag about sth / that [bræg]			**obtrusive** [əbˈtruːsɪv]	
			indiscretion [ˌɪndɪsˈkreʃən]	l'indiscrétion
– Self-satisfaction	la suffisance		**obtrusiveness** [əbˈtruːsɪvnɪs]	
self-satisfied	suffisant		**nosy** [ˈnəʊzɪ] (parlé)	fureteur, fouinard
conceit [kənˈsiːt]	la prétention			
conceited [kənˈsiːtɪd]	prétentieux		**– To be self-conscious**	être mal à l'aise
to show* off	crâner, parader		**awkward** [ˈɔːkwəd]	gauche
brash [bræʃ]	effronté		**awkwardly** [ˈɔːkwədlɪ]	gauchement
brashly [ˈbræʃlɪ]	effrontément		**awkwardness** [ˈɔːkwədnɪs]	la gaucherie
brashness [ˈbræʃnɪs]	l'effronterie		**clumsy** [ˈklʌmzɪ]	maladroit
arrogant [ˈærəgənt]	arrogant		**clumsily** [ˈklʌmzɪlɪ]	maladroitement
arrogance [ˈærəgəns]	l'arrogance		**clumsiness** [ˈklʌmzɪnɪs]	la maladresse
			prim [prɪm]	guindé
– Humble [ˈhʌmbl]	humble		**shameful** [ˈʃeɪmfʊl]	honteux (action)
humbly [ˈhʌmblɪ]	humblement		**ashamed** of [əˈʃeɪmd]	honteux de (personne)
modest [ˈmɒdɪst]	modeste, pudique		**shame** [ʃeɪm]	la honte
modestly [ˈmɒdɪstlɪ]	modestement, pudiquement		**shameless** [ˈʃeɪmlɪs]	éhonté

■ 9. CAUTION AND CARELESSNESS LA PRUDENCE ET L'IMPRUDENCE ___

– Cautious ['kɔːʃəs]	prudent	**unwise** [ʌnˈwaɪz]	malavisé
careful ['kɛəfʊl]		**thoughtless** ['θɔːtlɪs]	irréfléchi, inconsidéré
cautiously ['kɔːʃəslɪ]	prudemment	**foolhardy** ['fuːlˌhɑːdɪ]	téméraire
carefully ['kɛəfəlɪ]		**reckless** ['reklɪs]	
caution ['kɔːʃən]	la prudence	**foolhardiness**	la témérité
thoughtful ['θɔːtfʊl]	réfléchi	['fuːlˌhɑːdɪnɪs]	
wise [waɪz]	sage	**recklessness** ['reklɪsnɪs]	
wisely ['waɪzlɪ]	sagement	**risky** ['rɪskɪ]	aventureux (projet)
wisdom ['wɪzdəm]	la sagesse	**chancy**[1] ['tʃɑːnsɪ]	
foresight ['fɔːsaɪt]	la prévoyance		
forethought ['fɔːθɔːt]		ATTENTION FAUX AMI **1 :** chanceux = **lucky, fortunate**	
to take* precautions	prendre des précautions	**– Scatterbrained**	écervelé
tact [tækt]	le tact	['skætəbreɪnd]	
tactful ['tæktfʊl]	plein de tact	AM **birdbrained**	
		['bɜːdbreɪnd]	
– Rash [ræʃ]	imprudent	**careless** ['kɛəlɪs]	négligent
imprudent [ɪmˈpruːdənt]		**carelessly** ['kɛəlɪslɪ]	négligemment
rashness ['ræʃnɪs]	l'imprudence	**carelessness** ['kɛəlɪsnɪs]	la négligence
imprudence		**tactless** ['tæktlɪs]	qui manque de tact
[ɪmˈpruːdəns]		**tactlessness** ['tæktlɪsnɪs]	le manque de tact

■ 10. GENEROSITY AND MEANNESS LA GÉNÉROSITÉ ET L'AVARICE ___

– Generous ['dʒenərəs]	généreux	**– Extravagant**	dépensier
generously ['dʒenərəslɪ]	généreusement	[ɪksˈtrævəgənt]	
generosity [ˌdʒenəˈrɒsɪtɪ]	la générosité	**he's a spendthrift**	c'est un dépensier
prodigal of sth ['prɒdɪgəl]	prodigue de qqch.	**to spend* lavishly**	dépenser sans compter
(soutenu)		**to be lavish with one's**	
prodigality [ˌprɒdɪˈgælɪtɪ]	la prodigalité	**money**	
(soutenu)		**to spend* money like**	jeter l'argent par les
to spare no expense to	ne pas regarder à la	**water**	fenêtres
do sth	dépense pour faire qqch.	**to squander** ['skwɒndəʳ]	gaspiller, dilapider
hospitable [hɒsˈpɪtəbl]	hospitalier	**to be self-indulgent**	ne rien se refuser
hospitality [ˌhɒspɪˈtælɪtɪ]	l'hospitalité	**– Mean** [miːn]	avare
		miserly ['maɪzəlɪ]	
– Selfless ['selflɪs]	désintéressé	**a miser** ['maɪzəʳ]	un(e) avare
unselfish [ʌnˈselfɪʃ]		**meanness** ['miːnnɪs]	
selflessness ['selflɪsnɪs]	le désintéressement	**miserliness** ['maɪzəlɪnɪs]	l'avarice
unselfishness		**avaricious** [ˌævəˈrɪʃəs]	cupide
['ʌnˈselfɪʃnɪs]		**avarice** ['ævərɪs]	la cupidité
liberal ['lɪbərəl]	libéral	**close-fisted** (parlé)	radin
liberality [ˌlɪbəˈrælɪtɪ]	la libéralité	**tight-fisted** (parlé)	
magnanimous	magnanime	**stingy** ['stɪndʒɪ]	ladre
[mægˈnænɪməs]		**grasping** ['grɑːspɪŋ]	
magnanimity	la magnanimité	**greedy** ['griːdɪ]	avide
[ˌmægnəˈnɪmɪtɪ]		**greed** [griːd]	l'avidité
noble ['nəʊbl]	noble	**greedily** ['griːdɪlɪ]	avidement
nobly ['nəʊblɪ]	noblement	**a skinflint** ['skɪnflɪnt]	un grippe-sou
nobility [nəʊˈbɪlɪtɪ]	la noblesse		

cheeseparing ['tʃiːz,pɛərɪŋ] (n. c. sing.) penny-pinching (n. c. sing.)	des économies de bouts de chandelle	frugal ['fruːgəl]	frugal
		frugality [fruːˈgælɪtɪ]	la frugalité
to skimp *on sth* [skɪmp]	lésiner *sur qqch.*	– Selfish ['selfɪʃ]	égoïste
		an egoist ['egəʊɪst]	un(e) égoïste
– Thrifty ['θrɪftɪ]	économe	selfishness ['selfɪʃnəs]	l'égoïsme
thrift [θrɪft]	l'économie	selfishness ['selfɪʃnɪs]	
thriftiness ['θrɪftɪnɪs]		BR self-centred	égocentrique
to economize [ɪˈkɒnəmaɪz]	économiser	AM self-centered	
		BR self-centredness	l'égocentrisme
to make economies	faire des économies	AM self-centeredness	

■ 11. HUMOUR L'HUMOUR

– Wit [wɪt]	l'esprit	a clown [klaʊn]	un clown
to be witty	avoir de l'esprit	he's a real comedian	c'est un vrai clown, c'est un pitre
quick-witted	qui a de la repartie		
a witty reply	une remarque spirituelle	comical ['kɒmɪkəl]	comique
tongue in cheek	ironiquement, en plaisantant	to fool around to fool about	faire l'imbécile
to make* fun of sb to poke fun at sb	se moquer de qqn	to clown about to clown around	faire le clown
to tease sb	taquiner qqn	a gag [gæg]	une blague
		a visual gag	un gag
– A joke [dʒəʊk]	une plaisanterie	– BR humour ['hjuːməʳ] AM humor	l'humour
to joke *about sth*	plaisanter *sur qqch.*		
to tell* a joke	raconter une plaisanterie	humorous ['hjuːmərəs]	humoristique
		a humorist ['hjuːmərɪst]	un(e) humoriste
to get* the point of a joke to see* the joke	saisir la plaisanterie	to have a sense of humour	avoir le sens de l'humour
he can't take a joke (parlé)	il ne comprend pas la plaisanterie	to have no sense of humour	n'avoir aucun sens de l'humour
for a joke	par plaisanterie, pour rire	facetious [fəˈsiːʃəs]	moqueur
in jest (soutenu)		facetiousness [fəˈsiːʃəsnɪs]	la moquerie
a pun *on sth* [pʌn]	un calembour, un jeu de mots *sur qqch.*	a prank [præŋk]	une espièglerie, une facétie
a spoonerism ['spuːnərɪzəm]	une contrepèterie	mischievous ['mɪstʃɪvəs]	malicieux
		mischievousness ['mɪstʃɪvəsnɪs]	la malice[1]
– A prank [præŋk] a hoax [həʊks] a practical joke	une farce		

ATTENTION FAUX AMI 1 : malice = la malveillance - malicious = malveillant

a practical joker	un farceur		
a trick [trɪk]	un tour		
to play a trick on sb	faire une farce à qqn, jouer un tour à qqn	– Amusing [əˈmjuːzɪŋ] entertaining [ˌentəˈteɪnɪŋ]	amusant, divertissant
it's getting beyond a joke	ce n'est plus drôle	to amuse [əˈmjuːz] to entertain [ˌentəˈteɪn]	amuser, divertir
– Farce [fɑːs]	la farce	it's hilarious	c'est à mourir de rire
it's farcical	c'est de la pure farce	hilarity [hɪˈlærɪtɪ]	l'hilarité
slapstick (comedy)	la grosse farce	merriment ['merɪmənt] mirth [mɜːθ]	

to have fun	s'amuser	fun [fʌn]	l'amusement, le diver-
to enjoy o.s.		amusement	tissement
to have a good time		[ə'mjuːzmənt]	
to do* sth for fun	faire qqch. pour s'amu-	funny ['fʌnɪ]	drôle
to do* sth for the fun of	ser	entertaining	distrayant
it		just for a laugh (parlé)	histoire de rire

37 | SENSITIVITY
LA SENSIBILITÉ

■ 1. EMOTIONS LES ÉMOTIONS

- An emotion [ɪ'məʊʃən] — une émotion
  a feeling ['fi:lɪŋ] — un sentiment
  to feel* sth — éprouver qqch.
  to experience sth — ressentir qqch.
  emotional [ɪ'məʊʃənl] — émotionnel, affectif
  emotional — émotif
  susceptible to sth [sə'septəbl] — sensible¹ à qqch.
  sensitive to sth ['sensɪtɪv]
  sensitivity [,sensɪ'tɪvɪtɪ] — la sensibilité
  sensitiveness ['sensɪtɪvnɪs]
  sentimental [,sentɪ'mentl] — sentimental
  sentimentally [,sentɪ'mentəlɪ] — sentimentalement
  sentimentality [,sentɪmen'tælɪtɪ] — la sentimentalité

  ATTENTION FAUX AMI 1 : sensible = sensé, raisonnable

- Filled with despair / happiness — rempli de désespoir / bonheur
  to be full of joy / of enthusiasm — déborder de joie / d'enthousiasme
  to laugh / cry for joy — rire / pleurer de joie

- Moving ['mu:vɪŋ] — émouvant
  to move sb — émouvoir qqn
  touching ['tʌtʃɪŋ] — touchant
  to touch sb — toucher qqn

- to affect sb — affecter qqn, peiner qqn
  to be (deeply) affected by sth — être (très) affecté par qqch.
  to take* sth to heart — prendre qqch. à cœur
  impressionable [ɪm'preʃnəbl] — impressionnable

- To bear* sth — supporter qqch.
  to endure sth
  I can't bear it — je ne peux pas supporter ça
  I can't stand it
  I just can't take it any more! (parlé) — Je n'en peux plus !
  to put* up with sth / sb — s'accommoder de qqch. / qqn
  bearable ['bɛərəbl] — supportable
  unbearable [ʌn'bɛərəbl] — insupportable
  relief [rɪ'li:f] — le soulagement
  to relieve sb — soulager qqch.

- Insensitive to [ɪn'sensɪtɪv] — insensible à
  unfeeling [ʌn'fi:lɪŋ] — dur, sans cœur
  callous ['kæləs]
  unemotional ['ʌnɪ'məʊʃənl] — impassible
  emotionless [ɪ'məʊʃənlɪs]
  indifferent to [ɪn'dɪfrənt] — indifférent à
  unconcerned about ['ʌnkən's3:nd]
  to repress one's feelings — réprimer ses sentiments

■ 2. HAPPINESS AND CHEERFULNESS LE BONHEUR ET LA GAIETÉ

- Happy ['hæpɪ] — heureux
  happiness ['hæpɪnɪs] — le bonheur
  joy [dʒɔɪ] — la joie
  delight [dɪ'laɪt] — le ravissement
  joyful ['dʒɔɪfʊl] — joyeux
  joyous ['dʒɔɪəs]
  joyously ['dʒɔɪəslɪ] — joyeusement
  joyfully ['dʒɔɪfəlɪ]
  to jump for joy — sauter de joie
  overjoyed [,əʊvə'dʒɔɪd] — au comble de la joie
  thrilled [θrɪld]
  ecstatic [eks'tætɪk]

- Glad about [glæd] — content de
  pleased with [pli:zd]
  delighted [dɪ'laɪtɪd] — ravi
  to delight sb — réjouir qqn, enchanter qqn

- to rejoice over sth [rɪ'dʒɔɪs] — se réjouir de qqch.
  rejoicing(s) [rɪ'dʒɔɪsɪŋ(z)] — les réjouissances

- Pleasure ['pleʒəʳ] — le plaisir
  enjoyment [ɪn'dʒɔɪmənt]
  a pleasure — un plaisir
  an enjoyment [ɪn'dʒɔɪmənt]
  to take* pleasure in sth / in doing sth — prendre plaisir à qqch. / à faire qqch.
  to take* delight in — prendre grand plaisir à
  to delight in
  to please sb — faire plaisir à qqn
  pleased with [pli:zd] — satisfait de
  satisfied with ['sætɪsfaɪd]
  to enjoy sth / doing sth — aimer qqch. / faire qqch.

to enjoy o.s. to have a good time to have fun	s'amuser, prendre du bon temps
enjoyable [ɪn'dʒɔɪəbl] pleasant ['plezənt]	agréable
– Cheerful ['tʃɪəfʊl]	gai, enjoué
cheerfully ['tʃɪəfʊlɪ]	gaiement
cheerfulness ['tʃɪəfʊlnɪs]	la gaieté
liveliness ['laɪvlɪnɪs] buoyancy ['bɔɪənsɪ]	l'entrain
lively ['laɪvlɪ] buoyant ['bɔɪənt] high-spirited	plein d'entrain
to be in high spirits to be full of beans (parlé)	être plein d'entrain
to be as pleased as Punch	être aux anges
– Light-hearted	enjoué

jolly ['dʒɒlɪ] jovial ['dʒəʊvɪəl]	jovial
BR good-humoured AM good-humored	de bonne humeur
carefree ['kɛəfriː] happy-go-lucky	insouciant
chirpy ['tʃɜːpɪ] (parlé) perky ['pɜːkɪ] (parlé)	guilleret
– To keep* one's spirits up	ne pas se laisser abattre
Keep your chin up! (parlé)	Allez, un peu de courage !
to cheer up	se dérider
Cheer up!	Haut les cœurs !
to cheer sb up	remonter le moral à qqn
to take* heart	reprendre courage
to be in good spirits	avoir bon moral

■ 3. CALMNESS LE CALME

– Calm [kɑːm] cool [kuːl]	calme
calmly ['kɑːmlɪ] coolly ['kuːlɪ]	calmement
to calm sb (down)	calmer qqn
to calm down to cool down	se calmer
to keep* calm to keep* cool to keep* one's cool (parlé)	rester calme, garder son calme
– Composed [kəm'pəʊzd] cool-headed collected [kə'lektɪd] (soutenu)	plein de sang-froid
composure [kəm'pəʊʒə'] sang-froid ['sɑ̃ːŋ'frwɑː] (soutenu)	le sang-froid
phlegmatic [fleg'mætɪk]	flegmatique
to be as cool as a cucumber	garder son flegme
to keep* one's temper	ne pas se fâcher
to have an even temper to be even-tempered	être d'humeur égale
Cool it! (parlé)	Ne t'énerve pas !, Du calme !

to lose* one's temper to lose* one's cool (parlé)	perdre son calme
– Self-control [,selfkən'trəʊl] self-command [,selfkə'mɑːnd]	la maîtrise de soi
to keep* one's self-control	rester maître de soi
to control o.s.	se maîtriser
to control one's feelings	maîtriser ses sentiments
– Peaceful ['piːsfʊl]	paisible
peacefully ['piːsfəlɪ]	paisiblement
peace [piːs]	la paix, la tranquillité
serene [sə'riːn]	serein
serenely [sə'riːnlɪ]	sereinement
serenity [sɪ'renɪtɪ]	la sérénité
to unwind* ['ʌn'waɪnd] (parlé) to relax [rɪ'læks] (parlé)	se détendre
relaxed [rɪ'lækst]	détendu, décontracté
relaxation [,riːlæk'seɪʃən]	la détente

■ 4. SADNESS LA TRISTESSE

– Sad [sæd]	triste
sadly ['sædlɪ]	tristement

to sadden sb	attrister qqn
unhappy [ʌn'hæpɪ]	malheureux

unhappiness [ʌn'hæpɪnɪs]	le malheur	gloom [gluːm]	la profonde tristesse
he doesn't feel good about himself	il est mal dans sa peau	to look glum	avoir l'air lugubre
– To depress sb	déprimer qqn	dismayed [dɪs'meɪd]	consterné
depressed [dɪ'prest]	déprimé	dismay [dɪs'meɪ] consternation [ˌkɒnstə'neɪʃən]	la consternation
a nervous breakdown	une dépression nerveuse	to my great dismay	à ma grande consternation
depressing [dɪ'presɪŋ]	déprimant		
– Discouraged [dɪs'kʌrɪdʒd] disheartened [dɪs'hɑːtnd]	découragé	– Wistful ['wɪstfʊl] melancholy ['melənkəlɪ]	mélancolique
discouraging [dɪs'kʌrɪdʒɪŋ] disheartening [dɪs'hɑːtnɪŋ]	décourageant	wistfully ['wɪstfəlɪ] melancholically [ˌmelən'kɒlɪklɪ]	mélancoliquement
to get* discouraged to lose* heart	se décourager	wistfulness ['wɪstfʊlnɪs] melancholy	la mélancolie
to feel* low to be in low spirits to be down in the mouth (parlé)	être démoralisé	morose [mə'rəʊs]	morose
		nostalgia [nɒs'tældʒɪə]	la nostalgie
to feel* down to feel* blue (parlé)	avoir le cafard	nostalgic [nɒs'tældʒɪk]	nostalgique
		homesickness ['həʊmˌsɪknɪs]	le mal du pays
downcast ['daʊnˌkɑːst] dispirited [dɪs'pɪrɪtɪd] dejected [dɪ'dʒektɪd]	abattu	to be homesick	avoir le mal du pays
to lose* hope	perdre espoir	to feel* sorry for o.s.	s'apitoyer sur son propre sort
BR sombre ['sɒmbə'] AM somber	sombre	– Upset [ʌp'set] annoyed [ə'nɔɪd]	contrarié
sullen ['sʌlən]	maussade, renfrogné	to upset* sb to annoy sb	contrarier qqn
– Gloomy ['gluːmɪ] lugubrious [luː'guːbrɪəs] dismal ['dɪzməl]	lugubre	an upset	un chagrin
		upsetting [ʌp'setɪŋ] annoying [ə'nɔɪɪŋ]	contrariant
to feel* gloomy	avoir des idées noires	a worry ['wʌrɪ]	un souci
		to trouble sb	gêner qqn
		troublesome ['trʌblsəm]	gênant

■ 5. DISTRESS LA DÉTRESSE

– Despair [dɪs'pɛə']	le désespoir	shattering ['ʃætərɪŋ]	bouleversant
to be in despair	être au désespoir	mournful ['mɔːnfʊl]	éploré
to drive* sb to despair	faire le désespoir de qqn	to mourn for sb	pleurer la mort de qqn
to despair of (doing) sth	désespérer de (faire) qqch.	– Pain [peɪn]	la douleur
desperate ['despərɪt]	désespéré	painful ['peɪnfʊl]	douloureux
desperately ['despərɪtlɪ]	désespérément	grief [griːf]	le chagrin, la peine
despairing [dɪs'pɛərɪŋ] hopeless ['həʊplɪs]	désespérant	sorrow ['sɒrəʊ]	
distressing [dɪs'tresɪŋ]	affligeant	grief-stricken	accablé de chagrin
– Anguish ['æŋgwɪʃ]	le tourment	sorrowful ['sɒrəʊfʊl]	affligé
anguished ['æŋgwɪʃt]	tourmenté	to grieve at, about, over [griːv]	s'affliger de
shattered ['ʃætəd]	bouleversé	to grieve for sb/sth	pleurer qqn/qqch.

– **Misery** ['mɪzərɪ] la misère
miserable ['mɪzərəbl] malheureux, misérable
wretched ['retʃɪd]
miserably ['mɪzərəblɪ] misérablement, pitoyablement
bitter ['bɪtəʳ] amer
bitterly ['bɪtəlɪ] amèrement
bitterness ['bɪtənɪs] l'amertume
to break* sb's heart briser le cœur de qqn
to be heartbroken avoir le cœur brisé
to be broken-hearted

to have an aching heart avoir la mort dans l'âme
– **Pitiful** ['pɪtɪfʊl] pitoyable
pitiable ['pɪtɪəbl]
pitifully ['pɪtɪfəlɪ] pitoyablement
pitiably ['pɪtɪəblɪ]
pathetic [pə'θetɪk] désolant, navrant
pathos ['peɪθɒs] le pathétique
lamentable ['læməntəbl] lamentable

■ 6. ANXIETY L'ANXIÉTÉ

– **Nervous** ['nɜːvəs] nerveux
nervously ['nɜːvəslɪ] nerveusement
nervousness ['nɜːvəsnɪs] la nervosité
to be highly strung être très nerveux
to be on edge être énervé, être à cran
he's a bundle of nerves c'est un paquet de nerfs
to live on one's nerves vivre sur les nerfs
to disturb sb perturber qqn
to perturb sb
disturbed by, at perturbé par
[dɪs'tɜːbd]
perturbed by [pə'tɜːbd]
disturbing [dɪs'tɜːbɪn] troublant
perturbing [pə'tɜːbɪn]

– **Tense** [tens] tendu
tenseness ['tensnɪs] la tension
strain [streɪn]
stress [stres] le stress
to be under stress être stressé
stressful ['stresfʊl] stressant
the stresses and strains les agressions de la vie
of modern life moderne
agitated ['ædʒɪteɪtɪd] agité
agitation [ˌædʒɪ'teɪʃən] l'agitation

to get* o.s. into a state se mettre dans tous ses
to work o.s. into a state états
to get* all hot and se mettre dans tous ses
bothered about (parlé) états à propos de

– **Worried** about ['wʌrɪd] inquiet de
concerned about
[kən'sɜːnd]
to worry* sb inquiéter qqn
to disquiet sb
to worry* about ['wʌrɪ] s'inquiéter au sujet de, se
to be concerned about faire du souci pour
worry l'inquiétude, le souci
concern [kən'sɜːn]
disquiet [dɪs'kwaɪət]
health worries des soucis de santé
worrying ['wʌrɪɪn] inquiétant
disquieting [dɪs'kwaɪətɪn]
he is a great worry to il nous donne beaucoup
us de souci
to be worried to death se faire du mauvais
(parlé) sang
to be worried stiff (parlé)
anxious ['ænkʃəs] anxieux, angoissé
uneasy [ʌn'iːzɪ] mal à l'aise, gêné
uneasiness [ʌn'iːzɪnɪs] le malaise, la gêne

■ 7. FEAR AND TERROR LA PEUR ET LA TERREUR

– **A fear** [fɪəʳ] une peur, une crainte
to fear sth/sb craindre qqch./qqn
to be fearful of sth/of craindre qqch./de faire
doing sth qqch.
to fear for sb/sth trembler pour qqn/
qqch.
to be in fear of one's craindre pour sa vie
life
to fear for one's life

for fear of/that de crainte de/que
to be afraid of sth/to do avoir peur de qqch./de
faire
to be frightened of sth/ avoir très peur de qqch./
to do de faire
to be scared of sth/of
doing
fright [fraɪt] la frayeur
frightened ['fraɪtnd] effrayé
scared [skɛədʳ]

to frighten sb	faire peur à qqn
to give* sb a fright	
to scare sb	
to be frightened into doing sth	faire qqch. par peur
frightening ['fraɪtnɪŋ]	effrayant
scary ['skɛərɪ] (parlé)	angoissant, qui donne des frissons
to have a fit of nerves	avoir le trac (à l'examen)
to have stage fright	avoir le trac (devant un public)
– Alarmed [ə'lɑːmd]	alarmé
to be scared stiff (parlé)	être mort de peur
to be scared to death (parlé)	
to be scared out of one's wits	
to have the jitters (parlé)	avoir la frousse
to be jittery (parlé)	
to scare the life out of sb	faire une peur bleue à qqn
to scare the living day-lights out of sb (parlé)	
apprehension [ˌæprɪ'henʃən]	l'appréhension
apprehensive [ˌæprɪ'hensɪv]	appréhensif
– Fearful ['fɪəfʊl]	effroyable
fearsome ['fɪəsəm]	
alarming [ə'lɑːmɪŋ]	alarmant
– Dread [dred]	l'effroi
to dread [dred]	redouter
terror ['terəʳ]	la terreur, l'épouvante
terrible ['terəbl]	terrible
dreadful ['dredfʊl]	
awful ['ɔːfəl]	

terribly ['terəblɪ]	terriblement
dreadfully ['dredfəlɪ]	
awfully ['ɔːflɪ]	
to terrify* sb	terrifier qqn
terrifying ['terɪfaɪɪŋ]	terrifiant
terrified ['terɪfaɪd]	terrifié
to terrorize sb	terroriser qqn
– BR to appal sb	épouvanter qqn
AM to appall sb	
appalling [ə'pɔːlɪŋ]	épouvantable, effroyable
dreadful ['dredfʊl]	
to be appalled at sth	être épouvanté de qqch.
to strike* terror in sb	remplir qqn d'effroi
blood-curdling	à vous glacer le sang
spine-chilling	
– Horror ['hɒrəʳ]	l'horreur
horrible ['hɒrɪbl]	horrible
horrendous [hɒ'rendəs]	
horrific [hɒ'rɪfɪk]	
horribly ['hɒrɪblɪ]	horriblement
horrendously [hɒ'rendəslɪ]	
horrifically [hɒ'rɪfɪkəlɪ]	
to have a horror of sth / of doing sth	avoir horreur de qqch. / de faire qqch.
to horrify* ['hɒrɪfaɪ]	horrifier
to be horrified at sth	être horrifié par qqch.
horrifying ['hɒrɪfaɪɪŋ]	horrifiant
– Panic ['pænɪk]	l'affolement, la panique
a panic	un affolement, une panique
to (get* into a) panic	s'affoler
panic-stricken	affolé, pris de panique
panicky ['pænɪkɪ] (parlé)	qui s'affole facilement
petrified ['petrɪfaɪd]	pétrifié

■ 8. ENTHUSIASM AND BOREDOM L'ENTHOUSIASME ET L'ENNUI

– An enthusiast [ɪn'θuːzɪæst]	un(e) enthousiaste
enthusiastic [ɪnˌθuːzɪ'æstɪk]	enthousiaste
enthusiastically [ɪnˌθuːzɪ'æstɪkəlɪ]	avec enthousiasme
eager for sth / to do sth ['iːgəʳ]	plein d'enthousiasme pour qqch. / pour faire qqch.
BR keen on sth / on doing sth, to do sth [kiːn]	
– Ardent ['ɑːdənt]	ardent
BR ardour ['ɑːdəʳ]	l'ardeur
AM ardor	

fervent ['fɜːvənt]	fervent
to thrill sb	faire un plaisir fou à qqn
a thrill of joy	un frisson de joie
zeal [ziːl]	le zèle
zealous ['zeləs]	zélé
motivation [ˌməʊtɪ'veɪʃən]	la motivation
motivated ['məʊtɪveɪtɪd]	motivé
– Excitement [ɪk'saɪtmənt]	l'excitation
to excite sb	passionner qqn, exciter qqn

excited [ɪk'saɪtɪd]
turned on (parlé) — excité

exciting [ɪk'saɪtɪŋ]
thrilling ['θrɪlɪŋ] — passionnant, excitant

to get* excited — s'exciter

to get* a kick out of sth (parlé) — trouver qqch. excitant

overexcited [əʊvərɪk'saɪtɪd] — surexcité

he's so boring
he's such a bore — il est tellement ennuyeux

tedious ['tiːdɪəs] — mortellement ennuyeux (conversation, tâche)

to bore sb — ennuyer qqn

to get* bored — s'ennuyer

to be bored to tears
to be bored stiff (parlé) — s'ennuyer à mourir

– **Sensational** [sen'seɪʃənl] — sensationnel, formidable

It's sensational!
It's a sensation! — C'est sensationnel !

breathtaking ['breθteɪkɪŋ] — à couper le souffle

exhilarating [ɪg'zɪləreɪtɪŋ] — grisant

to be exhilarated by sth — être grisé par qqch.

– **Boredom** ['bɔːdəm]
tedium ['tiːdɪəm] — l'ennui

boring ['bɔːrɪŋ] — ennuyeux

– **Monotonous** [mə'nɒtənəs] — monotone

monotony [mə'nɒtənɪ] — la monotonie

to weary of sth/sb — se lasser de qqch./qqn

weariness ['wɪərɪnɪs] — la lassitude

to have enough of — en avoir assez de

to be fed up with (parlé) — en avoir marre de

to be sick to death of sth (parlé) — en avoir par-dessus la tête de qqch.

to be sick and tired of sth (parlé) — en avoir ras le bol de qqch.

■ 9. FRIENDSHIP L'AMITIÉ

– **Friendship** ['frendʃɪp] — l'amitié

a friend [frend] — un(e) ami(e)

a friend of mine
one of my friends — un de mes amis

a childhood friend — un ami d'enfance

a close friend — un ami intime

to like sb — bien aimer qqn

to take* a liking to sb — se prendre d'amitié pour qqn

to make* friends with sb
to strike* up a friendship with sb — se lier d'amitié avec qqn

– **Friendly** ['frendlɪ] — amical

in a friendly way — amicalement

friendliness ['frendlɪnɪs] — la gentillesse

goodwill towards sb ['gʊd'wɪl] — la bonne volonté envers qqn

devoted [dɪ'vəʊtɪd] — dévoué

devotion[1] to sb [dɪ'vəʊʃən] — le dévouement envers qqn

ATTENTION FAUX AMI 1 : la dévotion = devoutness, religious devotion

– **An acquaintance** [ə'kweɪntəns] — une connaissance

a comrade ['kɒmreɪd] — un(e) camarade

comradeship ['kɒmreɪdʃɪp] — la camaraderie

camaraderie [ˌkæmə'rɑːdərɪ] — la camaraderie (régiment, équipe)

a companion [kəm'pænjən] — un compagnon, une compagne

a mate [meɪt] (parlé)
a pal [pæl] (parlé) — un copain, une copine

AM a buddy ['bʌdɪ] (parlé) — un copain

– **Affectionate** [ə'fekʃənɪt] — affectueux

affection [ə'fekʃən]
fondness ['fɒndnɪs] — l'affection

to be fond of sb — avoir de l'affection pour qqn

a token of affection — un gage d'affection

– **Likeable** ['laɪkəbl]
nice [naɪs] — sympathique[1] (personne)

friendly ['frendlɪ]
pleasant ['pleznt] — sympathique[1] (soirée)

to like sb — avoir de la sympathie[2] pour qqn

friendliness ['frendlɪnɪs] — la sympathie[3]

to make* friends with sb — sympathiser[2] avec qqn

ATTENTION FAUX AMIS 1 : sympathetic = compatissant
2 : to sympathize = compatir
3 : sympathy = la compassion

to be on good terms with sb to be on friendly terms with sb	être en bons termes avec qqn	to get* on (well) with sb to get* on like a house on fire (parlé)	bien s'entendre avec qqn s'entendre à merveille

■ 10. LOVE L'AMOUR

– To love [lʌv]	aimer	**charm** [tʃɑːm] **appeal** [ə'piːl]	le charme
beloved [bɪ'lʌvɪd]	bien-aimé	**to captivate sb**	tenir qqn sous le charme
his beloved	sa bien-aimée		
to be in love _with_	être amoureux _de_	**– To seduce** [sɪ'djuːs]	séduire
to fall* in love _with sb_ **to fall*** _for sb_ [fɔːl] (parlé)	tomber amoureux _de qqn_	**seduction** [sɪ'dʌkʃən]	la séduction
it was love at first sight	ça a été le coup de foudre	**a seducer** [sɪ'djuːsəʳ]	un(e) séducteur (-trice)
		seductive [sɪ'dʌktɪv]	séduisant
– Loving ['lʌvɪŋ]	affectueux, aimant	**to desire** [dɪ'zaɪəʳ]	désirer
lovingly ['lʌvɪŋlɪ]	affectueusement	**desire**	le désir
tender ['tendəʳ]	tendre	**desirable** [dɪ'zaɪərəbl]	désirable
tenderly ['tendəlɪ]	tendrement		
tenderness ['tendənɪs]	la tendresse	**– A boyfriend** ['bɔɪfrend]	un petit ami
to adore [ə'dɔːʳ]	adorer	**a girlfriend** ['gɜːlfrend]	une petite amie
adoration [ˌædə'reɪʃən]	l'adoration	**to go* out with sb** (parlé)	sortir avec qqn (en général)
adorable [ə'dɔːrəbl]	adorable	**to have a date with sb** (parlé)	sortir avec qqn (un soir)
to cherish ['tʃerɪʃ]	chérir		
passionate ['pæʃənɪt]	passionné, éperdu	**to be going steady** (parlé)	sortir ensemble (régulièrement)
passionately ['pæʃənɪtlɪ]	passionnément, éperdument	**to court sb** (soutenu) **to woo sb** (soutenu)	faire la cour à qqn
a suitor ['suːtəʳ]	un soupirant	**a couple** ['kʌpl]	un couple
– To be crazy about sb **to be wild about sb** **to be mad about sb** (parlé)	être fou de qqn	**an affair** [ə'fɛəʳ] **a love affair**	une liaison
		her lover	son amant
to become* infatuated with sb	s'amouracher de qqn	**his mistress**	sa maîtresse
to take* a fancy to sb (parlé)	se toquer de qqn	**a flirtation** [flɜː'teɪʃən]	un flirt
		to flirt _with sb_ [flɜːt]	flirter _avec qqn_
to be keen on sb (parlé)	avoir le béguin pour qqn	**to be flirtatious**	aimer flirter
to be enamoured of sb (soutenu)	être épris de qqn	**he tried to pick her up** (parlé)	il l'a draguée
to dote on sb	aimer qqn à la folie	**he chatted her up** (parlé)	
to have a soft spot for sb (parlé)	avoir un petit faible pour qqn	**she stood him up** (parlé)	elle lui a posé un lapin
– Alluring [ə'ljʊərɪŋ] **appealing** [ə'piːlɪŋ]	attrayant	**– A kiss** [kɪs]	un baiser
		with (much) love **love and kisses**	bons baisers (en fin de lettre)
attractive [ə'træktɪv]	attirant		
to attract sb **to appeal to sb**	attirer qqn, plaire à qqn	**to kiss sb** **to give* sb a kiss**	embrasser qqn
to be attracted to sb **to feel* drawn to sb**	être attiré par qqn	**to hug sb** **to give* sb a hug**	serrer qqn dans ses bras
attraction [ə'trækʃən]	l'attirance	**to embrace sb**	prendre qqn dans ses bras, étreindre qqn

an embrace [ɪmˈbreɪs]	une étreinte
to caress [kəˈres]	caresser
to fondle [ˈfɒndl]	
to stroke sb's hand / hair	caresser la main / les cheveux de qqn
a caress	une caresse
to cuddle sb	faire un câlin à qqn
to give* sb a cuddle	
to hold* hands	se tenir par la main

– Dear [dɪəʳ]	cher
dearest [ˈdɪərˈst]	très cher
darling [ˈdɑːlɪŋ]	chéri
yes, my darling	oui, mon chéri
yes, honey	oui, chéri(e)
my love	mon amour
yes, sweetheart	oui, mon ange

■ 11. JEALOUSY AND REVENGE LA JALOUSIE ET LA VENGEANCE _____

– Revenge [rɪˈvendʒ] vengeance [ˈvendʒəns]	la vengeance
an act of revenge an act of vengeance	une vengeance
to avenge sb / sth	venger qqn / qqch.
to avenge o.s. on sb to get* one's revenge on sb	se venger de qqn
to take* revenge on sb for sth	se venger de qqch. sur qqn
in revenge for sth	pour se venger de qqch.
to seek* revenge for sth	chercher à se venger de qqch.
vindictive [vɪnˈdɪktɪv] vengeful [ˈvendʒfʊl]	vindicatif
to revenge o.s. to get* one's own back	prendre sa revanche
– Envy [ˈenvɪ]	l'envie
envious [ˈenvɪəs]	envieux
enviously [ˈenvɪəslɪ] with envy	avec envie
to make* sb envious	faire envie à qqn
to envy sb (for) sth	envier qqch. à qqn
covetousness [ˈkʌvɪtəsnɪs]	la convoitise
to covet [ˈkʌvɪt]	convoiter

– Jealousy [ˈdʒeləsɪ]	la jalousie
jealous [ˈdʒeləs]	jaloux
to be jealous of sth / sb	être jaloux de qqch. / qqn
green with envy (parlé)	vert de jalousie
a rival [ˈraɪvəl]	un(e) rival(e)
rivalry between [ˈraɪvəlrɪ]	la rivalité entre

– Reprisal [rɪˈpraɪzəl] retaliation [rɪˌtælɪˈeɪʃən] (n. c. sing.)	des représailles
to take* reprisals against sb to retaliate against sb [rɪˈtælɪeɪt]	user de représailles contre qqn
as a reprisal for in retaliation for	en représailles de
to give* sb tit for tat it's tit for tat	rendre la pareille à qqn c'est œil pour œil, dent pour dent
to pay* sb back to get* even with sb to give* sb a dose of their own medicine	rendre à qqn la monnaie de sa pièce
a vendetta between [venˈdetə]	une vendetta entre
a family feud	une querelle de famille

■ 12. IRRITATION AND ANNOYANCE L'IRRITATION ET L'AGACEMENT _____

– To irritate sb	irriter qqn
irritating [ˈɪrɪteɪtɪŋ]	irritant
irritable [ˈɪrɪtəbl]	irritable
irritability [ˌɪrɪtəˈbɪlɪtɪ]	l'irritabilité
tiresome [ˈtaɪəsəm] irksome [ˈɜːksəm] vexing[1] [ˈveksɪŋ]	irritant, agaçant
a vexation[2] [vekˈseɪʃən]	un agacement
to vex[3] sb (soutenu)	agacer qqn

| ATTENTION FAUX AMIS 1 : vexant pour = hurtful to 2 : une vexation = a humiliation 3 : vexer qqn = to hurt sb, to offend sb |

– To be a nuisance	être embêtant
to be a nuisance to sb	casser les pieds à qqn
What a nuisance!	Que c'est embêtant !
– To pester sb	importuner qqn
to bother sb	embêter qqn
to bug sb	

to disturb sb	déranger qqn	– To be in a (bad) temper	être de mauvaise humeur
– To exasperate sb	exaspérer qqn	to be bad-tempered	
to aggravate sb (parlé)		to be in a foul temper	être d'une humeur massacrante
exasperating [ɪgˈzɑːspəreɪtɪŋ]	exaspérant	to have a quick temper	se mettre facilement en colère
exasperatingly slow	d'une lenteur exaspérante	to be quick-tempered	
		to fly* into a temper	se mettre en rogne
exasperation [ɪgˌzɑːspəˈreɪʃən]	l'exaspération	to have a hot temper	être soupe au lait
impatient [ɪmˈpeɪʃənt]	impatient	to be hot-tempered	
to get* sb's goat (parlé)	taper sur les nerfs de qqn	to have a nasty temper	avoir un sale caractère
to get* on sb's nerves (parlé)		to have a vile temper	
to badger sb with	harceler qqn de	dissatisfied [ˈdɪsˈsætɪsfaɪd]	insatisfait
to get* hot under the collar (parlé)	bouillir (d'énervement)	dissatisfaction [ˈdɪsˌsætɪsˈfækʃən]	l'insatisfaction
		– Displeasure [dɪsˈpleʒəʳ]	le mécontentement
– Indignant [ɪnˈdɪgnənt]	indigné	discontent(ment) [ˈdɪskənˈtent(mənt)]	
indignation [ˌɪndɪgˈneɪʃən]	l'indignation	displeased with [dɪsˈpliːzd]	mécontent de
to lose* patience with sb	perdre patience avec qqn	to displease sb	mécontenter qqn
to try sb's patience	mettre la patience de qqn à l'épreuve	touchy [ˈtʌtʃɪ]	susceptible
to try sb		touchiness [ˈtʌtʃɪnɪs]	la susceptibilité
trying [ˈtraɪɪŋ]	éprouvant	huffy [ˈhʌfɪ] (parlé)	froissé
to be ruffled	perdre son calme	to be in a huff (parlé)	être froissé
		to get* into a huff (parlé)	prendre la mouche

■ 13. ANGER AND RAGE LA COLÈRE ET LA RAGE

– Anger [ˈæŋgəʳ]	la colère	– Fury [ˈfjʊərɪ]	la fureur
angry with sb at sth [ˈæŋgrɪ]	en colère contre qqn à cause de qqch.	furious [ˈfjʊərɪəs]	furieux
cross with [krɒs]	fâché contre	incensed [ɪnˈsenst]	
crossly [ˈkrɒslɪ]	d'un air fâché	infuriated [ɪnˈfjʊərɪeɪtɪd]	
angrily [ˈæŋgrɪlɪ]		to infuriate sb	rendre qqn furieux
an outburst of anger	un accès de colère	to incense sb	
a fit of anger		to madden sb	rendre qqn fou, faire enrager qqn
angrily [ˈæŋgrɪlɪ]	avec colère	to drive* sb mad	
in anger		infuriating [ɪnˈfjʊərɪeɪtɪŋ]	rageant
to make* sb angry	mettre qqn en colère	maddening [ˈmædnɪŋ]	
to anger sb			
to get* angry	se mettre en colère	– Rage [reɪdʒ]	la rage
to lose* one's temper		to fly* into a rage	se mettre en rage
to throw* a tantrum	faire une colère (enfant)	to be in a rage	être en rage
to take* one's anger out on sb	passer sa colère sur qqn	to fume (with rage)	
to vent one's anger on sb		to enrage sb	mettre qqn en rage
to be mad at sb (parlé)	être furieux contre qqn	in a blind rage	dans une rage folle
to get* mad at sb (parlé)	s'emporter contre qqn	in a towering rage	
peeved with [piːvd] (parlé)	en rogne contre	to be wild at sb (parlé)	être fou de rage contre qqn
sore with [sɔːʳ] (parlé)		to be wild with sb (parlé)	
		to have a fit of rage	piquer une crise de rage
		to be beside o.s. with rage	être hors de soi

– To blow* one's top — exploser
(parlé)

overwrought [əʊvə'rɔːt] — excédé, à bout

to fly* off the handle — sortir de ses gonds
(parlé)

it makes my blood boil — cela me fait bouillir

irate [aɪ'reɪt] — courroucé
wrathful ['rɒθʊl] (soutenu)

wrath [rɒθ] (soutenu) — le courroux

■ 14. AGGRESSIVENESS AND HOSTILITY L'AGRESSIVITÉ ET L'HOSTILITÉ __

– Unfriendly ['ʌn'frendlɪ] — peu amical

spiteful ['spaɪtfʊl] — malveillant
malicious¹ [mə'lɪʃəs]

spitefulness ['spaɪtfʊlnɪs] — la malveillance
malice² ['mælɪs]

> ATTENTION FAUX AMIS 1 : malicieux = mischievous
> 2 : la malice = mischievousness

– BR rancour ['ræŋkəʳ] — la rancœur
AM rancor

grudge [grʌdʒ] — la rancune

to bear* sb a grudge for — garder rancune à qqn de
sth — qqch.

I don't bear grudges — Je ne suis pas rancunier

resentment [rɪ'zentmənt] — le ressentiment

to resent sth — éprouver du ressentiment de qqch.

to be resentful of sth

animosity towards — l'animosité contre
[ˌænɪ'mɒsɪtɪ]

– Brutal ['bruːtl] — brutal

brutality [bruː'tælɪtɪ] — la brutalité

aggressive [ə'gresɪv] — agressif

aggressiveness — l'agressivité
[ə'gresɪvnɪs]

an attack [ə'tæk] — une agression

– Hostile to ['hɒstaɪl, — hostile à
'hɒstəl]

hostility [hɒs'tɪlɪtɪ] — l'hostilité

a threat [θret] — une menace
a menace ['menɪs]

to threaten sb with sth — menacer qqn de qqch.
['θretn]
to menace

threatening ['θretnɪŋ] — menaçant
menacing ['menɪsɪŋ]

– To insult sb — insulter qqn
an insult [ɪn'sʌlt] — une insulte
to abuse sb — injurier qqn
abuse [ə'bjuːz] (n. c. sing.) — les injures
abusive [əb'juːsɪv] — injurieux
a swearword ['swɛəwɜːd] — un juron
an oath [əʊθ]
a curse [kɜːs]
to curse sb/sth — maudire qqn/qqch.
to swear* at sb [swɛəʳ] — jurer contre qqn
to snap at sb — rabrouer qqn
to bite* sb's head off
(parlé)

– To scoff at sb — se moquer de qqn
to poke fun at sb
to mock sb
mockery ['mɒkərɪ] — la moquerie
ridicule ['rɪdɪkjuːl] — le ridicule
to ridicule — ridiculiser
to jeer at sb — railler qqn
to gibe at sb
to sneer at sb
a jeer [dʒɪəʳ] — une raillerie, une
a gibe [dʒaɪb] — moquerie, un quolibet
a sneer [snɪəʳ]

– An enemy ['enəmɪ] — un(e) ennemi(e)
a foe [fəʊ] (soutenu)
an opponent [ə'pəʊnənt] — un(e) adversaire

285

38 THE MIND
L'ESPRIT

■ 1. INTELLECTUAL ABILITIES LES FACULTÉS INTELLECTUELLES _____

- **Intelligent** [ɪnˈtelɪdʒənt] intelligent (personne)
  clever [ˈklevəʳ]
  bright [braɪt]
  brainy [ˈbreɪnɪ] (parlé)
  intelligence [ɪnˈtelɪdʒəns] l'intelligence
  the brain [breɪn] le cerveau
  the intellect [ˈɪntɪlekt] l'intellect
  intellectual [ɪntɪˈlektjʊəl] intellectuel
  an intellectual un(e) intellectuel(le)
  the intelligentsia l'intelligentsia
  [ɪnˌtelɪˈdʒentsɪə]

- **Able** *to do sth* [ˈeɪbl] capable *de faire qqch.*,
  capable *of doing sth* apte[1] *à faire qqch.*
  [ˈkeɪpəbl]
  ability [əˈbɪlɪtɪ] la capacité
  capability [ˌkeɪpəˈbɪlɪtɪ]
  aptitude *for sth / doing* l'aptitude *pour qqch. / à*
  sth [ˈæptɪtjuːd] *faire qqch.*
  to have an aptitude for avoir des dispositions
  sth pour qqch.
  competent [ˈkɒmpɪtənt] compétent
  competence la compétence
  [ˈkɒmpɪtəns]

  > ATTENTION FAUX AMI **1** : to be apt to do sth = être enclin à faire qqch.

- **To be quick-witted /** avoir l'esprit vif / lent
  slow-witted
  to be quick on the comprendre vite, avoir
  uptake l'esprit vif
  penetrating [ˈpenɪtreɪtɪŋ] pénétrant, sagace
  sharp [ʃɑːp]
  insight [ˈɪnsaɪt] la perspicacité

- **Smart** [smɑːt] astucieux
  shrewd [ʃruːd]
  astute [əsˈtjuːt]
  perceptive [pəˈseptɪv] perspicace
  cunning [ˈkʌnɪŋ] malin, rusé
  resourceful [rɪˈsɔːsfʊl] ingénieux, plein de
                                ressources
  skilful [ˈskɪlfʊl] habile
  skill [skɪl] l'habileté
  to have the knack of connaître le truc pour
  doing sth faire qqch., avoir le
                 coup pour faire qqch.
  there's a knack to it il y a un truc
  to have a flair for sth avoir du flair pour qqch.

- **A gift** [gɪft] un don
  gifted [ˈgɪftɪd] doué
  to have a gift for sth être doué pour qqch.
  BR **a gifted child** un enfant surdoué
  AM **an exceptional child**
  a child prodigy un enfant prodige
  a whiz(z) kid (parlé) un petit prodige
  a genius [ˈdʒiːnɪəs] un génie
  a stroke of genius un trait de génie
  a brainwave [ˈbreɪnweɪv] une idée géniale

- **A talent** *for* [ˈtælənt] un talent *pour*
  to have talent avoir du talent
  to be talented
  to be highly talented avoir beaucoup de
                            talent
  versatile [ˈvɜːsətaɪl] aux talents variés

- **Common sense** le bon sens, le sens
                     commun
  sensible [ˈsensəbl] sensé
  scatterbrained écervelé
  [ˈskætəˌbreɪnd]

- **To be slow-witted** avoir l'esprit lent
  silly [ˈsɪlɪ] bête
  foolish [ˈfuːlɪʃ]
  silliness [ˈsɪlɪnɪs] la bêtise
  foolishness [ˈfuːlɪʃnɪs]
  stupid [ˈstjuːpɪd] stupide
  idiotic [ˌɪdɪˈɒtɪk] idiot
  BR **daft** [dɑːft] (parlé)
  AM **dumb** [dʌm] (parlé)
  an idiot [ˈɪdɪət] un(e) idiot(e)
  a fool [fuːl] un(e) imbécile, un(e)
                     sot(te)

- **Nonsense** [ˈnɒnsəns] des sottises
  (n. c. sing.)
  That's nonsense! Quelle sottise !
  a nitwit [ˈnɪtwɪt] (parlé) un(e) nigaud(e)
  to be slow (on the avoir l'esprit lent
  uptake)
  dull [dʌl] borné
  dim [dɪm] obtus
  backward [ˈbækwəd] retardé
  a simpleton [ˈsɪmpltən] un simple d'esprit

■ 2. REASONING LE RAISONNEMENT

- **Reason** ['ri:zn] la raison
reasonable ['ri:znəbl] raisonnable
his powers of reasoning ses facultés de raisonnement
to reason *about sth* raisonner *sur qqch.*
rational ['ræʃənl] rationnel
rationality [,ræʃə'nælɪtɪ] la rationalité
irrational [ɪ'ræʃənl] irrationnel

- **Logic** ['lɒdʒɪk] la logique
logical ['lɒdʒɪkəl] logique
illogical [ɪ'lɒdʒɪkəl] illogique
mental ['mentl] mental
a paradox ['pærədɒks] un paradoxe
paradoxical paradoxal
[,pærə'dɒksɪkəl]

- **A premise** ['premɪs] une prémisse
an analysis [ə'nælɪsɪs] une analyse
(plur. analyses)
to analyze ['ænəlaɪz] analyser
analytic(al) analytique
[,ænə'lɪtɪk(əl)]
to solve a problem résoudre un problème
to work out a solution
to a problem
the solution *to sth* la solution *de qqch., à qqch.*
[sə'lu:ʃən]

- **To conclude** *from sth/* conclure *de qqch./que*
that [kən'klu:d]
a conclusion une conclusion
[kən'klu:ʒən]
to come* to the conclu- arriver à la conclusion
sion that que
to draw* conclusions tirer des conclusions *de*
from
to jump to conclusions tirer des conclusions trop hâtives

to deduce *sth from sth/* déduire *qqch. de qqch./*
that [dɪ'dju:s] *que*
a deduction [dɪ'dʌkʃən] une déduction
to infer *sth from sth/that* inférer *qqch. de qqch./*
[ɪn'fɜ:ʳ] *que*
an inference ['ɪnfərəns] une inférence

- **A thought** [θɔ:t] une pensée
to think* *of sth/sb, about* penser *à qqch./qqn*
sth/sb [θɪŋk]
a thinker ['θɪŋkəʳ] un penseur
thoughtful ['θɔ:tful] pensif
pensive ['pensɪv]
I had an afterthought cela m'est venu à l'esprit après coup
an ulterior motive une arrière-pensée

- **To think*** sth over réfléchir à qqch.
to think* twice about réfléchir à qqch. à deux
sth fois
to reflect on sth réfléchir sur qqch.
to ponder *over sth, about* réfléchir longuement *sur*
sth ['pɒndəʳ] *qqch.*
on second thoughts … réflexion faite…
to change one's mind changer d'avis
to have second
thoughts

- **To consider** *sth to be sth/* considérer *qqch. comme*
that [kən'sɪdəʳ] *qqch./que*
to take* sth into consid- prendre qqch. en
eration considération
to meditate *on sth* méditer *sur qqch.*
['medɪteɪt]
meditation [,medɪ'teɪʃən] la méditation
to deliberate *about sth* délibérer *sur qqch.*
[dɪ'lɪbərɪt]
deliberation la délibération
[dɪ,lɪbə'reɪʃən]
to brood on sth, over remâcher qqch., ressas-
sth ser qqch.

■ 3. JUDGING LE JUGEMENT

- **To judge** *sth/sb/that* juger *qqch./qqn/que*
[dʒʌdʒ]
a judg(e)ment un jugement
[dʒʌdʒmənt]
an error of judgement une erreur de jugement
to pass judgement *on* prononcer un jugement *sur*
to lack judgement manquer de jugement

to be a good/poor être bon/mauvais juge
judge of de
to misread* the situa- se méprendre sur la
tion situation
to misjudge sb se méprendre sur qqn
to miscalculate faire un mauvais calcul
[,mɪs'kælkju,leɪt]
a miscalculation un mauvais calcul
[,mɪskælkju'leɪʃən]

to misinterpret sth	mal interpréter qqch.

– Judicious [dʒuː'dɪʃəs] — judicieux
to evaluate [ɪ'væljʊeɪt] — évaluer, estimer
to assess [ə'ses]
to appraise [ə'preɪz] (soutenu)
an evaluation [ɪ,væljʊ'eɪʃən] — une estimation, une évaluation
an assessment [ə'sesmənt]
an appraisal [ə'preɪzəl] (soutenu)
to distinguish *between* [dɪs'tɪŋgwɪʃ] — discerner *entre*, distinguer *entre*
to discriminate *between* [dɪs'krɪmɪneɪt]

to be discerning	faire preuve de discernement
to be discriminating	

– Objective [əb'dʒektɪv] — objectif
objectivity [,ɒbdʒɪk'tɪvɪtɪ] — l'objectivité
subjective [səb'dʒektɪv] — subjectif
subjectivity [,sʌbdʒek'tɪvɪtɪ] — la subjectivité
to prejudge sth — préjuger de qqch.
a bias *towards / against* ['baɪəs] — un parti pris *en faveur de / contre*
a prejudice ['predʒʊdɪs] — un préjugé
prejudiced *against* ['predʒʊdɪst] — plein de préjugés *contre*
bias(s)ed ['baɪəst] — partial
unbia(s)sed [ʌn'baɪəst] — impartial

■ 4. VALUE JUDGEMENTS LES JUGEMENTS DE VALEUR

– A value ['væljuː] — une valeur
a system of values — un système de valeurs
good [gʊd] — bien, bon
good — le bien
bad [bæd] — mauvais (en général)
evil ['iːvl] — mauvais (moralement)
evil — le mal
right and wrong — le bien et le mal
good and evil
to know* right from wrong — discerner le bien du mal
to know* good from evil
it is the right thing to do — c'est ce qu'il faut faire
it is the wrong thing to do — c'est la chose à ne pas faire

– A wrong [rɒŋ] — un tort
to be wrong — avoir tort
wrongly ['rɒŋlɪ] — à tort
a fault [fɔːlt] — un défaut
a defect ['diːfekt]
a failing ['feɪlɪŋ]
to be at fault — être dans son tort, être fautif
an error ['erəʳ] — une erreur, une faute

erroneous [ɪ'rəʊnɪəs] — erroné
– Right [raɪt] — juste, correct
to be right — avoir raison
rightly ['raɪtlɪ] — avec raison
a duty ['djuːtɪ] — un devoir
it is his duty to do it — il est de son devoir de le faire

– Moral ['mɒrəl] — moral
ethical ['eθɪkəl] — éthique
immoral [ɪ'mɒrəl] — immoral
unethical [ʌn'eθɪkəl] — peu éthique
conscience ['kɒnʃəns] — la conscience
to have a clear conscience — avoir la conscience tranquille
to have sth on one's conscience — avoir qqch. sur la conscience

– Just [dʒʌst] — juste
fair ['fɛəʳ]
justice ['dʒʌstɪs] — la justice
fairness ['fɛənɪs]
unjust [ʌn'dʒʌst] — injuste
unfair [ʌn'fɛəʳ]
injustice [ɪn'dʒʌstɪs] — l'injustice
unfairness [ʌn'fɛənɪs]

■ 5. UNDERSTANDING LA COMPRÉHENSION

– To understand* *sth / that* [ʌndə'stænd] — comprendre *qqch. / que*
to comprehend *sth / that* [,kɒmprɪ'hend] (soutenu)

understandable [,ʌndə'stændəbl] — compréhensible
comprehensible [,kɒmprɪ'hensəbl]

understanding [ˌʌndəˈstændɪŋ] comprehension [ˌkɒmprɪˈhenʃən]	la compréhension, l'entendement	lucidity [luːˈsɪdɪtɪ]	la lucidité
that is beyond all understanding that is beyond all comprehension	cela dépasse l'entendement	– To fail to understand sth	ne pas arriver à comprendre qqch.
		to miss the point of sth to misunderstand* sth [ˌmɪsʌndəˈstænd]	mal comprendre qqch.
intelligible [ɪnˈtelɪdʒəbl]	intelligible		
intelligibility [ɪnˌtelɪdʒəˈbɪlɪtɪ]	l'intelligibilité	a misunderstanding [ˌmɪsʌndəˈstændɪŋ]	une méprise
– To make* o.s. understood	se faire comprendre	to make* a mistake to be mistaken	se tromper
to manage to understand sth to make* sense of sth	arriver à comprendre qqch.	to have a mistaken idea of sb / sth	se tromper sur qqn / qqch.
it makes sense	c'est logique	mistakenly [mɪsˈteɪkənlɪ]	par erreur
to realize that	se rendre compte que	– It's not consistent	ça ne se tient pas
to grasp sth	saisir qqch.	I can't make head nor tail of this	je n'y comprends strictement rien
to be within / beyond sb's grasp	être / ne pas être à la portée de qqn	I haven't the faintest idea	je n'en ai pas la moindre idée
to follow [ˈfɒləʊ]	suivre	I'm lost	je suis perdu
to gather sth / that [ˈgæðəʳ]	croire comprendre, deviner qqch. / que	– Incomprehensible [ɪnˌkɒmprɪˈhensəbl]	incompréhensible
so I gather	c'est ce que j'ai cru comprendre	puzzling [ˈpʌzlɪŋ]	déroutant, déconcertant
I don't see the point (of it)	je n'en vois pas l'intérêt	unintelligible [ˈʌnɪnˈtelɪdʒəbl]	inintelligible
it suddenly dawned on him that	il a tout à coup compris que	equivocal [ɪˈkwɪvəkəl]	équivoque
– Evident [ˈevɪdənt] obvious [ˈɒbvɪəs]	évident, manifeste	obscure [əbˈskjʊəʳ]	obscur
evidently [ˈevɪdəntlɪ]	de toute évidence, manifestement	unfathomable [ʌnˈfæðəməbl]	insondable
obviously [ˈɒbvɪəslɪ]		incoherent [ˌɪnkəʊˈhɪərənt]	incohérent
coherent [kəʊˈhɪərənt]	cohérent	incoherence [ˌɪnkəʊˈhɪərəns]	l'incohérence
coherence [kəʊˈhɪərəns]	la cohérence		
unequivocal [ʌnɪˈkwɪvəkəl]	sans équivoque	– Mystifying [ˈmɪstɪfaɪɪŋ]	mystificateur
		enigmatic [ˌenɪgˈmætɪk]	énigmatique
lucid [ˈluːsɪd]	lucide	an enigma [ɪˈnɪgmə]	une énigme
		ambiguous [æmˈbɪgjʊəs]	ambigu
		an ambiguity [ˌæmbɪˈgjʊɪtɪ]	une ambiguïté

■ 6. INTELLECTUAL CURIOSITY LA CURIOSITÉ INTELLECTUELLE

– Curious [ˈkjʊərɪəs]	curieux	to stimulate [ˈstɪmjʊleɪt]	stimuler
to have an enquiring mind	avoir l'esprit curieux	stimulating [ˈstɪmjʊleɪtɪŋ]	stimulant
curiosity [ˌkjʊərɪˈɒsɪtɪ]	la curiosité	stimulation [ˌstɪmjʊˈleɪʃən]	la stimulation
spurred on by curiosity	poussé par la curiosité		
to be curious enough to do sth	avoir la curiosité de faire qqch.	– Interest in sth [ˈɪntrɪst]	l'intérêt porté à qqch.
		to interest sb	intéresser qqn
alert [əˈlɜːt]	éveillé	to be interested in sth to take* an interest in sth	s'intéresser à qqch.
the thirst for knowledge	la soif de connaître		

to take* an interest in everything	s'intéresser à tout	examination [ɪɡˌzæmɪ'neɪʃən]	l'examen
to feel* concerned about sth	se sentir concerné par qqch.	an investigation [ɪnˌvestɪ'ɡeɪʃən]	une investigation
to be anxious to learn	être très désireux d'apprendre	enquiring [ɪn'kwaɪərɪŋ] inquiring [ɪn'kwaɪərɪŋ]	investigateur
to wish to know	vouloir savoir	an investigator [ɪn'vestɪɡeɪtəʳ]	un(e) investigateur (-trice)
– To check (on) sth	vérifier qqch.	BR a clue to sth [kluː] AM a clew to sth [kluː]	un indice de qqch., une indication de qqch.
a check [tʃek]	une vérification	to have/follow up a clue	être sur/suivre une piste
to probe into sth	sonder qqch.	to rack one's brains	se creuser la tête
to enquire into sth, about sth [ɪn'kwaɪə'] to inquire into sth, about sth [ɪn'kwaɪə']	se renseigner sur qqch.	– Uninteresting [ʌn'ɪntrɪstɪŋ]	inintéressant
to make* enquiries about sth/sb to make* inquiries about sth/sb	se renseigner sur qqch./ qqn	uninterested in [ʌn'ɪntrɪstɪd] indifferent to, towards [ɪn'dɪfrənt]	non intéressé par indifférent à
to examine [ɪɡ'zæmɪn]	examiner	indifference [ɪn'dɪfrəns]	l'indifférence

■ 7. CONJECTURE LA CONJECTURE

– Speculation [ˌspekjʊ'leɪʃən] (n. c. sing.)	les conjectures, les suppositions	a theory about sth ['θɪərɪ]	une théorie sur qqch.
to speculate idly about sth to make* idle specula- tions about sth	se perdre en conjectures à propos de qqch.	in theory theoretical [θɪə'retɪkəl] a theorist ['θɪərɪst]	en théorie théorique un(e) théoricien(ne)
to surmise sth to conjecture sth	conjecturer qqch.	– To expect sth/that	s'attendre à qqch./à ce que
to suppose [sə'pəʊz] to assume [ə'sjuːm] AM to guess [ɡes]	supposer	expected [ɪks'pektɪd] to anticipate sth/that [æn'tɪsɪpeɪt]	attendu prévoir qqch./que
assuming he can do it …	en supposant qu'il puisse le faire…	in anticipation of sth/ that	en prévision de qqch./de ce que
a supposition [ˌsʌpə'zɪʃən]	une supposition	to guess sth/that [ɡes] to make* a guess at sth	deviner qqch./que essayer de deviner qqch.
to presume that to assume that to make* an assump- tion that	présumer que	to guess right That's a good guess! You guessed right!	deviner juste Tu as deviné juste !
presumably … I assume that …	je présume que…	to guess wrong it's only a guess it's only guesswork	tomber à côté ce n'est qu'une supposi- tion
a presumption [prɪ'zʌmpʃən]	une présomption		
supposed [sə'pəʊzd]	présumé, prétendu		
– A hypothesis [ˌhaɪ'pɒθɪsɪs] (plur. hypotheses)	une hypothèse	– To have a feeling that to have an idea that to have a notion that	avoir le sentiment que avoir idée que
a working hypothesis hypothetic(al) [ˌhaɪpəʊ'θetɪk(əl)]	une hypothèse de travail hypothétique	to have the impression that to feel* that	avoir l'impression que

to have a hunch that ... (parlé)	avoir comme une petite idée que...	it seems that ...	il semble que...
it turned out that ...	il s'est avéré que...	it looks as though ...	
		it looks as if ...	
		AM it looks like ...	
		it appears that ...	il paraît que...

■ 8. KNOWLEDGE LA CONNAISSANCE

– **A** subject ['sʌbdʒɪkt] a topic ['tɒpɪk]	un sujet, une matière
a discipline ['dɪsɪplɪn]	une discipline
cognitive ['kɒgnɪtɪv]	cognitif
cognitive science	la science cognitive
cognition [kɒg'nɪʃən]	la cognition
– **Study** ['stʌdɪ]	l'étude
a detailed study an in-depth study	une étude approfondie
to study	étudier
research [rɪ'sɜːtʃ] (n. c.)	la recherche
to do* research into sth	faire des recherches sur qqch.
a researcher [rɪ'sɜːtʃə']	un(e) chercheur (-euse)
– **To** discover sth	découvrir qqch.
to find* out sth / that	découvrir qqch. / que
a discovery [dɪs'kʌvərɪ]	une découverte
to come* to mind to spring* to mind	venir à l'esprit
it occurred to him that ...	il lui est venu à l'esprit que...
– **To** learn* sth about sth / sb [lɜːn]	apprendre qqch. sur qqch. / qqn
to learn* sth by heart	apprendre qqch. par cœur (parfaitement)
to learn* sth by rote	apprendre qqch. par cœur (sans comprendre)
language learning	l'apprentissage des langues
to assimilate [ə'sɪmɪleɪt]	assimiler
assimilation [ə,sɪmɪ'leɪʃən]	l'assimilation
to repeat sth parrot-fashion	répéter qqch. comme un perroquet
to master a subject	posséder à fond un sujet
to be self-taught	être autodidacte
– **To** know* sth / that [nəʊ]	savoir qqch. / que
as far as I know as far as I can tell	autant que je sache
knowledge ['nɒlɪdʒ]	le savoir
general knowledge	la culture générale

know-how ['nəʊ'haʊ] (parlé)	le savoir-faire
to do* sth knowingly	faire qqch. sciemment
to know* sth like the back of one's hand	connaître qqch. comme sa poche
to know* sth back-wards	savoir qqch. sur le bout du doigt
to know* sth inside out	
to be a mine of infor-mation	être un puits de science
to be a fund of knowledge	
he is a walking ency-clopedia (parlé)	c'est une encyclopédie vivante
a know-all ['nəʊɔːl] (parlé)	un je-sais-tout
AM a know-it-all [nəʊɪt'ɔːl] (parlé)	
a clever Dick (parlé)	
– **To** know* sth / sb [nəʊ]	connaître qqch. / qqn
to be acquainted with a subject / a fact	connaître un sujet / un fait
to be knowledgeable about	s'y connaître en
knowledge ['nɒlɪdʒ]	la connaissance
to the best of my knowledge	à ma connaissance
to acquire knowledge	acquérir des connaissances
a basic / slight knowledge of	des connaissances élé-mentaires / limitées de
the rudiments of	les rudiments de
to have a smattering of	avoir quelques notions de
a thorough knowledge of	des connaissances approfondies de
– **Expert** ['ekspɜːt]	expert
an expert on sth	un expert en qqch.
expertise [,ekspə'tiːz]	l'expertise
an authority on [ɔː'θɒrɪtɪ]	une autorité en matière de
learned ['lɜːnɪd]	savant
erudite ['erʊdaɪt]	érudit
erudition [,erʊ'dɪʃən] learning ['lɜːnɪŋ]	l'érudition

cultivated ['kʌltɪveɪtɪd]   cultivé
cultured ['kʌltʃəd]
(well-)versed in   versé dans

- **Ignorant** of sth ['ɪgnərənt]   ignorant de qqch.
ignorance ['ɪgnərəns]   l'ignorance

to be an ignoramus   être ignare
uncultivated   inculte
[ʌn'kʌltɪˌveɪtɪd]
uncultured [ʌn'kʌltʃəd]
to know* nothing about   ne rien savoir de qqch.
sth

■ 9. CONCENTRATION AND MEMORY LA CONCENTRATION ET LA MÉMOIRE

- **Attention** [ə'tenʃən]   l'attention
to pay* attention to   faire attention à, prêter
to heed [hiːd] (soutenu)   attention à
to pay* no attention to   ne prêter aucune attention à

to catch* sb's attention   retenir l'attention de qqn
to call sb's attention to   attirer l'attention de qqn
sth   sur qqch.
to attract sb's attention
to sth

attentive to [ə'tentɪv]   attentif à
intently [ɪn'tentlɪ]   très attentivement
to give* one's undi-   se consacrer entière-
vided attention to   ment à

- **To take* notice of**   tenir compte de
to take* no notice of   ne pas tenir compte de
to notice sth/that   remarquer qqch./que
I noticed that ...   j'ai remarqué que...
it came to my notice
that ...
to take* note of   prendre note de

- **Concentration**   la concentration
[ˌkɒnsən'treɪʃən]
to concentrate on sth   se concentrer sur qqch.
['kɒnsənˌtreɪt]
to spoil* sb's concen-   empêcher qqn de se
tration   concentrer
to be engrossed in   être plongé dans, être
absorbé par
absorbing [əb'sɔːbɪŋ]   absorbant
engrossing [ɪn'grəʊsɪŋ]

- **Inattention** [ˌɪnə'tenʃən]   l'inattention
inattentive [ˌɪnə'tentɪv]   inattentif
heedless of   inattentif à
to be absent-minded   être étourdi, être distrait
(de nature)
his mind wandered   il était distrait (un instant)
his attention wandered

absent-mindedness   la distraction,
['æbsənt'maɪndɪdnɪs]   l'étourderie
unaware of   inconscient de
oblivious to

to go* unnoticed   passer inaperçu
to go* unremarked
it escaped his notice   il ne s'est pas aperçu
that ...   que..., il n'a pas remarqué que...

- **To have a good**   avoir une bonne
memory   mémoire
if I remember right ...   si j'ai bonne mémoire...
to have a good   avoir la mémoire des
memory for figures/   chiffres/des noms
names
to have a memory like   avoir une mémoire
an elephant   d'éléphant
to have a bad memory   avoir mauvaise
to have a poor memory   mémoire
to have a memory like   avoir la tête comme une
a sieve   passoire
to memorize sth   mémoriser qqch.
to commit sth to
memory
it's engraved in my   c'est gravé dans ma
memory   mémoire
to quote from memory   citer de mémoire
to jog sb's memory   rafraîchir la mémoire de
qqn
within living memory   de mémoire d'homme
unforgettable   inoubliable
[ʌnfə'getəbl]

- **To remind** sb about sth,   rappeler qqch. à qqn
sb of sth [rɪ'maɪnd]
he reminds me of his   il me rappelle son père
father
remember me to your   rappelez-moi au bon
mother   souvenir de votre mère
to bring* sth to mind   évoquer qqch., rappeler
to call sth to mind   qqch.
a reminder [rɪ'maɪndə']   un rappel

- **To remember** sth/that   se souvenir de qqch./que
[rɪ'membə']
to recall sth/that [rɪ'kɔːl]   se souvenir de qqch./que
to recollect sth/that
[ˌrekə'lekt]
to remember sb   se souvenir de qqn

to the best of my recollection	autant que je m'en souvienne	forgetful of	oublieux de
as far as I can remember		to omit sth	omettre qqch.
recollection [ˌrekəˈlekʃən]	le souvenir	to leave* sth out	
the recollection of sth	le souvenir de qqch.	an omission [əʊˈmɪʃən]	une omission
the memory of sth		– A lapse of memory	un trou de mémoire
to have happy memories of	garder de bons souvenirs de	my memory fails me	j'ai un trou de mémoire
childhood memories	des souvenirs d'enfance	his mind went blank	il a eu un trou
the memory of sb	le souvenir de qqn	I don't remember it	je ne me le rappelle pas,
in memory of	en souvenir de	I can't remember it	je ne m'en souviens pas
in remembrance of		I'd clean forgotten about it (parlé)	ça m'était complètement sorti de la tête
a keepsake [ˈkiːpseɪk]	un souvenir (objet)	it does not mean a thing to me	ça ne me rappelle rien
a memento [məˈmentəʊ] (plur. mementoes)		it does not ring a bell	
a souvenir [ˌsuːvəˈnɪəʳ]	un souvenir	it has slipped my memory	je ne l'ai plus à l'esprit
– To forget* sb / sth / to do [fəˈget]	oublier qqn / qqch. / de faire	to have a name on the tip of one's tongue	avoir un nom sur le bout de la langue
and not forgetting ...	sans oublier...	his name escapes me	son nom m'échappe

■ 10. THE CONSCIOUS AND THE UNCONSCIOUS LE CONSCIENT ET L'INCONSCIENT

– Conscious of	conscient de	a psychologist [saɪˈkɒlədʒɪst]	un(e) psychologue
aware of			
mindful of (soutenu)		psychoanalysis [ˌsaɪkəʊəˈnælɪsɪs]	la psychanalyse
to become* aware of sth / that	prendre conscience de qqch. / du fait que	psychoanalytic(al) [ˌsaɪkəʊˌænəˈlɪtɪk(əl)]	pyschanalytique
consciousness [ˈkɒnʃəsnɪs]	la conscience	to psychoanalyze [ˌsaɪkəʊˈænəlaɪz]	psychanalyser
awareness [əˈweənɪs]		a psychoanalyst [ˌsaɪkəʊˈænəlɪst]	un(e) psychanalyste
– Unconscious [ʌnˈkɒnʃəs]	inconscient	the psyche [ˈsaɪkɪ]	le psychisme
the collective unconscious	l'inconscient collectif	the self [self]	le moi
deep in his unconscious	au plus profond de son inconscient	the ego [ˈiːgəʊ]	l'ego
the subconscious [ˈsʌbˈkɒnʃəs]	le subconscient	the super ego	le sur-moi
		the id [ɪd]	le ça
subliminal [ˌsʌbˈlɪmɪnl]	subliminal	an archetype [ˈɑːkɪtaɪp]	un archétype
intuition [ˌɪntjuːˈɪʃən]	l'intuition	– To repress [rɪˈpres]	réprimer, refouler
intuitive [ɪnˈtjuːɪtɪv]	intuitif	repression [rɪˈpreʃən]	la répression, le refoulement
an instinct [ˈɪnstɪŋkt]	un instinct		
by instinct	par instinct	a trauma [ˈtrɔːmə]	un traumatisme
instinctive [ɪnˈstɪŋktɪv]	instinctif	traumatic [trɔːˈmætɪk]	traumatisant
a drive [draɪv]	une pulsion	a fantasy [ˈfæntəzɪ]	un fantasme
compulsive [kəmˈpʌlsɪv]	compulsif	to fantasize about [ˈfæntəsaɪz]	fantasmer sur
– Psychology [saɪˈkɒlədʒɪ]	la psychologie	to sublimate [ˈsʌblɪmeɪt]	sublimer
psychological [ˌsaɪkəˈlɒdʒɪkəl]	psychologique	sublimation [ˌsʌblɪˈmeɪʃən]	la sublimation

– Introversion [ˌɪntrəʊˈvɜːʃən] l'introversion

introverted [ˈɪntrəʊvɜːtɪd] introverti

an introvert [ˈɪntrəʊvɜːt] un(e) introverti(e)

extraversion [ˌekstrəˈvɜːʃən] l'extraversion

extroversion [ˌekstrəʊˈvɜːʃən]

extraverted [ˈekstrəˌvɜːtɪd] extraverti

extroverted [ˈekstrəʊˌvɜːtɪd]

an extravert [ˈekstrəˌvɜːt] un(e) extraverti(e)

an extrovert [ˈekstrəʊˌvɜːt]

– A complex [ˈkɒmpleks] un complexe

a hang-up [ˈhæŋʌp] (parlé)

to have a complex about être complexé par

the Oedipus complex le complexe d'Œdipe

to have an inferiority/ a superiority complex avoir un complexe d'infériorité/de supériorité

to have a persecution complex avoir le délire de la persécution

to feel* guilty (se) culpabiliser

the libido [lɪˈbiːdəʊ] la libido

■ 11. PHILOSOPHY LA PHILOSOPHIE

– Philosophic(al) [ˌfɪləˈsɒfɪk(əl)] philosophique

a philosopher [fɪˈlɒsəfəʳ] un(e) philosophe

to philosophize about [fɪˈlɒsəfaɪz] philosopher sur

a concept [ˈkɒnsept] un concept

conceptual [kənˈseptjʊəl] conceptuel

an idea [aɪˈdɪə] une idée

an ideology [ˌaɪdɪˈɒlədʒɪ] une idéologie

ideological [ˌaɪdɪəˈlɒdʒɪkəl] idéologique

a principle [ˈprɪnsəpl] un principe

a maxim [ˈmæksɪm] une maxime

a precept [ˈpriːsept] un précepte

fallacious [fəˈleɪʃəs] fallacieux

a fallacy [ˈfæləsɪ] un raisonnement fallacieux

– Moral [ˈmɒrəl] moral

ethics [ˈeθɪks] (n. c. sing.) l'éthique

ethical [ˈeθɪkəl] éthique

metaphysics [ˌmetəˈfɪzɪks] (n. c. sing.) la métaphysique

metaphysical [ˌmetəˈfɪzɪkəl] métaphysique

a metaphysician [ˌmetəˈfɪzɪʃən] un(e) métaphysicien(ne)

BR **aesthetics** [iːsˈθetɪks] (n. c. sing.) l'esthétique
AM **esthetics** (n. c. sing.)

BR **aesthetic** [iːsˈθetɪk] esthétique
AM **esthetic**

epistemology [ɪˌpɪstəˈmɒlədʒɪ] l'épistémologie

ontology [ɒnˈtɒlədʒɪ] l'ontologie

– Socrates [ˈsɒkrətiːz] Socrate

Socratic [sɒˈkrætɪk] socratique

Plato [ˈpleɪtəʊ] Platon

Platonic [pləˈtɒnɪk] platonicien

Platonist [ˈpleɪtənɪst] un(e) platonicien(ne)

Platonism [ˈpleɪtənɪzəm] le platonisme

Aristotle [ˈærɪstɒtl] Aristote

an Aristotelian [ˌærɪstəˈtiːlɪən] un(e) aristotélicien(ne)

Aristotelianism [ˌærɪstəˈtiːlɪənɪzəm] l'aristotélisme

a Stoic [ˈstəʊɪk] un(e) stoïcien(ne)

stoicism [ˈstəʊɪsɪzəm] le stoïcisme

– Idealism [aɪˈdɪəlɪzəm] l'idéalisme

an idealist [aɪˈdɪəlɪst] un(e) idéaliste

idealistic [aɪˌdɪəˈlɪstɪk] idéaliste

a sophist [ˈsɒfɪst] un sophiste

sophistry [ˈsɒfɪstrɪ] la sophistique

hedonism [ˈhiːdənɪzəm] l'hédonisme

hedonistic [ˌhiːdəˈnɪstɪk] hédoniste

a hedonist [ˈhiːdənɪst] un(e) hédoniste

Epicurus [ˌepɪˈkjʊərəs] Épicure

Epicureanism [ˌepɪkjʊəˈriːənɪzəm] l'épicurisme

an Epicurean [ˌepɪkjʊəˈriːən] un(e) Épicurien(ne)

– Humanism [ˈhjuːmənɪzəm] l'humanisme

a humanist [ˈhjuːmənɪst] un(e) humaniste

humanistic [ˌhjuːməˈnɪstɪk] humaniste

Cartesianism [kɑːˈtiːzɪənɪzəm] le cartésianisme

Cartesian [kɑːˈtiːzɪən] cartésien

utilitarianism
[ˌjuːtɪlɪ'tɛərɪənɪzəm]

l'utilitarisme

utilitarian [ˌjuːtɪlɪ'tɛərɪən]

utilitaire

materialism
[məˈtɪərɪəlɪzəm]

le matérialisme

a materialist
[məˈtɪərɪəlɪst]

un(e) matérialiste

Marxism ['mɑːksɪzəm]

le marxisme

a Marxist ['mɑːksɪst]

un(e) marxiste

existentialism
[ˌegzɪs'tenʃəlɪzəm]

l'existentialisme

an existentialist
[ˌegzɪs'tenʃəlɪst]

un(e) existentialiste

naturalism ['nætʃrəlɪzəm]

le naturalisme

a naturalist ['nætʃrəlɪst]

un(e) naturaliste

– **P**ragmatism
['prægmətɪzəm]

le pragmatisme

pragmatic [præg'mætɪk]

pragmatique

a pragmatist
['prægmətɪst]

un(e) pragmatiste

rationalism ['ræʃnəlɪzəm]

le rationalisme

a rationalist ['ræʃnəlɪst]

un(e) rationaliste

realism ['rɪəlɪzəm]

le réalisme

a realist ['rɪəlɪst]

un(e) réaliste

positivism ['pɒzɪtɪvɪzəm]

le positivisme

a positivist ['pɒzɪtɪvɪst]

un(e) positiviste

– **E**mpiricism
[em'pɪrɪsɪzəm]

l'empirisme

an empiricist
[em'pɪrɪsɪst]

un(e) empiriste

mysticism ['mɪstɪsɪzəm]

le mysticisme

a mystic ['mɪstɪk]

un(e) mystique

agnosticism
[æg'nɒstɪsɪzəm]

l'agnosticisme

an agnostic [æg'nɒstɪk]

un(e) agnostique

39 WILL
LA VOLONTÉ

■ 1. WILLPOWER AND INTENT LA VOLONTÉ ET L'INTENTION _____

– The will to do sth [wɪl] — la volonté de faire qqch.
  to have the will to do sth — avoir assez de volonté pour faire qqch.
  to have a lot of willpower — avoir beaucoup de volonté
  to have a strong will
  to have a will of one's own
  to have an iron will — avoir une volonté de fer
  to be iron-willed
  to impose one's will on sb — imposer sa volonté à qqn
  with the best will in the world — avec la meilleure volonté du monde
  self-willed — volontaire
  he is strong-minded — il sait ce qu'il veut

– To be willing to do sth — bien vouloir faire qqch.
  to propose to do sth — se proposer de faire qqch.
  to offer to do sth — proposer de faire qqch
  willingly ['wɪlɪŋlɪ] — volontiers
  to volunteer to do sth [ˌvɒlən'tɪəʳ] — se proposer pour faire qqch.
  a volunteer — un(e) volontaire

– To intend to do/sb to do — avoir l'intention de faire/que qqn fasse
  to mean* to do/sb to do
  an intention [in'tenʃən] — une intention
  to have the best of intentions — avoir les meilleures intentions
  to aim to do sth — viser à faire qqch, avoir pour objectif de faire qqch
  measures aimed at — des mesures visant à
  to be intent on doing sth — être bien décidé à faire qqch.
  intentional [ɪn'tenʃənl] — intentionnel
  deliberate [dɪ'lɪbərɪt] — voulu, délibéré
  done on purpose — fait exprès
  I didn't mean to do it — je ne l'ai pas fait exprès

– A plan of action — un plan d'action
  BR a programme of action
  AM a program of action
  a plan [plæn] — un projet
  to plan sth/to do — projeter qqch./de faire
  to make* plans for — faire des projets pour
  a target ['tɑːgɪt] — un objectif
  an objective [əb'dʒektɪv]

an aim [eɪm] — un but
a goal [gəʊl]
a purpose ['pɜːpəs]

– A resolution [ˌrezə'luːʃən] — une résolution
  to make* a resolution — prendre une résolution
  to make* a resolve
  to make* a resolution to do sth — prendre la résolution de faire qqch.
  resolute ['rezəluːt] — résolu
  purposeful ['pɜːpəsfʊl]
  steadfast ['stedfəst]

– To resolve to do/that — décider de faire/que
  to determine to do/that
  determination [dɪˌtɜːmɪ'neɪʃən] — la détermination
  to be determined to do sth — être déterminé à faire qqch.
  to insist on doing/that [ɪn'sɪst] — insister pour faire/pour que
  insistent [ɪn'sɪstənt] — insistant
  insistence [ɪn'sɪstəns] — l'insistance

– BR wilful ['wɪlfʊl] — entêté, têtu
  AM willful
  stubborn ['stʌbən]
  as stubborn as a mule — têtu comme une mule
  pigheaded [ˌpɪg'hedɪd] (parlé)
  obstinate ['ɒbstɪnɪt] — obstiné
  obstinacy ['ɒbstɪnəsɪ] — l'obstination
  to persevere in, with — persévérer dans [ˌpɜːsɪ'vɪəʳ]
  persevering [ˌpɜːsɪ'vɪərɪŋ] — persévérant
  perseverance [ˌpɜːsɪ'vɪərəns] — la persévérance

– To lack willpower — manquer de volonté
  to have a weak will
  to lack the will to do sth — manquer de volonté pour faire qqch.
  to be unwilling to do sth — être peu disposé à faire qqch.
  to be reluctant to do sth — se montrer réticent à faire qqch.
  to show* reluctance to do sth
  reluctance [rɪ'lʌktəns] — la réticence
  to do* sth against one's will — faire qqch. à contre-cœur
  irresolute [i'rezəluːt] — irrésolu
  unintentional ['ʌnɪn'tenʃənl] — involontaire, non intentionnel

■ 2. CHOICE AND DECISION LE CHOIX ET LA DÉCISION _____

– To choose* sth to pick sth (out)	choisir qqch.
Take your pick!	Choisissez ce que vous voulez !
to choose* to do sth to opt to do sth	choisir de faire qqch
a choice *between* [tʃɔɪs]	un choix *entre*
to make* one's choice	faire son choix
to settle on sth	arrêter son choix sur qqch.
there was no choice it was Hobson's choice	il n'y avait pas le choix
to be spoilt for choice	avoir l'embarras du choix
– To opt for sth	opter pour qqch.
an option ['ɒpʃən]	une option
an alternative *to sth* [ɒl'tɜːnatɪv]	une alternative *à qqch.*
to have the option of doing	avoir la possibilité de faire
to have no choice but to do sth	ne pas avoir d'autre solution que de faire
to have no alternative but to do sth	qqch.
– To select [sɪ'lekt]	sélectionner
a selection [sɪ'lekʃən]	une sélection
selective [sɪ'lektɪv]	sélectif
hand-picked	trié sur le volet
to be discriminating	savoir choisir

BR to be choos(e)y (parlé) AM to be picky (parlé)	être difficile à contenter
to pick and choose*	faire le (la) difficile
I like to pick and choose	j'aime prendre mon temps pour choisir
– A decision [dɪ'sɪʒən]	une décision
to make* a decision to take* a decision	prendre une décision
to decide *sth / to do*	décider *qqch. / de faire*
to make* up one's mind *about sth / to do sth*	se décider *pour qqch. / à faire qqch.*
decisive [dɪ'saɪsɪv]	décisif
it's up to you	c'est à toi de décider
– A dilemma [daɪ'lemə]	un dilemme
hesitation [ˌhezɪ'teɪʃən]	l'hésitation
to hesitate *between / to do*	hésiter *entre / à faire*
to waver *between* to vacillate *between*	hésiter *entre*, balancer *entre*
indecisive [ˌɪndɪ'saɪsɪv]	indécis
indecision [ˌɪndɪ'sɪʒən]	l'indécision
to be perplexed	être perplexe
perplexity [pə'pleksɪtɪ]	la perplexité
to procrastinate [prəʊ'kræstɪneɪt] to hum and haw to dilly-dally ['dɪlɪdælɪ] (parlé)	tergiverser
I'm in two minds about it	je suis irrésolu à ce sujet

■ 3. WISHES AND PREFERENCES LES SOUHAITS ET LES PRÉFÉRENCES ____

– A wish [wɪʃ]	un vœu, un souhait, un désir
his wish came true	son vœu s'est réalisé
to wish for sth / to do	souhaiter qqch. / faire
to want sth / to do / sb to do	vouloir qqch. / faire / que qqn fasse
– To feel* like doing to have a good mind to do	avoir envie de faire
to be eager for sth / to do to long for sth / to do	avoir très envie de qqch. / de faire
a longing *for* ['lɒŋɪŋ]	une envie *de*, un désir *de*
to crave for sth	avoir une folle envie de qqch.

a craving *for* ['kreɪvɪŋ]	une folle envie *de*
– To be anxious to do sth to be keen to do sth	tenir à faire qqch.
to be inclined to do sth to be prone to do sth	être enclin à faire qqch
to yearn for sth	aspirer à qqch.
to dream of sth to hanker after sth, for sth	rêver de qqch.
that is wishful thinking	c'est prendre ses désirs pour la réalité
– To prefer sth *to sth* [prɪ'fɜːʳ]	préférer qqch. *à qqch.*
preferable ['prefərəbl]	préférable
a preference *for sth* ['prefərəns]	une préférence *pour qqch.*

to have a marked preference for	avoir une nette préférence pour	I'd prefer it if …	j'aimerais mieux que…
preferably ['prefərəblɪ]	de préférence	I'd rather you didn't do that	j'aime mieux que tu ne fasses pas cela
in preference to	de préférence à		
to give* sb preferential treatment	accorder un traitement de faveur à qqn	– It would be better to do …	il vaudrait mieux faire…
BR to favour sth	être partisan de qqch.	it would be best to do …	
AM to favor sth			
BR favourite ['feɪvərɪt]	favori, préféré	it would suit me better to / if…	cela m'arrangerait mieux de / si…
AM favorite ['feɪvərɪt]			
BR to be in favour / out of favour with sb	être / ne pas être en faveur auprès de qqn	would it be convenient to …	cela vous dérangerait-il de…
AM to be in favor / out of favor with sb			
to give* priority to sth / sb	donner la priorité à qqch. / qqn	– To be indifferent *to sth*	être indifférent *à qqch.*
to support a team	être supporter d'une équipe	indifference [ɪn'dɪfrəns]	l'indifférence
a supporter [sə'pɔːtəʳ]	un supporter	it's all the same to me I don't mind	cela m'est égal
– What would you rather do?	Que préférez-vous faire ?	it's a matter of complete indifference to me I don't care one way or the other	cela m'est complètement égal
Which would you rather have?	Lequel préférez-vous ?		
Which do you like better?		I don't care	je m'en fiche
Which one do you prefer?		I couldn't care less (parlé)	je m'en fiche complètement
I'd rather go now	je préfère partir tout de suite	it's six of one and half a dozen of the other	c'est du pareil au même, c'est bonnet blanc et blanc bonnet
I'd as soon wait	je préfère attendre	As you like! Whatever you like!	Comme vous voulez !
I would like to do that	j'aimerais faire cela	what you gain on the swings you lose on the roundabouts (parlé)	ce qu'on gagne d'un côté on le perd de l'autre
I would prefer to see him	j'aimerais mieux le voir		

■ 4. LIKES AND DISLIKES LES GOÛTS ET LES AVERSIONS

– To like sth / sb	aimer (bien) qqch. / qqn	to be drawn to sth / sb	être attiré par qqch. / qqn
to like doing to like to do	aimer (bien) faire	to be tempted by sth	être tenté par qqch.
to be fond of sb / sth	aimer beaucoup qqn / qqch.	I find the idea quite tempting	l'idée me tente
to be keen on sth	être passionné de qqch.		
his likes and dislikes	ce qu'il aime et ce qu'il n'aime pas	– To hate [heɪt]	haïr
		to detest [dɪ'test] to loathe [ləʊð]	détester
– To admire sb *for sth / for doing sth*	admirer qqn *pour qqch. / de faire qqch.*	to hate *sb / sth / doing, to do*	détester *qqn / qqch. / faire*
admiring [əd'maɪərɪŋ]	admiratif	to detest *sb / sth / doing, to do*	
admiration [ˌædmə'reɪʃən]	l'admiration	one of his pet hates (parlé)	une de ses bêtes noires
an admirer [əd'maɪərəʳ]	un(e) admirateur (-trice)	hatred ['heɪtrɪd] hate	la haine
attractive [ə'træktɪv]	attrayant, attirant		

hateful ['heɪtfʊl]	détestable
detestable [dɪ'testəbl]	
loathesome	
full of hatred	haineux[1]

ATTENTION FAUX AMI 1 : heinous = atroce

- Odious ['əʊdɪəs]	odieux
to abhor [əb'hɔ:ʳ]	exécrer
abhorrence [əb'hɒrəns]	l'aversion
abhorrent [əb'hɒrənt]	exécrable, répugnant
a dislike [dɪs'laɪk]	une aversion
an aversion [ə'vɜ:ʃən]	
to dislike sb/sth	ne pas aimer qqn/
to have a dislike for sb/	qqch.
sth	
to take* a dislike to	prendre qqch./qqn en
sth/sb	grippe
to be fed up with doing	en avoir assez de faire
to be sick of doing	
I can't bear him	je ne peux pas le souffrir
I can't stand him	

I can't bear him	je ne peux pas suppor-
doing ...	ter qu'il fasse...
I can't stand him	
doing ...	

- To feel* disgust for	éprouver du dégoût pour
to be disgusted at sth, by	être dégoûté de qqch., par
sth/sb	qqch./qqn
disgusting [dɪs'gʌstɪŋ]	dégoûtant
revolting	
to find* sth disgusting	trouver qqch. dégoûtant
to be repelled by sth	
to repel [rɪ'pel]	repousser
repulsion [rɪ'pʌlʃən]	la répulsion
repulsive [rɪ'pʌlsɪv]	repoussant
revulsion [rɪ'vʌlʃən]	l'écœurement
repugnant [rɪ'pʌgnənt]	répugnant
repugnance [rɪ'pʌgnəns]	la répugnance
to put* sb off sth	faire passer l'envie de
	qqch. à qqn
off-putting (parlé)	rebutant, rébarbatif

■ 5. AUTHORITY L'AUTORITÉ

- To have authority over	avoir autorité sur
to have power over	
to exercise authority	exercer son autorité sur
over	
to have authority over	avoir de l'autorité sur
sb	qqn
her word is law	ce qu'elle dit fait loi
authoritative	qui fait autorité
[ɔ:'θɒrɪtətɪv]	
the authorities	les autorités
- Supreme [sʊ'pri:m]	suprême
supremacy over	la suprématie sur
[sʊ'preməsɪ]	
powerful ['paʊəfʊl]	puissant
mighty ['maɪtɪ]	
power ['paʊəʳ]	la puissance
might [maɪt] (soutenu)	
- To master sth	maîtriser qqch.
mastery over ['mɑ:stərɪ]	la maîtrise de
to control sth/sb	contrôler qqch./qqn
control [kən'trəʊl]	le contrôle
to have the situation	être maître de la
under control	situation
under his control	sous son contrôle
uncontrolled	incontrôlé
['ʌnkən'trəʊld]	

to supervise ['su:pəvaɪz]	surveiller
unsupervised	non surveillé
a supervisor	un(e) surveillant(e)
['su:pəvaɪzəʳ]	
supervision [ˌsu:pə'vɪʒən]	la surveillance
under the supervision	sous la surveillance de
of	
- To be in charge of sth	être responsable de
	qqch.
to put* sb in charge of	confier qqch. à qqn
sth	
to place sb in charge of	
sth	
to take* command of	prendre le commande-
sth	ment de qqch.
under his command	sous son
	commandement
under his direction	sous sa direction
to run* [rʌn]	diriger (entreprise)
to manage sth	gérer qqch.
to preside over	présider (assemblée)
to lead* [li:d]	mener (mouvement)
- To dominate ['dɒmɪneɪt]	dominer
dominant ['dɒmɪnənt]	dominant
domineering	dominateur
[ˌdɒmɪ'nɪərɪŋ]	

domination [ˌdɒmɪˈneɪʃən] — la domination

to boss sb around (parlé) — mener qqn à la baguette

to get* the upper hand of sb — prendre le dessus sur qqn

to throw* one's weight around (parlé) — faire l'important

patronizing [ˈpætrənaɪzɪŋ]
condescending [ˌkɒndɪˈsendɪŋ]
to patronize sb — condescendant / traiter qqn avec condescendance

– **Strict** [strɪkt] — strict
severe [sɪˈvɪəʳ] — sévère
imperious [ɪmˈpɪərɪəs] — impérieux

authoritarian [ˌɔːθɒrɪˈtɛərɪən] — autoritaire

high-handed [ˌhaɪˈhændɪd]
bossy [ˈbɒsɪ] (parlé) — très autoritaire, tyrannique

a dictator [dɪkˈteɪtəʳ] — un dictateur
dictatorial [ˌdɪktəˈtɔːrɪəl] — dictatorial

– **To make* sb do sth** — faire faire qqch. à qqn
to force sb to do — contraindre qqn à faire, forcer qqn à faire

to compel sb to do
to oblige sb to do — obliger qqn à faire

to twist sb's arm (parlé)
AM to put* the arm on sb (parlé) — forcer la main de qqn

under constraint — sous la contrainte

■ 6. OBEDIENCE AND DISOBEDIENCE L'OBÉISSANCE ET LA DÉSOBÉISSANCE

– **To obey** sb / sth [əˈbeɪ] — obéir à qqn / à qqch.
obedient [əˈbiːdɪənt] — obéissant
to conform to sth [kənˈfɔːm] — se conformer à qqch.
in accordance with — conformément à
to abide* by sth
to respect sth
to observe sth — respecter qqch.

law-abiding — respectueux de la loi
to toe the line — se mettre au pas, marcher droit

to obey sb implicitly — obéir à qqn au doigt et à l'œil

to be at sb's beck and call — être aux moindres ordres de qqn

she can twist him round her little finger — elle fait de lui ce qu'elle veut

– **As you please**
as you like — comme vous voulez

do what you are told
do as you are told — fais ce qu'on te dit

– **Compliant** [kəmˈplaɪənt] — arrangeant
accommodating [əˈkɒmədeɪtɪŋ] — accommodant

docile [ˈdəʊsaɪl] — docile
docility [dəʊˈsɪlɪtɪ] — la docilité
meek [miːk] — doux, humble
to submit to sb / sth [səbˈmɪt] — se soumettre à qqn / qqch.
submission [səbˈmɪʃən] — la soumission
submissive [səbˈmɪsɪv] — soumis

subservient [səbˈsɜːvɪənt]
servile [ˈsɜːvaɪl] — servile

subservience [səbˈsɜːvɪəns]
servility [sɜːˈvɪlɪtɪ] — la servilité

obsequious — obséquieux

– **To defer to sb** — s'en remettre à la volonté de qqn

deferential to [ˌdefəˈrenʃəl] — plein d'égards envers, plein de déférence envers
deference [ˈdefərəns] — la déférence
to give* way to sb / sth
to yield to sb / sth — céder à qqn / qqch.

BR to back down
AM to back off — se dérober, reculer

– **To disobey** [ˈdɪsəˈbeɪ] — désobéir
disobedient [ˌdɪsəˈbiːdɪənt] — désobéissant
disobedience [ˌdɪsəˈbiːdɪəns] — la désobéissance

to ignore [ɪgˈnɔːʳ]
to pay* no heed to — ne tenir aucun compte de
defiance [dɪˈfaɪəns] — le défi
in defiance of — au mépris de
defiant [dɪˈfaɪənt] — provocant
to defy sb to do sth — défier qqn de faire qqch.
to stand* up to sb — tenir tête à qqn
nonconformity [ˈnɒnkənˈfɔːmɪtɪ] — le non-conformisme

– **Insubordinate** [ˌɪnsəˈbɔːdənɪt] — insubordonné

insubordination ['ɪnsə‚bɔːdɪ'neɪʃən]	l'insubordination	a rebellion [rɪ'beljən]	une rébellion
recalcitrant [rɪ'kælsɪtrənt]	récalcitrant	to revolt against [rɪ'vəʊlt]	se révolter contre
rebellious [rɪ'beljəs]	rebelle	a revolt	une révolte
a rebel ['rebl]	un(e) rebelle	mutinous ['mjuːtɪnəs]	mutiné
to rebel against [rɪ'bel]	se rebeller contre, s'insurger contre	a mutiny ['mjuːtɪnɪ]	une mutinerie
		to mutiny	se mutiner

■ 7. INFLUENCE L'INFLUENCE

– Influential [‚ɪnflʊ'enʃəl]	influent	to wheedle sth out of sb	obtenir qqch. de qqn à force de cajoleries
to have influence to be influential	avoir de l'influence, être influent	to coax sb into doing	cajoler qqn pour qu'il fasse
to have an influence on, over	avoir de l'influence sur	– To have clout (parlé) to have a long arm	avoir le bras long
to exercise one's influence on, over	exercer son influence sur	BR to pull strings AM to pull wires	faire jouer le piston
to influence sb to do sth	influencer qqn pour qu'il fasse qqch.	BR to pull strings for sb AM to pull wires for sb	pistonner qqn
to be a good / bad influence on sb	exercer une bonne / mauvaise influence sur qqn	BR string-pulling AM wire-pulling	le piston
under the influence of	sous l'influence de, sous l'effet de	the power behind the throne	l'éminence grise
easily influenced suggestible [sə'dʒestɪbl]	influençable	to have a hold over sb	avoir prise sur qqn
to have / gain ascendancy over sb	avoir / prendre de l'ascendant sur qqn	to manipulate sb	manipuler qqn
– To have an effect on sth	avoir un effet sur qqch.	BR to manœuvre sb into doing	manipuler qqn pour qu'il fasse
to bring* pressure to bear on sb to put* pressure on sb	faire pression sur qqn	AM to manœuver sb into doing	
to pressure sb into doing sth	faire pression sur qqn pour qu'il fasse qqch.	– To impress sb to make* an impression on sb	faire impression sur qqn
a pressure group BR a ginger group AM a special interest group	un groupe de pression	to give* a good / bad impression	faire bonne / mauvaise impression
to make* one's voice heard	se faire entendre	impressionable [ɪm'preʃnəbl]	impressionnable
to have a say in sth	avoir son mot à dire dans qqch.	prestigious [pres'tɪdʒəs]	prestigieux
to carry weight	avoir du poids (argument, personne)	prestige [pres'tiːʒ]	le prestige
to have an influence on sb / sth to affect sb / sth	influer sur qqn / qqch.	charismatic [‚kærɪz'mætɪk]	charismatique
– To dissuade sb from doing	dissuader qqn de faire	charisma [kæ'rɪzmə]	le charisme
		reputation [‚repjʊ'teɪʃən]	la réputation
to induce sb to do	amener qqn à faire	to have a reputation for to be reputed for	être réputé pour
to prevail on sb to do	décider qqn à faire	a personality [‚pɜːsə'nælɪtɪ]	une personnalité
		a VIP [viːaɪ'piː] (abr. de Very Important Person)	un VIP
		a big shot (parlé)	une grosse légume

40 LANGUAGE
LE LANGAGE

■ 1. SPEECH LA PAROLE

– To speak* [spiːk] — parler
his way of speaking — sa manière de parler
to say* sth — dire qqch.

– Articulation — l'articulation
[ɑːˌtɪkjʊˈleɪʃən]
enunciation
[ɪˌnʌnsɪˈeɪʃən]
to articulate [ɑːˈtɪkjʊlɪt] — articuler
to enunciate [ɪˈnʌnsɪeɪt]
to pronounce sth — prononcer qqch.
(articuler)
to utter sth — prononcer qqch. (dire)
pronunciation — la prononciation
[prəˌnʌnsɪˈeɪʃən]
to pronounce sth cor- — prononcer qqch. correc-
rectly/wrongly — tement/incorrectement
to mispronounce a — prononcer un nom de
name — travers, estropier un
nom
unpronounceable — imprononçable
[ˈʌnprəˈnaʊnsəbl]
a tongue twister — une phrase
imprononçable
diction [ˈdɪkʃən] — la diction
an utterance [ˈʌtərəns] — un énoncé

– To be quiet — se taire
to shut* up (parlé)
to keep* quiet — garder le silence
to be silent
silent [ˈsaɪlənt] — silencieux, muet
taciturn [ˈtæsɪtɜːn] — taciturne

– A speech defect — un trouble du langage
to lisp [lɪsp] — zézayer
to have a lisp
to speak* with a lisp
to have a nasal voice — parler du nez
to talk through one's
nose
to stammer [ˈstæməʳ] — bégayer
to stutter [ˈstʌtəʳ]
speech therapy — l'orthophonie
a speech therapist — un(e) orthophoniste

– A language [ˈlæŋgwɪdʒ] — une langue
a tongue [tʌŋ] (soutenu)
formal/informal lan- — la langue soignée/
guage — parlée
a sound [saʊnd] — un son
oral [ˈɔːrəl] — oral
vocal [ˈvəʊkəl] — vocal

– His mother tongue — sa langue maternelle
his native language
a foreign language — une langue étrangère
ancient/modern lan- — les langues anciennes/
guages — vivantes
the vernacular — la langue vernaculaire
[vəˈnækjʊləʳ]
a dialect [ˈdaɪəlekt] — un dialecte
a patois [ˈpætwɑː] — un patois
a lingua franca — une langue véhiculaire

– Slang [slæŋ] — l'argot
slangy [ˈslæŋɪ] — argotique
colloquial language — le langage familier
familiar language
jargon [ˈdʒɑːgən] — le jargon
baby talk — le langage enfantin
pidgin (English) — le pidgin
Esperanto [ˌespəˈræntəʊ] — l'espéranto

– To speak* a language — parler une langue
monolingual — monolingue
[ˌmɒnəʊˈlɪŋgwəl]
bilingual [baɪˈlɪŋgwəl] — bilingue
multilingual — multilingue
[ˌmʌltɪˈlɪŋgwəl]
polyglot [ˈpɒlɪglɒt] — polyglotte

– To speak* fluent — parler anglais couram-
English — ment
to speak* English
fluently
French-speaking — francophone
a French speaker — un(e) francophone
English-speaking — anglophone
an English speaker — un(e) anglophone
a German speaker — un(e) germanophone
a Spanish speaker — un(e) hispanophone
to speak* with a Ger- — parler avec un accent
man/Greek accent — allemand/grec
to have a strong accent — avoir un accent marqué
to have a good/poor — avoir un bon/mauvais
accent — accent

– It is said that ... — on dit que...
that goes without — cela va sans dire, cela
saying — va de soi
so to speak — pour ainsi dire
That's saying a lot! — C'est beaucoup dire !
(parlé)
I told you so! — Je vous l'avais bien dit !
You're telling me! (parlé) — À qui le dis-tu !

■ 2. READING AND WRITING LA LECTURE ET L'ÉCRITURE

- **To read*** [riːd] — lire
  a reader ['riːdəʳ] — un(e) lecteur (-trice)
  to read* sth aloud — lire qqch. à haute voix
  to read* to sb — faire la lecture à qqn
  to read* sth from beginning to end — lire qqch. de bout en bout
  to be immersed in a book — être plongé dans un livre
  a bedside book — un livre de chevet
  to take* some reading matter — emporter de la lecture
  to scan sth — parcourir qqch.
  to skim through sth
  to leaf through a book — feuilleter un livre
  to browse through a book
  to decipher [dɪ'saɪfəʳ] — déchiffrer
  I can't make it out — je ne peux pas le déchiffrer

- **To write*** [raɪt] — écrire
  in writing — par écrit
  the alphabet ['ælfəbet] — l'alphabet
  in alphabetical order — par ordre alphabétique
  alphabetically [,ælfə'betɪkəlɪ]
  illiterate [ɪ'lɪtərɪt] — analphabète, illettré
  illiteracy [ɪ'lɪtərəsɪ] — l'analphabétisme, l'illettrisme

- **Handwritten** ['hænd,rɪtn] — écrit à la main
  to inscribe sth — inscrire qqch.
  an inscription [ɪn'skrɪpʃən] — une inscription
  an autograph ['ɔːtəɡrɑːf] — un autographe
  to inscribe a book to — dédier un livre à
  an inscription — une dédicace
  to make* a note of sth — noter qqch.
  to write* sth down
  to jot sth down
  to take* notes — prendre des notes

- **To print sth** — écrire qqch. en script
  a manuscript ['mænjʊskrɪpt] — un manuscrit
  in block letters — en caractères d'imprimerie
  in block capitals
  in capitals — en majuscules
  in capital letters
  in black and white — noir sur blanc
  calligraphy [kə'lɪɡrəfɪ] — la calligraphie

- **Legible** ['ledʒəbl] — lisible
  illegible [ɪ'ledʒəbl] — illisible
  to have good/poor (hand)writing — avoir une belle écriture/une écriture illisible
  a scrawl [skrɔːl] — un gribouillage
  to scrawl — gribouiller
  a scribble ['skrɪbl] — un griffonnage
  to scribble — griffonner

- **Spelling** ['spelɪŋ] — l'orthographe
  to spell* [spel] — orthographier, épeler
  a spelling mistake — une faute d'orthographe
  to annotate ['ænəʊteɪt] — annoter

- **A draft** [drɑːft] — une ébauche, un premier jet
  to draft — ébaucher
  a copy ['kɒpɪ] — une copie
  a rough copy — un brouillon
  a fair copy — une copie au net
  to correct [kə'rekt] — corriger
  a correction [kə'rekʃən] — une correction
  to rub sth out — gommer qqch.
  to erase sth
  to delete sth — supprimer qqch.
  to strike* sth out — rayer qqch.
  to score sth out
  to make* an alteration to sth — raturer qqch.
  to edit sth — mettre qqch. au point

- **To write* sth up** — rédiger qqch.
  to rewrite* ['riː'raɪt] — réécrire
  to reword [riː'wɜːd] — reformuler
  to copy sth out — recopier qqch.
  to write* sth out
  to transcribe [træn'skraɪb] — transcrire
  a transcription [træn'skrɪpʃən] — une transcription

- **A letter** ['letəʳ] — une lettre
  to write* sb a letter — écrire une lettre à qqn
  correspondence [,kɒrɪs'pɒndəns] — la correspondance
  to correspond with sb [,kɒrɪs'pɒnd] — correspondre avec qqn
  to keep* up a correspondence with sb — entretenir une correspondance avec qqn
  a business letter — une lettre d'affaires
  a correspondent [,kɒrɪs'pɒndənt] — un(e) correspondant(e)

303

a note [nəʊt]	un petit mot
a line [laɪn]	
to drop a line to sb	envoyer un petit mot à qqn
to sign [saɪn]	signer
a signature ['sɪgnətʃəˀ]	une signature
his initials	ses initiales
– Dear Mr. Smith, … Yours sincerely	Cher Monsieur,… je vous prie d'agréer, cher Monsieur, l'assurance de mes sentiments les meilleurs
Dear Sir / Madam, … Yours faithfully	Monsieur / Madame,… Je vous prie d'agréer, Monsieur / Madame l'expression de ma considération distinguée

Dear James, … Kind regards, Alexander	Cher Jacques,… Amicalement, Alexandre
Dear Susan, … Love and kisses	Chère Suzanne,… Grosses bises
Dear Susan, … With (much) love	
Love from Mary	Je t'embrasse, Marie
thank you for your letter	je vous remercie de votre lettre
with love to you all	bien des choses à tous
remember me to your mother	veuillez transmettre mon meilleur souvenir à votre mère
give our love to Barbara	embrasse Barbara pour nous
Jenny sends her love	Jenny te fait ses amitiés

■ 3. VOCABULARY   LE VOCABULAIRE

– A word [wɜːd]	un mot
a term [tɜːm]	un terme
a phrase [freɪz]	une locution
a locution [lə'kju:ʃən]	
an expression [ɪks'preʃən] a phrase	une expression
a set phrase	une expression figée
a colloquialism [kə'ləʊkwɪəlɪzəm]	une expression familière
BR a time-honoured phrase AM a time-honored phrase	une expression consacrée par l'usage
a catch phrase	une formule, un slogan
an idiom ['ɪdɪəm]	un idiotisme
idiomatic [ˌɪdɪə'mætɪk]	idiomatique
an idiomatic phrase	une expression idiomatique
a cliché ['kli:ʃeɪ]	un cliché
technical / specialist / medical vocabulary	le vocabulaire technique / spécialisé / médical
terminology [ˌtɜːmɪ'nɒlədʒɪ]	la terminologie
terminological [ˌtɜːmɪnə'lɒdʒɪkəl]	terminologique
lexical ['leksɪkəl]	lexical
to enrich / increase one's vocabulary	enrichir / augmenter son vocabulaire
to use a word	utiliser un mot
usage ['juːzɪdʒ]	l'usage
– To come* from	venir de

to coin a word / a phrase	lancer un mot / une expression
the origin ['ɒrɪdʒɪn]	l'origine
a word of Latin / Greek origin	un mot d'origine latine / grecque
a root [ru:t]	une racine
an abbreviation [əˌbriː'vɪ'eɪʃən]	une abréviation
to abbreviate sth	abréger qqch.
an acronym ['ækrənɪm]	un acronyme
a set of initials	un sigle
obsolescent [ˌɒbsə'lesnt]	vieilli
obsolete ['ɒbsəliːt]	obsolète
archaic [ɑː'keɪɪk]	archaïque
an archaism ['ɑːkeɪɪzəm]	un archaïsme
a neologism [nɪ'ɒlə,dʒɪzəm]	un néologisme
– Derivation [ˌderɪ'veɪʃən]	la dérivation
a derivative [dɪ'rɪvətɪv] a derived word	un dérivé
to derive from	dériver de
a compound (word)	un (mot) composé
a suffix ['sʌfɪks]	un suffixe
a prefix ['priːfɪks]	un préfixe
a portmanteau word	un mot-valise
a collocation [ˌkɒlə'keɪʃən]	une collocation
– Sense [sens]	le sens
the meaning of a word	la signification d'un mot
to mean* [miːn]	vouloir dire

LANGUAGE / LE LANGAGE 40

What does it mean?	Qu'est-ce que cela veut dire ?	What do you call it?	Comment appelle-t-on cela ?
to signify ['sɪgnɪfaɪ]	signifier	meaningless ['miːnɪŋlɪs]	dénué de sens
significance [sɪg'nɪfɪkəns]	la signification	nonsense ['nɒnsəns]	le non-sens
		a piece of nonsense	un non-sens

I REMARQUE Exemple de mot-valise : brunch = breakfast + lunch.

■ 4. GRAMMAR LA GRAMMAIRE

– A grammar (book)	une grammaire, un livre de grammaire	a modifier ['mɒdɪfaɪə']	un modificatif
grammatical [grə'mætɪkəl]	grammatical	an interjection [ˌɪntə'dʒekʃən]	une interjection
ungrammatical ['ʌngrə'mætɪkəl]	non grammatical	**– Countable** ['kaʊntəbl]	dénombrable, comptable
agrammatical [ˌeɪgrə'mætɪkəl]	agrammatical	uncountable ['ʌn'kaʊntəbl]	non dénombrable, non comptable
a grammarian [grə'mɛərɪən]	un(e) grammairien(ne)	an uncountable noun a mass noun	un nom non dénombrable
– Gender ['dʒendə']	le genre	a proper noun	un nom propre
masculine ['mæskjʊlɪn]	masculin	a personal pronoun	un pronom personnel
feminine ['femɪnɪn]	féminin	demonstrative [dɪ'mɒnstrətɪv]	démonstratif
neuter ['njuːtə']	neutre	relative ['relətɪv]	relatif
number ['nʌmbə']	le nombre	interrogative [ˌɪntə'rɒgətɪv]	interrogatif
singular ['sɪŋgjʊlə']	singulier	possessive [pə'zesɪv]	possessif
plural ['plʊərəl]	pluriel	an antecedent [ˌæntɪ'siːdənt]	un antécédent
concrete ['kɒnkriːt]	concret	to decline [dɪ'klaɪn]	décliner
abstract ['æbstrækt]	abstrait	a declension [dɪ'klenʃən]	une déclinaison
– To analyze ['ænəlaɪz]	analyser	a gerundive [dʒɪ'rʌndɪv]	un adjectif verbal
to parse sth	faire l'analyse grammaticale de qqch.	a gerund ['dʒerənd]	un substantif verbal
sentence analysis	l'analyse logique	a participle ['pɑːtɪsɪpl]	un participe
parts of speech	les parties du discours	the present / past participle	le participe présent / passé
a grammatical category	une catégorie grammaticale	**– A** sentence ['sentəns]	une phrase
a noun [naʊn]	un nom	a clause [klɔːz]	une proposition
an adjective ['ædʒektɪv]	un adjectif	a phrase [freɪz]	un syntagme
a determiner [dɪ'tɜːmɪnə']	un déterminant	the subject ['sʌbdʒɪkt]	le sujet
the definite / indefinite article	l'article défini / indéfini	the complement ['kɒmplɪmənt]	le complément
a pronoun ['prəʊnaʊn]	un pronom	the object ['ɒbdʒɪkt]	le complément d'objet
the first / second / third person	la première / deuxième / troisième personne	**– To** conjugate ['kɒndʒugeɪt]	conjuguer
a verb [vɜːb]	un verbe	a conjugation [ˌkɒndʒugeɪʃən]	une conjugaison
an adverb ['ædvɜːb]	un adverbe	affirmative [ə'fɜːmətɪv]	affirmatif
a conjunction [kən'dʒʌŋkʃən]	une conjonction	negative ['negətɪv]	négatif
a preposition [ˌprepə'zɪʃən]	une préposition		

305

an infinitive [ɪnˈfɪnɪtɪv]	un infinitif	the past [pɑːst]	le passé
the mood [muːd]	le mode	the perfect [ˈpɜːfɪkt]	le passé composé
the indicative [ɪnˈdɪkətɪv]	l'indicatif	the present perfect	le (présent) parfait
the subjunctive [səbˈdʒʌŋktɪv]	le subjonctif	the preterite [ˈpretərɪt]	le prétérit
		the simple past	le passé simple
the conditional [kənˈdɪʃənl]	le conditionnel	the imperfect [ɪmˈpɜːfɪkt]	l'imparfait
in the active/passive (voice)	à la voix active/passive	the pluperfect [ˈpluːˈpɜːfɪkt]	le plus-que-parfait
		the future perfect	le futur antérieur
continuous [kənˈtɪnjʊəs] progressive [prəˈgresɪv]	progressif	– **A**ttributive [əˈtrɪbjʊtɪv]	attributif
an inflection [ɪnˈflekʃən]	une inflexion	predicative [prɪˈdɪkətɪv]	prédicatif
the root [ruːt]	le radical	a comparative [kəmˈpærətɪv]	un comparatif
an ending [ˈendɪŋ]	une terminaison		
a perfective/imperfective verb	un verbe perfectif/imperfectif	a superlative [sʊˈpɜːlətɪv]	un superlatif
		in the comparative/superlative	au comparatif/superlatif
– **A** tense [tens]	un temps	to qualify [ˈkwɒlɪfaɪ]	qualifier
the present (tense)	le présent	to modify [ˈmɒdɪfaɪ]	modifier
the future (tense)	le futur	in apposition to	en apposition à

■ 5. PUNCTUATION AND LAYOUT LA PONCTUATION ET LA MISE EN PAGE _

– **T**o punctuate [ˈpʌŋktjʊeɪt]	ponctuer	square brackets	les crochets
a punctuation mark	un signe de ponctuation	suspension points	les points de suspension
BR a full stop	un point	a brace [breɪs]	une accolade
AM a period [ˈpɪərɪəd]			
a comma [ˈkɒmə]	une virgule	– **A** hyphen [ˈhaɪfən]	un trait d'union
a semicolon [ˌsemɪˈkəʊlən]	un point-virgule	to hyphenate [ˈhaɪfəneɪt]	mettre un trait d'union à
a colon [ˈkəʊlən]	deux-points	hyphenated [ˈhaɪfəneɪtɪd]	à trait d'union
BR an exclamation mark	un point d'exclamation	a dash [dæʃ]	un tiret
AM an exclamation point		an oblique [əˈbliːk]	une barre oblique
a question mark	un point d'interrogation	a slash [slæʃ]	
BR a query [ˈkwɪərɪ]		a stroke [strəʊk]	
quotation marks	les guillemets	a backslash [ˈbækslæʃ]	une barre oblique inversée
BR inverted commas			
in quotation marks	entre guillemets	an apostrophe [əˈpɒstrəfɪ]	une apostrophe
BR in inverted commas			
in quotes (parlé)		an asterisk [ˈæstərɪsk]	un astérisque
to open/close the quotation marks	ouvrir/fermer les guillemets	an at sign	une arobase
		lerobert dot com	lerobert point com
quote … unquote	ouvrez les guillemets… fermez les guillemets		
a parenthesis [pəˈrenθɪsɪs]	une parenthèse	– **A**n acute (accent)	un accent aigu
		e acute	e accent aigu
BR a bracket [ˈbrækɪt]		a grave (accent)	un accent grave
in parentheses	entre parenthèses	a circumflex (accent)	un accent circonflexe
BR in brackets		a cedilla [sɪˈdɪlə]	une cédille
to bracket sth	mettre qqch. entre parenthèses	a tilde [ˈtɪldə]	un tilde

an umlaut ['ʊmlaʊt]	un tréma	to space sth out	espacer qqch.
a diaeresis [daɪ'erɪsɪs]		a space [speɪs]	un espace
AM a dieresis		BR to centre sth	centrer qqch.
		AM to center sth	
– A paragraph ['pærəgrɑːf]	un paragraphe, un alinéa	in single-/double-spacing	à simple/double interligne
a line [laɪn]	une ligne	single-/double-spaced	
to start a new paragraph	aller à la ligne	a heading ['hedɪŋ]	un en-tête, un titre
		a blank [blæŋk]	un blanc
to leave* a line	sauter une ligne	to leave* sth blank	laisser qqch. en blanc

■ 6. LINGUISTICS LA LINGUISTIQUE

– A linguist ['lɪŋgwɪst]	un(e) linguiste	semantic [sɪ'mæntɪk]	sémantique
linguistic [lɪŋ'gwɪstɪk]	linguistique	a semanticist	un(e) sémanticien(ne)
phonetics [fəʊ'netɪks] (sing.)	la phonétique	[sɪ'mæntɪsɪst]	
		a lexical item	une unité lexicale
phonetic [fəʊ'netɪk]	phonétique	a lexeme ['leksiːm]	un lexème
a phonetician [ˌfəʊnɪ'tɪʃən]	un(e) phonéticien(ne)	a synonym ['sɪnənɪm]	un synonyme
		synonymous with	synonyme de
– Phonology [fəʊ'nɒlədʒɪ]	la phonologie	[sɪ'nɒnɪməs]	
phonological [ˌfəʊnə'lɒdʒɪkəl]	phonologique	synonymy [sɪ'nɒnəmɪ]	la synonymie
		an antonym ['æntənɪm]	un antonyme
a phonologist [fə'nɒlədʒɪst]	un(e) phonologue	a homonym ['hɒmənɪm]	un homonyme
a homophone ['hɒməfəʊn]	un homophone	a hyponym ['haɪpənɪm]	un hyponyme
		a superordinate [ˌsuːpər'ɔːdənɪt]	un hyperonyme
a phoneme ['fəʊniːm]	un phonème	a homograph ['hɒməʊgrɑːf]	un homographe
– A vowel ['vaʊəl]	une voyelle		
a consonant ['kɒnsənənt]	une consonne	– Morphology [mɔː'fɒlədʒɪ]	la morphologie
the consonant/vowel system	le système consonantique/vocalique	morphological [ˌmɔːfə'lɒdʒɪkəl]	morphologique
an open/closed vowel	une voyelle ouverte/fermée	a morphologist [mɔː'fɒlədʒɪst]	un(e) morphologue
a diphthong ['dɪfθɒn]	une diphtongue	a morpheme ['mɔːfiːm]	un morphème
a triphthong ['trɪfθɒn]	une triphtongue	an affix [ə'fɪks]	un affixe
voiced [vɔɪst]	voisé, sonore	syntax ['sɪntæks]	la syntaxe
unvoiced [ˌʌn'vɔɪst]	non voisé, sourd	syntactic(al) [sɪn'tæktɪk(əl)]	syntactique, syntaxique
– Stress [stres]	l'accentuation, l'accent		
to stress	accentuer	– Philology [fɪ'lɒlədʒɪ]	la philologie
intonation [ˌɪntəʊ'neɪʃən]	l'intonation	philological [ˌfɪlə'lɒdʒɪkəl]	philologique
a tone of voice	un ton		
a tone language	une langue à tons	a philologist [fɪ'lɒlədʒɪst]	un(e) philologue
elision [ɪ'lɪʒən]	l'élision	etymology [ˌetɪ'mɒlədʒɪ]	l'étymologie
to elide [ɪ'laɪd]	élider	etymological [ˌetɪmə'lɒdʒɪkəl]	étymologique
a liaison [liː'eɪzɒn]	une liaison		
– Semantics [sɪ'mæntɪks] (sing.)	la sémantique	an etymologist [ˌetɪ'mɒlədʒɪst]	un(e) étymologiste

a Latin/Romance/ Germanic language	une langue latine/ romane/germanique	semiotics [ˌsemɪˈɒtɪks] (sing.)	la sémiotique
- **Pragmatics** [præɡˈmætɪks] (sing.)	la pragmatique	semiotic [ˌsemɪˈɒtɪk]	sémiotique
pragmatic [præɡˈmætɪk]	pragmatique	a code [kəʊd]	un code
discourse analysis	l'analyse du discours	to encode [ɪnˈkəʊd]	encoder
enunciation [ɪˌnʌnsɪˈeɪʃən]	l'énonciation	to decode [ˈdiːˈkəʊd]	décoder, déchiffrer
		an ideogram [ˈɪdɪəɡræm]	un idéogramme

■ 7. TRANSLATION   LA TRADUCTION

- **A translation** [trænzˈleɪʃən]	une traduction	- **Interpretation** [ɪnˌtɜːprɪˈteɪʃən]	l'interprétation
automatic translation machine translation	la traduction automatique	interpreting [ɪnˈtɜːprɪtɪŋ]	l'interprétariat
a translator [trænzˈleɪtəʳ]	un(e) traducteur (-trice)	simultaneous interpreting	l'interprétation simultanée
to translate from/into [trænzˈleɪt]	traduire de/en	an interpreter [ɪnˈtɜːprɪtəʳ]	un(e) interprète
to mistranslate sth	mal traduire qqch.	a simultaneous interpreter	un interprète simultané
a mistranslation [ˈmɪstrænzˈleɪʃən]	une erreur de traduction	to interpret for sb [ɪnˈtɜːprɪt]	faire l'interprète pour qqn
untranslatable [ˈʌntrænzˈleɪtəbl]	intraduisible		

41 | SELF-EXPRESSION
L'EXPRESSION

■ 1. STATING AND ANNOUNCING THINGS DÉCLARER ET ANNONCER ____

- To declare sth *to sb* — déclarer qqch. *à qqn*

to state sth / that — déclarer qqch. / que

a declaration [ˌdeklə'reɪʃən] — une déclaration

a statement ['steɪtmənt]

to make* a declaration — faire une déclaration
to make* a statement

to assert sth / that — affirmer qqch. / que
to affirm sth / that (soutenu)

an assertion [ə'sɜːʃən] — une affirmation
an affirmation [ˌæfə'meɪʃən] (soutenu)

- To claim sth / that — prétendre qqch. / que
to maintain sth / that

to maintain that — soutenir que

to assure sb of sth / sb that — assurer qqn de qqch. / à qqn que

to vouch for the fact that — attester que
to attest that (soutenu)

to inform sb of sth — mettre qqn au courant de qqch.
to acquaint sb with sth

to bring* sth to sb's attention — signaler qqch. à qqn

- To announce sth *to sb* — annoncer qqch. *à qqn*
to intimate sth *to sb* (soutenu)

an announcement [ə'naʊnsmənt] — une annonce
an intimation [ˌɪntɪ'meɪʃən] (soutenu)

to proclaim sth / that — proclamer qqch. / que

a proclamation [ˌprɒklə'meɪʃən]

to reveal sth *to sb* — révéler qqch. *à qqn*

a revelation [ˌrevə'leɪʃən] — une révélation

a spokesperson *for* — un porte-parole *de*
['spəʊks,pɜːsən]
a spokesman *for* ['spəʊksmən] (fém. spokeswoman)

official [ə'fɪʃəl] — officiel
formal ['fɔːməl]

informal [ɪn'fɔːməl] — officieux

to go* on record as saying that — déclarer publiquement que
this is strictly off the record (parlé) — ceci est strictement officieux, ceci doit rester entre nous

- To insist *on sth / that* — insister *sur qqch. / sur le fait que*
[ɪn'sɪst]
to stress sth / that — insister sur qqch. / sur le fait que

insistence [ɪn'sɪstəns] — l'insistance
insistent [ɪn'sɪstənt] — pressant, insistant
to emphasize sth — mettre l'accent sur qqch.
to underline sth / that — souligner qqch. / le fait que

to reiterate sth / that — réitérer qqch. / que

- To exaggerate sth — exagérer qqch.
to overstate sth

exaggerated — exagéré
[ɪg'zædʒəreɪtɪd]

an exaggeration — une exagération
[ɪgˌzædʒə'reɪʃən]
an overstatement
[əʊvə'steɪtmənt]

emphatic [ɪm'fætɪk] — catégorique
categorical [ˌkætɪ'gɒrɪkəl]

moderate ['mɒdərɪt] — modéré

- I've heard that ... — j'ai appris que...
we are pleased to announce ... — nous sommes heureux d'annoncer...
you should know that ... — il faut savoir que...
you should be aware that ...
it should be noted that ... — il faut signaler que...

one must not forget that ... — il ne faut pas oublier que...
it is important to bear in mind that ... — il faut tenir compte du fait que...
I have no hesitation in saying / asserting that he ... — je le dis / l'affirme sans hésiter, il...
it's an understatement — c'est en dessous de la vérité, c'est peu dire

■ 2. EXPLAINING THINGS EXPLIQUER ____

- To explain sth *to sb* — expliquer qqch. *à qqn*
to explain o.s. — s'expliquer (personne)

an explanation — une explication
[ˌeksplə'neɪʃən]
to demand an explanation — exiger une explication

to seek* an explanation for sth | chercher une explication à qqch.

to give* an account of sth | rendre compte de qqch.

to interpret sth *as sth* | interpréter qqch. *comme qqch.*

an interpretation [ɪn,tɜːprɪ'teɪʃən] | une interprétation

to misinterpret sth | mal interpréter qqch.

– To describe [dɪs'kraɪb] | décrire

a description [dɪs'krɪpʃən] | une description

to elucidate [ɪ'luːsɪdeɪt] | élucider

elucidation [ɪ,luːsɪ'deɪʃən] | l'élucidation

to shed* light on sth | jeter de la lumière sur qqch., éclaircir qqch.

to clarify sth | clarifier qqch.

clarification [,klærɪfɪ'keɪʃən] (n. c. sing.) | des éclaircissements

to demonstrate *how / that* ['demənstreɪt] | démontrer *comment / que*

a demonstration [,demən'streɪʃən] | une démonstration

– Inexplicable [,ɪnɪks'plɪkəbl]
unaccountable ['ʌnə'kaʊntəbl]

inexplicable

groundless ['graʊndlɪs] | sans fondement

– Because of
on account of
owing to

à cause de

because [bɪ'kɒz] | parce que

from fear / despair
out of fear / despair | de peur / désespoir

as [æz] | comme

considering [kən'sɪdərɪŋ] | étant donné

since [sɪns] | étant donné que

due to | dû à

therefore ['ðɛəfɔːʳ] | donc

– In view of | vu, étant donné

in view of the fact that
seeing that | vu que

thanks to | grâce à

for lack of
for want of | faute de

for fear of | de crainte de

by means of | au moyen de

according to | selon

– On (the) grounds of | pour cause de

on financial / family grounds
for financial / family reasons | pour raisons financiè-res / familiales

on the pretext of sth / doing / that
on the pretence of sth / doing / that | sous prétexte de qqch. / de faire / que

– That is why it happened | voilà pourquoi c'est arrivé

it all arises from the fact that … | cela vient de ce que…

it is all a question of … | il s'agit en fait de…

it has to do with … | c'est lié à…

the thing is … (parlé) | c'est que…

it depends on … | cela dépend de…

I reasoned that … | je me suis dit que…

■ 3. ASKING QUESTIONS AND ANSWERING QUESTIONNER ET RÉPONDRE

– To ask sb sth | demander qqch. à qqn

to ask whether
to enquire whether
to inquire whether | demander si

to ask sb a question *about sth*
to put* a question to sb *about sth* | poser une question à qqn *à propos de qqch.*

to question sb *about sth* | interroger qqn *sur qqch.*, questionner qqn *sur qqch.*

– To answer *sth / that* ['ɑːnsəʳ]
to reply *sth / that* [rɪ'plaɪ] | répondre *qqch. / que*

to answer sb *on sth*
to reply to sb *on sth* | répondre à qqn *sur qqch.*

an answer to
a reply to
a response to (soutenu) | une réponse

in answer to
in reply to
in response to | en réponse à

– Which book / friend? | Quel livre / ami ?

Which (one)? | Lequel ?

Where? [wɛəʳ] | Où ?

When? [wen] | Quand ?

How? [haʊ] | Comment ?

Why? [waɪ] | Pourquoi ?

What for? | Pour quoi faire ?

How much? | Combien ? (suivi d'un sing.)

How many?	Combien ? (suivi d'un plur.)
- **Direct** [daɪˈrekt]	direct
evasive [ɪˈveɪzɪv]	évasif
frank [fræŋk] **straightforward** [ˌstreɪtˈfɔːwəd]	franc
spontaneous [spɒnˈteɪnɪəs]	spontané
- **Please** [pliːz]	s'il vous plaît
may I ask you why/ where ...	puis-je vous demander pourquoi/où...

can you tell me who/ when ...	pouvez-vous me dire qui/quand...
I need the following information	j'aurais besoin des renseignements suivants
I should like to know what/whether ...	j'aimerais savoir ce que/si...
he didn't reply anything he said nothing in reply	il n'a rien répondu
he wouldn't give me a straight answer he wouldn't say yes or no	il m'a fait une réponse de Normand

■ 4. MAKING AND GRANTING REQUESTS REQUÉRIR ET ACCORDER _____

- **T**o ask for sth	demander qqch.
to ask sb for sth/sb to do sth	demander qqch. à qqn/à qqn de faire
to call for sth	réclamer qqch., exiger qqch.
to request sth to make* a request for sth	requérir qqch.
a request [rɪˈkwest]	une requête
to apply for sth to put* in a request for sth	faire une demande de qqch.
an application for [ˌæplɪˈkeɪʃən]	une demande de (autorisation, emploi)
to make* a formal application for sth	faire une demande en bonne et due forme de qqch.
- **T**o beg sb to do sth to entreat sb to do sth to beseech* sb to do sth (soutenu)	supplier qqn de faire qqch.
to implore sb to do sth to plead with sb to do sth	implorer qqn de faire qqch.
to solicit sth from sb to seek* sth from sb	solliciter qqch. de qqn
a petition for/against [pəˈtɪʃən]	une pétition pour/contre
to petition sb for sth	adresser une pétition à qqn pour qqch.
an appeal to sb/for sth [əˈpiːl]	un appel à qqn/pour qqch.
to appeal to sb for sth	faire appel à qqn pour qqch.
- **T**o grant sb sth	accorder qqch. à qqn
to accede to sb's wishes (soutenu)	accéder aux désirs de qqn

to have mercy on	avoir pitié de
to take* pity on sb	prendre qqn en pitié
merciful [ˈmɜːsɪfʊl]	clément, miséricordieux
- **T**o allow sth/sb to do	permettre qqch./à qqn de faire
to give* permission to sb/to do	donner la permission à qqn/de faire
to permit sth/sb to do	autoriser qqch./à qqn de faire
a permit [ˈpɜːmɪt]	un permis
to authorize sth/sb to do	autoriser qqch./qqn à faire
an authorization [ˌɔːθəraɪˈzeɪʃən]	une autorisation
- BR a **licence** [ˈlaɪsəns] AM a **license**	une licence
to license sb to do	accorder à qqn une licence pour faire
to forbid* sth/sb to do	interdire qqch./à qqn de faire
to prohibit sth to ban sth	interdire qqch. (langage administratif)
- **May** I have your authority to do so?	Ai-je votre autorisation ?
you have my permission to ...	je vous donne la permission de...
for God's sake	pour l'amour de Dieu
for heaven's sake for pity's sake (parlé)	pour l'amour du ciel
Could I? May I?	Puis-je ?
Would you object if ...?	Cela vous ennuierait-il si... ?

■ 5. MAKING PROPOSALS AND PERSUADING PEOPLE PROPOSER ET PERSUADER

– A proposal [prə'pəʊzl] a proposition [ˌprɒpə'zɪʃən]	une proposition
to make* sb a proposal to make* sb a proposition	faire une proposition à qqn
to propose sth *to sb*[1]	proposer qqch. *à qqn*
to suggest sth *to sb*	suggérer qqch. *à qqn*
a suggestion [sə'dʒestʃən]	une suggestion
to offer sth *to sb*	offrir qqch. *à qqn*
an offer ['ɒfəʳ]	une offre

> ATTENTION **1** : to propose to sb = demander qqn en mariage

– To persuade sb *of sth / to do sth*	persuader qqn *de qqch. / de faire qqch.*
to talk sb into doing sth	persuader qqn de faire qqch. (en parlant)
persuasive [pə'sweɪsɪv]	persuasif

persuasion [pə'sweɪʒən]	la persuasion
to dissuade sb *from doing*	dissuader qqn *de faire*
dissuasion [dɪ'sweɪʒən]	la dissuasion
to convince sb *of sth / that*	convaincre qqn de qqch. / que
convincing [kən'vɪnsɪŋ]	convaincant
conviction [kən'vɪkʃən]	la conviction
– Would you like me to go with you?	Voulez-vous que je vous accompagne ?
How about a day at the sea? (parlé)	Que diriez-vous d'une journée au bord de la mer ?
on behalf of	de la part de
please accept this gift from …	je vous prie d'accepter ce cadeau de la part de…
It is kind of you to offer! How kind of you to offer!	Comme c'est gentil à vous de le proposer !

■ 6. AGREEING AND REFUSING ACCEPTER ET REFUSER

– To accept *sth / that* [ək'sept] to agree *to sth / that* [ə'griː]	accepter qqch. / que
acceptance *of sth* [ək'septəns]	l'acceptation *de qqch.*
to agree *with sb about sth* [ə'griː] to be in agreement *with sb about sth*	être d'accord *avec qqn sur qqch.*
to go* along with sth (parlé)	être d'accord avec qqch.
to give* a nod of agreement	manifester son accord d'un signe de tête
to come* to an agreement *with sb over sth* to reach an agreement *with sb over sth*	arriver à un accord *avec qqn sur qqch.*
to approve of sth	approuver qqch.
approval [ə'pruːvəl]	l'approbation
to give* one's approval *to sth* to approve *sth* [ə'pruːv]	donner son approbation *à qqch.*
– To consent *to sth* [kən'sent]	consentir *à qqch.*
consent	le consentement

to give* one's consent *to sth*	donner son consente-ment *à qqch.*
by common consent by common agreement	d'un commun accord
to acquiesce [ˌækwɪ'es]	acquiescer
acquiescence [ˌækwɪ'esns]	l'assentiment
to assent *to sth* [ə'sent] to give* one's assent *to sth*	donner son assentiment *à qqch.*
– To refuse *sb sth / to do* [rɪ'fjuːz]	refuser *qqch. à qqn / de faire*
to turn an offer down	refuser une offre
to turn sb down	refuser qqn (pour un emploi, une demande)
a refusal [rɪ'fjuːzəl]	un refus
to decline an invita-tion / a request	décliner une invitation / une demande
to reject sb / sth	rejeter qqn / qqch.
a rejection [rɪ'dʒekʃən]	un rejet
– I fully endorse your view (soutenu)	je souscris entièrement à ce que vous dites
Come on, say yes!	Allez, dis oui !
it is out of the question	il n'en est pas question

No way! (parlé)	Pas question !	**You must be joking!**	Tu plaisantes !
Not if I can help it! (parlé)	Jamais de la vie !	**Over my dead body!**	Il faudra me passer sur le corps avant !

■ 7. MENTIONING THINGS MENTIONNER _____

– **To mention** sth *to sb*	mentionner qqch. *à qqn*
to remark to sb *upon sth*	faire une remarque à qqn *sur qqch.*
to make* the point that **to point out that**	faire remarquer que
to point out sth *to sb*	faire remarquer qqch. *à qqn*
to bring* up a question *with sb* **to raise a question** *with sb*	soulever une question *avec qqn*
to call sb's **attention** *to sth* **to draw*** sb's **attention** *to sth*	attirer l'attention de qqn *sur qqch.*
to note that	noter que
– **An allusion** [ə'luːʒən]	une allusion
to allude to	faire allusion à
to observe *that* [əb'zɜːv]	observer *que*, constater *que*
an observation [ˌɒbzə'veɪʃən]	une observation, une constatation

a reference *to* ['refrəns]	une référence à
to refer to	faire référence à
a hint [hɪnt]	une insinuation
to hint at sth	insinuer qqch.
– **On the subject of**	au sujet de
in connection with	à propos de
by the way	à propos
as regards **with regard to** **with reference to**	en ce qui concerne
concerning [kən'sɜːnɪŋ] **having regard to** (soutenu)	concernant
– **I should like to say a brief word about …**	j'aimerais vous dire quelques mots de…
it's hardly worth mentioning	cela mérite à peine d'être mentionné
not to mention …	sans oublier…
we should mention in passing …	il faut mentionner en passant…

■ 8. COMPLAINING AND PROTESTING SE PLAINDRE ET PROTESTER _____

– **To complain** *to sb about sth* [kəm'pleɪn]	se plaindre *à qqn de qqch.*
a complaint [kəm'pleɪnt]	une réclamation, une plainte
to make* a complaint	faire une réclamation
to lodge a complaint about **to register a complaint about**	porter plainte au sujet de
– **To whine** *about sth* [waɪn] **to moan** *about sth* [məʊn] (parlé)	se lamenter *sur qqch.*
to bemoan one's fate	se lamenter sur son sort
to feel* sorry for o.s.	s'apitoyer sur soi-même
to be full of self-pity	se trouver bien à plaindre
to grumble *about* ['grʌmbl] **to grouse** *about* [graʊs]	râler *à propos de*

plaintive ['pleɪntɪv] **doleful** ['dəʊlfʊl]	plaintif
– **To protest** *about sth / that* ['prəʊtest]	protester *contre qqch. / que*
a protest *about / against*	une protestation *concernant / contre*
to speak* up against sth	s'élever contre qqch.
to disapprove of sth **to object to** sth	désapprouver qqch.
to deplore sth	déplorer qqch.
to demonstrate *for / against* ['demənstreɪt]	manifester[1] *pour / contre*
a demonstration [ˌdemən'streɪʃən]	une manifestation
a protest march	
a demo ['deməʊ] (parlé)	une manif

ATTENTION FAUX AMI **1** : **to manifest** = montrer, démontrer

- Intolerable [ɪn'tɒlərəbl]	intolérable	a deplorable state of affairs	une situation déplorable
disastrous [dɪ'zɑːstrəs]	désastreux	an appalling state of affairs	
scandalous ['skændələs]	scandaleux	it is quite unacceptable	c'est inadmissible

■ 9. CRITICIZING LES CRITIQUES

- A criticism ['krɪtɪsɪzəm]	une critique	to lecture sb	sermonner qqn
to criticize sb *for sth*	critiquer qqn *de qqch.*	to give* sb a good scolding	passer un bon savon à qqn
critical *of* ['krɪtɪkəl]	critique *de*	to take* sb to task	prendre qqn à parti
to condemn sb *for sth*	condamner qqn *pour qqch.*	to give* sb a rap on the knuckles	taper sur les doigts de qqn
a condemnation [ˌkɒndem'neɪʃən]	une condamnation		
to find* fault with sb	trouver à redire au sujet de qqn	- To libel sb	calomnier qqn, diffamer qqn (par écrit)
		libel ['laɪbəl]	la diffamation
- To denounce sb *for sth*	dénoncer qqn *pour qqch.*	to slander sb	calomnier qqn, diffamer qqn (verbalement)
a denunciation [dɪˌnʌnsɪ'eɪʃən]	une dénonciation		
to accuse sb *of sth*	accuser qqn *de qqch.*	slander ['slɑːndəʳ]	la diffamation
an accusation [ˌækjʊ'zeɪʃən]	une accusation	a calumny ['kæləmnɪ]	une calomnie
accusing [ə'kjuːzɪŋ]	accusateur	- To denigrate sth / sb	dénigrer qqch. / qqn
alleged [ə'ledʒd]	prétendu	to run* sth / sb down	
allegations *of / that* [ˌælɪ'geɪʃən]	les allégations *de / selon lesquelles*	to pour scorn on sth / sb (soutenu)	
		contempt [kən'tempt]	le mépris
to allege that	alléguer que	scorn ['skɔːn]	
- To reproach sb with sth	reprocher qqch. à qqn	to show* contempt for sth / sb	manifester son mépris pour qqch. / qqn
to blame sb for sth		to despise sth / sb	mépriser qqch. / qqn
to blame sth on sb	rejeter la responsabilité de qqch. sur qqn	to scorn sth / sb	
to put* the blame for sth on sb		contemptuous [kən'temptjʊəs]	méprisant
blameworthy ['bleɪmwɜːðɪ]	blâmable	scornful ['skɔːnfʊl]	
		contemptible [kən'temptəbl]	méprisable
a reproach [rɪ'prəʊtʃ]	un reproche	despicable [dɪs'pɪkəbl]	
reproachful [rɪ'prəʊtʃfʊl]	réprobateur		
reproving [rɪ'pruːvɪŋ]		- You should never have done such a thing	vous n'auriez jamais dû faire cela
- To scold sb *for sth*	gronder qqn *pour qqch.*	he was wrong to do that	il a eu tort de faire cela
to chide* sb *for sth* (soutenu)		I am entirely to blame for it	je suis entièrement responsable de
a reprimand ['reprɪmɑːnd]	une réprimande	I'm not to blame	je n'y suis pour rien
to reprimand sb	réprimander qqn	I won't hold this against you	je ne vous en tiendrai pas rigueur
to tick sb off (parlé)	attraper qqn		
to tell* sb off (parlé)			

■ 10. ADMITTING AND DENYING THINGS AVOUER ET NIER _____

- To recognize sth / that — reconnaître qqch. / que
  to acknowledge sth / that
  in acknowledgement of — en reconnaissance de
  in recognition of
  to admit sth *to sb* — admettre qqch. *devant qqn*
  to acknowledge sth — convenir de qqch.
  to admit sth
  to confess sth *to sb* — confesser qqch. *à qqn*
  to confess sth — avouer qqch.
  to own up to sth
  a confession [kənˈfeʃən] — un aveu
  an admission [ədˈmɪʃən]
  on his own admission — de son propre aveu
  to concede sth / that — concéder qqch. / que

- To deny sth — démentir qqch.
  a denial [dɪˈnaɪəl] — un démenti
  to issue an official — publier un démenti
  denial — officiel
  to contest sth — contester qqch.

- to deny sth / having — nier qqch. / avoir fait
  done
  to refute sth — réfuter qqch.
  a refutation [ˌrefjʊˈteɪʃən] — une réfutation

- To contradict sb — contredire qqn
  to contradict sth — contredire qqch.
  to give* the lie to sth
  contradictory — contradictoire
  [ˌkɒntrəˈdɪktərɪ]
  a contradiction — une contradiction
  [ˌkɒntrəˈdɪkʃən]

- I must confess that ... — je dois avouer que...
  I will admit that ... — je suis prêt à admettre
  que...
  I don't dispute that ... — je ne conteste pas le fait
  que...
  it cannot be denied — on ne peut nier le fait
  that ... — que...
  I grant you that — je vous l'accorde
  I give you that

■ 11. REGRETS AND APOLOGIES REGRETTER ET S'EXCUSER _____

- To regret *sth / that* [rɪˈgret] — regretter *qqch. / que*
  a regret *for, about* — un regret *de*
  to have regrets — éprouver des regrets
  regrettable [rɪˈgretəbl] — regrettable
  unfortunate [ʌnˈfɔːtʃnɪt]
  with regret — à regret (partir)
  regretfully [rɪˈgretfəlɪ]
  with regret — à regret (accepter, donner)
  reluctantly [rɪˈlʌktəntlɪ]

- To be sorry *for sth / for* — être désolé *de qqch. /*
  doing — *d'avoir fait*
  to be very upset *about* — être peiné *de qqch.*
  sth
  to deplore sth — déplorer qqch.
  remorse [rɪˈmɔːs] — le remords
  to feel* remorse — éprouver des remords
  shame [ʃeɪm] — la honte
  to be ashamed *of / that* — avoir honte *de / de ce que*

- An apology [əˈpɒlədʒɪ] — une excuse (regret)
  to apologize *to sb for sth* — s'excuser *auprès de qqn*
  [əˈpɒlədʒaɪz] — *de qqch.*
  to make* one's apolo- — présenter ses excuses
  gies *for* — *pour*

- to be very apologetic — se confondre en
  excuses
  an excuse [ɪksˈkjuːz] — une excuse (justification)
  to make* excuses *for* — inventer des excuses
  sth — *pour qqch.*
  to excuse sb *for sth / for* — excuser qqn *de qqch. /*
  having done — *d'avoir fait*

- To forgive* sb *(for) sth* — pardonner *qqch. à qqn*
  to pardon sb *(for) sth*
  (soutenu)
  to ask sb's forgiveness — demander pardon à qqn
  for sth — de qqch.
  unforgivable — impardonnable (faute)
  [ʌnˈfəˈgɪvəbl]
  unpardonable
  [ʌnˈpɑːdnəbl]
  indulgent [ɪnˈdʌldʒənt] — indulgent
  forgiving [fəˈgɪvɪŋ]
  unforgiving [ˈʌnfəˈgɪvɪŋ] — impitoyable

- I am afraid that ... — je crains que...
  I fear that ... (soutenu)
  I regret to inform you — je suis au regret de vous
  that ... — informer que...
  to my great regret — à mon grand regret
  regretfully [rɪˈgretfəlɪ]

- It's all my fault — c'est de ma faute
  it won't happen again — cela ne se reproduira pas
  I didn't mean to do it — je ne l'ai pas fait exprès
  I owe you an apology — je vous dois des excuses
  I am sorry I have not written — excusez-moi de ne pas vous avoir écrit
  forgive me for not writing
- Sorry! ['sɒrɪ] — Pardon !
  I beg your pardon — je vous demande pardon

there's no excuse for such behaviour — ce genre de conduite est inexcusable
you're forgiven — vous êtes tout excusé
I should never have said/done that — je n'aurais jamais dû dire/faire
you cannot be forgiven it's unforgivable of you — tu es impardonnable

- What a pity! — Quel dommage !
  What a shame! (parlé)
  it is a pity that ... — il est dommage que...
  it's a shame that ... (parlé)

■ 12. GIVING ADVICE CONSEILLER

- Advice [əd'vaɪs] — le(s) conseil(s)
  (n. c. sing.)
  a piece of advice — un conseil
  some advice
  to advise sth/sb to do — conseiller qqch./à qqn de faire
  to advise sb about sth — conseiller qqn sur qqch.
  to advise sb against sth — déconseiller qqch. à qqn
  to ask sb's advice about sth — demander conseil à qqn à propos de qqch.
  to seek* advice from sb/about sth — chercher conseil auprès de qqn/sur qqch.
  advisable [əd'vaɪzəbl] — conseillé
- To recommend sth to sb — recommander qqch. à qqn
  a recommendation [ˌrekəmen'deɪʃən] — une recommandation
  to advocate sth — préconiser qqch.
  to recommend sth
  to guide sb — guider qqn
- To warn sb about sth/not to do — avertir qqn de qqch./de ne pas faire
  a warning ['wɔːnɪŋ] — un avertissement
  to give* sb a warning — lancer un avertissement à qqn
  to exhort sb to do — exhorter qqn à faire
  to urge sb to do

an exhortation [ˌegzɔː'teɪʃən] — une exhortation
to heed sth — tenir compte de qqch.
to take* heed of sth
to give* sb a tip about sth (parlé) — donner un tuyau à qqn pour qqch.
- BR to consult sb about sth — consulter qqn à propos de qqch.
  AM to consult with sb about sth
  to counsel sb — conseiller qqn (à titre professionnel)
  a counsellor ['kaʊnslə'] — un(e) conseiller (-ère) (socio-psychologue)
  in consultation with — en consultation avec
- If I were you, I ... — à votre place, je...
  in your place, I ...
  if you want my advice ... — si vous voulez mon avis...
  you would be right/wrong to do ... — vous feriez bien/vous auriez tort de faire...
  you should/shouldn't do that — vous devriez/ne devriez pas faire ça
  you ought/ought not to do that
  let me give you a word of advice — si je peux me permettre de vous donner un conseil

---

■ 13. GIVING ORDERS ORDONNER

- An order ['ɔːdə'] — un ordre
  to give* sb an order — donner un ordre à qqn
  to give* sb the order to do — donner à qqn l'ordre de faire

to order sb to do — faire, ordonner à qqn de faire
to direct sb to do
to give* orders that — donner des ordres comme quoi

on the orders of	sur les ordres de	– To give* directions *to sb on sth*	donner des directives à *qqn pour qqch.*
– To tell* sb to do sth	dire à qqn de faire qqch.	to decree that	décréter que
to have sth done	faire faire qqch.	a decree [dɪˈkriː]	un décret
to get* sth done		to demand that	exiger que
to make* sb do sth	faire faire qqch. à qqn	to bid* sb do (soutenu)	enjoindre à qqn de faire
to get* sb to do sth		to summon sb to do	sommer qqn de faire
to have sb do sth		a summons [ˈsʌmənz] (sing.)	une sommation
to instruct sb to do	charger qqn de faire		
to give* sb the job of doing		to dictate to sb	régenter qqn
an instruction [ɪnˈstrʌkʃən]	une instruction	– That's an order!	C'est un ordre !
on the instructions of	sur les instructions de	You must do this without fail!	Faites-le sans faute !
to command *sb to do / that sth be done* [kəˈmɑːnd]	commander *à qqn de faire / que qqch. soit fait*	I am impelled to ask you to do so	je suis dans l'obligation de vous demander de le faire
a command (soutenu)	un commandement	kindly do so at once	veuillez le faire immédiatement

■ 14. MAKING PROMISES PROMETTRE

– A promise [ˈprɒmɪs]	une promesse	a guarantee [ˌgærənˈtiː]	une garantie
to keep* one's promise	tenir sa promesse	to make* an agreement with sb	conclure un accord avec qqn
to break* one's promise	manquer à sa promesse	to hold* to an agreement	respecter un accord
to promise *sth to sb*	promettre *qqch. à qqn*	to reassure sb *about sth*	rassurer qqn *à propos de qqch.*
to give* sb one's promise / assurance that	donner à qqn la promesse / l'assurance que		
to promise sb the moon / the earth	promettre la lune / monts et merveilles à qqn	– To make* a commitment to enter into a commitment	s'engager
a vain promise an idle promise	une promesse en l'air	to commit o.s. to doing to bind* o.s. to do	s'engager à faire
– To give* sb one's word *on sth*	donner sa parole à qqn *sur qqch.*	to pledge one's word that (soutenu)	s'engager formellement à ce que
to keep* one's word	tenir parole	to depend on sb *for sth*	dépendre de qqn *pour qqch.*
to break* one's word	manquer à sa parole		
to swear* *that* [swɛəʳ]	jurer *que*	to be faithful to one's obligations	respecter ses obligations
to make* a vow *of sth / that*	faire serment *de / que*	to rely on sb *to do*	compter sur qqn *pour faire*
to swear* an oath *on sth to do*	prêter serment *sur qqch. de faire*	– Faithful [ˈfeɪθfʊl]	fidèle
to break* a vow	rompre un serment	reliable [rɪˈlaɪəbl]	sérieux, sur qui on peut compter
to pledge sb to secrecy	faire promettre le secret à qqn	dependable [dɪˈpendəbl]	
to vow sth	faire vœu de qqch.	sincere [sɪnˈsɪəʳ]	sincère
– To vouch for sb / sth	répondre de qqn / qqch.	solemn [ˈsɒləm]	solennel
to guarantee sth / that	garantir qqch. / que	to say* sth in good / bad faith	dire qqch. de bonne / mauvaise foi

- That's a promise / je vous le promets
  I give you my word of / je vous donne ma
  honour that ... / parole d'honneur que...
  he is as good as his / on peut le croire sur
  word / parole

  you can take my word / tu peux me croire (sur
  for it / parole), crois-m'en
  promise me that you / promettez-moi de...
  will ...
  I'm committed to it / je m'y suis engagé

■ 15. THANKS AND CONGRATULATIONS REMERCIER ET FÉLICITER _____

- To thank sb for sth / for / remercier qqn pour
  doing / qqch./d'avoir fait
  to thank sb warmly / remercier qqn vivement
  to thank sb from the / remercier qqn du fond
  bottom of one's heart / du cœur
  grateful ['greɪtfʊl] / reconnaissant
  thankful ['θæŋkfʊl]
  gratitude ['grætɪtjuːd] / la gratitude
  to show* one's grati- / témoigner sa gratitude à
  tude to sb / qqn
  to express one's grati- / exprimer sa gratitude à
  tude to sb for sth / qqn pour qqch.
  to be indebted to sb for / être redevable envers
  sth (soutenu) / qqn de qqch.
  to be beholden to sb for / être obligé à qqn de
  sth (soutenu) / qqch.
  ungrateful [ʌn'greɪtfʊl] / ingrat
  ingratitude [ɪn'grætɪtjuːd] / l'ingratitude

- To congratulate sb on / féliciter qqn de qqch./
  sth / on doing / d'avoir fait
  congratulations / les félicitations
  [kən,grætjʊ'leɪʃənz]
  to offer one's congratu- / présenter ses félicita-
  lations to sb / tions à qqn
  a congratulatory tele- / un télégramme de
  gram / félicitations
  to compliment sb on sth / faire des compliments à
  qqn sur qqch.
  complimentary / élogieux
  [,kɒmplɪ'mentərɪ]

  to admire sb for sth / for / admirer qqn pour qqch./
  doing [əd'maɪəʳ] / d'avoir fait
  admiring [əd'maɪərɪŋ] / admiratif
  to praise sth / sb / louer qqch./qqn
  to praise sb / sth to the / porter qqn / qqch. aux
  skies / nues
  to heap praises on sb / couvrir qqn d'éloges
  to take* one's hat off to / tirer son chapeau à qqn
  sb

- Thank you very much / merci beaucoup pour...
  for ...
  many thanks for ...
  Thanks a lot! (parlé) / Merci beaucoup !
  please accept our / nous vous prions
  thanks for ... / d'accepter tous nos
  / remerciements pour...
  with renewed thanks for / en vous remerciant
  all you have done / encore pour tout ce que
  / vous avez fait
  give her my thanks for / remercie-la de ma part
  the book / pour le livre
  Not at all! / Je vous en prie !
  warmest congratula- / mes plus sincères félici-
  tions on your success / / tations pour votre suc-
  your engagement / cès / vos fiançailles
  what I admire in him / ce que j'admire chez lui
  is ... / c'est...
  Well done! / Bravo !
  Hats off to him! / Chapeau !
  You've got to hand it to
  him!

■ 16. DISCUSSING THINGS DISCUTER _____

- A discussion of / about / une discussion sur / à pro-
  [dɪs'kʌʃən] / pos de
  to discuss sth with sb / discuter qqch. avec qqn
  to talk sth over with sb
  to speak* to sb about sth / parler à qqn de qqch.
  [spiːk]
  to talk to sb about sth
  [tɔːk]
  to tell* sb about sth / raconter qqch. à qqn

  to listen to sb / écouter qqn

- A subject ['sʌbdʒɪkt] / un sujet
  a topic ['tɒpɪk]
  topical ['tɒpɪkəl] / d'actualité
  a question ['kwestʃən] / une question (sujet)
  an issue ['ɪʃuː]
  the matter in hand / ce dont il est question
  the point at issue

BR the discussion cen-
tred on ... — la discussion portait
sur...

AM the discussion cente-
red on ...

to come* to the point — en venir au fait

to stick* to the point — rester dans le sujet

to digress [daɪˈgres] — s'éloigner du sujet

a digression [daɪˈgreʃən] — une digression

– A talk [tɔːk]
a conversation
[ˌkɒnvəˈseɪʃən] — un entretien

a discussion [dɪsˈkʌʃən] — une discussion

an interview [ˈɪntəvjuː] — une entrevue

a face-to-face encoun-
ter — un face-à-face

a debate on / about
[dɪˈbeɪt] — un débat sur / concernant

to debate sth with sb — débattre de qqch. avec
qqn

debatable [dɪˈbeɪtəbl] — discutable

– To negotiate sth / with sb
[nɪˈgəʊʃɪeɪt] — négocier qqch. / avec qqn

negotiations
[nɪˌgəʊʃɪˈeɪʃənz] — les négociations

to confer with sb / about
sth [kənˈfɜːʳ] — conférer avec qqn / sur
qqch.

a conference on sth
[ˈkɒnfrəns] — une conférence sur qqch.

a forum [ˈfɔːrəm] — une tribune (débat)

a panel [ˈpænl] — une tribune (participants)

– To contribute to
[kənˈtrɪbjuːt]
to take* part in — participer à

to intervene in [ˌɪntəˈviːn] — intervenir dans

an intervention
[ˌɪntəˈvenʃən] — une intervention

to interrupt [ˌɪntəˈrʌpt] — interrompre

an interruption
[ˌɪntəˈrʌpʃən] — une interruption

to butt in — s'immiscer dans la
conversation, mettre
son grain de sel

– A point of view — un point de vue

to exchange views on
sth — avoir un échange de
vues sur qqch.

an opinion on, of, about
[əˈpɪnjən]
a view about, on [vjuː] — une opinion sur, un avis
sur

to form an opinion — se faire une opinion

to share sb's view on
sth — partager l'opinion de
qqn sur qqch.

to hold* strong views
on sth
to hold* definite views
on sth — avoir des opinions bien
arrêtées sur qqch.

it's a matter of opinion — c'est une affaire
d'opinion

to have a good / bad
opinion of — avoir bonne / mauvaise
opinion de

to be of the opinion that
to hold* the view that — être d'avis que

to change one's mind
about sth, on sth
to have a change of
heart about sth — changer d'avis en ce qui
concerne qqch.

to change one's opi-
nion — changer d'opinion

– To believe sth / that
[bɪˈliːv] — croire qqch. / que

to consider that — considérer que

to have the impression
that — avoir l'impression que

to challenge sth — mettre qqch. en
question

a disagreement with sb
about sth — un désaccord avec qqn
au sujet de qqch.

to disagree with sb
about sth — être en désaccord avec
qqn au sujet de qqch.

to take* issue with sb
on sth — exprimer son désaccord
avec qqn sur qqch.

– To retort that [rɪˈtɔːt] — répliquer, rétorquer que

a retort — une réplique

to be good at repartee — avoir la repartie facile

an argument
[ˈɑːgjʊmənt] — un argument

to put* forward an
argument — avancer un argument

to argue that — arguer que

a compromise
[ˈkɒmprəmaɪz] — un compromis

to compromise on
to come* to a compro-
mise on — arriver à un compromis
sur

– Against [əˈgenst] — contre

BR in favour of
AM in favor of — en faveur de

for [fɔːʳ] — pour

the pros and cons (plur.) — le pour et le contre

to take* sides with sb
on sth / against sb
to side with sb on sth /
against sb — prendre parti pour qqn
pour qqch. / contre qqn

to change sides — changer de camp

– Intransigent [ɪnˈtrænsɪdʒənt]	intransigeant	– Let us suppose that … let us assume that …	supposons que…
uncompromising [ʌnˈkɒmprəmaɪzɪŋ]		you have a point there that is a valid point	ce que vous dites est juste
a noisy / heated discussion	une discussion bruyante / passionnée	first …, second …, last	d'abord…, ensuite…, enfin
secret [ˈsiːkrɪt]	secret	on the one hand … on the other hand	d'une part… d'autre part, d'un côté… de l'autre côté
behind closed doors	à huis clos		
		finally [ˈfaɪnəlɪ]	finalement
– What are your feelings about …?	Quel est votre sentiment sur… ?	and to summarize	en résumé donc
my personal opinion is …	personnellement je pense que…	basically [ˈbeɪsɪklɪ]	au fond
personally, I believe …		– I can't agree with that	je ne suis pas d'accord sur ce point
in my opinion … as I see it … to my mind …	à mon avis…	I beg to differ	permettez-moi de ne pas partager votre avis
from my point of view to my way of thinking	selon moi, d'après moi	you are utterly mistaken	vous vous trompez lourdement
as far as I am concerned …	quant à moi…	this is the wrong approach to the problem	ce n'est pas la bonne façon d'aborder le problème
it seems to me that …	il me semble que…	we take exception to your statement (soutenu)	nous trouvons blessante votre déclaration
I think that … my view is that …	je trouve que…	he will not hear of it	il ne veut pas en entendre parler
for my part, I …	pour ma part, je…	I couldn't get a word in edgeways	je n'ai pas pu placer un mot
it would appear that …	il semblerait que…		

■ 17. QUARRELLING LES DISPUTES

– A quarrel [ˈkwɒrəl]	une querelle, une dispute	provocative [prəˈvɒkətɪv]	provocateur
to pick a quarrel with sb	chercher querelle à qqn	to be in conflict with sb to conflict with sb [ˈkɒnflɪkt]	être en conflit avec qqn
to quarrel with sb about sth, over sth	se quereller avec qqn à propos de	to come* into conflict with sb	entrer en conflit avec qqn
a lovers' tiff	une querelle d'amoureux	– To speak* one's mind	dire ce que l'on pense
an argument [ˈɑːgjʊmənt]	une dispute	to have it out with sb (parlé)	s'expliquer avec qqn
a row [raʊ] (parlé)		to squabble [ˈskwɒbl] to bicker [ˈbɪkəʳ]	se chamailler
to have an argument with sb about sth to argue with sb / about sth [ˈɑːgjuː]	se disputer avec qqn à propos de qqch.	squabbles [ˈskwɒblz]	des chamailleries
to have a row with sb about sth (parlé)		to have a tiff with sb (parlé)	avoir une prise de bec avec qqn
		a misunderstanding [ˈmɪsʌndəˈstændɪŋ]	un malentendu
– To clash with sb over sth [klæʃ]	se heurter avec qqn à propos de qqch.	discord [ˈdɪskɔːd]	la discorde
a clash	un heurt	to be on bad terms with sb	être en mauvais termes avec qqn
to provoke sb	provoquer qqn	to fall* out with sb	se brouiller avec qqn
a provocation [ˌprɒvəˈkeɪʃən]	une provocation	to break* with sb	rompre avec qqn

– **Quarrelsome** ['kwɒrəlsəm]	querelleur	to **give*** sb a piece of one's mind (parlé)	dire ses quatre vérités à qqn
tense [tens]	tendu	No offence meant!	Soit dit sans vouloir vous vexer !
to be at daggers drawn with sb	être à couteaux tirés avec qqn		
a grievance ['griːvəns]	un grief	– **Reconciliation** [,rekənsɪlɪ'eɪʃən]	la réconciliation
antagonism [æn'tægənɪzəm]	l'antagonisme	to be reconciled	être réconcilié
an antagonist [æn'tægənɪst]	un(e) antagoniste	to **make*** it up with sb	se réconcilier avec qqn
– **To offend** [ə'fend]	offenser	to patch things up (parlé)	se raccommoder
BR to **take*** offence at sth AM to **take*** offense at sth	s'offenser de qqch.	to smooth things over	arranger les choses
to **hurt*** sb's feelings	blesser qqn, froisser qqn	to settle a quarrel / a dispute	régler une querelle / une dispute
		to bury the hatchet	enterrer la hache de guerre

■ 18. ELOQUENCE L'ÉLOQUENCE

– **Eloquence** ['eləkwəns]	l'éloquence	in short, it's too late	bref, c'est trop tard
eloquent ['eləkwənt]	éloquent	in a nutshell	en un mot
silver-tongued	à la langue déliée	laconic [lə'kɒnɪk] terse [tɜːs]	laconique
her command of the language	sa maîtrise de la langue	concise [kən'saɪs]	concis
to be articulate to express o.s. with ease	savoir s'exprimer	succinct [sək'sɪŋkt]	succinct
to express o.s. with difficulty	s'exprimer avec difficulté	– **Pompous** ['pɒmpəs]	pompeux
oratory ['ɒrətrɪ]	l'art oratoire	pedantry ['pedəntrɪ]	le pédantisme
an orator ['ɒrətə']	un(e) orateur (-trice)	pedantic [pɪ'dæntɪk]	pédant
to be a good / poor speaker	bien / mal parler, être un bon / mauvais orateur	verbose [vɜː'bəʊs] wordy ['wɜːdɪ]	verbeux
impassioned [ɪm'pæʃnd]	passionné	verbosity [vɜː'bɒsɪtɪ]	la verbosité
to have the gift of the gab (parlé)	avoir la langue bien pendue	incoherent [,ɪnkəʊ'hɪərənt]	incohérent
– **To put*** sth well / badly to phrase sth well / badly	bien / mal exprimer qqch.	incoherence [,ɪnkəʊ'hɪərəns]	l'incohérence
well-phrased	bien tourné	obscure [əb'skjʊə']	obscur
in other words	autrement dit		
it's only a figure of speech	c'est une façon de parler	– **To be inarticulate**	ne pas savoir s'exprimer
clear [klɪə']	clair	That's completely irrelevant!	Cela n'a strictement rien à voir !
to the point	pertinent	to talk nonsense	dire des bêtises
relevant ['reləvənt]		BR to talk rubbish (parlé) AM to talk garbage (parlé)	
coherent [kəʊ'hɪərənt]	cohérent	to **beat*** about the bush	tourner autour du pot
coherence [kəʊ'hɪərəns]	la cohérence	to dry (up) (parlé)	ne plus rien trouver à dire
– **Brief** [briːf]	bref	he was at a loss for words	il ne savait pas quoi dire
		he could not put it in words	il ne trouvait pas les mots pour l'exprimer

42 | ABSTRACT RELATIONSHIPS
| LES ABSTRACTIONS

■ 1. HABITS LES HABITUDES

- **A** habit ['hæbɪt] — une habitude
from habit — par habitude
out of habit
to be in the habit of doing — avoir l'habitude de faire, avoir pour habitude de faire
to have the habit of doing
to be used to sth/to doing sth — être habitué à qqch./à faire qqch.
I'm used to it — j'(en) ai l'habitude
to be accustomed to sth/to doing sth — être accoutumé à qqch./à faire qqch.
a custom ['kʌstəm] — une coutume
according to custom — selon la coutume
he used to do it — il le faisait (régulièrement dans le passé)

- **T**o get* used to sth/to doing sth — s'habituer à qqch./à faire qqch.
to get* accustomed to sth/to doing sth — s'accoutumer à qqch./à faire qqch.
to get* into the habit of doing sth — prendre l'habitude de faire qqch.
don't make a habit of it — ne prends pas cette habitude
to become* a habit — devenir une habitude
to do sth automatically — faire qqch. machinalement
a bad habit — une mauvaise habitude
to get* into bad habits — prendre de mauvaises habitudes

- **U**sual ['ju:ʒʋəl] — habituel
habitual [hə'bɪtjʋəl]
customary ['kʌstəmərɪ] — coutumier
usually ['ju:ʒʋəlɪ] — d'habitude, habituellement
as a rule
as usual — comme d'habitude
it's worse than usual — c'est pire que d'habitude

- **O**rdinary ['ɔ:dnrɪ] — ordinaire
ordinarily ['ɔ:dnrɪlɪ] — d'ordinaire
common(place) ['kɒmən(ˌpleɪs)] — courant
normal ['nɔ:məl] — normal
it's the norm — c'est la norme
it's standard practice
traditional [trə'dɪʃənl] — traditionnel
a tradition [trə'dɪʃən] — une tradition
it is a tradition that … — la tradition veut que…
the stock reply/reaction — la réponse/réaction classique

- **A**verage ['ævərɪdʒ] — moyen
the average — la moyenne
above/below average — au-dessus/au-dessous de la moyenne
regular ['regjʋlə'] — régulier
regularity [ˌregjʋ'lærɪtɪ] — la régularité

- **B**anal [bə'nɑ:l] — banal
common or garden
run-of-the-mill
banality [bə'nælɪtɪ] — la banalité
everyday ['evrɪdeɪ] — quotidien
common ['kɒmən] — commun
a commonplace — un lieu commun
humdrum ['hʌmdrʌm] — routinier
routine [ru:'ti:n] — la routine

- **F**amiliar [fə'mɪljə'] — familier
to familiarize o.s. with sth — se familiariser avec qqch.
to get* to know sth
to become* acquainted with sth
to know* sth well — bien connaître qqch., être familiarisé avec qqch.
to be familiar with sth

- **T**o happen ['hæpən] — arriver, se passer
to occur [ə'kɜ:']
to take* place — avoir lieu
often ['ɒfən] — souvent
always ['ɔ:lweɪz] — toujours
nearly always — presque toujours
almost always

- **U**nusual [ʌn'ju:ʒʋəl] — inhabituel
unaccustomed ['ʌnə'kʌstəmd]
to be unaccustomed to sth/to do sth — ne pas avoir l'habitude de qqch./de faire qqch.
to break* a habit — se débarrasser d'une habitude
to shake* off a habit
rare [rɛə'] — rare
rarely ['rɛəlɪ] — rarement
seldom ['seldəm]

- **N**ew [nju:] — nouveau, inédit
exceptional [ɪk'sepʃənl] — exceptionnel
it's unheard of — c'est du jamais vu
hardly ever — pratiquement jamais, pour ainsi dire jamais
almost never

- **S**pecial ['speʃəl] — spécial
remarkable [rɪ'mɑ:kəbl] — remarquable

extraordinary [ɪksˈtrɔːdnrɪ]	extraordinaire	peculiar [pɪˈkjuːlɪəʳ] odd [ɒd]	bizarre
original [əˈrɪdʒɪnl]	original	strange [streɪndʒ]	étrange
originality [əˌrɪdʒɪˈnælɪtɪ]	l'originalité	abnormal [æbˈnɔːməl]	anormal
out-of-the-ordinary	insolite	deviant [ˈdiːvɪənt]	déviant
− Curious [ˈkjʊərɪəs]	curieux	deviance from [ˈdiːvɪəns]	la déviance de

■ 2. CAUSE AND EFFECT LA CAUSE ET L'EFFET _____

− A cause of [kɔːz]	une cause de	− A consequence [ˈkɒnsɪkwəns]	une conséquence
to be the cause of sth	être la cause de qqch.	in consequence	en conséquence
to cause sth	causer qqch.	as a consequence of	en conséquence de
the reason for sth / doing sth [ˈriːzn]	la raison de qqch. / de faire qqch.	in consequence of	
to give* sb cause for sth / for doing sth	donner à qqn une raison pour qqch. / pour faire qqch.	consequently [ˈkɒnsɪkwəntlɪ] as a result	par conséquent
to be grounds for to be a reason for	constituer une raison pour	as a result of	par suite de
because [bɪˈkɒz]	parce que	to result from to arise* from	résulter de
because of	à cause de	to follow from	découler de, s'ensuivre de
− To lead* to sth	mener à qqch., conduire à qqch.		
to lead* sb to do sth	conduire qqn à faire qqch.	− An effect [ɪˈfekt]	un effet
to cause sb to do sth	amener qqn à faire qqch.	to have an effect on	avoir un effet sur
to impel sb to do sth	pousser qqn à faire	to have the effect of doing	avoir pour effet de faire
to incite sb to do sth	inciter qqn à faire	a side effect	un effet secondaire
incitement to [ɪnˈsaɪtmənt]	l'incitation à	a by-product [baɪˈprɒdʌkt]	
to contribute to(wards) sth	contribuer à qqch.	the aftermath of [ˈɑːftəˌmɑːθ] (sing.)	les répercussions de
to promote sth	promouvoir qqch.	the consequences [ˈkɒnsɪkwənsɪz] the aftereffects [ˈɑːftərɪˌfekts]	les suites
− The origin [ˈɒrɪdʒɪn]	l'origine		
to originate in	avoir pour origine		
the source [sɔːs]	la source		
to involve [ɪnˈvɒlv] to entail [ɪnˈteɪl]	impliquer	− The outcome [ˈaʊtkʌm]	le résultat, l'issue
to be responsible for	être responsable de	a result [rɪˈzʌlt]	un résultat
to bring* sth about to produce sth to provoke sth	provoquer qqch.	the end result of to result in the upshot was …	le résultat final de aboutir à bref, il en a résulté que…
to prompt sth to trigger sth	déclencher qqch.	hence [hens]	d'où
		therefore [ˈðɛəfɔːʳ]	donc

■ 3. CHANCE LE HASARD

– By chance	par hasard[1]
by accident	
as luck would have it	comme par hasard
to chance to do sth	faire qqch. par hasard
it was pure chance	c'était vraiment par hasard
at random	au hasard (prendre, choisir)
a random selection	une sélection faite au hasard
I happened to be there	il s'est trouvé que j'étais là (par hasard)
to leave* nothing to chance	ne rien laisser au hasard
just in case	à tout hasard
to draw* lots	tirer au sort
it's the luck of the draw	ce n'est qu'une question de chance

ATTENTION FAUX AMI **1 : a hazard = un danger, un risque**

– A coincidence [kəʊˈɪnsɪdəns]	une coïncidence
by coincidence	par coïncidence
to coincide *with* [ˌkəʊɪnˈsaɪd]	coïncider *avec*
to come* across	tomber sur (personne, document)
to come* upon	
to chance upon	tomber par hasard sur
accidental [ˌæksɪˈdentl]	accidentel
haphazard [ˌhæpˈhæzəd]	(fait) au petit bonheur, fait au hasard
fortuitous [fɔːˈtjuːɪtəs]	fortuit
a chance meeting / discovery	une rencontre / découverte fortuite
opportune [ˈɒpətjuːn]	opportun
inopportune [ɪnˈɒpətjuːn]	inopportun
(good) luck	la chance
a stroke of luck	un coup de chance
luckily [ˈlʌkɪlɪ]	par chance
Good luck!	Bonne chance !
to be lucky	avoir de la chance, être chanceux
to be fortunate	
if you're lucky enough to go there	si tu as la chance d'y aller
if you're fortunate enough to go there	
it's lucky that ...	c'est une chance que...
it's fortunate that ...	
auspicious [ɔːsˈpɪʃəs]	de bon augure
a lucky charm	un porte-bonheur

– Bad luck	la malchance
ill luck	
misfortune [mɪsˈfɔːtʃən] (soutenu)	
it was just his luck to do ...	il a eu la malchance de faire...
it was his misfortune to do ...	
unlucky [ʌnˈlʌkɪ]	malchanceux
Bad luck!	Pas de chance !
Hard luck!	
Tough luck! (parlé)	
unfortunate [ʌnˈfɔːtʃnɪt]	malencontreux
ominous [ˈɒmɪnəs]	de mauvais augure
to put* a brave face on it	faire contre mauvaise fortune bon cœur
That's life!	C'est la vie !
That's the way things are!	
AM That's the way the cookie crumbles! (parlé)	

– Destiny [ˈdestɪnɪ]	le destin
to be destined to do sth	être destiné à faire qqch.
fate [feɪt]	le sort
it was her destiny / fate to ...	le destin / le sort a voulu que...
fortune [ˈfɔːtʃən]	la fortune, le hasard

– An opportunity [ˌɒpəˈtjuːnɪtɪ]	une occasion, une opportunité
to have the opportunity of doing sth	avoir l'occasion de faire qqch.
to have the chance to do sth	
to give* sb the opportunity of doing sth	donner à qqn l'occasion de faire qqch.
to give* sb the chance to do sth	
to take* the opportunity to do sth	profiter de l'occasion pour faire qqch.
to take* the opportunity of doing sth	
to seize the opportunity of sth	saisir l'occasion de qqch.
to seize the chance of sth	
to stand* a chance of doing / of sth	avoir des chances de faire / de qqch.
there's a slight chance that ...	il y a une petite chance pour que...
in case ...	au cas où...
on the off-chance that ...	
I jumped at the opportunity	j'ai sauté sur l'occasion

■ 4. POSSIBILITY AND IMPOSSIBILITY LA POSSIBILITÉ ET L'IMPOSSIBILITÉ

– **Possible** ['pɒsəbl]	possible
it is possible to do/that	il est possible de faire/que
a possibility [,pɒsə'bɪlɪtɪ]	une possibilité
he may (well) do it	il se peut (bien) qu'il le fasse
he might do it	il se pourrait qu'il le fasse
perhaps [pə'hæps] possibly ['pɒsəblɪ] maybe ['meɪbiː]	peut-être
– **Probable** ['prɒbəbl] likely ['laɪklɪ]	probable
it is probable that it is likely that the chances are that	il est probable que
probably ['prɒbəblɪ]	probablement
a probability [,prɒbə'bɪlɪtɪ]	une probabilité
likelihood ['laɪklɪhʊd]	la probabilité
in all likelihood, it's been lost in all probability it's been lost the chances are that it's been lost	selon toute probabilité, il a été perdu

– **Conceivable** [kən'siːvəbl]	concevable
optional ['ɒpʃənl]	facultatif
feasible ['fiːzəbl]	faisable, réalisable
feasibility [,fiːzə'bɪlɪtɪ]	la faisabilité
viable ['vaɪəbl]	viable
viability [,vaɪə'bɪlɪtɪ]	la viabilité
potential [pə'tenʃəl]	potentiel
possible ['pɒsəbl]	éventuel
possibly ['pɒsəblɪ]	éventuellement[1]

ATTENTION FAUX AMI 1 : eventually = par la suite

– **Improbable** [ɪm'prɒbəbl] unlikely [ʌn'laɪklɪ]	improbable
in the unlikely event that …	dans le cas peu probable où…
improbability [ɪm,prɒbə'bɪlɪtɪ]	l'improbabilité
impossible [ɪm'pɒsəbl]	impossible
it is impossible to do/that	il est impossible de faire/que
it is impossible for us to do it	il nous est impossible de le faire

■ 5. OBLIGATION L'OBLIGATION

– **Necessary** ['nesɪsərɪ]	nécessaire
it is necessary to	il est nécessaire de
necessarily ['nesɪsərɪlɪ]	nécessairement
necessity [nɪ'sesɪtɪ]	la nécessité
to necessitate sth	nécessiter qqch.
indispensable [,ɪndɪs'pensəbl]	indispensable
essential [ɪ'senʃəl]	essentiel
imperative [ɪm'perətɪv]	impératif
– **Obligatory** [ɒ'blɪgətərɪ] compulsory [kəm'pʌlsərɪ]	obligatoire
an obligation [,ɒblɪ'geɪʃən]	une obligation
I find myself forced to …	je me vois dans l'obligation de…
to be obliged to do to have to do	être obligé de faire
you have got to do it	il faut que tu le fasses, tu dois le faire

you must do it	il faut (absolument) que tu le fasses, tu dois le faire
you don't have to do it you're not obliged to do it	vous n'êtes pas obligé de le faire
you must not do it	il ne faut pas que vous le fassiez
– **Unnecessary** [ʌn'nesɪsərɪ]	inutile, superflu
it's unnecessary for him to come	il n'est pas nécessaire qu'il vienne
Need you go? Do you need to go?	As-tu besoin d'y aller ?, Es-tu obligé d'y aller ?
you needn't do it you don't need to do it	vous n'avez pas besoin de le faire, vous n'êtes pas obligé de le faire
that needn't be the case	ce n'est pas nécessairement le cas
it can't be helped	on n'y peut rien

■ 6. CERTAINTY AND UNCERTAINTY LA CERTITUDE ET L'INCERTITUDE ___

– Certain ['sɜ:tən]	certain
to be certain about sth / that	être certain de qqch. / que
to be positive about sth / that	
sure [ʃʊəˈ]	sûr
surely ['ʃʊəlɪ]	sûrement
of course	bien sûr
doubtless ['daʊtlɪs]	sans doute
no doubt	
undoubtedly [ʌn'daʊtɪdlɪ]	sans aucun doute
– Undeniable [ˌʌndɪ'naɪəbl]	indéniable, incontestable
infallible [ɪn'fæləbl]	infaillible
unavoidable [ˌʌnə'vɔɪdəbl]	inévitable
inevitable [ɪn'evɪtəbl]	
– To guarantee sth / that	garantir qqch. / que
to assure sb of sth / that	assurer qqn de qqch. / que
to make* certain of sth / that	s'assurer de qqch. / que
to make* sure of sth / that	
to be assured of sth	être assuré de qqch.
to be convinced of sth / that	être convaincu de qqch. / que
a conviction [kən'vɪkʃən]	une conviction
a firm belief	
I'm convinced of it	j'en ai la conviction
to take* sth for granted	considérer qqch. comme allant de soi
– It goes* without saying that ...	il va sans dire que...
you can bet your life that ... (parlé)	je te parie tout ce que tu veux que...
AM you can bet your bottom dollar that ... (parlé)	
it is undeniable that ...	il est indéniable que...
there is no gainsaying that ...	
– To swear* that	jurer que
I could swear that ...	j'aurais juré que...
I could have sworn that ...	
I would stake my life on it	j'en mettrais ma main au feu

he is certain to refuse	il va certainement refu-
he is sure to refuse	ser
it is certain to rain	il va certainement pleu-
it is sure to rain	voir
it was bound to happen	ça devait arriver
– Uncertain [ʌn'sɜ:tn]	incertain (fait, succès)
doubtful ['daʊtfʊl]	
uncertain about	incertain de
unsure about ['ʌn'ʃʊəˈ]	
uncertainty [ʌn'sɜ:tntɪ]	l'incertitude
– Doubt [daʊt]	le doute
dubiety [dju:'baɪətɪ] (soutenu)	
to have doubts about	avoir des doutes sur
to have misgivings about	qqch.
to be dubious about	
to be in doubt about	être dans le doute à pro-
to be doubtful about	pos de
to cast* doubt on sth	mettre qqch. en doute
to question sth	
to express one's doubts about	émettre des doutes sur
to be assailed by doubts about	être assailli de doutes quant à
to be stricken with doubts about (soutenu)	être saisi de doutes quant à
to doubt sth / sb	douter de qqch. / qqn
to doubt if	douter que
to doubt whether	
doubtful ['daʊtfʊl]	dubitatif
dubious ['dju:bɪəs]	
doubtful	douteux (propreté, mœurs)
dubious	
– Suspicion [səs'pɪʃən]	le soupçon
to be under suspicion	faire l'objet de soupçons
to suspect sth / sb of sth	soupçonner qqch. / qqn de qqch.
suspicious [səs'pɪʃəs]	soupçonneux
suspiciousness [səs'pɪʃəsnɪs]	la suspicion
suspicious	suspect
shady ['ʃeɪdɪ]	louche (passé, individu)
– To query sb's motives / intentions	mettre en question les motifs / intentions de qqn
to express reservations about sth / sb	émettre des réserves sur qqch. / qqn

to wonder whether	se demander si
to wonder if	
I couldn't believe my eyes	je n'en croyais pas mes yeux
- BR **sceptical** ['skeptɪkl]	sceptique
AM **skeptical**	
BR **a sceptic** ['skeptɪk]	un(e) sceptique
AM **a skeptic**	
BR **scepticism** ['skeptɪsɪzəm]	le scepticisme
AM **skepticism**	
cynical ['sɪnɪkəl]	cynique
a cynic ['sɪnɪk]	un(e) cynique

cynicism ['sɪnɪsɪzəm]	le cynisme
- **I have my doubts!**	J'en doute fort !
there is some doubt about what actually happened	on ne sait pas exactement ce qui s'est produit
I cannot say for certain	je ne peux rien affirmer
I cannot say for sure	
there is room for doubt	il est permis de douter
nobody doubts that ...	il est hors de doute que...
there can be no doubt that ...	
no doubt he will refuse/arrive	sans doute va-t-il refuser/arriver

■ 7. TRUTH AND FALSEHOOD LE VRAI ET LE FAUX

- **True** [tru:]	vrai (fait, personnage)
it is true that ...	il est vrai que...
truly ['tru:lɪ]	vraiment
the truth [tru:θ]	la vérité
the truth of the matter is ...	la vérité est que...
to speak* the truth	dire la vérité
to tell* the truth	
to be truthful	
to tell* the truth, we ...	à vrai dire, nous...
to tell* (you) the truth, I ...	pour tout vous dire, je...
- **Real** [rɪəl]	vrai, réel (cheveux)
reality [ri:'ælɪtɪ]	la réalité
in reality	en réalité
genuine ['dʒenjʊɪn]	vrai, authentique (œuvre d'art)
authentic [ɔ:'θentɪk]	
genuine	vrai, authentique (sentiments)
genuineness ['dʒenjʊɪnɪs]	l'authenticité
authenticity [ˌɔ:θen'tɪsɪtɪ]	
- **A fact** [fækt]	un fait
factual ['fæktjʊəl]	factuel
in (actual) fact	en fait
as a matter of fact	
actually ['æktjʊəlɪ]	
to be right about	avoir raison à propos de
that's right	c'est juste
to prove sb right	donner raison à qqn (fait)
- **False** [fɔ:ls]	faux (mensonger)
untrue [ʌn'tru:]	

false	faux (inexact)
wrong [rɒŋ]	
false	faux (dent, nez)
forged	faux (argent, billet, document, signature)
fake [feɪk]	
false	
bogus ['bəʊgəs]	faux (spécialiste, médecin)
sham [ʃæm]	
false	faux (nom)
phoney ['fəʊnɪ] (parlé)	
a fake	un faux
- **To imitate sth/sb**	imiter qqch./qqn
an imitation [ˌɪmɪ'teɪʃən]	une imitation
in imitation leather/silk	en imitation cuir/soie
to simulate ['sɪmjʊleɪt]	simuler
simulation [ˌsɪmjʊ'leɪʃən]	la simulation
- **Fallacious** [fə'leɪʃəs] (soutenu)	fallacieux
a fallacy ['fæləsɪ]	une illusion, une erreur
so-called ['səʊkɔ:ld]	soi-disant
fictitious [fɪk'tɪʃəs]	fictif
to feign sth	feindre qqch.
to pretend to do	faire semblant de faire
supposedly [sə'pəʊzɪdlɪ]	prétendument
alledgedly [ə'ledʒɪdlɪ]	
- **To be wrong**	avoir tort
to prove sb wrong	donner tort à qqn
a mistake [mɪs'teɪk]	une erreur, une faute
an error ['erəˈ]	
erroneous [ɪ'rəʊnɪəs]	erroné
to make* a mistake	faire une erreur
to make* an error	

to be mistaken	se tromper, être dans l'erreur	a fib [fɪb] (parlé)	un bobard
to get* sth wrong	se tromper sur qqch.	to lie*¹ [laɪ]	mentir
– To deceive sb	tromper qqn, duper qqn	to lie* through one's teeth (parlé)	mentir comme un arracheur de dents
deceit [dɪ'siːt]	la tromperie, la duperie	to fib [fɪb] (parlé)	raconter des bobards
deceitful [dɪ'siːtfʊl]	trompeur	a liar ['laɪəʳ]	un(e) menteur (-euse)
a lie [laɪ]	un mensonge	a compulsive liar	un(e) mythomane
a white lie	un pieux mensonge		
untruthful	mensonger		

> REMARQUE 1 : Participe présent **lying**

■ 8. USEFULNESS AND USELESSNESS L'UTILE ET L'INUTILE

– Useful ['juːsfʊl]	utile	effective [ɪ'fektɪv]	efficace (mesure)
indispensable [ɪndɪs'pensəbl]	indispensable	effectiveness [ɪ'fektɪvnɪs]	l'efficacité
helpful ['helpfʊl]	d'une aide précieuse	– Functional ['fʌŋkʃnəl]	fonctionnel
usefulness ['juːsfʊlnɪs]	l'utilité	appropriate [ə'prəʊprɪɪt]	approprié
to be of use to sb/as sth	être utile à qqn/comme qqch.	to be ideally suited to sth	convenir parfaitement à qqch.
to be of great/some use to sb/as sth	être très/assez utile à qqn/comme qqch.	I could do with ...	cela m'arrangerait bien d'avoir...
to make* o.s. useful	se rendre utile	it's just what I needed	c'est exactement ce qu'il me fallait
to stand* sb in good stead	rendre service à qqn (objet, conseil)	it's adequate	ça fera l'affaire
		it's relevant to my needs	c'est bien adapté à mes besoins
– To use sth as sth/to do	utiliser qqch. comme qqch./pour faire		
to make* use of sth as sth/to do		– Useless ['juːslɪs]	inutile
to utilize sth as sth/to do (soutenu)		to be (of) no use to sb	être inutile à qqn
us(e)able ['juːzəbl]	utilisable	I can't see the use of it	je n'en vois pas l'utilité
the use of	l'usage de, l'utilisation de	superfluous [sʊ'pɜːfluəs]	superflu
		futile ['fjuːtaɪl]	futile
to have the use of sth	avoir le droit d'utiliser qqch., avoir l'usage de qqch.	futility [fjuː'tɪlɪtɪ]	la futilité
		to be in use/out of use	être/ne plus être utilisé
of some use	assez utile	inefficient [ˌɪnɪ'fɪʃənt]	inefficace
		inefficiency [ɪnɪ'fɪʃənsɪ]	l'inefficacité
– Handy ['hændɪ]	commode, pratique (instrument)	to misuse sth	mal utiliser qqch.
practical ['præktɪkəl]			
practical	commode, pratique (solution, vêtement)	– Vain [veɪn]	vain, illusoire
		in vain	en vain
convenient [kən'viːnɪənt]	commode (emplacement, emploi du temps)	vainly ['veɪnlɪ]	
		What's the use of ...?	À quoi sert...?
efficient [ɪ'fɪʃənt]	efficace (personne, machine)	What's the point of (doing) that?	Pour quoi faire ?
efficiency [ɪ'fɪʃənsɪ]	l'efficacité	it's no use doing	ça ne sert à rien de faire
		it's no good doing (parlé)	

■ 9. BELONGING AND OWNERSHIP L'APPARTENANCE ET LA POSSESSION

– **My** [maɪ] — mon, ma, mes
mine [maɪn] — le(s) mien(s), la mienne, les miennes
your [jʊəʳ] — ton, ta, tes, votre, vos
yours [jʊəz] — le(s) tien(s), la tienne, les tiennes, le(s) vôtre(s), la vôtre
his [hɪz] — son, sa, ses (d'un homme)
his [hɪz] — le(s) sien(s), la sienne, les siennes
her [hɜːʳ] — son, sa, ses (d'une femme)
hers [hɜːz] — le(s) sien(s), la sienne, les siennes
its [ɪts] — son, sa, ses (d'un animal ou d'une chose)
our ['aʊəʳ] — notre
ours ['aʊəz] — le(s) nôtre(s), la nôtre
their [ðɛəʳ] — leur(s)
theirs [ðɛəz] — le(s) leur(s), la leur
it's mine/theirs — c'est à moi/à eux

– **To have** [hæv] — avoir
my/his own book — mon/son livre (personnel)
to own sth
to possess sth — posséder qqch.
to be in possession of sth — être en possession de qqch.
in my/his possession — en ma/sa possession
possessions [pə'zeʃənz] — les possessions
the owner ['əʊnəʳ] — le (la) propriétaire
ownership ['əʊnəʃɪp] — la propriété (droit)
possessive about [pə'zesɪv] — possessif envers

– **To belong to sb** — appartenir à qqn
it belongs to me
it's my property — cela m'appartient
his belongings
his things (parlé)
his stuff (n. c. sing.) (parlé)
his gear (n. c. sing.) (parlé) — ses affaires personnelles
Have you got any?
Do you have any? — En avez-vous ?
Have you got one?
Do you have one? — En avez-vous un ?

– **To obtain sth from sb**
to get*¹ sth from sb — obtenir qqch. de qqn
to take* sth from sb — prendre qqch. à qqn
to take* sth away from sb — enlever qqch. à qqn
to gain sth — gagner qqch.
to acquire sth — acquérir qqch.
acquisition [ˌækwɪ'zɪʃən] — l'acquisition
to find* sth — trouver qqch.
to come* across sth
to come* by sth
to receive sth — recevoir qqch.

> REMARQUE 1 : Participe passé AM **gotten**

– **To keep* sth** — garder qqch.
to hang* on to sth (parlé)
to hold* on to sth (parlé)
to retain sth — conserver qqch.
a store [stɔːʳ] — une réserve
to have sth in store — avoir qqch. en réserve

– **To give* sb sth**
to give* sth to sb — donner qqch. à qqn
to hand sth over to sb — remettre qqch. à qqn
to provide sb with sth
to provide sth for sb — fournir qqch. à qqn
the provision of — la fourniture de
to share sth out among — partager qqch. entre
to share sth with sb — partager qqch. avec qqn
one's share of sth — sa part de qqch.
to hand sth out
to distribute sth — distribuer qqch.

– **To throw* sth away**
to throw* sth out — jeter qqch.
to dispose of sth
to get* rid of sth — se débarrasser de qqch., se défaire de qqch.
to rid* sb/sth of sb/sth — débarrasser qqn/qqch. de qqn/qqch.
Good riddance! — Bon débarras !
to abandon sth to sb
to surrender sth to sb (soutenu) — abandonner qqch. à qqn
to give* sth up — renoncer à qqch.

■ **10. INCLUSION AND EXCLUSION** L'INCLUSION ET L'EXCLUSION _____

– To include sth/sb *in* — inclure qqch./qqn *dans*
inclusion [ɪnˈkluːʒən] — l'inclusion
inclusive [ɪnˈkluːsɪv] — inclus
from Monday to Thursday inclusive — du lundi au jeudi inclus
AM Monday thru Thursday
service is/is not included — le service est/n'est pas compris
all-inclusive [ˌɔːlɪnˈkluːsɪv] — tout compris
including him — y compris lui, lui inclus
him included
not including the cost of ... — sans compter le coût de...
not counting those whom ... — sans compter ceux qui...
to integrate sth/sb *in* — intégrer qqch./qqn *dans*
integration — l'intégration

– To constitute [ˈkɒnstɪtjuːt] — constituer
constitution [ˌkɒnstɪˈtjuːʃən] — la constitution
to comprise [kəmˈpraɪz] — comprendre
to consist of sth — consister en qqch., être composé de qqch.
to be composed of sth
composition [ˌkɒmpəˈzɪʃən] — la composition
a part [pɑːt] — une partie
to form part of — faire partie de
to be part of

– To contain [kənˈteɪn] — contenir
to hold* [həʊld]
the content [kənˈtent] — le contenu (d'un texte)

the contents (plur.) — le contenu (d'un dossier, d'un récipient)
total [ˈtəʊtl] — total
complete [kəmˈpliːt] — complet
the whole [həʊl] — le tout, l'ensemble
the totality [təʊˈtælɪtɪ] — la totalité

– To exclude *from* — exclure *de*
[ɪksˈkluːd]
exclusion [ɪksˈkluːʒən] — l'exclusion
to except sb/sth *from* — excepter qqn/qqch. *de*
except(ing) him — excepté lui, sauf lui
him excepted
except that — excepté que
to make* an exception *for* — faire une exception *pour*
with the exception of — à l'exception de
without exception — sans exception
all but him/this one — tous sauf lui/celui-ci

– To omit [əʊˈmɪt] — omettre
an omission [əʊˈmɪʃən] — une omission
to remove sth *from* — enlever qqch. *de*
to take* sth out *of* — enlever qqch. *de*, retirer qqch. *de*
to reject sth/sb — rejeter qqch./qqn
rejection [rɪˈdʒekʃən] — le rejet
to isolate [ˈaɪsəʊleɪt] — isoler
isolation [ˌaɪsəʊˈleɪʃən] — l'isolement
to separate sb from — séparer qqn de
to segregate sb from
segregation [ˌsegrɪˈgeɪʃən] — la ségrégation

■ **11. RESEMBLANCE AND DIFFERENCE** LA RESSEMBLANCE ET LA DIFFÉRENCE _____

– Resemblance [rɪˈzembləns] — la ressemblance (physique)
likeness [ˈlaɪknɪs]
to see* a resemblance *between* — trouver une ressemblance *entre*
to resemble sb/sth — ressembler à qqn/qqch.
to be like sb/sth — être comme qqn/qqch.
to be alike — se ressembler, être semblable
they are like two peas in a pod — ils se ressemblent comme deux gouttes d'eau

– Similar *to* [ˈsɪmɪləʳ] — similaire *à*
a similarity [ˌsɪmɪˈlærɪtɪ] — une similarité
identical *to* [aɪˈdentɪkəl] — identique *à*
identity [aɪˈdentɪtɪ] — l'identité
analogous *to* [əˈnæləgəs] — analogue *à*
an analogy [əˈnælədʒɪ] — une analogie
the same [seɪm] — le même
it's the same book — c'est le même livre
it's the same as that one — c'est le même que celui-là
– Equal [ˈiːkwəl] — égal

A and B are equal	A et B sont égaux	– **R**ival ['raɪvəl]	rival
A is equal to B	A est égal à B	a rival ['raɪvəl]	un(e) rival(e)
equally ['iːkwəlɪ]	également	to rival sb	rivaliser avec qqn
equality [ɪ'kwɒlɪtɪ]	l'égalité	unrivalled [ʌn'raɪvəld]	sans rival
to equal ['iːkwəl]	égaler	unparalleled [ʌn'pærəleld]	sans égal

– **I**ndistinguishable *from* [,ɪndɪs'tɪŋgwɪʃəbl]	indifférenciable *de*	they have nothing in common	ils n'ont rien de commun
I can't tell them apart	je ne peux pas les distinguer l'un de l'autre	they are quite unlike each other	
to be reminiscent of to recall	faire penser à, rappeler	– **A** comparison [kəm'pærɪsn]	une comparaison
summer and winter alike	été comme hiver	to make* a comparison *between*	établir une comparaison *entre*
to liken sth/sb to	assimiler qqch./qqn à	to draw* a comparison *between*	

– **D**ifferent *from* ['dɪfrənt] different *to*	différent *de*	in comparison with	en comparaison de
to be unlike sth/sb	être différent de qqch./ qqn	to compare A to B	comparer A à B
differently ['dɪfrəntlɪ]	différemment	to compare A with B	comparer A et B
to differ *from sb/in sth* ['dɪfəʳ]	différer *de qqn/en qqch.*	compared with compared to (parlé)	comparé à, comparé avec
to differentiate *A from B, between A and B*	faire la différence *entre A et B*	comparative literature/ sociology	la littérature/la sociologie comparée
differentiation [,dɪfərenʃɪ'eɪʃən]	la différenciation	comparative [kəm'pærətɪv]	comparatif
the distinction *between* [dɪs'tɪŋkʃən]	la distinction *entre*	comparatively [kəm'pærətɪvlɪ]	comparativement
to make* a distinction *between*	faire une distinction *entre*	– **A**s … as	aussi… que
to distinguish *A from B* [dɪs'tɪŋgwɪʃ]	distinguer *A de B*	as big/good as …	aussi grand/bon que…
to distinguish between	distinguer entre	not as big/good as … not so big/good as …	pas aussi grand/bon que…
discrimination [dɪs,krɪmɪ'neɪʃən]	la discrimination	– **M**ore … than	plus… que (avec adj. et adv. longs)
to discriminate *against/ in favour of* [dɪs'krɪmɪneɪt]	établir une discrimination *contre/en faveur de*	more intelligent/interesting than …	plus intelligent/intéressant que…
		bigger/smaller than …	plus grand/plus petit que…
– **T**he contrast *between* ['kɒntrɑːst]	le contraste *entre*	better/worse than …	meilleur/pire que…
in contrast to	en contraste avec	the most [məʊst]	le plus (suivi d'un adj. long)
to contrast two things	opposer deux choses	the most intelligent (of all)	le plus intelligent (de tous)
contrasting [kən'trɑːstɪŋ]	contrasté	the more interesting of the two	le plus intéressant des deux
opposite ['ɒpəzɪt]	opposé		
as opposed to as distinct from	par opposition à	– **L**ess … than	moins… que
the opposite of	le contraire de	less intelligent/rapidly than …	moins intelligent/rapidement que…
dissimilar ['dɪ'sɪmɪləʳ]	dissemblable		

not as small/far as ...	pas aussi petit/loin que...	the least intelligent (of all)	le moins intelligent (de tous)
the least [li:st]	le moins	the less interesting of the two	le moins intéressant des deux

REMARQUES

1. Le comparatif de supériorité des adjectifs courts (de moins de trois syllabes) se forme en ajoutant -er, sauf si cet adjectif se termine déjà par un -e; ex. :
short = court, shorter = plus court
close = près, closer = plus près.

2. Le superlatif des adjectifs courts (de moins de trois syllabes) se forme en ajoutant -est, sauf si cet adjectif se termine déjà par un -e; ex. :
small = petit, the smallest = le plus petit
white = blanc, the whitest = le plus blanc.

3. L'anglais emploie la forme du comparatif de supériorité lorsque seulement deux éléments sont comparés ; ex. : he is the younger of the two = c'est le plus jeune des deux.

4. Les adjectifs de deux syllabes se terminant par -er, -ow, -le et -y ainsi que certains adjectifs tels que common, polite, pleasant sont considérés comme étant soit longs soit courts. Ainsi les formes more shallow ou shallower, the most common ou the commonest sont également acceptables.

5. Attention au redoublement de la consonne finale au comparatif et au superlatif ; ex. :
big, bigger, the biggest
red, redder, the reddest.

6. Certains adjectifs ont des comparatifs et des superlatifs irréguliers ; ex. :
good, better, the best
bad, worse, the worst
far, further (ou farther), furthest (ou farthest)
old, older (ou elder), oldest (ou eldest).

■ 1. ARTISTIC ACTIVITY L'ACTIVITÉ ARTISTIQUE

- **Art** [ɑːt] — l'art
  the fine arts — les beaux-arts
  the visual arts — les arts plastiques
  aesthetic [iːsˈθetɪk] — esthétique
  aesthetics [iːsˈθetɪks] (sing.) — l'esthétique

- **An artist** [ˈɑːtɪst] — un(e) artiste
  artistic [ɑːˈtɪstɪk] — artiste (personne)
  artistic — artistique
  artistically [ɑːˈtɪstɪkəlɪ] — artistiquement
  an art form — un moyen d'expression artistique
  creative [kriːˈeɪtɪv] — créatif
  creativity [ˌkriːeɪˈtɪvɪtɪ] — la créativité
  inspiration [ˌɪnspəˈreɪʃən] — l'inspiration
  to be inspired by sth / sb — être inspiré par qqch. / qqn

- **A work** [wɜːk] — une œuvre
  a work of art — une œuvre d'art
  a composition [ˌkɒmpəˈzɪʃən] — une composition
  a masterpiece [ˈmɑːstəˈpiːs] — un chef-d'œuvre

- **Handicraft** [ˈhændɪkrɑːft] — l'artisanat (activité)
  handicrafts [ˈhændɪkrɑːfts] — les objets artisanaux
  a craftsman (fém. craftswoman) [ˈkrɑːftsmən] — un artisan
  craftsmanship [ˈkrɑːftsmənʃɪp] — le travail, la facture
  a superb piece of craftsmanship — une pièce de superbe facture

- **An art school** / an art college — une école des beaux-arts
  to study art / to go* to an art school — ≈ faire les beaux-arts
  an academy [əˈkædəmɪ] / a school [skuːl] — une académie, un conservatoire

- **A patron** [ˈpeɪtrən] — un mécène
  patronage [ˈpætrənɪdʒ] — le mécénat
  an exhibition [ˌeksɪˈbɪʃən] — une exposition
  to exhibit one's paintings / sculptures — exposer ses tableaux / ses sculptures
  a preview [ˈpriːvjuː] — un vernissage
  a retrospective [ˌretrəʊˈspektɪv] — une rétrospective

- **An art critic** — un critique d'art
  a museum [mjuːˈzɪəm] — un musée (en général)
  an art gallery — un musée (d'art), une galerie d'art
  a picture gallery — une galerie de tableaux
  a curator [kjʊəˈreɪtəʳ] — un(e) conservateur (-trice)
  an attendant [əˈtendənt] — un(e) gardien(ne)

- **To value sth** — évaluer qqch., expertiser qqch.
  an auctioneer [ˌɔːkʃəˈnɪəʳ] — un commissaire-priseur
  an auction (sale) — une vente aux enchères
  to put* sth up for auction — mettre qqch. aux enchères
  to be put up for auction / to come* under the hammer — être mis aux enchères
  Going, going, gone! — Une fois, deux fois, trois fois, adjugé, vendu !

■ 2. PAINTING LA PEINTURE

- **Paint** [peɪnt] — la peinture (substance)
  oil (paint) — la peinture à l'huile (substance)
  oil painting / painting in oils — la peinture à l'huile (activité)
  an oil (painting) — une peinture à l'huile
  to paint [peɪnt] — peindre
  to paint in oils — peindre à l'huile

- BR **watercolours** [ˈwɔːtəˈkʌləz] / AM **watercolors** — l'aquarelle (technique)

  BR **a watercolour (painting)** / AM **a watercolor (painting)** — une aquarelle (œuvre)
  gouache [ɡʊˈɑːʃ] / poster paint — la gouache
  a gouache — une gouache
  acrylic [əˈkrɪlɪk] — acrylique
  pigment [ˈpɪɡmənt] — le pigment
  tempera [ˈtempərə] — la détrempe
  a tempera painting — une détrempe
  BR a (colour) wash / AM a (color) wash — un lavis

stained glass	le verre coloré
a stained glass window	un vitrail
– **A** canvas [ˈkænvəs]	une toile
an easel [ˈiːzl]	un chevalet
a brush [brʌʃ]	un pinceau, une brosse
a palette [ˈpælɪt]	une palette
a paintbox [ˈpeɪntbɒks]	une boîte de couleurs
– **To** depict sth	représenter qqch.
to represent sth	
to apply paint on	appliquer de la peinture sur
to lay* on paint	étaler de la peinture
to mix [mɪks]	mélanger
paste [peɪst]	la pâte
a brush stroke	un trait de pinceau
a touch [tʌtʃ]	une touche
the outline [ˈaʊtlaɪn]	le contour
highlights [ˈhaɪlaɪts]	les rehauts
to stand* out against sth	se découper sur qqch.
the background [ˈbækgraʊnd]	le fond, l'arrière-plan
the foreground [ˈfɔːgraʊnd]	le premier plan
perspective [pəˈspektɪv]	la perspective
– BR a colour [ˈkʌləʳ] AM a color	une couleur
BR to colour sth red / blue AM to color sth red / blue	colorer qqch. en rouge / en bleu
with red as the dominant colour	avec une dominante de rouge
a tone [təʊn]	un ton
a shade [ʃeɪd]	une teinte
a hue [hjuː]	
a tint [tɪnt]	
chiaroscuro [kɪˌɑːrəsˈkʊərəʊ]	le clair-obscur
– **Flake** white	le blanc de céruse
zinc white	le blanc de zinc
cadmium yellow	le jaune de cadmium

yellow ochre	le jaune d'ocre
vermilion [vəˈmɪljən]	le vermillon
crimson [ˈkrɪmzn]	le carmin
burnt umber	la terre d'ombre brûlée
sienna [sɪˈenə]	terre de Sienne
viridian [vɪˈrɪdɪən]	le vert émeraude
ultramarine [ˌʌltrəməˈriːn]	le bleu outremer
cobalt blue	le bleu de cobalt
Prussian blue	le bleu de Prusse
a monochrome [ˈmɒnəkrəʊm]	un camaïeu
in blue monochrome	en camaïeu de bleu
– **A** view [vjuː]	une vue
a scene [siːn]	une scène
a landscape [ˈlænskeɪp]	un paysage
a seascape [ˈsiːskeɪp]	une marine
a still life	une nature morte
a portrait [ˈpɔːtrɪt]	un portrait
the Mona Lisa	la Joconde
a nude [njuːd]	un nu
– **A** miniature [ˈmɪnɪtʃəʳ]	une miniature
an icon [ˈaɪkɒn]	une icône
a collage [kɒˈlɑːʒ]	un collage
a fresco [ˈfreskəʊ] (plur. frescoes)	une fresque
a mural [ˈmjʊərəl]	une peinture murale
an altar piece	un retable
a triptych [ˈtrɪptɪk]	un triptyque
a trompe l'œil	un trompe-l'œil
– **To** pose for a painter	poser pour un peintre
to sit* for a painter	
to model for a painter	
varnish [ˈvɑːnɪʃ]	le vernis
to varnish	vernisser
a frame [freɪm]	un cadre
to frame a painting	encadrer un tableau
a studio [ˈstjuːdɪəʊ]	un atelier

■ 3. SCULPTURE LA SCULPTURE

– **A** sculpture [ˈskʌlptʃəʳ]	une sculpture
a sculptor [ˈskʌlptəʳ] (fém. sculptress)	un sculpteur
to sculpt [skʌlp(t)]	sculpter (en général)
to sculpt in marble	sculpter dans le marbre

to sculpt a statue out of marble	sculpter une statue dans du marbre
– **To** carve [kɑːv]	sculpter (dans du bois)
a carved figure / door	une figure / porte sculptée

a wood-carving	une sculpture en bois
to cast* sth *in*	mouler qqch. *dans*
to model ['mɒdl]	modeler (statue, glaise)
to fashion ['fæʃən]	
to emboss [ɪm'bɒs]	estamper
– Marble ['mɑːbl]	le marbre
a marble	un marbre
bronze [brɒnz]	le bronze
a bronze	un bronze
clay [kleɪ]	l'argile, la glaise
plaster ['plɑːstəʳ]	le plâtre
terracotta ['terə'kɒtə]	la terre cuite
wax [wæks]	la cire
– A mallet ['mælɪt]	un maillet
a chisel ['tʃɪzl]	un ciseau

to chisel	ciseler
stonecutting	la taille de la pierre
['stəʊnˌkʌtɪŋ]	
to polish ['pɒlɪʃ]	polir
– A statue ['stætjuː]	une statue
a statuette [ˌstætjʊ'et]	une statuette
a figurine [ˌfɪgə'riːn]	une figurine
a bust [bʌst]	un buste
a medallion [mɪ'dæljən]	un médaillon
a cameo ['kæmɪəʊ]	un camée
(plur. cameoes)	
a monument	un monument
['mɒnjʊmənt]	
relief [rɪ'liːf]	le relief
high/low relief	le haut/bas relief

■ 4. DRAWING AND ENGRAVING LE DESSIN ET LA GRAVURE

– To draw* [drɔː]	dessiner
an artist ['ɑːtɪst]	un dessinateur, une dessinatrice
a drawing ['drɔːɪŋ]	un dessin
drawing paper	le papier à dessin
a sketchbook ['sketʃbʊk]	un cahier à dessins
a drawing board	une table à dessin
tracing paper	le papier calque
to trace sth	décalquer qqch.
– A pencil ['pensl]	un crayon
in pencil	au crayon
a crayon ['kreən]	un crayon de couleur
to crayon sth	colorier qqch. au crayon
charcoal ['tʃɑːkəʊl]	le fusain
a pencil/charcoal drawing	un dessin au crayon/au fusain
pastel ['pæstəl]	le pastel
a pastel (drawing)	un pastel
chalk [tʃɔːk]	la craie
China ink	l'encre de Chine
a pen-and-ink drawing	un dessin à la plume
a stencil ['stensl]	un pochoir
to stencil sth	peindre au pochoir
– To illustrate ['ɪləstreɪt]	illustrer
an illustration	une illustration
[ˌɪləs'treɪʃən]	
to draw* [drɔː]	tracer (forme, trait)
a rough outline	une ébauche

a sketch [sketʃ]	un croquis, une esquisse
to sketch	faire un croquis (de), faire une esquisse (de)
to draw* freehand	dessiner à main levée
– To hatch [hætʃ]	hachurer
hatching ['hætʃɪŋ]	des hachures
(n. c. sing.)	
hachures [hæ'ʃjʊəz]	
to shade (in)	ombrer (dessin)
to doodle ['duːdl]	griffonner (machinalement)
a doodle	un griffonnage
a cartoon [kɑː'tuːn]	un dessin humoristique
a cartoonist [ˌkɑː'tuːnɪst]	un dessinateur humoristique
a caricature ['kærɪkətjʊəʳ]	une caricature
– To engrave [ɪn'greɪv]	graver
to etch [etʃ]	graver à l'eau forte
a print [prɪnt]	une gravure
an engraving [ɪn'greɪvɪŋ]	
an etching ['etʃɪŋ]	une (gravure à l') eau forte
an intaglio engraving	une gravure en creux
a woodcut ['wʊdkʌt]	une gravure sur bois
a wood engraving	
lithography [lɪ'θɒgrəfɪ]	la lithographie
a lithograph	une lithographie
to reproduce	reproduire
[ˌriːprə'djuːs]	

■ 5. MUSIC LA MUSIQUE

− A work [wɜːk]	une œuvre
a piece (of music)	un morceau (de musique)
a number ['nʌmbəʳ]	un morceau (de musique de variétés)
a tune [tjuːn]	un air
to the tune of	sur l'air de
a melody ['melədɪ]	une mélodie
melodious [mɪ'ləʊdɪəs]	mélodieux
a theme [θiːm]	un thème
− To sing*/to play in tune	chanter/jouer juste
to sing*/to play in key	
to sing*/to play out of tune	chanter/jouer faux
it is flat	c'est faux (voix, instrument)
the note was a little sharp	la note était un peu trop haute
to have a good ear (for music)	avoir de l'oreille
to have no ear for music	ne pas avoir d'oreille
to tune an instrument	accorder un instrument
to be in tune	être accordé
to be out of tune	être désaccordé
− An octave ['ɒktɪv]	une octave
a note [nəʊt]	une note
C [siː]	do
D [diː]	ré
E [iː]	mi
F [ef]	fa
G [dʒiː]	sol
A [eɪ]	la
B [biː]	si
− A key [kiː]	un ton
the major/minor key	le ton majeur/mineur
in (the key of) G	en sol
a change [tʃeɪndʒ]	une altération
E sharp	mi dièse
E flat	mi bémol
− A bar [baːʳ]	une mesure
a stave [steɪv]	une portée
a staff [staːf]	
a clef [klef]	une clé
bass clef	la clé de fa
F clef	

treble clef	la clé de sol
G clef	
alto clef	la clé d'ut
C clef	
a scale [skeɪl]	une gamme
BR to practise scales	faire des gammes
AM to practice scales	
− Rhythm ['rɪðəm]	le rythme
a beat [biːt]	un temps
off the beat	à contretemps
to keep* time	rester en mesure
the tempo ['tempəʊ]	le tempo
− Classical music	la musique classique
symphonic music	la musique symphonique
orchestral music	la musique orchestrale
instrumental music	la musique instrumentale
chamber music	la musique de chambre
jazz [dʒæz]	le jazz
ragtime ['rægtaɪm]	le ragtime
swing [swɪŋ]	le swing
pop (music)	la musique pop
rock (and roll)	le rock (and roll)
folk (music)	la musique folklorique
country and western	la musique country
reggae ['regeɪ]	le reggae
rap [ræp]	le rap
− A symphony ['sɪmfənɪ]	une symphonie
a concerto [kən'tʃɛətəʊ]	un concerto
the overture to ['əʊvətjʊəʳ]	l'ouverture de
a prelude ['preljuːd]	un prélude
a movement ['muːvmənt]	un mouvement
variations on a theme of	des variations sur un thème de
a sonata [sə'naːtə]	une sonate
a requiem ['rekwɪem]	un requiem
a duet [djuː'et]	un duo
a study ['stʌdɪ]	une étude
a fugue [fjuːg]	une fugue
an oratorio [ˌɒrə'tɔːrɪəʊ]	un oratorio
the national anthem	l'hymne national
a hymn [hɪm]	un hymne

a military/wedding/ funeral march	une marche militaire/ nuptiale/funèbre

- **To compose** [kəmˈpəʊz] — composer
  a composer [kəmˈpəʊzəʳ] — un(e) compositeur (-trice)
  a composition [ˌkɒmpəˈzɪʃən] — une composition
  to orchestrate [ˈɔːkɪstreɪt] — orchestrer (composer)
  to orchestrate a work for — orchestrer une œuvre pour (l'adapter)
  to score a work for
  orchestration [ˌɔːkɪsˈtreɪʃən] — l'orchestration, l'instrumentation
  the score [skɔːʳ] — la partition (de l'orchestre)
  sheet music (n. c.) — la partition (d'une chanson, d'un morceau)
  to arrange a work — arranger une œuvre
  an arrangement [əˈreɪndʒmənt] — un arrangement
  to set* sth to music — mettre qqch. en musique

- **A compact disc®** — un disque compact
  a CD [ˈsiːdiː] — un CD
  a compact disc video — un disque vidéo
  a CDV [siːdiːˈviː] — un CDV
  to play* a CD — mettre un CD (l'écouter)
  a record [rɪˈkɔːd] — un disque (noir, vinyl)
  AM a disc [dɪsk]
  AM a disk

a cassette [kæˈset]	une cassette (audio)
a tape [teip]	

- **Hi-fi** [ˈhaɪˈfaɪ] — la hi-fi
  a hi-fi system — une chaîne hi-fi
  a music system — une chaîne compacte
  an amplifier [ˈæmplɪfaɪəʳ] — un amplificateur
  speakers [ˈspiːkəz] — des baffles, des enceintes
  a record deck — une platine disque
  a turntable [ˈtɜːnˌteibəl]
  a tape recorder — un magnétophone
  a cassette recorder — un magnétophone à cassettes
  a cassette deck — un lecteur de cassettes
  a compact disc player — une platine laser, un lecteur de disques compacts
  a portable cassette player — un baladeur
  a Walkman®
  a portable compact disc player — un lecteur de disques compacts portable
  headphones (plur.) — un casque, des écouteurs
  an MP3 player — un lecteur de MP3
  to download music — télécharger de la musique
  a music lover — un(e) mélomane
  an opera/jazz lover — un amateur d'opéra/de jazz

REMARQUE Les notes de musique sont représentées par les sept premières lettres de l'alphabet sauf lorsqu'elles sont chantées. On dit alors doh, ray, me, fah, soh, lah, te.

■ 6. SINGING LE CHANT

- **To sing*** [sɪŋ] — chanter
  a singer [ˈsɪŋəʳ] — un(e) chanteur (-euse)
  to have a good voice — avoir une belle voix
  to be in good/poor voice — être/ne pas être en voix
  to hum [hʌm] — fredonner
  to practise singing exercises — faire des vocalises
  to yodel [ˈjəʊdl] — faire des tyroliennes
  to chant [tʃɑːnt] — psalmodier

- **An opera** [ˈɒpərə] — un opéra
  a song [sɒŋ] — une chanson
  a ballad [ˈbæləd] — une ballade

an aria [ˈɑːrɪə] — une aria
a lullaby [ˈlʌləbaɪ] — une berceuse
a refrain [rɪˈfreɪn] — un refrain (en général)
a chorus [ˈkɔːrəs] — un refrain (repris en chœur)
a verse [vɜːs] — un couplet
a musical [ˈmjuːzɪkl] — une comédie musicale
a hit song — un tube, un succès de la chanson
in the charts — au hit-parade

- **A tenor** [ˈtenəʳ] — un ténor
  a baritone [ˈbærɪtəʊn] — un baryton
  a bass [beɪs] — une basse
  a countertenor [ˌkaʊntəˈtenəʳ] — un haute-contre

a contralto [kən'træltəʊ]	un contralto	a vocalist ['vəʊkəlɪst]	un(e) chanteur (-euse) (d'un groupe)
an alto ['æltəʊ]	une haute-contre, une contralto (voix)	a blues/jazz singer	un chanteur de blues/ de jazz
a soprano [sə'prɑːnəʊ]	une soprano	a choir ['kwaɪə']	un chœur
a mezzo-soprano [ˌmetsəʊsə'prɑːnəʊ]	une mezzo-soprano	a chorister ['kɒrɪstə']	un(e) choriste
– An opera singer	un chanteur d'opéra, une cantatrice	a choral society a choir	une chorale
a diva ['diːvə]	une diva	a libretto [lɪ'bretəʊ] (plur. librettos, libretti)	un livret
a prima donna	une prima donna		

■ 7. INSTRUMENTS AND PLAYERS LES INSTRUMENTS ET LES INSTRUMENTISTES

– A string(ed) instrument	un instrument à cordes	a cornet ['kɔːnɪt]	un cornet à pistons
the strings [strɪŋz]	les cordes	a cornet-player	un(e) cornettiste
a violin [ˌvaɪə'lɪn]	un violon	a tuba ['tjuːbə]	un tuba
a fiddle ['fɪdl] (parlé)		a tuba-player	un(e) tubiste
a violinist [ˌvaɪə'lɪnɪst]	un(e) violoniste	a bugle ['bjuːgl]	un clairon (instrument)
a fiddler ['fɪdlə'] (parlé)		a bugler ['bjuːglə']	un clairon (joueur)
a cello ['tʃeləʊ]	un violoncelle		
a cellist ['tʃelɪst]	un(e) violoncelliste	– A wind instrument	un instrument à vent
a double bass	une contrebasse	a flute [fluːt]	une flûte
a viola [vɪ'əʊlə]	un alto	BR a flautist ['flɔːtɪst]	un(e) flûtiste
a viola-player	un(e) altiste	AM a flutist ['fluːtɪst]	
AM a violist [vɪ'əʊlɪst]		a set of bagpipes	une cornemuse
a bow [bəʊ]	un archet	a (bag)piper ['(bæg)paɪpə']	un(e) joueur (-euse) de cornemuse
– A guitar [gɪ'tɑː']	une guitare	a reed [riːd]	une anche
a classical guitar	une guitare classique	– The woodwind ['wʊdwɪnd] (n. c. sing.)	les bois
an electric guitar	une guitare électrique	a clarinet [ˌklærɪ'net]	une clarinette
a guitarist [gɪ'tɑːrɪst] a guitar-player	un(e) guitariste	a clarinettist [ˌklærɪ'netɪst]	un(e) clarinettiste
a mandolin ['mændəlɪn]	une mandoline	an oboe ['əʊbəʊ]	un hautbois
a lute [luːt]	un luth	an oboist ['əʊbəʊɪst]	un(e) hautboïste
a harp [hɑːp]	une harpe	a bassoon [bə'suːn]	un basson (instrument)
a harpist ['hɑːpɪst]	un(e) harpiste	a bassoonist [bə'suːnɪst]	un basson (joueur)
a lyre ['laɪə']	une lyre	a saxophone ['sæksəfəʊn]	un saxophone
– A brass instrument	un cuivre	a saxophonist [ˌsæk'sɒfənɪst]	un(e) saxophoniste
the brass [brɑːs] (n. c. sing.)	les cuivres	a mouthpiece ['maʊθˌpiːs]	une embouchure
a trumpet ['trʌmpɪt]	une trompette		
a trumpet-player	un(e) trompettiste	– A percussion instrument	un instrument à percussion
a trumpeter ['trʌmpɪtə']	un trompette	a percussionist [pə'kʌʃənɪst]	un(e) percussionniste
a trombone [trɒm'bəʊn]	un trombone		
a trombonist [trɒm'bəʊnɪst]	un(e) tromboniste	a drum [drʌm]	un tambour (instrument)
a horn [hɔːn]	un cor	the drums [drʌmz]	la batterie
a French horn	un cor d'harmonie	the big drum	la grosse caisse
a horn-player	un(e) corniste		

a drummer ['drʌmə']	un tambour, un batteur	the organ ['ɔ:gən]	l'orgue, les orgues
cymbals ['sɪmbəlz]	les cymbales	an organist ['ɔ:gənɪst]	un(e) organiste
a triangle ['traɪæŋgl]	un triangle	a harmonium	un harmonium
a kettledrum ['ketldrʌm]	une timbale	[hɑ:'məʊnɪəm]	
a timp [tɪmp] (parlé)		a harpsichord	un clavecin
the kettledrums	les timbales	['hɑ:psɪkɔ:d]	
the timpani ['tɪmpənɪ]		a keyboard ['ki:bɔ:d]	un clavier
(plur.)			
the timps (parlé)			
a timpanist ['tɪmpənɪst]	un timbalier	– A harmonica	un harmonica
castanets [ˌkæstə'nets]	les castagnettes	[hɑ:'mɒnɪkə]	
		BR a mouthorgan	
– A piano ['pjɑ:nəʊ]	un piano	['maʊθˌɔ:gən]	
an upright piano	un piano droit	an accordion [ə'kɔ:dɪən]	un accordéon
a grand (piano)	un (piano à) queue	an accordionist	un(e) accordéoniste
a baby grand (piano)	un (piano) demi-queue	[ə'kɔ:dɪənɪst]	
a pianist ['pɪənɪst]	un(e) pianiste	an instrumentalist	un(e) instrumentiste
a piano-player		[ˌɪnstrʊ'mentəlɪst]	

■ 8. PERFORMING MUSIC L'EXÉCUTION MUSICALE

– A musician [mju:'zɪʃən]	un(e) musicien(ne)	a jazz band	un orchestre de jazz
an orchestra ['ɔ:kɪstrə]	un orchestre	a big band	un grand orchestre (de jazz)
a symphony / chamber orchestra	un orchestre symphonique / de chambre	a brass band	une fanfare
a concert ['kɒnsət]	un concert	a pop group	un groupe pop
a recital [rɪ'saɪtl]	un récital		
an operahouse	un opéra	– To play [pleɪ]	jouer
['ɒpərəˌhaʊs]		to play in public	jouer en public
a concert hall	une salle de concert	to perform [pə'fɔ:m]	
		to play an instrument	jouer d'un instrument
– BR the conductor	le chef d'orchestre	to play the piano / violin	jouer du piano / du violon
[kən'dʌktə']	(musique classique)	to play sth on the piano	jouer qqch. au piano
AM the leader (of the orchestra)		to play sth by ear	jouer qqch. de mémoire
to conduct an orchestra	diriger un orchestre	to sight-read* ['saɪtˌri:d]	déchiffrer
BR the leader ['li:də']	le premier violon	a performer [pə'fɔ:mə']	un(e) interprète, un(e) exécutant(e)
AM the concertmaster			
['kɒnsətˌmɑ:stə']		the performance	l'exécution
a baton ['bætən]	un bâton, une baguette	[pə'fɔ:məns]	
to rehearse [rɪ'hɜ:s]	répéter	a virtuoso [ˌvɜ:tjʊ'əʊzəʊ]	un(e) virtuose
a rehearsal [rɪ'hɜ:səl]	une répétition	virtuosity [ˌvɜ:tjʊ'ɒsɪtɪ]	la virtuosité
– A solo ['səʊləʊ]	un solo	– To blow* a horn / bugle	jouer d'un cor / d'un clairon
a soloist ['səʊləʊɪst]	un(e) soliste		
an ensemble [ɒn'sɒmbəl]	un ensemble	to pluck a string	pincer une corde
a duo ['dju:əʊ]	un duo	to accompany sb on the piano	accompagner qqn au piano
a trio ['trɪəʊ]	un trio		
a quartet(te) [kwɔ:'tet]	un quatuor, un quartette	an accompanist	un(e) accompagnateur (-trice)
a quintet(te) [kwɪn'tet]	un quintette	[ə'kʌmpənɪst]	
a sextet(te) [seks'tet]	un sextuor	an accompaniment	un accompagnement
a band [bænd]	un orchestre (musique autre que classique)	[ə'kʌmpənɪmənt]	

■ 9. FORMS OF ENTERTAINMENT LES SPECTACLES _____

- **Entertainment** [ˌentə'teɪnmənt] (n. c.) — le spectacle
- **show business** — le monde du spectacle
- **a show** [ʃəʊ] — un spectacle, un show
- **spectacular** [spek'tækjʊləʳ] — spectaculaire
- **to entertain** [ˌentə'teɪn] — amuser, divertir
- **an entertainer** [ˌentə'teɪnəʳ] — un(e) artiste (de variétés)
- **A music hall** — un music-hall (salle)
  a variety theatre
- BR **variety** [vəˈraɪətɪ] (n. c.) — le music-hall (variétés)
  AM **vaudeville** ['vəʊdəvɪl] (n. c.)
- BR **a variety show** — un spectacle de music-hall
  AM **a vaudeville show**
- **a chorus girl** — une girl
- **the chorus line** — la troupe (d'une revue)
- **A circus** ['sɜːkəs] — un cirque

- **a nightclub** ['naɪtklʌb] — une boîte de nuit
- **a cabaret** ['kæbəreɪ] — un cabaret
- **striptease** ['strɪptiːz] — le strip-tease
- **a stripper** ['strɪpəʳ] — une strip-teaseuse
  a striptease artist
- **A comedian** [kə'miːdɪən] — un(e) comique
  a comic ['kɒmɪk]
- **an acrobat** ['ækrəbæt] — un(e) acrobate
- **a juggler** ['dʒʌɡləʳ] — un(e) jongleur (-euse)
- **to juggle** with ['dʒʌɡl] — jongler avec
- **a clown** [klaʊn] — un clown
- **a ventriloquist** [ven'trɪləkwɪst] — un(e) ventriloque
- **a magician** [mə'dʒɪʃən] — un(e) magicien(ne)
- **an illusionist** [ɪ'luːʒənɪst] — un(e) illusionniste
- **a conjuror** ['kʌndʒərəʳ] — un(e) prestidigitateur (-trice)
  a conjurer
- **to do* conjuring tricks** — faire des tours de prestidigitation

■ 10. THE THEATRE LE THÉÂTRE _____

- **Drama** ['drɑːmə] — le théâtre (activité)
  BR **the theatre** ['θɪətəʳ]
  AM **the theater**
- **plays** (plur.) — le théâtre (œuvres)
  dramatic works (plur.)
- **amateur theatricals** (plur.) — le théâtre amateur
  amateur dramatics (plur.)
- **light comedies** (plur.) — le théâtre de boulevard (pièces)
- BR **a theatre** — un théâtre (bâtiment)
  AM **a theater**
- **A dramatic work** — une œuvre théâtrale
- **a play** [pleɪ] — une pièce de théâtre
- **a comedy** ['kɒmɪdɪ] — une comédie
- **a farce** [fɑːs] — une farce
- **a drama** ['drɑːmə] — un drame
- **a melodrama** ['meləʊˌdrɑːmə] — un mélodrame
- **a tragedy** ['trædʒɪdɪ] — une tragédie
- **a repertoire** ['repətwɑːʳ] — un répertoire
- **To act** [ækt] — jouer
  to go* on the stage — faire du théâtre, monter sur les planches
  an actor ['æktəʳ] — un comédien

- **an actress** ['æktrɪs] — une comédienne
- **a comedy actor** — un acteur comique
- **an acting career** — une carrière de comédien
- **an understudy** ['ʌndəstʌdɪ] — une doublure
- **a theatre company** — une troupe théâtrale
- **the top of the bill** — la tête d'affiche
- **a ham actor** — un cabotin
- **A playwright** ['pleɪraɪt] — un auteur dramatique
- **a play in 5 acts** — une pièce en 5 actes
- **a scene** [siːn] — une scène (division)
- **the hero** ['hɪərəʊ] — le héros
- **the heroine** ['herəʊɪn] — l'héroïne
- **the plot** [plɒt] — l'intrigue
- **a coup de théâtre** — un coup de théâtre
- **the denouement** [deɪ'nuːmɒn] — le dénouement
- **a happy ending** — une fin heureuse
- **To stage a play** — monter une pièce
  to put* on a play
- **stage directions** — les indications scéniques
- **the producer** [prə'djuːsəʳ] — le metteur en scène

the script [skrɪpt]	le texte	a prompter ['prɒmptə']	un(e) souffleur (-euse)
to rehearse [rɪ'hɜːs]	répéter	**– A box** [bɒks]	une loge (dans la salle)
a rehearsal [rɪ'hɜːsəl]	une répétition	BR the stalls [stɔːls] (plur.)	l'orchestre
the dress rehearsal	la générale	AM the orchestra	
– The cast [kɑːst]	les comédiens, la distri-	['ɔːkɪstrə]	
	bution (d'une pièce)	the dress circle	la corbeille
to cast a play	distribuer les rôles d'une	the circle ['sɜːkl]	le balcon
	pièce	the upper circle	le deuxième balcon
to cast sb as Hamlet	donner le rôle de Hamlet	the gallery ['gælərɪ]	
	à qqn	BR the gods [gɒdz] (plur.)	le poulailler
a part [pɑːt]	un rôle	the cloakroom	le vestiaire (théâtre)
the lead [liːd]	le rôle principal	['kləʊkrʊm]	
the leading part			
the leading role			
a supporting part	un rôle secondaire	**– In the wings**	dans les coulisses
a silent role	un rôle muet	behind the scenes	
to play Hamlet	jouer Hamlet	backstage ['bæksteɪdʒ]	
to take* the part of		to raise/to lower the	lever/baisser le rideau
Hamlet		curtain	
an audition [ɔː'dɪʃən]	une audition	a stagehand	un machiniste
to audition for	passer une audition pour	['steɪdʒhænd]	
		the scenery ['siːnərɪ]	le décor
– A line [laɪn]	une réplique	the stage manager	le régisseur
to give* sb his cue	donner la réplique à qqn	a dressing-room	une loge (de comédien)
to learn*/to forget*	apprendre/oublier son	a dresser ['dresə']	un(e) habilleur (-euse)
one's lines	texte	a make-up artist	un(e) maquilleur
a speech [spiːtʃ]	une tirade		(-euse)
BR a monologue		the stage door	l'entrée des artistes
['mɒnəlɒg]			
AM a monolog		**– A performance**	une représentation
an aside [ə'saɪd]	un aparté	[pə'fɔːməns]	
to improvise ['ɪmprəvaɪz]	improviser	a matinée ['mætɪneɪ]	une matinée
to interpret [ɪn'tɜːprɪt]	interpréter	an afternoon	
to perform [pə'fɔːm]		performance	
an interpretation	une interprétation	the interval ['ɪntəvəl]	l'entracte
[ɪn,tɜːprɪ'teɪʃən]		"no performance"	« relâche »
a performance			
[pə'fɔːməns]		**– The box office**	le bureau de location
– The stage [steɪdʒ]	la scène	to book a seat for	louer une place pour
on stage	sur scène	the audience ['ɔːdɪəns]	les spectateurs, le
the footlights ['fʊtlaɪts]	les feux de la rampe		public
stage left	côté cour	to play to a full house	jouer à guichets fermés
BR prompt side		to be a hit	avoir un énorme succès
stage right	côté jardin	it's a flop	c'est un four
BR opposite prompt side			
to prompt [prɒmpt]	souffler		

■ 11. DANCING LA DANSE

– To dance [dɑːns]	danser	a dance step	un pas de danse
a dancer ['dɑːnsə']	un(e) danseur (-euse)	the dance floor	la piste de danse
a dance	une danse	ballroom dancing	les danses de salon
		(n. c. sing.)	

341

a ball [bɔːl]	un bal
a fancy-dress ball	un bal costumé
to spin* (round)	tournoyer
to twirl round	
– A waltz [wɔːlts]	une valse
to waltz	danser la valse
a tango ['tæŋgəʊ]	un tango
to tango	danser le tango
a foxtrot ['fɒkstrɒt]	un fox-trot
a polka ['pɒlkə]	une polka
a rumba ['rʌmbə]	une rumba
a minuet [ˌmɪnjʊ'et]	un menuet
– Folk dancing	la danse folklorique
country dancing	
a folk dancer	un(e) danseur(-euse) folklorique
a country dancer	
to tap-dance ['tæpˌdɑːns]	faire des claquettes
a tap-dancer ['tæpˌdɑːnsəʳ]	un(e) danseur(-euse) de claquettes
jive [dʒaɪv]	le swing
to jive	danser le swing
flamenco [flə'meŋkəʊ]	le flamenco
paso doble ['pæsəʊ'dəʊbleɪ]	le paso doble
samba ['sæmbə]	la samba
lambada [læm'bɑːdə]	la lambada
salsa ['sælsə]	la salsa

– A ballet ['bæleɪ]	un ballet
ballet (dancing)	la danse classique
a ballet dancer	un danseur de ballet
a ballerina [ˌbælə'riːnə]	une ballerine, une danseuse classique
the principal dancer	le danseur étoile
the prima ballerina	la danseuse étoile
the ballet master	le maître de ballet
the ballet mistress	la maîtresse de ballet
the corps de ballet	le corps de ballet
choreography [ˌkɒrɪ'ɒgrəfɪ]	la chorégraphie
a choreographer [ˌkɒrɪ'ɒgrəfəʳ]	un(e) chorégraphe
to choreograph a ballet	composer la chorégraphie d'un ballet
– A ballet skirt	un tutu
a tutu ['tuːtuː]	
a ballet shoe	un chausson de danse
tights [taɪts] (plur.)	un collant (de danseuse)
a leotard ['liːəˌtɑːd]	un collant (de danseur)
a pas de deux	un pas de deux
an entrechat	un entrechat
a pirouette [ˌpɪrʊ'et]	une pirouette
barre exercises	les exercices à la barre
to be on points	faire des pointes

■ 12. THE CINEMA LE CINÉMA

– The film industry	l'industrie cinématographique
a film [fɪlm]	un film (pellicule)
a film	un film (œuvre)
BR a picture ['pɪktʃəʳ]	
AM a motion picture	
AM a movie ['muːvɪ] (parlé)	
a short (film)	un court métrage
a full-length film	un long métrage
experimental cinema	le cinéma d'art et d'essai (films)
– A silent film	un film muet
a talking picture	un film parlant
a talkie ['tɔːkɪ] (parlé)	
a film in black and white	un film en noir et blanc
a black-and-white film	
BR in colour	en couleur
AM in color	

a superproduction	un film à grand spectacle
a commercial film	un film grand public
a mass-audience film	
a B-movie	un film de série B
a documentary (film)	un documentaire
a western ['westən]	un western
a cartoon [kɑː'tuːn]	un dessin animé, un film d'animation
– To make* a film	tourner un film
to shoot* a film	
Action!	On tourne !
shooting ['ʃuːtɪŋ]	le tournage
to film [fɪlm]	filmer
a (film) studio	un studio
in the studio	en studio
the set [set]	le plateau
on location	en extérieur

- **A (movie) camera** — une caméra
  a (cine) camera
  a camcorder — un caméscope
  ['kæm,kɔ:də]
  the cameraman — le cameraman
  ['kæmərə,mæn]
  a shot [ʃɒt] — une prise de vue
  a close-up — un gros plan
  special effects — les truquages, les effets spéciaux
  in day for night — en nuit américaine
  a stunt [stʌnt] — une cascade
  a stuntman (fém. stuntwoman) ['stʌntmən] — un(e) cascadeur (-euse)

- **To work in films** — travailler dans le cinéma
  to act in films — faire du cinéma
  a film actor — un acteur de cinéma
  a film actress — une actrice
  a filmstar ['fɪlmstɑːʳ] — une vedette de cinéma
  a superstar ['suːpəstɑːʳ] — un monstre sacré
  a stand-in — une doublure
  an extra ['ekstrə] — un(e) figurant(e)
  a screen test — un bout d'essai
  to give* sb a screen test — faire tourner un bout d'essai à qqn

- BR **the dialogues** — les dialogues
  ['daɪəlɒgz]
  AM **the dialogs**
  the screenplay — le script
  ['skriːnpleɪ]
  the (shooting) script
  the scenario [sɪ'nɑːrɪəʊ] — le scénario
  the (film) script
  a scriptwriter — un(e) scénariste

- **A film maker** — un(e) cinéaste[1]
  a picture maker
  AM **a movie maker**
  to produce [prə'djuːs] — produire
  a producer [prə'djuːsəʳ] — un(e) producteur (-trice)
  to direct [daɪ'rekt] — réaliser
  a director [daɪ'rektəʳ] — un(e) réalisateur (-trice)
  the continuity girl — la script[2]
  a rush [rʌʃ] — un essai, un rush

- **to cut*** [kʌt] — couper
  a film editor — un(e) monteur (-euse)
  the cutting room — la salle de montage
  the credits ['kredɪts] (plur.) — le générique

ATTENTION FAUX AMIS **1** : a cineaste = un(e) cinéphile
2 : the script = le scénario, le script

- **To synchronize** — synchroniser
  ['sɪŋkrənaɪz]
  the sound track — la bande sonore
  to dub [dʌb] — doubler
  original / subtitled version — version originale / sous-titrée
  subtitles ['sʌb,taɪtlz] — les sous-titres

- BR **a cinema** ['sɪnəmə] — un cinéma
  AM **a movie theater**
  to show* a film — passer un film
  a film show — une séance de cinéma
  the first / last showing — la première / dernière séance
  the première ['premɪɛəʳ] — la première
  a preview ['priːvjuː] — une avant-première
  continuous performance — spectacle permanent
  the film will be released on Wednesday — le film sortira mercredi sur les écrans

- **The screen** [skriːn] — l'écran
  a projector [prə'dʒektəʳ] — un projecteur
  to view [vjuː] — visionner
  the feature film — le (grand) film
  the main film
  a clip [klɪp] — un extrait
  a trailer ['treɪləʳ] — une bande-annonce
  an usherette [ʌʃə'ret] — une ouvreuse
  to go* to the pictures — aller au cinéma
  to go* to the movies
  BR **to go* to the flicks** (parlé) — aller au cinoche
  AM **to go* to see a flick** (parlé)
  a film fan — un(e) cinéphile
  a film enthusiast
  a film buff

■ **13. PHOTOGRAPHY** LA PHOTOGRAPHIE _____

- **A photograph** — une photo(graphie)
  ['fəʊtəgræf]
  a picture ['pɪktʃəʳ]
  a photo ['fəʊtəʊ]

  a photographer — un(e) photographe
  [fə'tɒgrəfəʳ]
  to photograph sth / sb — photographier qqch. / qqn

to take* a photo of	prendre une photo de
to take* a picture of	
to have one's photo taken	se faire photographier
a photo album	un album de photos
– A camera ['kæmərə]	un appareil photo
a traditional camera	un appareil photo argentique
a digital camera	un appareil photo numérique
an instant camera	un appareil à développement instantané
a film [fɪlm]	une pellicule
a reel [riːl]	une bobine
a spool [spuːl]	
a cartridge film	une cartouche
the lens [lenz]	l'objectif
(plur. lenses)	
a zoom (lens)	un zoom
the shutter ['ʃʌtəʳ]	l'obturateur
a viewfinder ['vjuːˌfaɪndəʳ]	un viseur
a screen	un écran
a tripod ['traɪpɒd]	un trépied
– To load / to unload a camera	charger / décharger un appareil
the focus ['fəʊkəs]	la mise au point
to focus (the camera) on	mettre au point sur
to get* sth into focus	mettre qqch. au point
to bring* sth into focus	
BR to centre ['sentəʳ]	cadrer
AM to center	
to zoom in on	faire un zoom sur
to adjust [ə'dʒʌst]	régler
the exposure (time)	le temps de pose
a 24- / 36-exposure film	un film de 24 / 36 poses

– To develop [dɪ'veləp]	développer
to process ['prəʊses]	développer (et tirer)
developing [dɪ'veləpɪŋ]	le développement
processing ['prəʊsesɪŋ]	le développement (et le tirage)
to enlarge [ɪn'lɑːdʒ]	agrandir
to blow* up	
an enlargement [ɪn'lɑːdʒmənt]	un agrandissement
an enlarger [ɪn'lɑːdʒəʳ]	un agrandisseur
to print [prɪnt]	tirer
a darkroom ['dɑːkruːm]	une chambre noire
– A negative ['negətɪv]	un négatif, un cliché
a print [prɪnt]	une épreuve
underexposed [ˌʌndərɪks'pəʊzd]	sous-exposé
overexposed [ˌəʊvərɪks'pəʊzd]	surexposé
sharp [ʃɑːp]	net
blurred [blɜːd]	flou
matt [mæt]	mat
glossy ['glɒsɪ]	brillant
– A slide [slaɪd]	une diapositive
a (slide) viewer	une visionneuse
a slide projector	un projecteur de diapositives
to show* slides	passer des diapositives
– A megapixel ['megəˌpɪksəl]	un mégapixel
resolution [ˌrezə'luːʃən]	la résolution
a memory card	une carte mémoire
to download pictures	télécharger des images
a digitally retouched photo	une photo numériquement retouchée

■ 14. JEWELLERY AND CERAMICS   LA JOAILLERIE ET LA CÉRAMIQUE _____

– A jewel ['dʒuːəl]	un bijou, un joyau
jewels ['dʒuːəlz]	des bijoux
BR jewellery ['dʒuːəlrɪ] (n. c. sing.)	
AM jewelry (n. c. sing.)	
BR a jeweller ['dʒuːələʳ]	un(e) bijoutier (-ière),
AM a jeweler	un(e) joaillier (-ière)
a goldsmith ['gəʊldsmɪθ]	un orfèvre (travaillant l'or)
a silversmith ['sɪlvəsmɪθ]	un orfèvre (travaillant l'argent)

– To set* [set]	monter, sertir
the setting ['setɪŋ]	la monture
to polish ['pɒlɪʃ]	polir
to engrave [ɪn'greɪv]	graver
imitation [ˌɪmɪ'teɪʃən]	en toc, faux
fake [feɪk]	
a die [daɪ]	un poinçon
a stamp [stæmp]	
a filigree ['fɪlɪgriː]	un filigrane

- **Precious metals**	les métaux précieux
gold [gəʊld]	l'or
silver ['sɪlvəʳ]	l'argent
gold- / silver-plated	plaqué or / argent
platinum ['plætɪnəm]	le platine
- **A diamond** ['daɪəmənd]	un diamant
a facet ['fæsɪt]	une facette
a carat ['kærət]	un carat
to sparkle ['spɑ:kl]	étinceler
- **A gem** [dʒem] **a precious stone**	une pierre précieuse
a semiprecious stone	une pierre semi-précieuse
an amethyst ['æmɪθɪst]	une améthyste
an emerald ['emərəld]	une émeraude
jade [dʒeɪd]	le jade
an opal ['əʊpəl]	une opale
- **A pearl** [pɜ:l]	une perle
a cultured pearl	une perle de culture
quartz ['kwɔ:ts]	le quartz
a ruby ['ru:bɪ]	un rubis
a sapphire ['sæfaɪəʳ]	un saphir
a topaz ['təʊpæz]	une topaze
a turquoise ['tɜ:kwɔɪz]	une turquoise
jet [dʒet]	le jais

mother-of-pearl	la nacre
- **A potter** ['pɒtəʳ]	un potier
pottery ['pɒtərɪ]	la poterie (activité)
a piece of pottery	une poterie
ceramics [sɪ'ræmɪks] (sing.)	la céramique (activité)
a ceramic [sɪ'ræmɪk]	une céramique
earthenware ['ɜ:θənweəʳ] **terracotta** ['terə'kɒtə]	la terre cuite
stoneware ['stəʊnweəʳ]	le grès
china ['tʃaɪnə] **porcelain** ['pɔ:səlɪn]	la porcelaine
clay [kleɪ]	l'argile
china clay	le kaolin
- **The potter's wheel**	le tour du potier
to throw* a pot **to turn** a pot	tourner un pot
to model ['mɒdl]	
to fashion ['fæʃən]	modeler, façonner (poterie, glaise)
BR **to mould** [məʊld] AM **to mold**	mouler
enamelling [ɪ'næməlɪŋ]	l'émaillage
to fire [faɪəʳ]	cuire
the kiln [kɪln]	le four
to glaze [gleɪz]	vernisser
a glaze	un vernis

> REMARQUE Les noms de pierres et métaux précieux peuvent s'employer comme adjectifs ; ex. : un collier de saphirs / de perles = a sapphire / pearl necklace ; un bracelet en or / argent = a gold / silver bracelet.

■ 15. STYLES LES STYLES

- **A style** [staɪl]	un style
a school of painting / sculpture	une école de peinture / sculpture
a technique [tek'ni:k]	une technique
in the manner of	dans le style de
a genre [ʒɑ̃:ŋrə]	un genre
from life	d'après nature
life-size	grandeur nature
representational art	l'art figuratif
abstract art	l'art abstrait
- **Byzantine** [baɪ'zæntaɪn]	byzantin
classical ['klæsɪkəl]	classique
classicism ['klæsɪsɪzəm]	le classicisme
quattrocento [ˌkwætrəʊ'tʃentəʊ]	le quattrocento

baroque [bə'rɒk]	baroque
modernism ['mɒdənɪzəm]	le modernisme
a modernist ['mɒdənɪst]	un(e) moderniste
impressionism [ɪm'preʃənɪzəm]	l'impressionnisme
an impressionist [ɪm'preʃənɪst]	un(e) impressionniste
post-impressionism ['pəʊstɪm'preʃənɪzəm]	le post-impressionnisme
a post-impressionist ['pəʊstɪm'preʃənɪst]	un(e) post-impressionniste
- **Expressionism** [ɪks'preʃənɪzəm]	l'expressionisme
an expressionist [ɪks'preʃənɪst]	un(e) expressionniste

fauvism	le fauvisme	surrealism [səˈrɪəlɪzəm]	le surréalisme
a fauvist	un fauve	a surrealist [səˈrɪəlɪst]	un(e) surréaliste
cubism [ˈkjuːbɪzəm]	le cubisme	pop art	le pop art
a cubist [ˈkjuːbɪst]	un(e) cubiste	primitive art	l'art primitif
Art Deco	l'Art déco	minimal art	le minimalisme
Art Nouveau	l'Art nouveau		

44 | WRITING AND BOOKS
L'ÉCRITURE ET LES LIVRES

■ 1. TEXTS LES TEXTES

– **To write*** [raɪt] — écrire
a book [bʊk] — un livre
a work [wɜːk] — un ouvrage, une œuvre
the collected works of — les œuvres complètes de
a volume ['vɒljuːm] — un volume, un tome
an author ['ɔːθəʳ] (fém. an authoress) — un auteur
a writer ['raɪtəʳ] — un écrivain
prose [prəʊz] — la prose
in prose — en prose

– **A collection** [kə'lekʃən] — une collection
a book [bʊk] **a collection** — un recueil
a booklet ['bʊklɪt] — un livret
a journal ['dʒɜːnl] — un journal, une revue
an article on ['ɑːtɪkl] — un article sur
a handbook ['hændbʊk] **a manual** ['mænjʊəl] — un manuel
a glossary ['glɒsərɪ] — un glossaire
a bibliography [ˌbɪblɪ'ɒgrəfɪ] — une bibliographie

– **An anthology** [æn'θɒlədʒɪ] — une anthologie, un florilège
an essay ['eseɪ] — un essai
an essayist ['eseɪɪst] — un(e) essayiste
a pamphlet ['pæmflɪt] — un pamphlet
a pamphleteer [ˌpæmflɪ'tɪəʳ] — un(e) pamphlétaire
a diary ['daɪərɪ] — un journal (intime)
memoirs ['memwɑːz] — les mémoires
confessions [kən'feʃənz] — les confessions
BR **the comic strips** BR **the strip cartoons** — les bandes dessinées, les B. D.
AM **the comics** ['kɒmɪks] AM **the funnies** ['fʌnɪz] (parlé) —

– **Lexicography** [ˌleksɪ'kɒgrəfɪ] — la lexicographie
a lexicographer [ˌleksɪ'kɒgrəfəʳ] — un(e) lexicographe
a reference work — un ouvrage de référence
an encyclopedia [ɪnˌsaɪkləʊ'piːdɪə] — une encyclopédie
a dictionary ['dɪkʃənrɪ] — un dictionnaire
a lexicon ['leksɪkən] — un lexique
a vocabulary book — un vocabulaire

a thesaurus [θɪ'sɔːrəs] (plur. thesauri, thesauruses) — un dictionnaire synonymique
a biography [baɪ'ɒgrəfɪ] — une biographie
biographical [ˌbaɪəʊ'græfɪkəl] — biographique
a biographer [baɪ'ɒgrəfəʳ] — un(e) biographe
an autobiography [ˌɔːtəʊbaɪ'ɒgrəfɪ] — une autobiographie
autobiographical ['ɔːtəʊˌbaɪəʊ'græfɪkəl] — autobiographique
a thesis ['θiːsɪs] (plur. theses) — une thèse
a report [rɪ'pɔːt] — un rapport
a treatise on ['triːtɪz] — un traité de
a textbook ['tekstbʊk] — un manuel scolaire, un livre de classe
a history/science textbook — un manuel d'histoire/de sciences

– **A novelist** ['nɒvəlɪst] — un(e) romancier (-ière)
a ghost writer — un nègre
fiction ['fɪkʃən] — la fiction
a work of fiction — un ouvrage de fiction
fictitious [fɪk'tɪʃəs] **fictional** ['fɪkʃənl] — fictif
a story ['stɔːrɪ] — une histoire
a short story — une nouvelle
a novel ['nɒvəl] — un roman
an adventure novel — un roman d'aventures
an epic novel — un roman épique
a saga ['sɑːgə] — un roman-fleuve
a historical novel — un roman historique
a romance [rəʊ'mæns] — un roman médiéval
a historical romance — un roman de cape et d'épée
a thriller ['θrɪləʳ] — un roman à suspense
a spy thriller — un roman d'espionnage
a detective story — un roman policier
a whodunnit [huː'dʌnɪt] (parlé) — un polar
a blockbuster ['blɒkbʌstəʳ] — un roman à succès

– **Science fiction** — la science-fiction
a tale [teɪl] — un conte, un récit
a legend ['ledʒənd] — une légende
legendary ['ledʒəndərɪ] — légendaire
a fable ['feɪbl] — une fable
fantastic [fæn'tæstɪk] — fantastique

- **A fairy** [ˈfɛərɪ] — une fée
  a fairy tale — un conte de fées
  a fairy story
  Little Red Riding Hood — le Petit Chaperon rouge
  the big bad wolf — le grand méchant loup
  Cinderella [ˌsɪndəˈrelə] — Cendrillon
  The Sleeping Beauty — la Belle au Bois dormant
  Snow White and the Seven Dwarfs — Blanche Neige et les Sept Nains
  Mother Goose — Ma Mère l'Oye

- **A giant** [ˈdʒaɪənt] — un géant
  an ogre [ˈəʊgəʳ] — un ogre
  a goblin [ˈgɒblɪn] — un lutin
  an imp [ɪmp]
  a gnome [nəʊm] — un gnome
  an elf [elf] (plur. elves) — un farfadet
  a mermaid [ˈmɜːmeɪd] — une sirène
  a demon [ˈdiːmən] — un démon
  a vampire [ˈvæmpaɪəʳ] — un vampire
  a werewolf [ˈwɪəwʊlf] — un loup-garou

■ 2. POETRY LA POÉSIE

- **A poem** on, about [ˈpəʊɪm] — un poème sur
  to write* poetry — écrire des poèmes, faire de la poésie
  poetic(al) [pəʊˈetɪk(əl)] — poétique
  the poetic(al) works of — les œuvres poétiques de
  a poet [ˈpəʊɪt] — un poète
  a poetess [ˈpəʊɪtes] — une femme poète, une poétesse

- **To compose** [kəmˈpəʊz] — composer
  BR poetic licence — la licence poétique
  AM poetic license
  a line [laɪn] — un vers
  verse [vɜːs] (n. c. sing.) — les vers
  in verse — en vers
  to versify [ˈvɜːsɪfaɪ] — versifier
  versification [ˌvɜːsɪfɪˈkeɪʃən] — la versification
  a verse — une strophe
  a stanza [ˈstænzə]
  a rhyme [raɪm] — une rime
  to rhyme with — rimer avec
  to scan [skæn] — scander, se scander
  a caesura [sɪˈzjʊərə] — une césure
  (plur. caesuras, caesurae)

- **The stress** [stres] — l'accent
  a syllable [ˈsɪləbl] — une syllabe
  an alexandrine [ˌælɪgˈzændraɪn] — un alexandrin
  BR metre [ˈmiːtəʳ] — le mètre
  AM meter
  a quatrain [ˈkwɒtreɪn] — un quatrain
  blank verse — les vers blancs, les vers non rimés
  to recite [rɪˈsaɪt] — réciter
  a recitation [ˌresɪˈteɪʃən] — une récitation
  to declaim [dɪˈkleɪm] — déclamer

- **Lyric poetry** — la poésie lyrique
  narrative poetry — la poésie narrative
  narrative verse
  epic [ˈepɪk] — épique
  an epic (poem) — une épopée
  a sonnet [ˈsɒnɪt] — un sonnet
  an ode to [əʊd] — une ode à
  an elegy [ˈelɪdʒɪ] — une élégie
  a ballad [ˈbæləd] — une ballade
  doggerel [ˈdɒgərəl] — les vers de mirliton
  (n. c. sing.)
  a nursery rhyme — une comptine
  a limerick [ˈlɪmərɪk] — un limerick

REMARQUE Le limerick est une sorte d'épigramme burlesque rimé de cinq vers ;
ex. : There was an Old Man with a beard,
Who said, "It is just as I feared
Two Owls and a Hen
Four Larks and a Wren
Have all built their nests in my beard."

■ 3. LITERARY DEVICES LES PROCÉDÉS LITTÉRAIRES _____

- **To tell*** [tel] — raconter (histoire, légende)
  to relate [rɪ'leɪt]
  to recount [rɪ'kaʊnt]
  to tell* about — raconter (événement)
  to relate
  to recount
  the narrative ['nærətɪv] — la narration
  the account [ə'kaʊnt]
  narrative — narratif
  the narrator [nə'reɪtəʳ] — le (la) narrateur (-trice)

- **The action** ['ækʃən] — l'action
  the plot [plɒt] — l'intrigue
  the unfolding of the plot — le déroulement de l'intrigue
  the denouement — le dénouement
  [deɪ'nuːmɒn]
  an episode ['epɪsəʊd] — un épisode
  the climax ['klaɪmæks] — le point culminant
  an incident ['ɪnsɪdənt] — une péripétie
  a twist in the plot

- **A theme** [θiːm] — un thème
  thematic [θɪ'mætɪk] — thématique
  a character ['kærɪktəʳ] — un personnage
  the hero ['hɪərəʊ] — le héros
  the heroine ['herəʊɪn] — l'héroïne
  the protagonists — les protagonistes
  [prəʊ'tægənɪsts]

- **The style** [staɪl] — le style
  a figure of speech — une figure de rhétorique
  a stylistic device — une figure de style
  a simile ['sɪmɪlɪ] — une comparaison
  a metaphor ['metəfəʳ] — une métaphore
  metonymy [mɪ'tɒnɪmɪ] — la métonymie
  a euphemism — un euphémisme
  ['juːfɪˌmɪzəm]
  alliteration [əˌlɪtə'reɪʃən] — l'allitération
  hyperbole [haɪ'pɜːbəlɪ] — l'hyperbole

- BR **onomatopoeia** — l'onomatopée
  [ˌɒnəʊmætəʊ'piːə]
  AM **onomatopeia**
  onomatopoeic — onomatopéique
  [ˌɒnəʊmætəʊpiːɪk]
  a malapropism — un pataquès
  ['mæləˌprɒpɪzəm]
  a pun on [pʌn] — un jeu de mots sur
  to pun — faire un jeu de mots
  BR **humour** ['hjuːməʳ] — l'humour
  AM **humor**

- **humorous** ['hjuːmərəs] — humoristique
  irony ['aɪərənɪ] — l'ironie
  ironic(al) [aɪ'rɒnɪk(əl)] — ironique

- **To describe** [dɪs'kraɪb] — décrire
  descriptive [dɪs'krɪptɪv] — descriptif
  a description — une description
  [dɪs'krɪpʃən]
  a portrayal [pɔː'treɪəl] — un portrait
  a portrait ['pɔːtrɪt]
  to portray sb — faire le portrait de qqn, peindre qqn
  realism ['rɪəlɪzəm] — le réalisme
  realistic [rɪə'lɪstɪk] — réaliste

- **A symbol** ['sɪmbəl] — un symbole
  symbolism ['sɪmbəlɪzəm] — le symbolisme
  symbolic [sɪm'bɒlɪk] — symbolique
  to symbolize ['sɪmbəlaɪz] — symboliser
  to represent sth — représenter qqch.
  to stand* for sth
  representation — la représentation
  [ˌreprɪzen'teɪʃən]
  an image ['ɪmɪdʒ] — une image
  imagery ['ɪmɪdʒərɪ] — les images (d'une œuvre)
  (n. c. sing.)

- **Imaginary** [ɪ'mædʒɪnərɪ] — imaginaire
  to imagine [ɪ'mædʒɪn] — imaginer
  imagination — l'imagination
  [ɪˌmædʒɪ'neɪʃən]
  fantasy ['fæntəzɪ] — la fantaisie, l'imagination

  to depict sth as [dɪ'pɪkt] — dépeindre qqch. comme
  to evoke sth — évoquer qqch.
  to conjure sth up

  to allude to — faire allusion à
  to impersonate — personnifier
  [ɪm'pɜːsəneɪt]
  to characterize — caractériser
  ['kærɪktəraɪz]

- **A satire** on ['sætaɪəʳ] — une satire de
  satirical [sə'tɪrɪkəl] — satirique
  to satirize ['sætəraɪz] — satiriser
  a caricature ['kærɪkətjʊəʳ] — une caricature
  an allegory ['ælɪgərɪ] — une allégorie
  allegorical [ˌælɪ'gɒrɪkəl] — allégorique
  a parable ['pærəbl] — une parabole

349

■ 4. LITERARY CRITICISM LA CRITIQUE LITTÉRAIRE

– A review [rɪ'vjuː] un compte rendu (pour un journal)
to write* a review of sth faire un compte rendu
to review sth de qqch.
criticism ['krɪtɪsɪzəm] la critique (activité)
(n. c.)
a critique [krɪ'tiːk] une critique (analyse)
critical ['krɪtɪkəl] critique
a critic ['krɪtɪk] un(e) critique
to criticize ['krɪtɪsaɪz] critiquer

– To analyze ['ænəlaɪz] analyser
an analysis [ə'næləsɪs] une analyse
(plur. analyses)
to assess [ə'ses] évaluer
to evaluate [ɪ'væljʊeɪt]
an assessment une évaluation
[ə'sesmənt]
an evaluation
[ɪ,vælju'eɪʃən]
a comment on ['kɒment] une remarque, un commentaire *sur*
a commentary on un commentaire *sur*
['kɒməntərɪ] (exposé)
to comment on sth faire des commentaires sur qqch.

– A synopsis [sɪ'nɒpsɪs] un synopsis
an abstract ['æbstrækt] un extrait
a summary ['sʌmərɪ] un résumé
a résumé ['reɪzjuːmeɪ]
to summarize ['sʌməraɪz] résumer
to sum up
to quote [kwəʊt] citer
to interpret [ɪn'tɜːprɪt] interpréter
an interpretation une interprétation
[ɪn,tɜːprɪ'teɪʃən]

– To express [ɪks'pres] exprimer
to express sth well / bien / mal exprimer
badly qqch.
to put* sth well / badly
expression [ɪks'preʃən] l'expression
to be a sign of sth être un signe de qqch., dénoter qqch.
a context ['kɒntekst] un contexte
contextual [kɒn'tekstjʊəl] contextuel

– Simple ['sɪmpl] simple
simply ['sɪmplɪ] simplement
plain [pleɪn] nu, dépouillé
unadorned ['ʌnə'dɔːnd]
original [ə'rɪdʒɪnl] original

inventive [ɪn'ventɪv] inventif
imaginative plein d'imagination
[ɪ'mædʒɪnətɪv]
racy ['reɪsɪ] plein de verve, piquant
plausible ['plɔːzəbəl] plausible, vraisemblable
verisimilitude la vraisemblance
[,verɪsɪ'mɪlɪ,tjuːd]

– Gifted ['gɪftɪd] doué
talented ['tæləntɪd] plein de talent
interesting ['ɪntrɪstɪŋ] intéressant
exciting [ɪk'saɪtɪŋ] passionnant
fascinating ['fæsɪneɪtɪŋ] fascinant
engrossing [ɪn'grəʊsɪŋ] absorbant
striking ['straɪkɪŋ] frappant
convincing [kən'vɪnsɪŋ] convaincant
moving ['muːvɪŋ] émouvant
scathing ['skeɪðɪŋ] cinglant
in depth en profondeur

– Matter-of-fact prosaïque
prosaic [prəʊ'zeɪɪk]
far-fetched poussé, tiré par les cheveux
stilted ['stɪltɪd] guindé
high-flown ampoulé
bombastic [bɒm'bæstɪk]
pompous ['pɒmpəs] pompeux
affected [ə'fektɪd] affecté
grandiloquent grandiloquent
[græn'dɪləkwənt]

– Sentimental [,sentɪ'mentl] sentimental
mawkish ['mɔːkɪʃ] trop sentimental
pathos ['peɪθɒs] le pathétique

– Boring ['bɔːrɪŋ] ennuyeux
tedious ['tiːdɪəs]
superficial [,suːpə'fɪʃəl] superficiel
heavy ['hevɪ] lourd
BR **laboured** ['leɪbəd]
AM **labored**
repetitive [rɪ'petɪtɪv] répétitif
jerky ['dʒɜːkɪ] saccadé
long-winded prolixe, interminable
rambling ['ræmblɪŋ] décousu

– Hackneyed ['hæknɪd] galvaudé
trite [traɪt]
commonplace banal
['kɒmən,pleɪs]
banal [bə'nɑːl]

pedestrian [pɪ'destrɪən]	dépourvu d'imagination
colourless ['kʌlələs]	fade, terne
drab [dræb]	
a cliché ['kliːʃeɪ]	un cliché
to move slowly	manquer d'action
maudlin ['mɔːdlɪn]	larmoyant
a potboiler ['pɒt,bɔɪlə]	une œuvre alimentaire
an airport novel	un roman de gare
pulp fiction	les romans de gare
– To plagiarize ['pleɪdʒ,raɪz]	plagier
plagiarism ['pleɪdʒə,rɪzəm]	le plagiat
– In my opinion in my view	à mon avis
from the point of view of …	du point de vue de…
as the author points out	comme le souligne l'auteur
in the final analysis	en dernière analyse
on the whole by and large	dans l'ensemble
in a word	en un mot
– In (actual) fact	en fait
a typical example a case in point	un exemple typique
an example of an instance of	un exemple de
to exemplify sth	exemplifier qqch.
for example for instance	par exemple
– In the first/second place	en premier/second lieu
now we come to	passons maintenant à
by way of introduction	en guise d'introduction

it should be noted that …	il est important de noter que…
what this means is that …	cela veut dire que…
it follows from this that …	il s'ensuit que…
– On the one hand, … on the other (hand)	d'un côté,… de l'autre côté
to a certain extent in some degree	dans une certaine mesure
to the extent that	à tel point que
up to a point	jusqu'à un certain point
concerning [kən'sɜːnɪŋ]	concernant
as regards with respect to	en ce qui concerne
in relation to	relativement à
in a similar vein	dans le même esprit
in spite of notwithstanding [,nɒtwɪθ'stændɪŋ]	malgré, en dépit de
notwithstanding his talent his talent notwithstanding	en dépit de son talent
– A eulogy ['juːlədʒɪ]	un éloge, un panégyrique
to praise [preɪz] to eulogize ['juːlədʒaɪz]	faire l'éloge de
laudatory ['lɔːdətrɪ]	dithyrambique
her essay reads easily/ like a novel	son essai se lit facile-ment/comme un roman
he captures the reader's interest/attention	il captive l'intérêt/ l'attention du lecteur
his narrative powers	son talent de narrateur
the interest flags	l'intérêt faiblit
to slate a book	éreinter un livre

■ 5. PUBLISHING L'ÉDITION

– To print [prɪnt]	imprimer
a printer ['prɪntə']	un imprimeur
printing ['prɪntɪŋ]	l'imprimerie (activité)
a printing works (sing.)	une imprimerie (entreprise)
a printing press	une presse typographique
the typography [taɪ'pɒgrəfɪ]	la typographie
a typographer [taɪ'pɒgrəfə']	un(e) typographe

– To bind* in sth [baɪnd]	relier en qqch.
bound in leather leather-bound	relié en cuir
the binding ['baɪndɪŋ]	la reliure
a fine binding	une reliure d'art
an illustration [,ɪləs'treɪʃən]	une illustration
the illustrations [,ɪləs'treɪʃənz] the artwork ['ɑːtwɜːk] (sing.)	les illustrations

351

an illustrator ['ɪləstreɪtəʳ] — un(e) illustrateur (-trice)
graphics ['græfɪks] (sing.) — le graphisme
the layout ['leɪaʊt] — la mise en page

– A character ['kærɪktəʳ] — un caractère d'imprimerie
a typeface ['taɪpfeɪs] — une police de caractère
italic type — l'italique
roman type — le romain
in roman / italic type — en romain / italique
upper case — le haut de casse
lower case — le bas de casse
a capital (letter) — une majuscule
in capitals — en majuscules
in capital letters

– The typesetter ['taɪp,setəʳ] — le compositeur
the compositor [kəm'pɒzɪtəʳ]
typesetting ['taɪp,setɪŋ] — la composition
BR a fount [faʊnt] — une fonte
AM a font [fɒnt]
spacing ['speɪsɪŋ] — l'espacement

– A publishing house — une maison d'édition
to work in publishing — travailler dans l'édition
a publisher ['pʌblɪʃəʳ] — un(e) éditeur¹ (-trice)
to publish ['pʌblɪʃ] — publier
under the imprint of — publié chez
published by
to publish sth privately — publier qqch. à compte d'auteur
to bring* out — faire paraître
in print — disponible
out of print — épuisé

> ATTENTION FAUX AMI 1 : an editor = un rédacteur, une rédactrice

– A copy ['kɒpɪ] — un exemplaire
an issue ['ɪʃuː] — un numéro
the latest issue of — le dernier numéro de
a numbered copy — un exemplaire numéroté
an edition [ɪ'dɪʃən] — une édition
a limited edition — une édition à tirage limité
a first edition — une première édition
the original edition — l'édition originale

– A publication — une publication
[,pʌblɪ'keɪʃən]
a hardback ['hɑːdbæk] — un livre relié
a soft-cover book — un livre broché
a paperback ['peɪpə,bæk] — un livre de poche

in paperback — en poche
a pocket edition — une édition de poche
an abridged version — une version abrégée

– A manuscript — un manuscrit
['mænjʊskrɪpt]
the typescript — le tapuscrit
['taɪpskrɪpt]
to revise [rɪ'vaɪz] — réviser
a revised and corrected edition — une édition revue et corrigée
a revision [rɪ'vɪʒən] — une révision
to amend [ə'mend] — corriger
to correct [kə'rekt]
to edit ['edɪt] — éditer (annoter)
a (publisher's) reader — un(e) lecteur (-trice) (de manuscrits)

– The proofs [pruːfs] — les épreuves
page proofs — les épreuves en pages
galley proofs — les placards
galleys ['gælɪz]
a proofreader — un(e) correcteur (-trice)
['pruːf,riːdəʳ]
to read* the proofs of sth — corriger les épreuves de qqch.
to proofread* sth

– The cover ['kʌvəʳ] — la couverture
the (publisher's) blurb — le texte de couverture
the (dust)jacket — la jaquette
['(dʌst,)dʒækɪt]
a page [peɪdʒ] — une page
on page 9 — à la page 9
a chapter ['tʃæptəʳ] — un chapitre
in chapter 10 — au chapitre 10
a title ['taɪtl] — un titre
the title page — la page de titre
the frontispiece — le frontispice
['frʌntɪspiːs]
the foreword ['fɔːwɜːd] — l'avant-propos
the contents [kən'tents] — la table des matières
(plur.)
the preface ['prefɪs] — la préface
the introduction — l'introduction
[,ɪntrə'dʌkʃən]

– The text [tekst] — le texte
notes [nəʊts] — les notes
an index ['ɪndeks] — un index
(plur. indices)
to index — mettre un index à
entitled [ɪn'taɪtld] — intitulé
annotated ['ænəʊteɪtɪd] — annoté

an appendix [ə'pendɪks] (plur. appendices)	un appendice	– **A** library ['laɪbrərɪ]	une bibliothèque
royalties ['rɔɪəltɪz]	les droits d'auteur	to borrow a book from a library	emprunter un livre à une bibliothèque
copyright ['kɒpɪraɪt]	le copyright	a borrower ['bɒrəʊəʳ]	un(e) emprunteur (-euse)
– **A** bookseller ['bʊkseləʳ]	un(e) libraire	a library ticket	≈ une carte de bibliothèque
a bookshop ['bʊkʃɒp]	une librairie		
a secondhand bookshop	une librairie de livres d'occasion	a librarian [laɪ'brɛərɪən]	un(e) bibliothécaire
antiquarian books	les livres anciens	BR a catalogue ['kætəlɒg] AM a catalog	un catalogue
a bookstall ['bʊkstɔːl]	un étalage de librairie	BR to catalogue AM to catalog	cataloguer
a literary prize	un prix littéraire		
a best-seller	un succès de librairie		

■ 6. PROVERBS AND SAYINGS PROVERBES ET DICTONS _____

– Out of the mouths of babes and sucklings (comes forth truth)	La vérité sort de la bouche des enfants	Give a dog a bad name and drown him	Qui veut noyer son chien l'accuse de la rage
You have made your bed and you must lie on it	Comme on fait son lit, on se couche	– You can't make an omelette without breaking eggs	On ne fait pas d'omelette sans casser des œufs
Beggars can't be choosers	Faute de grives, on mange des merles	All's well that ends well	Tout est bien qui finit bien
Birds of a feather flock together	Qui se ressemble s'assemble	The end justifies the means	La fin justifie les moyens
A bird in the hand is worth two in the bush	Un tiens vaut mieux que deux tu l'auras	To err is human	L'erreur est humaine
Once bitten twice shy	Chat échaudé craint l'eau froide	Every man for himself and the devil take the hindmost	Chacun pour soi et Dieu pour tous
It's the biter bit	Tel est pris qui croyait prendre – C'est l'arroseur arrosé	There are plenty of fish in the sea	Un de perdu, dix de retrouvés
There are none so deaf as those who will not hear	Il n'est pire sourd que celui qui ne veut pas entendre	Forewarned is forearmed	Un homme averti en vaut deux
In the kingdom of the blind, the one-eyed man is king	Au royaume des aveugles les borgnes sont rois	All that glitters is not gold	Tout ce qui brille n'est pas or
– Cast not a clout till May is out	En avril ne te découvre pas d'un fil	– God helps those who help themselves	Aide-toi, le Ciel t'aidera
When the cat's away the mice do play	Quand le chat n'est pas là, les souris dansent	Charity begins at home	Charité bien ordonnée commence par soi-même
Don't count your chickens before they are hatched	Il ne faut pas vendre la peau de l'ours avant de l'avoir tué	An Englishman's home is his castle	Le charbonnier est maître chez soi
Come what may	Advienne que pourra	Man proposes, God disposes	L'homme propose et Dieu dispose
Cross my heart and hope to die	Croix de bois, croix de fer, si je meurs, je vais en enfer	Never look a gift horse in the mouth	À cheval donné on ne regarde pas la bouche
Talk of the devil	Quand on parle du loup, on en voit la queue	If ifs and ands were pots and pans there would be no work for the tinker?	Avec des si, on mettrait Paris en bouteille
		Better late than never	Mieux vaut tard que jamais

He who laughs last laughs longest	Rira bien qui rira le dernier
The leopard can never change its spots	Qui a bu boira
Like father like son	Tel père, tel fils
Lucky at cards, unlucky in love	Heureux au jeu, malheureux en amour
An eye for an eye (and a tooth for a tooth)	Œil pour œil (dent pour dent)
– One man's meat is another's poison	Le bonheur des uns fait le malheur des autres
The more the merrier	Plus on est de fous, plus on rit
Might is right	La raison du plus fort est toujours la meilleure
Great minds think alike	Les grands esprits se rencontrent
Money can't buy happiness	L'argent ne fait pas le bonheur
Never say die	Tant qu'il y a de la vie, il y a de l'espoir
No news is good news	Pas de nouvelles, bonnes nouvelles
There is nothing new under the sun	Il n'y a rien de nouveau sous le soleil
Two heads are better than one	Deux avis valent mieux qu'un
– Every penny counts	Un sou est un sou
Practice makes perfect	C'est en forgeant qu'on devient forgeron
A place for everything and everything in its place	Une place pour chaque chose et chaque chose à sa place
It never rains but it pours	Un malheur n'arrive jamais seul
All roads lead to Rome	Tous les chemins mènent à Rome
The road to Hell is paved with good intentions	L'enfer est pavé de bonnes intentions
Spare the rod and spoil the child	Qui aime bien châtie bien
The exception proves the rule	L'exception confirme la règle
– Better safe than sorry	Prudence est mère de sûreté
Out of sight, out of mind	Loin des yeux, loin du cœur

Silence gives consent	Qui ne dit mot consent
Sleep on it!	La nuit porte conseil
There's many a slip 'twixt cup and lip	Il y a loin de la coupe aux lèvres
Slow but sure	Qui va lentement va sûrement
There's no smoke without fire	Il n'y a pas de fumée sans feu
He who sows the wind reaps the whirlwind	Qui sème le vent récolte la tempête
Speech is silver but silence is golden	La parole est d'argent, mais le silence est d'or
– The spirit is willing but the flesh is weak	L'esprit est prompt, mais la chair est faible
A rolling stone gathers no moss	Pierre qui roule n'amasse pas mousse
It's the last straw that broke the camel's back	C'est la goutte d'eau qui a fait déborder le vase
Strike while the iron is hot	Il faut battre le fer pendant qu'il est chaud
One swallow doesn't make a summer	Une hirondelle ne fait pas le printemps
– There is no accounting for taste	Des goûts et des couleurs on ne discute pas
You can't teach an old dog new tricks	On n'apprend pas à un vieux singe à faire la grimace
You never can tell	Il ne faut jurer de rien
Time is money	Le temps, c'est de l'argent
Never put off till tomorrow what can be done today	Il ne faut pas remettre à demain ce qu'on peut faire le jour même
– Still waters run deep	Il n'est pire eau que l'eau qui dort
What will be will be	Qui vivra verra
It's an ill wind that blows nobody any good	À quelque chose malheur est bon
There is no such word as can't	Impossible n'est pas français
The bad workman blames his tools	Les mauvais ouvriers ont toujours de mauvais outils
It's a small world	Le monde est petit
It takes all sorts to make a world	Il faut de tout pour faire un monde

IRREGULAR VERBS
VERBES IRRÉGULIERS

VERBES IRRÉGULIERS

INFINITIF	PRÉTÉRIT	PARTICIPE PASSÉ	
to abide	abode ou abided	abode ou abided	se conformer à
to arise	arose	arisen	survenir
to awake	awoke ou awaked	awoken ou awaked	s'éveiller
to be	was, were	been	être
to bear	bore	borne	porter

ATTENTION : le participe passé *born* s'utilise dans l'expression *to be born* = naître

to beat	beat	beaten	battre
to become	became	become	devenir
to befall	befell	befallen	advenir
to begin	began	begun	commencer
to bend	bent	bent	courber
to bereave	bereaved	bereft	ravir
to bet	bet ou betted	bet ou betted	parier
to bid	bade ou bid	bid ou bidden	enjoindre, proposer
to bind	bound	bound	lier
to bite	bit	bitten	mordre
to bleed	bled	bled	saigner
to blow	blew	blown	souffler
to break	broke	broken	casser
to breed	bred	bred	élever
to bring	brought	brought	apporter
to broadcast	broadcast ou broadcasted	broadcast ou broadcasted	diffuser
to build	built	built	construire
to burn	burned ou burnt	burned ou burnt	brûler
to burst	burst	burst	éclater
to buy	bought	bought	acheter
to cast	cast	cast	jeter
to catch	caught	caught	attraper
to choose	chose	chosen	choisir
to cleave	clove ou cleft	cloven ou cleft	fendre
to cling	clung	clung	s'accrocher
to come	came	come	venir
to cost	cost	cost	coûter, évaluer le coût
to creep	crept	crept	ramper
to cut	cut	cut	couper
to deal	dealt	dealt	distribuer
to dig	dug	dug	creuser
to dive	dived, (AM) dove	dived	plonger
to do	did	done	faire
to draw	drew	drawn	dessiner
to dream	dreamed ou dreamt	dreamed ou dreamt	rêver
to drink	drank	drunk	boire
to drive	drove	driven	conduire

IRREGULAR VERBS
VERBES IRRÉGULIERS

INFINITIF	PRÉTÉRIT	PARTICIPE PASSÉ	
to dwell	dwelt	dwelt	résider
to eat	ate	eaten	manger
to fall	fell	fallen	tomber
to feed	fed	fed	nourrir
to feel	felt	felt	ressentir
to fight	fought	fought	combattre
to find	found	found	trouver
to flee	fled	fled	fuir
to fling	flung	flung	lancer violemment
to fly	flew	flown	voler
to forbear	forbore	forborne	s'abstenir
to forbid	forbade	forbidden	interdire
to forget	forgot	forgotten	oublier
to forsake	forsook	forsaken	abandonner
to freeze	froze	frozen	geler
to get	got	got, (AM) gotten	obtenir
to gild	gilded	gilded ou gilt	dorer
to give	gave	given	donner
to go	went	gone	aller
to grind	ground	ground	moudre
to grow	grew	grown	grandir
to hang	hung, hanged	hung, hanged	pendre (en général), pendre (condamné)
to have	had	had	avoir
to hear	heard	heard	entendre
to hew	hewed	hewed ou hewn	tailler
to hide	hid	hidden	cacher
to hit	hit	hit	frapper
to hold	held	held	tenir
to hurt	hurt	hurt	faire mal
to keep	kept	kept	garder
to kneel	knelt	knelt	s'agenouiller
to know	knew	known	connaître, savoir
to lay	laid	laid	étendre, poser
to lead	led	led	mener
to lean	leaned ou leant	leaned ou leant	appuyer
to leap	leaped ou leapt	leaped ou leapt	sauter
to learn	learned ou learnt	learned ou learnt	apprendre
to leave	left	left	laisser, quitter
to lend	lent	lent	prêter
to let	let	let	laisser, permettre
to lie	lay	lain	s'allonger
to light	lit ou lighted	lit ou lighted	allumer
to lose	lost	lost	perdre
to make	made	made	faire, fabriquer

INFINITIF	PRÉTÉRIT	PARTICIPE PASSÉ	
to mean	meant	meant	vouloir dire
to meet	met	met	rencontrer
to mow	mowed	mown ou mowed	tondre
to pay	paid	paid	payer
to put	put	put	poser
to quit	quit ou quitted	quit ou quitted	quitter, abandonner
to read [ri:d]	read [red]	read [red]	lire
to rid	rid	rid	débarrasser
to ride	rode	ridden	aller à chéval, aller à bicyclette
to ring	rang	rung	sonner
to rise	rose	risen	se lever
to run	ran	run	courir
to saw	sawed	sawed ou sawn	scier
to say	said	said	dire
to see	saw	seen	voir
to seek	sought	sought	chercher
to sell	sold	sold	vendre
to send	sent	sent	envoyer
to set	set	set	poser, fixer
to sew	sewed	sewed ou sewn	coudre
to shake	shook	shaken	secouer
to shave	shaved	shaved ou shaven	raser
to shear	sheared	sheared ou shorn	tondre
to shed	shed	shed	perdre, répandre
to shine	shone	shone	briller
to shoe	shod	shod	chausser
to shoot	shot	shot	tirer
to show	showed	shown ou showed	montrer
to shrink	shrank	shrunk	rétrécir
to shut	shut	shut	fermer
to sing	sung	sung	chanter
to sink	sank	sunk	couler
to sit	sat	sat	s'asseoir
to slay	slew	slain	massacrer
to sleep	slept	slept	dormir
to slide	slid	slid	glisser
to sling	slung	slung	lancer, hisser
to slink	slunk	slunk	s'en aller furtivement
to slit	slit	slit	fendre
to smell	smelled ou smelt	smelled ou smelt	sentir
to sow	sowed	sowed ou sown	semer
to speak	spoke	spoken	parler
to speed	speeded ou sped	speeded ou sped	aller à toute vitesse
to spell	spelled ou spelt	spelled ou spelt	épeler

IRREGULAR VERBS
VERBES IRRÉGULIERS

INFINITIF	PRÉTÉRIT	PARTICIPE PASSÉ	
to spend	spent	spent	passer, dépenser
to spill	spilled ou spilt	spilled ou spilt	renverser
to spin	spun	spun	filer, tournoyer
to spit	spat	spat	cracher
to split	split	split	fendre, séparer
to spoil	spoiled ou spoilt	spoiled ou spoilt	gâcher
to spread	spread	spread	étendre
to spring	sprang	sprung	bondir, provenir
to stand	stood	stood	être debout
to stave	stove ou staved	stove ou staved	écarter, éviter
to steal	stole	stolen	dérober
to stick	stuck	stuck	coller
to sting	stung	stung	piquer
to stink	stank	stunk	sentir mauvais
to stride	strode	stridden	marcher à grands pas
to strike	struck	struck	frapper
to string	strung	strung	enfiler
to strive	strove	striven	s'efforcer
to swear	swore	sworn	jurer
to sweep	swept	swept	balayer
to swell	swelled	swollen	enfler
to swim	swam	swum	nager
to swing	swung	swung	balancer
to take	took	taken	prendre
to teach	taught	taught	enseigner
to tear	tore	torn	déchirer
to tell	told	told	dire, raconter
to think	thought	thought	penser
to thrive	throve ou thrived	thriven ou thrived	prospérer
to throw	threw	thrown	lancer
to thrust	thrust	thrust	pousser brusquement
to tread	trod	trodden	fouler aux pieds
to understand	understood	understood	comprendre
to undertake	undertook	undertaken	entreprendre
to wake	woke ou waked	woken ou waked	réveiller
to wear	wore	worn	porter (vêtement)
to weave	wove	woven	tisser
to weep	wept	wept	pleurer
to win	won	won	gagner
to wind	wound	wound	enrouler
to wring	wrung	wrung	tordre
to write	wrote	written	écrire

CONTENTS
TABLE DES MATIÈRES

TABLE DES MATIÈRES

CONTENTS
TABLE DES MATIÈRES

CONTENTS
TABLE DES MATIÈRES

CONTENTS
TABLE DES MATIÈRES

CONTENTS
TABLE DES MATIÈRES

CONTENTS
TABLE DES MATIÈRES

N° d'éditeur 10174645 - Dépôt légal Janvier 2011
Imprimé en Italie par Grafica Veneta S.p.A. - Trebaseleghe (PD)